Kabinett Leopold Figl I

ÖSTERREICHISCHE AKADEMIE DER WISSENSCHAFTEN
PHILOSOPHISCH-HISTORISCHE KLASSE
INSTITUT FÜR NEUZEIT- UND ZEITGESCHICHTSFORSCHUNG

Protokolle des Ministerrates der Zweiten Republik der Republik Österreich

Herausgegeben von

Gertrude Enderle-Burcel
Rudolf Jeřábek
Wolfgang Mueller

Veröffentlichung des

Österreichischen Staatsarchivs, der Österreichischen Gesellschaft für historische Quellenstudien

und des

Instituts für Neuzeit- und Zeitgeschichtsforschung der Österreichischen Akademie der Wissenschaften

VERLAG DER
ÖSTERREICHISCHEN
AKADEMIE DER
WISSENSCHAFTEN

Protokolle des Ministerrates der Zweiten Republik der Republik Österreich

Kabinett Leopold Figl I

20. Dezember 1945 bis 8. November 1949

Band 11

15. Juni 1948 bis 31. August 1948

Bearbeitung

Elisabeth Gmoser
Peter Melichar
Stefan Semotan

Wien 2017

VERLAG DER ÖSTERREICHISCHEN AKADEMIE DER WISSENSCHAFTEN

Angenommen durch die Publikationskommission
der philosophisch-historischen Klasse der ÖAW:
Michael Alram, Bert Fragner, Hermann Hunger, Sigrid Jalkotzy-Deger,
Brigitte Mazohl, Franz Rainer, Oliver Jens Schmitt, Peter Wiesinger
und Waldemar Zacharasiewicz

Dieses Projekt wurde durch die Unterstützung der
Stadt Wien, Magistratsabteilung 7, Kultur und Wissenschaft,
Wissenschafts- und Forschungsförderung, und des
Landes Niederösterreich, Gruppe Kultur, Wissenschaft und Unterricht –
Abteilung Wissenschaft und Forschung ermöglicht.

WIEN KULTUR

WISSENSCHAFT · FORSCHUNG
NIEDERÖSTERREICH

Bibliografische Information der Deutschen Nationalbibliothek
Die Deutsche Nationalbibliothek verzeichnet diese Publikation
in der Deutschen Nationalbibliografie, detaillierte bibliografische Daten
sind im Internet über http://dnb.d-nb.de abrufbar.

Diese Publikation wurde einem anonymen, internationalen
Peer-Review-Verfahren unterzogen.
This publication has undergone the process of anonymous,
international peer review.

Die verwendete Papiersorte ist aus
chlorfrei gebleichtem Zellstoff hergestellt,
frei von säurebildenden Bestandteilen und alterungsbeständig.

ISBN 978-3-7001-7970-2

Satz: Crossdesign GmbH, 8042 Graz

Druck & Bindung: Prime Rate kft., Budapest

http://epub.oeaw.ac.at/7970-2
http://verlag.oeaw.ac.at

Inhaltsverzeichnis

Editionsplan

Band 1: Ministerratsprotokoll Nr. 1 bis Ministerratsprotokoll Nr. 16 (20. Dezember 1945 bis 9. April 1946).

Band 2: Ministerratsprotokoll Nr. 17 bis Ministerratsprotokoll Nr. 31 (16. April 1946 bis 9. Juli 1946).

Band 3: Ministerratsprotokoll Nr. 32 bis Ministerratsprotokoll Nr. 45 (17. Juli 1946 bis 19. November 1946).

Band 4: Ministerratsprotokoll Nr. 46 bis Ministerratsprotokoll Nr. 56 (21. November 1946 bis 11. Februar 1947).

Band 5: Ministerratsprotokoll Nr. 57 bis Ministerratsprotokoll Nr. 67 (18. Februar 1947 bis 6. Mai 1947).

Band 6: Ministerratsprotokoll Nr. 68 bis Ministerratsprotokoll Nr. 78 (13. Mai 1947 bis 2. September 1947).

Band 7: Ministerratsprotokoll Nr. 79 bis Ministerratsprotokoll Nr. 88 (9. September 1947 bis 18. November 1947).

Band 8: Ministerratsprotokoll Nr. 89 bis Ministerratsprotokoll Nr. 96 (25. November 1947 bis 20. Januar 1948).

Band 9: Ministerratsprotokoll Nr. 97 bis Ministerratsprotokoll Nr. 105 (27. Januar 1948 bis 23. März 1948).

Band 10: Ministerratsprotokoll Nr. 106 bis Ministerratsprotokoll Nr. 115 (6. April 1948 bis 8. Juni 1948).

Band 11: Ministerratsprotokoll Nr. 116 bis Ministerratsprotokoll Nr. 123 (15. Juni 1948 bis 31. August 1948).

Band 12: Ministerratsprotokoll Nr. 124 bis Ministerratsprotokoll Nr. 131 (7. September 1948 bis 2. November 1948).

Band 13: Ministerratsprotokoll Nr. 132 bis Ministerratsprotokoll Nr. 138 (9. November 1948 bis 21. Dezember 1948).

Band 14: Ministerratsprotokoll Nr. 139 bis Ministerratsprotokoll Nr. 146 (4. Jänner 1949 bis 21. Februar 1949).

Band 15: Ministerratsprotokoll Nr. 147 bis Ministerratsprotokoll Nr. 154 (1. März 1949 bis 26. April 1949).

Band 16: Ministerratsprotokoll Nr. 155 bis Ministerratsprotokoll Nr. 162 a (3. Mai 1949 bis 26. Juni 1949).

Band 17: Ministerratsprotokoll Nr. 163 bis Ministerratsprotokoll Nr. 169 (28. Juni 1949 bis 30. August 1949).

Band 18: Ministerratsprotokoll Nr. 170 bis Ministerratsprotokoll Nr. 179 (6. September 1949 bis 8. November 1949).

Stefan Semotan

Historische Einführung

Der elfte Band der Edition der Ministerratsprotokolle der Regierung Figl I umfaßt die Protokolle Nr. 116 vom 15. Juni 1948 bis Nr. 123 vom 31. August 1948. Die Themen, die den Ministerrat in diesem Zeitraum beschäftigten, repräsentieren im Wesentlichen eine kontinuierliche Fortführung der in den Vorgängerbänden der Edition des Kabinetts Figl I dokumentierten Regierungsarbeit. Nach wie vor nahmen der Kampf um die volle Souveränität des Staates Österreich, die Auseinandersetzungen mit den Besatzungsmächten sowie die Bewältigung der anhaltenden Versorgungsschwierigkeiten und die allmähliche Wiederherstellung einer funktionierenden Marktwirtschaft, die ohne zahlreiche Elemente einer zentralen Planung und staatlichen Regulierung nicht auskam, breiten Raum in den Debatten des Ministerrates ein.

Im Unterschied zu den vorhergehenden Editionsbänden spielten die Staatsvertragsverhandlungen in den hier gesammelten Protokollen eine geringe Rolle, da sie im Mai 1948 bis auf weiteres suspendiert worden waren.[1] Außenpolitisch aktueller waren dagegen die Situation rund um die im selben Monat begonnene, fast ein Jahr andauernde sowjetische Blockade der Zufahrtswege nach West-Berlin sowie die Lage in Jugoslawien, da es Ende Juni 1948 zum offenen Bruch zwischen Moskau und Belgrad kam. Beide Themen – „die wir mit dem größten Interesse verfolgen“, so Bundeskanzler Figl in der 120. Ministerratssitzung vom 13. Juli 1948, denn: die „Auswirkungen auf uns können wir noch nicht absehen“[2] – wurden in den vorliegenden Protokollen mehrmals angesprochen[3]. Obwohl die diesbezüglichen Ausführungen nicht besonders umfangreich ausfielen, veranschaulichen sie doch einmal mehr die Unruhe, die derartige Entwicklungen, vor allem da sie von der Sowjetunion verursacht waren, sowohl auf Regierungsebene als auch in der Bevölkerung hervorriefen, sodaß Bundesminister Gruber in der 121. Sitzung vom 20. Juli 1948 die „Notwendigkeit, im Zusammenhang mit der Verschärfung der Lage in Berlin beruhigend auf die Bevölkerung einzuwirken“, betonte.[4] Bezüglich Jugoslawien stellte Bundeskanzler Figl in der darauffolgenden 122. Sitzung vom 19. August 1948 klar: „In Jugoslawien will Tito selbst regieren und nicht nach dem Kommando des Kremls. Man will ihn daher erledigen. In dieser Frage wird unsererseits Vorsicht gegenüber Jugoslawien am Platze sein.“[5]

Vor diesem Hintergrund ist das fortwährende Bestreben der Bundesregierung zu beobachten, die Beziehungen zu anderen Staaten wieder aufzunehmen und Österreich zunehmend in die internationale Gemeinschaft zu (re-)integrieren, wobei die in diesem Band enthaltenen Protokolle eine besonders breite Palette an entsprechenden Tagesordnungspunkten enthalten. Die auf diesem Weg zu einem souveränen Österreich notwendigen legistischen Maßnahmen

---

1 Näheres dazu vgl. im Abschnitt *Der Staatsvertrag* dieser Einführung.

2 Vgl. MRP Nr. 120/1 b.

3 Zur Berlin-Blockade vgl. MRP Nr. 118/1 e vom 29. Juni 1948, MRP Nr. 120/1 b vom 13. Juli 1948, MRP Nr. 121/1 a und 11 f vom 20. Juli 1948, MRP Nr. 122/1 a vom 19. August 1948 und MRP Nr. 123/1 a und 14 e vom 31. August 1948; zu Jugoslawien vgl. MRP Nr. 119/1 a vom 6. Juli 1948, MRP Nr. 120/1 b vom 13. Juli 1948, MRP Nr. 121/1 a und 1 e vom 20. Juli 1948, MRP Nr. 122/1 b vom 19. August 1948 und MRP Nr. 123/6 vom 31. August 1948.

4 Vgl. MRP Nr. 121/11 f.

5 Vgl. MRP Nr. 122/1 b.

forderten den Regierungsmitgliedern ein beachtliches Arbeitspensum ab, das durch die Erörterung tagespolitischer Fragen und umfangreiche routinemäßige Tätigkeiten, wie etwa der Behandlung der Personalangelegenheiten und Staatsbürgerschaftsanträge, noch vermehrt wurde.

Der Staatsvertrag

Die Hoffnung auf einen baldigen erfolgreichen Abschluß der Staatsvertragsverhandlungen und die Erlangung der vollen Souveränität Österreichs war im Ministerrat immer wieder zum Ausdruck gebracht worden. Schon für das Jahr 1947 hatte sich Bundeskanzler Figl „die Erfüllung, die Erlangung der Souveränität" gewünscht[6], und auch als der britische Außenminister Ernest Bevin am 14. Jänner 1947 in London die Tagung der Sonderbeauftragten für Deutschland und Österreich eröffnet hatte, in deren Rahmen der Titel des Vertrages für Österreich („Vertrag betreffend die Wiederherstellung eines unabhängigen, demokratischen Österreichs") festgelegt und ein 59 Artikel umfassender Entwurf ausgearbeitet wurde, hatte Figl in der 53. Sitzung des Ministerrates vom 21. Jänner 1947 vorsichtigen Optimismus gezeigt: „Die gegenwärtigen Tage stehen unter dem Eindruck, was in London geschieht. Hoffentlich geht alles gut vor sich. [...] [D]ie Meldungen aus London sind günstig und berechtigen zu guter Hoffnung." Er gab aber auch zu bedenken: „Allerdings können am Schluß noch Schwierigkeiten entstehen und müssen wir den Schluß abwarten und vorher nicht allzu große Hoffnungen hegen."[7]

Diese Vorsicht war nicht unberechtigt gewesen, denn das Jahr 1947 hatte die „Erfüllung", von der Figl Ende 1946 gesprochen hatte, nicht gebracht, selbst wenn der Kanzler noch Ende August 1947 im Hinblick auf die Konferenz der Außenminister Frankreichs, Großbritanniens, der USA und der Sowjetunion, die am 25. November 1947 in London begann, ein weiteres Mal vorsichtig zu hoffen gewagt hatte, „daß es im November doch irgendwie zu einem Abschluß des Staatsvertrages kommen könnte".[8] Zu jenem Zeitpunkt hatte sich eine Sonderkommission in Wien schon seit 12. Mai 1947 darum bemüht, den Staatsvertrag voranzubringen, nachdem die Tagung der Sonderbeauftragten für den Staatsvertrag in London am 25. Februar 1947 zu Ende gegangen und von 10. März bis 24. April 1947 die Moskauer Außenministerkonferenz stattgefunden hatte. Im Zentrum der Wiener Verhandlungen waren die zähen Beratungen über den Artikel 35 des Staatsvertragsentwurfes („Deutsche Vermögenswerte in Österreich") gestanden, zu dem jede der vier Besatzungsmächte einen eigenen Entwurf vorgelegt hatte[9], Erfolgsmeldungen waren jedoch ausgeblieben. Immerhin hatte es im Vorfeld der Londoner Außenministerkonferenz eine nicht unbedeutende Entwicklung gegeben, als der französische Hochkommissar General Paul Cherrière am 8. Oktober 1947 der Vertragskommission den „Cherrière-Plan" vorstellte. Die Ansprüche auf das „Deutschen Eigentum" und die diesbezüglichen widersprüchlichen Definitionen sollten damit konkreter faßbar und leichter verhandelbar werden. Cherrière schlug vor, einen Teil der strittigen Werte den jeweiligen Mächten seitens Österreichs in Form von Ablösen zu vergüten, während der andere Teil der Werte an Ort und Stelle den Alliierten zugesprochen werden sollte (etwa Erdölfelder oder Eigentum der DDSG). Vor allem aber sollten alle gegenständ-

---

6 Vgl. MRP Nr. 50/10 i vom 17. Dezember 1946.

7 Vgl. MRP Nr. 53/1 a.

8 Vgl. MRP Nr. 77 a/1 a vom 23. August 1947.

9 Vgl. die unterschiedlichen Entwürfe sowie die endgültige Fassung des Artikels in Gerald Stourzh, Um Einheit und Freiheit. Staatsvertrag, Neutralität und das Ende der Ost-West-Besetzung Österreichs 1945–1955, 5. Auflage, Wien/Köln/Graz 2005, S. 709–724. Zu Verlauf und Inhalt der Wiener Staatsvertragsverhandlungen vgl. ebendort, S. 104–112.

lichen Werte in konkrete Zahlen gefaßt werden, da sich darüber, so Cherrières Überzeugung, leichter eine Einigung erzielen lasse als über strittige Grundsatzdefinitionen.[10] Die folgenden Verhandlungen waren u. a. vom Mißtrauen zwischen den Westmächten auf der einen und der Sowjetunion auf der anderen Seite geprägt gewesen, und Bundesminister für die Auswärtigen Angelegenheiten Dr. Karl Gruber, der die Verhandlungen in London persönlich mitverfolgte, skizzierte die westliche Taktik im Dezember 1947 folgendermaßen: „Die Westmächte stehen auf dem Standpunkt, daß sie gegenwärtig nichts mit Rußland erreichen werden. Zuerst muß eine Gesundung vom westlichen Europa erfolgen, man darf sich nicht in diesem Programm täuschen lassen. Zu dieser Gesundung zählt auch der Marshall-Plan. Das ist im wesentlichen das gesamte Konzept mit dem Vorbehalt, daß die Tür nicht zugeschlagen werden soll und daß die Russen jederzeit mit Vorschlägen kommen können. Die Tür sollte auch wegen Österreich nicht zugeschlagen werden. Österreich könnte dies auch nicht zugemutet werden, wenn es eine selbständige Existenz führen soll."[11]

Sodann hatte in London am 20. Februar 1948 eine neue Verhandlungsrunde der Sonderbeauftragten für den österreichischen Staatsvertrag begonnen, die bis 6. Mai 1948 andauerte. Im Vorfeld hatte Figl eindeutig festgestellt, daß ein Vertragsabschluß nur „mit voller Souveränität in Betracht" komme: „Erst dann sind wir in der Lage, einem solchen zuzustimmen."[12] Die Verhandlungen selbst waren, wie Figl am 24. Februar 1948 dem Ministerrat berichtete, von Mißtrauen geprägt, vor allem vor dem Hintergrund der Ereignisse in der Tschechoslowakei, wo eine durch Kommunisten provozierte Regierungskrise in einem kalten Staatsstreich am 25. Februar 1948 zur Bildung einer kommunistisch dominierten Regierung führte.[13]

Dieser kommunistische Umsturz in Österreichs Nachbarschaft und die daraus resultierende Einschätzung der inneren Sicherheit Österreichs waren es auch, die schließlich zur Unterbrechung der Verhandlungen führen sollten[14], worüber Figl in der 113. Ministerratssitzung vom 25. Mai 1948 berichtete, wobei er jedoch betonte, daß es sich eben nur um eine Unterbrechung, nicht aber um einen Abbruch der Verhandlungen handelte. Der offizielle Grund war jedenfalls das fortgesetzte Festhalten der Sowjetunion an der Unterstützung der jugoslawischen Gebietsforderungen gegenüber Österreich gewesen.[15] Die amerikanische Delegation hatte erklärt, die Verhandlungen erst fortsetzen zu wollen, wenn die Sowjetunion von diesem Punkt abginge, eine Haltung, der sich auch Frankreich und Großbritannien anschlossen. „Die Russen", so Figl, „müssen bekennen, ob sie den Staatsvertrag wollen oder nicht; so ist die Lage."[16] Bundesminister Gruber hielt zu dieser Angelegenheit fest, daß an

---

10 Zum Cherrière-Plan und besonders auch zur österreichischen Beteiligung an der Ausarbeitung des ersten Entwurfes vgl. Stourzh, Um Einheit und Freiheit, S. 113–121, hier vor allem S. 113. Im Ministerrat wurde der „Cherrière-Plan" erstmals in der 90. Sitzung vom 2. Dezember 1947 direkt erwähnt. Vgl. MRP Nr. 90/1 c.

11 Vgl. MRP Nr. 93/1 h vom 23. Dezember 1947.

12 Vgl. MRP Nr. 100/1 a vom 17. Februar 1948.

13 Vgl. MRP Nr. 101/1 a. Zu den Auswirkungen auf Österreich vgl. Günter Bischof, „Prag liegt westlich von Wien". Internationale Krisen im Jahre 1948 und ihr Einfluß auf Österreich, in: ders./Josef Leidenfrost (Hg.), Die bevormundete Nation. Österreich und die Alliierten 1945–1949 (= Innsbrucker Forschungen zur Zeitgeschichte 4), Innsbruck 1988, S. 315–346.

14 Vgl. Stourzh, Um Einheit und Freiheit, S. 132–137; Günter Bischof, Austria in the First Cold War, 1945–55. The Leverage of the Weak, Basingstoke 1999, S. 116.

15 Vgl. zu diesem Thema Stourzh, Um Einheit und Freiheit, S. 63–67, S. 81–85, S. 135–139 und S. 147 f. Einen konzisen Abriß der Geschichte der jugoslawischen Forderungen gegenüber Kärnten vgl. in Reginald Herschy, Freiheit um Mitternacht. Österreich 1938–1955. Traumatische Besatzungsjahre, Klagenfurt 2011, S. 61–68; weiters Österreichisches Jahrbuch 1949. Nach amtlichen Quellen herausgegeben vom Bundespressedienst, Wien 1950, S. 15–18 und S. 20.

16 Vgl. MRP Nr. 113/1 a.

Kompromisse nicht zu denken sei: „Wenn die Westmächte nicht stark genug sind, die Pläne durchzusetzen, so können nächstens Überfälle auf unsere Grenzen stattfinden. Daher dürfen wir keinen Zweifel lassen, daß die Grenzen garantiert werden. Ich bin der Meinung, daß die Russen in der Grenzfrage beigeben und daß dies in der nächsten Zeit erfolgen wird."[17]

Eine unmittelbare Änderung der Situation trat allerdings nicht ein, und in der 115. Sitzung des Ministerrates vom 8. Juni 1948 konnte Bundeskanzler Figl nur vermelden, daß „sich in London nichts Neues ereignet" hatte. Immerhin hatte eine die Grenzfragen betreffende Note der Bundesregierung an die Sowjetregierung für „großes Aufsehen umsomehr in der ganzen Welt" gesorgt, „als sich durch dieselbe Österreich mutig und entschlossen zeigt, selbst in Sachen des Staatsvertrages etwas zu unternehmen und an Rußland herangetreten ist. Ob wir aber eine Antwort zu erwarten haben, wissen wir nicht…"[18]

Dieser Stillstand im Fortgang der Staatsvertragsverhandlungen spiegelt sich im vorliegenden Band darin wider, daß es – zumindest im Rahmen der Ministerratssitzungen – zu diesem Thema schlichtweg nichts zu berichten gab. In der 116. Ministerratssitzung vom 16. Juni 1948 begann Figl seinen einleitenden Bericht mit der Feststellung, daß dieser „diesmal ziemlich kurz" ausfallen würde, und stellte anschließend zu den Londoner Verhandlungen, wie zuvor bereits in der 115. Sitzung, lediglich fest, daß „keine neuen Mitteilungen eingetroffen" waren.[19] In den folgenden Sitzungen des Ministerrats ersparte sich der Bundeskanzler diesen Hinweis, der Staatsvertrag wurde in den vorliegenden Protokollen nur indirekt erwähnt, so etwa in der 117. Ministerratssitzung vom 22. Juni 1948, in der über eine Note des sowjetischen Hochkommissars General Vladimir Kurasov vom 10. Juni 1948 berichtet wurde, in der dieser sich über die angeblich „unzulässigen und ausfälligen Verleumdungen [...], die gegen das Sowjetvolk durch das Auftreten des Bundesministers für Energiewirtschaft, Alfred Migsch, in der Vorarlberger Sozialistischen Konferenz – veröffentlicht in der Zeitung ‚Volkswille' vom 2. Juni 1948 – entstanden sind", beschwerte. Bundesminister Migsch hatte sich am Landesparteitag der SPÖ in Bludenz dahingehend geäußert, daß alle Hemmungen und Schwierigkeiten im Zusammenhang mit den Staatsvertragsverhandlungen nur auf dem dauernden „Nein" der Sowjetunion beruhen würden. Figl wies in seinem Antwortschreiben an Kurasov u. a. darauf hin, daß Migsch am Landesparteitag der Vorarlberger Sozialistischen Partei als Delegierter der Sozialistischen Partei Österreichs teilgenommen habe und daß in Österreich für die Teilnahme an politischen Versammlungen volle Redefreiheit herrsche. Gleichzeitig erinnerte er an die immer wieder vorkommenden Angriffe sowjetischer Medien auf den Bundespräsidenten und die österreichische Bundesregierung, was wohl, so Figl, als Beweis dafür angesehen werden könne, „daß die Meinungsfreiheit in Österreich nach allen Richtungen hin verwirklicht ist".[20] Andere Beispiele für die Erwähnung der Staatsvertragsthematik waren die Kenntnisnahme einer Resolution der Landesexekutive Tirol des Österreichischen Gewerkschaftsbundes in der 118. Ministerratssitzung vom 29. Juni 1948, in der der rasche Abschluß des Staatsvertrages und der Abzug aller Besatzungstruppen gefordert wurde[21], sowie die Behandlung einer Note der Sowjetabteilung der Alliierten Kommission für Österreich über die Abrechnung der durch das Sowjetkommando für die Republik Österreich im Jahr 1945 durchgeführten Lebensmittellieferungen in der 122. Sitzung vom 19. August 1948, in deren Beantwortung u. a. damit argumentiert wurde, daß eine Regelung dieser Materie vor Abschluß des Staatsvertrags nicht möglich sei.[22]

---

17 Vgl. MRP Nr. 113/1 o.

18 Vgl. MRP Nr. 115/1 a. Eine Antwort der Sowjetunion auf die Note, die am 4. Juni abgeschickt worden war, erfolgte, wie auch Stourzh ausführt, nicht. Vgl. Stourzh, Um Einheit und Freiheit, S. 138.

19 Vgl. MRP Nr. 116 vor der Tagesordnung sowie Tagesordnungspunkt 1 a.

20 Vgl. MRP Nr. 117/1 e.

21 Vgl. MRP Nr. 118/Beschlußprotokoll Punkt 3 b.

22 Vgl. MRP Nr. 122/7.

Substantiellere Erwähnung im Ministerrat sollte der Staatsvertrag erst wieder im Oktober 1948 finden, so etwa in der 129. Ministerratssitzung, als Bundesminister Gruber erklärte: „Was unsere Angelegenheiten betrifft, so scheint das Zustandekommen eines Staatsvertrages derzeit nicht möglich. Rußland könnte nur auf diese Weise den Außenministerrat flott bringen, daß Österreich wieder zur Sprache kommt. Das wäre die Absicht; die Westmächte werden aber darauf nicht eingehen. Die westliche Politik wird nicht aufgegeben werden. [...] Daher ist mit einem Abschluß des Staatsvertrages nicht zu rechnen, höchstens wenn Rußland seine Politik radikal ändert; das wird aber nicht der Fall sein. Mit dem Bundeskanzler und dem Vizekanzler habe ich mich geeinigt, daß die Weiterführung der Verhandlungen aber angezeigt wäre."[23] Zu dieser Weiterführung kam es schließlich im Februar 1949.[24]

Das Verhältnis zu und Konflikte mit den Besatzungsmächten

Die eingeschränkte Souveränität Österreichs spiegelte sich in einer Reihe von Konflikten mit den Besatzungsmächten wider, die sich durch die Ministerratsprotokolle der gesamten Regierung Figl I ziehen. Für die österreichische Bundesregierung führte in vielen Angelegenheiten schlicht kein Weg an den Besatzungsmächten vorbei, sei es in Gestalt des Alliierten Rates für Österreich, sei es in Form des direkten Kontaktes mit einzelnen Besatzungsmächten, beispielsweise durch persönliche Vorsprachen des Bundeskanzlers bei hochrangigen alliierten Funktionsträgern. Der Alliierte Rat für Österreich, der sich am 11. September 1945 zum ersten Mal in Wien versammelt hatte[25], verfügte über weitreichende Kompetenzen. Er konnte Presseerzeugnisse verbieten lassen, über die Zulassung neuer politischer Parteien entscheiden, die Bewegungsfreiheit von Zivilreisenden im Landesinneren kontrollieren, Zensurmaßnahmen erlassen u.v.m. Auch mußten alle Gesetze, nachdem sie den Nationalrat passiert hatten, die Zustimmung des Alliierten Rates finden, um in Kraft treten zu können. Handelte es sich um Bundesverfassungsgesetze, so war eine schriftliche Zustimmung des Alliierten Rates dazu notwendig. Durch das 2. Kontrollabkommen[26] vom 28. Juni 1946 waren die Kompetenzen des Alliierten Rates allerdings eingeschränkt worden, denn andere Gesetze, aber auch internationale Abkommen durften, falls keine Äußerung des Alliierten Rates dazu erfolgte, nach einer Frist von 31 Tagen in Kraft treten.

Die Verlesung von Noten verschiedener Abteilungen des Alliierten Rates durch den Bundeskanzler stellte einen der Fixpunkte fast jeder Ministerratssitzung dar. Die Noten enthielten Mitteilungen zu unterschiedlichsten Angelegenheiten, beantworteten Fragen oder Bitten der Bundesregierung oder stellten diverse Standpunkte der Besatzungsmächte klar.

---

23 Vgl. MRP Nr. 129/3 vom 19. Oktober 1948.

24 Die Konferenz der Sonderbeauftragten für den österreichischen Staatsvertrag trat am 9. Februar 1949 in London wieder zusammen. Vgl. Stourzh, Um Einheit und Freiheit, S. 145. Zur Wiederaufnahme der Staatsvertragsverhandlungen vgl. weiters MRP 135/1 a vom 30. November 1948, MRP Nr. 136/1 a vom 7. Dezember 1948, MRP Nr. 137/1 b vom 14. Dezember 1948 und MRP 138/1 c vom 21. Dezember 1948.

25 Vgl. dazu den „Bericht über die erste Versammlung des Alliierten Rates" in Gazette of the Allied Commission for Austria 1, Dezember 1945 – Jänner 1946, S. 64.

26 Der vollständige Titel des Abkommens lautete: Abkommen zwischen den Regierungen des Vereinigten Königreiches, der Vereinigten Staaten von Amerika, der Union der Sozialistischen Sowjetrepubliken und der Französischen Republik über den Kontrollapparat in Österreich, vom 28. Juni 1946. Das Abkommen regelte den Aufbau und die Organisation der alliierten Präsenz in Österreich sowie ihre Befugnisse und Kompetenzen, weiters legte es die Grenzen der Autorität der österreichischen Regierung und ihre Verantwortlichkeit dem Alliierten Rat gegenüber fest. Der Text des Abkommens findet sich u. a. bei Manfried Rauchensteiner, Der Sonderfall. Die Besatzungszeit in Österreich 1945 bis 1955, Graz/Wien/Köln 1979, S. 344–350.

Darüber hinaus waren es allerdings oft Übergriffe und augenscheinliche Willkürakte der Besatzungsmächte, vor allem der sowjetischen Besatzungsmacht, die den Ministerrat beschäftigten und zu zahlreichen Eingaben an den Alliierten Rat und persönlichen Vorsprachen des Bundeskanzlers oder auch von Bundesministern bei alliierten Stellen führten. Dazu zählten die zahlreichen Entführungen österreichischer Staatsbürger, hauptsächlich in der sowjetischen Besatzungszone, aber auch der Erlaß hinderlicher Transportbeschränkungen oder die Zensur. Nicht selten wurde im Ministerrat beklagt, daß derartige Maßnahmen der Besatzungsmächte gegen das 2. Kontrollabkommen verstießen.[27]

Einen Überblick über eine Reihe diesbezüglicher Problemfelder, in diesem Fall abermals vor allem die sowjetische Besatzungsmacht betreffend, gab Bundeskanzler Figl selbst in der 117. Ministerratssitzung vom 22. Juni 1948 in einem Bericht über eine seiner zahlreichen Vorsprachen bei dem stellvertretenden sowjetischen Hochkommissar Generaloberst Aleksej Želtov im Hotel Imperial, wo das Generalhauptquartier der sowjetischen Besatzungsmacht untergebracht war. Zu den Punkten, die Figl auflistete, zählten u. a. die Beschlagnahme von Immobilien (etwa des Klosterneuburger Stiftskellers „samt Küche und Einrichtung") durch die sowjetische Besatzungsmacht, sowjetische Anordnungen zur Durchführung einer Bodennutzungserhebung in Niederösterreich sowie zur Anbringung von Straßentafeln in russischer Sprache im Mühlviertel und einigen niederösterreichischen Bezirkshauptmannschaften, die Verschleppung österreichischer Staatsbürger, die Heimführung von Kriegsgefangenen, das Verhalten eines sowjetischen Zensurbeamten und die Bezahlung der Besatzungskosten.[28] Was die Verhaftungen und Verschleppungen österreichischer Staatsbürger betraf, kam in der gleichen Ministerratssitzung der Fall des Kriminaloberinspektors Anton Marek zur Sprache. Marek, Leiter der sogenannten „Gruppe 5" im Bundesministerium für Inneres, galt als Vertrauensmann des Bundesministers für Inneres Oskar Helmer und war u. a. damit beauftragt gewesen, kommunistische Aktivitäten zu überwachen und Verschleppungen durch die sowjetische Besatzungsmacht zu untersuchen. Nun war er selbst am 17. Juni 1948 verhaftet worden.

Bundeskanzler Figl bemerkte dazu: „Der Fall Marek ist sehr ernst. Ich glaube nicht, daß es uns gelingen wird, Marek zur Gänze frei zu bekommen. Wir müssen aber alles unternehmen, vor allem um der Beamtenschaft zu helfen. Wir müssen im besonderen auch die Weltöffentlichkeit mobilisieren, um einen gewissen Rückhalt zu bekommen." Figl beabsichtigte, mit dem Problem in zweierlei Hinsicht an den Alliierten Rat heranzutreten: „Von der ersten bin ich überzeugt, daß sie keinen Erfolg haben wird, aber wir müssen zu erreichen versuchen, daß Verhaftungen von österreichischen Staatsbürgern nur durch einen Beschluß des Alliierten Rates möglich sind. [...] Der zweite Weg, der gangbar sein muß, ist der, daß Verhaftungen von österreichischen Staatsbürgern nur im Einvernehmen mit den zuständigen österreichischen Behörden durchgeführt werden können und daß es dem österreichischen Staatsbürger möglich werden muß, sich in einem Verfahren nach österreichischen Gesetzen, eventuell auch nach Besatzungsgesetzen zu verteidigen, daß aber der österreichische Staatsbürger niemals nur auf Grund von Besatzungsrecht und ohne Mitwirkung österreichischer Behörden verhaftet und bestraft werden kann."[29]

Wiewohl der Fall Marek sogar eine Anfrage im britischen Unterhaus provozierte[30] und sich Bundeskanzler Figl im 120. Ministerrat vom 13. Juli 1948 noch Hoffnungen hingab,

---

[27] Vgl. beispielsweise MRP Nr. 120/1 d vom 13. Juli 1948. Zur Problematik der „Besatzungszeit" vgl. Alfred Ableitinger/Siegfried Beer/Eduard Staudinger (Hg.), Österreich unter alliierter Besatzung 1945–1955, Wien 1998.

[28] Vgl. MRP Nr. 117/1 d.

[29] Vgl. MRP Nr. 117/1 f.

[30] Vgl. MRP Nr. 118/1 c vom 29. Juni 1948; Wiener Zeitung, 27. Juni 1948, S. 2 „Drei Fragen im Unterhaus".

nicht nur in dieser, sondern auch in anderen vergleichbaren Angelegenheiten einen positiven Fortschritt bzw. konkret die baldige Freilassung Mareks und weiterer Betroffener zu erreichen[31], erwiesen sich derartige Erwartungen als unberechtigt. Das Verhältnis zwischen Bundesregierung und sowjetischer Besatzungsmacht blieb ein angespanntes, und über eine weitere Unterredung mit Generaloberst Želtov berichtete Figl im nächsten Ministerrat, er habe auf dessen Frage, „ob ich als Demokrat gegen die Volksdemokratie wäre", erklärt, „ich sei wohl ein Demokrat, aber nicht für die Volksdemokratie, in der nur eine einzige Partei diktiert. Auf seinen Vorwurf, daß ich da ja auch gegen die Sowjetunion sei, erwiderte ich, daß ich mich nicht in die russischen Verhältnisse einmenge."[32] Marek jedenfalls wurde schließlich am 7. Februar 1951 durch ein sowjetisches Militärtribunal wegen Spionage und Teilnahme an einer verbrecherischen Organisation zum Tod verurteilt. Am 19. März 1951 wurde das Todesurteil in 25 Jahre Haft umgewandelt, und Marek kehrte erst am 25. Juni 1955 nach Österreich zurück.[33]

Die anhaltend schwierigen Beziehungen der Bundesregierung zu den Besatzungsmächten veranlaßten Bundesminister Helmer in der 121. Sitzung des Ministerrates vom 20. Juli 1948 zu grundsätzlichen Überlegungen über den Umgang mit den Alliierten: „Ich glaube, daß uns die Berichte des Herrn Bundeskanzlers [...] vielleicht doch veranlassen sollten, die Frage zu ventilieren, in welcher Weise wir den Verkehr mit den Alliierten pflegen sollen. Ich habe bei den vielen Beziehungen mit den Alliierten folgende Wahrnehmung gemacht: Ich verkehre mit ihnen nur schriftlich. Außerdem glaube ich, daß die Öffentlichkeit die beste, vielleicht auch die einzige Waffe ist, die wir besitzen. Wir sollten alle Ungehörigkeiten [...] der Öffentlichkeit bekannt machen, u. zw. bei Unzukömmlichkeiten aller Alliierten. Schlechter als das Verhältnis zu den Russen jetzt ist, kann es auch nicht mehr werden. Ich meine, daß uns der Herr Kanzler als Chef der Regierung zu gut ist, als daß er alle 14 Tage dort zusammengeschimpft wird. Ich bin für den schriftlichen Verkehr und dafür, die konkreten Fälle der Öffentlichkeit bekanntzugeben." Zu den Verhaftungen und zur Haltung der Beamtenschaft im allgemeinen bemerkte Helmer: „Wir sind in ein ganzes Spionagenetz eingebaut. Es ist nichts, was irgendwie geheim bleiben kann. [...] Man weiß nicht mehr, was man einem Beamten auftragen kann." Kein Bezirkshauptmann wage es mehr, „eine Anordnung eines Ortskommandanten abzulehnen, obwohl ich den Bezirkshauptleuten schon oftmals gesagt habe, sie sollten zur Landesregierung gehen und Maßnahmen nur mit deren Zustimmung durchführen. Die Landeshauptleute habe ich darauf verwiesen, daß sie als erste Widerstand leisten müßten. Aber nicht einmal mehr die Landesregierung ist dazu zu bringen, daß sie eine Abwehrstellung einnimmt. Auch die Beamten sind nicht mehr zuverlässig."[34]

Bundesminister Gruber ergänzte diese Ausführungen und erklärte, „man müsse den Russen gegenüber in erster Linie mit der Waffe der Veröffentlichung arbeiten. Jede Illusion darüber, daß man zu Vereinbarungen kommen kann, ist falsch. Besprechungen sind für die Russen nur ein taktisches Mittel, um ihre eigene Position zu verbessern. Sie gehen aber im allgemeinen nicht über einen gewissen Rahmen hinaus." Auch Gruber riet also dazu, die Öffentlichkeit als Druckmittel einzusetzen: „Je mehr wir auf sachliche Art und Weise feststellen, umso unangenehmer wird dies den Russen sein. Alle Fälle [...] sollten veröffentlicht und dabei die Journalisten eingesetzt werden. Diese Veröffentlichungen müssen aber auch stimmen. Wenn andere Besatzungsmächte ähnliche Dinge tun, müssen solche Fälle gleichfalls

---

31 Es handelte sich beispielweise um die beiden niederösterreichischen Landtagsabgeordneten Franz Gruber und Ferdinand Riefler, den Baumeister Eduard Seeger, den Sekretär des Niederösterreichischen Bauernbundes Herbert Schretter oder den Ministerialrat Dipl.-Ing. Paul Katscher der Generaldirektion der Österreichischen Bundesbahnen. Vgl. MRP Nr. 120/1 j.

32 Vgl. MRP Nr. 121/1 c vom 20. Juli 1948.

33 Vgl. die entsprechende Anmerkung in MRP Nr. 117/1 f.

34 Vgl. MRP Nr. 121/1 g.

angegriffen werden." In diesem Sinne empfahl Gruber weiters, „eine Art Weißbuch oder Rotbuch oder Rot-Weiß-Rotbuch über das Verhalten der Besatzungsmächte in Österreich herauszugeben. Es wäre wertvoll, wenn man dieses bis zum Jahresende herausbringen und in ihm in völlig unpolemischer Form Fall für Fall darstellen könnte. Das würde ein verheerendes Bild der Verletzungen des Kontrollabkommens ergeben, das für die Russen sehr unangenehm wäre." Allerdings müsse man „natürlich auch die Fälle über die anderen Besatzungsmächte sammeln".[35] Im weiteren Verlauf dieser Sitzung sprach sich auch Vizekanzler Dr. Adolf Schärf für eine derartige Publikation aus: „Man sollte tatsächlich eine umfangreiche Darstellung vorbereiten. Vieles weiß die Öffentlichkeit nicht. Ich habe z. B. erfahren, daß in Gebieten Niederösterreichs Aufträge der Kommandanturen an die Bürgermeister ergangen sind, auf den Häusern anzuschreiben, ob geschlechtskranke Frauen im Hause sind oder nicht. Die Feststellung solcher Tatsachen gehört wirklich in einem Buch veröffentlicht."[36]

Daß die im Rahmen der vorliegenden Ministerratsprotokolle behandelten Vorkommnisse hauptsächlich die sowjetische Besatzungsmacht betrafen, soll nicht darüber hinwegtäuschen, daß, wie auch den eben zitierten Äußerungen von Regierungsmitgliedern zu entnehmen ist, das Verhältnis zu den westlichen Besatzungsmächten auch nicht immer frei von Spannungs- und Konfliktpotential war, wiewohl die Auseinandersetzungen mit den sowjetischen Behörden in der Tat den weitaus breitesten Raum einnahmen. Ein wiederkehrendes Thema, das nicht nur die sowjetische Besatzungsmacht betraf, war die Bezahlung der alliierten Besatzungskosten durch die Republik Österreich.[37] Zur Deckung der Ausgaben für die Besatzungskosten hatte die Bundesregierung die Schaffung eines Besatzungskostendeckungsgesetzes ins Auge gefaßt, nicht zuletzt dezidiert im Hinblick darauf, wie es Bundesminister Krauland in der 118. Ministerratssitzung vom 29. Juni 1948 recht unverhohlen andeutete, die Besatzungsmächte in Verlegenheit zu bringen: „Die Besatzungssteuer ist weniger gegen die österreichische Bevölkerung als gegen die Besatzungsmächte gerichtet."[38] Diese Stoßrichtung spricht auch aus dem bereits erwähnten Bericht Bundeskanzler Figls in der 117. Sitzung über sein Gespräch mit Želtov, der dem Kanzler hinsichtlich der Besatzungskosten mitgeteilt hatte, er habe „ein Anrecht auf den vollen Betrag, sonst könne er seinen Soldaten den Sold nicht auszahlen". Figl berichtete, er habe erklärt, „daß wir das Geld nicht haben und erst Wege suchen, es aufzutreiben, daß wir u. a. den Entwurf für eine Besatzungssteuer ausarbeiten. Das hat ihn irritiert [...]. Nach einer längeren Debatte erklärte ich, wir wüßten noch nicht, welchen Weg wir zur Beschaffung der Mittel beschreiten könnten, zumal sich die anderen Elemente noch nicht geäußert haben. Wir prüften jedoch u. a. die Möglichkeit einer

35 Vgl. MRP Nr. 121/1 g und 1 h.

36 Vgl. MRP Nr. 121/1 i. Zu den Überlegungen über dieses sogenannte „Rot-Weiß-Rotbuch" (auch „Weißbuch" genannt) vgl. weiters MRP Nr. 125/1 e vom 14. September 1948, wo der Bundesminister für Justiz Dr. Josef Gerö zur Vorsicht riet: „Besprechungen im Hause haben aber ergeben, daß man auf dem Standpunkt steht, die Zeit für die Veröffentlichung wäre noch nicht gekommen, denn es könnte passieren, daß im Falle der Herausgabe eines solchen Buches das Solidaritätsgefühl der Alliierten gestärkt werden würde. Ich würde mir daher erlauben vorzuschlagen, mit der Herausgabe des Weißbuches noch zuzuwarten." Zur Herausgabe eines entsprechenden Werkes kam es schließlich nicht.

37 1945 hatte Österreich den Besatzungsmächten zwei Milliarden Schilling zur Verfügung stellen müssen, 1946 waren es 812 Millionen. Ab 1. Juli 1947 verzichtete die US-Besatzungsmacht auf die Bezahlung der Besatzungskosten, wodurch sich die Summe für das genannte Jahr auf 407 Millionen statt ursprünglich 492 Millionen reduzierte. Bis Ende 1947 bezahlte Österreich 3,2 Milliarden Schilling Besatzungskosten, davon entfielen 1,8 Milliarden alleine auf die Sowjetunion. Vgl. dazu AdR, BMF, Zl. 26-15/1948; Hans Seidel, Österreichs Wirtschaft und Wirtschaftspolitik nach dem Zweiten Weltkrieg, Wien 2005, S. 130; MRP Nr. 73/1 d vom 24. Juni 1947. Für das Jahr 1948 hatte der Alliierte Rat die Höhe der Besatzungskosten auf 597,4 Millionen Schilling festgesetzt. Vgl. Österreichisches Jahrbuch 1948. Nach amtlichen Quellen herausgegeben vom Bundespressedienst, Wien 1949, S. 21 f.

38 Vgl. MRP Nr. 118/6.

Besatzungssteuer, Kürzung der Sozialversicherungsbeiträge, Einschränkungen im Eisenbahnverkehr usw."[39]

Daß die Bundesregierung vielleicht auf die propagandistische Wirkung einer solchen Ankündigung hoffte, ohne ein entsprechendes, in der Bevölkerung natürlich unpopuläres Gesetz letztendlich tatsächlich beschließen zu müssen, läßt sich aus der diesbezüglichen Debatte in der 119. Ministerratssitzung vom 6. Juli 1948 erschließen. Ein Ministerkomitee hatte sich in der Frage des Besatzungskostendeckungsgesetzes beraten und die Empfehlung ausgesprochen, den Entwurf im Parlament einzubringen. „Die Wirkung", so der berichtende Bundesminister für Finanzen Dr. Georg Zimmermann, „des Gesetzentwurfes solle in erster Linie sein, zu dokumentieren, daß die Regierung die ernste Absicht habe, die Besatzungskosten, falls sie unverändert bleiben sollten, auf diesem Wege zu decken."

Bundesminister für Unterricht Dr. Felix Hurdes klang dagegen weniger überzeugt: „Ich weiß nicht, ob das dem entspricht, was wir uns in der letzten Sitzung vorgestellt haben. Wenn wir den Gesetzesentwurf einbringen, begeben wir uns des letzten Druckmittels. Ich glaube daher, daß man mit der Einbringung vorläufig noch zuwarten sollte."

Bundesminister für Justiz Dr. Josef Gerö wiederum versprach sich gerade vom Akt der Einbringung das erhoffte Ergebnis: „Das Komitee erwartet sich von der Einbringung im Parlament eine erhöhte propagandistische Wirkung, besonders auch auf das Ausland, sowie einen indirekten Druck auf die Alliierten und meint, daß ein Zurückhalten des Gesetzes die Sache nur weiter in Schwebe lassen würde. Wenn wir gar nichts machen, bleibt die Sache liegen."

Schließlich einigte sich die Bundesregierung über Anregung des Vizekanzlers darauf, „intern den Bundeskanzler zur Einbringung des Entwurfes zu ermächtigen", sodaß es, wie es Hurdes schließlich formulierte, dem Bundeskanzler überlassen werde, „je nach dem Gang der Verhandlungen mit den Alliierten den Zeitpunkt für die Einbringung des Entwurfes im Parlament festzulegen".[40]

Doch die sowjetische Besatzungsmacht blieb in der Frage der Besatzungskosten hart, wie Figl dem Ministerrat am 20. Juli 1948 mitteilte. Želtov hatte dem Kanzler erklärt: „Der Standpunkt der Russen ist unverrückbar. [...] Es bestehe ein Beschluß des Alliierten Rates, der realisiert werden müsse. Entweder wir bezahlen diese ersten zwei Quartale, oder er wird einen Weg zu gehen wissen, daß Österreich nicht ungestraft alliierte Beschlüsse und das Kontrollabkommen verletzt. Das hat er ziemlich deutlich und hart gesagt."[41]

---

39 Vgl. MRP Nr. 117/1 d vom 22. Juni 1948.

40 Vgl. MRP Nr. 119/8.

41 Vgl. MRP Nr. 121/1 c. Entsprechend dieser Entwicklung wurde das Besatzungskostendeckungsgesetz in den Nationalrat eingebracht und im Juni 1949 realisiert: BGBl. Nr. 133, Bundesgesetz vom 19. Mai 1949, betreffend Maßnahmen zur Sicherung der Besatzungskosten für das Jahr 1949 (Besatzungskostendeckungsgesetz), ausgegeben am 30. Juni 1949. Zu den Diskussionen im Ministerrat über die Bezahlung der Besatzungskosten, die Einführung einer Besatzungssteuer und den Entwurf eines Besatzungskostendeckungsgesetzes vgl. weiters MRP Nr. 115/1 d vom 8. Juni 1948, MRP Nr. 116/1 g vom 15. Juni 1948, MRP Nr. 117/1 d und 1 j vom 22. Juni 1948, MRP Nr. 118/6 vom 29. Juni 1948, MRP Nr. 119/8 vom 6. Juli 1948, MRP Nr. 133/1 a vom 16. November 1948, MRP Nr. 134/1 c vom 23. November 1948, MRP Nr. 135/1 b vom 30. November 1948, MRP Nr. 138/1 g vom 21. Dezember 1948, MRP Nr. 141/1 g vom 18. Jänner 1949, MRP Nr. 142/1 b vom 25. Jänner 1949, MRP Nr. 144/10 h vom 8. Februar 1949, MRP Nr. 155/15 b vom 3. Mai 1949 und MRP Nr. 156/21 vom 10. Mai 1949. Vgl. zu den Besatzungskosten auch Seidel, Österreichs Wirtschaft und Wirtschaftspolitik, S. 129–131 und S. 468–470.

Ernährungssicherung und Marshallplanhilfe

Eine allgegenwärtige Problematik war die schwierige Lage auf dem Gebiet der Lebensmittelversorgung, die im hier behandelten Zeitraum in fast jeder Sitzung des Ministerrates in der einen oder anderen Form auf der Tagesordnung stand. Die Bundesregierung sah sich diesbezüglich mit einem vielfältigen Spektrum an Schwierigkeiten konfrontiert, dem sie mit einer Reihe von Maßnahmen zu begegnen suchte, darunter etwa die staatliche Bewirtschaftung und Verpflichtung zur Ablieferung landwirtschaftlicher Erzeugnisse, der Abschluß von Kompensationsgeschäften und Handelsverträgen mit anderen Staaten oder die Einbringung einschlägiger Bundesgesetze. Weiters hatte die Bundesregierung am 24. Juni 1947 die Teilnahme Österreichs an der Marshallplanhilfe beschlossen.[42] Ab diesem Zeitpunkt hatten Verhandlungen über diese großangelegte Hilfsaktion der USA für Europa stattgefunden, da der genaue Zeitpunkt ihres Anlaufens jedoch nicht festgestanden hatte, war zwischenzeitlich durch andere Hilfs- und Notprogramme versucht worden, vor allem auch die konstante Sicherung der Lebensmittelversorgung zu gewährleisten.[43] Zu diesen Hilfsprogrammen zählten etwa die sogenannte Kongreßhilfe der USA, die am 1. April 1947 beschlossen worden war und durch die Österreich 82 Millionen Dollar erhielt[44], sowie die ebenfalls vom US-Kongreß beschlossene Überbrückungs- bzw. Interimshilfe, aus deren Gesamtrahmen von etwas über 500 Millionen Dollar 57 Millionen Dollar nach Österreich flossen. Mit diesen Geldern konnten unter anderem Nahrungsmittel, Saatgut, Düngemittel und Pestizide nach Österreich importiert werden.[45] Was speziell die Versorgung der Bundeshauptstadt betraf, so war diese weitgehend von Lebensmittellieferungen aus den Bundesländern abhängig, ein Umstand, der laufend zu Konflikten und Spannungen Anlaß gab. Die Regelmäßigkeit, mit der das Thema der Ernährung und Lebensmittelversorgung der österreichischen Bevölkerung in den Protokollen des Ministerrates aufscheint, zeigt jedenfalls deutlich, wie weit man auf diesem Gebiet auch zu diesem Zeitpunkt noch von einer Normalisierung entfernt war.

Was den Marshallplan und die Vorbereitungen zu seiner Durchführung betraf, waren in den dem vorliegenden Band vorangehenden Ministerratssitzungen u. a. die Gründung der Organisation für europäische wirtschaftliche Zusammenarbeit (Organisation for European Economic Co-operation; OEEC), die der Koordination des europäischen Wiederaufbaues und der Bedarfsprogramme der Marshallplanländer dienen sollte, sowie auch die breitere politische Dimension dieser Entwicklung thematisiert worden[46]. Weiters war der Aufbau der

---

42 Vgl. MRP Nr. 73/17. Zum Marshallplan vgl. auch die entsprechende Anmerkung in MRP Nr. 116/1 a.

43 Im Rahmen des sogenannten „Notprogramms 1948", das Ende September 1947 erstellt wurde, war geschätzt worden, daß Österreich gezwungen sei, bis zum Anlaufen der Marshallplanhilfe Waren im Wert von 433 Millionen Dollar zu importieren (173 Millionen Dollar davon alleine im Bereich Ernährung), denen Exporte im Wert von nur 125 Millionen Dollar gegenüberstanden. Vgl. Seidel, Österreichs Wirtschaft und Wirtschaftspolitik, S. 293. Zur wirtschaftlichen Situation Österreichs nach 1945 mit besonderem Hinblick auf ausländische Hilfsaktionen und -programme im Vorfeld der Marshallplanhilfe vgl. ebendort, S. 281–293. Nach Wilfried Mähr mußte über die Hälfte der in Österreich konsumierten Nahrungsmittel importiert werden. Vgl. Wilfried Mähr, Von der UNRRA zum Marshallplan. Die amerikanische Finanz- und Wirtschaftshilfe an Österreich in den Jahren 1945–1950, phil. Diss., Wien 1985, S. 189.

44 Vgl. Seidel, Österreichs Wirtschaft und Wirtschaftspolitik, S. 292.

45 Vgl. dazu Mähr, Von der UNRRA zum Marshallplan, S. 179–190.

46 Vgl. etwa MRP Nr. 106/1 c und 4 a vom 6. April 1948. Unter letztgenanntem Tagesordnungspunkt hatte Bundesminister Gruber den Marshallplan beispielsweise dezidiert mit einer „Abstoppung" des „russischen Vormarsches" in Verbindung gebracht (Gruber: „Ein Mittel dazu ist der Marshall-Plan…") und die Vision eines militärisch geeinten bzw. abgesicherten Europas mit dem Ziel, „eine wirkliche Solidarität zur Sicherheit eines jeden Bürgers zu schaffen", beschworen. Gruber: „Nur ein solches System wird auf die Dauer die Ruhe garantieren. Dann werden weitere Abmachungen kommen und wird man auch im Osten die Vernunft hoffentlich wieder eintreten lassen."

europäischen wirtschaftlichen Koordination[47] und der österreichischen ERP-Organisation (ERP: European Recovery Program, i.e. der Marshallplan), die die Schaffung einer Reihe von Verwaltungsstellen zur Abwicklung der Marshallplanhilfe sowie von Büros zur Vertretung der österreichischen Interessen in Paris und in Washington umfaßte, wiederholte Male zur Sprache gebracht worden.[48] Mit organisatorischen Fragen der Marshallplanhilfe setzte sich die Bundesregierung in der 116. Sitzung des Ministerrates vom 15. Juni 1948 auseinander, als Bundesminister Gruber um Zustimmung „zu der im Einvernehmen mit den zuständigen Ressorts aufgestellten Liste der österr.[eichischen] Sachverständigen für den Marshall-Plan" ersuchte. Die Sachverständigen, über deren Auswahl allerdings zu diesem Zeitpunkt noch keine hundertprozentige Übereinstimmung herrschte, sollten u. a. die österreichischen Interessen bei den Sitzungen der OEEC in Paris vertreten.[49] Die Erörterung dieser Fragen bewegte sich im Vorfeld der endgültigen Unterzeichnung des Abkommens, betreffend die wirtschaftliche Zusammenarbeit mit den USA, zuvor aber brachte Bundeskanzler Figl noch in der 117. Ministerratssitzung vom 22. Juni 1948 den kurzen Hinweis, daß die „Marshall-Hilfe [...] in Amerika nunmehr endgültig beschlossen" worden war.[50] Sodann berichtete Bundesminister Gruber in der folgenden 118. Sitzung vom 29. Juni 1948 über die bevorstehende Unterzeichnung des erwähnten bilateralen Abkommens, das jeder der Marshallplanstaaten auf Basis des am 3. April 1948 vom US-Kongreß angenommenen „Economic Cooperation Act" (auch „Foreign Assistance Act of 1948") als Voraussetzung für die Gewährung der Marshallplanhilfe mit den USA abschließen mußte. Abermals kam die politische Dimension der österreichischen Teilnahme am Marshallplan zur Sprache, als Bundesminister Gerö auf einen Artikel in der kommunistischen Tageszeitung „Österreichische Volksstimme" verwies, der die Behandlung des Abkommens mit den USA im Nationalrat forderte.[51] Bundesminister Gruber erklärte daraufhin, daß sich die Beurteilung, „ob ein solches Abkommen gesetzesändernden oder politischen Charakter hat, aus der jeweiligen Sachlage ergibt. Ob es politischen Charakter hat, ist eine Ermessenssache der Bundesregierung. Unsererseits steht dem nichts entgegen, das Abkommen dem Parlamente vorzulegen." Allerdings: „Eine Notwendigkeit dazu besteht jedoch nicht. Es wäre dies ein Novum." Als Gerö sodann erwähnte, daß der Staatsanwalt im Wiederholungsfall eine Beschlagnahmung der „Volksstimme" in Erwägung ziehe, riet Vizekanzler Schärf zur Vorsicht und meinte, „man solle es auf einen Prozeß nicht ankommen lassen. Eine Untersuchung vor dem Gericht, ob dies ein politischer Vertrag ist oder nicht, sei nicht zweckmäßig, da der Vertrag leider nicht so günstig und propagandistisch sehr leicht dazu zu verwenden sei, eine wirtschaftliche Durchdringung Österreichs durch Amerika zu konstruieren." Gruber stimmte dem zu, merkte jedoch an: „Bisher wurde amerikanischerseits in keiner Weise eine Einflußnahme auf unsere Wirtschaftspolitik ausgeübt, daher bin ich der Meinung, das Abkommen möge ruhig publiziert werden und dann die Pressekontroverse mit den Kommunisten ausgefochten werden."[52]

47 So hatte Gruber etwa am 25. Mai 1948 über die Unterzeichnung des Abkommens über die Europäische Wirtschaftliche Zusammenarbeit durch die am Marshallplan partizipierenden Staaten, die in Paris am 16. April 1948 stattgefunden hatte, berichtet. Vgl. MRP Nr. 113/5.

48 Vgl. dazu etwa MRP Nr. 108/1 b vom 20. April 1948, MRP Nr. 109/1 b vom 27. April 1948, MRP Nr. 110/1 b vom 4. Mai 1948, MRP Nr. 112/1 h vom 18. Mai 1948 und MRP Nr. 113/1 b, 1 n und 14 vom 25. Mai 1948.

49 Vgl. MRP Nr. 116/11.

50 Vgl. MRP Nr. 117/1 b. Der US-Senat und das US-Repräsentantenhaus hatten sich auf eine Gesamtsumme von knapp über sechs Milliarden Dollar für die ersten 15 Monate der Marshallplanhilfe geeinigt. Vgl. etwa Wiener Zeitung, 22. Juni 1948, S. 1 f „Marshalls Hilfsprogramm wiederhergestellt".

51 Vgl. Österreichische Volksstimme, 27. Juni 1948, S. 2 „Was steht im Marshallvertrag? Die Bedingungen bis zum letzten Augenblick geheimgehalten".

52 Vgl. MRP Nr. 118/4.

In der nächsten Ministerratssitzung vom 6. Juli 1948 konnte Gruber bereits über die vollzogene Unterzeichnung des Abkommens über die wirtschaftliche Zusammenarbeit berichten, die am 2. Juli 1948 im Sitzungssaal am Ballhausplatz unter reger medialer Anteilnahme, wie etwa die „Wiener Zeitung" in ihrer diesbezüglichen Berichterstattung schilderte[53], stattgefunden hatte.[54] Im weiteren Verlauf dieser Debatte sowie auch in den folgenden Ministerratssitzungen wurden sodann wieder Fragen der konkreten Umsetzung und Durchführung der Marshallplanhilfe diskutiert, so u. a. der Wunsch der Bundesregierung, die in den USA im Rahmen der Marshallplanhilfe getätigten Nahrungsmitteleinkäufe selbst bzw. durch österreichische Stellen durchführen zu können[55], weiters Maßnahmen zur Erleichterung des europäischen Zahlungsverkehrs im Rahmen der OEEC[56], die Modifikation und Ergänzung der Liste der österreichischen Sachverständigen für den Marshallplan[57], die Schaffung eines Bundesgesetzes über die Sicherstellung der für den Erlag des Schillinggegenwertes amerikanischer Hilfslieferungen erforderlichen Beträge[58] sowie Finanzierungsfragen des Marshallplanes.[59]

Neben der Koordination der Marshallplanhilfe behandelte die Bundesregierung in nahezu jeder Ministerratssitzung diverse Probleme der Lebensmittelversorgung, die oft um Preis- und Finanzierungsfragen kreisten. So setzte sich die Bundesregierung beispielsweise in der 118. Sitzung vom 29. Juni 1948 mit der Finanzierung des Aufkaufs und der Einlagerung der Getreidekontingente 1948 und eines Teils des Kartoffelkontingents 1948 auseinander. In dieser Angelegenheit war bereits Ende Juli 1947 ein Ministerratsbeschluß gefaßt worden[60], der die Heranziehung öffentlicher Mittel vorgesehen, sich aber aus unterschiedlichen Gründen als unbefriedigend erwiesen hatte. Die Sicherung der fraglichen Kontingente war jedoch nicht nur hinsichtlich der unmittelbaren Ernährungssicherung und einer über das gesamte Wirtschaftsjahr hinweg gleichbleibenden Brotqualität wichtig, sondern auch deshalb, weil von Seiten der USA im Zusammenhang mit der Marshallplanhilfe von Österreich die Einbringung eines Beitrages von 820 Kalorien pro Person aus der landwirtschaftlichen Produktion verlangt wurde.[61]

Im Zusammenhang damit stand auch der in der 122. Sitzung des Ministerrates vom 19. August 1948 behandelte Entwurf eines Bundesgesetzes über die Stützung der Preise landwirtschaftlicher Erzeugnisse[62], der als BGBl. Nr. 43/1949 am 1. Februar 1949 ausgegeben wurde.[63] Dieses Gesetz sah die Heranziehung von Geldmitteln im Ausmaß von bis zu 600 Millionen Schilling aus dem außerordentlichen Bundeshaushalt für Preisstützungen vor. Zur Deckung dieses im Budget eigentlich für Wiederaufbau und Investitionen vorgesehenen Betrages sollten wiederum Schillingerlöse aus den amerikanischen Hilfslieferungen herangezogen werden, „soweit" – so die Formulierung in § 2 des Gesetzes – „sie die Vereinigten Staaten von Amerika für diese Zwecke freigeben".

53 Vgl. Wiener Zeitung, 3. Juli 1948, S. 1 „Bilaterales Wirtschaftsabkommen mit USA. Ein feierlicher Unterzeichnungsakt im Außenamt – Eine neue Organisation startet".

54 Vgl. MRP Nr. 119/1 d.

55 Vgl. MRP Nr. 119/1 d. Dieser Wunsch erfüllte sich erst Anfang des Jahres 1951. Zu diesem Problem vgl. Mähr, Von der UNRRA zum Marshallplan, S. 346–353.

56 Vgl. MRP Nr. 121/11 a vom 20. Juli 1948.

57 Vgl. MRP Nr. 121/11 b und MRP Nr. 122/6 vom 19. August 1948.

58 Vgl. MRP Nr. 122/12; BGBl. Nr. 245, Bundesgesetz vom 17. November 1948 über die Sicherstellung der für den Erlag des Schillinggegenwertes amerikanischer Hilfslieferungen erforderlichen Beträge, ausgegeben am 30. Dezember 1948.

59 Vgl. MRP Nr. 122/15.

60 Vgl. MRP Nr. 77/11 vom 29. Juli 1947.

61 Vgl. MRP Nr. 118/10.

62 Vgl. MRP Nr. 122/11.

63 BGBl. Nr. 43, Bundesgesetz vom 16. Dezember 1948 über die Stützung der Preise landwirtschaftlicher Erzeugnisse, ausgegeben am 1. Februar 1949.

Ebenfalls in der 122. Ministerratssitzung thematisierte Bundesminister für soziale Verwaltung Karl Maisel die Unsicherheit der österreichischen Bevölkerung hinsichtlich der Lebensmittelversorgung und verwies „auf die ernsten Besorgnisse, die in der Öffentlichkeit wegen der Aufbringung der Kontingente bestehen, da sie auf Grund der Nachrichten des Landeswirtschaftsministeriums der Meinung ist, daß die Aufbringung nur äußerst langsam und in unzureichendem Ausmaß vor sich geht, aber andererseits die Beschickung des ungesetzlichen Marktes" – d.h. des Schwarzmarktes – „in einem unerhörten Ausmaß sieht. [...] Er richtet an den Bundeskanzler die Frage, ob die Aufbringung der Kontingente einwandfrei gesichert sei." Sowohl Bundesminister für Land- und Forstwirtschaft Josef Kraus als auch Bundeskanzler Figl wiesen darauf hin, daß diese Frage hinsichtlich des Brotgetreides noch nicht endgültig beurteilt werden könne, Sorgen bereite aber, so Figl, die Fleischversorgung. Bundesminister für Volksernährung Otto Sagmeister nützte die Gelegenheit und erinnerte den Landwirtschaftsminister an eine Erklärung vom Juli 1948, „daß ab Herbst keine Fleischkonserven mehr, sondern nur Frischfleisch ausgegeben werde. Um dieses Versprechen einhalten zu können, muß Vorsorge getroffen werden."[64] Sagmeister ersuchte den Bundeskanzler, „bald eine Landeshauptmännerkonferenz einzuberufen, um die Landeshauptleute an die Ablieferungspflicht zu erinnern". Dies bot Bundesminister Helmer im weiteren Verlauf der Debatte Gelegenheit, die diesbezüglichen Verhältnisse in den Ländern zu geißeln.

Die Konflikte zwischen Bund und Ländern, die sich etwa auf Grund der oftmals mangelhaften und widerwilligen Erfüllung der vorgeschriebenen Ablieferungskontingente und der Versorgung der Bundeshauptstadt Wien entwickelten, waren ebenfalls ein immer wiederkehrendes Thema in den Ministerratsprotokollen jener Zeit. Hier kritisierte Helmer, „daß vielfach geradezu unter dem Schutz von Landeshauptleuten Bewirtschaftungsvorschriften mißachtet werden", und stellte fest: „Was sich hier abspielt, ist eine große Gefahr für die Sicherung unserer Ernährung." Sodann verteidigte Kraus seine Erklärung hinsichtlich der Frischfleischausgabe folgendermaßen: „Was ich in meinem Rundschreiben geschrieben habe, entspricht den Tatsachen. Fleisch oder Fleischspeisen sind in den Bundesländern überall zu haben. Auf Grund dieser Vorkommnisse, die allen bekannt sind, habe ich meinen Aufruf erlassen, denn was sich da tut, ist gefährlich. [...] Ich fürchte, daß durch diese Vorkommnisse die Ablieferungsmoral vollkommen erschlagen worden ist. Hier muß rechtzeitig eingegriffen werden."[65] Ein im weiteren Verlauf dieser Sitzung erstatteter Bericht über die Durchbrechung von Bewirtschaftungsvorschriften im Bundesland Salzburg mag den Eindruck von den schwierigen Verhältnissen, die generell auf diesem Gebiet herrschten, noch zusätzlich unterstreichen.[66]

Auch das Wirtschaftliche Ministerkomitee beschäftigte sich naturgemäß laufend mit Ernährungsfragen. In den hier dokumentierten Zeitraum fiel lediglich eine einzige Sitzung jenes Gremiums, und zwar die 53. vom 20. Juli 1948, in der über die Frage staatlicher Stützungen für verlusttragende Zuckerfabriken sowie generell die staatliche Stützung der Zuckerindustrie bzw. deren zukünftige Vermeidung, weiters die Stützung von Fleischpreisen und bevorstehende Wirtschaftsverhandlungen mit Jugoslawien und Bulgarien zur Einfuhr kalorienreicher Lebensmittel nach Österreich berichtet wurde.[67]

---

64 Vgl. Wiener Zeitung, 25. Juli 1948, S. 2 „Frischfleisch für Wien gesichert".

65 Vgl. MRP Nr. 122/1 q.

66 Vgl. MRP Nr. 122/24 a.

67 Vgl. WMK Nr. 53/1, 4 und 5.

(Re-)Integration in die internationale Staatengemeinschaft

Neben dominanten Themen wie der Marshallplanhilfe, den Konflikten mit den Besatzungsmächten oder der Sicherung der Ernährung der österreichischen Bevölkerung wurde auch die rasche Integration bzw. Reintegration Österreichs in die internationale Staatengemeinschaft laufend forciert. Dies geschah auf mehreren Ebenen, etwa durch den Abschluß von Handelsverträgen, den Beitritt zu internationalen Organisationen und Verträgen, die Teilnahme an internationalen Konferenzen, den Ausbau und die Pflege diplomatischer Beziehungen sowie durch Staatsbesuche, wobei sich in den hier vorliegenden Protokollen eine besondere Vielfalt an diesbezüglichen Tagesordnungspunkten findet.[68]

Was die Stärkung der internationalen Beziehungen betraf, seien exemplarisch genannt: die Teilnahme des Bundeskanzlers an den Feiern anläßlich des 100-jährigen Bestandes der Schweizer Verfassung[69]; ein Besuch des Präsidenten der Interparlamentarischen Union William Wedgwood Benn, Viscount Stansgate[70]; die Bestellung eines neuen politischen Vertreters Polens[71]; der Besuch des geschäftsführenden Direktors der „Care"-Aktion Paul Comly French sowie ein Empfang Bundesminister Maisels durch den englischen Arbeitsminister George Isaacs in London[72]. In Bezug auf die Teilnahme Österreichs an internationalen Konferenzen, die Mitgliedschaft in diversen überstaatlichen Institutionen und den Beitritt zu internationalen Abkommen wurden in den vorliegenden Protokollen u. a. behandelt: der Beitritt Österreichs zum Internationalen Währungsfonds und zur Internationalen Bank für Wiederaufbau und Wirtschaftsförderung[73]; der Beitritt Österreichs zur UNESCO[74]; die Teilnahme an der Regionalen europäischen Rundfunkkonferenz des Weltnachrichtenvertrages in Kopenhagen im Juni 1948 und an der XVII. Internationalen Konferenz des Roten Kreuzes in Stockholm im August 1948[75]; der Beitritt zum Abkommen von Bretton Woods[76]; die 31. Arbeitskonferenz in San Francisco.[77]

Wirtschaftsverhandlungen wurden im hier behandelten Zeitraum mit Polen[78], mit der vereinigten amerikanischen und britischen Besatzungszone Deutschlands (Bi-Zone)[79] und mit Jugoslawien geführt, wobei Bundeskanzler Figl anmerkte: „So wie Jugoslawien haben auch verschiedene andere Staaten in der letzten Zeit das Bestreben gezeigt, mit Österreich in Handelsbeziehungen zu treten."[80]

Einige der einschlägigen Tagesordnungspunkte verdeutlichen auch, daß die in dieser Einführung überblicksartig dargestellten Themenkomplexe oft als unter- und miteinander verbunden verstanden werden müssen. So bestand etwa ein unmittelbarer Zusammenhang zum Verhältnis mit der sowjetischen Besatzungsmacht, als sowohl der Bundeskanzler als auch

---

68 Zu den Anfängen österreichischer Außenpolitik nach 1945 vgl. etwa Eva-Marie Csáky (Hg.), Der Weg zu Freiheit und Neutralität: Dokumentation zur österreichischen Außenpolitik 1945–1955, Wien 1980; Michael Gehler, Österreichs Außenpolitik der Zweiten Republik. Von der alliierten Besatzung bis zum Europa des 21. Jahrhunderts, Band 1, Innsbruck 2005, S. 32–49.

69 Vgl. MRP Nr. 117/1 g vom 22. Juni 1948 und MRP Nr. 119/1 a vom 6. Juli 1948.

70 Vgl. MRP Nr. 121/1 b vom 20. Juli 1948.

71 Vgl. MRP Nr. 122/1 h vom 19. August 1948.

72 Vgl. MRP Nr. 123/1 f und 1 h vom 31. August 1948.

73 Vgl. MRP Nr. 116/14 vom 15. Juni 1948.

74 Vgl. MRP Nr. 116/16 b.

75 Vgl. MRP Nr. 117/13 und 16 vom 22. Juni 1948.

76 Vgl. MRP Nr. 117/17 a und MRP Nr. 118/13 vom 29. Juni 1948.

77 Vgl. MRP Nr. 122/16.

78 Vgl. MRP Nr. 121/5.

79 Vgl. MRP Nr. 122/1 d.

80 Vgl. MRP Nr. 122/1 e, weiters MRP Nr. 123/6.

Bundesminister Helmer darüber berichteten, daß diese einer italienischen Polizeidelegation, die Österreich besuchte, die Einreise nach Wien verweigert hatte. „Dies wird aber", so Figl, „für die Russen unangenehm sein, da bekannt werden wird, daß italienische Polizeioffiziere [...] nicht in die Sowjetzone nach Wien kommen können, weil es die Sowjetbesatzungsmacht verhindert."[81]

Ähnliches gilt für die österreichische Teilnahme an der am 30. Juli 1948 eröffneten Donaukonferenz in Belgrad, wo am 18. August 1948 gegen die Stimme der USA und unter Stimmenthaltung Frankreichs und Großbritanniens eine vom Leiter der Sowjetdelegation entworfene neue Donaukonvention mit den Stimmen der vertretenen Oststaaten angenommen wurde. Obwohl österreichische Vertreter an der Konferenz teilnahmen, waren diese nicht stimmberechtigt und vertraten den Standpunkt, Österreich könne eine unter solchen Voraussetzungen geschaffene Konvention nicht als rechtskräftig ansehen.[82]

Auch pflegte Österreich mit werbewirksamen Kunstausstellungen im Ausland, die – da es dabei um staatlich verwaltete Kunstschätze von beträchtlichem Wert ging – im Ministerrat in Abständen immer wieder behandelt wurden, sein kulturelles Image. Eine entsprechende Ausstellung mit dem Titel „Meisterwerke aus Österreich" hatte bereits in Zürich, Basel und Amsterdam erfolgreich Station gemacht und befand sich nun in Stockholm. Über diesen Ausstellungsort war in der 93. Sitzung des Ministerrates vom 23. Dezember 1947 Beschluß gefaßt worden, zugleich hatte die Bundesregierung in Erwägung gezogen, die Ausstellung im Anschluß daran in den USA zu zeigen.[83] Nunmehr wurde in der 117. Ministerratssitzung eine diesbezügliche Debatte abgeführt, da Unklarheit darüber zu bestehen schien, ob die Überführung der Ausstellung in die USA in der 93. Sitzung bereits beschlossen oder bloß die entsprechende Absicht des Unterrichtsministeriums zur Kenntnis genommen worden war. Schließlich kam man zum Schluß, daß noch keine diesbezügliche Entscheidung gefällt worden war und der Ministerrat sich eine solche vorbehalte. Aus der begleitenden Debatte wird abermals ersichtlich, welche zeittypischen Sorgen auch hier eine Rolle spielten: „Der Minister hebt die Gefahr hervor, die sich aus einem allfälligen Wunsch Rußlands ergeben könnte, die Ausstellung von Amerika auch nach Rußland zu bringen. Die Kunstwerke [...] stellen einen wesentlichen Teil des österreichischen Vermögens dar. Eine Versicherung ist nicht erfolgt. Ein Minister, der eine solche Aktion ohne Zustimmung des Ministerrates durchführt, macht sich eines schweren Vergehens schuldig und die Verantwortung vermag weder er noch sein Ministerium zu tragen."[84]

Kriegsgefangene, Kriegsheimkehrer und „Displaced Persons"

Eine weitere nachkriegsspezifische Thematik, die den Ministerrat im Zeitraum des Bestehens des Kabinetts Figl I häufig beschäftigte, wenngleich sie in den hier wiedergegebenen Protokollen ebenfalls nur am Rande anklingt[85], waren die Kosten für die Betreuung der „Displaced Persons" (DP, auch „versetzte Personen"). Es handelte sich dabei um sowohl deutsch- als auch

---

81 Vgl. MRP Nr. 118/1 b und 1 k vom 29. Juni 1948.

82 Zur Donaukonferenz vgl. MRP Nr. 120/1 b und 13 vom 13. Juli 1948, MRP Nr. 122/1 c und 24 b und MRP Nr. 123/1 b.

83 Vgl. MRP Nr. 93/1 i.

84 Vgl. MRP Nr. 117/1 l vom 22. Juni 1948. Zur Überführung der „Meisterwerke aus Österreich" in die USA, zu der es schließlich doch kam, vgl. weiters MRP Nr. 126/9 vom 28. September 1948, MRP Nr. 127/20 c vom 5. Oktober 1948 und MRP Nr. 143/11 vom 1. Februar 1949.

85 Vgl. dazu die entsprechende Anmerkung in MRP Nr. 118/3 vom 29. Juni 1948, weiters auch MRP Nr. 121/1 c vom 20. Juli 1948 und MRP Nr. 122/Beschlußprotokoll Punkt 2 h vom 19. August 1948.

fremdsprachige Personen nichtösterreichischer Staatsangehörigkeit, die sich etwa aus ehemaligen zivilen und militärischen Zwangsarbeitern (vor allem aus Osteuropa), aus Betroffenen der nationalsozialistischen Umsiedlungspolitik sowie aus deutschsprachigen Personen, die nach dem Krieg aus ihren Heimat- oder Ansiedlungsgebieten in Ost- und Südosteuropa vertrieben worden oder aus Angst vor Vergeltungsaktionen der nicht-deutschsprachigen Bevölkerung geflüchtet waren, zusammensetzten. Untergebracht wurden die versetzten Personen in DP-Lagern, deren Erhaltungskosten der österreichische Bundeshaushalt zu tragen hatte. Dementsprechend großes Interesse hegte die österreichische Regierung, eine möglichst rasche und umfassende Rückführung dieser Personen zu erreichen.[86] Die Betreuung der DP-Lager in der US-Besatzungszone hatte die International Refugee Organization (IRO) übernommen, und die Frage der Bezahlung der Betreuungs- und Lagerkosten entwickelte sich zu einem langlebigen Streitpunkt zwischen der österreichischen Bundesregierung und der US-Besatzungsmacht sowie der IRO, da die US-Besatzungsmacht sich in einem Vertrag mit der IRO, der am 12. September 1947 in Kraft getreten war, dazu verpflichtet hatte, die österreichische Regierung zur vollständigen Übernahme der Kosten für die DPs zu bewegen.[87] Diese finanziellen Auseinandersetzungen sollten den Ministerrat noch über das Jahr 1948 hinaus beschäftigen, und im Österreichischen Jahrbuch 1948 wurde zum Thema einleitend festgestellt: „Das Jahr 1948 hat auf dem Gebiete des Flüchtlingsproblems keine fühlbare Entlastung gebracht."[88]

Häufig behandelt wurde auch die Frage der Rückführung österreichischer Kriegsgefangener und -heimkehrer. Jene, die sich in der Sowjetunion befanden, wurden über ein sowjetisches Durchgangslager in der rumänischen Stadt Sighetu Marmaţiei (ung.: Máramarossziget) rückgeführt, das Ziel dieser Heimkehrertransporte war Wiener Neustadt. Welche Schwierigkeiten sich wiederum auf diesem Gebiet ergeben konnten, zeigt der Bericht Bundesminister Helmers in der 117. Ministerratssitzung vom 22. Juni 1948, „das Sowjetelement habe mit Schreiben vom 19. 6. mitgeteilt, daß sich in Marmaros Szigeth doch noch Kriegsgefangene befinden", wobei die sowjetische Besatzungsmacht zugleich jedoch die Vergütung der für die Kriegsgefangenen und ihren Transport aufgewendeten Verpflegung verlangte. Es handelte sich um „140 to Mehl, 223 to Hülsenfrüchte, 52 to Fleisch, 6 to Fett, 13 to Zucker, 25.000 Schachteln Zündhölzer, Kaffee, Salz, Paprika usw." Nach Helmers Einschätzung würde „der Ministerrat seine Zustimmung dazu [...] geben müssen, daß die von den Sowjets geforderten Lebensmittel bereitgestellt werden, um den Heimtransport der Kriegsgefangenen nicht zu verzögern", was aus Sicht des Ernährungsministers angesichts der prekären Versorgungslage nicht unproblematisch war. Sagmeister: „Wenn der Ministerrat beschließt, diese Lebensmittel rückzuerstatten, muß mir die Möglichkeit gegeben werden, Lebensmittel zur Deckung des inländischen Kalorienerfordernisses in weniger entwickelten Ländern einzuführen." Helmer mahnte, der sowjetischen Besatzungsmacht keine Möglichkeit zur Propaganda zu geben: „Wir dürfen uns nicht unseren Leuten gegenüber ins Unrecht setzen, da sonst die Russen vor die Öffentlichkeit gehen und sagen, daß sie zwar die Leute heimbrächten, wir aber die Lebensmittel nicht liefern."[89] In der folgenden 118. Ministerratssitzung vom 29. Juni 1948 wurde schließlich beschlossen, die benötigten Lebensmittel aus inländischen Beständen aufzubringen und die dadurch sozusagen verlorene Kalorienmenge durch den Import einer

---

86 Für eine Übersicht über die Zahl der Flüchtlinge und versetzten Personen in Österreich 1945–1955 vgl. Gabriela Stieber, Die Lösung des Flüchtlingsproblems 1945–1960, in: Thomas Albrich/Klaus Eisterer/Michael Gehler/Rolf Steininger (Hg.), Österreich in den Fünfzigern, Innsbruck 1995, S. 67–94.

87 Vgl. dazu Gabriela Stieber, Nachkriegsflüchtlinge in Kärnten und der Steiermark, Graz 1997, S. 160 f.

88 Vgl. Österreichisches Jahrbuch 1948, S. 128.

89 Vgl. MRP Nr. 117/17 b.

kalorienmäßig gleichwertigen Menge argentinischen Gefrierfleisches auszugleichen.[90] Über den Stand der Angelegenheit berichtete Helmer in der gleichen Sitzung weiters, daß sich neue Schwierigkeiten ergeben hätten und die Übernahme eines bereits fertig zusammengestellten Heimkehrertransportes sich verzögerte, da die sowjetischen Stellen noch „verschiedene schwer zu beschaffende Kleinigkeiten" verlangten, „darunter 12 weiße Kochmützen".[91]

Legistische Maßnahmen im Zusammenhang mit der NS-Vergangenheit und Restitutionsangelegenheiten

Neben dem steten Bemühen um die Wiedererlangung der vollen staatlichen Souveränität, der Sicherung und Verbesserung der wirtschaftlichen und speziell der Ernährungslage sowie den Auseinandersetzungen mit den vier Besatzungsmächten bzw. dem Alliierten Rat für Österreich hatte die österreichische Bundesregierung auch eine Reihe weiterer Aufgaben zu bewältigen. An erster Stelle stand dabei die Einbringung von Gesetzes- und Verordnungsentwürfen in den Ministerrat, der über ihre weitere Behandlung zu beschließen hatte. Fand ein Gesetzesentwurf die Zustimmung des Ministerrates, wurde er im Regelfall „der verfassungsmäßigen Behandlung durch die Organe der Bundesgesetzgebung" zugeführt. Viele Gesetze beschäftigten sich spezifisch mit dem Wiederaufbau des Landes, den zahlreichen weiteren Problemen der Nachkriegszeit sowie mit der nationalsozialistischen Vergangenheit.

Ein Beispiel für die letztgenannte Kategorie sind die Entwürfe eines Bundesverfassungsgesetzes über die Vernichtung von Druck- und Bildwerken nationalsozialistischen Gehaltes oder eines den Alliierten Mächten feindlichen Charakters (Literaturreinigungsgesetz) sowie eines Bundesverfassungsgesetzes über die Wiederherstellung der österreichischen Rechtsordnung in den Gemeinden Jungholz und Mittelberg. Der erstgenannte Gesetzesentwurf, der am 22. Juni 1948 in der 117. Ministerratssitzung behandelt wurde, hatte bereits eine längere Geschichte hinter sich, denn entsprechende Entwürfe waren schon mehrmals beschlossen, vom Alliierten Rat jedoch abgelehnt worden. Auch die nun beschlossene Fassung sollte abgelehnt werden und ein Literaturreinigungsgesetz auch zukünftig nicht zustande kommen.[92] Das zweitgenannte Gesetz, betreffend die Gemeinden Jungholz in Tirol und Mittelberg in Vorarlberg, die bis zum „Anschluß" Österreichs an das Deutsche Reich sogenannte Zollausschlußgebiete mit Bayern als Zollanschlußgebiet gebildet hatten, sollte der Angleichung des verfassungsrechtlichen Zustandes dieser Gemeinden an das übrige Österreich dienen, da dort im Jahr 1939 das Deutsche Reichsrecht in noch weiterem Umfang als in den übrigen Gebieten Österreichs eingeführt worden war. Allerdings sollte auch dieser Entwurf wegen Nichtgenehmigung durch den Alliierten Rat in der hier behandelten Form nicht zur Verlautbarung gelangen, das Gesetz wurde jedoch schließlich im Jahr 1950 verwirklicht.[93]

---

90 Vgl. MRP Nr. 118/14 b.

91 Vgl. MRP Nr. 118/14 e. Vgl. zum Thema im vorliegenden Band weiters MRP Nr. 123/1 d und 1 i vom 31. August 1948. Von ca. 220–230.000 österreichischen Kriegsgefangenen bzw. Internierten in der UdSSR dürften ca. 70–80.000 bereits 1945 entlassen worden, ca. 83–96.000 in den Jahren 1941–1956 ebenda verstorben sein. Von den in diesem Zeitraum in Kriegsgefangenen- und Internierungslagern registrierten 156.681 Österreichern wurden 1947–1956 65.644 heimtransportiert. Vgl. Stefan Karner, Österreicher in der Sowjetunion 1941–1956. Unter besonderer Berücksichtigung der österreichischen Kriegsgefangenen, in: Arnold Suppan/Gerald Stourzh/Wolfgang Mueller (Hg.), Der Österreichische Staatsvertrag 1955: Internationale Strategie, rechtliche Relevanz, nationale Identität, Wien 2005, S. 163–194, hier S. 179, S. 185 und S. 191.

92 Vgl. MRP Nr. 117/10. Entsprechende Akten- und Ministerratsprotokoll- sowie Literaturverweise zu diesem Gesetz bzw. zu seiner grundlegenden Thematik finden sich im genannten Protokoll in den entsprechenden Anmerkungen zum genannten Tagesordnungspunkt.

93 Vgl. MRP Nr. 123/3. Das Gesetz wurde am 29. Juli 1950 ausgegeben: BGBl. Nr. 129, Bundesgesetz

Zu einer interessanten Debatte kam es in der 121. Sitzung vom 20. Juli 1948 im Zusammenhang mit einer Rückstellungsangelegenheit, die den Verlag „Militärwissenschaftliche Mitteilungen" betraf, der sich bis 1938 in Staatseigentum befunden hatte. Das Inventar des Verlages bestand hauptsächlich aus 559 Exemplaren des von General a. D. Ing. Emil Ratzenhofer herausgegebenen Werkes „Österreich-Ungarns letzter Krieg" mit einem geschätzten Streitwert von 100.000 Schilling. Das Deutsche Reich hatte den Verlag nach dem „Anschluß" an Ratzenhofer verkauft, 1947 hatte die Republik Österreich, vertreten durch die Finanzprokuratur, ein Rückstellungsverfahren angestrengt. Die Rückstellungskommission beim Landesgericht Wien hatte jedoch den Rückstellungsantrag mit Erkenntnis vom 26. Januar 1948 zurückgewiesen und diese Entscheidung damit begründet, daß der deutsche Reichsfiskus berechtigt gewesen sei, über das Vermögen des Staates Österreich frei zu verfügen. Einer daraufhin eingelegten Beschwerde bei der Rückstellungsoberkommission war mit Entscheidung vom 15. März 1948 keine Folge gegeben worden. Daraufhin hatte sich die Republik Österreich in letzter Instanz an die Oberste Rückstellungsbehörde gewandt. Die Oberste Rückstellungskommission hatte allerdings mit Beschluß vom 15. Mai 1948 festgestellt, daß der Rückstellungsanspruch endgültig abzuweisen sei und diese Entscheidung mit Argumenten untermauert, die in den zur Debatte hinzugezogenen Beilagen scharf kritisiert wurden. Mit dem Urteil der Obersten Rückstellungskommission, so wurde beispielsweise ausgeführt, werde im Grunde erklärt, daß „die gewaltsame Ansichnahme des gesamten österr.[eichischen] Staatseigentums im Jahre 1938 durch das Deutsche Reich nicht gegen die österr.[eichische] Rechtsauffassung" verstoße. Auch werde die Tatsache, daß österreichische Richter auch heute noch „dem deutschen Gesetze über die Wiedervereinigung Österreichs mit dem Deutschen Reiche Rechtswirkung zusprechen", bei den Besatzungsmächten einen äußerst negativen Eindruck hinterlassen. Darüber hinaus habe die Bundesregierung bei den Staatsvertragsverhandlungen stets den Standpunkt vertreten, „daß der deutsche Einfall in Österreich völkerrechtswidrig und daher das Eigentum des österreichischen Staates nicht in das Eigentum des Deutschen Reiches übergegangen sei". Das gegenständliche Urteil erkläre aber nicht nur, daß dieses Eigentum rechtmäßig in das Eigentum des Deutschen Reiches übergegangen, sondern daß es auch gegenwärtig noch Eigentum des Deutschen Reiches sei.

Bundeskanzler Figl wies in diesem Zusammenhang auch auf die Staatsvertragsverhandlungen hin: „Dieser Fall kann nicht ohne weiteres hingenommen werden, besonders nicht im Hinblick auf unsere Stellungnahme bei den Staatsvertragsverhandlungen. Es ist verständlich, daß sich die Juristen sehr schwer tun, aber zumindest sollten solche Entscheidungen nicht publiziert werden, da sie unter Umständen außenpolitisch zu den größten Komplikationen führen könnten."

Bundesminister Gruber kommentierte die Entscheidung der Obersten Rückstellungskommission folgendermaßen: „Ich habe das Dokument heute früh bekommen und muß, abgesehen von den juristischen Bedenken, sagen, daß dort eine ganze Reihe von Nazis sind." Nachdem Gruber sodann einen Passus aus der Erklärung der Kommission verlesen hatte, stellte er fest: „Was geht das die Juristen an? Wenn das so weiter geht, kommen wir dazu, daß der Anschluß zu einer legalen Sache gemacht wird. Gegen eine Reihe von Erkenntnissen bestehen die schwersten Bedenken."

Bundesminister Gerö erklärte: „Im April 1945 standen wir vor folgender Frage: Sollen wir sämtliche Akte, welche während der nationalsozialistischen Ära gesetzt worden waren, für nichtig erklären oder nicht. Wir sind zu der Überzeugung gekommen, daß eine Nichtigerklärung zu einem Rechtschaos führen würde. Wenn der Verlag ‚Militärwissenschaftliche

---

vom 21. Juni 1950 über die Wiederinkraftsetzung von österreichischem Bundesrecht und die Neuanlegung von Grundbüchern in den Gemeinden Jungholz und Mittelberg (Rechtsüberleitungsgesetz für die Gemeinden Jungholz und Mittelberg).

Mitteilungen' im Zuge der Besetzung Österreichs im Sinne des Völkerrechtes nicht rechtswidrig in den Besitz des deutschen Staates gekommen und dieser die vorhandenen Objekte fruktifiziert[94] hat, ist das nicht im Sinne der Rückstellungsgesetze zu beurteilen, sondern wir müssen andere Wege gehen. Aber alles, was in der Zeit zwischen 1938 und 1945 geschehen ist, für nichtig zu erklären, führt zu einem Rechtschaos."

Vizekanzler Schärf hob die Debatte auf eine noch grundsätzlichere Ebene: „Ich verstehe den Kampf, den das Außenamt um die Anerkennung der Tatsache führt, daß Österreich okkupiert und nicht annektiert war. Ich glaube zwar, daß wir in diesem Kampf keinen Erfolg haben werden, denn im Staatsvertragsentwurf ist schon wieder der Begriff der Annexion und nicht der Okkupation verankert, trotzdem bin ich aber dafür, daß man die Fiktion des Okkupationsstatus weiterhin aufrecht erhält. Für die österreichischen Richter und Behörden sieht aber die Sache anders aus. Die von allen drei Parteien unterschriebene Urkunde über die Wiedererstehung Österreichs spricht ausdrücklich von der Annexion."[95]

Schließlich kam die Bundesregierung überein, die Veröffentlichung von Erkenntnissen wie im Falle des Verlages „Militärwissenschaftliche Mitteilungen" tunlichst zu vermeiden und hinsichtlich der Annexions- und der Okkupationstheorie eine Kommission unter Leitung des Verfassungsdienstes des Bundeskanzleramtes mit der Prüfung der Rechtsstandpunkte zu beauftragen.[96]

Sonstige legistische Maßnahmen und Routine

Laufend behandelte die Bundesregierung eine Vielzahl von Gesetzesentwürfen, die das repräsentieren, was man als die legistische Routine eines Staatswesens bezeichnen könnte. Exemplarisch seien genannt: die 3. Börsefonds-Novelle, das Börsen-Überleitungsgesetz, das Börsensensale-Gesetz und das 3. Schatzscheingesetz 1948[97]; ein Bundesgesetz über die Mineralölsteuer und ein Notarversicherungs-Anpassungsgesetz[98]; ein Schul- und Erziehungsgesetz und ein Bundesschulaufsichtsgesetz[99] sowie die 1. Suchtgiftgesetznovelle.[100]

Weiters nahm der Ministerrat auch sein Recht auf dem Gebiet der Landesgesetzgebung wahr, etwa wenn Landesgesetze oder -verordnungen seiner Zustimmung bedurften oder Zweifel darüber bestanden, ob darin enthaltene Bestimmungen im Widerspruch zu Bundeskompetenzen standen oder Bundesinteressen gefährdeten. So wurde etwa in der 116. Sitzung des Ministerrates über einen Gesetzesbeschluß des Salzburger Landtages vom 31. März 1948 berichtet, der sich mit Enteignungen für Schulbauten beschäftigte und nach Ansicht des Bundesministeriums für Unterricht sowie des Verfassungsdienstes des Bundeskanzleramtes einen Eingriff in Zuständigkeiten des Bundes enthielt und die verfassungsmäßigen Kompe-

---

94 Fruktifizieren: nutzbringend anlegen, auswerten.

95 Im einleitenden Teil des StGBl. Nr. 1, Proklamation über die Selbständigkeit Österreichs, ausgegeben am 1. Mai 1945, ist u. a. von der „völligen politischen, wirtschaftlichen und kulturellen Annexion des Landes" die Rede.

96 Vgl. MRP Nr. 121/1 k. Zur Annexions- und Okkupationstheorie vgl. die entsprechende Anmerkung ebendort. Erwähnt sei weiters, daß sich der Ministerrat bereits in den Sitzungen vom 13. und vom 27. April 1948 mit der Angelegenheit des Verlages „Militärwissenschaftliche Mitteilungen" beschäftigt hatte, wobei sich besonders in letztgenannter Sitzung eine grundsätzliche Debatte zur Restitutionsgesetzgebung entwickelt hatte. Vgl. MRP Nr. 107/1 h und MRP Nr. 109/13 b.

97 Vgl. MRP Nr. 116/6, 7, 8 und 9 vom 15. Juni 1948 und MRP Nr. 117/6, 7 und 8 vom 22. Juni 1948.

98 Vgl. MRP Nr. 117/9 und 11.

99 Vgl. MRP Nr. 120/10 und 11 vom 13. Juli 1948.

100 Vgl. MRP Nr. 122/18 vom 19. August 1948. Zur Tätigkeit des österreichischen Nationalrats vgl. Johann Luger, Parlament und alliierte Besatzung 1945–1955, phil. Diss., Wien 1976.

tenzen des Landes überschritt.[101] Ein anderer Fall betraf einen Gesetzesbeschluß des Landtages von Oberösterreich vom 4. Juni 1948, betreffend Übergangsbestimmungen bis zur Wirksamkeit eines neuen Landwirtschaftskammergesetzes.[102] Weitere Beispiele waren ein oberösterreichisches Landessportgesetz sowie ein steiermärkischer Gesetzesbeschluß über die Zusammenlegung land- und forstwirtschaftlicher Grundstücke.[103]

Neben der Beratung der zahlreichen Gesetzesentwürfe oblag dem Ministerrat auch die zustimmende bzw. ablehnende Beschlußfassung über zahlenmäßig umfangreiche Personalangelegenheiten sowie Staatsbürgerschaftsgesuche. Diese beiden Punkte standen auf der Tagesordnung praktisch jedes regulären Ministerrates, entsprechende Verzeichnisse und Listen liegen den Protokollen bei. Im Falle der Einbürgerungen handelte es sich um Fälle gemäß § 5, Abs. (1), Z. 3 des Staatsbürgerschaftsgesetzes[104], die der Zustimmung der Bundesregierung bedurften.[105] Weiters wurden dem Ministerrat zu Beginn der Sitzungen – üblicherweise nach den Mitteilungen des Bundeskanzlers – neben den Noten der Besatzungsmächte auch die eingelangten Resolutionen zur Kenntnis gebracht. Dabei handelte es sich zumeist um Eingaben diverser Provenienz zu aktuellen Problemen, wie der Ernährungslage, dem Lohn- und Preisgefüge und vielem mehr.

Daneben kamen im Ministerrat auch Angelegenheiten zur Sprache, die sich den Themenblöcken dieser Einführung nur schwer zuordnen lassen. Exemplarisch genannt seien die Errichtung eines Kindergartens im bundeseigenen Auer-Welsbach-Park aus Mitteln der Schweizer Spende[106], der Kinderhilfsappell der Vereinten Nationen[107], der Bericht über einen Zahlungsvorschuß für Bauarbeiten am Salzburger Dom[108], die Sonderpostmarkenausgabe 1949/50[109] sowie die Nominierung der von der Bundesregierung zu bestellenden Mitglieder für den Wiener Filmbeirat.[110]

---

101 Vgl. MRP Nr. 116/3. Das gegenständliche Landesgesetz gelangte 1949 in einer abgeänderten Fassung zur Ausgabe: Landesgesetzblatt für das Land Salzburg Nr. 12, Gesetz vom 30. Juli 1948 über die Enteignung für Schulbauten, ausgegeben am 2. März 1949.

102 Vgl. MRP Nr. 122/5. Das Gesetz gelangte nicht zur Ausgabe. Ein neues Landwirtschaftskammergesetz wurde schon im folgenden Jahr ausgegeben: Landesgesetzblatt für Oberösterreich Nr. 13, Gesetz vom 7. Juli 1948 über die Errichtung einer Landwirtschaftskammer in Oberösterreich in der Fassung des Beschlusses des o.-ö. Landtages vom 6. Oktober 1948 (oberösterreichisches Landwirtschaftskammergesetz), ausgegeben am 25. April 1949.

103 Vgl. MRP Nr. 123/4 und 5 vom 31. August 1948.

104 StGBl. Nr. 60, Gesetz vom 10. Juli 1945 über den Erwerb und Verlust der österreichischen Staatsbürgerschaft (Staatsbürgerschaftsgesetz), ausgegeben am 14. Juli 1945.

105 Der genannte Passus bestimmte, daß die „Staatsbürgerschaft an Ausländer nur verliehen werden" durfte, „wenn sie [...] seit mindestens vier Jahren im Staatsgebiet oder seinerzeitigen Bundesgebiet der Republik Österreich ihren ordentlichen Wohnsitz haben; doch kann von diesem Erfordernis Umgang genommen werden, wenn die Provisorische Staatsregierung die Verleihung als im Interesse des Staates gelegen bezeichnet."

106 Vgl. MRP Nr. 116/16 c.

107 Vgl. MRP Nr. 116/16 d.

108 Vgl. MRP Nr. 117/17 c.

109 Vgl. MRP Nr. 122/23.

110 Vgl. MRP Nr. 123/9.

Gertrude Enderle-Burcel/Stefan Semotan

Darstellung der Quelle. Grundsätzliches zur Edition

I. Aufbau und Inhalt der Ministerratsprotokolle

Die vorliegende Aktenedition gibt im vollen Wortlaut die Äußerungen der Mitglieder der Regierung Leopold Figl I wieder, wie sie in den Protokollen der von der Verfassung vorgesehenen offiziellen Beratung schriftlich fixiert wurden. Die Regierung Figl I umfaßt 179 Protokolle, Nr. 1 vom 20. Dezember 1945 bis Nr. 179 vom 8. November 1949. Die Protokolle liegen als geschlossener Bestand im Archiv der Republik im Österreichischen Staatsarchiv in 65 Kartons. Die Edition ist auf 18 Bände konzipiert. Der nun vorliegende Band 11 enthält die Protokolle Nr. 116 vom 15. Juni 1948 bis Protokoll Nr. 123 vom 31. August 1948.

Die Regierung Figl löste nach den Nationalratswahlen vom 25. November 1945 am 20. Dezember 1945 die Provisorische Staatsregierung Karl Renner ab. Die Staatssekretäre wurden in Bundesminister umbenannt, der Staatskanzler in Bundeskanzler, während der Titel Vizekanzler bestehen blieb. Die früheren Unterstaatssekretäre hießen nun Staatssekretäre. Entsprechend dazu wurde für die gemeinsamen Sitzungen der Regierungsmitglieder die Bezeichnung Ministerrat wieder eingeführt.

Am Aufbau der Ministerratsprotokolle der Regierung Figl I – Tagesordnung, Protokolltext, Beilagen, Beschlußprotokoll und Stenogramme – läßt sich eine starke Kontinuität zu den Ministerratsprotokollen der Ersten Republik und den Kabinettsratsprotokollen der Provisorischen Staatsregierung Renner feststellen. Die Strukturierung der Edition folgt daher weitgehend dem bewährten Vorbild der Gesamtedition dieser Protokolle.

Bei den Beschlüssen des Ministerrates sind zwei Hauptgruppen zu unterscheiden, die an der Formulierung der Beschlußfassung erkennbar sind. Die eine Gruppe enthält Sachverhalte, die dem Ministerrat verfassungsgemäß zur Beschlußfassung zugewiesen werden mußten, wobei die Formulierung der Beschlußfassung „Genehmigt" oder „Angenommen" lautet, während die zweite Gruppe, erkennbar an der Klausel „Zur Kenntnis genommen", die Zustimmungskundgebung zu den von den einzelnen Ressortministern dem Ministerrat zur Kenntnis gebrachten Informationen umfaßt.

Die in der Ersten Republik relativ häufigen verfassungsrechtlich umstrittenen Beschlüsse mittels Zirkularen, also Ministerratsbeschlüssen, die nicht in einer gemeinsamen Sitzung des Ministerrates, sondern durch ein Rundschreiben zustande kamen, wurden von der Regierung Figl nur in Ausnahmefällen angewandt.

II. Probleme der Edition

Die Ministerratsprotokolle weisen ein breites inhaltliches Spektrum auf. Probleme der Außen-, Innen- und Wirtschaftspolitik wurden in zum Teil sehr offener Form von den Regierungsmitgliedern beziehungsweise von den zugezogenen Fachreferenten behandelt. Interessengegensätze oder -übereinstimmungen zwischen den Mitgliedern der Regierung und der Diskussionsstand zu einzelnen Problemen können anhand der Protokolle verfolgt werden, aber auch Routineangelegenheiten fanden ihre Erledigung im Ministerrat. Die Ministerratsprotokolle verdeutlichen die Haltung, Einstellungen und Zielvorstellungen der Bundesregierung bei politischen Entscheidungsprozessen, die auf anderen Ebenen oft nur schwer beziehungsweise gar nicht nachvollziehbar sind. Dies zeigt sich anhand der Protokolle selbst, da den Querverweisen auf Parteienverhandlungen oder -vereinbarungen, auf Interessenvertretungen oder etwa auf Ministerkomitees, die zur Lösung verschiedenartigster Probleme vom Ministerrat eingesetzt worden waren, oft nicht zielführend nachgegangen werden kann.

Ab Februar 1946 bot das neu geschaffene Wirtschaftliche Ministerkomitee ein weiteres Forum zur Diskussion wirtschafts-, sozial- und finanzpolitischer Fragen. Im Ministerrat unterbrochene Debatten wurden im Ministerkomitee fortgesetzt, manche Themen lediglich dort behandelt. Fallweise übertrug der Ministerrat auch ausdrücklich das Beschlußrecht auf das Wirtschaftliche Ministerkomitee. Daher erschien es den Herausgebern sinnvoll, die Sitzungen des Wirtschaftlichen Ministerkomitees, die parallel zu den Ministerratssitzungen stattfanden, in die Edition aufzunehmen. Diese Protokolle finden sich im jeweiligen Band im Anschluß an die Ministerratsprotokolle. Da sie in Form und Aufbau den Ministerratsprotokollen ähneln, wurden auch dieselben editionstechnischen Kriterien angewandt. Die Sitzungen des Wirtschaftlichen Ministerkomitees fanden in unregelmäßigen Abständen statt.

III. Auswahl der Dokumente

Aus dem vorhandenen Sitzungsmaterial, das in der Regel aus Anwesenheitsliste, Tagesordnung, Reinschrift des Sitzungsprotokolls, Stenogramm, Beschlußprotokoll und Beilagen besteht, werden mit Ausnahme der Beilagen alle Dokumententeile vollständig wiedergegeben. Über den Inhalt der in manchen Fällen sehr umfangreichen Beilagen gibt der Anmerkungsapparat Aufschluß. Kurzregesten bieten dem Benützer eine Zusammenfassung des Inhalts sowie weiterführende Informationen über Herkunftsort, Aktenzahl und Art der Beilage. Vereinzelt werden ausgewählte Beilagen im Anschluß an das jeweilige Ministerratsprotokoll vollständig wiedergegeben. Im Gegensatz zu den Kabinettsratsprotokollen der Regierung Renner sind die Stenogramme, die als Grundlage der Reinschriften der Sitzungsprotokolle dienten, größtenteils überliefert.

Im Umfeld der Ministerratsprotokolle vorhandene relevante Archivmaterialien der verschiedenen Abteilungen des Archivs der Republik werden im Anmerkungsapparat ausgewiesen.

Den Protokollen des Ministerrates und des Wirtschaftlichen Ministerkomitees werden ein Überblick über sämtliche Mitglieder des Kabinetts Figl I, ein Verzeichnis der im vorliegenden Band enthaltenen Protokolle samt Überblick über die jeweiligen Tagesordnungspunkte und Beilagen sowie das Abkürzungsverzeichnis vorangestellt.

IV. Anordnung der Dokumente

Die Anordnung der Ministerratsprotokolle erfolgt chronologisch. Im Anschluß an die Ministerratsprotokolle folgen als Block die Sitzungsprotokolle des Wirtschaftlichen Ministerkomitees. Die thematische Aufschlüsselung der Protokolle leistet das Sachregister.

Dokumentenkopf

Von den Bearbeitern wurde ein standardisierter Dokumentenkopf erstellt. Dieser gibt Aufschluß über die Protokollnummer, Wochentag und Datum der Sitzung, den Vorsitz, den oder die Schriftführer, den Ort und die Dauer der Sitzung. Die Angabe zu den Beginn- und

Schlußzeiten der Sitzungen differieren manchmal bei Reinschrift, Beschlußprotokoll und Stenogramm. Bei größeren Abweichungen wird dies im Anmerkungsapparat ausgewiesen. Weiters wird die Anwesenheit der Minister, Staatssekretäre und möglicher weiterer Teilnehmer der Sitzung angeführt, über deren Funktion und Ressortzugehörigkeit das Personenregister Auskunft gibt. Bei den an den Sitzungen des Wirtschaftlichen Ministerkomitees teilnehmenden höheren Beamten und sonstigen Funktionären wurden bei erstmaliger Nennung im Editionsband kurze Angaben zu Funktion bzw. Ressort angeführt.

Danach wurde von den Bearbeitern das Vorhandensein der einzelnen Teile des Protokolls – Reinschrift, Anwesenheitsliste, Stenogramm und Beschlußprotokoll – ausgewiesen. Fehlende Anwesenheitslisten wurden anhand der Wortmeldungen rekonstruiert. Die Anwesenheitsliste wurde nicht in die Edition aufgenommen, da am Beginn eines jeden Protokolls Aufschluß über die Anwesenheit in der Sitzung gegeben wird.

Tagesordnung

Dem Dokumentenkopf folgt die Tagesordnung. Die Tagesordnung wurde meistens zwei bis drei Tage vor der Ministerratssitzung erstellt und entspricht nur in seltenen Fällen dem tatsächlichen Verhandlungsverlauf. Einzelne Punkte der vorgesehenen Tagesordnung wurden nicht selten ohne Angabe von Gründen nicht behandelt, andererseits wurden häufig dringend zu behandelnde Themen nachträglich auf die Tagesordnung gesetzt. Die unter den Bezeichnungen „Mitteilungen [in manchen Fällen auch: Bericht] des Bundeskanzlers" und „Berichte der Bundesminister" stets gleichbleibenden Tagesordnungspunkte enthalten oft ausführliche Diskussionen über besonders aktuelle und wichtige Fragen, hin und wieder nicht in der auf der Tagesordnung vorgesehenen Reihenfolge. Diese Tagesordnungspunkte werden dem Original folgend in Unterpunkte aufgeschlüsselt. Zusätzliche Unterteilungen, die im Original nicht vorhanden sind, thematisch jedoch gerechtfertigt erscheinen und von den Bearbeitern weiters auch aus Gründen der Übersichtlichkeit vorgenommen werden, werden in eckige Klammern gesetzt. Weitgehend aus dem Original übernommen wird weiters auch die Formulierung der Tagesordnungspunkte inklusive eventueller sprachlicher Unregelmäßigkeiten oder Falschschreibungen von Namen. Lediglich jene Tagesordnungspunkte, die in der originalen Tagesordnung nicht oder nur teilweise vorhanden sind und von den Bearbeitern dementsprechend ergänzt werden, werden in dieser Hinsicht vereinheitlicht. In der Tagesordnung wird in runden Klammern auf die dem jeweiligen Tagesordnungspunkt im Beschlußprotokoll entsprechenden Punkte verwiesen.

Liste der Beilagen

Auf die Tagesordnung folgt eine von den Bearbeitern erstellte Liste der Beilagen. Sie dient der Information und Orientierung. Der Dokumentenkopf der Beilage wird – soweit vorhanden – aus dem Original übernommen (analog den Tagesordnungspunkten inklusive sprachlicher Unregelmäßigkeiten und Falschschreibungen von Namen, wenn es sich nicht um Ergänzungen der Bearbeiter handelt) und gibt somit Auskunft über Herkunft und Art der Beilage. Die Seitenanzahl zeigt den Umfang an.

Text des Protokolls

Auf die weitgehend schematisierten Anfangsteile der Dokumente – Dokumentenkopf, Tagesordnung, Liste der Beilagen – folgt der Text der Protokolle. Der Text der Ministerratsprotokolle wird grundsätzlich in vollem Umfang wiedergegeben. Die maschinschriftlich abgefaßte Reinschrift der Debatten im Ministerrat weist fallweise handschriftliche Korrekturen und Ergänzungen auf. Textkritische Hinweise dazu finden sich im Anmerkungsapparat. Das

Protokoll stellt eine in jeder Hinsicht gereinigte und durchformulierte Niederschrift dar. Fallweise zeigen die einzelnen Protokollpunkte, daß die Formulierungen fast vollständig aus den Beilagen übernommen wurden. Manchmal enthalten die Protokolle den Hinweis, daß die Niederschrift über einen bestimmten Tagesordnungspunkt oder zumindest Teile davon unter Verschluß gehalten wird. Derartige Textpassagen sind im Originaltext nicht enthalten, sondern liegen dem betreffenden Protokoll üblicherweise in einem eigenen Kuvert bei. Sie wurden von den Bearbeitern in den regulären Protokolltext integriert, was an der jeweiligen Stelle durch eine Fußnote ausgewiesen wird.

Stenogramme

Die der Reinschrift zugrundeliegenden Stenogramme sind für die Ministerratsprotokolle der Regierung Figl ab Protokoll Nr. 16 vom 9. April 1946 fast durchgehend erhalten. Bei einzelnen Protokollen sind zwei Stenogramme überliefert. Die Stenogramme sind im heute nicht mehr gebräuchlichen System Gabelsberger abgefaßt und somit nur mehr von wenigen Experten lesbar. Die vollständige Transkription der Stenogramme wird im Anschluß an den Protokolltext wiedergegeben. Die sprachlichen Unzulänglichkeiten des „Stenogrammstils" werden beibehalten. Zum leichteren Verständnis werden gegebenenfalls erläuternde Bemerkungen und Ergänzungen in eckiger Klammer wiedergegeben. Eine besonders bei Personen- oder Ortsnamen mögliche unsichere Lesart wird mit einem Fragezeichen vor dem entsprechenden Wort ausgewiesen. Im Protokolltext wird auf bedeutsame Abweichungen des Stenogramms von der Reinschrift im Anmerkungsapparat hingewiesen.

Beilagen

Neben den durchnumerierten Beilagen, über deren Form, Inhalt und Umfang der Anmerkungsapparat Aufschluß gibt und die in der Regel einen Gesetzes- bzw. Verordnungsentwurf, den Ministerratsvortrag und erläuternde Bemerkungen enthalten sowie den einzelnen Tagesordnungspunkten eindeutig zugeordnet sind, liegen den überlieferten Protokollen häufig zusätzliche Materialien bei. In den meisten Fällen handelt es sich um ergänzende Schriftstücke, besonders Noten der alliierten Besatzungsmächte, die einzelnen Punkten der Debatte zuordenbar sind. In diesen Fällen werden sämtliche beiliegenden Materialien am Ende der Beilagenliste in einer Fußnote ausgewiesen und kurz beschrieben. Ist ein Zusammenhang mit der Debatte im Ministerrat herstellbar, wird auf den entsprechenden Tagesordnungspunkt im Protokoll verwiesen.

In vereinzelten Fällen werden Beilagen von besonderem Interesse oder besonderer Anschaulichkeit am Ende des betreffenden Protokolls im Anschluß an das Beschlußprotokoll in vollem Wortlaut abgedruckt.

Beschlußprotokolle

Die Beschlußprotokolle der Ministerratsprotokolle wurden in die Edition aufgenommen, da sie häufig zusätzliche Informationen zum Protokolltext enthalten. So scheinen die Personalanträge in der Regel nur im Beschlußprotokoll auf, lediglich strittige und „diskussionswürdige Fälle" finden im Protokolltext Niederschlag. Bei manchen Themen – insbesondere bei schwierigen Gesetzesmaterien – wurden die Diskussionen so unübersichtlich abgeführt, daß das Beschlußprotokoll in vielen Fällen eine kurze und gute Zusammenfassung des Debattenergebnisses bietet. Die Beschlußprotokolle werden möglichst originalgetreu wiedergegeben, die formalen Abweichungen und die unterschiedliche Art der Numerierung beibehalten. Vom Verhandlungsverlauf abweichende Hinweise auf einzelne Tagesordnungspunkte werden in eckiger Klammer richtiggestellt.

V. Technische Erläuterungen

Oberste Regel der Edition ist die Wiedergabe eines möglichst getreuen Abbildes der Quelle. Dazu gehört auch die Nichtberücksichtigung der 1996 festgelegten neuen Rechtschreibregeln. Aus Gründen der Einheitlichkeit wurde auch in den von den Bearbeitern verfaßten Textteilen die „alte Rechtschreibung" angewandt.

Um den Text leichter lesbar und übersichtlicher zu gestalten, waren allerdings einige behutsame Eingriffe der Bearbeiter notwendig.

Alle Textteile der Edition sind in Normalschrift wiedergegeben. In Kursivschrift gesetzt sind lediglich in der Originalvorlage ursprünglich vorhandene, aber abgeänderte oder gestrichene Worte, die in den Fußnoten ausgewiesen sind. Offensichtliche orthographische Fehler oder Irrtümer wurden weitgehend ohne Anmerkungen von den Bearbeitern korrigiert. Nur in Ausnahmefällen wurde das Original belassen. Ein {sic!} zeigt sprachliche Unebenheiten an. Schreibweisen von Namen und Sachbegriffen sind im Text der Edition der Vorlage entsprechend beibehalten worden. Der Anmerkungsapparat und das Personenregister enthalten gegebenenfalls die Richtigstellung. Bei den besonders stark variierenden russischen Namen wird bei der Erstnennung im Protokolltext eine Anmerkung gesetzt, in der die transliterierte Form wiedergegeben wird, unter der der Name auch im Personenregister zu finden ist. Bei Orts- und Ländernamen erfolgt in den Anmerkungen und Registerteilen gegebenenfalls eine Anpassung an die heutige Schreibweise. Unterstreichungen und Hervorhebungen durch Sperrung im Original werden generell durch Sperrung wiedergegeben. Die Namen der Redner werden zur besseren Übersichtlichkeit generell gesperrt dargestellt. Im Original kommen sie teils unterstrichen, teils gesperrt oder in Standardschrift vor. Die Funktionen der Redner (wenn es sich um Kabinettsmitglieder handelt) werden in den Protokollen, soweit nötig, vereinheitlicht (Bundeskanzler = BK, Vizekanzler = VK, Bundesminister = BM, Staatssekretär = StS). Numerierungen und Überschriften zu Tagesordnungspunkten wurden zur deutlicheren Gliederung zentriert. Ansonsten folgt das äußere Erscheinungsbild des Textes bei der Form der Absätze, bei Zentrierungen und eingerückten Passagen u. ä. so weit wie möglich der Vorlage.

Die Vielzahl der verschiedenartigen, oft sehr speziellen Sachverhalte bedarf eines erläuternden und ergänzenden Kommentars. Der kommentierende Anmerkungsapparat enthält textkritische und sachbezogene Hinweise.

In den sachbezogenen Anmerkungsapparat wurden aufgenommen: Angaben zu Art, Umfang und Inhalt der Beilagen; Auflösung von Abkürzungen und ungebräuchlichen Fremdwörtern; Identifizierung von Personen, die im Text nur ihrer Funktion nach bezeichnet sind; Richtigstellung von im Text unbemerkt gebliebenen Irrtümern; Verweise auf in Sinn- und Zeitzusammenhang stehende Kabinettsrats- und Ministerratsprotokolle; Reichs-, Staats-, Bundes- und Landesgesetzblätter; Verweise auf die Behandlung der Regierungsvorlagen im Nationalrat; Verweise auf zeitgenössische Zeitungsartikel; Verweise auf zugrundeliegende oder weiterführende Aktenbestände; vereinzelt auch Verweise auf wissenschaftliche Fachliteratur.

Historische Darstellungen und wissenschaftliche Kontroversen wurden in den Kommentar nicht einbezogen. Der Anmerkungsapparat will keine Geschichtsdarstellung leisten, sondern er soll vielmehr durch seine Erläuterungen und Ergänzungen dem Benützer das Verständnis erleichtern und weitere Forschungsmöglichkeiten aufzeigen. Das Literaturverzeichnis umfaßt daher auch nur die zur Kommentierung erforderlichen bzw. im Anmerkungsapparat zitierten Werke; von einer durchgängigen Anbringung von Hinweisen auf weiterführende Publikationen muß hier wie im Anmerkungsapparat aus Platzgründen abgesehen werden.

VI. Danksagung

Am Zustandekommen dieses Bandes war neben den HerausgeberInnen und den BearbeiterInnen eine Reihe von MitarbeiterInnen der Österreichischen Gesellschaft für historische Quellenstudien und des Österreichischen Staatsarchivs maßgeblich beteiligt. Namentlich zu nennen sind Mag. Susanne Gmoser für das Endlektorat, Mag. Alexandra Neubauer-Czettl für ihren fachlichen Rat bei der Erstellung des Personenregisters und Klaus Rubasch für die mühevolle Übertragung der im System Gabelsberger abgefaßten Stenogramme. Für diverse Recherche-, Korrektur- und Registerarbeiten ist Mag. Alexandra Hois und Mag. Clemens Reisner zu danken. Die Arbeit am vorliegenden Editionsband war weiters nur durch die Hilfe vieler Einzelpersonen und Institutionen möglich, denen an dieser Stelle gedankt wird. Zu nennen sind hier das Bundeskanzleramt, die Kulturabteilung der Stadt Wien, insbesondere Prof. Dr. Hubert Christian Ehalt, die Gruppe Kultur, Wissenschaft und Unterricht – Abteilung Wissenschaft des Amtes der Niederösterreichischen Landesregierung und der Fonds zur Förderung der wissenschaftlichen Forschung.

Mitglieder der Bundesregierung Figl I

20. Dezember 1945 bis 11. Oktober 1949;
mit der Fortführung der Geschäfte betraut
bis 8. November 1949

Bundeskanzleramt

Bundeskanzler: Ing. Leopold F i g l (ÖVP)
Vizekanzler: Dr. Adolf S c h ä r f (SPÖ)
Bundesminister für die Auswärtigen Angelegenheiten: Dr. Karl G r u b e r (ÖVP)
Bundesminister im Bundeskanzleramt: Alois W e i n b e r g e r (bis 11. Jänner 1947) (ÖVP)
Bundesminister im Bundeskanzleramt: Erwin A l t e n b u r g e r (seit 11. Jänner 1947) (ÖVP)

Bundesministerium für Inneres

Bundesminister: Oskar H e l m e r (SPÖ)
Staatssekretär: Ferdinand G r a f (ÖVP)

Bundesministerium für Justiz

Bundesminister: Dr. Josef G e r ö (parteilos)

Bundesministerium für Unterricht

Bundesminister: Dr. Felix H u r d e s (ÖVP)

Bundesministerium für soziale Verwaltung

Bundesminister: Karl M a i s e l (SPÖ)

Bundesministerium für Finanzen

Bundesminister: Dr. Georg Z i m m e r m a n n (ÖVP)

Bundesministerium für Land- und Forstwirtschaft

Bundesminister: Josef K r a u s (ÖVP)

Bundesministerium für Handel und Wiederaufbau

Bundesminister: Dr. Eugen F l e i s c h a c k e r (bis 31. Mai 1946) (ÖVP)
Bundesminister: Eduard H e i n l (seit 31. Mai 1946 bis 18. Februar 1948) (ÖVP)
Bundesminister: Dr. Ernst K o l b (seit 18. Februar 1948) (ÖVP)

Bundesministerium für Volksernährung

Bundesminister: Dr. Hans F r e n z e l (bis 11. Jänner 1947) (SPÖ)
Bundesminister: Otto S a g m e i s t e r (seit 11. Jänner 1947) (SPÖ)

Bundesministerium für Vermögenssicherung und Wirtschaftsplanung

Bundesminister: Dr. Peter K r a u l a n d (ÖVP)
Staatssekretär: Ing. Karl W a l d b r u n n e r (bis 28. März 1946) (SPÖ)
Staatssekretär: Franz R a u s c h e r (seit 28. März 1946 bis 11. Jänner 1947) (SPÖ)
Staatssekretär: Karl M a n t l e r (seit 11. Jänner 1947) (SPÖ)

Bundesministerium für Verkehr

Bundesminister: Vinzenz Ü b e l e i s (SPÖ)

Bundesministerium für Energiewirtschaft und Elektrifizierung

Bundesminister: Dr. Karl A l t m a n n (bis 20. November 1947) (KPÖ)
Mit der Leitung betraut: Eduard H e i n l (seit 20. November 1947 bis 24. November 1947) (ÖVP)
Bundesminister: Dr. Alfred M i g s c h (seit 24. November 1947) (SPÖ)

Chronologisches Verzeichnis der Ministerratsprotokolle

Nummer	Datum	Inhalt
116.	1948-06-15	Tagesordnung: 1. Bericht des Bundeskanzlers. [1 a. Verhandlungen in London und Paris. 1 b. Verabschiedung und Dank des amerikanischen Befehlshabers in Salzburg Oberst Collins (Beschlußprotokoll Punkt 1 a). 1 c. Besichtigungsfahrten der Bundesminister Kraus und Sagmeister, betreffend den Erntestand (Beschlußprotokoll Punkt 1 b). 1 d. Lösung der Agrarfrage (Beschlußprotokoll Punkt 1 c). 1 e. Einbringung des Wiederaufbaugesetzes in das Parlament (Beschlußprotokoll Punkt 1 d). 1 f. Beschlagnahmung der Tageszeitung „Der Abend" am 14. Juni 1948 (Beschlußprotokoll Punkt 1 e). 1 g. Verlesung der alliierten Noten durch den Bundeskanzler (Beschlußprotokoll Punkt 2 a bis f). 1 h. Verlesung eines Rundschreibens, betreffend die Dienstpflichten der Bundesbediensteten (Beschlußprotokoll Punkt 3). 1 i. Verlesung der Mitteilungen und Resolutionen durch den Bundeskanzler (Beschlußprotokoll Punkt 4 a bis d). 1 j. Fragebögen der sowjetischen Besatzungsmacht. 1 k. Beschlagnahmungen von Privathäusern und Hotels am Semmering durch die sowjetische Besatzungsmacht (Beschlußprotokoll Punkt 5). 1 l. Verhaftung Josef Kollmanns durch die sowjetische Besatzungsmacht.] 2. Personalangelegenheiten (siehe Beilage) (Beschlußprotokoll Punkte 6 bis 13). 3. Bericht des Bundeskanzlers, Zl. 69.740-2a/48, betreffend den Einspruch der Bundesregierung gegen den Gesetzesbeschluß des Salzburger Landtages vom 31. März 1948 über Enteignungen für Schulbauten (Beschlußprotokoll Punkt 14). 4. Bericht des Bundesministers für Inneres, betreffend die Erklärung des Staatsinteresses an der Einbürgerung der im Verzeichnis Nr. 104 des Bundesministeriums für Inneres angeführten 85 Personen (Beschlußprotokoll Punkt 15). 5. Bericht des Bundesministers für Finanzen, Zl. 39.405-14/48, betreffend den Entwurf eines Bundesgesetzes über die Zündmittelsteuer (Beschlußprotokoll Punkt 16). 6. Bericht des Bundesministers für Finanzen, Zl. 11.583-17/48, über den Entwurf eines Bundesgesetzes, womit die Börsefonds-Novelle vom 16. Juli 1925, BGBl. Nr. 240/25, in der Fassung des Bundesgesetzes vom 26. Oktober 1934, BGBl. Nr. 314, abgeändert wird (3. Börsefonds-Novelle) (Beschlußprotokoll Punkt 17). 7. Bericht des Bundesministers für Finanzen, Zl. 39.815-17/48, betreffend den Entwurf eines Bundesgesetzes über die Wiederherstellung des österreichischen Rechts auf dem Gebiete des Börsenwesens (Börsen-Überleitungsgesetz) (Beschlußprotokoll Punkt 18). 8. Bericht des Bundesministers für Finanzen, Zl. 39.826-17/48, betref-

Nummer	Datum	Inhalt

fend den Entwurf eines Bundesgesetzes über Börsensensale (Börsensensale-Gesetz) (Beschlußprotokoll Punkt 19).

9. Bericht des Bundesministers für Finanzen, Zl. 39.851-15/48, über die Ausgabe von Bundesschatzscheinen (3. Schatzscheingesetz 1948) (Beschlußprotokoll Punkt 20).

10. Bericht des Bundesministers für Finanzen, Zl. 31.155-19/48, über den Entwurf eines Bundesgesetzes, betreffend Lebensversicherungen mit Auslosung (Beschlußprotokoll Punkt 21).

11. Antrag des Bundesministers für die Auswärtigen Angelegenheiten auf Zustimmung der Bundesregierung zu der im Einvernehmen mit den zuständigen Ressorts aufgestellten Liste der österreichischen Sachverständigen für den Marshall-Plan (Beschlußprotokoll Punkt 22).

12. Bericht und Antrag des Bundesministers für Verkehr, BMZl. 13.459/48, auf Ermächtigung, dem Herrn Bundespräsidenten den Weltpostvertrag von Paris resp. die Beschlüsse des Weltpostkongresses von Paris vom 5. Juli 1947 zur Ratifizierung vorzuschlagen (Beschlußprotokoll Punkt 23).

13. Bericht des Bundesministers für die Auswärtigen Angelegenheiten, betreffend die Vorgangsweise bei Kreditverhandlungen mit internationalen Stellen und in den USA (Beschlußprotokoll Punkt 24).

14. Bericht des Bundesministers für Finanzen, Zl. 33.436-15/48, betreffend den Beitritt Österreichs zum Internationalen Währungsfonds und zur Internationalen Bank für Wiederaufbau und Wirtschaftsförderung (Beschlußprotokoll Punkt 25).

15. Bericht des Bundesministers für Volksernährung, Zl. 37.906-4/48, betreffend Aufkauf und Einlagerung der Getreidekontingente 1948 sowie eines Teiles des Kartoffelkontingentes 1948; Beistellung von Geldmitteln (Beschlußprotokoll Punkt 26).

16. Mündliche Berichte der Minister.

[16 a. Bericht des Vizekanzlers über die Vermittlung in Angelegenheit der Fremdenverkehrsabgabe der Stadt Salzburg (Beschlußprotokoll Punkt 27).

16 b. Bericht des Bundesministers für Unterricht, Zl. 36.977/III-7/47, betreffend die Genehmigung des Nationalrates zum Beitritt zur UNESCO (Beschlußprotokoll Punkt 28).

16 c. Bericht des Bundesministers für Finanzen über die Errichtung eines Kindergartens im bundeseigenen Auer-Welsbach Park aus Mitteln der Schweizer Spende (Beschlußprotokoll Punkt 29).

16 d. Bericht des Bundeskanzlers, Zl. 70.144-3/48, betreffend den Kinderhilfsappell der Vereinten Nationen, Einhebung der Spenden (Beschlußprotokoll Punkt 30).]

Beilagen:

1 Anwesenheitsliste (1 Seite).

2 Tagesordnung (1 Seite); Nachtrag zur Tagesordnung (½ Seite); Beilage zu Punkt 2 der Tagesordnung, Anträge in Personalangelegenheiten (1 Seite); Nachtrag zu Beilage zu Punkt 2 der Tagesordnung (½ Seite).

3 Bundeskanzleramt, Zl. 69.740-2a/1948: Gesetzesbeschluß des Salzburger Landtages, betreffend ein Gesetz über die Enteignung von Schulbauten (1 ½ Seiten); Bericht (1 Seite); Ministerratsvortrag (1 ½ Seiten).

4 Bundesministerium für Inneres, (ohne Aktenzahl): Ministerratsvortrag, betr. Beschluß der Bundesregierung gemäß § 5, Abs. (1), Z. 3, StGBl. Nr. 60/1945 (1 Seite); Verzeichnis Nr. 104 der für die Verleihung der Staatsbürgerschaft vorgesehenen Personen (16 Seiten).

Nummer	Datum		Inhalt
		5	Bundesministerium für Finanzen, Zl. 39.405-14/48: Entwurf. Bundesgesetz vom ... über die Zündmittelsteuer (3 ½ Seiten); Erläuternde Bemerkungen (3 ½ Seiten); Ministerratsvortrag (3 Seiten).
		6	Bundesministerium für Finanzen, Zl. 11.583-17/48: Entwurf zum Bundesgesetz vom ... womit die Börsefondsnovelle vom 16. Juli 1925, BGBl. Nr. 240 in der Fassung des Bundesgesetzes vom 26. Oktober 1934, BGBl. Nr. 314, abgeändert wird (3. Börsefondsnovelle) (1 Seite); Erläuternde Bemerkungen (1 Seite); Ministerratsvortrag (1 Seite).
		7	Bundesministerium für Finanzen, Zl. 39.815-17/48: Entwurf zum Bundesgesetz vom ... über die Wiederherstellung des österreichischen Rechtes auf dem Gebiete des Börsewesens (Börseüberleitungsgesetz) (3 ½ Seiten); Erläuternde Bemerkungen (3 ½ Seiten); Ministerratsvortrag (2 ½ Seiten).
		8	Bundesministerium für Finanzen, Zl. 39.826-17/48: Entwurf zum Bundesgesetz vom ... über Börsesensale (Börsesensale-Gesetz) (9 ½ Seiten); Erläuternde Bemerkungen (3 Seiten); Ministerratsvortrag (1 ½ Seiten).
		9	Bundesministerium für Finanzen, Zl. 39.851-15/48: Entwurf eines Bundesgesetzes vom ... über die Ausgabe von Bundesschatzscheinen (3. Schatzscheingesetz 1948) (½ Seite); Erläuternde Bemerkungen (½ Seite); Ministerratsvortrag (½ Seite).
		10	Bundesministerium für Finanzen, Zl. 31.155-19/48: Entwurf eines Bundesgesetzes vom ... betreffend Lebensversicherungen mit Auslosung (½ Seite); Ministerratsvortrag (1 Seite).
		11	(Ohne Aktenzahl): Ministerratsvortrag, betreffend die Ernennung von Sachverständigen zur Bearbeitung der mit dem Marshall-Plan zusammenhängenden Fragen (1 Seite); Liste der Sachverständigen (1 Seite).
		12	Bundesministerium für Verkehr, Generaldirektion für die Post- und Telegraphenverwaltung, BMZl. 13.459/1948: Ministerratsvortrag. Gegenstand: Verfassungsmäßige Behandlung der Beschlüsse des Weltkongresses, Paris, 5. Juli 1947 (5 Seiten); Weltpostvertrag (171 ½ Seiten).
		13	Bundeskanzleramt/Auswärtige Angelegenheiten, Zl. 159.230-WPol/48: Ministerratsvortrag, betreffend Vorgangsweise bei Kreditverhandlungen mit internationalen Stellen und in den USA (1 Seite).
		14	Bundesministerium für Finanzen, Zl. 33.436-15/1948: Ministerratsvortrag, betreffend den Beitritt Österreichs zum Internationalen Währungsfonds und zur Internationalen Bank für Wiederaufbau und Wirtschaftsförderung (4 ½ Seiten).
		15	Kein Material.
		16 b	Bundesministerium für Unterricht, Zl. 36.877/III-7/47: Vortrag des Bundesministers für Unterricht über die Erwirkung der Genehmigung des Nationalrates gemäß Artikel 50, Abs. (1) des Bundesverfassungsgesetzes in der Fassung von 1929 zum Beitritte Österreichs zur Organisation der Vereinten Nationen für Erziehung, Wissenschaft und Kultur (UNESCO), über die Ratifizierung und die Erlegung der Beitrittsurkunde sowie über den innerstaatlichen Vollzug des Vertrages im Vertragswege (2 ½ Seiten); Beilage zum Vortrag an den Ministerrat. Die Verfassung der Organisation der Vereinten Nationen für Erziehung, Wissenschaft und Kultur (12 ½ Seiten); Erläuternde Bemerkungen (2 ½ Seiten).
		16 d	Bundeskanzleramt, Zl. 70.144-3/1948: Bericht an den Ministerrat. Betrifft: Kinderhilfsappell der Vereinten Nationen (1 ½ Seiten).
		A	Bundeskanzleramt, Zl. 70.004-3/1948: Rundschreiben des Bundes-

Nummer	Datum		Inhalt
			kanzlers, betreffend die Dienstpflichten der Bundesbediensteten (Abschrift) (1 Seite).
		B	Verb. Zl. 3.402/VII: Schreiben der Politischen Vertretung der UdSSR in Österreich, Nr. 108, an Außenminister Gruber vom 12. Juni 1948 (1 ½ Seiten).
		C	Chiffre-Abt. Zl. 8.475: Claris-Telegramm Nr. 10.217 an den Hr. Generalsekretär Abt. Wpol (Zl. 157.618) von Gesandten Kleinwächter aus Washington, betreffend Anleihe von Holzindustrie Maschinen (Abschrift) (½ Seite).
		D	Bundesministerium für Finanzen und Bundesministerium für Land und Forstwirtschaft, (ohne Aktenzahl): Gegenstand: Schweizer Spende, Errichtung eines Kindergartens im bundeseigenen Auer-Welsbach Park (2 Seiten).
117.	1948-06-22		Tagesordnung:
		1.	Bericht des Bundeskanzlers.
		[1 a.	Stand der Verhandlungen in London und Paris.
		1 b.	Marshallplanhilfe (Beschlußprotokoll Punkt 1 a).
		1 c.	Unterredung des Bundeskanzlers mit General Béthouart (Beschlußprotokoll Punkt 1 b).
		1 d.	Unterredung des Bundeskanzlers mit Generaloberst Želtov (Beschlußprotokoll Punkt 1 d).
		1 e.	Bericht des Bundeskanzlers über den Notenwechsel, betreffend Bundesminister Dr. Migsch (Beschlußprotokoll Punkt 1 c).
		1 f.	Verhaftung des Kriminaloberinspektors Anton Marek durch die sowjetische Besatzungsmacht (Beschlußprotokoll Punkt 1 e).
		1 g.	Bericht des Bundeskanzlers über seine beabsichtigte Teilnahme an den Feiern anläßlich des 100-jährigen Bestandes der Schweizer Verfassung (Beschlußprotokoll Punkt 1 f).
		1 h.	Verlesung der alliierten Noten durch den Bundeskanzler (Beschlußprotokoll Punkt 2 a bis c).
		1 i.	Verlesung der Mitteilungen und Resolutionen durch den Bundeskanzler (Beschlußprotokoll Punkt 3 a bis e).
		1 j.	Mitteilung Bundesminister Zimmermanns über die in den nächsten Tagen zu erwartende Vorsprache Oberst Ivanows, betreffend die Besatzungskosten (Beschlußprotokoll Punkt 4).
		1 k.	Mitteilung Bundesminister Übeleis über die Anfrage der sowjetischen Besatzungsmacht, betreffend die Ausdehnung der Befahrung der Donau (Beschlußprotokoll Punkt 5).
		1 l.	Bericht des Bundesministers für Inneres, betreffend die Überführung der Ausstellung österreichischer Kunstwerke aus Schweden in die USA (Beschlußprotokoll Punkt 6).]
		2.	Personalangelegenheiten (siehe Beilage) (Beschlußprotokoll Punkte 7 bis 9).
		3.	Bericht und Antrag des Bundesministers für die Auswärtigen Angelegenheiten auf Zustimmung des Ministerrates zur Unterzeichnung des Abkommens durch den Bundeskanzler und den Bundesminister für die Auswärtigen Angelegenheiten zwischen Österreich und den Vereinigten Staaten, betreffend die wirtschaftliche Zusammenarbeit (Beschlußprotokoll Punkt 10).
		4.	Bericht des Bundesministers für Inneres, betreffend die Erklärung des Staatsinteresses an der Einbürgerung der im Verzeichnis Nr. 105 des Bundesministeriums für Inneres angeführten 99 Personen (Beschlußprotokoll Punkt 11).

Nummer	Datum	Inhalt
		5. Bericht des Bundesministers für Justiz, JM. Zl. 11.975/48, über die Wahl der Standesorgane in der Rechtsanwaltschaft und im Notariat (Beschlußprotokoll Punkt 12).
		6. Bericht des Bundesministers für Finanzen, Zl. 11.583-17/48, über den Entwurf eines Bundesgesetzes, womit die Börsefonds-Novelle vom 16. Juli 1925, BGBl. Nr. 240/25, in der Fassung des Bundesgesetzes vom 26. Oktober 1934, BGBl. Nr. 314, abgeändert wird (3. Börsefonds-Novelle). Material verteilt (116. Min. Rat) (Beschlußprotokoll Punkt 13).
		7. Bericht des Bundesministers für Finanzen, Zl. 39.815-17/48, betreffend den Entwurf eines Bundesgesetzes über die Wiederherstellung des österreichischen Rechts auf dem Gebiete des Börsewesens (Börseüberleitungsgesetz). Material verteilt (116. Min. Rat) (Beschlußprotokoll Punkt 14).
		8. Bericht des Bundesministers für Finanzen, Zl. 39.826-17/48, betreffend den Entwurf eines Bundesgesetzes über Börsesensale (Börsesensalegesetz). Material verteilt (116. Min. Rat) (Beschlußprotokoll Punkt 15).
		9. Bericht des Bundesministers für Finanzen, Zl. 51.779/14/47, betreffend den Entwurf eines Bundesgesetzes über die Mineralölsteuer. Material verteilt (91. Min. Rat) (Beschlußprotokoll Punkt 16).
		10. Bericht des Bundesministers für Unterricht, Zl. 28.604/III/10/48, betreffend den Entwurf eines Bundesverfassungsgesetzes über die Vernichtung von Druck- und Bildwerken nationalsozialistischen Gehaltes oder eines den Alliierten Mächten feindlichen Charakters (Literaturreinigungsgesetz) (Beschlußprotokoll Punkt 17).
		11. Antrag des Bundesministers für soziale Verwaltung, Zl. II/75/464-5/48, betreffend den Entwurf eines Bundesgesetzes über die Anpassung der Leistungen in der Notarversicherung an die wirtschaftlichen Verhältnisse (Notarversicherungs-Anpassungsgesetz) (Beschlußprotokoll Punkt 18).
		12. Antrag des Bundesministers für soziale Verwaltung, Zl. II/63.410-5/48, betreffend den Entwurf eines Bundesgesetzes über die Regelung sozialversicherungsrechtlicher Verhältnisse aus Anlaß der Aufnahme in ein öffentlich-rechtliches Dienstverhältnis oder beim Ausscheiden aus einem solchen (Beschlußprotokoll Punkt 19).
		13. Bericht des Bundesministers für Verkehr, BM. Zl. 22.140/48, über die Teilnahme an der Tagung der Regionalen europäischen Rundfunkkonferenz des Weltnachrichtenvertrages in Kopenhagen im Juni 1948 (Entsendung von Delegierten) (Beschlußprotokoll Punkt 20).
		14. Antrag des Bundesministers für Verkehr, BM. Zl. 20.975/48, betreffend den Entwurf einer Verordnung des Bundesministeriums für Verkehr, womit die Verordnung des Bundesministeriums für Verkehr vom 31. Juli 1947, BGBl. Nr. 176, über gebührenrechtliche Maßnahmen auf dem Gebiete des Telegraphen-, Fernsprech- und Rundfunkwesens abgeändert und ergänzt wird (Beschlußprotokoll Punkt 21).
		15. Bericht und Antrag des Bundesministers für Volksernährung, Zl. 37.906-4/48, betreffend Aufkauf und Einlagerung der Getreidekontingente 1948 sowie eines Teiles des Kartoffelkontingentes 1948 und Bereitstellung von Geldmitteln. Material verteilt (116. Min. Rat) (Beschlußprotokoll Punkt 22).
		16. Bericht des Bundesministers für soziale Verwaltung, Zl. V/74.876/JL/48, betreffend Teilnahme Österreichs an der XVII. Internationalen Konferenz des Roten Kreuzes in Stockholm in der Zeit vom 20. bis 30. August 1948 (Beschlußprotokoll Punkt 23).

Nummer	Datum	Inhalt

17. Mündliche Berichte der Minister.
[17 a. Bericht des Bundesministers für Finanzen, betreffend den Beitritt Österreichs zum Abkommen von Bretton Woods (Beschlußprotokoll Punkt 24).
17 b. Bericht des Bundesministers für Inneres, betreffend Rückerstattung von Lebensmittel für die noch in Máramaros Sziget befindlichen Kriegsgefangenen an die Sowjetunion (Beschlußprotokoll Punkt 25).
17 c. Bericht des Bundesministers für Finanzen, betreffend Zahlungsvorschuß für die Bauarbeiten am Salzburger Dom (Beschlußprotokoll Punkt 26).
17 d. Bericht des Bundesministers für die Auswärtigen Angelegenheiten, betreffend Klagen in Osttirol über die Handhabung der Sperre in der Sperrzone Sillian (Beschlußprotokoll Punkt 27).]

Beilagen:
1 Anwesenheitsliste (1 Seite).
2 Tagesordnung (1 ½ Seiten); Beilage zu Punkt 2 der Tagesordnung, Anträge in Personalangelegenheiten (½ Seite).
3 Kein Material.
4 Bundesministerium für Inneres, (ohne Aktenzahl): Ministerratsvortrag, betr.: Beschluß der Bundesregierung gemäß § 5, Abs. (1), Z. 3, StGBl. Nr. 60/1945 (1 Seite); Verzeichnis Nr. 105 der für die Verleihung der Staatsbürgerschaft vorgesehenen Personen (16 Seiten); Nachtrag zur Liste Nr. 105 (Staatsbürgerschaftsanträge) (½ Seite).
5 Bundesministerium für Justiz, JMZl. 11.975/1948: Vortrag für den Ministerrat. Gegenstand: Wahl der Standesorgane in der Rechtsanwaltschaft und im Notariat (1 ½ Seiten).
6 Bundesministerium für Finanzen, Zl. 11.583-17/1948: Entwurf zum Bundesgesetz vom ..., womit die Börsefondsnovelle vom 16. Juli 1925, BGBl. Nr. 240 in der Fassung des Bundesgesetzes vom 26. Oktober 1934, BGBl. Nr. 314, abgeändert wird (3. Börsefondsnovelle) (1 Seite); Erläuternde Bemerkungen (1 Seite); Ministerratsvortrag (1 Seite).
7 Bundesministerium für Finanzen, Zl. 39.815-17/1948: Entwurf zum Bundesgesetz vom ... über die Wiederherstellung des österreichischen Rechtes auf dem Gebiete des Börsewesens (Börseüberleitungsgesetz) (3 ½ Seiten); Erläuternde Bemerkungen (3 ¼ Seiten); Ministerratsvortrag (1 ½ Seiten).
8 Bundesministerium für Finanzen, Zl. 39.826-17/1948: Entwurf zum Bundesgesetz vom ... über Börsesensale (Börsesensale-Gesetz) (9 ½ Seiten); Erläuternde Bemerkungen (3 Seiten); Ministerratsvortrag (1 ½ Seiten).
9 Bundesministerium für Finanzen, Zl. 43.417-14/1948: Bundesgesetz vom ... über die Mineralölsteuer (7 Seiten); Erläuternde Bemerkungen (5 ½ Seiten); Ministerratsvortrag (3 ½ Seiten); Information für den Herrn Bundesminister betreffend Bundesgesetz vom ... über die Mineralölsteuer (Abschrift) (½ Seite).
10 Bundesministerium für Unterricht, Zl. 28.604-III/1948: Bundesverfassungsgesetz vom ..., betreffend die Vernichtung von Druck- und Bildwerken nationalsozialistischen Gehaltes oder eines den Alliierten Mächten feindlichen Charakters (Literaturreinigungsgesetz) (2 ½ Seiten); Erläuterung (2 ¼ Seiten); Vortrag an den Ministerrat (4 ½ Seiten).
11 Bundesministerium für soziale Verwaltung, Zl. II-75.464-5/1948: Bundesgesetz vom ... über die Anpassung der Leistungen in der Notar-

Nummer	Datum		Inhalt
			versicherung an die wirtschaftlichen Verhältnisse (Notarversicherungs-Anpassungsgesetz) (1 Seite); Erläuterungen (1 Seite); Vortrag an den Ministerrat (1 ¼ Seiten).
		12	Bundesministerium für soziale Verwaltung, Zl. II-63.410-5/1948: Bundesgesetz vom ... 1948 über die Regelung sozialversicherungsrechtlicher Verhältnisse aus Anlaß der Aufnahme in ein öffentlich-rechtliches Dienstverhältnis oder beim Ausscheiden aus einem solchen (6 Seiten); Erläuternde Bemerkungen (9 ½ Seiten); Vortrag an den Ministerrat (2 Seiten); Bundeskanzleramt, Zl. 70.712-3/1948: Information für den Herrn Bundeskanzler, betreffend den vom Bundesministerium für soziale Verwaltung im Ministerrat eingebrachten Entwurf eines „Bundesgesetzes über die Regelung sozialversicherungsrechtlicher Verhältnisse aus Anlaß der Aufnahme in ein öffentlichrechtliches Dienstverhältnis oder beim Ausscheiden aus einem solchen" (Abschrift) (1 Seite).
		13	Bundesministerium für Verkehr, Generaldirektion für die Post- und Telegraphenverwaltung, B.M.Zl. 22.140/1948: Vortrag an den Ministerrat. Gegenstand: Teilnahme an der Tagung der Regionalen europäischen Rundfunkkonferenz des Weltnachrichtenvertrages in Kopenhagen, Juni 1948 (1 ½ Seiten).
		14	Bundesministerium für Verkehr, Generaldirektion für die Post- und Telegraphenverwaltung, B.M.Zl. 20.975/1948: Entwurf einer Verordnung des Bundesministeriums für Verkehr vom ..., womit die Verordnung des Bundesministeriums für Verkehr vom 31. Juli 1947, BGBl. Nr. 176, über gebührenrechtliche Maßnahmen auf dem Gebiete des Telegraphen-, Fernsprech- und Rundfunkwesens abgeändert und ergänzt wird (8 Seiten); Erläuternde Bemerkungen (8 Seiten); Vortrag für den Ministerrat (1 ½ Seiten).
		15	Bundesministerium für Volksernährung, Zl. 37.906-4/1948: Vortrag für den Ministerrat, Ankauf und Einlagerung der Getreidekontingente 1948 sowie eines Teiles des Kartoffelkontingentes 1948, Bereitstellung von Geldmitteln (3 Seiten).
		16	Bundesministerium für soziale Verwaltung, Zl. V-74.876-JL/1948: Vortrag an den Ministerrat. Gegenstand: Teilnahme Österreichs an der XVII. Internationalen Konferenz vom Roten Kreuze in Stockholm in der Zeit vom 20. - 30. August 1948. Entsendung eines weiteren Vertreters des Bundesministeriums für soziale Verwaltung (2 ½ Seiten).
		17	Bundesministerium für Finanzen, Zl. 43.814-15/1948: Entwurf eines Bundesgesetzes vom ... 1948 über den Beitritt Österreichs zu den Abkommen von Bretton Woods (1 Seite); Erläuternde Bemerkungen (2 ½ Seiten).
		A	Verb. Zl. 3.400/VII: Note der Sowjetabteilung der Alliierten Kommission für Österreich, Nr. 9/139, an Bundeskanzler Figl vom 10. Juni 1948. Betrifft: Beschwerde über Bundesminister Dr. Migsch (1 Seite).
		B	(Ohne Aktenzahl): Schreiben des Bundeskanzlers an den Generalobersten Kurassow (Entwurf) (1 ½ Seiten); Notiz über Minister Dr. Migsch in „Vorarlberger Volkswille" vom 2. Juni 1948, „Der Kampf der Bauarbeiter um einen Kollektivvertrag. (Uneinsichtige Haltung der Unternehmer)" (1 ½ Seiten).
		C	Bundeskanzleramt, Zl. 114.480-Pol/1948: Schreiben des Bundeskanzlers an den Vorsitzenden des Alliierten Rates für Österreich, Wien vom 23. Juni 1948 (Abschrift) (3 ½ Seiten).
		D	Verb. Zl. 909/149, 17.725: UdSSR Sowjetisches Element der Alliierten Kommission für Österreich, Schreiben Generaloberst A. Sheltows

Nummer	Datum		Inhalt
			an Bundeskanzler Figl vom 19. Juni 1948 (Abschrift der Übersetzung) (1 Seite).
		E	UdSSR, Sowjetsektion des All. Rates für Österreich, 17. Juni 1948, Nr. 470, Wien Hotel Imperial, Zl. 11.164: Schreiben Oberst Starows an das Bundesministerium für Inneres Abteilung 12/K zu Handen Herrn Amtsrat Berdach (Abschrift von Zl. 249.385-14/1948, Übersetzung) (1 Seite); Mitteilung über den Stand der Lebensmittellieferungen durch österr. Behörden zum 17. Juni 1948 (Abschrift, Übersetzung) (1 Seite).
118.	1948-06-29		Tagesordnung:
		1.	Bericht des Bundeskanzlers.
		[1 a.	Verhaftung des Kriminaloberinspektors Marek (Beschlußprotokoll Punkt 1 a).
		1 b.	Einreise einer italienischen Polizeidelegation, Verweigerung der Zustimmung durch die sowjetische Besatzungsmacht (Beschlußprotokoll Punkt 1 b).
		1 c.	Anfrage im britischen Unterhaus bezüglich der Verhaftung des Kriminaloberinspektors Marek.
		1 d.	Einigung in der Frage der Agrarpreise (Beschlußprotokoll Punkte 1 c und 17).
		1 e.	Beunruhigung in Österreich wegen der Vorkommnisse in Berlin (Beschlußprotokoll Punkt 1 d).
		1 f.	Entwicklung der Lage in Jugoslawien (Beschlußprotokoll Punkt 1 d).
		1 g.	Konferenz der Südtiroler in Innsbruck (Beschlußprotokoll Punkt 1 e).
		1 h.	Übernahme des Ehrenschutzes der Auslandsaktion der Stadt Salzburg durch den Bundespräsidenten (Beschlußprotokoll Punkt 1 f).
		1 i.	Verlesung der alliierten Noten durch den Bundeskanzler (Beschlußprotokoll Punkt 2 a und b).
		1 j.	Verlesung der Resolutionen durch den Bundeskanzler (Beschlußprotokoll Punkt 3 a und b).
		1 k.	Bericht des Bundesministers für Inneres über die durch die Verweigerung der Einreiseerlaubnis für die italienischen Polizeiabgeordneten entstandene prekäre Lage für die österreichische Bundesregierung (Beschlußprotokoll Punkt 1 b).
		1 l.	Behandlung der Kärntner Grenzfrage.
		1 m.	Bericht des Bundesministers für Energiewirtschaft und Elektrifizierung über Rohöllieferungen nach Italien (Beschlußprotokoll Punkt 4).]
		2.	Personalangelegenheiten (siehe Beilage) (Beschlußprotokoll Punkte 5 bis 9).
		3.	Bericht des Bundesministers für Inneres, betreffend die Erklärung des Staatsinteresses an der Einbürgerung der im Verzeichnis Nr. 106 des Bundesministeriums für Inneres angeführten 97 Personen (Beschlußprotokoll Punkt 10).
		4.	Bericht und Antrag des Bundesministers für die Auswärtigen Angelegenheiten auf Zustimmung des Ministerrates zur Unterzeichnung des Abkommens zwischen Österreich und den Vereinigten Staaten, betreffend die wirtschaftliche Zusammenarbeit, durch den Bundeskanzler und den Bundesminister für die Auswärtigen Angelegenheiten (Beschlußprotokoll Punkt 11).
		5.	Antrag des Bundesministers für soziale Verwaltung, Zl. II/63.410-5/48, betreffend den Entwurf eines Bundesgesetzes über die Regelung sozialversicherungsrechtlicher Verhältnisse aus Anlaß der Aufnahme in ein öffentlich-rechtliches Dienstverhältnis oder beim Ausscheiden aus

Nummer	Datum	Inhalt
		einem solchen. Material verteilt (117. Min. Rat) (Beschlußprotokoll Punkt 12).
		6. Bericht des Bundesministers für Finanzen über den Entwurf eines Bundesgesetzes, betreffend Maßnahmen zur Sicherung der Bedeckung der Besatzungskosten für das Jahr 1948 (Besatzungskosten-Deckungsgesetz) (Beschlußprotokoll Punkt 13).
		7. Bericht des Bundesministers für Finanzen, Zl. 43.417-14/47, betreffend den Entwurf eines Bundesgesetzes über die Mineralölsteuer. Material verteilt (117. Min. Rat) (Beschlußprotokoll Punkt 14).
		8. Bericht des Bundesministers für Finanzen, Zl. 16.745-21/48, über die Aufnahme von 150 Vertragsbediensteten gem. Pkt. 9, Abs. 2, des Allgemeinen Teiles des Dienstpostenplanes 1948 im Bereiche der FLD Wien (Beschlußprotokoll Punkt 15).
		9. Bericht des Bundesministers für Land- und Forstwirtschaft, Zl. 27.294-I/2b/48, betreffend den Entwurf eines Bundesgesetzes über die Bekämpfung der Dasselbeulenkrankheit der Rinder (Beschlußprotokoll Punkt 16).
		10. Bericht und Antrag des Bundesministers für Volksernährung, Zl. 37.906-4/48, betreffend Aufkauf und Einlagerung der Getreidekontingente 1948 sowie eines Teiles des Kartoffelkontingentes 1948 und Bereitstellung von Geldmitteln. Material verteilt (116. Min. Rat) (Beschlußprotokoll Punkt 18).
		11. Bericht des Bundesministers für Vermögenssicherung und Wirtschaftsplanung, Zl. 26.529-1/48, betreffend den Entwurf eines Bundesgesetzes, womit das Bundesgesetz vom 26. 7. 1946, BGBl. Nr. 157, über die Bestellung von öffentlichen Verwaltern und öffentlichen Aufsichtspersonen (Verwaltergesetz) abgeändert wird (Verwaltergesetznovelle) (Beschlußprotokoll Punkt 19).
		12. Bericht des Bundesministers für Handel und Wiederaufbau, betreffend Brennholz-Umtauschaktion der österreichischen Papierindustrie 1948 (Beschlußprotokoll Punkt 20).
		13. Bericht des Bundesministers für Finanzen, Zl. 45.616-15/48, über den Beitritt Österreichs zu den Abkommen von Bretton Woods (Beschlußprotokoll Punkt 21).
		14. Mündliche Berichte der Minister.
		[14 a. Bericht des Bundesministers für die Auswärtigen Angelegenheiten, Zl. 114.393-Pol/48, betreffend die Stellungnahme der Österreichischen Bundesregierung zu den Beschlüssen der Internationalen Konferenz für Nachrichtenfreiheit in Genf (März - April 1948) (Beschlußprotokoll Punkt 22).
		14 b. Bericht des Bundesministers für Volksernährung, betreffend Lebensmittellieferungen für Heimkehrertransporte aus der Sowjetunion (Beschlußprotokoll Punkt 23).
		14 c. Bericht des Bundesministers für Unterricht, Zl. 37.941-II/4b-48, betreffend Wiener Filmbeirat; Nominierung der drei von der Bundesregierung zu bestellenden Mitglieder (§ 12 (3) des Wiener Kinogesetzes ex 1935) (Beschlußprotokoll Punkt 24).
		14 d. Bericht des Bundesministers für Finanzen über das Angebot der amerikanischen Regierung, den Surplus-Kredit in Höhe von 12 ½ Millionen Dollar bis zum Ende des Jahres 1948 unter den gleichen Bedingungen zu verlängern (Beschlußprotokoll Punkt 25).
		14 e. Bericht des Bundesministers für Inneres über das Schicksal der Kriegsgefangenen in Máramaros Sziget.]

Nummer	Datum	Inhalt

Beilagen:

1 Anwesenheitsliste (1 Seite).

2 Tagesordnung (1 Seite); Nachtrag zur Tagesordnung (½ Seite); Beilage zu Punkt 2 der Tagesordnung, Anträge in Personalangelegenheiten (1 Seite).

3 Bundesministerium für Inneres, (ohne Aktenzahl): Ministerratsvortrag, betr.: Beschluß der Bundesregierung gemäß § 5, Abs. (1), Z. 3, StGBl. Nr. 60/1945 (1 Seite); Verzeichnis Nr. 106 der für die Verleihung der Staatsbürgerschaft vorgesehenen Personen (16 Seiten); Einbürgerungsstatistik (½ Seite).

4 Bundeskanzleramt/Auswärtige Angelegenheiten, Zl. 162.755-Wpol/1948: Vortrag an den Ministerrat. Abkommen zwischen Österreich und den Vereinigten Staaten von Amerika über wirtschaftliche Zusammenarbeit (13 Seiten); Abkommen zwischen den Vereinigten Staaten von Amerika und Österreich über wirtschaftliche Zusammenarbeit (22 Seiten); Note, die an Stelle der Meistbegünstigungsbestimmungen des ursprünglichen Entwurfes treten soll (deutsch und englisch) (jeweils 3 Seiten).

5 Bundesministerium für soziale Verwaltung, Zl. II-63.410-5/1948: Bundesgesetz vom ... 1948 über die Regelung sozialversicherungsrechtlicher Verhältnisse aus Anlaß der Aufnahme in ein öffentlich-rechtliches Dienstverhältnis oder beim Ausscheiden aus einem solchen (6 Seiten); Erläuternde Bemerkungen (9 ½ Seiten); Vortrag für den Ministerrat (2 Seiten); Bundeskanzleramt, Zl. 70.712-3/1948: Information für den Herrn Bundeskanzler, betreffend den vom Bundesministerium für soziale Verwaltung im Ministerrat eingebrachten Entwurf eines „Bundesgesetzes über die Regelung sozialversicherungsrechtlicher Verhältnisse aus Anlaß der Aufnahme in ein öffentlich-rechtliches Dienstverhältnis oder beim Ausscheiden aus einem solchen" (Abschrift) (1 Seite); Bundeskanzleramt, Zl. 70.993-3/1948: Information an den Herrn Bundeskanzler, betreffend den vom Bundesministerium für soziale Verwaltung im Ministerrat nunmehr neuerlich eingebrachten Entwurf eines „Bundesgesetzes über die Regelung sozialversicherungsrechtlicher Verhältnisse aus Anlaß der Aufnahme in ein öffentlich-rechtliches Dienstverhältnis oder beim Ausscheiden aus einem solchen" (1 Seite); Beilage A: Beilage zur Information an den Herrn Bundeskanzler betreffend ziffernmäßige Auswirkung der §§ 6 und 7 des Entwurfes (1 Seite).

6 Bundesministerium für Finanzen, Zl. 46.309-9/1948: Bundesgesetz vom ... 1948, betreffend Maßnahmen zur Sicherung der Bedeckung der Besatzungskosten für das Jahr 1948 (Besatzungskostendeckungsgesetz) (3 ½ Seiten); Erläuternde Bemerkungen (1 ¼ Seiten); Vortrag an den Ministerrat (1 ¼ Seiten); Schreiben des Bundesministers für Finanzen an alle Bundesminister und Staatssekretäre (Abschrift) (1 Seite); Bundesgesetz vom ... 1948 betreffend Maßnahmen zur Sicherung der Bedeckung der Besatzungskosten für das Jahr 1948 (4 Seiten); Bundeskanzleramt, Zl. 71.314-2a/1948: Information für den Herrn Bundeskanzler. Betrifft: Tagesordnung des Ministerrates am 29. Juni d. J., Punkt 6 (Abschrift) (1 ¼ Seiten).

7 Bundesministerium für Finanzen, Zl. 43.417-14/1947: Bundesgesetz vom ... über die Mineralölsteuer (7 Seiten); Erläuternde Bemerkungen (5 ½ Seiten); Mineralölsteuergesetz, Ergänzung und Berichtigung des Entwurfes (1 Seite); Vortrag an den Ministerrat (3 ½ Seiten).

8 Bundesministerium für Finanzen, Zl. 16.745-21/1948: Vortrag für

Nummer	Datum	Inhalt
		den Ministerrat betreffend Aufnahme von 150 Vertragsbediensteten gemäß Pkt. 9, Abs. 2 des allgemeinen Teiles des Dienstpostenplanes 1948 im Bereich der Finanzlandesdirektion Wien (2 ¼ Seiten).
	9	Bundesministerium für Land- und Forstwirtschaft, Zl. 27.294-I/2b/1948: Entwurf eines Bundesgesetzes vom ... über die Bekämpfung der Dasselbeulenkrankheit der Rinder (1 ½ Seiten); Erläuterungen (1 Seite); Vortrag für den Ministerrat (1 ½ Seiten).
	10	Bundesministerium für Volksernährung, Zl. 37.906-4/1948: Vortrag an den Ministerrat. Aufkauf und Einlagerung der Getreidekontingente 1948 sowie eines Teiles des Kartoffelkontingentes 1948, Bereitstellung von Geldmitteln (3 Seiten).
	11	Bundesministerium für Vermögenssicherung und Wirtschaftsplanung, Zl. 26.529-1/1949: Entwurf eines Bundesgesetzes vom ..., womit das Bundesgesetz vom 26. 7. 1946, BGBl. Nr. 157, über die Bestellung von öffentlichen Aufsichtspersonen (Verwaltergesetz) abgeändert wird (Verwaltergesetznovelle) (3 ¼ Seiten); Erläuternde Bemerkungen zur Verwaltergesetznovelle (3 Seiten); Vortrag an den Ministerrat (2 ¼ Seiten).
	12	Bundesministerium für Handel und Wiederaufbau, (ohne Aktenzahl): Vortrag an den Ministerrat. Betr.: Brennholz-Umtauschaktion der österreichischen Papierindustrie 1948 (4 ¼ Seiten).
	13	Bundesministerium für Finanzen, Zl. 45.616-15/1948: Vortrag an den Ministerrat über den Beitritt Österreichs zu den Abkommen von Bretton Woods (3 ½ Seiten); Internationale Bank für Wiederaufbau und Wirtschaftsförderung. Beschluß betreffend die Termine und Bedingungen, zu denen Österreich zur Mitgliedschaft bei der Bank zugelassen wird (2 Seiten); Internationaler Währungsfonds. Beschluß, betreffend die Termine und Bedingungen, unter denen Österreich zur Mitgliedschaft beim Fonds zugelassen wird (1 ½ Seiten).
	14	Bundesministerium für Land- und Forstwirtschaft, Zl. 29.944-5c/1948: Vortrag für den Ministerrat. Gegenstand: Regelung der Agrarpreise und Festsetzung der Lieferkontingente aus der Ernte 1948 (5 ¼ Seiten); Nachtrag zum Vortrag für den Ministerrat (1 ½ Seiten); Niederschrift (5 Seiten).
	14 a	Bundeskanzleramt/Auswärtige Angelegenheiten, Zl. 114.393-POL/1948: Vortrag des Bundesministers für die Auswärtigen Angelegenheiten an den Ministerrat, betreffend die Stellungnahme der österreichischen Bundesregierung zu den Beschlüssen der Internationalen Konferenz der UN für Nachrichtenfreiheit, Genf 1948 (1 ½ Seiten); Stellungnahme zu den Beschlüssen (1 Seite).
	14 b	Bundesministerium für Volksernährung, (ohne Aktenzahl): Vortrag an den Ministerrat. Betrifft: Lebensmittellieferungen für Heimkehrertransporte aus der Sowjetunion (1 ½ Seiten).
	14 c	Bundesministerium für Unterricht, Zl. 37.941-II/4b/1948: Vortrag des Bundesministers für Unterricht an den Ministerrat, betreffend Wiener Filmbeirat, Nominierung der drei von der Bundesregierung zu bestellenden Mitglieder (§ 12 (3) des Wiener Kinogesetzes ex 1935), abgeänderte Fassung (1 ½ Seiten).
	A	Bundeskanzleramt, Präsidium, Zl. 2.663-Pr.M/1948: Note des Bundeskanzlers an Herrn Generaloberst Wladimir Kurassow, Hochkommissar der Sowjet-Union und Oberkommandierender der sowjetischen Truppen in Österreich, Wien, vom 28. Juni 1948 (Abschrift) (1 ¼ Seiten).
	B	(Ohne Aktenzahl): Schreiben des Bürgermeisters der Stadt Salzburg, Anton Neumayr an S. g. Herrn Bundespräsidenten Dr. Karl Renner,

Nummer	Datum		Inhalt
			Wien I, vom 18. Juni 1948 (Abschrift) (3 ½ Seiten); Schreiben des Bundespräsidenten an den Bundeskanzler vom 22. Juni 1948 (Abschrift) (1 Seite); Schreiben an den Bundespräsidenten vom 28. Juni 1948, Dr. C/R (Abschrift) (½ Seite).
		C	(Ohne Aktenzahl): Aktenvermerk. Betr. Rohöllieferungen nach Italien vom 28. Juni 1948 (Abschrift) (1 Seite).
119.	1948-07-06	Tagesordnung:	
		1.	Bericht des Bundeskanzlers.
		[1 a.	Bericht des Bundeskanzlers über seinen Besuch in der Schweiz (Beschlußprotokoll Punkt 1).
		1 b.	Unterzeichnung des Abkommens, betreffend die wirtschaftliche Zusammenarbeit mit den USA.
		1 c.	Verlesung der Mitteilungen und Resolutionen durch den Bundeskanzler (Beschlußprotokoll Punkt 2 a bis i).
		1 d.	Bericht des Bundesministers für die Auswärtigen Angelegenheiten über die Unterzeichnung des ERP-Planes und das Ergebnis der Besprechungen mit dem Sonderbotschafter der Europahilfe Harriman sowie mit General Draper (Beschlußprotokoll Punkt 3).]
		2.	Personalangelegenheiten (siehe Beilage) (Beschlußprotokoll Punkte 4 bis 9).
		3.	Bericht des Bundesministers für Inneres, betreffend die Erklärung des Staatsinteresses an der Einbürgerung der im Verzeichnis Nr. 107 des Bundesministeriums für Inneres angeführten 134 Personen (Beschlußprotokoll Punkt 10).
		4.	Bericht des Bundesministers für Inneres, Zl. 62.863-8/48, betreffend Abtrennung der Katastralgemeinde Eichberg von der Gemeinde Gräflerviertl und Einverleibung in die Gemeinde Kleinschlag; Abänderung der Gerichtsbezirksgrenzen (Beschlußprotokoll Punkt 11).
		5.	Bericht des Bundesministers für Verkehr, Zl. 2.898-1, über den Entwurf einer Kundmachung, betreffend Anrechnung von Vordienstzeiten für die Vorrückung in höhere Bezüge bei den Beamten der Österreichischen Bundesbahnen (Beschlußprotokoll Punkt 12).
		6.	Bericht des Bundesministers für Verkehr, BM. Zl. 15.578/1948, betreffend den Entwurf einer Verordnung, womit einige Bestimmungen der österreichischen Postordnung und Postgebührenordnung ergänzt und abgeändert werden (Beschlußprotokoll Punkt 13).
		7.	Bericht des Bundesministers für Justiz im Einvernehmen mit dem Bundesminister für die Auswärtigen Angelegenheiten, JMZl. 11.536/48, betreffend die Stellungnahme der österreichischen Bundesregierung zu den Beschlüssen der Internationalen Konferenz der UN für Nachrichtenfreiheit (Beschlußprotokoll Punkt 14).
		8.	Bericht des Bundesministers für Finanzen über den Entwurf eines Bundesgesetzes, betreffend Maßnahmen zur Sicherung der Bedeckung der Besatzungskosten für das Jahr 1948 (Besatzungskosten-Deckungsgesetz) - Bericht des Ministerkomitees. Material verteilt (118. Ministerrat) (Beschlußprotokoll Punkt 15).
		9.	Mündliche Berichte der Minister.
		[9 a.	Bericht des Staatssekretärs im Bundesministerium für Inneres über Beschwerden in Kärnten und Steiermark über die Einfuhr großer Gemüsemengen aus den Nachbarstaaten, insbesondere aus Italien, trotz Gemüseüberschusses (Beschlußprotokoll Punkt 16).
		9 b.	Bericht des Bundesministers für Finanzen über die Frage der Fleischverbilligung (Beschlußprotokoll Punkt 17).]

Nummer	Datum	Inhalt
		Beilagen: 1 Anwesenheitsliste (1 Seite). 2 Tagesordnung (½ Seite); Nachtrag zur Tagesordnung (½ Seite); Beilage zu Punkt 2 der Tagesordnung, Anträge in Personalangelegenheiten (1 Seite). 3 Bundesministerium für Inneres, (ohne Aktenzahl): Ministerratsvortrag, betr.: Beschluß der Bundesregierung gemäß § 5, Abs. (1), Z. 3, StGBl. Nr. 60/1945 (1 Seite); Verzeichnis Nr. 107 der für die Verleihung der Staatsbürgerschaft vorgesehenen Personen (23 Seiten). 4 Bundesministerium für Inneres, Zl. 62.863-8/1948: Vortrag für den Ministerrat. Betr. Abtrennung der Katastralgemeinde Eichberg von der Gemeinde Gräflerviertl und Einverleibung in die Gemeinde Kleinschlag, Änderung der Gerichtsbezirksgrenzen (1 ½ Seiten); Kundmachung der Steiermärkischen Landesregierung vom 4. September 1947, betreffend Änderung der Grenzen der Gemeinden Gräflerviertl und Kleinschlag (½ Seite). 5 Bundesministerium für Verkehr, Generaldirektion der Österreichischen Bundesbahnen, Zl. 2.898: Entwurf einer Kundmachung des Bundesministeriums für Verkehr vom ... 1948 betreffend Anrechnung von Vordienstzeiten für die Vorrückung in höhere Bezüge bei den Beamten der Österreichischen Bundesbahnen (6 ½ Seiten); Erläuternde Bemerkungen (½ Seite); Vortrag an den Ministerrat (1 Seite). 6 Bundesministerium für Verkehr, Generaldirektion für die Post- und Telegraphenverwaltung, B.M. Zl. 15.578/1949: Gegenüberstellung jener Paragraphen der Postordnung, die geändert werden sollen (12 Seiten); Entwurf einer Verordnung des Bundesministeriums für Verkehr vom ... 1948 womit einige Bestimmungen der österreichischen Postordnung und Postgebührenordnung ergänzt und abgeändert werden (10 ½ Seiten); Begründung und Erläuterung zu den beabsichtigten Abänderungen der Postordnung (6 Seiten); Vortrag für den Ministerrat (1 ½ Seiten). 7 Bundesministerium für Justiz, JMZl. 11.536/1948: Vortrag des Bundesministers für Justiz im Einvernehmen mit dem Bundesministerium für Auswärtige Angelegenheiten an den Ministerrat, betreffend die Stellungnahme der österreichischen Bundesregierung zu den Beschlüssen der Internationalen Konferenz der UN für Nachrichtenfreiheit (1 ¼ Seiten); Stellungnahme der österreichischen Bundesregierung zu den Beschlüssen der in Genf abgehaltenen Internationalen Konferenz der UN für Nachrichtenfreiheit (2 ½ Seiten). 8 Bundesministerium für Finanzen, Zl. 46.309-9/1948: Bundesgesetz vom ... 1948 betreffend Maßnahmen zur Sicherung der Bedeckung der Besatzungskosten für das Jahr 1948 (Besatzungskostendeckungsgesetz) (3 ½ Seiten); Erläuternde Bemerkungen (1 ¼ Seiten); Vortrag an den Ministerrat (1 ¼ Seiten).
120.	1948-07-13	Tagesordnung: 1. Bericht des Bundeskanzlers. [1 a. Bericht des Bundeskanzlers über die Ereignisse der vergangenen Woche (Sessionsschluß des Parlamentes). 1 b. Bericht des Bundeskanzlers über Berlin und Jugoslawien und die am 30. Juli beginnende Donaukonferenz in Belgrad. 1 c. Bericht des Bundeskanzlers, betreffend die beginnende Ratstagung in Paris über den Marshallplan (Beschlußprotokoll Punkt 1 a und b). 1 d. Bericht des Bundeskanzlers, betreffend die Verhandlung mit der so-

Nummer	Datum		Inhalt
			wjetischen Besatzungsmacht über die Durchführung der Bodennutzungserhebung (Beschlußprotokoll Punkt 1 c).
		1 e.	Angelobung des neuen Landeshauptmannes von Steiermark Josef Krainer (Beschlußprotokoll Punkt 1 d).
		1 f.	Einladung aller Regierungsmitglieder zu den Salzburger Festspielen durch den Landeshauptmann von Salzburg (Beschlußprotokoll Punkt 1 e).
		1 g.	Mitteilung des Bundeskanzlers über einige Frühmeldungen der Presse.
		1 h.	Verlesung der alliierten Noten durch den Bundeskanzler (Beschlußprotokoll Punkt 2 a bis c).
		1 i.	Verlesung der Mitteilungen durch den Bundeskanzler (Beschlußprotokoll Punkt 3 a und b).
		1 j.	Mitteilung des Bundeskanzlers über den Stand der Verhandlungen im Falle des verhafteten Kriminaloberinspektors Marek (Beschlußprotokoll Punkt 4).
		1 k.	Anfrage des Bundesministers für Inneres, betreffend die Gehaltsbezüge der durch alliierte Anordnung an der Ausübung ihres Dienstes behinderten öffentlichen Bediensteten (Beschlußprotokoll Punkt 5).]
		2.	Personalangelegenheiten (siehe Beilage) (Beschlußprotokoll Punkte 6 bis 11).
		3.	Bericht des Bundesministers für Inneres, betreffend die Erklärung des Staatsinteresses an der Einbürgerung der im Verzeichnis Nr. 108 des Bundesministeriums für Inneres angeführten 230 Personen (Beschlußprotokoll Punkt 12).
		4.	Bericht des Bundesministers für Justiz, JMZl. 10.364/48, betreffend Verfügung über deutsches Eigentum in Österreich (Tauschvertrag, Tgb. Zl. 722/47 des Bezirksgerichtes Voitsberg) (Beschlußprotokoll Punkt 13).
		5.	Bericht des Bundesministers für Justiz, JMZl. 11.801/48, betreffend Verfügung über deutsches Eigentum in Österreich (Tauschvertrag, TZ. 164/48 des Bezirksgerichtes Klosterneuburg) (Beschlußprotokoll Punkt 14).
		6.	Bericht des Bundesministers für Justiz, JMZl. 11.910/48, betreffend Löschung eines Pfandrechtes der deutschen Bau- und Bodenbank A. G., Zweigniederlassung Wien (TZ. 511/47 des Bezirksgerichtes Hietzing) (Beschlußprotokoll Punkt 15).
		7.	Bericht des Bundesministers für Land- und Forstwirtschaft, betreffend Verhandlungen mit der amerikanischen Militärregierung für Deutschland und den zuständigen bayerischen Behörden über Bachableitungen im Achensee-Gebiet und Antrag auf Bewilligung eines Übereinkommens (Beschlußprotokoll Punkt 16).
		8.	Bericht des Bundesministers für Energiewirtschaft und Elektrifizierung, betreffend Deckung des Geldbedarfes für die Wasserkraftwerkbauten 1949 (Beschlußprotokoll Punkt 17).
		9.	Bericht des Bundesministers für Vermögenssicherung und Wirtschaftsplanung, Zl. 277.670-15/48, betreffend die Errichtung der Österreichisch-Bayerischen Kraftwerke Aktiengesellschaft (Beschlußprotokoll Punkt 18).
		10.	Bericht des Bundesministers für Unterricht, Zl. 42.094-III/10-48, über den Entwurf eines Bundesverfassungsgesetzes, betreffend das österreichische Schul- und Erziehungswesen (Schul- und Erziehungsgesetz) (Beschlußprotokoll Punkt 19).
		11.	Bericht des Bundesministers für Unterricht, Zl. 42.117-III/10-48, über den Entwurf eines Bundesverfassungsgesetzes, betreffend die Lei-

Nummer	Datum	Inhalt
		tung und Aufsicht über das Erziehungs- und Unterrichtswesen (Bundesschulaufsichtsgesetz) (Beschlußprotokoll Punkt 20).
		12. Bericht des Bundeskanzlers, Zl. 66.891-2a/1948, betreffend den Tätigkeitsbericht 1947 des Verfassungsgerichtshofes (Beschlußprotokoll Punkt 21).
		13. Bericht des Bundesministers für die Auswärtigen Angelegenheiten, betreffend die Donaukonferenz in Belgrad am 30. Juli 1948 (Beschlußprotokoll Punkt 22).
		14. Antrag des Bundesministers für Inneres, Zl. 91.125-4/48, betreffend beabsichtigte Verhandlungen mit der amerikanischen Militärregierung für Deutschland über den kleinen Grenzverkehr (Beschlußprotokoll Punkt 23).
		15. Antrag des Bundesministers für Finanzen, Zl. 49.813-15/48, betreffend den Entwurf einer Verordnung über die Einführung eines Bundesschuldbuches (Bundesschuldbuchverordnung) und Altkontenverordnung (Beschlußprotokoll Punkt 24).
		16. Bericht des Bundeskanzlers, Zl. 72.177-2a/1948, über den Gesetzesbeschluß des Salzburger Landtages vom 5. 5. 1948, betreffend die Einhebung einer Lustbarkeitsabgabe (Vergnügungssteuer) für Veranstaltungen im Salzburger Festspielhaus (Beschlußprotokoll Punkt 25).
		17. Bericht des Bundeskanzlers, Zl. 72.007-2a/1948, betreffend den Gesetzesbeschluß des Salzburger Landtages vom 5. 5. 1948, über die Einhebung einer Fremdenzimmerabgabe in der Stadt Salzburg (Beschlußprotokoll Punkt 26).
		18. Mündliche Berichte der Minister.
		[18 a. Vorschlag des Bundeskanzlers, betreffend die Abhaltung regelmäßiger Ministerratssitzungen während der Sommerzeit (Beschlußprotokoll Punkt 27).
		18 b. Bericht des Bundesministers für Unterricht über das Ansuchen einer Studentendelegation um Devisenzuteilung für die Teilnahme an einem medizinischen Kongreß und Sommerkurs in Frankreich (Beschlußprotokoll Punkt 28).
		18 c. Bericht des Bundesministeriums für Finanzen über die Bewilligung von Devisen für Gemüseimporte in den Monaten April und Mai 1948 nach Kärnten (Beschlußprotokoll Punkt 29).
		18 d. Bericht des Bundesministers für Finanzen über die Anmeldung von Forderungen durch die Vertreter der Bundesangestellten, betreffend eine Sonderzahlung (Beschlußprotokoll Punkt 30).
		18 e. Bericht des Bundesministers für Inneres über die bevorstehende Entscheidung des Direktoriums der Alliierten Kommission, den österreichischen Behörden das Recht einzuräumen, Aus- und Einreisevisa selbst zu erteilen (Beschlußprotokoll Punkt 31).
		18 f. Bericht des Bundesministers für die Auswärtigen Angelegenheiten über seine beabsichtigte Reise nach Paris zur Besprechung mit dem Administrator des Marshallplanes (Beschlußprotokoll Punkt 32).
		18 g. Bericht des Bundesministers für Verkehr über die geforderte Auslieferung von Werkzeugmaschinen der Kraftwagen-Betriebsleitungen Urfahr und Freistadt an die USIA (Beschlußprotokoll Punkt 34).
		18 h. Bericht des Bundesministers für die Auswärtigen Angelegenheiten über eine Meldung des „Wiener Kurier", betreffend die Aufstellung von Wegweisern mit russischer Aufschrift im Mühlviertel (Beschlußprotokoll Punkt 35).]

Nummer	Datum	Inhalt

Beilagen:

1 Anwesenheitsliste (1 Seite).

2 Tagesordnung (1 Seite); Nachtrag zur Tagesordnung (1 Seite); Beilage zu Punkt 2 der Tagesordnung, Anträge in Personalangelegenheiten (1 Seite); Nachtrag zur Beilage (¼ Seite).

3 Bundesministerium für Inneres, (ohne Aktenzahl): Ministerratsvortrag, betr.: Beschluß der Bundesregierung gemäß § 5, Abs. (1), Z. 3, StGBl. Nr. 60/1945 (1 Seite); Verzeichnis Nr. 108 der für die Verleihung der Staatsbürgerschaft vorgesehenen Personen (37 ½ Seiten).

4 Bundesministerium für Justiz, JMZl. 10.364/1948: Ministerratsvortrag (2 Seiten).

5 Bundesministerium für Justiz, JMZl. 11.801/1948: Ministerratsvortrag (1 ½ Seiten).

6 Bundesministerium für Justiz, JMZl. 11.910/1948: Ministerratsvortrag (1 ½ Seiten).

7 Bundesministerium für Land- und Forstwirtschaft, Zl. 96.010/36-30.684/1948: Übersicht über den Verlauf der Verhandlungen mit Bayern über die Tiroler Grenzbäche im Achenseegebiet (Beilage A) (2 Seiten); Übereinkommen abgeschlossen am 29. Juni 1948 zwischen der US/UK-Militärregierung für Deutschland und der österr. Bundesregierung über Ableitungen aus dem Rissbach-, Dürrach- und Walchengebiet (deutsch, englisch) (Beilage B, Beilage C) (jeweils 1 ¼ Seiten); Gedächtnisprotokoll (Beilage D) (½ Seite); Vortrag für den Ministerrat (3 Seiten).

8 Bundesministerium für Energiewirtschaft und Elektrifizierung, (ohne Aktenzahl): Vortrag an den Ministerrat. Betr.: Deckung des Geldbedarfes für die Wasserkraftwerksbauten 1949 (2 ½ Seiten); Deckung des Geldbedarfes für Energieinvestitionen (1 ½ Seiten).

9 Bundesministerium für Vermögenssicherung und Wirtschaftsplanung, Zl. 277.670-15/1948: Bericht des auf Grund der Verhandlungen vom 25. Mai 1948 gebildeten bayerisch-österreichischen Arbeitsausschusses zum Entwurf der Satzung einer gemeinsamen Gesellschaft für die Ausnützung der Grenzstrecke des Inn und der Salzach und des erforderlichen Vertrages zwischen Bayern und Österreich (2 Seiten); Entwurf der Satzung (2 Seiten); Entwurf, Vertrag zwischen der Republik Österreich und Bayern (5 ¼ Seiten); Vortrag für den Ministerrat. Errichtung der Oesterreichisch-bayerischen Kraftwerke Aktiengesellschaft (2 Seiten).

10 Bundesministerium für Unterricht, Zl. 42.094/III-10/1948: Entwurf des Bundesministeriums für Unterricht. Bundesverfassungsgesetz betreffend das österreichische Schul- und Erziehungswesen (Schul- und Erziehungsgesetz) (86 ½ Seiten); Erläuterungen zum Schul- und Erziehungsgesetz (14 Seiten); Vortrag an den Ministerrat (2 Seiten).

11 Bundeskanzleramt, Zl. 69.384-2a/1948: Information für den Herrn Bundeskanzler. Betrifft: Tagesordnung des Ministerrates vom 13. Juli 1948, Vorlage des Bundesministeriums für Unterricht, betreffend ein Bundesschulaufsichtsgesetz und ein Schul- und Erziehungsgesetz (1 Seite); Bundesministerium für Unterricht, Zl. 42.117-III/10/1948: Bundesverfassungsgesetz vom ... betreffend die Leitung und Aufsicht über das Erziehungs- und Unterrichtswesen (Bundes-Schulaufsichtsgesetz) (18 ½ Seiten); Erläuternde Bemerkungen zum Bundes-Schulaufsichtsgesetz (7 ½ Seiten); Vortrag an den Ministerrat (2 Seiten).

12 Bundeskanzleramt, Zl. 66.891-2a/1948: Vortrag an den Ministerrat.

Nummer	Datum		Inhalt
			Betrifft: Tätigkeitsbericht des Verfassungsgerichtshofes über das Jahr 1947 (4 Seiten).
		13	Bundeskanzleramt/Auswärtige Angelegenheiten, Zl. 114.754-Pol/1948: Donaukonferenz (3 ½ Seiten); Protokoll über die am 8. Juli im Bundeskanzleramt stattgefundene interministerielle Sitzung über die bevorstehende Donaukonferenz in Belgrad (22 Seiten); Zl. 115.065-Pol/1948 Vortrag an den Ministerrat (9 ½ Seiten).
		14	Bundesministerium für Inneres, Generaldirektion für die öffentliche Sicherheit, Zl. 91.125-4/1948: Antrag an den Ministerrat. Betr.: Beabsichtigte Verhandlungen mit der amerikanischen Militärregierung für Deutschland über den kleinen Grenzverkehr (2 Seiten).
		15	Bundesministerium für Finanzen, Zl. 49.813-15/1948: Verordnung der Bundesregierung vom ... 1948 über die Umwandlung von Alt- und Konversionsguthaben in Forderungen gegen den Bundesschatz (Altkronenverordnung) (4 ½ Seiten); Verordnung der Bundesregierung vom ... über die Einführung eines Bundesschuldbuchs (Bundesschuldbuchverordnung) (3 Seiten); I. Änderung an der Bundesschuldbuchverordnung, II. Änderungen an der Altkronenverordnung (1 Seite); Vortrag für den Ministerrat (1 Seite).
		16	Bundeskanzleramt, Zl. 72.177-2a/1948: Gesetz vom ..., betreffend die Einhebung einer Lustbarkeitsabgabe (Vergnügungssteuer) für Veranstaltungen des Landestheaters Salzburg (½ Seite); Nr. 67 der Beilagen zum stenogr. Protokoll des Salzburger Landtages. Bericht des Finanzausschusses und des Verfassungs- und Verwaltungsausschusses über den Antrag der Abgeordneten Neumayr, Weißkind, Meißnitzer und Genossen betreffend die Erlassung zweier Landesgesetze zur Ermächtigung der Einhebung einer Vergnügungssteuer von den Veranstaltungen des Salzburger Landestheaters und der Salzburger Festspiele (1 ½ Seiten); Vortrag an den Ministerrat (2 Seiten).
		17	Bundeskanzleramt, Zl. 72.007-2a/1948: Gesetz vom ... über die Einhebung einer Fremdenzimmerabgabe in der Stadt Salzburg (4 Seiten); Nr. 66 der Beilagen zum stenogr. Protokoll des Salzburger Landtages. Bericht des Finanzausschusses und des Verfassungs- und Verwaltungsausschusses über den Antrag der Abgeordneten Neumayr, Weißkind, Meißnitzer und Genossen betreffend die Einhebung einer Fremdenzimmerabgabe in der Stadt Salzburg (1 ½ Seiten).
		A	Bundeskanzleramt, Zl. 72.381-2a/1948: Zweite Information für den Herrn Bundeskanzler. Betrifft: Erlös aus der UNRRA-Hilfsaktion und sonstiger Hilfsaktionen, Nachtrag zum Bundesfinanzgesetz, Regelung durch Neuverordnung (2 Seiten).
		B	Drucksorte Bo 9, Anleitung für die Herren Bürgermeister zur Durchführung der Bodenbenutzungserhebung 1948 (4 Seiten); Drucksorte Bo 1, Österreichisches Statistisches Zentralamt, Abteilung Agrarstatistik, Betriebsbogen Bodenbenutzungserhebung 1948 (5 Seiten); Drucksorte Bo 4, Österreichisches Statistisches Zentralamt, Abteilung Agrarstatistik, Gemeindeblatt (Urschrift) Bodenbenutzungserhebung 1948 (2 Seiten); Drucksorte Bo 5, Österreichisches Statistisches Zentralamt, Abteilung Agrarstatistik, Gemeindeblatt (Reinschrift) Bodenbenutzungserhebung 1948 (2 Seiten).
		C	Bundeskanzleramt, Zl. 115.005-Pol/1948: Note des Bundeskanzler an Herrn Generaloberst W. Kurassow, Wien, am 9. Juli 1948 (2 ½ Seiten).
		D	Übersetzung Radiogramm, Stockholm KW 141 4522 k330 Etat Danktelegramm des Königs Gustav von Schweden an Seine Exzellenz

Nummer	Datum		Inhalt
			Dr. Karl Renner, Präsident der Republik, Wien, für die ihm anläßlich seines 90. Geburtstages übermittelten Glückwünsche (½ Seite).
		E	Organisation der Vereinten Nationen für Erziehung, Wissenschaft und Kultur, Abschrift Übersetzung, XR/44477: Telegramm Julian Huxleys, 19 Avenue Kléber, Paris 16e vom 22. Juni 1948 an Seine Exzellenz Dr. Karl Gruber, Minister für die Auswärtigen Angelegenheiten, Ballhausplatz 2, Wien I, Österreich (1 Seite).
121.	1948-07-20	Tagesordnung:	
		1.	Bericht des Bundeskanzlers.
		[1 a.	Rücktritt der Regierung Schuman, Lage in Berlin, Lage in Jugoslawien.
		1 b.	Besuch des Präsidenten der Interparlamentarischen Union William Wedgwood Benn, 1. Viscount Stansgate (Beschlußprotokoll Punkt 1 a).
		1 c.	Unterredung mit Generaloberst Želtov (Beschlußprotokoll Punkt 1 b).
		1 d.	Verlesung der Mitteilungen durch den Bundeskanzler (Beschlußprotokoll Punkt 2 a und b).
		1 e.	Verlesung der alliierten Noten durch den Bundeskanzler (Beschlußprotokoll Punkt 3 a bis d).
		1 f.	Verlesung einer Resolution durch den Bundeskanzler (Beschlußprotokoll Punkt 4).
		1 g.	Überlegungen des Bundesministers für Inneres zum Verhältnis und zum Verkehr mit den Besatzungsmächten.
		1 h.	Überlegungen des Bundesministers für Äußeres, betreffend eine Publikation über das Verhalten der Besatzungsmächte in Österreich; Protest beim Alliierten Rat gegen die Verhaftungen des Gendarmeriebeamten Kiridus und des Kriminaloberinspektors Marek (Beschlußprotokoll Punkte 5 und 7).
		1 i.	Mitteilung an den Alliierten Rat, betreffend die Freigabe von 16 Millionen Schilling an Besatzungskosten (Beschlußprotokoll Punkt 6).
		1 j.	Wunsch des Bundesministers für Finanzen, betreffend vorzeitige Befassung des Nationalrates.
		1 k.	Entscheidung der Obersten Rückstellungskommission beim Obersten Gerichtshof über die Ablehnung der Beschwerde der Finanzprokuratur gegen die Rückstellung von 559 Exemplaren des Werkes „Österreich-Ungarns letzter Krieg" an Ing. Heinrich Ratzenhofer (Beschlußprotokoll Punkt 8).]
		2.	Personalangelegenheiten (siehe Beilage) (Beschlußprotokoll Punkte 9 bis 14).
		3.	Bericht des Bundeskanzlers, Zl. 72.097-2b/48, betreffend Tätigkeitsbericht des Rechnungshofes (Verwaltungsjahr 1947) (Beschlußprotokoll Punkt 15).
		4.	Bericht des Bundeskanzlers, Zl. 71.715-4S/48, betreffend den Entwurf einer Verordnung über die Nebengebühren der Bundesbeamten (Nebengebührenverordnung) (Beschlußprotokoll Punkt 16).
		5.	Bericht des Bundesministers für die Auswärtigen Angelegenheiten, Zl. 165.364-Wpol/48, betreffend österreichisch-polnische Wirtschaftsverhandlungen (Beschlußprotokoll Punkt 17).
		6.	Bericht des Bundesministers für Inneres, betreffend die Errichtung eines Bundespolizeikommissariates in Leoben (Beschlußprotokoll Punkt 18).
		7.	Bericht des Bundesministers für Inneres, betreffend die Erklärung des Staatsinteresses an der Einbürgerung der im Verzeichnis Nr. 109 des

Nummer	Datum	Inhalt
		Bundesministeriums für Inneres angeführten 230 Personen (Beschlußprotokoll Punkt 19).
		8. Bericht des Bundesministers für Unterricht, betreffend Entsendung österreichischer Künstler und die Veranstaltung einer österr. Kunstausstellung in B e i r u t anläßlich der UNESCO-Tagung im Herbst 1948 (Beschlußprotokoll Punkt 20).
		9. Bericht des Bundesministers für Vermögenssicherung und Wirtschaftsplanung, Zl. 217.595-14/48, betreffend die Aufforderung an österreichische Firmen durch sowjetische Kommandanturen zur Abgabe von Industrieberichten (Beschlußprotokoll Punkt 21).
		10. Bericht des Bundesministers für Handel und Wiederaufbau, betreffend Brennholz-Umtauschaktion der österreichischen Papierindustrie 1948. Material verteilt (118. Min. Rat) (Beschlußprotokoll Punkt 22).
		11. Mündliche Berichte der Minister.
		[11 a. Bericht des Bundesministers für Finanzen, Zl. 52.013-15/1947, betreffend Maßnahmen zwecks Erleichterung des europäischen Zahlungsverkehrs im Rahmen der OEEC (Beschlußprotokoll Punkt 23).
		11 b. Bericht des Bundesministers für Handel und Wiederaufbau und des Bundesministers für Elektrifizierung und Energiewirtschaft über den Austausch zweier Marshallplan-Sachverständiger (Beschlußprotokoll Punkt 24).
		11 c. Bericht des Bundesministers für Handel und Wiederaufbau über die Schwierigkeiten in der Stahlproduktion (Beschlußprotokoll Punkt 25).
		11 d. Bericht des Bundesministers für Justiz, betreffend die Klärung der Frage der Gesuche gemäß § 27 des Verbotsgesetzes (Beschlußprotokoll Punkt 26).
		11 e. Bericht des Bundesministers für die Auswärtigen Angelegenheiten über eine Zeitungsmeldung, betreffend Durchsuchung der jugoslawischen Gesandtschaft in Wien.
		11 f. Bericht des Bundesministers für die Auswärtigen Angelegenheiten über die Notwendigkeit, im Zusammenhang mit der Verschärfung der Lage in Berlin beruhigend auf die Bevölkerung einzuwirken.
		11 g. Bericht des Bundeskanzlers über den Empfang für die Teilnehmer an der Wohlfahrtskonferenz.
		11 h. Teilnahme des Bundesministers Altenburger an der Christophorusfeier der Automobilisten in St. Christophen bei Neulengbach.
		11 i. Ersuchen des Bundeskanzlers um Angabe der Urlaubsadressen der Bundesminister.]
		Beilagen:
		1 Anwesenheitsliste (1 Seite).
		2 Tagesordnung (1 Seite); Beilage zu Punkt 2 der Tagesordnung, Anträge in Personalangelegenheiten (1 ½ Seiten).
		3 Bundeskanzleramt, Zl. 72.097-2b/1948: Vortrag für den Ministerrat. Betrifft: Tätigkeitsbericht des Rechnungshofes (Verwaltungsjahr 1947) (1 Seite).
		4 Bundeskanzleramt, Zl. 71.715-4S/1948: Entwurf einer Verordnung der Bundesregierung über die Nebengebühren der Bundesbeamten (Nebengebührenverordnung) (1 ½ Seiten); Vortrag für den Ministerrat (3 ½ Seiten).
		5 Bundeskanzleramt/Auswärtige Angelegenheiten, Zl. 165.364-Wpol/1948: Protokoll (1 Seite); Handelsabkommen, betreffend den Warenaustausch zwischen der Republik Österreich und der Republik Polen (4 Seiten); Liste A, Livraisons des marchandises autrichiennes

Nummer	Datum		Inhalt
			(3 ½ Seiten); Liste B, Livraisons de marchandises Polonaises (½ Seite); Bestimmungen betreffend Kohlenlieferungen (3 ¼ Seiten); Schreiben an den Präsidenten der Österreichischen Delegation vom 7. Juli 1948 (französisch, deutsch) (1 Seite); Zahlungsabkommen zwischen Österreich und Polen (2 Seiten); Schreiben des Vorsitzenden der Polnischen Delegation an Max Clumecky-Löwenthal, a. o. Gesandter und Bevollm. Minister Wien vom 7. Juli 1948 (1 ¼ Seiten); Schreiben an den Präsidenten der österreichischen Delegation vom 7. Juli 1948 (½ Seite); Vereinbarung über die Angelegenheiten des Verkehres im Zusammenhang mit dem Warenaustauschübereinkommen zwischen der Bundesrepublik Österreich und der Republik Polen vom ... Juli 1948 (3 ½ Seiten); Vortrag an den Ministerrat (3 Seiten); BKA/AA, Zl. 166.492-Wpol/1949: Österreichisch-polnische Wirtschaftsverhandlungen, Berichtigungen des Ministerratsvortrages (1 Seite).
		6	Bundesministerium für Inneres, Generaldirektion für die öffentliche Sicherheit, Zl. 95.030-3/1948: Verordnung der Bundesregierung, betreffend die Errichtung einer Bundespolizeibehörde mit vollem Wirkungskreis (Bundespolizeikommissariat) in Leoben (2 Seiten); Ministerratsvortrag (1 ½ Seiten).
		7	Bundesministerium für Inneres, (ohne Aktenzahl): Ministerratsvortrag, betr.: Beschluß der Bundesregierung gemäß § 5, Abs. (1), Z. 3, StGBl. Nr. 60/1945 (1 Seite); Verzeichnis Nr. 109 der für die Verleihung der Staatsbürgerschaft vorgesehenen Personen (37 ½ Seiten).
		8	Bundesministerium für Unterricht, Zl. 43.105-II-4a/1948: Vortrag des Bundesministeriums für Unterricht an den Ministerrat, betreffend die Entsendung künstlerischer Kräfte und die Veranstaltung einer Kunstausstellung in Bayreuth anlässlich der Generalkonferenz der Unesco im Oktober-November 1948 (5 ½ Seiten).
		9	Bundesministerium für Vermögenssicherung und Wirtschaftsplanung, Zl. 217.595-14/1948: Entwurf einer Note an den Alliierten Rat, betreffend die Aufforderung an österreichische Firmen durch sowjetische Kommandanturen zur Abgabe von Industrieberichten (2 Seiten); Ministerratsvortrag (2 Seiten).
		10	Bundesministerium für Handel und Wiederaufbau, (ohne Aktenzahl): Vortrag an den Ministerrat. Betr.: Brennholz-Umtauschaktion der österreichischen Papierindustrie 1948 (4 ¼ Seiten); Abänderung des Antrages (½ Seite).
		A	Bundeskanzleramt/Auswärtige Angelegenheiten, Zl. 126.635-6VR/1948: Information für den Herrn Bundesminister. Militärwissenschaftliche Mitteilungen. Rückstellungsansprüche (Abschrift) (2 Seiten).
		B	(Ohne Aktenzahl): Abschrift (1 Seite).
		C	Kammer der Gewerblichen Wirtschaft für das Burgenland, Sektion Industrie, (ohne Aktenzahl): Schreiben an den Dachverband der Sägeindustrie Österreichs, Wien I, Schottengasse 1, vom 21. Juni 1948. Betr.: Bericht an die Besatzungsmacht (1 Seite).
		D	Bundeskammer der Gewerblichen Wirtschaft (Bundeshandelskammer), Geschäftszahl Präs. 3.731/1948: Schreiben an Herrn Bundeskanzler Dr. h.c. Ing. Leopold Figl, Wien I, Ballhausplatz 1. Betrifft: Fachverband der Sägeindustrie. Erhebungen für die russische Besatzungsmacht (1 ½ Seiten).
		E	(Ohne Aktenzahl): Pako Aktion 1948. Information für den Herrn Bundesminister (Abschrift) (½ Seite).
		F	Bundesministerium für Finanzen, Zl. 52.013-15/1947: Vortrag für

Nummer	Datum	Inhalt
		den Ministerrat, betreffend Maßnahmen zwecks Erleichterung des europäischen Zahlungsverkehrs im Rahmen der OEEC, Entwurf (Abschrift) (3 ¼ Seiten).
122.	1948-08-19	Tagesordnung: 1. Bericht des Bundeskanzlers. [1 a. Überblick über die außenpolitischen Ereignisse (Vorgänge in Moskau, Berlin und Belgrad) (Beschlußprotokoll Punkt 1 a). 1 b. Vorgänge in Jugoslawien. 1 c. Donaukonferenz in Belgrad (Standpunkt der Sowjetunion) (Beschlußprotokoll Punkt 1 b). 1 d. Abschluß der Wirtschaftsverhandlungen mit der Bi-Zone (Beschlußprotokoll Punkt 1 c). 1 e. Handelsvertragsverhandlungen mit Jugoslawien (Beschlußprotokoll Punkt 1 d). 1 f. Besuch des Generaldirektors French der Care-Aktion (Beschlußprotokoll Punkt 1 e). 1 g. Abberufung des politischen Vertreters der UdSSR in Österreich Kiselev (Beschlußprotokoll Punkt 1 f). 1 h. Bestellung eines neuen politischen Vertreters Polens (Beschlußprotokoll Punkt 1 g). 1 i. Ergebnisse der Sitzung des Alliierten Rates: Erhöhung des österreichischen Lokomotivparks und Nichteinigung in der Frage des Zonenübertritts (Beschlußprotokoll Punkt 1 h). 1 j. Beschlagnahme verschiedener Zeitungen in Niederösterreich (Beschlußprotokoll Punkt 1 i). 1 k. Grenzzwischenfall in der Nähe von Bleiburg (Beschlußprotokoll Punkt 1 j). 1 l. Ernährungsfrage (Kartoffel- und Fleischversorgung) (Beschlußprotokoll Punkt 1 k). 1 m. Ministerratsbeschlüsse im Zirkulationsweg (Beschlußprotokoll Punkte 38 bis 47). 1 n. Verlesung der alliierten Noten durch den Bundeskanzler (Beschlußprotokoll Punkt 2 a bis m). 1 o. Verlesung der Resolutionen und Denkschriften durch den Bundeskanzler (Beschlußprotokoll Punkt 3 a bis f). 1 p. Bestellung des Addeke Hendrik Boerma aus Holland zum regionalen Direktor der Ernährungs- und Forstwirtschaftsorganisation der Vereinten Nationen (Beschlußprotokoll Punkt 4). 1 q. Schwierigkeiten bei der Aufbringung der Lebensmittelkontingente. 1 r. Stand der Vorarbeiten für die Herausgabe des Rot-Weiß-Rot Buches. 1 s. Verhaftungen durch die sowjetische Besatzungsmacht.] 2. Personalangelegenheiten (siehe Beilage) (Beschlußprotokoll Punkte 5 bis 12). 3. Bericht des Bundeskanzlers, Zl. 72.967-3/48, über den Rechenschaftsbericht des Liquidators der Einrichtungen des Deutschen Reiches in der Republik Österreich (Beschlußprotokoll Punkt 13). 4. Bericht des Bundeskanzlers, Zl. 73.175-3/48, betr. Einführung neuer Vordrucke der Standesausweise für sämtliche Bundesbedienstete (Beschlußprotokoll Punkt 14). 5. Bericht des Bundeskanzlers, Zl. 73.763-2a/48, über den Einspruch der Bundesregierung gegen den Gesetzesbeschluß des oberösterr. Landtages vom 4. 6. 1948, betreffend Übergangsbestimmungen zum Landwirtschaftskammergesetz (Beschlußprotokoll Punkt 15).

Nummer	Datum	Inhalt
		6. Antrag des Bundesministers für die Auswärtigen Angelegenheiten, Zl. 170.008-ERP/48, auf nachträgliche Zustimmung des Ministerrates zu dem im Sinne des Pkt. 33 des Beschl. Prot. Nr. 120 gefaßten Dringlichkeitsbeschluß (BKA-Zl. 3.158-PrM/48), betr. die Ergänzung der im Ministerrat vom 15. Juni 1948 beschlossenen Liste von Sachverständigen für die Bearbeitung der mit der Abwicklung des ERP zusammenhängenden Fragen durch Heranziehung des Dr. Max Scheithauer der Nationalbank zur Unterstützung des Sachverständigen für Zahlungsbilanz und Zahlungsverkehr Ministerialrat Dipl. Ing. Kloss (Beschlußprotokoll Punkt 16).
		7. Bericht und Antrag des Bundesministers für die Auswärtigen Angelegenheiten, Zl. 172.248-Wpol/48, über die Regelung der Sowjetrussischen Reliefkredite (Beschlußprotokoll Punkt 17).
		8. Bericht des Bundesministers für Inneres, betreffend die Erklärung des Staatsinteresses an der Einbürgerung der im Verzeichnis Nr. 113 des Bundesministeriums für Inneres angeführten 146 Personen (Beschlußprotokoll Punkt 20).
		9. Bericht des Bundesministers für Justiz, JM. Zl. 7.163/48, über den Entwurf einer Verordnung der Bundesregierung, betreffend die Zuweisung der Katastralgemeinde Eichberg zum Gerichtsbezirk Vorau (Beschlußprotokoll Punkt 21).
		10. Antrag des Bundesministers für Unterricht, Zl. 46.673-III/11/48, auf Verlängerung des mit 21. 9. 1948 ablaufenden Bestandsvertrages mit der USIA, mit welchem die Parzelle Nr. 5, EZ. 22, Grundbuch Türnitz, Bezirksgericht Lilienfeld, mit Schulgebäude und Einrichtungsgegenständen gegen einen Jahreszins von S 6.000.- gemietet wurde (Beschlußprotokoll Punkt 22).
		11. Bericht des Bundesministers für Finanzen, Zl. 54.004-15/48, betreffend den Entwurf eines Bundesgesetzes über die Stützung der Preise landwirtschaftlicher Erzeugnisse (Beschlußprotokoll Punkt 23).
		12. Bericht des Bundesministers für Finanzen, Zl. 54.003-15/48, betreffend den Entwurf eines Bundesgesetzes über die Sicherstellung der für den Erlag des Schillinggegenwertes amerikanischer Hilfslieferungen erforderlichen Beträge (Beschlußprotokoll Punkt 24).
		13. Bericht des Bundesministers für Finanzen, Zl. 43.866-15/48, über die Wahrung österreichischer Ansprüche, die sich auf den Besitz von Reichsmark-Noten gründen (Beschlußprotokoll Punkt 25).
		14. Bericht des Bundesministers für Finanzen, Zl. 52.739-19/48, über die Aufhebung der Anordnung des Bundesministeriums für Finanzen vom 28. 8. 1947, Zl. 37.808-19/47, betreffend die Einhebung eines Teuerungszuschlages in der Sach-, Vermögenschadens- sowie Unfallsversicherung (Beschlußprotokoll Punkt 26).
		15. Bericht und Antrag des Bundesministers für Finanzen wegen Finanzierung des Marshallplanes (Beschlußprotokoll Punkt 27).
		16. Bericht des Bundesministers für soziale Verwaltung, Zl. III/93.516-9/1948, über den Verlauf der 31. Internationalen Arbeitskonferenz in San Francisco (Beschlußprotokoll Punkt 28).
		17. Bericht und Antrag des Bundesministers für soziale Verwaltung, Zl. III/69.007-9/48, betr. Entsendung einer viergliedrigen Delegation (Regierungsvertreter, mit techn. Berater und je ein Vertreter der Arbeitgeber und Arbeitnehmer) zu der am 27. 9. 1948 in Genf beginnenden internationalen dreigliedrigen technischen Konferenz zur Beratung des Entwurfes einer grundsätzlichen Regelung über die Sicherheit in Fabriken (Beschlußprotokoll Punkt 29).

Nummer	Datum	Inhalt

18. Bericht des Bundesministers für soziale Verwaltung, Zl. V-74.118-JL/48, betreffend den Entwurf eines Bundesgesetzes, womit das Bundesgesetz vom 29. Oktober 1946, BGBl. Nr. 207, über den Verkehr und die Gebarung mit Suchtgiften (Suchtgiftgesetz) abgeändert wird (1. Suchtgiftgesetznovelle) (Beschlußprotokoll Punkt 30).
19. Antrag des Bundesministers für soziale Verwaltung, Zl. V-80.418-JL/48, auf Genehmigung des Berichtes der österreichischen Delegation über die erste Tagung der Weltgesundheitsorganisation in Genf vom 24. Juni 1948 bis zum 27. Juli 1948 (Beschlußprotokoll Punkt 31).
20. Bericht des Bundesministers für Land- und Forstwirtschaft, Zl. 30.023-I/2b/48, betreffend den Entwurf eines Bundesgesetzes über die Bekämpfung der übertragbaren Geschlechtskrankheiten (Deckseuchen) der Rinder (Beschlußprotokoll Punkt 32).
21. Bericht and Antrag des Bundesministers für Handel und Wiederaufbau, Zl. 49.019-II/8/48, betreffend die Erhöhung der Taggelder der Mitglieder der Gemeinsamen Rheinkommission und der Jahresentschädigung des Vorsitzenden der Kommission (Beschlußprotokoll Punkt 33).
22. Bericht des Bundesministers für Handel und Wiederaufbau, betreffend die Sicherung des ausländischen Fremdenverkehrs (Beschlußprotokoll Punkt 34).
23. Bericht des Bundesministers für Verkehr, BM. Zl. 28.974/1948, betreffend Sonderpostmarkenausgaben 1949/50 (Beschlußprotokoll Punkt 35).
24. Mündliche Berichte der Minister.

[24 a. Bericht des Bundesministers für Volksernährung, Zl. 22.331-11/1948, über die Durchbrechung der Bewirtschaftungsvorschriften im Bundesland Salzburg (Beschlußprotokoll Punkt 36).

24 b. Bericht des Bundesministers für die Auswärtigen Angelegenheiten über den Abschluß der Donaukonferenz in Belgrad (Beschlußprotokoll Punkt 37).

24 c. Bericht des Bundesministers für Inneres über die Ausstellung von Pässen mit Landeswappen anstelle von Bundeswappen in Vorarlberg.]

Beilagen:

1 Anwesenheitsliste (1 Seite).

2 Tagesordnung (2 ½ Seiten); Beilage zu Punkt 2 der Tagesordnung, Anträge in Personalangelegenheiten (4 Seiten).

3 Bundeskanzleramt, Zl. 72.967-3/1948: Vortrag an den Ministerrat. Betrifft: Rechenschaftsbericht des Liquidators der Einrichtungen des Deutschen Reiches in der Republik Österreich (1 ½ Seiten); Der Liquidator der Einrichtungen des Deutschen Reiches in der Republik Österreich, Zl. 6.700/1948: Wien, am 30. Juni 1948. An den Herrn Bundeskanzler (Abschrift) (19 Seiten).

4 Bundeskanzleramt, Zl. 73.175-3/1948: Vortrag an den Ministerrat. Gegenstand: Standesausweis, Einführung neuer Vordrucke (1 ½ Seiten); Umschlagbogen zum Standesausweis, Merkblatt zum Standesausweis (4 Seiten); Standesausweis mit Laufbahn (8 Seiten); Fortsetzungsblatt zur Laufbahn (4 Seiten); Anrechnungsblatt A (2 Seiten); Anrechnungsblatt B (2 Seiten); Geldblatt (2 Seiten); Disziplinarblatt (2 Seiten).

5 Bundeskanzleramt, Zl. 73.763-2a/1948: Gesetz vom 4. Juni 1948 mit welchem zufolge Wiederinkraftsetzung des Landwirtschaftskammerge-

Nummer	Datum		Inhalt
			setzes vom 7. Juli 1932, LGBl. Nr. 36, durch Kundmachung der Provisorischen Staatsregierung, StGBl. Nr. 64/1945, Übergangsbestimmungen bis zur Wirksamkeit eines neuen Landwirtschaftskammergesetzes getroffen werden (2 Seiten); Vortrag an den Ministerrat (3 Seiten).
		6	Bundeskanzleramt/Auswärtige Angelegenheiten, Zl. 170.008-ERP/1948: Antrag an den Ministerrat. Gegenstand: Sachverständige für die Bearbeitung des ERP, Bestellung eines Vertreters der Nationalbank (½ Seite).
		7	Bundeskanzleramt/Auswärtige Angelegenheiten, Zl. 172.248-Wpol/1948: Vortrag an den Ministerrat. Gegenstand: Regelung der sowjetrussischen Relief-Kredite (2 Seiten); Verb. Zl. 3.588/VII: Note der Sowjetabteilung der Alliierten Kommission für Österreich, Nr. 9/192, an Bundeskanzler Figl vom 29. Juli 1948. Betrifft: Lebensmittellieferungen im Jahr 1945, Abrechnung (Abschrift) (1 Seite).
		8	Bundesministerium für Inneres, (ohne Aktenzahl): Ministerratsvortrag, betr.: Beschluß der Bundesregierung gemäß § 5, Abs. (1), Z. 3, StGBl. Nr. 60/1945 (1 Seite); Verzeichnis Nr. 113 der für die Verleihung der Staatsbürgerschaft vorgesehenen Personen (25 ½ Seiten).
		9	Bundesministerium für Justiz, JMZl. 7.163/1948: Vortrag für den Ministerrat (½ Seite).
		10	Bundesministerium für Unterricht, Zl. 46.673-III/11/1948: Vortrag des mit der vertretungsweisen Führung des Bundesministeriums für Unterricht betrauten Bundesministers für Land- und Forstwirtschaft Dr. Kraus im Ministerrat (1 ½ Seiten).
		11	Bundesministerium für Finanzen, Zl. 54.004-15/1948: Bundesgesetz vom ... über die Stützung der Preise landwirtschaftlicher Erzeugnisse (1 Seite); Erläuterungen (½ Seite); Ministerratsvortrag (1 ¼ Seiten).
		12	Bundesministerium für Finanzen, Zl. 54.003-15/1948: Bundesgesetz vom ... 1948 über die Sicherstellung der für den Erlag des Schillinggegenwerts amerikanischer Hilfslieferungen erforderlichen Beträge (1 Seite); Erläuterungen (1 Seite); Ministerratsvortrag (2 Seiten).
		13	Bundesministerium für Finanzen, Zl. 43.866-15/1948: Antrag an den Ministerrat betreffend Wahrung der österreichischen Ansprüche aus dem Besitz von Reichsmark-Banknoten und Militärmark-Noten (2 Seiten).
		14	Bundesministerium für Finanzen, Zl. 52.739-19/1948: Ministerratsvortrag betreffend Aufhebung der Anordnung des Bundesministeriums für Finanzen vom 28. VIII. 1947, Zl. 37.808-19/1947, betreffend die Einhebung eines Teuerungszuschlages in der Sach- und Vermögensschaden- sowie Unfallversicherung (8 ½ Seiten); Erlaß Zl. 1.242-19/1946: An den Verband der Versicherungsanstalten Österreichs, Wien I, Börsegasse 10 (Abschrift) (½ Seite); Auszug aus „Grundriß der österreichischen Verfassungsrechts“ von Dr. Ludwig Adamovich (1 Seite).
		15	Bundesministerium für Finanzen, Zl. 57.797-17/1948: Ministerratsvortrag, betreffend Finanzierungsfrage des Marshallplanes (2 ½ Seiten); Beilage 1: Entwicklung und Verwendung der Hilfsfonds, Entwicklung im 2. Halbjahr 1948 (1 ½ Seiten); Beilage 2: Voraussichtliche Gestaltung des Zahlungsmittelumlaufes bis 30. Juni 1949 (1 ½ Seiten); Beilage 3: Verwendungsplan für die Hilfsfonds im II. Halbjahr 1948 und voraussichtliche Inanspruchnahme der Fonds im 1. Halbjahr 1949 sowie Darstellung der Auswirkungen dieser Verwendungen auf die österreichische Währung (7 Seiten); Bundesministeri-

Nummer	Datum	Inhalt	
			um für Vermögenssicherung und Wirtschaftsplanung, Zl. 3.766-Präs./1948: Ergänzende Ausführung zur Beilage 3 des Ministerratsvortrages des Herrn Bundesministers für Finanzen (Pkt. 15 der Tagesordnung des 122. Ministerrates am 19. August 1948) (2 ½ Seiten).
		16	Bundesministerium für soziale Verwaltung, Zl. III/93.516-9/1948: Vortrag an den Ministerrat (4 Seiten).
		17	Bundesministerium für soziale Verwaltung, Zl. III/69.007-9/1948: Vortrag an den Ministerrat (1 ½ Seiten).
		18	Bundesministerium für soziale Verwaltung, Zl. V-74.118-JL/1948: Entwurf eines Bundesgesetzes vom ..., womit das Bundesgesetz vom 29. Oktober 1946, BGBl. Nr. 207, über den Verkehr und die Gebarung mit Suchtgiften (Suchtgiftgesetz) abgeändert wird (1. Suchtgiftgesetznovelle) (1 Seite); Ergänzung (½ Seite); Erläuterungen (2 Seiten); Vortrag für den Ministerrat (1 Seite).
		19	Bundesministerium für soziale Verwaltung, Zl. V-80.418-JL/1948: Vortrag an den Ministerrat. Erste Tagung der Weltgesundheitsorganisation in Genf vom 24. Juni bis 27. Juli 1948, Bericht der österreichischen Delegation (1 Seite); Bericht (11 Seiten).
		20	Bundesministerium für Land- und Forstwirtschaft, Zl. 30.023-I/2b/1948: Entwurf eines Bundesgesetzes vom ... über die Bekämpfung der übertragbaren Geschlechtskrankheiten (Deckseuchen) der Rinder (5 Seiten); Erläuterungen (3 Seiten); Vortrag für den Ministerrat (2 Seiten).
		21	Bundesministerium für Handel und Wiederaufbau, Zl. 49.019-II/8-1948: Vortrag für den Ministerrat (2 Seiten).
		22	Bundesministerium für Handel und Wiederaufbau, Zl. 107.687/V/23b: Ministerratsvortrag. Sicherung des ausländischen Fremdenverkehrs (2 Seiten).
		23	Bundesministerium für Verkehr, Generaldirektion für die Post- und Telegraphenverwaltung, BM. Zl. 28.974/1948: Vortrag für den Ministerrat. Betreff: Sonderpostmarkenausgaben 1949/50 (2 Seiten).
		24	Bundesministerium für Volksernährung, Zl. 22.331-11/1948: Vortrag an den Ministerrat (5 ½ Seiten).
		A	(Ohne Aktenzahl): Entwurf einer Note der Bundesregierung an das Sowjetelement betreffend die USIA-Betriebe in Österreich (1 ½ Seiten).
		B	(Ohne Aktenzahl): Information für den Herrn Bundesminister (für den Ministerrat am Donnerstag den 19. August 1948 bezüglich des vom Bundesministerium für Land- und Forstwirtschaft eingebrachten Gesetzesentwurfes über die Bekämpfung der übertragbaren Geschlechtskrankheiten (Deckseuchen) der Rinder (1 Seite).
123.	1948-08-31	Tagesordnung:	
		1.	Bericht des Bundeskanzlers.
		[1 a.	Verlauf der Verhandlungen in Moskau über die sowjetische Blockade West-Berlins (Beschlußprotokoll Punkt 1 a).
		1 b.	Bericht über die Donaukonferenz.
		1 c.	Bericht über die Ermordung einer Frau in Kärnten (Beschlußprotokoll Punkt 1 b).
		1 d.	Rückkehr des Generalleutnants Franek aus der Sowjetunion.
		1 e.	Verabschiedung des Leiters der Schweizerspende (Beschlußprotokoll Punkt 1 c).
		1 f.	Verlesung der alliierten Noten durch den Bundeskanzler (Beschlußprotokoll Punkt 2 a bis c).

Nummer	Datum		Inhalt
		1 g.	Verlesung der Resolutionen und Mitteilungen durch den Bundeskanzler (Beschlußprotokoll Punkt 3 a bis f).
		1 h.	Empfang Bundesminister Maisels durch den englischen Arbeitsminister Isaacs in London (Beschlußprotokoll Punkt 1 e und f).
		1 i.	Frage der 900 Kriegsgefangenen in Máramaros Sziget (Beschlußprotokoll Punkt 1 d).
		1 j.	Entführungsfälle Spann und Kiridus (Beschlußprotokoll Punkt 4).]
		2.	Personalangelegenheiten (siehe Beilage) (Beschlußprotokoll Punkte 5 bis 13).
		3.	Bericht des Bundeskanzlers, Zl. 74.326-2a/48, betreffend den Entwurf eines Bundesverfassungsgesetzes über die Wiederherstellung der österr. Rechtsordnung in den Gemeinden Jungholz und Mittelberg (Rechtsüberleitungsgesetz für die Gemeinden Jungholz und Mittelberg) (Beschlußprotokoll Punkt 14).
		4.	Bericht des Bundeskanzlers, Zl. 75.254-2a/48, über einen Einspruch der Bundesregierung gegen den Gesetzesbeschluß des Oberösterr. Landtages, betreffend die Förderung des Sportwesens im Lande Oberösterreich (Landessportgesetz) (Beschlußprotokoll Punkt 15).
		5.	Bericht des Bundeskanzlers, Zl. 75.184-2a/48, über einen Einspruch der Bundesregierung gegen den Gesetzesbeschluß des Steiermärkischen Landtages über ein Gesetz, womit die landesgesetzlichen Bestimmungen über die Zusammenlegung land- und forstwirtschaftlicher Grundstücke wieder in Kraft gesetzt werden (Beschlußprotokoll Punkt 16).
		6.	Bericht des Bundesministers für die Auswärtigen Angelegenheiten, Zl. 173.869-WPol/48, betreffend Genehmigung der österr.-jugoslawischen Wirtschaftsverhandlungen (Beschlußprotokoll Punkt 17).
		7.	Antrag des Bundesministers für die Auswärtigen Angelegenheiten, Zl. 172.672-7/48, auf Aufnahme von Vertragsbediensteten über den systemisierten Stand für das Jahr 1948 (Beschlußprotokoll Punkt 18).
		8.	Bericht des Bundesministers für Inneres, betreffend die Erklärung des Staatsinteresses an der Einbürgerung der
		a)	im Verzeichnis Nr. 114 des Bundesministeriums für Inneres angeführten 196 Personen;
		b)	im Verzeichnis Nr. 115 des Bundesministeriums für Inneres angeführten 208 Personen (Beschlußprotokoll Punkt 19).
		9.	Bericht des Bundesministers für Unterricht, Zl. 44.613-II/4b-48, betreffend Nominierung der drei von der Bundesregierung für den Wiener Filmbeirat zu bestellenden Mitglieder (Par. 12 (3) des Wiener Kinogesetzes ex 1935) (Beschlußprotokoll Punkt 20).
		10.	Bericht des Bundesministers für soziale Verwaltung, Zl. III-902.181-9/48, über
		a)	den Entwurf eines Bundesgesetzes betreffend Regelung der Arbeitsvermittlung und der Berufsberatung;
		b)	den Entwurf eines Bundesgesetzes betreffend Arbeitslosenversicherung und
		c)	den Entwurf eines Bundesgesetzes betreffend Organisation der Landesarbeitsämter und Arbeitsämter (Beschlußprotokoll Punkt 21).
		11.	Bericht des Bundesministers für Finanzen, Zl. 55.916-11/48, über den Entwurf eines Bundesgesetzes betreffend die Abänderung des Gesetzes vom 25. Juli 1946, BGBl. Nr. 184, über Stempel- und Rechtsgebühren (Gebührennovelle 1948) (Beschlußprotokoll Punkt 22).
		12.	Bericht des Bundesministers für Handel und Wiederaufbau, Zl. 78.500-IV/17/1948, betreffend die Arbeiterkammer-Umlagepflicht des Personals der Strombauverwaltung (Beschlußprotokoll Punkt 23).

Nummer	Datum	Inhalt

13. Bericht des Bundesministers für Verkehr, Generaldirektion der Österreichischen Bundesbahnen, Zl. 24.135/1, betreffend Übernahme des Personales der KÖB in den Personalstand der ÖBB (Beschlußprotokoll Punkt 24).
14. Mündliche Berichte der Minister.
14 a. Polizeikongreß Prag 1948 (BM f. Inneres) (Beschlußprotokoll Punkt 25).
14 b. Ersparungskommissär für die Ravag (BM f. Verkehr) (Beschlußprotokoll Punkt 26).
[14 c. Bericht des Bundesministers für Verkehr über den Abtransport von 1.686 Waggonradsätzen und 383 Lokomotivradsätzen durch die sowjetische Besatzungsmacht.
14 d. Hinweis des Bundesministers für die Auswärtigen Angelegenheiten, betreffend die Feststellung der Restitutionsfälle über österreichisches und deutsches Eigentum.
14 e. Bericht des Bundesministers für die Auswärtigen Angelegenheiten, betreffend die Moskauer Verhandlungen über die sowjetische Blockade West-Berlins (Beschlußprotokoll Punkt 27).
14 f. Mitteilung des Bundesministers für die Auswärtigen Angelegenheiten, betreffend eine Verbalnote der ČSR über Presseangriffe (Beschlußprotokoll Punkt 28).
14 g. Bericht des Bundeskanzlers über die Einladung des „Mouvement Universel pour une Confédération Mondiale, Geneve" zur 2. Generalversammlung in Luxemburg am 5. September l. J. (Beschlußprotokoll Punkt 1 f).
14 h. Bericht des Bundesministers für Finanzen über den Erlös der aufgelegten Wiederaufbaumarke (Beschlußprotokoll Punkt 25).]

Beilagen:

1 Anwesenheitsliste (1 Seite).

2 Tagesordnung (1 ½ Seiten); Beilage zu Punkt 2 der Tagesordnung, Anträge in Personalangelegenheiten (1 ½ Seiten); Bundeskanzleramt/Auswärtige Angelegenheiten, Zl. 107.740-Prot/1948: Antrag an den Ministerrat. Gegenstand: Mitbeglaubigung des in Prag residierenden finnländischen Gesandten Palin als Gesandten in Österreich, Agrémentansuchen (1 Seite).

3 Bundeskanzleramt, Zl. 74.326-2a/1948: Bundesverfassungsgesetz vom ... über die Wiederherstellung der österreichischen Rechtsordnung in den Gemeinden Jungholz und Mittelberg (Rechtsüberleitungsgesetz für die Gemeinden Jungholz und Mittelberg, Neufassung des Entwurfes (1 ½ Seiten); Alte Fassung des Entwurfes (1 ½ Seiten); Ministerratsvortrag (2 ½ Seiten).

4 Bundeskanzleramt, Zl. 75.254-2a/1948: Gesetz vom 7. Juli 1948 über die Förderung des Sportwesens im Lande Oberösterreich (Landessportgesetz) (8 ½ Seiten); Ministerratsvortrag (4 Seiten).

5 Bundeskanzleramt, Zl. 75.184-2a/1948: Gesetz vom ... womit die landesgesetzlichen Bestimmungen über die Zusammenlegung land- und forstwirtschaftlicher Grundstücke, wie sie vor dem 31. Dezember 1938 bestanden haben, wieder in Kraft gesetzt werden (3 ½ Seiten); Ministerratsvortrag (4 Seiten).

6 Bundeskanzleramt/Auswärtige Angelegenheiten, Zl. 173.869-Wpol/1948: Vortrag an den Ministerrat. Österreichisch-jugoslawische Wirtschaftsverhandlungen (8 ½ Seiten); Protokoll über die in der Zeit vom 28. Juli bis 17. August 1948 in Belgrad geführten Verhandlungen

Nummer	Datum		Inhalt
			einer österreichischen und einer jugoslawischen Regierungsdelegation über die Regelung des gegenseitigen Wirtschaftsverkehrs (5 Seiten); Abkommen zwischen der Republik Österreich und der Föderativen Volksrepublik Jugoslawien über den gegenseitigen Warenaustausch (3 ½ Seiten); Liste A, Jugoslawische Lieferungen nach Österreich (2 ½ Seiten); Liste B, Österreichische Lieferungen nach Jugoslawien (5 Seiten); Zahlungsabkommen zwischen der Republik Österreich und der Föderativen Volksrepublik Jugoslawien (4 ½ Seiten); Briefwechsel des Vorsitzenden der österreichischen Wirtschaftsdelegation Dr. Wilfried Platzer und dem Vorsitzenden der jugoslawischen Handelsdelegation Ministerialrat Dr. Mirko Mermolja (10 ½ Seiten).
		7	Bundeskanzleramt/Auswärtige Angelegenheiten, Zl. 172.672-7/1948: Antrag an den Ministerrat (3 ½ Seiten).
		8 a	Bundesministerium für Inneres, (ohne Aktenzahl): Ministerratsvortrag, betr.: Beschluß der Bundesregierung gemäß § 5, Abs. (1), Z. 3, StGBl. Nr. 60/1945 (1 Seite); Verzeichnis Nr. 114 der für die Verleihung der Staatsbürgerschaft vorgesehenen Personen (34 Seiten).
		8 b	Bundesministerium für Inneres, (ohne Aktenzahl): Ministerratsvortrag, betr.: Beschluß der Bundesregierung gemäß § 5, Abs. (1), Z. 3, StGBl. Nr. 60/1945 (1 Seite); Verzeichnis Nr. 115 der für die Verleihung der Staatsbürgerschaft vorgesehenen Personen (36 ½ Seiten).
		9	Bundesministerium für Unterricht, Zl. 44.613-II/4b-48: Vortrag des Bundesministers für Unterricht an den Ministerrat, betreffend Wiener Filmbeirat, Nominierung der drei von der Bundesregierung zu bestellenden Mitglieder (Par. 12 (3) des Wiener Kinogesetzes ex 1935), nochmals geänderte Alternativ-Fassung (2 Seiten).
		10	Bundeskanzleramt, Zl. 75.614-2a/1948: Information für den Herrn Bundeskanzler. Betrifft: Tagesordnung des Ministerrates vom Dienstag, den 31. August d. J., Punkt 10. Vorlagen des Bundesministeriums für soziale Verwaltung (2 Seiten).
		10 a	Bundesministerium für soziale Verwaltung, Zl. AV. III/102.181/1948: Entwurf eines Bundesgesetzes vom ... über die Regelung der Arbeitsvermittlung und Berufsberatung (Arbeitsvermittlungsgesetz - ArbVG) (14 ½ Seiten); Erläuterungen (10 ½ Seiten); Vortrag an den Ministerrat (8 ½ Seiten).
		10 b	Bundesministerium für soziale Verwaltung, Zl. AV. IIII/102.181/1948: Entwurf eines Bundesgesetzes vom ... 1948, betreffend die Arbeitslosenversicherung (Arbeitslosenversicherungsgesetz - AlVG) (40 ½ Seiten); Erläuterungen (28 Seiten).
		10 c	Bundesministerium für soziale Verwaltung, Zl. AV. IIII/102.181/1948: Entwurf eines Bundesgesetzes vom ... 1947 über die Organisation der Landesarbeitsämter und Arbeitsämter (20 ½ Seiten); Erläuterungen (8 ¼ Seiten).
		11	Bundesministerium für Finanzen, Zl. 55.916-11/1948: Bundesgesetz vom ... betreffend die Abänderung des Gesetzes vom 25. Juli 1946, BGBl. Nr. 184, über Stempel- und Rechtsgebühren (Gebührennovelle 1948) (½ Seite); Erläuternde Bemerkungen (1 Seite); Vortrag an den Ministerrat (1 Seite).
		12	Bundesministerium für Handel und Wiederaufbau, Zl. 78.500-IV/17/1948: Vortrag für den Ministerrat. Betr.: Personal der Strombauverwaltung, Arbeiterkammer-Umlagepflicht (1 ½ Seiten).
		13	Bundesministerium für Verkehr, Generaldirektion der Österr. Bundesbahnen, Zl. 24.135/1: Vortrag an den Ministerrat. Betr.: Übernahme

Nummer	Datum		Inhalt
			des Personals der KÖB in den Personalstand der Österr. Bundesbahnen (½ Seite).
		14 a	Bundesministerium für Inneres, Generaldirektion für die öffentliche Sicherheit, Zl. 106.670-13/1948: Vortrag an den Ministerrat (1 ½ Seiten).
		14 b	Bundesministerium für Verkehr, Generaldirektion für die Post- und Telegraphenverwaltung, BM. Zl. 34.560/1948: Vortrag für den Ministerrat. Bestellung eines Ersparungskommissärs beim Öffentlichen Verwalter für das österreichische Rundspruchwesen (4 Seiten).
		A	Bundeskanzleramt/Auswärtige Angelegenheiten, Zl. 116.259-Pol/1948: Schreiben an das Präsidium des Bundeskanzleramtes, betreffend Mouvement Universal pour une Confederation Mondiale, 2. Generalversammlung in Luxembourg, September 1948 (1 Seite); Schreiben des Generalsekretärs, T. O. Griessemer, Mouvement Universal pour une Confederation Mondiale, 10, Rue Diday, Geneve, Suisse an Leopold Figl, Esq. Chancellor of the Austrian Republic, Vienna, Austria (Englisch) (1 Seite).

Chronologisches Verzeichnis der Protokolle des Wirtschaftlichen Ministerkomitees

Nummer	Datum	Inhalt
53.	1948-07-20	Tagesordnung: 1. Campagne 1947 - Stützung der Restzuckermenge der verlusttragenden Fabriken. Campagne 1948 - Verarbeitung von Importrohzucker durch die österr. Zuckerindustrie. 2. Kompensationsgeschäft zwischen der Arbeitsgemeinschaft Österr. Holzbauwerke System „Thermobau", Wien, und der Fischimportgesellschaft über die Lieferung von Thermohäusern nach Dänemark; Antrag Hr. Bm. f. Handel u. Wiederaufbau Dr. Kolb. 3. Mündlicher Bericht Herrn BM. Dr. Kolbs über Import von Benzin. 4. Allfälliges. Stützung - Fleischpreise bis zu einem Monatseinkommen von 1000 S. [5. Außerhalb der Tagesordnung: Bericht des Gesandten Löwenthal über bevorstehende Wirtschaftsverhandlungen mit Jugoslawien und Bulgarien, um die Einfuhr kalorienreicher Lebensmittel zu erreichen.] Beilagen: 1 Bundesministerium für Volksernährung, Zl. 39.796-1/1948: Vortrag für das Wirtschaftliche Ministerkomitee. Zuckerkampagne 1947, Stützung der Restzuckermenge der verlusttragenden Zuckerfabriken - Zukkerkampagne 1948, Verarbeitung von Import-Rohzucker durch die österreichische Zuckerindustrie (3 ½ Seiten). 2 Bundesministerium für Handel und Wiederaufbau, (ohne Aktenzahl): Vortrag an das Wirtschaftliche Ministerkomitee. Betr.: Kompensationsgeschäft zwischen der Arbeitsgemeinschaft Österreichische Holzbauwerke System „Thermobau", Wien, und der Fischimportgesellschaft über die Lieferung von Thermohäusern nach Dänemark (2 ¾ Seiten).

Abkürzungsverzeichnis

a, a.	am, an
AA	Auswärtige Angelegenheiten
Abg.	Abgeordneter
Abs.	Absatz
Abschn.	Abschnitt
Abt.	Abteilung
a. d.	an der
a. D.	außer Dienst
adm.	administrativ
AdR	Archiv der Republik
AEG	Allgemeine Elektrizitätsgemeinschaft
AG, AG., A.G., A. G.	Aktiengesellschaft
All., all.	alliiert, Alliierte/r
AlVG	Arbeitslosenversicherungsgesetz
amerik.	amerikanisch
Anm.	Anmerkung
a. o., a.o.	außerordentlich
APA	Austria Presse Agentur
A. R.	Alliierter Rat
ArbVG	Arbeitsvermittlungsgesetz
Art.	Artikel
AV, AV., A.V.	Amtsvermerk
AVA	Allgemeines Verwaltungsarchiv
Bäck. Arb. G.	Bäckereiarbeitsgesetz
BAEF	Belgian-American Educational Foundation
BBC	British Broadcasting Corporation
BBV	Berufsbeamtenverordnung
BCG	Bacille Calmette-Guérin
Bearb.	Bearbeiter
Beilg.	Beilage
Beschl. Prot.	Beschlußprotokoll
Betr., betr.	betreffend/betrifft
bev., bevollm.	bevollmächtigt/er
Bez.	Bezirk
Bez. Insp.	Bezirksinspektor
bezw.	beziehungsweise
B. G.	Bundesgesetz
BGBl., B.G.Bl.	Bundesgesetzblatt
BH	Bezirkshauptmannschaft
BK	Bundeskanzler
BKA	Bundeskanzleramt
BKA/AA, BKA - AA, BKA-AA	Bundeskanzleramt/Auswärtige Angelegenheiten
Blg.	Beilage
BM, B.M., BM., Bm, Bm.	Bundesminister/ium
BMAA	Bundesministerium für Auswärtige Angelegenheiten
BMEE	Bundesministerium für Energiewirtschaft und Elektrifizierung
BM f.	Bundesministerium für

BMF	Bundesministerium für Finanzen
BMHW	Bundesministerium für Handel und Wiederaufbau
BMI	Bundesministerium für Inneres
BMJ	Bundesministerium für Justiz
BMLF	Bundesministerium für Land- und Forstwirtschaft
BMsV	Bundesministerium für soziale Verwaltung
BMU	Bundesministerium für Unterricht
BMU/HR	Bundesministerium für Unterricht/Hauptreihe
BMV	Bundesministerium für Verkehr
BMVE	Bundesministerium für Volksernährung
BMVW	Bundesministerium für Vermögenssicherung und Wirtschaftsplanung
BMZl., BM. Zl., B.M.Zl., B.M. Zl., BM Zl.	Bundesministeriumzahl
BPEC	Banque des Pays de l'Europe Centrale
BRD	Bundesrepublik Deutschland
BÜG, BÜG., B.-ÜG.	Beamtenüberleitungsgesetz
BV	Bundesverfassung
B-VG., B.-VG.	Bundesverfassungsgesetz
bzgl.	bezüglich
bzw.	beziehungsweise
ca.	circa
Calif.	California
CARE, Care	Cooperative for American Remittances to Europa, Inc. (Gemeinnützige Gesellschaft für amerikanische Sendungen nach Europa)
CIA	Central Intelligence Agency
Co.	Company
Corp.	Corporated
CSP	Christlichsoziale Partei
CSR, ČSR	Tschechoslowakische Republik
d.	der, die, das
DAF	Deutsche Arbeitsfront
DBG	Deutsches Beamtengesetz
D.C.	District of Columbia
DDSG, DDSG.	Donau-Dampfschiffahrts-Gesellschaft
dgl.	dergleichen
d. h.	das heißt
d. i.	das ist
Dipl. Ing., Dipl.Ing., Dipl.-Ing.	Diplomingenieur
Dipl.-Kfm.	Diplomkaufmann
Dir.	Direktor
d. J., d. Js.	dieses Jahres
dkg	Dekagramm
Dkl.	Dienstklasse
DM	Deutsche Mark
d. Mts.	dieses Monats
DP, DPs, DP's	Displaced Persons
DPGr.	Dienstpostengruppe
Dr.	Doktor
Dr. h. c.	Doktor honoris causa
Dr.-Ing.	Doktor-Ingenieur
Dr. jur.	Doktor der Rechtswissenschaften
Dr. med.	Doktor der Medizin
Dr. phil.	Doktor der Philosophie

Dr. techn., Dr.-techn.	Doktor der technischen Wissenschaften
ds. J.	dieses Jahres
ds. M.	dieses Monats
dt.	deutsch
dzt.	derzeit
EAD	Ein-, Aus- und Durchfuhrkommission
ECA	Economic Cooperation Administration
ehem., ehemal.	ehemalig
eigtl.	eigentlich
einschl.	einschließlich
elektr.	elektrisch
engl.	englisch
ERP, E.R.P.	European Recovery Program
Esq.	Esquire
etc.	et cetera
EU	Europäische Union
event., evtl.	eventuell
EZ, EZ.	Einheitszahl
f	folgende
f.	für
Fa.	Firma
FAO	Food and Agriculture Organization (of the United Nations) (Ernährungs- und Landwirtschaftsorganisation der Vereinten Nationen)
ffrs	französische Francs
FHKA	Finanz- und Hofkammerarchiv
FLAK	Flugabwehrkanone
FLD	Finanzlandesdirektion
FÖJ	Freie Österreichische Jugend
g	Groschen
geb.	geboren
Geh.	Gehalt
gem.	gemäß
Gen.	General
Ges.	Gesellschaft
GesmbH., Ges.m.b.H.,	Gesellschaft mit beschränkter Haftung
Gestapo	Geheime Staatspolizei
Gew.	Gewerkschaft
gewerbl.	gewerblich
gez.	gezeichnet
G. m. b. H.	Gesellschaft mit beschränkter Haftung
GP	Gesetzgebungsperiode
GZl.	Grundzahl
h	Uhr
ha	Hektar
h. c.	honoris causa
Hg.	Herausgeber
Hon. Doz.	Honorardozent
Hr.	Herr
i.	im, in
IBRD	Internationale Bank für Wiederaufbau und Wirtschaftsförderung bzw. Entwicklung

i.e.	id est
i. I.	im Innkreis
IBK	Industrielle Bezirkskommission
IMF	International Monetary Fund
Inc.	Incorporated
Ing.	Ingenieur
IPU	Interparlamentarische Union
i. R.	im Ruhestand
IRO	International Refugee Organization (Internationale Flüchtlingsorganisation)
IWF	Internationaler Währungsfonds
Jg.	Jahrgang
Jgd.	Jugend
JM, JM.	Justizministerium
JMZl.	Justizministeriumzahl
Jr.	Junior
jug., jugosl.,	jugoslawisch
jur.	juridisch
kg	Kilogramm
KG.	Kommanditgesellschaft
km	Kilometer
km^2	Quadratkilometer
KÖB	Kraftwagenbetrieb der Österreichischen Bundesbahnen
Kominform	Kommunistisches Informationsbüro, eigtl. Informationsbüro der Kommunistischen und Arbeiterparteien
KPdSU	Kommunistische Partei der Sowjetunion
KPÖ	Kommunistische Partei Österreichs
KPTsch	Kommunistische Partei der Tschechoslowakei
Krim. Ob. Insp., Krim. Oberinsp.	Kriminaloberinspektor
Krim.Rev.Insp.	Kriminalrevierinspektor
KRP	Kabinettsratsprotokoll
kWh	Kilowattstunde
KZ	Konzentrationslager
landesgesetzl.	landesgesetzlich
landwirt.	landwirtschaftlich
LBl	Linksblock
LG	Landesgericht
LGBl.	Landesgesetzblatt
LH	Landeshauptmann
lit.	litera
l. J.	laufenden Jahres
lt.	laut
m	Meter
m.b.H., m. b. H.	mit beschränkter Haftung
med.	medizinisch
Med. Rat	Medizinalrat
Mill.	Million/en
Min. R.	Ministerrat
Min. Rat	Ministerialrat/Ministerrat
mont.	montanistisch
Mr.	Mister

MRP	Ministerratsprotokoll
MSA	Mutual Security Agency
NATO	North Atlantic Treaty Organization (Nordatlantikpakt-Organisation)
NKVD	Narodnyj komissariat vnutrennich del SSSR (Volkskommissariat für innere Angelegenheiten der UdSSR)
NÖ, N.Ö., N. Ö.	Niederösterreich
n. ö., nö., N.Ö.	niederösterreichisch
No.	Number
NR	Nationalrat
Nr.	Nummer
NS	Nationalsozialismus, Nationalsozialisten, nationalsozialistisch
NSDAP	Nationalsozialistische Deutsche Arbeiterpartei
o.	ordentlich/er
ö.	österreichisch
ÖAAB	Österreichischer Arbeiter- und Angestelltenbund
ÖBB	Österreichische Bundesbahnen
oberösterr.	oberösterreichisch
OECD	Organization for Economic Cooperation and Development (Organisation für wirtschaftliche Zusammenarbeit und Entwicklung)
OEEC	Organization for European Economic Cooperation (Organisation für europäische wirtschaftliche Zusammenarbeit)
OF	Osvobodilna Fronta za Slovensko Koroško (Befreiungsfront für Slowenisch Kärnten)
ÖGB	Österreichischer Gewerkschaftsbund
ÖIAG	Österreichische Industrieholding AG
ÖMV	Österreichische Mineralölverwaltung
OÖ, OÖ.	Oberösterreich
oö., o.ö., O. Ö.	oberösterreichisch
ord.	ordentlich/er
OROP, Orop	Österreichisch-Russische Ölprodukte
ÖSG	Österreichisch-Sowjetische Gesellschaft
OStA.	Oberstaatsanwaltschaft
Österr., österr.	österreichisch
ÖVP	Österreichische Volkspartei
Par.	Paragraph
Pciro, PCIRO	Preparatory Commission of the International Refugee Organization (Vorbereitende Kommission der Internationalen Flüchtlingsorganisation)
Pd.	Privatdozent
phil., philos.	philosophisch
phil. Diss.	philosophische Dissertation
Pkt.	Punkt
Pol, pol, POL	politisch, politische Abteilung, Politisches
Pol.Koat	Polizeikommissariat
Pr, Pr.	Präsidium
Präs, Präs.	Präsidium/Präsident
PrM, Pr.M	Präsidium Ministerrat
Prof.	Professor
Ravag, RAVAG	Radioverkehrs-Aktiengesellschaft
rd.	rund
Reg.	Regierung
Reg. Rat	Regierungsrat
resp.	respektive

RGBl.	Reichsgesetzblatt
RK	Rotes Kreuz
rm	Raummeter
RM	Reichsmark
russ.	russisch
S, S.	Schilling
S.	Seite
SA	Sturmabteilung
Schrb.	Schreiben
schriftl.	schriftlich
SDAP	Sozialdemokratische Arbeiterpartei
SEC	Sekretariat
Seca, SECA	Alliiertes Sekretariat
Sek, SEK	Sekretariat
Sekt. Chef	Sektionschef
Sekt. Rat	Sektionsrat
Sign.	Signatur
SMV	Sowjetische Mineralölverwaltung
sowjet.	sowjetisch
soz.	sozial
SPÖ	Sozialdemokratische/Sozialistische Partei Österreichs
SRat	Sektionsrat
SS	Schutzstaffel
SSSR	Sojuz Sovetskich Socialističeskich Respublik (Union der Sozialistischen Sowjetrepubliken)
St.	Saint, Sankt
StA.	Staatsanwaltschaft
Staatssekr.	Staatssekretär
stenogr.	stenographisch
Sten. Prot.	Stenographische Protokolle
StG, STG	Strafgesetz
StGBl.	Staatsgesetzblatt
Str.	Straße
StS, St.Sekretär	Staatssekretär
stv.	stellvertretend(er)
szt.	seinerzeit
t	Tonne/n
TASS	Telegrafnoe agentstvo Sovetskogo Sojuza (Telegrafenagentur der Sowjetunion)
Tbc	Tuberkulose
Tierärztl.	Tierärztlich
tit., titl.	Titular, tituliert
Tiwag	Tiroler Wasserkraft AG.
to	Tonne/n
TO	Tagesordnung
u.	und
u. a.	und anderes/unter anderem
u. ä.	und ähnliches
UdSSR	Union der Sozialistischen Sowjetrepubliken
ÜG.	Überleitungsgesetz
UK	United Kingdom
UN	United Nations (Vereinte Nationen)
UNAC, Unac	United Nations Appeal for Children

UNESCO, Unesco	United Nations Educational, Scientific and Cultural Organization (Organisation der Vereinten Nationen für Erziehung, Wissenschaft und Kultur)
ung.	ungarisch
UNICEF, Unicef	United Nations International Children's Emergency Fund (Kinderhilfswerk der Vereinten Nationen)
Univ.-Prof.	Universitätsprofessor
UNO, Uno	United Nations Organization (Organisation der Vereinten Nationen)
UNRRA, U.N.R.R.A., Unrra	United Nations Relief and Rehabilitation Administration (Nothilfe- und Wiederaufbauverwaltung der Vereinten Nationen)
US	United States
USA	United States of America
USIA, Usia	Upravlenie sovetskim imuščestvom v Avstrii (Verwaltung des sowjetischen Vermögens in Österreich)
usw., u.s.w.	und so weiter
u. v. m.	und vieles mehr
u. zw.	und zwar
v.	vom, von
Verb.	Verbindungsstelle
Ver. Gr.	Verwendungsgruppe
Verk	Verkehr
Verm.	Vermögen
VG.	Verbotsgesetz
Vgl., vgl.	vergleiche
v. H.	von Hundert
VK	Vizekanzler
VO.	Verordnung
VOEST, Voest	Vereinigte Österreichische Eisen- und Stahlwerke AG.
VOff.	Verwaltungsoffizial
VR	Völkerrecht
w.	wirklich
WHO	World Health Organization (Weltgesundheitsorganisation)
Wijug	Wiener Jugendhilfswerk
wirkl.	wirklich
Wirt, Wirt.	Wirtschaft
wirtschaftl.	wirtschaftlich
WMK	Wirtschaftliches Ministerkomitee
Wpol, W-pol, WPol, W-Pol	Wirtschaftspolitische Abteilung
Wr.	Wiener
W.Sch.G.	Währungsschutzgesetz
WSEG	Weapons Systems Evaluation Group
WUST	Warenumsatzsteuer
z.	zu, zum, zur
Z.	Ziffer
z. B.	zum Beispiel
Ziff.	Ziffer
ZK	Zentralkomitee
Zl.	Zahl
z. Zt.	zur Zeit

116.

[Dienstag] 1948-06-15

Vorsitz: Figl
Anwesend: Schärf, Helmer, Gerö, Hurdes, Zimmermann, Kraus, Kolb, Sagmeister, Krauland, Übeleis, Migsch, Gruber, Altenburger, Graf, Mantler
Schriftführer: Chaloupka, Capek
Ort: Wien I., Ballhausplatz 2, Ministerratssaal
Dauer: 10.15–12.20 Uhr

Reinschrift, unterfertigte Anwesenheitsliste, Stenogramm, Beschlußprotokoll

Tagesordnung:
1. Bericht des Bundeskanzlers.
[1 a. Verhandlungen in London und Paris.
1 b. Verabschiedung und Dank des amerikanischen Befehlshabers in Salzburg Oberst Collins (Beschlußprotokoll Punkt 1 a).
1 c. Besichtigungsfahrten der Bundesminister Kraus und Sagmeister, betreffend den Erntestand (Beschlußprotokoll Punkt 1 b).
1 d. Lösung der Agrarfrage (Beschlußprotokoll Punkt 1 c).
1 e. Einbringung des Wiederaufbaugesetzes in das Parlament (Beschlußprotokoll Punkt 1 d).
1 f. Beschlagnahmung der Tageszeitung „Der Abend“ am 14. Juni 1948 (Beschlußprotokoll Punkt 1 e).
1 g. Verlesung der alliierten Noten durch den Bundeskanzler (Beschlußprotokoll Punkt 2 a bis f).
1 h. Verlesung eines Rundschreibens, betreffend die Dienstpflichten der Bundesbediensteten (Beschlußprotokoll Punkt 3).
1 i. Verlesung der Mitteilungen und Resolutionen durch den Bundeskanzler (Beschlußprotokoll Punkt 4 a bis d).
1 j. Fragebögen der sowjetischen Besatzungsmacht.
1 k. Beschlagnahmungen von Privathäusern und Hotels am Semmering durch die sowjetische Besatzungsmacht (Beschlußprotokoll Punkt 5).
1 l. Verhaftung Josef Kollmanns durch die sowjetische Besatzungsmacht.]
2. Personalangelegenheiten (siehe Beilage) (Beschlußprotokoll Punkte 6 bis 13).
3. Bericht des Bundeskanzlers, Zl. 69.740-2a/48, betreffend den Einspruch der Bundesregierung gegen den Gesetzesbeschluß des Salzburger Landtages vom 31. März 1948 über Enteignungen für Schulbauten (Beschlußprotokoll Punkt 14).
4. Bericht des Bundesministers für Inneres, betreffend die Erklärung des Staatsinteresses an der Einbürgerung der im Verzeichnis Nr. 104 des Bundesministeriums für Inneres angeführten 85 Personen (Beschlußprotokoll Punkt 15).
5. Bericht des Bundesministers für Finanzen, Zl. 39.405-14/48, betreffend den Entwurf eines Bundesgesetzes über die Zündmittelsteuer (Beschlußprotokoll Punkt 16).
6. Bericht des Bundesministers für Finanzen, Zl. 11.583-17/48, über den Entwurf eines Bundesgesetzes, womit die Börsefonds-Novelle vom 16. Juli 1925, BGBl. Nr. 240/25, in der Fassung des Bundesgesetzes vom 26. Oktober 1934, BGBl. Nr. 314, abgeändert wird (3. Börsefonds-Novelle) (Beschlußprotokoll Punkt 17).
7. Bericht des Bundesministers für Finanzen, Zl. 39.815-17/48, betreffend den Entwurf eines Bundesgesetzes über die Wiederherstellung des österreichischen Rechts auf dem

Gebiete des Börsenwesens (Börsen-Überleitungsgesetz) (Beschlußprotokoll Punkt 18).

8. Bericht des Bundesministers für Finanzen, Zl. 39.826-17/48, betreffend den Entwurf eines Bundesgesetzes über Börsensensale (Börsensensale-Gesetz) (Beschlußprotokoll Punkt 19).

9. Bericht des Bundesministers für Finanzen, Zl. 39.851-15/48, über die Ausgabe von Bundesschatzscheinen (3. Schatzscheingesetz 1948) (Beschlußprotokoll Punkt 20).

10. Bericht des Bundesministers für Finanzen, Zl. 31.155-19/48, über den Entwurf eines Bundesgesetzes, betreffend Lebensversicherungen mit Auslosung (Beschlußprotokoll Punkt 21).

11. Antrag des Bundesministers für die Auswärtigen Angelegenheiten auf Zustimmung der Bundesregierung zu der im Einvernehmen mit den zuständigen Ressorts aufgestellten Liste der österreichischen Sachverständigen für den Marshall-Plan (Beschlußprotokoll Punkt 22).

12. Bericht und Antrag des Bundesministers für Verkehr, BMZl. 13.459/48, auf Ermächtigung, dem Herrn Bundespräsidenten den Weltpostvertrag von Paris resp. die Beschlüsse des Weltpostkongresses von Paris vom 5. Juli 1947 zur Ratifizierung vorzuschlagen (Beschlußprotokoll Punkt 23).

13. Bericht des Bundesministers für die Auswärtigen Angelegenheiten, betreffend die Vorgangsweise bei Kreditverhandlungen mit internationalen Stellen und in den USA (Beschlußprotokoll Punkt 24).

14.[1] Bericht des Bundesministers für Finanzen, Zl. 33.436-15/48, betreffend den Beitritt Österreichs zum Internationalen Währungsfonds und zur Internationalen Bank für Wiederaufbau und Wirtschaftsförderung (Beschlußprotokoll Punkt 25).

15. Bericht des Bundesministers für Volksernährung, Zl. 37.906-4/48, betreffend Aufkauf und Einlagerung der Getreidekontingente 1948 sowie eines Teiles des Kartoffelkontingentes 1948; Beistellung von Geldmitteln (Beschlußprotokoll Punkt 26).

16. Mündliche Berichte der Minister.

[16 a. Bericht des Vizekanzlers über die Vermittlung in Angelegenheit der Fremdenverkehrsabgabe der Stadt Salzburg (Beschlußprotokoll Punkt 27).

16 b. Bericht des Bundesministers für Unterricht, Zl. 36.977/III-7/47, betreffend die Genehmigung des Nationalrates zum Beitritt zur UNESCO (Beschlußprotokoll Punkt 28).

16 c. Bericht des Bundesministers für Finanzen über die Errichtung eines Kindergartens im bundeseigenen Auer-Welsbach Park aus Mitteln der Schweizer Spende (Beschlußprotokoll Punkt 29).

16 d. Bericht des Bundeskanzlers, Zl. 70.144-3/48, betreffend den Kinderhilfsappell der Vereinten Nationen, Einhebung der Spenden (Beschlußprotokoll Punkt 30).]

Beilagen:

1 Anwesenheitsliste (1 Seite).

2 Tagesordnung (1 Seite); Nachtrag zur Tagesordnung (½ Seite); Beilage zu Punkt 2 der Tagesordnung, Anträge in Personalangelegenheiten (1 Seite); Nachtrag zu Beilage zu Punkt 2 der Tagesordnung (½ Seite).

3 Bundeskanzleramt, Zl. 69.740-2a/1948: Gesetzesbeschluß des Salzburger Landtages, betreffend ein Gesetz über die Enteignung von Schulbauten (1 ½ Seiten); Bericht (1 Seite); Ministerratsvortrag (1 ½ Seiten).

---

[1] Die Punkte 14 und 15 wurden nachträglich auf die Tagesordnung gesetzt. Der ursprüngliche Punkt 14 wurde zu Punkt 16.

4 Bundesministerium für Inneres, (ohne Aktenzahl): Ministerratsvortrag, betr. Beschluß der Bundesregierung gemäß § 5, Abs. (1), Z. 3, StGBl. Nr. 60/1945 (1 Seite); Verzeichnis Nr. 104 der für die Verleihung der Staatsbürgerschaft vorgesehenen Personen (16 Seiten).

5 Bundesministerium für Finanzen, Zl. 39.405-14/48: Entwurf. Bundesgesetz vom … über die Zündmittelsteuer (3 ½ Seiten); Erläuternde Bemerkungen (3 ½ Seiten); Ministerratsvortrag (3 Seiten).

6 Bundesministerium für Finanzen, Zl. 11.583-17/48: Entwurf zum Bundesgesetz vom … womit die Börsefondsnovelle vom 16. Juli 1925, BGBl. Nr. 240 in der Fassung des Bundesgesetzes vom 26. Oktober 1934, BGBl. Nr. 314, abgeändert wird (3. Börsefondsnovelle) (1 Seite); Erläuternde Bemerkungen (1 Seite); Ministerratsvortrag (1 Seite).

7 Bundesministerium für Finanzen, Zl. 39.815-17/48: Entwurf zum Bundesgesetz vom … über die Wiederherstellung des österreichischen Rechtes auf dem Gebiete des Börsewesens (Börseüberleitungsgesetz) (3 ½ Seiten); Erläuternde Bemerkungen (3 ½ Seiten); Ministerratsvortrag (2 ½ Seiten).

8 Bundesministerium für Finanzen, Zl. 39.826-17/48: Entwurf zum Bundesgesetz vom … über Börsesensale (Börsesensale-Gesetz) (9 ½ Seiten); Erläuternde Bemerkungen (3 Seiten); Ministerratsvortrag (1 ½ Seiten).

9 Bundesministerium für Finanzen, Zl. 39.851-15/48: Entwurf eines Bundesgesetzes vom … über die Ausgabe von Bundesschatzscheinen (3. Schatzscheingesetz 1948) (½ Seite); Erläuternde Bemerkungen (½ Seite); Ministerratsvortrag (½ Seite).

10 Bundesministerium für Finanzen, Zl. 31.155-19/48: Entwurf eines Bundesgesetzes vom … betreffend Lebensversicherungen mit Auslosung (½ Seite); Ministerratsvortrag (1 Seite).

11 (Ohne Aktenzahl): Ministerratsvortrag, betreffend die Ernennung von Sachverständigen zur Bearbeitung der mit dem Marshall-Plan zusammenhängenden Fragen (1 Seite); Liste der Sachverständigen (1 Seite).

12 Bundesministerium für Verkehr, Generaldirektion für die Post- und Telegraphenverwaltung, BMZl. 13.459/1948: Ministerratsvortrag. Gegenstand: Verfassungsmäßige Behandlung der Beschlüsse des Weltkongresses, Paris, 5. Juli 1947 (5 Seiten); Weltpostvertrag (171 ½ Seiten).

13 Bundeskanzleramt/Auswärtige Angelegenheiten, Zl. 159.230-WPol/48: Ministerratsvortrag, betreffend Vorgangsweise bei Kreditverhandlungen mit internationalen Stellen und in den USA (1 Seite).

14 Bundesministerium für Finanzen, Zl. 33.436-15/1948: Ministerratsvortrag, betreffend den Beitritt Österreichs zum Internationalen Währungsfond und zur Internationalen Bank für Wiederaufbau und Wirtschaftsförderung (4 ½ Seiten).

15 Kein Material.

16 b[2] Bundesministerium für Unterricht, Zl. 36.877/III-7/47: Vortrag des Bundesministers für Unterricht über die Erwirkung der Genehmigung des Nationalrates gemäß Artikel 50, Abs. (1) des Bundesverfassungsgesetzes in der Fassung von 1929 zum Beitritte Österreichs zur Organisation der Vereinten Nationen für Erziehung, Wissenschaft und Kultur (UNESCO), über die Ratifizierung und die Erlegung der Beitrittsurkunde sowie über den innerstaatlichen Vollzug des Vertrages im Vertragswege (2 ½ Seiten); Beilage zum Vortrag an den Ministerrat. Die Verfassung der Organisation der

---

2 Aus Gründen der Übersichtlichkeit werden diese und die folgende Beilage den jeweiligen Tagesordnungspunkten entsprechend numeriert (im Original tragen sie die Numerierung *16 a* und *16*).

Vereinten Nationen für Erziehung, Wissenschaft und Kultur (12 ½ Seiten); Erläuternde Bemerkungen (2 ½ Seiten).

16 d Bundeskanzleramt, Zl. 70.144-3/1948: Bericht an den Ministerrat. Betrifft: Kinderhilfsappell der Vereinten Nationen (1 ½ Seiten).

A Bundeskanzleramt, Zl. 70.004-3/1948: Rundschreiben des Bundeskanzlers, betreffend die Dienstpflichten der Bundesbediensteten (Abschrift) (1 Seite).

B Verb. Zl. 3.402/VII: Schreiben der Politischen Vertretung der UdSSR in Österreich, Nr. 108, an Außenminister Gruber vom 12. Juni 1948 (1 ½ Seiten).[3]

C Chiffre-Abt. Zl. 8.475: Claris-Telegramm Nr. 10.217 an den Hr. Generalsekretär Abt. Wpol (Zl. 157.618) von Gesandten Kleinwächter aus Washington, betreffend Anleihe von Holzindustrie Maschinen (Abschrift) (½ Seite).

D Bundesministerium für Finanzen und Bundesministerium für Land und Forstwirtschaft, (ohne Aktenzahl): Gegenstand: Schweizer Spende, Errichtung eines Kindergartens im bundeseigenen Auer-Welsbach Park (2 Seiten).[4]

Der Bundeskanzler eröffnet die Ministerratssitzung und erklärt:

Das Beschlußprotokoll und die Tagesordnung sind aufgelegen, das Material, soweit es fertiggestellt wurde, wurde rechtzeitig verteilt; ein Einspruch wurde nicht erhoben.

Mein Bericht ist diesmal ziemlich kurz.

---

3 Die Beilage ist identisch mit der ebenfalls beiliegenden alliierten Note gleicher Aktenzahl. Vgl. Beschlußprotokoll Punkt 2 e.

4 Weiters liegen dem Protokoll bei:
Bundesministerium für Verkehr, Generaldirektion für die Österreichischen Bundesbahnen, Zl. 1.381/1: Information für den Herrn Bundesminister für Verkehr. Betr: Vorkommnisse bei den Österr. Bundesbahnen im Mai 1948 (1 ½ Seiten).
Bundesministerium für Finanzen, Zl. 42.023-15/48: Grundsätze und Stand der Devisenbewirtschaftung Österreichs (8 ½ Seiten); Ein- und Ausgänge in fremder Währung im Zahlungsverkehr mit dem Auslande im Oktober 1947 (4 ½ Seiten); November 1947 (5 Seiten); Dezember 1947 (5 ½ Seiten); Jänner 1948 (6 Seiten); Februar 1948 (6 Seiten); März 1948 (6 Seiten).
Verb. Zl. 3.388/IV: Betrifft: Wiedererrichtung der Grenzkontrolle Rosenheim – Innsbruck in Kufstein. Schreiben des Hochkommissärs der Französischen Republik in Österreich an Bundeskanzler Figl vom 24. Mai 1948 (1 Seite). Vgl. Punkt 1 g der Tagesordnung.
Verb. Zl. 3.391/IV: Schreiben des Hochkommissariates der Französischen Republik in Österreich, der Hochkommissar, 1.367/CE/CAB, an Bundeskanzler Figl vom 7. Juni 1948 (1 Seite). Vgl. Beschlußprotokoll Punkt 2 b.
Verb. Zl. 3.395/VI: Schreiben des Oberkommandos der US-Streitkräfte in Österreich, Büro des Oberbefehlshabers, an Bundeskanzler Figl vom 10. Juni 1948 (1 Seite). Vgl. Beschlußprotokoll Punkt 2 c.
Verb. Zl. 3.403/IV: Schreiben des Hochkommissariates der Französischen Republik in Österreich, der Hochkommissar, 1.420 CE/CAB, an Bundeskanzler Figl vom 10. Juni 1948 (1 ½ Seiten). Vgl. Beschlußprotokoll Punkt 2 d.
Verb. Zl. 3.402/VII: Schreiben der Politischen Vertretung der UdSSR in Österreich Nr. 108 an Außenminister Gruber vom 12. Juni 1948 (1 ½ Seiten). Vgl. Punkt 1 g der Tagesordnung.
Zl. 114.252-Pol/48: Note der französischen Gesandtschaft in Wien, H/70, an das Bundeskanzleramt/Auswärtige Angelegenheiten, Übersetzung aus dem Französischen und Abschrift (jeweils 1 ½ Seiten). Vgl. Beschlußprotokoll Punkt 2 f.

[1]

a

Von London[5] und Paris[6] sind keine neuen Mitteilungen eingetroffen. Derzeit müssen die Fragebögen in Angelegenheit der Pariserkonferenz ausgearbeitet werden, damit sie für die nächste Tagung bereit sind.

5 Die Londoner Verhandlungen der Sonderbeauftragten für den österreichischen Staatsvertrag, die am 20. Februar 1948 begonnen hatten, waren am 6. Mai, so Stourzh, „de facto suspendiert" worden, nachdem die Sowjetvertreter Berichtigungen der österreichisch-jugoslawischen Grenze zugunsten Jugoslawiens nicht explizit ausgeschlossen hatten. Vgl. Gerald Stourzh, Um Einheit und Freiheit. Staatsvertrag, Neutralität und das Ende der Ost-West-Besetzung Österreichs 1945–1955, 5. Auflage, Wien/Köln/Graz 2005, S. 137. Zu den weiteren Berichten im Ministerrat über den jeweiligen Stand der Staatsvertragsverhandlungen bis November 1949 vgl. MRP Nr. 129/3 vom 19. Oktober 1948, MRP Nr. 135/1 a vom 30. November 1948, MRP Nr. 136/1 a und l vom 7. Dezember 1948, MRP Nr. 137/1 b vom 14. Dezember 1948, MRP Nr. 138/1 c vom 21. Dezember 1948, MRP Nr. 139/1 a vom 4. Jänner 1949, MRP Nr. 140/1 a vom 11. Jänner 1949, MRP Nr. 141/1 a vom 18. Jänner 1949, MRP Nr. 142/1 a vom 25. Jänner 1949, MRP Nr. 143/1 a, f und j vom 1. Februar 1949, MRP Nr. 144/1 a vom 8. Februar 1949, MRP Nr. 145/1 a vom 15. Februar 1949, MRP Nr. 146/1 a vom 21. Februar 1949, MRP Nr. 147/1 a vom 1. März 1949, MRP Nr. 148/1 a vom 8. März 1949, MRP Nr. 149/1 a und b vom 15. März 1949, MRP Nr. 150/9 g vom 22. März 1949, MRP Nr. 151/1 a und 15 h vom 29. März 1949, MRP Nr. 152/1 a vom 5. April 1949, MRP Nr. 153/1 b vom 12. April 1949, MRP Nr. 154/1 b und 13 e vom 26. April 1949, MRP Nr. 155/1 b und c vom 3. Mai 1949, MRP Nr. 156/1 a vom 10. Mai 1949, MRP Nr. 158/11 k vom 24. Mai 1949, MRP Nr. 159/1 a vom 31. Mai 1949, MRP Nr. 160/1 a vom 8. Juni 1949, MRP Nr. 161/1 a vom 14. Juni 1949, MRP Nr. 161 a/1 vom 17. Juni 1949, MRP Nr. 162/1 a, c und d vom 21. Juni 1949, MRP Nr. 162 a vom 23. Juni 1949, MRP Nr. 163/1 a vom 28. Juni 1949, MRP Nr. 164/1 a vom 4. Juli 1949, MRP Nr. 165/1 a vom 12. Juli 1949, MRP Nr. 166/1 a und 14 e vom 19. Juli 1949, MRP Nr. 167/1 c vom 16. August 1949, MRP Nr. 168/1 a vom 23. August 1949, MRP Nr. 169/1 a vom 30. August 1949, MRP Nr. 170/1 a vom 6. September 1949, MRP Nr. 171/1 a und e vom 13. September 1949, MRP Nr. 172/1 a vom 20. September 1949, MRP Nr. 173/1 a vom 27. September 1949, MRP Nr. 174/1 a vom 4. Oktober 1949, MRP Nr. 175/1 a vom 11. Oktober 1949, MRP Nr. 176/1 a vom 18. Oktober 1949, MRP Nr. 177/1 a vom 25. Oktober 1949 und MRP Nr. 178/1 a vom 4. November 1949.

6 Zu den Pariser Verhandlungen über den Marshallplan und die europäische wirtschaftliche Zusammenarbeit vgl. auch MRP Nr. 108/1 b vom 20. April 1948, MRP Nr. 109/1 b vom 27. April 1948, MRP Nr. 110/1 b vom 4. Mai 1948, MRP Nr. 111/1 i vom 11. Mai 1948, MRP Nr. 112/1 h vom 18. Mai 1948, MRP Nr. 113/1 b vom 25. Mai 1948 und MRP Nr. 115/1 b vom 8. Juni 1948. Der Marshallplan ging auf eine Initiative des US-Außenministers George C. Marshall zurück, der ein mehrjähriges, von den USA finanziertes Hilfsprogramm für Europa konzipierte. Dieses European Recovery Program (ERP) unterstützte sechzehn europäische, später unter dem sozio-ökonomischen Begriff Westeuropa subsumierte Staaten. Als Verwaltungseinheit für die Marshallplanhilfe gründeten die USA die Economic Cooperation Administration (ECA), die direkt dem US-Präsidenten unterstellt war, die westeuropäischen Teilnehmerstaaten formierten sich als Organisation für europäische wirtschaftliche Zusammenarbeit (Organisation for European Economic Cooperation, OEEC), die 1960 in die Organisation für wirtschaftliche Zusammenarbeit und Entwicklung (Organisation for Economic Cooperation and Development, OECD) überging. Vgl. dazu Hans Seidel, Österreichs Wirtschaft und Wirtschaftspolitik nach dem Zweiten Weltkrieg, Wien 2005, S. 281–342, hier S. 294–296. Österreich hatte mit Beschluß des Ministerrates vom 24. Juni 1947 (MRP Nr. 73/17) die Teilnahme am Marshallplan beschlossen und am 16. April 1948 gemeinsam mit den anderen Teilnehmerstaaten das Gründungsdokument der OEEC unterzeichnet. Zur Bildung der OEEC vgl. Österreichisches ERP-Handbuch, Wien 1950, S. 258–285. Zum Marshallplan in Österreich vgl. weiters Wilfried Mähr, Von der UNRRA zum Marshallplan. Die amerikanische Finanz- und Wirtschaftshilfe an Österreich in den Jahren 1945–1950, phil. Diss., Wien 1985, sowie ders., Der Marshallplan in Österreich, Graz/Wien/Köln 1989; Günter Bischof/Dieter Stiefel (Hg.), 80 Dollar: 50 Jahre ERP-Fonds und Marshall-Plan in Österreich, Wien 1999; Günter Bischof/Anton Pelinka/Dieter Stiefel (Hg.), The Marshall Plan in Austria (= Contemporary Austrian Studies 8), New Brunswick 2000; Michael Gehler, Vom Marshall-

b

Oberst Collin[7], der amerikanische Befehlshaber in Salzburg, ist abgereist. Er läßt sich nochmals bei allen Herren für ihre Unterstützung bedanken.

c

Die Minister Kraus und Sagmeister interessierten sich um den Stand der heurigen Ernte und haben verschiedene Fahrten zur Besichtigung derselben unternommen. Weitere Fahrten ins Marchfeld, Waldviertel usw. werden noch folgen.

d

In der Agrarfrage[8] steht eine baldige Lösung bevor.

e

Das Wiederaufbaugesetz ist unter Dach und Fach gebracht worden und wird morgen ins Parlament kommen.[9]

f

Manche Zeitungen meinen, aus diesem Kapitel (Wiederaufbaugesetz) Demagogie[10] schlagen zu können und arten hiebei ganz besonders aus. So wurde der gestrige „Abend"[11] beschlagnahmt, da er nichts anderes macht, als hetzt.[12] Fortsetzungen der Beschlagnahmen

---

Plan bis zur EU. Österreich und die europäische Integration von 1945 bis zur Gegenwart, Innsbruck 2006, S. 25–45.

George Catlett Marshall, US-amerikanischer General und Politiker, Jänner 1947 bis Jänner 1949 US-Außenminister, Initiator des Marshallplanes.

7 Harry J. Collins, US-amerikanischer General, 1946 bis 1948 Oberkommandierender der US-Truppen in Österreich.

8 Bei der „Agrarfrage" handelte es sich nicht um die immer wieder diskutierte Bodenreform, sondern um die Regelung der Agrarpreise und die Festsetzung der Lieferkontingente. Vgl. dazu auch MRP Nr. 101/4 vom 24. Februar 1948, MRP Nr. 106/13 vom 6. April 1948, MRP Nr. 107/Beschlußprotokoll Punkt 34 vom 13. April 1948, MRP Nr. 118/1 d, MRP Nr. 119/9 a und MRP Nr. 138/11 vom 21. Dezember 1948.

9 Es handelte sich um das Wohnhaus-Wiederaufbaugesetz. Der Gesetzesentwurf war im Ausschuß für Handel und Wiederaufbau beraten worden. Vgl. Sten. Prot. NR, V. GP, Bericht des Ausschusses für Handel und Wiederaufbau und Annahme des Gesetzesentwurfes in der 83. Sitzung vom 16. Juni 1948, S. 2357–2382; BGBl. Nr. 130, Bundesgesetz vom 16. Juni 1948, betreffend die Wiederherstellung der durch Kriegseinwirkung beschädigten oder zerstörten Wohnhäuser und den Ersatz des zerstörten Hausrates (Wohnhaus-Wiederaufbaugesetz), ausgegeben am 5. August 1948; Wiener Zeitung, 15. Juni 1948, S. 1 „Wiederaufbaugesetz Mittwoch im Nationalrat". Aktenmaterial zu diesem Gesetz findet sich in AdR, BMJ, Zivilrechtslegislative 1945–1974, Sektion I/B, Mietrecht 7, Wohnhauswiederaufbaugesetz v. 16.6.1948, BGBl. Nr. 130.

10 Demagogie: Volksaufwiegelung, Volksverführung.

11 „Der Abend" erschien seit 25. Februar 1948 unter der Chefredaktion von Bruno Frei im Globus-Verlag. Die Tageszeitung vertrat kommunistische Standpunkte, nahm den Westmächten gegenüber eine stark kritische Haltung ein und wurde am 29. Oktober 1957 eingestellt. Vgl. Kurt Paupié, Handbuch der österreichischen Pressegeschichte 1848–1959. Band I: Wien, Wien 1960, S. 194.

Bruno Frei (eigtl. Benedikt Freistadt), Journalist und Schriftsteller, 19. Oktober 1948 bis 29. Oktober 1957 Chefredakteur der Tageszeitung „Der Abend".

12 In der „Arbeiter-Zeitung" erschien ein kurzer Artikel über den Bericht der Tageszeitung „Der Abend", die in einer Extraausgabe „faustdicke Lügen über den Entwurf des neuen Wiederaufbaugesetzes erzählt" habe, „vor allem die, daß das Gesetz die sofortige Erhöhung des Mietzinses auf das 4700fache des Friedenszinses vorsieht". Die Staatsanwaltschaft habe daraufhin das „Lügenblatt wegen Verbreitung beunruhigender Gerüchte (§ 308 StG)" beschlagnahmen lassen. Vgl. Arbeiter-Zeitung, 15. Juni 1948, S. 1 „Eine kommunistische Extralüge". Der § 308 des Strafgesetzes (RGBl. Nr. 117/1852) lautet: „Wer im Wege öffentlicher Verlautbarung (durch Maueranschläge, öffentliche Reden oder Vorträge und dgl.) ein solches für die öffentliche Sicherheit beunruhigendes Gerücht, ohne zureichende Gründe es für wahr zu halten, oder eine so geartete angebliche Vorhersage ausstreut oder weiter verbreitet, ist einer Übertretung schuldig und mit strengem Arreste von acht Tagen bis zu drei Monaten zu bestrafen."

werden am Platze sein und man soll davor nicht zurückscheuen. Allerdings war gestern die gerichtliche Pressepolizei unerreichbar und war das Büro geschlossen gewesen, weshalb die Beschlagnahme eine Verspätung erfuhr. Es wird mit der Zeit möglich und ratsam sein, auch bei der „Volksstimme" mit Beschlagnahmen vorzugehen, wenn sie derart hetzt.[13] Morgen abends ist die entscheidende Sitzung, ob der „Abend" eingestellt oder weitergeführt werden soll, da er kein Geld mehr hat. Ich bitte, bei Beschlagnahmen streng nach einem Gesetz vorzugehen.[14]

[g]

Der Bundeskanzler bringt sodann die alliierten Noten a bis f zur Verlesung.[15]

ad Note a): BK: Die englische Note deckt sich mit der französischen und scheint mit ihr abgestimmt zu sein. Beilage B[16]

Vgl. RGBl. Nr. 117, Kaiserliches Patent vom 27. Mai 1852, wodurch eine neue, durch die späteren Gesetze ergänzte, Ausgabe des Strafgesetzbuches über Verbrechen und schwere Polizei-Uebertretungen vom 3. September 1803, mit Aufnahme mehrerer neuer Bestimmungen, als alleiniges Strafgesetz über Verbrechen, Vergehen und Uebertretungen für den ganzen Umfang des Reiches, mit Ausnahme der Militärgrenze, und vom 1. September 1852 angefangen in Wirksamkeit gesetzt wird, ausgegeben am 2. Juni 1852.

13 In der Ausgabe der „Österreichischen Volksstimme" vom 13. Juni 1948 hieß es: „Die Spitzen der beiden Regierungsparteien haben sich nach der kurzen Verwirrung, die infolge unserer Veröffentlichung ihrer Pläne eingetreten war, noch gestern in neuen Geheimverhandlungen zu einem Generalangriff gegen die Mieter geeinigt und beschlossen, die arbeitende Bevölkerung Wiens durch einen blitzartigen Überfall zu überrumpeln. [...] Mit einem Wort: die Mieter sollen die Kosten des Wiederaufbaus der Wohnungen bezahlen. Die Hausherren bekommen ihre Häuser vollständig repariert und brauchen dafür keinen Groschen zu entrichten. Sie erhalten auf diese Weise eine erhöhte und gesicherte Hausherrenrente. So wird nach dem Diktat der beiden Regierungsparteien – wiederaufgebaut." Vgl. Österreichische Volksstimme, 13. Juni 1948, S. 1 „Diese Woche Entscheidung über Mietzinserhöhung. Die Geheimverhandlungen der Regierungsparteien abgeschlossen. – Ein Überrumpelungsplan".

14 Zur Beschlagnahmung des „Abend" vgl. auch die weiterführende Diskussion im vorliegenden Protokoll.

15 Die an dieser Stelle nicht behandelten Noten werden im Beschlußprotokoll näher ausgeführt und kommentiert. Vgl. Beschlußprotokoll Punkt 2 b bis f.

16 Die Abkürzung *Blg. B* wurde handschriftlich eingefügt. Beilage B: Verb. Zl. 3.402/VII Schreiben der Politischen Vertretung der UdSSR in Österreich Nr. 108 an Außenminister Gruber vom 12. Juni 1948 (1 ½ Seiten). In der Beilage, die inhaltlich mit der beiliegenden alliierten Note gleicher Aktenzahl identisch ist, wurde mitgeteilt, daß die UdSSR keinen Grund für eine Überprüfung des Entschlusses des Alliierten Rates vom 14. Mai 1948 über die Frage der Befreiung Österreichs von den für das Jahr 1948 vom Alliierten Rat vorgeschriebenen Besatzungskosten sehe, da Österreich für die Kriegsteilnahme auf deutscher Seite verantwortlich sei. Weiters könne auch der Ansicht nicht zugestimmt werden, daß die Frage des Staatsvertrages mit Österreich ein formaljuristisches Problem sei. Der Protest der österreichischen Regierung werde deshalb als unbegründet abgewiesen. Vgl. dazu auch Wiener Zeitung, 16. Juni 1948, S. 1 „Antworten auf Besatzungskosten-Note eingelangt". Zur zugrundeliegenden Protestnote der Bundesregierung und der Frage der Bezahlung der Besatzungskosten vgl. weiters auch MRP Nr. 112/14 b vom 18. Mai 1948, MRP Nr. 113/1 d vom 25. Mai 1948, MRP Nr. 114/1 b vom 2. Juni 1948, MRP Nr. 115/1 d vom 8. Juni 1948, MRP Nr. 117/1 i, MRP Nr. 118/6, MRP Nr. 119/8, MRP Nr. 132/1 f vom 9. November 1948, MRP Nr. 133/1 a vom 16. November 1948, MRP Nr. 134/1 c vom 23. November 1948, MRP Nr. 135/1 b vom 30. November 1948, MRP Nr. 138/1 g vom 21. Dezember 1948, MRP Nr. 139/1 g vom 4. Jänner 1949, MRP Nr. 141/1 g vom 18. Jänner 1949, MRP Nr. 142/1 b vom 25. Jänner 1949 und MRP Nr. 144/10 h vom 8. Februar 1949.

[h]

Der Bundeskanzler bringt sodann das Rundschreiben zur Verlesung, welches sich mit den Beamten-Verpflichtungen beschäftigt. Beilage A[17]

Der Wortlaut des im Beschlußprotokoll Nr. 115, Pkt. 3, in Aussicht genommenen Rundschreibens, betreffend Dienstpflichten der Bundesbediensteten, wird genehmigt.[18]

[i]

Der Bundeskanzler liest sodann die eingelangten Mitteilungen und Resolutionen 1 bis 4 vor.[19]

ad 1[20]: BK: Ich glaube, nicht weiter erörtern zu müssen und bin der Zustimmung aller Minister sicher, daß wir nach bestimmten Grundsätzen zu einer teilweisen Berichterstattung verpflichtet sind. Diese Aufforderung aber geht zu weit und ist ein Eingriff in die innere Verwaltung Österreichs. Ich glaube, wir halten uns an die bisherigen Meldungen.

Der Ministerrat beschließt, an der bisherigen Praxis in dieser Hinsicht nichts zu ändern.

ad 2[21]: beschließt der Ministerrat, daß das Bundeskanzleramt-AA, das Finanzministerium und das Verkehrsministerium mit der Prüfung der Angelegenheit betraut werden und Vorschläge zu machen haben.

---

17 Beilage A: BKA, Zl. 70.004-3/1948 Rundschreiben des Bundeskanzlers, betreffend die Dienstpflichten der Bundesbediensteten (Abschrift) (1 Seite). In dem Rundschreiben, das an alle Bundesministerien, die Generaldirektionen der Post- und Telegraphenverwaltung und der Bundesbahnen, den Rechnungshof, die Kanzlei des Nationalratspräsidenten, den Verfassungsgerichtshof, den Verwaltungsgerichtshof sowie an die Abt. 1 b (Organisations-, Personal- und Budgetangelegenheiten u. a.) und 7 (Organisation des Auswärtigen Dienstes u. a.) des Bundeskanzleramtes gerichtet war, wurde auf die Pflichten der öffentlich-rechtlich Bediensteten (Beamte) und der Vertragsbediensteten hingewiesen. Diese müßten „auf die Wahrung der öffentlichen Interessen bedacht sein sowie alles vermeiden, [...] was diesen Interessen abträglich sein und den Gang der Verwaltung beeinträchtigen könnte". Insbesondere wurde auf die Einhaltung der Amtsverschwiegenheit hingewiesen. Auf Grund des Beschlusses des Ministerrates vom 8. Juni 1948 (MRP Nr. 115/1 h) wurde ausdrücklich festgestellt, daß die Beamten unter Androhung des Disziplinarverfahrens und strafrechtlicher Ahndung verpflichtet seien, jedes Anerbieten ausländischer Mächte zur Mitarbeit ihrem Dienstvorgesetzten mitzuteilen.

18 Zur Reaktion des Sowjetelements auf das Rundschreiben des Bundeskanzlers, betreffend die Dienstverschwiegenheit der Beamten, vgl. auch MRP Nr. 125/1 h vom 14. September 1948.

19 Die an dieser Stelle nicht behandelte Mitteilung wird im Beschlußprotokoll näher ausgeführt und kommentiert. Vgl. Beschlußprotokoll Punkt 4 d.

20 Die Resolution liegt dem Protokoll nicht bei. Laut Protokollbuch findet sie sich im Bestand des AdR, BKA, Präsidium, GZl. 2.425-Pr.M/1948, Zl. 2.491-Pr.M/1948, Auflegung von Fragebogen durch das sovietische Element über die im Jahre 1948 beabsichtigten Bauten, Kapital, Erzeugung und Verteilung von Brennstoffen. Der Akt enthält jedoch weder die Resolution noch sonstige weiterführende Informationen.

21 Die Resolution liegt dem Protokoll nicht bei. Sie findet sich im Bestand des AdR, BKA, Präsidium, GZl. 2.423-Pr.M/1948, Zl. 3.650-Pr.M/1948, GRÜNFELD Hermann, Linz, Ausgabe von Sonderpostmarken für den Staat Israel. Der Akt enthält u. a. ein mit 1. Juni 1948 datiertes Schreiben Hermann Grünfelds, nach eigener Angabe „zuletzt von Beruf Jüdisch-Hebräischer Buch- und Bibelübersetzer" und zu jener Zeit im jüdischen DP-Lager Ebelsberg wohnhaft, in dem dieser ausführte, daß die „Nazis [...] alle Jüdischen Gebet- und Gesetzbücher wie Thalmud, Thora und alle Bibeln vernichteten, ebenso wie alle diejenigen Menschen", die über die Kenntnisse verfügt hätten, diese herzustellen. Grünfeld plane, „im Staate ISRAEL eine Stadt ins Leben zu rufen, wo alle diese Hersteller, Könner, Bibelforscher und Erzeuger solcher Ritual-Utensilien sich zusammenfinden, um an der Erfüllung ihrer religiösen Aufgaben zu arbeiten". Zur Finanzierung eines Teiles dieser Unternehmung schlug Grünfeld vor, der österreichische Staat solle „100.000 Serien von Postwertzeichen (Briefmarken) des neuen Staates ISRAEL herausgeben, die nach Jüdischen Entwürfen, Schrift und Ausgestaltung [...] gedruckt werden könnten". Diese Briefmarken sollten, so Grünfeld, dem Staat Israel übergeben werden und die Einnahmen aus ihrem Verkauf der Finanzierung seines Projektes dienen. Der Akt enthält weiters Informationen über das Ergebnis der Überprüfung der Angelegenheit durch die vom Ministerrat beauf-

ad 3[22]: BK: Ich glaube, daß wir die Angelegenheit beim Bericht des Bundesministers Dr. Gruber über den Marshallplan besprechen werden.[23]

[ad 1 f]

BM H e l m e r: Der „Abend" befindet sich in finanziellen Schwierigkeiten. Wir wissen aber nicht, ob diese Schwierigkeiten wahr sind oder nicht, oder ob nicht event. durch diese vorgetäuschten Schwierigkeiten die Geldgeber dazu veranlaßt werden sollten, weiteres Geld vorzustrecken. Die gestrige Ausgabe des „Abends" wurde nach § 300 STG[24] beschlagnahmt und wird dem „Abend" der Prozeß gemacht werden. Die „Extra-Ausgabe" wurde gestern beschlagnahmt, weil sie unter dem Titel „Raub der Regierung am österreichischen Volk" Sensationsmeldungen zu verbreiten versuchte. Ich bin dafür, daß wir energisch zugreifen. Ich bitte den Justizminister um Bekanntgabe, was in solchen Fällen alles unternommen werden kann. Was das Bundesministerium für Inneres anlangt, so bin ich zu jedem Schritt bereit.

BM Dr. G e r ö: Ich habe den Staatsanwalt[25] bereits angewiesen, auf die heutige Nummer des „Abend" sein Augenmerk zu lenken. Die gerichtliche Presspolizei hat gestern um 16 Uhr zugesperrt und ich mußte mir erst – und später auch dem Staatsanwalt – 1 Exemplar des gestrigen „Abend" beschaffen.

Es ist daher angezeigt, daß ein Tag- und Nachtdienst bei der gerichtlichen Presspolizei eingerichtet wird. Es ist weiter veranlaßt worden, daß der Redakteur des „Abend"[26] für morgen bereits die gerichtliche Vorladung zugestellt erhalten hat.

BM H e l m e r: Wegen der gerichtlichen Presspolizei ist das Weitere bereits veranlaßt worden.

Der BK: Also Tag- und Nachtdienst.

Der Ministerrat beschließt, daß bei der gerichtlichen Presspolizei ein durchlaufender Journaldienst eingerichtet wird.[27]

[j]

BM Dr. K r a u l a n d: In Angelegenheit der Anfrage Minister Kolbs, betreffend Fragebogen für die Russen[28], bemerke ich, daß in Angelegenheiten, die die Westzone betreffen,

---

tragten Dienststellen. So wies beispielsweise die Generaldirektion für die Post- und Telegraphenverwaltung darauf hin, daß sie weder nach österreichischem noch nach internationalem Postrecht berechtigt sei, einem derartigen Ansinnen zu entsprechen.

22 Die Resolution liegt dem Protokoll nicht bei. Sie findet sich in AdR, BKA, GZl. 2.431-Pr.M/1948, Zl. 3.512-Pr.M/1948, Ansuchen des österreichischen Gewerkschaftsbundes um Unterstützung des Internationalen Gewerkschaftsbundes bei seinen Bemühungen um Vertretung bei den Arbeiten des Marshall-Planes. Der Akt enthält u. a. das hier relevante Schreiben des Österreichischen Gewerkschaftsbundes vom 9. Juni 1948 an Bundeskanzler Figl, in dem mitgeteilt wurde, daß die Gewerkschaften der am Marshallplan beteiligten Staaten den Beschluß gefaßt hatten, „an alle Regierungen der Marshall-Länder den Antrag zu stellen, sie mögen den Gewerkschaften ihres Landes (in unserem Fall also dem Gewerkschaftsbund) in der Kommission, welche die Organisation der Marshall-Hilfe durchzuführen hat, eine entsprechende Vertretung einräumen". Der Gewerkschaftsbund bitte in diesem Sinne darum, „die österreichische Bundesregierung möge dem Gewerkschaftsbund [...] eine entsprechende Vertretung gewähren".

23 Vgl. weiters Tagesordnungspunkt 11.

24 Im oben zitierten Bericht der „Arbeiter-Zeitung" war von § 308 StG die Rede. Der § 300 des Strafgesetzes enthält Bestimmungen für den Fall der Herabwürdigung der Verfügungen der Behörden und Aufwiegelung gegen Staats- oder Gemeindebehörden, gegen einzelne Organe der Regierung und gegen Zeugen oder Sachverständige. Vgl. RGBl. Nr. 117/1852.

25 Möglicherweise gemeint: Dr. Eugen Prüfer, 5. Juni 1946 bis 31. Dezember 1949 Leitender Erster Staatsanwalt der Staatsanwaltschaft Wien.

26 Gemeint war Bruno Frei.

27 Vgl. zu dieser Angelegenheit auch MRP Nr. 115/1 i vom 8. Juni 1948.

28 Vgl. auch MRP Nr. 115/13 d vom 8. Juni 1948.

nichts zu melden ist und insoweit die Frage die Ostzone betrifft, die Meldungen im Rahmen des bisherigen Ausmaßes mit entsprechendem Verzug erstattet werden sollen.

Der BK: Eine gewisse Verpflichtung haben wir doch, doch haben wir immer die Voranschläge und den Vollzug mit Verzug gemeldet.

Der Ministerrat beschließt, die Meldungen an das sowjetische Element im bisherigen Rahmen weiterhin zu erstatten.[29]

[ad 1 g]

BM Dr. G r u b e r: Was die Note der Russen in der Angelegenheit der Besatzungskosten anlangt, so haben wir eine Note vom Jahre 1945 herausgefunden. Ich werde mit den Russen in Verbindung treten und dem Ministerrat darüber berichten.[30]

[k]

BM H e l m e r: Am Semmering hat sich die Besatzungsmacht seinerzeit zurückgezogen. Jetzt haben Private und auch Hoteliers ihre Häuser oder ihre Hotels, so auch das Südbahnhotel, wieder hergerichtet. Gestern erschien eine Kommission der Russen, welche unter dem Vorwand, daß nunmehr am Semmering eine größere Kommandantur errichtet wurde, eine Reihe von Hotels, darunter auch das Südbahnhotel und Privathäuser, beschlagnahmt hat. Eine sehr starke Besetzung wird auch auf den Semmering gelegt werden.[31]

BM Dr. K r a u l a n d: Das gehört auch in die Öffentlichkeit.

BM H e l m e r: Der Bürgermeister vom Semmering[32] war heute bei mir und hat bitterlich geweint. Er hatte seinerzeit von den Russen die Zusage erhalten, daß nichts mehr beschlagnahmt wird. Auf dem Semmering steht auch ein USIA[33]-Hotel[34], das frei ist, dieses wird von den Russen gar nicht benützt.[35]

[l]

Der BK: Der Bürgermeister Kollmann[36] von Baden[,] das ist, wie Sie wissen, ein alter Herr, ist in den letzten Tagen bewußtlos zusammengebrochen und hat vielleicht einen Schlag-

---

29 Vgl. dazu weiters MRP Nr. 117/1 d.

30 Zu der erwähnten Note und den weiteren Verlauf dieser konkreten Angelegenheit konnte nichts Näheres eruiert werden.

31 In Wien war das Gerücht verbreitet worden, daß auf dem Semmering große Aufregung herrsche, weil die Sowjetkommandantur in Gloggnitz 30 Villen und drei erst kürzlich in Betrieb genommene Hotels für Militärzwecke habe anfordern lassen. Vgl. Wiener Zeitung, 17. Juni 1948, S. 1 „Kein Semmering-Hotel angefordert".

32 Anton Purkarth, Bürgermeister von Semmering.

33 Der am 27. Juni 1946 gegründete sowjetische Wirtschaftskonzern USIA (Upravlenie sovetskim imuščestvom v Avstrii: Verwaltung des sowjetischen Eigentums in Österreich) sollte der Verwaltung des gesamten in der sowjetischen Besatzungszone gelegenen deutschen Auslandsvermögens mit Ausnahme der Erdölindustrie und der Donau-Dampfschiffahrts-Gesellschaft dienen. Zu Geschichte, Aufbau und Umfang des USIA-Konzerns bzw. seiner Betriebe vgl. Otto Klambauer, Die USIA-Betriebe, phil. Diss., Wien 1978; Helmuth Feigl/Andreas Kusternig (Hg.), Die USIA-Betriebe in Niederösterreich. Geschichte, Organisation, Dokumentation (= Studien und Forschungen aus dem Niederösterreichischen Institut für Landeskunde 5), Wien 1983.

34 Welches Hotel konkret gemeint war, konnte nicht eindeutig festgestellt werden. Zu den Gewerbebetrieben der USIA zählte das Kurhaus Semmering. Vgl. Feigl/Kusternig, USIA-Betriebe in Niederösterreich, S. 305. Im Stenogramm ist an der entsprechenden Stelle dagegen von einem „USIA-Lokal" die Rede.

35 Ein schriftlicher Bericht des Semmeringer Bürgermeisters zu dieser Angelegenheit erreichte das Bundesministerium für Inneres einen Tag nach dieser Ministerratssitzung. Dieser Bericht, ein Bericht der Sicherheitsdirektion für das Land Niederösterreich sowie ein diesbezügliches Schreiben Bundeskanzler Figls an die sowjetische Besatzungsmacht finden sich in AdR, BKA, Sektion II, Sign. 40-N, GZl. 70.411-2a/1948, Zl. 70.606-2a/1948, Einrichtung einer Kommandantur der sowjetischen Besatzungsmacht auf dem Semmering. Vgl. weiters auch MRP Nr. 117/1 d und MRP Nr. 121/1 c.

36 Josef Kollmann, Bundesminister für Finanzen a. D., 1919 bis 1938 und 1945 Bürgermeister von Baden/NÖ, ÖVP.

anfall erlitten. Die Rettungsgesellschaft versuchte, ihn in ein Spital zu bringen, dabei fuhr die Rettungsgesellschaft durch eine Straße, die durch die Russen gesperrt war, worauf sämtliche Personen inklusive des Bewußtlosen verhaftet und erst in der Früh entlassen worden sind. Nach der Entlassung wurden sie am Tage noch einige Male wieder verhaftet und dann wieder entlassen. Ich verlangte einen offiziellen Bericht und dann wird die Sache veröffentlicht werden. Nebenbei bemerkt sei, daß Kollmann 900 S gestohlen wurden. Ich bekomme also Bescheid und werde für die Veröffentlichung sorgen.[37]

2

Personalangelegenheiten[38]

Der Punkt 3 wird zurückgezogen.[39] Sonst werden alle Anträge angenommen.

BM Dr. Z i m m e r m a n n: Voraussetzung für die Verleihung des Titels eines Sektionschefs, wie dies bei Ministerialrat Dr. Sauter[40] der Fall sein soll, ist die, daß er eine Sektion geleitet oder aber vertreten hat. Ob dies nun der Fall war, das weiß ich nicht.

BM Ü b e l e i s: Er und ein anderer Herr[41] haben im Jahre 1945 allein die österreichischen Bundesbahnen neu aufgebaut. Ich glaube, dies beweist doch genug, wenn der ganze Wiederaufbau diesen 2 Herren zuzuschreiben ist. Hier haben doch beide über den Rahmen von Sektionen allein hinaus gearbeitet.

BM Dr. Z i m m e r m a n n: Ich muß mich aber trotzdem dagegen aussprechen.

BM Dr. K o l b: Im Bundeskanzleramt liegt, soweit ich gehört habe, ein Gutachten, daß auch bei Nichtleitung einer Sektion der Titel Sektionschef verliehen werden kann.[42]

BM Dr. G e r ö: Sauter hat doch, wie Sie hören, alles allein aufgebaut und geleitet und daher mehr getan als es ein Sektionsleiter gewöhnlich tut.

Der Ministerrat stimmt auch diesem Antrage zu.[43]

3

Einspruch gegen das Salzburger Enteignungsgesetz für Schulen

Der Bundeskanzler berichtet an Hand des Ministerratsvortrages, Zl. 69.740-2a/48[44], betreffend den Einspruch der Bundesregierung gegen den Gesetzesbeschluß des Salzburger Landtages vom 31. 3. 48 über Enteignungen für Schulbauten.

---

37 Ein diesbezüglicher Bericht scheint in der „Wiener Zeitung", wo eine derartige Veröffentlichung von Regierungsseite zu erwarten gewesen wäre, möglicherweise aus Pietätsgründen nicht erschienen zu sein.

38 Beilage 2: Personalangelegenheiten (1 Seite). Vgl. das Beschlußprotokoll.

39 Punkt 3 trägt die handschriftliche Notiz *zurück*. Es handelte sich dabei um einen Antrag des Bundesministers für Handel und Verkehr auf Gewährung eines a.o. Versorgungsgenusses von jährlich 2.177,35 Schilling für die Hofratswitwe Irma Braun in Altenmarkt an der Triesting.

40 Es handelte sich um den Antrag des Bundesministers für Verkehr auf Verleihung des Titels eines Sektionschefs mit Nachsicht der Taxe an den Ministerialrat Dr. Fritz Sauter, Leiter der Abteilung 14 P (Privatbahnaufsicht) der Sektion II (Generaldirektion der Österreichischen Bundesbahnen) im Bundesministerium für Verkehr, aus Anlaß der Versetzung in den Ruhestand.

41 Die Identität der erwähnten Person konnte nicht festgestellt werden.

42 Das erwähnte Gutachten konnte im Bestand des AdR, BKA nicht eruiert werden.

43 Sauter wurde mit Entschließung vom 23. Juni 1948 der Titel eines Sektionschefs verliehen. Vgl. etwa auch Wiener Zeitung, 26. Juni 1948, S. 1 „Amtliche Personalnachrichten".

44 Beilage 3: BKA, Zl. 69.740-2a/1948 Ministerratsvortrag (1 ½ Seiten); Gesetzesentwurf (1 ½ Seiten); Bericht (1 Seite). Das vom Salzburger Landtag am 31. März 1948 beschlossene Gesetz über die Enteignung von Schulbauten stellte nach Ansicht des Bundesministeriums für Unterricht und des Verfassungsdienstes des Bundeskanzleramtes einen Eingriff in die Zuständigkeiten des Bundes dar. Nach § 1 des Landesgesetzes sollten Grundstücke auch für den Neubau sowie für Erweiterungsbauten von mittleren Lehranstalten einschließlich der Lehrerbildungsanstalten, der mittleren künstlerischen, gewerblichen, kaufmännischen, land- und forstwirtschaftlichen und sonstigen Fachschulen enteignet

BM Dr. G e r ö: In letzter Zeit mehren sich die Fälle, daß Behörden bei Enteignungen sich das Recht vorbehalten, gleichzeitig die Entschädigungssumme festzusetzen.

BM Dr. G r u b e r: Das vom Verfassungsdienst herangezogene Gesetz ist nicht richtig. Ich enthalte mich der Stimme.

Der VK: Ich teile den Standpunkt des Verfassungsdienstes bestimmt nicht, enthalte mich aber hier der Stimme.

Der BK: Es wäre daher die Argumentation von Minister Gerö in dem Schreiben an den Landeshauptmann von Salzburg[45] zu verwerten.

Der VK: Ich mache den Vorschlag, daß das Gesetz nur dann in Kraft tritt, wenn ein diesbezügliches Bundesgesetz erlassen werden sollte. Es heißt ja auch in dem Landesgesetz, daß das Gesetz nur in Kraft tritt bei Übereinstimmung mit einem Bundesgesetz. Das müßte man dem Landtag auch mitteilen, wie auch den Umstand, daß der Bund gar nicht beabsichtige, ein solches Gesetz zu erlassen.

Der Ministerrat beschließt bei Stimmenthaltung des Vizekanzlers und des Bundesministers für die Auswärtigen Angelegenheiten unter Bedachtnahme auf die vom BKA-Verfassungsdienst geltend gemachten Einspruchsgründe,

a) den Landeshauptmann von Salzburg in Kenntnis zu setzen, daß die Bundesregierung die Erlassung des im Sinne des § 42, Ziff. 1, lit. a, des Verfassungs-Übergangsgesetzes vom 1. 10. 1920 in der Fassung des BGBl. Nr. 392/1929 angekündigten Bundesgesetzes nicht beabsichtigt und

b) die Festsetzung der Höhe der Entschädigung nicht dem Landeshauptmann, der im Verfahren Beteiligter ist, zu überlassen wäre.[46]

4
Einbürgerungen

Über Antrag des Bundesministers für Inneres beschließt der Ministerrat, die Verleihung der österr. Staatsbürgerschaft an die im Verzeichnis Nr. 104[47] des Bundesministeriums für Inneres angeführten 85 Personen als im Interesse des Staates gelegen zu bezeichnen.

---

werden können. Da diese Angelegenheiten nach § 42, Ziff. 1, lit. a des Übergangsgesetzes vom 1. Oktober 1920 in der Fassung des Bundesgesetzblattes Nr. 392/1929 mit einigen im Gegenstand irrelevanten Einschränkungen in Gesetzgebung und Vollziehung Bundessache waren, erschien die Landesgesetzgebung hinsichtlich dieser Schulen nicht zuständig und die verfassungsmäßige Kompetenz des Landes überschritten.

45 Josef Rehrl, 22. Dezember 1947 bis 1. Dezember 1949 Landeshauptmann von Salzburg, ÖVP.

46 Das gegenständliche Landesgesetz gelangte 1949 zur Ausgabe: Landesgesetzblatt für das Land Salzburg Nr. 12, Gesetz vom 30. Juli 1948 über die Enteignung für Schulbauten, ausgegeben am 2. März 1949. Gegenüber dem ursprünglichen Entwurf blieb das endgültige Gesetz weitgehend unverändert, allerdings wurde der in § 1 festgelegte Wirkungsbereich des Gesetzes stark eingeschränkt. Während sich dieses im Entwurf noch auf den Neubau und Erweiterungsbauten von „Volks- und Hauptschulen, mittleren Lehranstalten einschliesslich der Lehrerbildungsanstalten, der mittleren künstlerischen, gewerblichen, kaufmännischen, land- und forstwirtschaftlichen und sonstigen Fachschule samt Nebengebäuden und Nebenanlagen (Turn- und Spielplätze)" bezog, war im endgültigen Gesetz nur noch von „Volks-, Haupt- und Sonderschulen" die Rede. Weitere Bedenken gegen das Landesgesetz waren nach dieser Neufassung von den im Gegenstand zuständigen Ministerien fallengelassen worden. Vgl. dazu weiters MRP Nr. 126/3 vom 28. September 1948.

47 Beilage 4: BMI, (ohne Aktenzahl) Ministerratsvortrag (1 Seite); Verzeichnis Nr. 104 (16 Seiten). Die im Verzeichnis angeführten Personen bedurften zur Erlangung der österreichischen Staatsbürgerschaft eines Beschlusses der Bundesregierung gemäß § 5, Abs. (1), Z. 3, des Staatsbürgerschaftsgesetzes vom 10. Juli 1945, StGBl. Nr. 60, nach dem die Verleihung bei mangelndem vierjährigem Wohnsitz im Staatsgebiet nur dann ausgesprochen werden durfte, wenn die Bundesregierung sie als im Interesse des Staates gelegen bezeichnete. Weiterführendes Material zu den Staatsbürgerschaftsangelegenheiten findet sich in AdR, BMI, Abteilung 8.

Der Bundeskanzler wird um 11.05 Uhr aus der Sitzung abberufen und übergibt den Vorsitz dem Vizekanzler.

5
Zündmittelsteuer

Über Bericht des Bundesministers für Finanzen, Zl. 39.405-14/48[48], betreffend den Entwurf eines Bundesgesetzes über die Zündmittelsteuer, beschließt der Ministerrat, denselben als Regierungsvorlage der verfassungsmäßigen Behandlung durch die Organe der Bundesgesetzgebung zuzuführen.[49]

6 bis 8
Börsengesetze

BM Dr. Z i m m e r m a n n ersucht, gleichzeitig

a) über den Entwurf eines Bundesgesetzes, womit die Börsefonds-Novelle vom 16. 7. 1925, BGBl. Nr. 240/25, in der Fassung des Bundesgesetzes vom 26. 10. 1934, BGBl. Nr. 314, abgeändert wird (3. Börsefonds-Novelle), Zl. 11.583-17/48 (siehe Pkt. 6 der TO)[50],

---

48 Der Gesetzesentwurf war bereits auf der Tagesordnung des Ministerrates vom 9. Dezember 1947 gestanden, aber zurückgezogen worden. Vgl. MRP Nr. 91/8, Beilage 5: BMF, Zl. 39.405-14/48 Ministerratsvortrag (3 Seiten); Gesetzesentwurf (3 ½ Seiten); Erläuternde Bemerkungen (3 ½ Seiten). Die seit 1. April 1939 in Österreich geltenden deutschen Zündwarenmonopolvorschriften sollten außer Kraft gesetzt werden. Darüber hinaus schien auch eine Vereinfachung der zahlreichen Abgaben auf Zündmittel dringend geboten. An Stelle des deutschen Zündwarenmonopols sollte nun auf die bis zum Jahr 1938 in Österreich geltende Verbrauchsbesteuerung der Zündmittel zurückgegriffen werden. Vorgesehen war ein Steuersatz von 4 g je Einzelpackung Zündhölzer. Der Gesetzesentwurf stimmt mit BGBl. Nr. 169, Bundesgesetz vom 7. Juli 1948 über die Zündmittelsteuer, ausgegeben am 31. August 1948, überein.

49 Vgl. Sten. Prot. NR, V. GP, 83. Sitzung vom 16. Juni 1948, Zuweisung der Regierungsvorlage an den Finanz- und Budgetausschuß, S. 2343; Bericht des Finanz- und Budgetausschusses und Annahme des Gesetzesentwurfes in der 86. Sitzung vom 7. Juli 1948, S. 2465 f. Material dazu findet sich in AdR, BKA, Sektion II, Sign. 40, GZl. 70.110/1948, Bundesgesetz über die Zündmittelsteuer, Verlautbarung. Der „Österreichische Volkswirt" kommentierte die Einführung der neuen Steuer: „Die Zündmittelsteuer, zu deren Einführung man sich in maßgebenden Kreisen entschlossen hat, bedeutet die Rückkehr zur Verbrauchssteuerung der Zündmittel, wie sie vor 1938 in Österreich bestand. Seit der Besetzung durch Deutschland besteht in Österreich auf Grund der deutschen Gesetzgebung ein mit einer Verbrauchssteuer auf Zündmittel verbundenes Monopol." In Österreich seien nach Kriegsende nur zwei Zündmittelproduzenten betriebsfähig geblieben, die Salzburger Zündwarenfabrik und die Solo AG in Linz mit einer Produktionsstätte in Deutschlandsberg, eine weitere Produktionsstätte sei mit der im September 1947 eröffneten Klagenfurter Zündholzfabrik entstanden. Vgl. Der Österreichische Volkswirt, 34. Jg., 1. Juliheft 1948, Nr. 19, S. 4 „Die Zündmittelsteuer".

50 Beilage 6: BMF, Zl. 11.583-17/48 Ministerratsvortrag (1 Seite); Gesetzesentwurf (1 Seite); Erläuternde Bemerkungen (1 Seite). Auf Grund der Bestimmungen des Bundesgesetzes vom 16. Juli 1925, BGBl. Nr. 240/1925, in der Fassung der 2. Börsefondsnovelle vom 26. Oktober 1934, BGBl. Nr. 314/1934, war die Wiener Börsekammer ermächtigt, von jenen Aktiengesellschaften und Kreditvereinen, deren Aktienanteilscheine, Obligationen oder Pfandbriefe im amtlichen Kursblatt der Wiener Börse notiert waren, einen jährlichen Beitrag zum Wiener Börsefonds einzuheben, der nach oben hin Begrenzungen unterworfen war, die nicht überstiegen werden durften. Durch die wirtschaftliche Entwicklung der letzten Jahre erschienen diese Grenzen jedoch überholt und sollten der gegenwärtigen Lage entsprechend abgeändert werden. Die 3. Börsefondsnovelle sah in Artikel I die Erhöhung des bisher geltenden Höchstbeitrages von Unternehmen zum Wiener Börsefonds von 15.000 auf 20.000 Schilling und des bisherigen Mindestbeitrages von 300 auf 400 Schilling vor. Dementsprechend sollte auch unter den im § 2, Abs. (1) der 2. Börsefondsnovelle angeführten Umständen der bisherige Jahreshöchstbeitrag auf 30.000 Schilling (früher 20.000 Schilling) begrenzt werden. In Artikel II wurde festgelegt, daß diese Regelung bereits für die Beitragspflicht des Jahres 1948 Anwendung finden sollte.

b) über den Entwurf eines Bundesgesetzes, betreffend die Wiederherstellung des österreichischen Rechtes auf dem Gebiete des Börsenwesens (Börsen-Überleitungsgesetz), Zl. 39.815-17/48, (siehe Pkt. 7 d. TO)[51],

c) über den Entwurf eines Bundesgesetzes über Börsensensale (Börsensensalen-Gesetz), Zl. 39.826-17/48, (siehe Pkt. 8 d. TO)[52]
berichten zu können.[53]

Der VK: Die Börsengesetzgebung unterliegt in Vollziehung des Bundes der mittelbaren Bundesverwaltung in den Ländern. Es muß daher in Börsensachen dem Landeshauptmann ein Weg vorbehalten bleiben. In der Monarchie wurde dieser Vorgang sogar eingehalten, denn dem Statthalter blieb seit 1875 die Mitwirkung vorbehalten. Im § 3 wird die Stellung des Landeshauptmannes beseitigt[54], im § 6 besteht ein Widerspruch zwischen Wortlaut und Begründung.[55] Der Finanzminister sagt, der Bund deckt die Geschäfte, während im Gesetz

---

51 Beilage 7: BMF, Zl. 39.815-17/48 Ministerratsvortrag (1 ½ Seiten); Gesetzesentwurf (3 ½ Seiten); Erläuternde Bemerkungen (3 ½ Seiten). Nach der Besetzung Österreichs durch das Deutsche Reich waren die bis dahin in Geltung stehenden österreichischen börsenrechtlichen Bestimmungen aufgehoben und durch reichsdeutsche Gesetze ersetzt worden. Deren Aufhebung und die Wiedereinführung des früheren österreichischen Rechtes auf dem Gebiet des Börsewesens schienen nicht nur aus politischen, sondern auch aus sachlichen Gründen notwendig. Der vorliegende Entwurf zum Börseüberleitungsgesetz sollte die Voraussetzung schaffen, um die notwendigen Vorarbeiten für eine Wiedereröffnung der Börse vornehmen zu können.

52 Beilage 8: BMF, Zl. 39.826-17/1948 Ministerratsvortrag (1 ½ Seiten); Gesetzesentwurf (9 ½ Seiten); Erläuternde Bemerkungen (3 Seiten). RGBl. Nr. 68, Gesetz vom 4. April 1875, betreffend die Handelsmäkler oder Sensale, konnte nicht wie die übrigen österreichischen börsenrechtlichen Vorschriften einfach wieder in Kraft gesetzt werden, da die notwendigen, wenn auch materiellrechtlich unwesentlichen Änderungen nicht im Wege einer bloßen Wiederverlautbarung durchgeführt werden konnten. Die Beilage führt dafür eine Reihe von Gründen an. So enthielt etwa das geltende Handelsgesetzbuch für die an Börsen amtlich bestellten Handelsmäkler (Sensale) andere Bestimmungen als das erwähnte Gesetz, weshalb dieses für die Wiedereinsetzung der Handelsmäkler im Zuge der Wiederherstellung der österreichischen Börsegesetzgebung im Rahmen des Börseüberleitungsgesetzes nicht herangezogen werden konnte. Der gegenständliche Gesetzesentwurf stellte nun eine entsprechende Neufassung des alten Gesetzes dar.

53 Hintergrund der Börsengesetze war die geplante Wiedereröffnung der Wiener Börse, die durch Einführung des deutschen Börsenrechtes mit 11. August 1939 „gleichgeschaltet" und am 3. April 1945 endgültig geschlossen worden war. Am 5. August 1946 wurden die „Vertraulichen Aussprachen der Kreditinstitute und Makler an der Wiener Börse" wieder aufgenommen und nach weiteren zwei Jahren mit dem Börsenüberleitungsgesetz vom 23. August 1948, BGBl. Nr. 160/1948, die Wiedereröffnung am 15. November 1948 vorbereitet. Vgl. Der Österreichische Volkswirt, 34. Jg., 3. Novemberheft 1948, Nr. 38, S. 2 „Die Wiedereröffnung der Wiener Börse" und S. 5 f „Wieder Wiener Börse".

54 § 3 des Entwurfes zum Börseüberleitungsgesetz enthielt die am gleichzeitig wieder in Kraft zu setzenden Reichsgesetzblatt über die Organisierung der Börsen, RGBl. Nr. 67/1875, vorzunehmenden Änderungen. In Z. 3 hieß es: „Der Wegfall der Worte: ‚im Wege der politischen Landesbehörde' soll erfolgen, da bereits vor 1938 die politische Landesbehörde bei Abstellung von Missbräuchen von den Börsekommissären nicht in Anspruch genommen wurde."

55 Zu § 6 des Entwurfes zum Börseüberleitungsgesetz wurde im Ministerratsvortrag ausgeführt: „Nach den bisher geltenden Vorschriften hatte die Bundeswirtschaftskammer die finanzielle Gebarung der Wiener Börse zu führen und einen allfälligen Abgang zu tragen. Die finanziellen Mittel der Wiener Börse sind einerseits durch den Ausfall bedeutender Einnahmen wesentlich herabgemindert, andererseits durch die Kosten der Wiederherstellung des durch Kriegsereignisse stark beschädigten Gebäudes belastet, so dass für die nächsten Jahre mit einem Abgang in der Gebarung zu rechnen ist. Es erweist sich daher als notwendig, den Bund zu ermächtigen, einen allfälligen Abgang in den Jahren 1948 und 1949 im Budget der Wiener Börse aus Bundesmitteln zu bestreiten, um das Funktionieren der Wiener Börse – der einzigen Effekten- und Waren-Börse Österreichs – welche für die Wirtschaft von ausschlaggebender Bedeutung ist, sicherzustellen. Der ordentliche Bedarf wird im wesentlichen durch Börseeinnahmen gedeckt werden können. Ein allfälliger Abgang ergibt sich durch Wiederherstellungskosten des bombenbeschädigten Börsegebäudes."

von einem Vorschuß des Bundes die Rede ist. Gegen das Börsenfonds- und Sensalgesetz erhebe ich keine Einwendung.

BM Dr. Z i m m e r m a n n: Gegen die Vorschüsse wäre nichts einzuwenden.

Der VK: Und diese wären für den Staat günstiger.

BM Dr. Z i m m e r m a n n: Der Punkt 7 wäre zwecks Klärung der Kompetenzbestimmungen im Einvernehmen mit dem Verfassungsdienst des Bundeskanzleramtes und bis dahin auch die Punkte 6 und 8 zurückzustellen.

Der Ministerrat beschließt, die Punkte 6 bis 8 bis zur nächsten Sitzung des Ministerrates, hauptsächlich wegen Klärung des Punktes 7, zurückzustellen.[56]

9

3. Schatzscheingesetz 1948

BM Dr. Z i m m e r m a n n berichtet an Hand des Ministerratsvortrages, Zl. 39.851-15/48[57], über die Ausgabe von Bundesschatzscheinen (3. Schatzscheingesetz).

StS M a n t l e r: Werden damit die 600 Millionen für Sonderkonten frei, über die szt. gesprochen wurde?

BM Dr. Z i m m e r m a n n: Diesen Betrag muß man kontomäßig bereit haben. Es wird genügen, wenn die Schatzscheine vorliegen.

Der Ministerrat beschließt, den Entwurf als Regierungsvorlage der verfassungsmäßigen Behandlung durch die Organe der Bundesgesetzgebung zuzuführen.[58]

Der Bundeskanzler übernimmt um 11.25 Uhr den Vorsitz.

10

Lebensversicherungen mit Auslosung

Nach einem Bericht des Bundesministers für Finanzen, Zl. 31.155-19/48[59], beschließt der Ministerrat, den Entwurf eines Bundesgesetzes, betreffend Lebensversicherungen mit

---

56 Vgl. dazu weiters MRP Nr. 117/6, 7 und 8.

57 Beilage 9: BMF, Zl. 39.851-15/48 Ministerratsvortrag (½ Seite); Gesetzesentwurf (½ Seite); Erläuternde Bemerkungen (½ Seite). Mit Beschluß des Internationalen Währungsfonds (IWF) und der Internationalen Bank für Wiederaufbau und Wirtschaftsförderung bzw. Entwicklung (IBRD) war der Beitritt Österreichs zu diesen beiden Organisationen genehmigt worden (vgl. dazu auch MRP Nr. 107/9 vom 13. April 1948), der bis Ende August 1948 durchgeführt sein mußte. Österreich hatte nun 90 % seiner Quote, das waren 450 Millionen Schilling, in den Währungsfonds einzuzahlen. Dieser Betrag konnte in unverzinslichen, unübertragbaren Sichtschatzscheinen abgedeckt werden, zu deren Begebung der Bundesminister für Finanzen mit dem vorliegenden Gesetzesentwurf ermächtigt werden sollte. Der Entwurf stimmt mit BGBl. Nr. 159, Bundesgesetz vom 7. Juli 1948 über die Ausgabe von Bundesschatzscheinen (3. Schatzscheingesetz 1948), ausgegeben am 23. August 1948, größtenteils überein. Anstelle von Bundesschatzscheinen bis zu einem Nennbetrag von 450 Millionen Schilling wurden in das endgültige Gesetz auch solche bis zu einem Nennbetrag von 500 Millionen Schilling zur Begebung aufgenommen. Vgl. dazu auch MRP Nr. 117/17 a.

58 Vgl. Sten. Prot. NR, V. GP, 83. Sitzung vom 16. Juni 1948, Zuweisung der Regierungsvorlage an den Finanz- und Budgetausschuß, S. 2343; Bericht des Finanz- und Budgetausschusses und Annahme des Gesetzesentwurfes in der 86. Sitzung vom 7. Juli 1948, S. 2465. Zu den früheren Schatzscheingesetzen vgl. auch AdR, BMF, Kreditsektion, GZl. 24.238-15/1948, 1. u. 2. Schatzscheingesetz 1948; MRP Nr. 107/9 vom 13. April 1948 (Schatzscheingesetz) und MRP Nr. 111/14 vom 11. Mai 1948 (2. Schatzscheingesetz). Material zum 3. Schatzscheingesetz findet sich in AdR, BMF, Kreditsektion, GZl. 39.851-15/1948, 3. Schatzscheingesetz.

59 Beilage 10: BMF, Zl. 31.155-19/48 Ministerratsvortrag (1 Seite); Gesetzesentwurf (½ Seite). Die Lebensversicherung mit Auslosung war in Österreich im Jahr 1937 eingeführt worden, ihr weiterer Betrieb jedoch vom Reichswirtschaftsminister mit Anordnung vom 15. Jänner 1940 untersagt worden. Mit dieser Anordnung war auch das österreichische Bundesgesetz vom 16. Oktober 1937, BGBl. Nr. 345/1937, aufgehoben worden, nach dem Lebensversicherungen mit Auslosung nicht als Ausspielung

Auslosung, der verfassungsmäßigen Behandlung durch die Organe der Bundesgesetzgebung zuzuführen.[60]

11

Liste der österr. Sachverständigen für den Marshall-Plan

BM Dr. G r u b e r beantragt die Zustimmung der Bundesregierung zu der im Einvernehmen mit den zuständigen Ressorts aufgestellten Liste der österr. Sachverständigen für den Marshall-Plan[61] und teilt mit, daß schon einige Veränderungen der Liste angemeldet wurden.

BM Dr. K r a u l a n d: Bei Öl genügt nicht Helmreich[62] allein, weshalb Ing. Hirsch[63] mit anzuführen wäre.

Bei Maschinen wäre Dr. Thaussing[64] anstelle von Ungar[65] zu setzen.

Bei Eisen käme Dir. Matuschka[66] dazu.

BM Dr. G r u b e r: Ich brauche einen bindenden Beschluß.

BM Dr. K r a u l a n d: Das ist nicht möglich. Im Einvernehmen mit dem Auswärtigen Amt und den Fachministerien muß die Möglichkeit bestehen, daß auch ein anderer Sachverständiger geschickt werden kann.

BM Dr. K o l b: Das schließt nicht aus, jedoch muß bei Entsendung anderer Experten als der angeführten der Ministerrat diese Entsendung beschließen.

BM Dr. G r u b e r: Dem stimme ich bei.

---

im Sinne des Lotto-Patentes vom 13. März 1813 anzusehen waren. Die Versicherungsunternehmungen erwarteten sich von der Wiedereinführung der Auslosungsversicherung eine beachtliche Belebung des Versicherungsbetriebes. Das beantragte Gesetz sollte die gesetzliche Voraussetzung für die Wiedereinführung dieser Versicherungsform schaffen. Der Gesetzesentwurf stimmt mit BGBl. Nr. 243, Bundesgesetz vom 13. Oktober 1948, betreffend Lebensversicherungen mit Auslosung, ausgegeben am 30. Dezember 1948, überein.

60 Vgl. Sten. Prot. NR, V. GP, 83. Sitzung vom 16. Juni 1948, Zuweisung der Regierungsvorlage an den Finanz- und Budgetausschuß, S. 2343; Bericht des Finanz- und Budgetausschusses und Annahme des Gesetzesentwurfes in der 88. Sitzung vom 13. Oktober 1948, S. 2496. Material dazu findet sich in AdR, BMF, Versicherungsaufsicht, Geschäftszeichen 67, GZl. 31.155-19/1948, Lebensversicherung mit Auslosung.

61 Beilage 11: (Ohne Aktenzahl) Ministerratsvortrag (1 Seite); Liste der Sachverständigen (1 Seite). Für die sachgemäße Bearbeitung aller mit der Abwicklung des Marshallplanes zusammenhängenden Fragen waren Sachverständige zu bestellen, die einerseits an interministeriellen Sitzungen teilnehmen, andererseits im Bedarfsfall zu den Sitzungen der Organisation für europäische wirtschaftliche Zusammenarbeit (OEEC) in Paris entsendet werden sollten. In der Liste wurden die für die verschiedenen Wirtschaftsbereiche vorgeschlagenen Sachverständigen angeführt. Material zur Bestellung der Sachverständigen für die Marshallplanabwicklung findet sich auch in AdR, BKA/AA, ERP, Sitzungen, GZl. 139.135-ERP/1948.

62 Dipl.-Ing. Dr. Heinrich Helmreich, Ministerialrat, Leiter der Abteilung 12 c (Wohn- und Siedlungswesen; technische Angelegenheiten) und der Abteilung 13 (Mineralöl- und Reifenbewirtschaftung; Feststellung des Mineralölbedarfs u. a.) der Sektion III sowie der Abteilung 14 c (Kontrolle des Baufortschritts und der Bauabrechnungen) der Verwaltung des Wohnhaus-Wiederaufbau-Fonds im Bundesministerium für Handel und Wiederaufbau.

63 Ing. Mano Hirsch, Geschäftsführer der „Grete“ Erdöl Gesellschaft m.b.H. Wien, österreichischer Sachverständiger für den Marshallplan, Sachgebiet Erdöl.

64 Dr. Herbert Thausing, 1947 bis 1953 Leitender Sekretär der Vereinigung österreichischer Industrieller, Sachverständiger für den Marshallplan, Sachgebiet Maschinen.

65 Dipl.-Ing. Johann Unger, Ministerialsekretär in der Abteilung 22 (Maßnahmen auf dem Gebiete der Ingangsetzung von Industrieunternehmungen u. a.) der Sektion V (Handelspolitische Agenden) im Bundesministerium für Handel und Wiederaufbau.

66 Dr. Bernhard Matuschka, österreichischer Sachverständiger für den Marshallplan, Sachgebiet Eisen und Stahl.

BM Dr. K o l b: Trnkal[67] und Seidl[68] sind nicht bei Textilwaren berücksichtigt.

StS M a n t l e r: Ich erhebe gegen die Streichung von Grossmann[69] Einspruch.

BM Dr. K r a u l a n d: Wir sollten bei Textilien zuerst Seidl und dann Grossmann vorschlagen.[70]

BM Dr. G r u b e r: Wir müssen endlich eine Liste festlegen; bei Nichtbewährung ist ein Austausch möglich.

Der BK: Wenn wir zu jeder Konferenz einen anderen Experten schicken, so kommen wir nicht weiter.

BM Dr. K r a u l a n d: Ich stimme dem aber nicht bei. Die politische Seite muß berücksichtigt und ausgehandelt werden. Im übrigen, Allround-Leute gibt es nicht.

Der BK: Eine Liste muß fixiert werden und dann kann ausgewechselt werden, wenn der Ministerrat einverstanden ist.

BM Dr. K o l b: Bei Textilwaren muß man besonderes Gewicht darauf legen, daß zwischen Garnen, Wolle und Baumwolle zu unterscheiden ist.

BM Dr. G r u b e r: Wenn der Ministerrat beschließt, so können wir auch einen anderen Experten schicken.

Der BK: Der letzte Satz in der Liste wird gestrichen.[71]

BM Dr. K r a u l a n d: Ich bin einverstanden, daß diese Leute uns in Paris vertreten, wenn sie auf der Liste sind. Wer intern in Österreich die Sache vertritt, muß Sache der Fachministerien bleiben.

BM Dr. G r u b e r: Bevor die Leute weggeschickt werden, muß in Wien das Thema abgestimmt werden, was Sache der sieben beteiligten Ministerien ist.

BM Dr. K r a u l a n d: Also nur für Paris besteht die Bindung an die Liste, insoferne nicht Ergänzungen durch Ministerratsbeschluß erfolgen.

Der BK: Natürlich müssen auch die durch Ministerratsbeschluß eingesetzten Experten den Beratungen in Wien beiwohnen, da es ja sonst unmöglich wird, Österreich in Paris entsprechend zu vertreten.

Der Ministerrat beschließt, betreffend die Festsetzung einer Liste von Sachverständigen für die Bearbeitung der mit der Abwicklung des Marshall-Planes auf österreichischer Seite zusammenhängenden Fragen, die in der nachstehenden Liste Genannten als Sachverständige der österreichischen Bundesregierung für die Tagung der Organisation für wirtschaftliche Zusammenarbeit in Paris mit der Maßgabe zu bestimmen, daß die Entsendung anderer als in dieser Liste genannter Personen eines Beschlusses des Ministerrates bedarf.[72]

---

67 Ing. Hans Trkal, österreichischer Sachverständiger für den Marshallplan, Sachgebiet Textilien.

68 Ing. Moriz Seidl, österreichischer Sachverständiger für den Marshallplan, Sachgebiet Textilien.

69 Der Name ist in der Beilage handschriftlich durchgestrichen.

70 Die Reihung wurde in der vorgeschlagenen Numerierung vorgenommen: 1. Seidl, 2. Grossmann, 3. Trkal.

71 Der erwähnte Satz, der in der Beilage handschriftlich durchgestrichen wurde, lautete: „Die Sachverständigen Direktor Anton Schopf und Ing. Milos Franc wurden von Nationalrat Ing. Waldbrunner nominiert."

Dipl.-Ing. Milos Franc, Baurat, Leiter des Sekretariates des Staatssekretärs im Bundesministerium für Vermögenssicherung und Wirtschaftsplanung.

Direktor Anton Schopf, österreichischer Sachverständiger für den Marshallplan, Sachgebiet Handelspolitik.

Dipl.-Ing. Karl Waldbrunner, 27. April bis 19. Dezember 1945 Unterstaatssekretär für Industrie, Gewerbe, Handel und Verkehr, 19. Dezember 1945 bis 24. Juni 1970 und 19. Oktober 1970 bis 4. November 1971 Nationalratsabgeordneter, SPÖ, 20. Dezember 1945 bis 28. März 1946 Staatssekretär für Vermögenssicherung und Wirtschaftsplanung, 5. April bis 18. Oktober 1946 a.o. Gesandter und bev. Minister in Moskau.

72 Vgl. dazu auch MRP Nr. 142/11 vom 25. Jänner 1949.

L i s t e der Sachverständigen zur Bearbeitung der mit dem Marshall-Plan für auswärtige Tagungen zusammenhängenden Fragen:

S a c h g e b i e t e:	S a c h v e r s t ä n d i g e:
Chemische Produkte	Ing. Ottokar Ortlieb[73].
Eisen und Stahl	Sektionsrat Ing. Erich Rössler[74], Dir. Matuschka[75].
Elektrizitätswirtschaft	Ing. Franz Hintermayer[76], Dir. Kölicker[77].
Erdöl	Sektionsrat Dr. Heinr. Helmreich, Ing. Hirsch.
Ernährung	Sektionsrat Dr. Rudolf Fischer[78], Dr. Richard Huka[79].
Handelspolitik	Min. Rat Dr. Hans Augenthaler[80], Dir. Anton Schopf.
Holz	Dr. Otto Burger[81].
Kohle	Min. Rat Ing. Rudolf Kloß[82].
Landwirtschaft	Sektionschef Ing. Franz Grünseis[83], Sektionsrat Ing. Alex. Bauer[84].
Maschinen	Ing. Thaussing.

73 Ing. Ottokar Ortlieb, österreichischer Sachverständiger für den Marshallplan, Sachgebiet chemische Produkte.

74 Dipl.-Ing. Erich Rössler, Ministerialrat in der Abteilung 22 (Maßnahmen auf dem Gebiet der Ingangsetzung von Industrieunternehmungen u. a.) der Sektion V (Handelspolitische Agenden) im Bundesministerium für Handel und Wiederaufbau.

75 Der Name wurde handschriftlich in die Liste eingefügt.

76 Dipl.-Ing. Franz L. Hintermayer, ab 6. Juni 1945 öffentlicher Verwalter der Alpen-Elektrowerke AG., Direktor der Österreichischen Elektrizitätswirtschafts-AG., ab 1947 Vorstandsmitglied zahlreicher Gesellschaften, Delegierter bei der OEEC in Paris.

77 Der Name wurde handschriftlich in die Liste eingefügt. Dipl.-Kfm. Ing. Dr. Karl Kölliker, Kommerzialrat für Außenhandelsstatistik, Mitglied des Aufsichtsrates zahlreicher Unternehmungen, u. a. ab 28. Februar 1948 der Österreichischen Länderbank.

78 Dr. Rudolf Fischer, Sektionsrat, Leiter des Präsidiums und der Präsidialabteilung im Bundesministerium für Volksernährung.

79 Dr. Richard Huka, stellvertretender Leiter des Marshallplanreferates (Bearbeitung der mit dem Marshallplan zusammenhängenden Angelegenheiten), österreichischer Sachverständiger für den Marshallplan, Sachgebiet Ernährung.

80 Dr. Johann Augenthaler, Ministerialrat, Leiter der Abteilung 18 (Handelsverträge, Rahmen- und Einzelkompensationsgeschäfte mit Auslandsstaaten u. a.) der Sektion V (Handelspolitische Agenden) im Bundesministerium für Handel und Wiederaufbau.

81 Dr. Otto Burger, österreichischer Sachverständiger für den Marshallplan, Sachgebiet Holz.

82 Dipl.-Ing. Rudolf Kloss, Ministerialrat, Leiter der Kohlenabteilung der Obersten Bergbehörde im Bundesministerium für Handel und Wiederaufbau, 1946 bis 1951 Delegierter bei allen Wirtschafts- und Handelsvertragsverhandlungen mit allen Staaten Europas, der UdSSR, Nord- und Südamerika, Ägypten und Marokko, Delegierter bei der OEEC in Paris.

83 Dipl.-Ing. Franz Grünseis, Sektionschef, 1945 bis 1951 Leiter der Sektion II im Staatsamt bzw. Bundesministerium für Land- und Forstwirtschaft.

84 Dipl.-Ing. Alexander Bauer, Sektionsrat in der Abteilung 6 a (Pflanzenbau, einschließlich Obst- und Gartenbau, Getreide- und Brauwirtschaftsverband) der Sektion II im Bundesministerium für Land- und Forstwirtschaft.

Nichteisenmetalle	Josef Likoser[85].
Papier	Dr. Josef Mairhuber[86].
Programmierung	Dr. Franz Schwarzenberger[87],
	Ing. Milos Franc.
Rohstoffe	Sektionsrat Ing. Raimund Gehart[88].
Textilien	Seidl[89],
	Robert Grossmann[90],
	Trnkal[91].
Verkehr	Ing. Otto Max Bazant[92],
	Dr. Erwin Kitzmüller[93].
Zahlungsbilanz und Zahlungsverkehr	Sektionsrat Dr. Hans Kloß[94].

StS M a n t l e r: Bei dieser Gelegenheit möchte ich hier die Resolution des internationalen Gewerkschaftsbundes zur Sprache bringen.[95] Es verlautet, daß im Handelsministerium Eingaben nur mit der Wirtschaftskammer, nicht aber mit der Arbeiterkammer besprochen werden.

BM Dr. G r u b e r: Auch mit dem Wiederaufbau soll man sich gleichzeitig beschäftigen.

BM Dr. K o l b: Es liegt doch ein bestimmter Verfahrensbeschluß vor, daß alle Kammern genügend vertreten sein sollen. Damit wird auch den Wünschen des Gewerkschaftsbundes entsprochen.

Der BK: Wie bisher, wurden die einzelnen Kammern eingeladen.

---

85 Ing. Josef Likoser, tätig in der Industriesektion des Bundesministeriums für Handel und Wiederaufbau, österreichischer Vertreter im Metallkomitee der ECA in Paris, österreichischer Sachverständiger für den Marshallplan, Sachgebiet Nichteisenmetalle.

86 Dipl.-Kfm. Dr. Josef Mairhuber, 1947 bis 1948 Angestellter der Bewirtschaftungsstelle für Papier, Zellstoff, Holzstoff und Pappe im Bundesministerium für Handel und Wiederaufbau, danach Hauptgeschäftsführer der Vereinigung österreichischer Papierindustrieller, der Österreichischen Papierverkaufsgesellschaft m.b.H und der Papier-Treuhandgesellschaft m.b.H., österreichischer Sachverständiger für den Marshallplan, Sachgebiet Papier.

87 Dr. Franz Schwarzenberger, 1947 bis 1950 Leiter der Abteilung 21 (Bearbeitung der Fragen des Marshallplanes, Programmerstellung) der Sektion III des Bundesministeriums für Vermögenssicherung und Wirtschaftsplanung.

88 Dipl.-Ing. Raimund Gehart, Sektionsrat, Leiter der Abteilung 18 a (Planung der Ein- und Ausfuhr u. a.) der Sektion V (Handelspolitische Sektion) im Bundesministerium für Handel und Wiederaufbau.

89 Der Name wurde handschriftlich in die Liste eingefügt.

90 Robert Grossmann, bis 1949 Fachreferent und Leiter des Textilreferates im Rahmen des Marshallplanes im Bundesministerium für Handel und Wiederaufbau.

91 Der Name wurde handschriftlich in die Liste eingefügt.

92 Dipl.-Ing. Otto Max Bażant-Hegemark, Leiter des Referates a der Abteilung 32 (Zugförderung) des Bundesministeriums für Verkehr, österreichischer Sachverständiger für den Marshallplan, Sachgebiet für Verkehr.

93 Dr. Erwin Kitzmüller, Bundesbahnoberrevident, österreichischer Sachverständiger für den Marshallplan, Sachgebiet Verkehr.

94 Sektionsrat Dr. Hans Kloss, Sektionsrat im Departement 15 (Staatskredit und Kreditpolitik mit Bezug auf die öffentlich-rechtlichen Körperschaften und Fonds u. a.) der Kreditsektion im Bundesministerium für Finanzen, österreichischer Sachverständiger für den Marshallplan, Sachgebiet Zahlungsbilanz und Zahlungsverkehr.
Die Liste der Sachverständigen für den Marshall-Plan wurde im Ministerrat am 14. September 1948 um weitere drei Personen ergänzt. Vgl. MRP Nr. 125/6 und 7; weiters Wiener Zeitung, 28. Juli 1948, S. 3 „Österreichisches Büro in Paris".

95 Vgl. Tagesordnungspunkt 1 i.

BM Dr. K o l b: Die Vorschläge haben durch die Ressorts zu erfolgen. Die Frage ist, sollen wir die Abwicklung den Unternehmern überlassen oder soll das Ministerium über die Bewirtschaftungsstelle solche Abwicklungen vornehmen.

Der BK: Damit ist ja der Lage Rechnung getragen.

BM Dr. G r u b e r: Es liegt also das Ansuchen des Internationalen Gewerkschaftsbundes vor, daß Österreich diesen in seinen Bemühungen um eine entsprechende Vertretung bei den Arbeiten des Marshall-Planes unterstützt.

Der BK liest den Brief des Gewerkschaftsbundes vor.[96] Die Resolution als solche habe ich nicht erhalten.

BM Dr. G r u b e r: Ich auch nicht.

Der BK: Sie wollen also, daß die einzelnen Gewerkschaftsverbände in den Ländern untereinander in Verbindung bleiben. Dadurch, daß in Wirtschaftskommissionen der Gewerkschaftsbund bzw. die Arbeiterkammer vertreten ist, ist ja dem Ansuchen Genüge geschehen.

BM Dr. G r u b e r: Der Gewerkschaftsbund soll nach § 4 des Briefes[97] entsprechend vertreten sein.

Der BK: Ich kenne aber den § 4, der da angeführt ist, nicht.

BM Dr. G r u b e r: Der Gewerkschaftsbund soll in seinen Bestrebungen in Paris entsprechend unterstützt werden.

Der BK: Wir sollen also den internationalen Gewerkschaftsbund dahin unterstützen, daß er beim Marshall-Plan entsprechend vertreten ist.

Der Ministerrat stimmt dem zu.[98]

---

96 Gemeint ist das Schreiben des Internationalen Gewerkschaftsbundes vom 19. Mai 1948. Dieses findet sich in Abschrift in AdR, BKA, GZl. 2.431-Pr.M/1948, Zl. 3.512-Pr.M/1948, Ansuchen des österreichischen Gewerkschaftsbundes um Unterstützung des Internationalen Gewerkschaftsbundes bei seinen Bemühungen um Vertretung bei den Arbeiten des Marshall-Planes. Im gegenständlichen Schreiben wurde ausgeführt, daß die Gewerkschaften der am Marshallplan beteiligten Staaten im März 1948 im Rahmen einer Konferenz in London eine Erklärung und eine Resolution beschlossen hatten, die „eine Angelegenheit dringendster Notwendigkeit für die betreffenden nationalen Zentralen [der Gewerkschaften; Anm.] sind, die eine Vertretung in der durch deren Regierungen zwecks Verwaltung des Europa-Wiederaufbauprogramms in den einzelnen Ländern errichteten Maschinerie suchen, damit die Gewerkschaften fortlaufend Verbindung zum Verwaltungsmechanismus der Regierungen in den teilhabenden Ländern haben". Es werde erwartet, daß „die nationalen Zentralen in den betreffenden Ländern sich mit ihren eigenen Regierungsstellen hinsichtlich der Verwaltung des Europa-Wiederaufbauprogramms in Verbindung setzen". Weiters sei in diesem Zusammenhang die „Organisation: Europa-Wiederaufbauprogramm-Gewerkschaftliches Beratungskomité" errichtet worden. Die Anerkennung dieser Organisation sei wichtig, da es letztlich „der individuelle Gewerkschafter in den verschiedenen Ländern" sei, dem man vertrauen müsse, „wenn der Grundsatz der gegenseitigen Hilfe zwischen den europäischen Ländern festgehalten werden soll".

97 Im vorerwähnten Schreiben vom 19. Mai 1948 wurde mit Bezug auf die vorerwähnte, im März 1948 in London gefaßte Resolution, „mit welcher die Organisation: Europa-Wiederaufbauprogramm-Gewerkschaftliches Beratungskomité errichtet wird", ausgeführt, daß diese „in § 4 (v) der Funktionen des Komités vorsieht, dass dieses sich mit dem Komité für die europäische wirtschaftliche Zusammenarbeit (Kooperation) in Verbindung setzt, um die Form zu bestimmen, gemäss welcher die Massnahmen einer Vertretung oder Mitwirkung getroffen werden könnten".

98 Vgl. dazu weiters MRP Nr. 125/17 vom 14. September 1948, wo der Ministerrat hinsichtlich der Schaffung eines Arbeitskomitees für die Koordination zwischen ECA-Mission und Ressortministerium den Wünschen des Österreichischen Gewerkschaftsbundes Rechnung trug, indem der Hinzuziehung von Vertretern des Gewerkschaftsbundes zu den entsprechenden Beratungen über den Marshallplan zugestimmt wurde.

12

Weltpostvertrag

Nach einem Bericht und Antrag des Bundesministers für Verkehr, BM. Zl. 13.459-48[99], auf Ermächtigung, dem Herrn Bundespräsidenten[100] den Weltpostvertrag von Paris resp. die Beschlüsse des Weltpostkongresses von Paris vom 5. 7. 1947 zur Ratifizierung vorzuschlagen, beschließt der Ministerrat ohne Debatte antragsgemäß.[101]

13

Kreditverhandlungen mit internationalen Stellen

BM Dr. Gruber berichtet unter Zl. 159.230-Wpol/48, über die Vorgangsweise bei Kreditverhandlungen mit internationalen Stellen und in den USA[102] und liest gleichzeitig ein Claris-Telegramm des Gesandten Kleinwächter[103] vom 1. 6. 1948 aus Washington vor. Beilage C[104]

BM Dr. Migsch: Eine Regelung ist in diesem Falle notwendig. Auch in meinem Ministerium ist eine Mitteilung eingegangen, daß sich ein gewisser Grünfeld[105] in Washington unter den gleichen Versprechungen herumtreiben soll.

Der Bericht wird genehmigend zur Kenntnis genommen.

---

99 Beilage 12: BMV, Generaldirektion für die Post- und Telegraphenverwaltung, BMZl. 13.359/1948 Ministerratsvortrag (5 Seiten); Weltpostvertrag (171 ½ Seiten). Der XII. Weltpostkongreß hatte am 5. Juli 1947 seine Beratungen in Paris beendet und auf Grund der von den Postverwaltungen der Vereinsländer eingebrachten Vorschläge eine neue Fassung des Weltpostvertrages, dessen Zweck die Förderung der Zusammenarbeit zwischen den Mitgliedsstaaten auf dem Gebiet des Postwesens war, und der dazugehörigen Übereinkommen erarbeitet. Die entsprechenden Beschlüsse sollten am 1. Juli 1948 in Kraft treten. Zu ihrer Gültigkeit bedurften sie der verfassungsmäßigen Genehmigung des jeweiligen Staates. Die Bestimmungen des Weltpostvertrages und der insgesamt sieben Übereinkommen waren nach dem österreichischen Verfassungsrecht weder politischer noch gesetzändernder Natur und bedurften daher nicht der Genehmigung durch den Nationalrat, mußten jedoch vom Bundespräsidenten ratifiziert werden.

100 Dr. Karl Renner, 20. Dezember 1945 bis 31. Dezember 1950 Bundespräsident.

101 Vgl. BGBl. Nr. 42, Weltpostvertrag, ausgegeben am 20. Februar 1950. Zur Ratifikation des Vertrages vgl. AdR, BKA/AA, Staatsurkunden 2. Republik, Protokoll über die Ratifikation des Weltpostvertrages durch Österreich am 25. August 1948. Vgl. weiters auch AdR, BKA, Sektion II, Sign. 40, GZl. 41.721/1947, Kundmachung des Bundeskanzleramtes über den Beitritt der Republik Österreich zum Weltpostvertrag von Buenos Aires und zu den Übereinkommen des Weltpostvereines (Kundmachung über den Beitritt zum Weltpostvertrag 1939), Verlautbarung; AdR, BKA/AA, W-pol 1948, Postwesen International, GZl. 156.507-Wpol/1948, Weltpostverein.

102 Beilage 13: BKA/AA, Zl. 159.230-WPol/48 Ministerratsvortrag (1 Seite). Aus Anlaß eines speziellen Falles, in dem sich ein Vertreter einer österreichischen Bank in New York namens seiner Privatfirma an die Internationale Bank für Wiederaufbau und Entwicklung gewandt hatte, um einen Kredit für den Bezug von Maschinen zu erlangen, und dabei vorgegeben hatte, die österreichische Bundesregierung sei der Anleihewerber, teilte Bundesminister Gruber dem Ministerrat seine Absicht mit, die österreichische Gesandtschaft in Washington dahingehend zu instruieren, daß Kreditverhandlungen nur nach Konsultation mit der Gesandtschaft und mit Zustimmung des Bundesministeriums für Finanzen sowie des Bundeskanzleramtes eingeleitet werden dürften.

103 Dr. Ludwig Kleinwächter, ab 13. Februar 1946 a.o. Gesandter und bev. Minister in Washington, ab 8. Dezember 1947 in Mexiko mitbeglaubigt.

104 Beilage C: Chiffre-Abt. Zl. 8.475, Claris-Telegramm Nr. 10.217 an den Hr. Generalsekretär Abt. Wpol (Zl. 157.618) von Gesandten Kleinwächter aus Washington (Abschrift) (½ Seite). Das Telegramm enthält die Mitteilung des Gesandten Kleinwächter an Bundesminister Gruber über den in Beilage 13 erwähnten Kreditantrag.

105 Zur erwähnten Person konnte nichts Näheres eruiert werden.

14
Währungsfonds

BM Dr. Zimmermann berichtet anhand des Ministerratsvortrages, Zl. 33.436-15/48[106], über den Beitritt Österreichs zum Internationalen Währungsfonds und zur Internationalen Bank für Wiederaufbau und Wirtschaftsförderung.

Die Vertragsentwürfe wurden versehentlich nicht vorgelegt, wenn sie auch im Ministerratsvortrag erwähnt werden. (Der Minister liest die Entwürfe vor).[107]

Die Voraussetzung für diese Ermächtigung ist die Klärung der Frage, inwieweit eine Übereinstimmung mit den österr. Gesetzen notwendig ist. Ich werde die Frage prüfen und die Stellungnahme vorlegen.

BM Dr. Gruber: Am 21. 8. 1947 wurde der Alliierte Rat vom Bundeskanzler von der Aufnahme verständigt und hat zu dem Beitritt die Zustimmung erteilt.[108] Es ist daher eine nochmalige Verständigung des Alliierten Rates nicht mehr notwendig. Es wäre angezeigt, wenn in der Angelegenheit die Einbringung eines Gesetzentwurfes nicht notwendig wäre, da sonst eine neuerliche Vorlage dieses Entwurfes an den Alliierten Rat zu erfolgen hat, bei dem dann wieder die 31 Tage abzuwarten sein werden.[109]

BM Dr. Krauland: Es wäre daher besser, den Finanzminister zu ermächtigen, daß er – falls ein Gesetz notwendig ist – dieses sofort einbringt.

Der Ministerrat beschließt antragsgemäß mit der Maßgabe, daß der Bundesminister für Finanzen zur Prüfung der allenfalls notwendigen gesetzlichen Regelung ermächtigt wird, in welchem Falle ehestens der diesbezügliche Entwurf auch dem Ministerrat vorzulegen ist.[110]

15
Ernteankauf

Der Bericht des Bundesministers für Volksernährung, Zl. 37.906-4/48, betreffend Aufkauf und Einlagerung der Getreidekontingente 1948 sowie eines Teiles des Kartoffelkontingentes 1948; Beistellung von Geldmitteln, wird zurückgezogen.[111]

---

106 Beilage 14: BMF, Zl. 33.436-15/1948 Ministerratsvortrag (4 ½ Seiten). Die Aufnahme Österreichs als Mitglied des Internationalen Währungsfonds und der Internationalen Bank für Wiederaufbau und Wirtschaftsförderung war im April 1948 von deren beschlußfassenden Gremien grundsätzlich genehmigt worden. Für den offiziellen Beitritt Österreichs zu beiden Organisationen waren noch folgende Voraussetzungen zu erfüllen: 1. Ermächtigung des österreichischen Gesandten in Washington zur Unterzeichnung der Originalverträge; 2. Abgabe der in diesen Verträgen enthaltenen Verpflichtungserklärung; 3. Einzahlung der Quote zur Internationalen Bank für Wiederaufbau und Wirtschaftsförderung in einem Ausmaß von 1 Million Dollar in Gold bzw. US-Dollar und 90 Millionen in Landeswährung. Für die Begebung der Schatzscheine bis zu einem Höchstausmaß von 450 Millionen Schilling bildete das gleichzeitig dem Ministerrat vorgelegte Ermächtigungsgesetz für die Ausgabe dieser Schatzscheine die Voraussetzung (vgl. Tagesordnungspunkt 9).

107 Die Entwürfe liegen dem Protokoll nicht bei. Zu den Vertragstexten vgl. etwa AdR, BKA/AA, W-pol 1948, Finanzen International II, IMF – IBRD, GZl. 162.879-Wpol/1948, Internationaler Währungsfonds und Internationale Bank, Abkommenstexte.

108 Vgl. AdR, BKA, Verbindungsstelle, Sign. XXVIII, Verb. Zl. 2.385/1947, Aufnahme Österreichs als Mitglied beim Internationalen Währungsfonds und bei der Bank für Wiederaufbau und Wirtschaftsförderung.

109 Zu legislativen Maßnahmen, bei denen es sich nicht um Verfassungsgesetze handelte, bestimmte Artikel 6 des 2. Kontrollabkommens, daß „angenommen werden [darf], daß der Alliierte Rat seine Zustimmung erteilt hat, wenn er binnen einunddreißig Tagen [...] die österreichische Regierung nicht benachrichtigt, daß er gegen eine legislative Maßnahme oder gegen ein internationales Abkommen Einspruch erhebt". Vgl. Manfried Rauchensteiner, Der Sonderfall. Die Besatzungszeit in Österreich 1945 bis 1955, Graz/Wien/Köln, S. 346. Zum 2. Kontrollabkommen vgl. auch Anmerkung 46 in MRP Nr. 117.

110 Vgl. auch MRP Nr. 107/9 vom 13. April 1948, MRP Nr. 117/17 a und MRP Nr. 118/13.

111 Vgl. dazu weiters MRP Nr. 117/15 und MRP Nr. 118/10.

16

Mündliche Berichte

a

VK: Ich wurde seinerzeit ersucht, in Angelegenheit der Einhebung einer Fremdenverkehrsabgabe seitens der Stadt Salzburg zu vermitteln, damit sie entfalle.[112] Ich habe dies nun getan und erfahren, daß es sich um Einführung einer Zimmerabgabe handelt, wie sie bereits bis 1938 bestanden hat.[113] Es handelt sich daher bei dieser Fremdenabgabe um keine neue Steuer. Die Stadt Salzburg will daher nicht mehr als ihr schon gebührt.

Der Bericht wird zur Kenntnis genommen.[114]

b

Beitritt zur UNESCO

BM Dr. H u r d e s berichtet anhand des Ministerratsvortrages, Zl. 36.877-III/7/47[115], über die Erwirkung der Genehmigung des Nationalrates gem. Art. 50, Abs. 1, des Bundesverfassungsgesetzes in der Fassung von 1929 zum Beitritt Österreichs zur Organisation der Vereinten Nationen für Erziehung, Wissenschaft und Kultur (UNESCO), über die Ratifizierung und die Erlegung der Beitrittsurkunde sowie über den innerstaatlichen Vollzug des Vertrages im Verordnungswege.

BM Dr. G r u b e r: Ich weiß nicht, ob sich das Auswärtige Amt über den Entwurf geäußert hat. Wenn wir zur UNESCO beitreten, so ist der Gesetzentwurf vorzulegen. Gegen diesen werden wieder die Russen sein. Ich bitte daher, den Fall zurückzustellen, damit das Auswärtige Amt die Materie überprüft.

BM Dr. H u r d e s: Diese Frage wurde schon beim französischen Kulturabkommen[116] geprüft.

---

112 Vgl. MRP Nr. 110/11 f vom 4. Mai 1948.

113 Vgl. Landesgesetzblatt für das Land Salzburg, LGBl. Nr. 50, Gesetz vom 9. März 1923, über die Einhebung einer Fremdenzimmerabgabe im Lande Salzburg, ausgegeben am 26. April 1923. Im Gefolge dieses Landesgesetzes vgl. weiters LGBl. Nr. 77/1925, Nr. 78/1925, Nr. 59/1926, Nr. 40/1928, Nr. 66/1929 und Nr. 41/1932.

114 Vgl. weiters MRP Nr. 120/17.

115 Beilage 16: BMU, Zl. 36.877/III-7/47 Ministerratsvortrag (2 ½ Seiten); Beilage zum Ministerratsvortrag (12 ½ Seiten); Erläuternde Bemerkungen (2 ½ Seiten). Der Ministerrat hatte in seiner Sitzung am 22. August 1946 (MRP Nr. 35/7) den Bundesminister für die Auswärtige Angelegenheiten ermächtigt, die Aufnahme Österreichs in die Organisation der Vereinten Nationen für Erziehung, Wissenschaft und Kultur (UNESCO) in die Wege zu leiten. Bei der vertragsmäßigen Bindung, die Österreich durch den Beitritt zur UNESCO eingehen würde, handelte es sich um einen politischen Staatsvertrag, der gemäß Artikel 50, Abs. (1) des Bundes-Verfassungsgesetzes in der Fassung von 1929 (BGBl. Nr. 1/1930) der Genehmigung durch den Nationalrat und gemäß Art. 65, Abs. (1) der Ratifikation der Beitrittsurkunde durch den Bundespräsidenten bedurfte. Diese Urkunde mußte laut Geschäftsordnung der UNESCO beim Generaldirektor der UNESCO hinterlegt werden. Weiters mußten in innerstaatlicher Hinsicht Vollzugsvorschriften zur Durchführung des Beitrittes erlassen werden, insbesondere zur Einrichtung der im Artikel VII der Verfassung der UNESCO vorgesehenen nationalen (d. h. österreichischen) UNESCO-Kommission. Der Beitritt Österreichs wurde am 13. August 1948 wirksam. Im Februar 1949 wurde das Beitrittsabkommen publiziert: BGBl. Nr. 49, Verfassung der Organisation der Vereinten Nationen für Erziehung, Wissenschaft und Kultur (UNESCO), ausgegeben am 23. Februar 1949. Im Herbst 1949 wurde die österreichische UNESCO-Kommission eingerichtet, vgl. BGBl. Nr. 211, Verordnung des Bundesministeriums für Unterricht vom 30. Juni 1949, womit eine österreichische UNESCO-Kommission errichtet wird, ausgegeben am 14. September 1949. Material zur Aufnahme Österreichs in die UNESCO findet sich in AdR, BKA/AA, II-pol 1947, Uno Wirtschafts- und Sozialrat, GZl. 105.195-pol/1947; II-pol 1948, Unesco 1, GZl. 111.038-pol/1948.

116 Das Kulturabkommen zwischen Österreich und Frankreich war am 15. März 1947 abgeschlossen worden. Vgl. dazu BGBl. Nr. 220, Kulturabkommen zwischen der Republik Österreich und der

BM Dr. G r u b e r: Das ist doch ganz etwas anderes.

BM Dr. H u r d e s: Die Begründung liegt im § 67[117], so daß wir an das Parlament gehen müssen.

VK: Ich schlage vor, daß beide Ressortminister ermächtigt werden, die Sache zu prüfen und dann entweder direkt an den Herrn Bundespräsidenten oder an das Parlament herantreten.

Der Ministerrat beschließt, die Bundesminister für Auswärtige Angelegenheiten und für Unterricht zur Prüfung der Frage gem. Art. 50, Abs. 1, des Bundesverfassungsgesetzes in der Fassung von 1929 zu ermächtigen, wobei der übereinstimmenden Auffassung die Wirksamkeit eines Ministerratsbeschlusses zukommt.[118]

c

BM Dr. Z i m m e r m a n n berichtet über die Errichtung eines Kindergartens aus Mitteln der Schweizer Spende[119] im bundeseigenen Auer-Welsbach-Park.[120] Beilage D[121]

Französischen Republik, ausgegeben am 2. Oktober 1947; MRP Nr. 55/6 b vom 5. Februar 1947, MRP Nr. 57/7 vom 18. Februar 1947, MRP Nr. 61/1 a vom 18. März 1947 und MRP Nr. 64/13 vom 14. April 1947.

117 Gemeint war Artikel 65 der Bundesverfassung, der bestimmt, daß der Bundespräsident die Republik „nach außen" vertritt und Staatsverträge abschließt. Allerdings hatte Bundesminister Hurdes im Grunde wohl eher Artikel 50 im Sinn, der in Abs. (1) bestimmt: „Alle politischen Staatsverträge, andere nur sofern sie gesetzändernden Inhalt haben, bedürfen zu ihrer Gültigkeit der Genehmigung durch den Nationalrat."

118 Vgl. dazu auch MRP Nr. 82/8 vom 7. Oktober 1947, MRP Nr. 89/8 a vom 25. November 1947 und MRP Nr. 130/11 a vom 26. Oktober 1948.

119 Bei der Schweizer Spende (auch Schweizerspende; volle Bezeichnung: Schweizer Spende an die Kriegsgeschädigten) handelte es sich um eine öffentliche Sammlung der Schweizer Bevölkerung, mit der Hilfstätigkeiten in achtzehn europäischen Ländern finanziert wurden. 1945 war sie als erste Hilfsaktion für Österreich angelaufen. In ihrem Rahmen kamen Lieferungen von Sanitätsmaterial und Medikamenten, große Mengen an Lebensmittel für die städtische Schülerausspeisung in Wien, aber auch Textilien, Schuhe und sonstiges Material nach Österreich. Vgl. dazu Arbeiter-Zeitung, 27. August 1948, S. 3 „Der Bundeskanzler dankt der Schweiz"; Neues Österreich, 27. August 1948, S. 2 „Der Kanzler dankt der Schweizer Spende"; Wiener Zeitung, 27. August 1948, S. 3 „Die Schweizer Hilfsaktionen für Österreich". Vgl. auch MRP Nr. 123/1 e.

120 Auer-Welsbach-Park: im heutigen 15. Wiener Gemeindebezirk gelegener Park, benannt nach dem Chemiker und Erfinder des „Gasglühstrumpfes" Carl Freiherr von Auer-Welsbach.

121 Beilage D: (Ohne Aktenzahl) Ministerratsvortrag (2 Seiten). Die Gemeinde Wien war an das Bundesministerium für Finanzen mit der Bitte herangetreten, ihr einen Teil des zur Verwaltung der Bundesgärten Schönbrunn gehörenden Auer-Welsbach-Parks überlassen, um dort einen Sonderkindergarten zu errichten. Aus der Schweizer Spende standen dafür 230.000 Franken zur Verfügung, eine Million Schilling widmete die Stadt Wien. Da anzunehmen war, daß die Verhandlungen längere Zeit in Anspruch nehmen würden, über Verlangen der Schweizer Hilfsaktion und der Gemeinde Wien aber sofort mit dem Bau begonnen werden sollte, wurde vorläufig seitens der Gemeinde Wien um pachtweise Überlassung des fraglichen Teilgrundstückes ersucht. Diesem Ansuchen der Gemeinde Wien war von den Bundesministerien für Finanzen und für Land- und Forstwirtschaft unter der Voraussetzung, daß das Grundstück in verkehrstechnischer Hinsicht alle Voraussetzungen erfüllen und die Bautätigkeit das Stadtbild (insbesondere den Blick auf Schönbrunn) nicht stören würde, die Zustimmung bereits in Aussicht gestellt worden. Da die von der Gemeinde Wien ausgewählte Stelle in dem gegenüber dem Technischen Museum gelegenen Teil des Parks auch die Zustimmung der Vertreter der Schweizer Hilfsaktion gefunden hatte, sollte der Ministerrat dem Ansuchen der Gemeinde Wien um einstweilige Verpachtung des erwähnten Grundstückes zustimmen und ihr das Recht einräumen, schon mit dem Bau zu beginnen.
Die Grundsteinlegung für die Errichtung des Sonderkindergartens „Schweizer Spende" für Kinder mit körperlicher oder geistiger Beeinträchtigung im Wiener Auer-Welsbach-Park erfolgte am 10. Juli 1948, die Eröffnung am 22. September 1949. Vgl. Felix Czeike, Historisches Lexikon Wien. Band 5, Wien 1997, S. 248.

Unter der Voraussetzung, daß ein Abkommen geschlossen wird und ein gleichwertiger Tausch von Gründen, die besonders für das Landwirtschaftsministerium von Bedeutung sein müssen, wolle dem BM f. Land- u. Forstwirtschaft die Ermächtigung zur Erwerbung eines Grundstückes für die Imkerschule im Kompensationswege erteilt werden.

BM K r a u s: Die Verhandlungen wurden seit langer Zeit geführt und wollte die Gemeinde Wien mit der Imker-Schule entgegenkommen. Bis jetzt ist es aber zu diesem Entgegenkommen nicht gekommen.

Der Ministerrat beschließt mit der Maßgabe antragsgemäß, daß die beiden Bundesminister im Verhandlungswege die Erwerbung eines für die Imkerschule geeigneten Objektes im Kompensationswege anstreben sollen.[122]

d

UNAC[123]

Der Ministerrat nimmt den Bericht des Bundeskanzlers, Zl. 70.144-3/48[124], betreffend Kinderhilfsappell der Vereinten Nationen – Einhebung der Spenden – zustimmend zur Kenntnis.[125]

Schluß der Sitzung 12 Uhr 20.

---

122 Nachdem eine erste staatliche, im Jahr 1770 gegründete Imkerschule bereits 1781 wieder aufgelassen worden war, verfolgte der Österreichische Imkerbund nach Ende des Zweiten Weltkrieges erneut das Ziel, eine staatliche Lehranstalt zu errichten und pachtete zu diesem Zweck ein Grundstück in Grinzing. In Verhandlungen mit dem Bundesministerium für Land- und Forstwirtschaft erreichte der Imkerbund die Zusage seitens des Ministeriums, die künftige Imkerschule zu übernehmen. Da die Mittel dafür nicht flüssig waren, sollte das Anwesen vorerst vom Imkerbund in betriebsfertigen Zustand gebracht werden. Im Laufe des Jahres 1948 wurde das entsprechend adaptierte Gebäude in der Grinzinger Allee 74 in Betrieb genommen, im März 1949 ging es sodann in das Eigentum des Bundes über. Vgl. http://web.utanet.at/huttinge/arb_plat/institut/chron_02.htm, abgerufen am 9. Februar 2015.

123 UNAC: United Nations Appeal for Children (Kinderhilfsappell), gegründet 1948. Vgl. auch BGBl. Nr. 48, Übereinkommen zwischen dem Internationalen Kinderhilfsfonds (International Children's Emergency Fund) und der österreichischen Regierung, ausgegeben am 23. Februar 1949. Material zur Unterzeichnung dieses Vertrags findet sich in AdR, BKA, Präsidium, GZl. 579-Pr.M/1948, Zl. 3.647-Pr.M/1947, Unterzeichnung des UNICEF-Vertrages am 7. November 1947; AdR, BKA/AA, W-pol 1947, Ernährung Österreich, GZl. 114.969-Wpol/1947, International Children Emergency Fund in United Nations (Internationaler Notstands-Fonds für Kinder der Vereinten Nationen); AdR, BKA/AA, II-pol 1948, Österreich 49, GZl. 112.216-pol/1948, UNICEF Kinderhilfsappell der Vereinten Nationen.

124 Beilage 16 d: BKA, Zl. 70.144-3/1948 Ministerratsvortrag (1 ½ Seiten). Der Österreichische Gewerkschaftsbund war an das Bundeskanzleramt mit dem Ersuchen herangetreten, ihn bei der Durchführung der Sammlung für den Kinderhilfsappell der Vereinten Nationen im Kreis der Bundesbediensteten zu unterstützen. Österreich trat diesem Kinderhilfsappell als 41. Nation bei. Während in den anderen Ländern die gesammelten Gelder meist außerhalb des Landes Verwendung fanden, blieb der in Österreich aufgebrachte Betrag gänzlich zur eigenen Verwendung im Lande und wurde je zur Hälfte der Schülerausspeisung sowie den Kinder- und Jugenderholungsaktionen zugeführt. Die Bundesbediensteten sollten sich ab 15. Juni in einer freiwilligen Spendenaktion mit dem Vierzigstel eines Monatsgehaltes in jeweils zwei Raten an der Sammlung beteiligen. Vgl. dazu auch Wiener Zeitung, 16. Juni 1948, S. 5 „Das internationale Kinderhilfswerk" und 19. Juni 1948, S. 2 „Kinderhilfsappell des Kanzlers".

125 Vgl. auch MRP Nr. 95/10 c vom 13. Jänner 1948, MRP Nr. 113/1 f vom 25. Mai 1948 und MRP Nr. 130/Beschlußprotokoll Punkt 3 c vom 26. Oktober 1948.

Stenogramm vom 15. Juni 1948 (Capek)

116., 10.15

[Kanzler:] Maisel – San Francisco.[126]
Kanzler: Beschlußprotokoll und Tagesordnung aufgelegt. Nachträge sind nach Möglichkeit ausgeteilt worden.
1.) Von L.[ondon] und Paris keine neuen Mitteilungen. Fragebögen werden bis zur nächsten Konferenz ausgearbeitet.
2.) Oberst Collins, der amerikanische [...] läßt danken.
3.) Kraus und Sagmeister interessieren sich um Stand der Ernte; fahren Marchfeld, Waldviertel und Westbahn.
4.) Agrarfrage, gemeinsame Lösung.
5.) Das Wiederaufbaugesetz ist unter Dach und Fach gebracht worden und kann morgen ins Parlament [kommen].
6.) Manche meinen, Demagogie ausarten [lassen] zu können, so ‚Abend', der gestern beschlagnahmt wurde, da alles nur Hetze ist. Fortsetzung der Beschlagnahme am Platz. Pressepolizei muß aber erreichbar sein und nicht geschlossen sein. Es wird nun möglich sein, auch bei Beschlagnahme auch die Volksstimme zu beschlagnahmen. Morgen abends ist entscheidende Sitzung, ob ‚Abend' eingestellt oder weiter fortgeführt werden soll, da er kein Geld hat. Streng nach Gesetz soll gegen ihn vorgegangen werden.

[Kanzler:] Alliierte Noten.
1.) Besatzungskosten der Franzosen. Die englische Note deckt sich mit der französischen.
2.) Besatzungskosten, russische Note.
3.) Béthouart[127], Grenzkontrolle Kufstein.
4.) Béthouart, Verkehr mit der Schweiz.
5.) Keyes[128], Erlaß 10.
6.) Béthouart, Kriegsbeute.

[Kanzler:] Rundschreiben Post, Eisenbahn, Nationalrat, etc. wegen Beamten-[Haft-]pflicht (liest Bundeskanzler vor).
Angenommen.

[Kanzler:] Mitteilungen und Resolutionen.
1.) Zensurfreiheit.
2.) Oberösterreichische Landesregierung, Grünfeld, Bibel-Setzer. Finanzminister, Staatsdruckerei, Verkehr sollen sich damit beschäftigen und Vorschlag machen.
3.) Gewerkschaftsbund, Vertreter im Marshall-Plan. Ich glaube, daß wir [das] beim Bericht des Gruber wegen Marshall-Plan besprechen.
4.) Schreiben Kolbs [über das Verlangen] von den Russen wegen Wiederaufbau-Programm für den Bau. Ich glaube, daß diese Frage nicht bis in das letzte Detail dem sowj.[etischen Element] zu melden ist, wenn wir auch teilweise Meldung zu machen haben. Aber diese Aufforderung geht zu weit und ist ein Eingriff in die innere Verwaltung. Ich glaube, wir halten uns an die bisherige Meldung.

Helmer: Der Abend befindet sich in finanziellen Schwierigkeiten. Wir wissen aber nicht, ob das nicht dazu ist, bei Geldgebern Geld herauszuschwindeln. In Frage der gestrigen Ausgabe nach [§] 300 Prozeß machen, muß sein. Die Extra-Ausgabe wurde gestern unter dem Titel „Raub der Regierung am österreichi-

---

126 Bundesminister Maisel nahm als Delegationsleiter an der von 17. Juni bis 10. Juli 1948 dauernden 31. Internationalen Arbeitskonferenz in San Francisco teil. Vgl. seinen diesbezüglichen Bericht in MRP Nr. 122/16.

127 Marie Émile A. Béthouart, September 1945 bis Ende September 1950 kommandierender General und Hochkommissar der französischen Besatzungsmacht in Österreich.

128 Geoffrey Keyes, Generalleutnant, Jänner 1947 bis Oktober 1950 US-Hochkommissar für Österreich.

schen Volk" verbreitet. Ich bin dafür, daß wir hier energisch zugreifen. Ich bitte Justiz, was alles unternommen werden kann. Was das Innere anlangt, bin ich zu jedem Schritt bereit.
Gerö: Ich habe Staatsanwalt bereits angewiesen, auf die heutige Nummer des ‚Abend' Augenmerk zuzuwenden. Die Pressepolizei hat gestern um 4h zugesperrt, Tag- und Nachtdienst nötig. Vorladung bereits für heute an Redakt.[ion] Vorladung zugestellt.
Helmer: Wegen Pressepolizei ist Weiteres veranlaßt.
Kanzler: Tag- und Nachtdienst.
Krauland: In Sache Kolb, was über Westzonen betrifft, nichts melden und in Ostzone im Rahmen des Bisherigen und das mit Verzug.
Kanzler: Eine gewisse Verpflichtung haben wir, doch haben wir immer mit Verzug gemeldet. Kolb weiß also –.

Gruber: Bei der Note der Russen wegen Besatzungskosten, haben wir Note 45 herausgefunden. Wir werden mit Russen in Verbindung treten und dem Ministerrat berichten.

Helmer: Am Semmering hat sich Besatzungsmacht zurückgezogen. Jetzt haben Private und Südbahnhotel Herrichtung gemacht und gestern erschien Kommission, daß eine große Kommandantur errichtet wird. Eine sehr starke Besatzung wird dorthin gelegt werden.
Krauland: Das gehört veröffentlicht.
Helmer: Der Bürgermeister war bei mir und hat buchstäblich geweint. Dabei hat er die Zusage, daß nichts mehr geschieht. Daneben besteht ein USIA-Lokal, das eigentlich frei ist. In Payerbach haben vor einigen Tagen die Russen die Baracken besetzt.
Kanzler: Bürgermeister Kollmann von Baden Schlaganfall, Rettungsgesellschaft ins Spital durch versperrte Straße und wiederholt verhaftet und entlassen. Kollmann war dabei. Ich verlangte offiziellen Bericht und das wird veröffentlicht. 900 S. haben Kollmann gefehlt. Ich bekomme Bescheid und das geht an die Öffentlichkeit.

2.
Punkt 3 zurückgezogen.
Zimmermann: Zu Sauter. Voraussetzung ist, daß er [eine] Sektion [als] Chef geführt – ist bei Sauter – ob er sie geleitet hat, weiß ich nicht.
Übeleis: Die beiden Herren haben im Jahr 45 die österreichischen Bundesbahnen aufgebaut.
Zimmermann: Ich muß mich dagegen aussprechen.
Kolb: Im Bundeskanzleramt liegt ein Gutachten, daß auch bei Nicht-Leitung einer Sektion Titel verliehen werden kann. Ich würde gern das wissen.
Gerö: S.[auter] hat doch alles geleitet und daher mehr getan.

3.
Kanzler: Salzburger Enteignungsgesetz.
Gerö: In letzter Zeit Behörden bei Enteignung behalten sich das Recht vor, die Entschädigung festzusetzen.
Gruber: Das vom Verfassungsdienst herangezogene Gesetz ist nicht richtig.
Vizekanzler: Ich teile Standpunkt des Verfassungsdienstes nicht, enthalte mich.
Kanzler: Argument von Gerö muß dazu genommen werden.
Vizekanzler: Mache Vorschlag, das Gesetz tritt nur in Kraft bei Übereinstimmung mit Bundesgesetz, so sollte man Salzburg sagen. Der Bund beabsichtigt nicht, ein solches Gesetz nicht zu erlassen.
Kanzler: Bund kann Gesetz erlassen und Argumentation von Gerö.
In dieser Richtung Beschluß zur Kenntnis genommen, Stimmenthaltung Vizekanzler und Außenminister.

4.
Staatsbürgerschaften.
Kanzler 11.[0]5 weggerufen, Vizekanzler Vorsitz übernommen.

5.
Zimmermann: Zündmittelsteuer.
Angenommen.

6.-8.
Zimmermann: Börsegesetz.
Vizekanzler: Börsengesetzgebung unterliegt – mit Vollziehung des Bundes Sache der mittelbaren Bundesverwaltung. In Börse-Sachen muß dem Landeshauptmann ein Weg vorbehalten bleiben. In Monarchie nicht gehandelt. Im Jahr [18]75 dem Landeshauptmann vorbehalten, Mitwirkung geblieben. Im § 3 wird Landeshauptmann beseitigt. Im § 6 ein Widerspruch zwischen Wortlaut und Begründung. Finanzminister sagt, Bund deckt, im Gesetz ist aber nur von Vorschüssen die Rede. Bei Börsenfonds- und Sensalgesetz keine Einwendung.
Zimmermann: Gegen die Vorschüsse haben Sie nichts einzuwenden?
Vizekanzler: Für Staat günstiger.
Zimmermann: Bezüglich der anderen Sachen Rücksprache mit Verfassungsdienst. Nochmals mit Versatzdienst [i.e. Verfassungsdienst] beraten.
6-8 zurückgestellt. Besprechung mit Verfassungsdienst.

9.
Zimmermann: 3. Schatzscheingesetz.
Mantler: Werden damit die 600 Millionen frei für Sonderkonten?
Zimmermann: Diesen Betrag muß man kontomäßig bereit haben. Es wird genügen, wenn Schatzscheine liegen.
Angenommen.
Kanzler kommt zurück 11.25.

10.
Zimmermann: Lebensversicherung mit Auslosung.
Angenommen.

11.
Gruber: Liste Marshall-Plan mit Änderung Kovacs[129], Kölicker, Großmann, Trkal.
Krauland: Bei Öl genügt Helmreich nicht, vorgeschlagen wird Ing. Hirsch. Bei Maschinen Dr. Taussing anstelle Unger. Bei Eisen Direktor Matuschka.
Gruber: Ich brauche einen bindenden Beschluß.
Krauland: Das ist nicht möglich. Im Einvernehmen mit Außenamt und Fachministerium muß auch ein anderer geschickt werden [können].
Kolb: Schließt [das] aus, daß ein Nicht-Genannter berufen wird?
Gruber: Schließt nicht aus, doch muß Ministerrat beschließen.
Kolb: Trkal und Seidl sind nicht berücksichtigt (Textil).
Mantler: Ich erhebe gegen Streichung [von] Großmann Einspruch.
Krauland: Wir wollten bei Textilien zuerst Seidl und dann Großmann vorschlagen.
Kanzler: Wenn wir bei jeder Konferenz einen anderen haben, so kommen wir nicht weiter.
Krauland: Dem stimme ich nicht bei. Die politische Seite muß berücksichtigt werden und muß ausgehandelt werden.
Kanzler: Eine Liste muß fixiert werden und dann kann ausgewechselt werden, nur muß Ministerrat einverstanden sein.
Kolb: Bei Textil besonders wichtig, da [man es mit] Garn, Wolle und Baumwolle zu tun [hat].
Gruber: Wenn Ministerrat Liste beschließt, so werden keine anderen Experten geschickt.
Kanzler: Letzter Satz wird gestrichen.
Krauland: Bin einverstanden, daß [uns die] Leute in Paris vertreten. Weiterung aus dem internen österreichischen Betrieb halte ich für unmöglich.
Gruber: Bevor die Leute weggeschickt werden, so muß in Wien abgestimmt werden. Es ist Sache der sieben beteiligten Ministerien.
Krauland: Also nur für Paris bestimmt.

---

129 Möglicherweise war Sektionsrat Dipl.-Ing. Dr. techn. Wilhelm Kovats gemeint, 26. Februar 1946 bis 1950 Leiter der Gruppe II (Technische Gruppe) und des Sekretariates ECE des Bundesministeriums für Energiewirtschaft und Elektrifizierung.

Kanzler: Sie sind aber dabei in Wien.
~~Einverstanden.~~
Mantler: Ich möchte hier Resolution mit Gewerkschaftsbund mitnehmen und im Ministerium für Handel wird nur angeblich mit Wirtschaftskammer, nicht mit Arbeiterkammer besprochen.
Gruber: Auch mit Wiederaufbau soll man sich beschäftigen gleichzeitig.
Kolb: Es liegt doch ein bestimmter Verfahrensbeschluß vor und alle Kammern sollen genügend vertreten sein. Damit ist auch den Wünschen des Gewerkschaftsbundes entsprochen.
Kanzler: Wie bisher werden die einzelnen Kammern eingeladen.
Kolb: Vorschläge sind Ressort[-Sache]. Frage ist, sollen wir die Abwicklung den Unternehmen überlassen oder [soll es] das Ministerium über die Bewirtschaftungsstellen machen?
Kanzler: Damit ist Rechnung getragen.
Gruber: Es bleibt also das Ansuchen des Gewerkschaftsbundes vor.
Kanzler: Liest den Brief des Gewerkschaftsbundes vor. Die Resolution habe ich nicht.
Gruber: Ich auch nicht.
Kanzler: Sie wollen, daß die einzelnen Gewerkschaftsbünde in den Ländern mit ihren Ländern in Verbindung bleiben. Dadurch, daß in Wirtschaftskommission Gewerkschaftsbund vertreten ist, ist dem Genüge geschehen.
Gruber: Der Gewerkschaftsbund soll nach § 4 des Briefes entsprechend vertreten sein.
Kanzler: Ich kenne den § 4 nicht.
Gruber: Der Gewerkschaftsbund soll entsprechend unterstützt werden.
Kanzler: Wir sollen unterstützen den internationalen Gewerkschaftsbund, daß er im Marshall-Plan vertreten ist?
Einverstanden.

12.
Übeleis: Weltpostvertrag.
Angenommen.

13.
Gruber: Bericht und liest Telegramm vor, das er erhalten hat aus Washington.
Migsch: Regelung nötig. Auch in meinem Ministerium ist Mitteilung gekommen, daß sich ein Grünfeld in Washington herumgetrieben hat.
Angenommen.

14.
Zimmermann: Währungsfonds. Vertragsentwürfe liegen nicht vor, obwohl [sie] im Vortrag angeführt wurden (liest Entwürfe vor).
Voraussetzung für diese Ermächtigung ist Klärung der Frage, inwieweit Übereinstimmung der österreichischen Gesetze nötig ist. Das werde ich prüfen und stelle Vorlage zurück.
Gruber: Am 21. 8. 47. wurde Alliierter Rat vom Bundeskanzler von der Aufnahme verständigt. Ansuchen wurde genehmigt, daher nur mehr Verständigung nötig. Gesetzentwurf nicht nötig, da sonst wieder 31 Tage für Alliierten Rat nötig sind.
Krauland: Dann besser Finanzminister zu ermächtigen, wenn Gesetz nötig ist, sofort einbringen.
Zurückgestellt mit Ermächtigung.

15.
Sagmeister: Aufkauf.
Zurückgezogen.

16. Mündliche Berichte. a)
Vizekanzler: Verkehrsabgabe in Salzburg, damit sie entfällt. Ich habe das getan und erfahren, daß es sich um Einführung einer Zimmerabgabe handelt, wie sie bereits bis '38 bestanden hat. Daher für Salzburg nichts Neues. ~~Ein Bruchteil des Zimmer- und Pensionspreises~~ – Im Landtag angenommen und Gemeinderat will das für Salzburg haben. Ich kann keinen Einwendungsgrund dafür finden, da sich Steuer lokal ohne Auswirkung für andere Bundesländer auswirkt. Ich bringe das zur Kenntnis.

[16.] b)
Hurdes: Beitritt Unesco.
Gruber: Ich weiß nicht, ob sich Außenamt über den Entwurf geäußert hat. Wenn wir beitreten zur Unesco, ist Gesetzentwurf vor[zu]legen, so Gegensatz der Russen. Bin für Zurückstellung wegen Überprüfung durch Außenamt.
Hurdes: Diese Frage wurde beim französischen Kulturabkommen geprüft.
Gruber: Das ist etwas ganz Anderes.
Hurdes: Begründet nach § 27, daß wir an Parlament gehen müssen.
Vizekanzler: Ich schlage vor, die beiden Ressortminister zu ermächtigen, entweder an Bundespräsidenten oder an Parlament heranzutreten.
Rückantwort wegen weiterer Verfügung!!

[16.] c)
Zimmermann: Gemeinde Wien herangetreten wegen Abtretung von Auer-Welsbach-Park (liest vor). Unter der Voraussetzung, daß ein Abkommen geschlossen wird, gleichwertiger Tausch von Grund (besonders für Landwirtschaftsministerium) in eine Pachtwiese des Grundstücks die Ermächtigung dem Landwirtschaftsministerium erteilt wird.
Kraus: Verhandlungen wurden seit langer Zeit geführt, Gemeinde Wien will mit Imker-Schule entgegen kommen. Dazu kam es aber nicht. Mit der Gemeinde Wien daher nötig, daß auch der Teil, der unbenützt bleibt, übernommen wird. Wir sollen die Imker-Schule unterbringen.
Bericht zur Kenntnis genommen. Ackerbau für Imker-Schule Kompensationsweg mit Gemeinde Wien Regelung.

[16.] d)
Kanzler: Bericht über Unac.
Angenommen.

12.20

Beschlußprotokoll Nr. 116 über die Sitzung des Ministerrates vom 15. Juni 1947

1.) Der Bericht des Bundeskanzlers über
   a) die Verabschiedung und den Dank des amerikanischen Obersten Collins;
   b) die stattgefundenen bezw. noch in Aussicht genommenen Besichtigungsfahrten der Bundesminister Kraus und Sagmeister, betreffend den Saatenstand;
   c) die Beratung über die Agrarpreise;
   d) die Einbringung des Wiederaufbaugesetzes im Parlament;
   e) die Beschlagnahme des „Abend" am 14. 6. 1948
   wird mit der Maßgabe zur Kenntnis genommen, daß
   ad e) bei der gerichtlichen Presspolizei die sofortige Einrichtung eines durchlaufenden Journaldienstes zu erfolgen hat.

2.) Der Bundeskanzler verliest folgende alliierte Noten:
   a) Note des Hochkommissars der Französischen Republik in Österreich vom 24. Mai 1948, betreffend Wiedererrichtung der Grenzkontrolle Rosenheim – Innsbruck in Kufstein;
   b) Note des Hochkommissariates der Französischen Republik in Österreich, 1.367/CE/CAB, vom 7. Juni 1948, betreffend Verkehr zwischen Österreich und der Schweiz;[130]
   c) Note des Oberkommandos der US-Streitkräfte in Österreich, Büro des Oberbefehlshabers, vom 10. Juni 1948, betreffend Rückgabe der Kontrolle der österr. öffentlichen Benachrichtigungsmittel;[131]
   d) Note des Hochkommissariates der Französischen Republik in Österreich (Der Hochkommissar), 1.420 CE/CAB, vom 10. 6. 1948, betreffend Kriegsbeute in Österreich;[132]
   e) Note der UdSSR, politische Vertretung in Österreich, Nr. 108, vom 12. Juni 1948, betreffend Zahlung der Besatzungskosten;
   f) Note der Französischen Gesandtschaft Wien vom 13. Juni 1948, betreffend Besatzungskosten.[133]

---

130 Die beiliegende Note enthält die positive Antwort auf das Ansuchen Bundeskanzler Figls vom 12. April 1948, betreffend die Normalisierung des Verkehrs mit der Schweiz. Die Anwendung des 2. Kontrollabkommens hatte es der österreichischen Zollverwaltung gestattet, das Recht auf Überwachung des Personen- und Frachtenverkehrs fast zur Gänze zurückzuverlangen. In Hinkunft sollten sämtliche nur für den Grenzdienst geöffneten Zollstellen auch für den Touristenverkehr verwendet werden können.

131 Die beiliegende Note enthält die Mitteilung, daß im Rahmen der von der US-Regierung verfolgten Politik, „die Kontrolle der Regierungsfunktionen in österreichische Hände zurückzugeben", beschlossen worden sei, „den Erlaß Nr. 10 der Militärregierung und die Informations-Kontrollvorschrift Nr. 1, die die Kontrolle der österreichischen öffentlichen Benachrichtigungsmittel behandelt, aufzuheben". Es handelte sich dabei um die Verordnung Nr. 10 der US-Militärregierung in Österreich über die Genehmigung von Publikationen, Radiosendungen, Nachrichtendiensten, Filmen, Theatern und Musik sowie die Nachrichtenkontrollbestimmung Nr. 1 (eine Ergänzung zur Verordnung Nr. 10), die in der US-Besatzungszone Österreichs seit 1945 gültig gewesen waren. Vgl. etwa Wiener Zeitung, 17. Juni 1948, S. 2 „US-Verordnung aufgehoben".

132 Die beiliegende Note enthält die Antwort auf ein Schreiben des Bundeskanzlers vom 10. Februar 1948, betreffend die Kriegsbeute in Österreich. Die französische Regierung betonte, daß sie sich gegenwärtig noch die freie Verfügung über das Material der Deutschen Wehrmacht, von dem sie noch nicht Gebrauch gemacht habe, „als Kriegsbeute" vorbehalte. Es handle sich dabei um insgesamt 3.000 Tonnen Alteisen, das sich aus 300 Tonnen Wracks von ausgemusterten Fahrzeugen des deutschen Heeres und 2.700 Tonnen Panzerfahrzeugen, unbrauchbaren Geschützen der Artillerie und der FLAK sowie Sattelzeugelementen zusammensetze. Es sei beabsichtigt, diese „Überbleibsel" der durch die französischen Behörden erfaßten Kriegsbeute in die Schweiz zu exportieren, um dort Einkäufe auf Rechnung der französischen Truppen vorzunehmen.

133 Die beiliegende Note enthält die Mitteilung, daß „nach Ansicht der französischen Regierung die Fortdauer der Besetzung in Österreich eine Folge der Tatsache, daß es gegenwärtig unmöglich ist, einen den lebenswichtigen Interessen Österreichs insbesondere in der Grenzfrage gerecht werdenden Staatsvertrag abzuschließen", sei. Im übrigen habe auch die Bundesregierung zum Ausdruck gebacht,

Die Noten a) bis f) werden zur Kenntnis genommen, wobei
ad e) die Prüfung der in der Note angeführten Umstände und ein Bericht an den Ministerrat durch das BKA – Auswärtige Angelegenheiten vorbehalten bleibt.

3.) Über Bericht des Bundeskanzlers genehmigt der Ministerrat den Wortlaut des im Beschlußprotokoll Nr. 115, Pkt. 3, in Aussicht genommenen Rundschreibens, betreffend Dienstpflichten der Bundesbediensteten.

4.) Die Mitteilungen und Resolutionen:
a) Schreiben des Bundesministers für Handel und Wiederaufbau vom 24. 5. 1948, betreffend die vom sowjetischen Teil der Alliierten Kommission in Österreich vom 12. 5. 1948 verlangten Auskünfte über die im Jahre 1948 beabsichtigten Bauten und des dabei zu investierenden Kapitales sowie Angaben über die geplante Erzeugung und Verteilung der Baustoffe;
b) Anregung an den Herrn Bundeskanzler durch Hermann GRÜNFELD auf Herausgabe von 100.000 Serien von Postwertzeichen (Briefmarken) des neuen Staates ISRAEL nach jüdischen Entwürfen. Schrift und Ausgestaltung zur Gründung einer Anlage in ISRAEL (Bibeldruckerei, Schriftgießerei, Setzerei, Bibelfabrik zur Herstellung jüdischer Gebet- und Gesetzbücher wie Talmud, Thora, Bibeln, Gebettücher und Gebetriemen);
c) Schreiben des Gewerkschaftsbundes um Vertretung in der Organisation der Marshall-Plan-Hilfe;
d) Mitteilung des Alliierten Zensurkomitees, betreffend die Befreiung der Post- und Telegraphenmitteilungen an die auswärtigen Premierminister und Staatsoberhäupter,[134]
verlesen bezw. bekanntgegeben durch den Bundeskanzler, werden mit der Maßgabe zur Kenntnis genommen, daß
ad a) der Ministerrat an der bisherigen Praxis in dieser Hinsicht nichts zu ändern beabsichtigt;
ad b) der Bundesminister für Finanzen, Verkehr und Auswärtige Angelegenheiten mit der Prüfung der Angelegenheit betraut werden;
ad c) keine Bedenken obwalten, seitens Österreichs den Internationalen Gewerkschaftsbund in seinen Bemühungen um eine entsprechende Vertretung bei den Arbeiten des Marshall-Planes in Paris zu unterstützen.

5.) Der Ministerrat nimmt einen Bericht des Bundesministers für Inneres, betreffend neuerliche Beschlagnahmen von wiederhergestellten Wohnräumen und eines Teiles des Südbahnhotels am Semmering, mit der Maßgabe zur Kenntnis, daß zur Abänderung dieser Verfügungen alle Schritte unternommen werden sollen.

6.) Der Antrag des Bundesministers für Inneres
auf taxfreie Verleihung des Titels „Hofrat" an den Oberpolizeirat Dr. Karl P e n n der Bundespolizeidirektion Wien
wird angenommen.

---

daß sie die bei der Konferenz der Stellvertreter in London bekannt gegebenen jugoslawischen Ansprüche ablehne und erklärt habe, daß diese für Österreich nicht akzeptabel seien. Die französischen Kräfte, die sich derzeit in Österreich befänden, seien auf ein Minimum reduziert worden, darüber hinaus sei sich die französische Regierung der finanziellen Belastungen für Österreich bewußt und „werde die äußersten Anstrengungen unternehmen, die Besatzungskosten zu vermindern, um auf diese Weise die nachteiligen Wirkungen, die sich für die österreichische Volkswirtschaft daraus ergeben, auf ein Minimum zu reduzieren". Vgl. dazu auch MRP Nr. 115/1 d vom 8. Juni 1948.

[134] Die Resolution liegt dem Protokoll nicht bei. Sie findet sich in AdR, BKA, Präsidium, Sign. 14/7, GZl. 2.504-Pr.M/1948, Zl. 2.738-Pr.M/1948, Zensurerleichterung, Mitteilung des Alliierten Technischen Zensurkomitees. Der Akt enthält eine Mitteilung der Generaldirektion für die öffentliche Sicherheit an das Bundeskanzleramt/Auswärtige Angelegenheiten vom 4. Juni 1948, daß das Alliierte Technische Zensurkomitee „die Befreiung der Post- und Telegraphenmitteilungen, welche an die auswärtigen Premiere-Minister und Staatsoberhäupter, mit Ausnahme von Spanien, adressiert sind, von der Zensur beschlossen" habe.

7.) Die Anträge des Bundesministers für Unterricht
   a) auf Ernennung des Ministers a. D., ehemal. Vizepräsident des Landesschulrates für Niederösterreich, früherer Direktor des Bundesrealgymnasiums in Hollabrunn Dr. Emmerich C z e r m a k zum Landesschulinspektor aus Anlaß der Rehabilitierung mit Wirksamkeit vom 1. 1. 1948 unter Festsetzung des 1. 1. 1940 als Stichtag für die Vorrückung in höhere Bezüge;
   auf Verleihung des Titels „Kammersänger“ an die Solosänger der Staatsoper
   b) Hermann G a l l o s,
   c) Viktor M a d i n
   werden angenommen.

8.) Der Antrag des Bundesministers für Handel und Wiederaufbau
auf Gewährung eines a. o. Versorgungsgenusses von jährlich S 2,177.35 vom Ersten des auf die Entschließung folgenden Monates angefangen auf die Dauer des Witwenstandes bezw. bis zur Erlangung anderweitiger ausreichender Unterhaltsmittel für die Hofratswitwe Irma B r a u n (75 Jahre alt) in Altenmarkt a. d. Triesting
wird zurückgezogen.

9.) Der Antrag des Bundesministers für soziale Verwaltung, vorgetragen durch den Vizekanzler,
auf taxfreie Verleihung des Titels eines Medizinalrates an den Präsidenten der Tiroler Ärztekammer, Facharzt für Laryngologie in Innsbruck Dr. Willibald S t r i c k e r
wird angenommen.

10.) Der Antrag des Bundesministers für Land- und Forstwirtschaft
auf Verleihung des Titels eines Ökonomierates mit Nachsicht der Taxe für den Direktor der Ökonomieverwaltung Gösing Karl F u c h s b i c h l e r
wird angenommen.

11.) Die Anträge des Bundesministers für Verkehr
   a) auf Ernennung des Oberbaurates titl. Hofrat Dipl. Ing. Albert B a u h o f e r der Post- und Telegraphendirektion für Tirol und Vorarlberg in Innsbruck zum Präsidenten der Post- und Telegraphendirektion für Tirol und Vorarlberg in Innsbruck (II. DPGr.);
   b) auf Verleihung des Titels eines Sektionschefs mit Nachsicht der Taxe an den Ministerialrat Dr. Fritz S a u t e r im Personalstande des Bundesministeriums für Verkehr aus Anlaß der Versetzung in den dauernden Ruhestand
   werden angenommen.

12.) Der Antrag des Bundesministers für Auswärtige Angelegenheiten
auf Ermächtigung, wegen Erwirkung des Agrements für den neuernannten argentinischen Gesandten Guillermo Castro Velez Sarsfield an den Herrn Bundespräsidenten heranzutreten,
wird angenommen.

13.) Die Anträge des Bundesministers für Land- und Forstwirtschaft auf Verleihung des Titels „Ökonomierat“ mit Nachsicht der Taxe an den
   a) Obmann der Lagerhausgenossenschaft St. Leonhard am Forst Alois G a t t r i n g e r, Wirtschaftsbesitzer in Mannersdorf;
   b) Obmann der Bezirksbauernkammer und der Lagerhausgenossenschaft Zistersdorf Josef M a n d l, Bauer in Zistersdorf;
   c) Obmann der Lagerhausgenossenschaft St. Pölten Leopold K e r n, Wirtschaftsbesitzer in Hart;
   d) Obmann der Lagerhausgenossenschaft Dobermannsdorf Josef P o i s, Wirtschaftsbesitzer in Dobermannsdorf;
   e) Obmann der Lagerhausgenossenschaft Obersiebenbrunn-Lassee Johann S c h r a m m, Wirtschaftsbesitzer in Leopoldsdorf im Marchfeld;
   f) Obmann der Lagerhausgenossenschaft Pöchlarn Franz S i m o n e r, Wirtschaftsbesitzer in Harlanden
   werden angenommen.

14.) Nach einem Bericht des Bundeskanzlers, Zl. 69.740-2a/48, betreffend den Einspruch der Bundesregierung gegen den Gesetzesbeschluß des Salzburger Landtages vom 31. März 1948 über Enteignungen für Schulbauten, beschließt der Ministerrat bei Stimmenthaltung des Vizekanzlers und des Bundesministers für die Auswärtigen Angelegenheiten unter Bedachtnahme auf die vom BKA – Verfassungsdienst geltend gemachten Einspruchsgründe

a) den Landeshauptmann von Salzburg in Kenntnis zu setzen, daß die Bundesregierung die Erlassung des im Sinne des § 42, Ziff. 1, lit. a, des Verfassungs-Übergangsgesetzes vom 1. 10. 1920 in der Fassung des BGBl. Nr. 392/1929 angekündigten Bundesgesetzes nicht beabsichtigt und
b) die Festsetzung der Höhe der Entschädigung nicht dem Landeshauptmann, der im Verfahren Beteiligter ist, zu überlassen wäre.

15.) Über Antrag des Bundesministers für Inneres beschließt der Ministerrat, die Verleihung der österreichischen Staatsbürgerschaft an die im Verzeichnis Nr. 104 des Bundesministeriums für Inneres angeführten 85 Personen als im Interesse des Staates gelegen zu bezeichnen.

16.) Nach einem Bericht des Bundesministers für Finanzen, Zl. 39.405-14/48, betreffend den Entwurf eines Bundesgesetzes über die Zündmittelsteuer, beschließt der Ministerrat, den Gesetzesentwurf als Regierungsvorlage der verfassungsmäßigen Behandlung durch die Organe der Bundesgesetzgebung zuzuführen.

17.) Der Bericht des Bundesministers für Finanzen, Zl. 11.583-17/48, über den Entwurf eines Bundesgesetzes, womit die Börsefonds-Novelle vom 16. Juli 1925, BGBl. Nr. 240/25, in der Fassung des Bundesgesetzes vom 26. Oktober 1934, BGBl. Nr. 314, abgeändert wird (3. Börsefonds-Novelle), wird auf eine Woche zwecks Klärung der Kompetenzbestimmungen im Börseüberleitungsgesetz zurückgestellt.

18.) Der Bericht des Bundesministers für Finanzen, Zl. 39.815-17/48, betreffend den Entwurf eines Bundesgesetzes über die Wiederherstellung des österreichischen Rechts auf dem Gebiete des Börsenwesens (Börseüberleitungsgesetz), wird auf eine Woche zwecks Klärung der Kompetenzbestimmungen im Einvernehmen mit dem Verfassungsdienst des BKA zurückgestellt.

19.) Der Bericht des Bundesministers für Finanzen, Zl. 39.826-17/48, betreffend den Entwurf eines Bundesgesetzes über Börsesensale (Börsesensalegegetz), wird auf eine Woche bis zur Klärung der Kompetenzbestimmungen im Börseüberleitungsgesetz zurückgestellt.

20.) Nach einem Bericht des Bundesministers für Finanzen, Zl. 39.851-15/48, betreffend den Entwurf eines Bundesgesetzes über die Ausgabe von Bundesschatzscheinen (3. Schatzscheingesetz 1948), beschließt der Ministerrat, den Gesetzesentwurf als Regierungsvorlage der verfassungsmäßigen Behandlung durch die Organe der Bundesgesetzgebung zuzuführen.

21.) Nach einem Bericht des Bundesministers für Finanzen, Zl. 31.155-19/48, über den Entwurf eines Bundesgesetzes, betreffend Lebensversicherungen mit Auslosung, beschließt der Ministerrat, den Gesetzesentwurf als Regierungsvorlage der verfassungsmäßigen Behandlung durch die Organe der Bundesgesetzgebung zuzuführen.

22.) Nach einem Bericht des Bundesministers für die Auswärtigen Angelegenheiten, betreffend die Festsetzung einer Liste von Sachverständigen für die Bearbeitung der mit der Abwicklung des Marshall-Planes auf österreichischer Seite zusammenhängenden Fragen, beschließt der Ministerrat, die in der nachstehenden Liste Genannten als Sachverständige der Österreichischen Bundesregierung für die Tagungen der Organisation für wirtschaftliche Zusammenarbeit in Paris mit der Maßgabe zu bestimmen, daß die Entsendung anderer als in dieser Liste genannter Personen eines Beschlusses des Ministerrates bedarf.

Liste der Sachverständigen zur Bearbeitung der mit dem Marshall-Plan zusammenhängenden Fragen:

Sachgebiet:	Sachverständige:
Chemische Produkte	Ing. Ottokar Ortlieb
Eisen und Stahl	Sektionsrat Ing. Erich ROESSLER
	Dir. Matuschka

Elektrizitätswirtschaft	Ing. Franz HINTERMAYER
	Dir. KÖLICKER
Erdöl	Sektionsrat Dr. Heinrich HELMREICH
	Ing. HIRSCH
Ernährung	Sektionsrat Dr. Rudolf FISCHER
	Dr. Richard HUKA
Handelspolitik	Min. Rat Dr. Hans AUGENTHALER
	Dir. Anton SCHOPF
Holz	Dr. Otto B u r g e r
Kohle	Min. Rat Ing. Rudolf K l o s s
Landwirtschaft	Sektionschef Ing. Franz GRÜNSEIS
	Sektionsrat Ing. Alexander BAUER
Maschinen	Ing. THAUSSING
Nichteisenmetalle	Josef L i k o s e r
Papier	Dr. Josef MAIRHUBER
Programmierung	Dr. Franz SCHWARZENBERGER
	Ing. Milos FRANC
Rohstoffe	Sektionsrat Ing. Raimund GEHART
Textilien	SEIDL
	Robert GROSSMANN
	TRNKAL
Verkehr	Ing. Otto Max BAZANT
	Dr. Erwin KITZMÜLLER
Zahlungsbilanz und Zahlungsverkehr	Sektionsrat Dr. Hans KLOSS

23.) Nach einem Bericht und Antrag des Bundesministers für Verkehr, BM Zl. 13.459/1948, auf Ermächtigung, dem Herrn Bundespräsidenten den Weltpostvertrag von Paris vom 5. Juli 1947 zur Ratifizierung vorzuschlagen, beschließt der Ministerrat antragsgemäß.

24.) Der Bericht des Bundesministers für die Auswärtigen Angelegenheiten, Zl. 159.230-WPol/48, betreffend die Vorgangsweise bei Kreditverhandlungen mit internationalen Stellen und in den USA, wird zur Kenntnis genommen.

25.) Nach einem Bericht des Bundesministers für Finanzen, Zl. 33.436-15/48, betreffend den Beitritt Österreichs zum Internationalen Währungsfonds und zur Internationalen Bank für Wiederaufbau und Wirtschaftsförderung, beschließt der Ministerrat antragsgemäß mit der Maßgabe, daß der Bundesminister für Finanzen zur Prüfung der allenfalls notwendigen gesetzlichen Regelung ermächtigt wird, in welchem Falle ehestens der diesbezügliche Entwurf dem Ministerrat vorzulegen ist.

26.) Der Bericht des Bundesministers für Volksernährung, Zl. 37.906-4/48, betreffend Aufkauf und Einlagerung der Getreidekontingente 1948 sowie eines Teiles des Kartoffelkontingentes 1948; Beistellung von Geldmitteln, wird zurückgezogen.

27.) Der Ministerrat nimmt den Bericht des Vizekanzlers in Ergänzung des Beschlußprotokolls Nr. 110, Pkt. 21, betreffend die Einhebung einer Fremdenverkehrsabgabe seitens der Stadt Salzburg, zur Kenntnis.

28.) Nach einem Bericht des Bundesministers für Unterricht, Zl. 36.877/III-7/47, über die Erwirkung der Genehmigung des Nationalrates gem. Artikel 50, Abs. (1), des Bundesverfassungsgesetzes in der Fassung von 1929 zum Beitritte Österreichs zur Organisation der Vereinten Nationen für Erziehung, Wissenschaft und Kultur (UNESCO), über die Ratifizierung und die Erlegung der Beitrittsurkunde sowie über den innerstaatlichen Vollzug des Vertrages im Verordnungswege, beschließt der Ministerrat, die Bundesminister für Auswärtige Angelegenheiten und für Unterricht zur Prüfung der Frage gem. Art. 50, Abs. (1), des Bundesverfassungsgesetzes in der Fassung von 1929 zu ermächtigen, wobei der übereinstimmenden Auffassung die Wirksamkeit eines Ministerratsbeschlusses zukommt.

29.) Nach einem Bericht des Bundesministers für Finanzen, ergänzt durch Mitteilungen des Bundesministers für Land- und Forstwirtschaft, betreffend die Errichtung eines Kindergartens im bundeseigenen Auer-Welsbach-Park aus den Mitteln der Schweizer Spende, beschließt der Ministerrat antragsgemäß mit der Maßgabe, daß die beiden Bundesminister im Verhandlungswege die Erwerbung eines für die Imkerschule geeigneten Objektes im Kompensationswege anstreben sollen.

30.) Der Ministerrat nimmt den Bericht des Bundeskanzlers, Zl. 70.144-3/1948, betreffend Kinderhilfsappell der Vereinten Nationen – Einhebung der Spenden – zustimmend zur Kenntnis.

117.

[Dienstag] 1948-06-22

Vorsitz: Figl
Anwesend: Schärf, Helmer, Gerö, Zimmermann, Kraus, Kolb, Sagmeister, Krauland, Übeleis, Gruber, Altenburger, Graf, Mantler
Schriftführer: Chaloupka, Loibl
Ort: Wien I., Ballhausplatz 2, Ministerratssaal
Dauer: 10.20–13.20 Uhr[1]

Reinschrift, unterfertigte Anwesenheitsliste, Beschlußprotokoll[2]

Tagesordnung:
1. Bericht des Bundeskanzlers.
[1 a. Stand der Verhandlungen in London und Paris.
1 b. Marshallplanhilfe (Beschlußprotokoll Punkt 1 a).
1 c. Unterredung des Bundeskanzlers mit General Béthouart (Beschlußprotokoll Punkt 1 b).
1 d. Unterredung des Bundeskanzlers mit Generaloberst Želtov (Beschlußprotokoll Punkt 1 d).
1 e. Bericht des Bundeskanzlers über den Notenwechsel, betreffend Bundesminister Dr. Migsch (Beschlußprotokoll Punkt 1 c).
1 f. Verhaftung des Kriminaloberinspektors Anton Marek durch die sowjetische Besatzungsmacht (Beschlußprotokoll Punkt 1 e).
1 g. Bericht des Bundeskanzlers über seine beabsichtigte Teilnahme an den Feiern anläßlich des 100-jährigen Bestandes der Schweizer Verfassung (Beschlußprotokoll Punkt 1 f).
1 h. Verlesung der alliierten Noten durch den Bundeskanzler (Beschlußprotokoll Punkt 2 a bis c).
1 i. Verlesung der Mitteilungen und Resolutionen durch den Bundeskanzler (Beschlußprotokoll Punkt 3 a bis e).
1 j. Mitteilung Bundesminister Zimmermanns über die in den nächsten Tagen zu erwartende Vorsprache Oberst Ivanovs, betreffend die Besatzungskosten (Beschlußprotokoll Punkt 4).
1 k. Mitteilung Bundesminister Übeleis über die Anfrage der sowjetischen Besatzungsmacht, betreffend die Ausdehnung der Befahrung der Donau (Beschlußprotokoll Punkt 5).
1 l. Bericht des Bundesministers für Inneres, betreffend die Überführung der Ausstellung österreichischer Kunstwerke aus Schweden in die USA (Beschlußprotokoll Punkt 6).]
2. Personalangelegenheiten (siehe Beilage) (Beschlußprotokoll Punkte 7 bis 9).
3. Bericht und Antrag des Bundesministers für die Auswärtigen Angelegenheiten auf Zustimmung des Ministerrates zur Unterzeichnung des Abkommens durch den Bundeskanzler und den Bundesminister für die Auswärtigen Angelegenheiten zwischen Österreich und den Vereinigten Staaten, betreffend die wirtschaftliche Zusammenarbeit (Beschlußprotokoll Punkt 10).

---

[1] In der Tagesordnung ist der Beginn der Sitzung mit *10.00 Uhr* angegeben.

[2] Dem Ministerratsprotokoll liegt kein Stenogramm bei. Statt dessen findet sich der Vermerk: *Keine Verhandlungsschrift – Herr Min. Rat Dr. Capek auf Urlaub!*

4. Bericht des Bundesministers für Inneres, betreffend die Erklärung des Staatsinteresses an der Einbürgerung der im Verzeichnis Nr. 105 des Bundesministeriums für Inneres angeführten 99 Personen (Beschlußprotokoll Punkt 11).
5. Bericht des Bundesministers für Justiz, JM. Zl. 11.975/48, über die Wahl der Standesorgane in der Rechtsanwaltschaft und im Notariat (Beschlußprotokoll Punkt 12).
6. Bericht des Bundesministers für Finanzen, Zl. 11.583-17/48, über den Entwurf eines Bundesgesetzes, womit die Börsefonds-Novelle vom 16. Juli 1925, BGBl. Nr. 240/25, in der Fassung des Bundesgesetzes vom 26. Oktober 1934, BGBl. Nr. 314, abgeändert wird (3. Börsefonds-Novelle). Material verteilt (116. Min. Rat) (Beschlußprotokoll Punkt 13).
7. Bericht des Bandesministers für Finanzen, Zl. 39.815-17/48, betreffend den Entwurf eines Bundesgesetzes über die Wiederherstellung des österreichischen Rechts auf dem Gebiete des Börsewesens (Börseüberleitungsgesetz). Material verteilt (116. Min. Rat) (Beschlußprotokoll Punkt 14).
8. Bericht des Bundesministers für Finanzen, Zl. 39.826-17/48, betreffend den Entwurf eines Bundesgesetzes über Börsesensale (Börsesensalegesetz). Material verteilt (116. Min. Rat) (Beschlußprotokoll Punkt 15).
9. Bericht des Bundesministers für Finanzen, Zl. 51.779/14/47, betreffend den Entwurf eines Bundesgesetzes über die Mineralölsteuer. Material verteilt (91. Min. Rat) (Beschlußprotokoll Punkt 16).
10. Bericht des Bundesministers für Unterricht, Zl. 28.604/III/10/48, betreffend den Entwurf eines Bundesverfassungsgesetzes über die Vernichtung von Druck- und Bildwerken nationalsozialistischen Gehaltes oder eines den Alliierten Mächten feindlichen Charakters (Literaturreinigungsgesetz) (Beschlußprotokoll Punkt 17).
11. Antrag des Bundesministers für soziale Verwaltung, Zl. II/75/464-5/48, betreffend den Entwurf eines Bundesgesetzes über die Anpassung der Leistungen in der Notarversicherung an die wirtschaftlichen Verhältnisse (Notarversicherungs-Anpassungsgesetz) (Beschlußprotokoll Punkt 18).
12. Antrag des Bundesministers für soziale Verwaltung, Zl. II/63.410-5/48, betreffend den Entwurf eines Bundesgesetzes über die Regelung sozialversicherungsrechtlicher Verhältnisse aus Anlaß der Aufnahme in ein öffentlich-rechtliches Dienstverhältnis oder beim Ausscheiden aus einem solchen (Beschlußprotokoll Punkt 19).
13. Bericht des Bundesministers für Verkehr, BM. Zl. 22.140/48, über die Teilnahme an der Tagung der Regionalen europäischen Rundfunkkonferenz des Weltnachrichtenvertrages in Kopenhagen im Juni 1948 (Entsendung von Delegierten) (Beschlußprotokoll Punkt 20).
14. Antrag des Bundesministers für Verkehr, BM. Zl. 20.975/48, betreffend den Entwurf einer Verordnung des Bundesministeriums für Verkehr, womit die Verordnung des Bundesministeriums für Verkehr vom 31. Juli 1947, BGBl. Nr. 176, über gebührenrechtliche Maßnahmen auf dem Gebiete des Telegraphen-, Fernsprech- und Rundfunkwesens abgeändert und ergänzt wird (Beschlußprotokoll Punkt 21).
15. Bericht und Antrag des Bundesministers für Volksernährung, Zl. 37.906-4/48, betreffend Aufkauf und Einlagerung der Getreidekontingente 1948 sowie eines Teiles des Kartoffelkontingentes 1948 und Bereitstellung von Geldmitteln. Material verteilt (116. Min. Rat) (Beschlußprotokoll Punkt 22).
16. Bericht des Bundesministers für soziale Verwaltung, Zl. V/74.876/JL/48, betreffend Teilnahme Österreichs an der XVII. Internationalen Konferenz des Roten Kreuzes in Stockholm in der Zeit vom 20. bis 30. August 1948 (Beschlußprotokoll Punkt 23).
17. Mündliche Berichte der Minister.

[17 a. Bericht des Bundesministers für Finanzen, betreffend den Beitritt Österreichs zum Abkommen von Bretton Woods (Beschlußprotokoll Punkt 24).

17 b. Bericht des Bundesministers für Inneres, betreffend Rückerstattung von Lebensmittel für die noch in Máramaros Sziget befindlichen Kriegsgefangenen an die Sowjetunion (Beschlußprotokoll Punkt 25).

17 c. Bericht des Bundesministers für Finanzen, betreffend Zahlungsvorschuß für die Bauarbeiten am Salzburger Dom (Beschlußprotokoll Punkt 26).

17 d. Bericht des Bundesministers für die Auswärtigen Angelegenheiten, betreffend Klagen in Osttirol über die Handhabung der Sperre in der Sperrzone Sillian (Beschlußprotokoll Punkt 27).]

Beilagen:

1 Anwesenheitsliste (1 Seite).

2 Tagesordnung (1 ½ Seiten); Beilage zu Punkt 2 der Tagesordnung, Anträge in Personalangelegenheiten (½ Seite).

3 Kein Material.

4 Bundesministerium für Inneres, (ohne Aktenzahl): Ministerratsvortrag, betr.: Beschluß der Bundesregierung gemäß § 5, Abs. (1), Z. 3, StGBl. Nr. 60/1945 (1 Seite); Verzeichnis Nr. 105 der für die Verleihung der Staatsbürgerschaft vorgesehenen Personen (16 Seiten); Nachtrag zur Liste Nr. 105 (Staatsbürgerschaftsanträge) (½ Seite).

5 Bundesministerium für Justiz, JMZl. 11.975/1948: Vortrag für den Ministerrat. Gegenstand: Wahl der Standesorgane in der Rechtsanwaltschaft und im Notariat (1 ½ Seiten).

6 Bundesministerium für Finanzen, Zl. 11.583-17/1948: Entwurf zum Bundesgesetz vom ..., womit die Börsefondsnovelle vom 16. Juli 1925, BGBl. Nr. 240 in der Fassung des Bundesgesetzes vom 26. Oktober 1934, BGBl. Nr. 314, abgeändert wird (3. Börsefondsnovelle) (1 Seite); Erläuternde Bemerkungen (1 Seite); Ministerratsvortrag (1 Seite).

7 Bundesministerium für Finanzen, Zl. 39.815-17/1948: Entwurf zum Bundesgesetz vom ... über die Wiederherstellung des österreichischen Rechtes auf dem Gebiete des Börsewesens (Börseüberleitungsgesetz) (3 ½ Seiten); Erläuternde Bemerkungen (3 ¼ Seiten); Ministerratsvortrag (1 ½ Seiten).

8 Bundesministerium für Finanzen, Zl. 39.826-17/1948: Entwurf zum Bundesgesetz vom ... über Börsesensale (Börsesensale-Gesetz) (9 ½ Seiten); Erläuternde Bemerkungen (3 Seiten); Ministerratsvortrag (1 ½ Seiten).

9 Bundesministerium für Finanzen, Zl. 43.417-14/1948: Bundesgesetz vom ... über die Mineralölsteuer (7 Seiten); Erläuternde Bemerkungen (5 ½ Seiten); Ministerratsvortrag (3 ½ Seiten); Information für den Herrn Bundesminister betreffend Bundesgesetz vom ... über die Mineralölsteuer (Abschrift) (½ Seite).

10 Bundesministerium für Unterricht, Zl. 28.604-III/1948: Bundesverfassungsgesetz vom ..., betreffend die Vernichtung von Druck- und Bildwerken nationalsozialistischen Gehaltes oder eines den Alliierten Mächten feindlichen Charakters (Literaturreinigungsgesetz) (2 ½ Seiten); Erläuterung (2 ¼ Seiten); Vortrag an den Ministerrat (4 ½ Seiten).

11 Bundesministerium für soziale Verwaltung, Zl. II-75.464-5/1948: Bundesgesetz vom ... über die Anpassung der Leistungen in der Notarversicherung an die wirtschaftlichen Verhältnisse (Notarversicherungs-Anpassungsgesetz) (1 Seite); Erläuterungen (1 Seite); Vortrag an den Ministerrat (1 ¼ Seiten).

12 Bundesministerium für soziale Verwaltung, Zl. II-63.410-5/1948: Bundesgesetz vom ... 1948 über die Regelung sozialversicherungsrechtlicher Verhältnisse aus Anlaß der

Aufnahme in ein öffentlich-rechtliches Dienstverhältnis oder beim Ausscheiden aus einem solchen (6 Seiten); Erläuternde Bemerkungen (9 ½ Seiten); Vortrag an den Ministerrat (2 Seiten); Bundeskanzleramt, Zl. 70.712-3/1948: Information für den Herrn Bundeskanzler, betreffend den vom Bundesministerium für soziale Verwaltung im Ministerrat eingebrachten Entwurf eines „Bundesgesetzes über die Regelung sozialversicherungsrechtlicher Verhältnisse aus Anlaß der Aufnahme in ein öffentlich-rechtliches Dienstverhältnis oder beim Ausscheiden aus einem solchen" (Abschrift) (1 Seite).

13 Bundesministerium für Verkehr, Generaldirektion für die Post- und Telegraphenverwaltung, B.M.Zl. 22.140/1948: Vortrag an den Ministerrat. Gegenstand: Teilnahme an der Tagung der Regionalen europäischen Rundfunkkonferenz des Weltnachrichtenvertrages in Kopenhagen, Juni 1948 (1 ½ Seiten).

14 Bundesministerium für Verkehr, Generaldirektion für die Post- und Telegraphenverwaltung, B.M.Zl. 20.975/1948: Entwurf einer Verordnung des Bundesministeriums für Verkehr vom ..., womit die Verordnung des Bundesministeriums für Verkehr vom 31. Juli 1947, BGBl. Nr. 176, über gebührenrechtliche Maßnahmen auf dem Gebiete des Telegraphen-, Fernsprech- und Rundfunkwesens abgeändert und ergänzt wird (8 Seiten); Erläuternde Bemerkungen (8 Seiten); Vortrag für den Ministerrat (1 ½ Seiten).

15 Bundesministerium für Volksernährung, Zl. 37.906-4/1948: Vortrag für den Ministerrat, Ankauf und Einlagerung der Getreidekontingente 1948 sowie eines Teiles des Kartoffelkontingentes 1948, Bereitstellung von Geldmitteln (3 Seiten).

16 Bundesministerium für soziale Verwaltung, Zl. V-74.876-JL/1948: Vortrag an den Ministerrat. Gegenstand: Teilnahme Österreichs an der XVII. Internationalen Konferenz vom Roten Kreuze in Stockholm in der Zeit vom 20. – 30. August 1948. Entsendung eines weiteren Vertreters des Bundesministeriums für soziale Verwaltung (2 ½ Seiten).

17 Bundesministerium für Finanzen, Zl. 43.814-15/1948: Entwurf eines Bundesgesetzes vom ... 1948 über den Beitritt Österreichs zu den Abkommen von Bretton Woods (1 Seite); Erläuternde Bemerkungen (2 ½ Seiten).

A Verb. Zl. 3.400/VII: Note der Sowjetabteilung der Alliierten Kommission für Österreich, Nr. 9/139, an Bundeskanzler Figl vom 10. Juni 1948. Betrifft: Beschwerde über Bundesminister Dr. Migsch (1 Seite).

B (Ohne Aktenzahl): Schreiben des Bundeskanzlers an den Generalobersten Kurassow (Entwurf) (1 ½ Seiten); Notiz über Minister Dr. Migsch in „Vorarlberger Volkswille" vom 2. Juni 1948, „Der Kampf der Bauarbeiter um einen Kollektivvertrag. (Uneinsichtige Haltung der Unternehmer)" (1 ½ Seiten).

C Bundeskanzleramt, Zl. 114.480-Pol/1948: Schreiben des Bundeskanzlers an den Vorsitzenden des Alliierten Rates für Österreich, Wien vom 23. Juni 1948 (Abschrift) (3 ½ Seiten).

D Verb. Zl. 909/149, 17.725: UdSSR Sowjetisches Element der Alliierten Kommission für Österreich, Schreiben Generaloberst A. Sheltows an Bundeskanzler Figl vom 19. Juni 1948 (Abschrift der Übersetzung) (1 Seite).

E UdSSR, Sowjetsektion des All. Rates für Österreich, 17. Juni 1948, Nr. 470, Wien Hotel Imperial, Zl. 11.164: Schreiben Oberst Starows an das Bundesministerium für Inneres Abteilung 12/K zu Handen Herrn Amtsrat Berdach (Abschrift von Zl. 249.385-14/1948, Übersetzung) (1 Seite); Mitteilung über den Stand der Lebensmittellieferungen durch österr. Behörden zum 17. Juni 1948 (Abschrift, Übersetzung) (1 Seite).[3]

---

3 Weiters liegen dem Protokoll bei:
Verb. Zl. 3.400/VII: Schreiben der Sowjetabteilung der Alliierten Kommission für Österreich, Nr. 9/139, an Bundeskanzler Figl vom 10. Juni 1948 (1 Seite). Vgl. Punkt 1 d der Tagesordnung.

Der Bundeskanzler eröffnet die Sitzung und teilt mit, daß sich BM Dr. Migsch, der zu Energieverhandlungen in der Schweiz weilt, entschuldigt hat. Das Beschlußprotokoll der letzten Sitzung ist unbeanstandet geblieben, die Tagesordnung und die Unterlagen zu dieser Sitzung wurden rechtzeitig verteilt, gegen sie kein Einwand erhoben, so daß die Tagesordnung genehmigt ist.

[1]

a

Über London und Paris ist nichts Neues zu berichten.[4]

b

Die Marshall-Hilfe ist in Amerika nunmehr endgültig beschlossen. Die Kürzung ist minimal, so daß sich für Österreich kaum eine Änderung ergeben wird.[5]

c

Mit General Bethouart[6] hatte ich in der vergangenen Woche eine kurze Unterredung, da er Informationen über den gesamten Fragenkomplex des französischen Elementes haben wollte.[7]

d

Donnerstag vergangener Woche hatte ich eine ausführliche Unterredung mit Generaloberst Sheltow[8]. Gegen die Sowjetnote, betreffend BM Dr. Migsch haben wir energisch protestiert.[9] Die Antwort wurde mit dem Vizekanzler abgesprochen. Ich habe unsere Note am Donnerstag um 9 Uhr durch einen Boten im Hotel Imperial[10] zustellen lassen.[11] Nach 12 Uhr bekam ich die Mitteilung, Generaloberst Sheltow erwarte mich um 1 Uhr. Ich nahm an, er wünsche eine Besprechung in Angelegenheit des BM Dr. Migsch, habe mir sofort auch meinerseits einige Punkte notiert, die ich mit ihm besprechen wollte, und zwar

aa) die Beschlagnahme von Villen am Semmering,

bb) die Zurückziehung der angeordneten Erhebungen des russ. Elementes durch Formblätter in Niederösterreich,

---

Verb. Zl. 3.422/IV: Schreiben des Hochkommissariates der Französischen Republik in Österreich, Zl. 10.549/CE/CAB, an Bundeskanzler Figl vom 15. Juni 1948 (2 Seiten). Vgl. Beschlußprotokoll Punkt 2 a.

Verb. Zl. 3.430/III/Wirt: Schreiben der Alliierten Kommission für Österreich, Alliiertes Sekretariat, SECA 48/118, an Bundeskanzler Figl vom 18. Juni 1948 (1 ½ Seiten). Vgl. Beschlußprotokoll Punkt 2 b.

Verb. Zl. 3.432/III/Verk: Schreiben der Alliierten Kommission für Österreich, Büro des Alliierten Sekretariates, SECA 48/115, an Bundeskanzler Figl vom 18. Juni 1948 (2 Seiten). Vgl. Punkt 1 h der Tagesordnung.

4 Vgl. MRP Nr. 116/1 a.

5 Nach langer Debatte im gemeinsamen Konferenzausschuß des US-Senats und des Repräsentantenhauses war für die Marshallplanhilfe eine Gesamtsumme von 6.030,710.228 Dollar für einen Zeitraum von fünfzehn Monaten festgelegt worden. Im Bedarfsfall sollte diese Summe auch innerhalb eines Zeitraumes von nur zwölf Monaten verbraucht werden können. Vgl. etwa Wiener Zeitung, 22. Juni 1948, S. 1 f „Marshalls Hilfsprogramm wiederhergestellt" und Neues Österreich, 22. Juni 1948, S. 1 „Der Marshall-Plan endgültig gesichert". Zum Marshallplan vgl. Anmerkung 6 in MRP Nr. 116.

6 Marie Émile A. Béthouart, September 1945 bis Ende September 1950 kommandierender General und Hochkommissar der französischen Besatzungsmacht in Österreich.

7 Zur Unterredung Figls mit Béthouart im Juni 1948 konnte nichts eruiert werden.

8 Aleksej Sergeevič Želtov, sowjetischer Generaloberst, September 1945 bis Juli 1950 stellvertretender Hochkommissar der UdSSR für Österreich.

9 Zum Inhalt der Note vgl. das entsprechende Regest unter Tagesordnungspunkt 1 e.

10 Im Hotel Imperial in Wien I., Kärntnerring 16 befand sich das Generalhauptquartier der sowjetischen Besatzungsmacht in Österreich.

11 Vgl. zum Inhalt das Regest zu Beilage B unter Tagesordnungspunkt 1 e.

cc) die Anbringung von russischen Straßentafeln im Mühlviertel,
dd) die Beschlagnahme des Klosterneuburger Stiftskellers,
ee) die Lieferung des noch ausständigen vereinbarten Rohöles für die Arlbergleitung,
ff) die Rückgabe österreichischer Glocken aus dem Glockenlager Apolda[12],
gg) das Urteil, betreffend die Josefsberger Täter (siehe Beschl. Prot. Nr. 114, Pkt. 1 a),
hh) die Verschleppungen österreichischer Staatsbürger,
ii) den Heimtransport von Kriegsgefangenen,
jj) das Verhalten des Zensors der Ravag Major Goldenberg[13] im russischen Stabe des Hochkommissariates,
kk) die Vergebung der Baulose auf der Straße Wien–Budapest,
ll) die Aufnahme der Rede des Generaldirektors der DDSG. Bauer[14].

Im Hotel Imperial teilte mir Generaloberst Scheltow mit, es handle sich um die Besatzungskosten. Seine Regierung habe unsere diesbezügliche Protestnote als unbegründet abgelehnt.[15] Er habe daher ein Anrecht auf den vollen Betrag, sonst könne er seinen Soldaten den Sold nicht auszahlen. Ich habe erklärt, daß wir das Geld nicht haben und erst Wege suchen, es aufzutreiben, daß wir u. a. den Entwurf für eine Besatzungssteuer ausarbeiten. Das hat ihn irritiert, und er hat gemeint, wir könnten keine Reduktion der Besatzungskosten erwarten, da das Sowjetelement in den Besatzungskosten ohnehin gekürzt wurde, während die anderen Elemente eine Erhöhung erhielten, dies im Hinblick auf die gleichmäßige Festlegung mit 25 % für alle 4 Alliierten. Nach einer längeren Debatte erklärte ich, wir wüßten noch nicht, welchen Weg wir zur Beschaffung der Mittel beschreiten könnten, zumal sich die anderen Elemente noch nicht geäußert haben. Wir prüften jedoch u. a. die Möglichkeit einer Besatzungssteuer, Kürzung der Sozialversicherungsbeiträge, Einschränkungen im Eisenbahnverkehr usw.

Daraufhin habe ich meine Wünsche vorgebracht.

aa) Bezüglich der Beschlagnahme von Villen am Semmering[16] hat mir Gen. Oberst Scheltow am Samstag offiziell mitteilen lassen, daß diese Beschlagnahmen vom Bürgermeister vom Semmering[17] im Einvernehmen mit dem Bürgermeister von Neunkirchen[18] erfolgten und insgesamt nur 13 Räume in 3 Villen beschlagnahmt wurden, mehr wird nicht beansprucht.[19]

---

12 Die Kreisstadt Apolda im Bezirk Erfurt in Thüringen war wegen ihrer 250jährigen Tradition des Glockengießens auch als „Glockenstadt“ bekannt.

13 Jakuv Goldenberg, sowjetischer Major, später Oberstleutnant, Leiter der Unterabteilung Propaganda der Propagandaabteilung der sowjetischen Besatzungsmacht in Österreich, ab Mai 1945 mit der Vorzensur des Programms der Sendergruppe Radio Wien betraut.

14 Josef Bauer, 1945 bis 1954 Generaldirektor der DDSG, Vorsteher des Fachverbandes der Schiffahrtsunternehmungen.

15 Vgl. dazu MRP Nr. 112/14 b vom 18. Mai 1948, MRP Nr. 113/1 d vom 25. Mai 194, MRP Nr. 115/1 d vom 8. Juni 1948 und MRP Nr. 116/1 g.

16 Vgl. dazu auch MRP Nr. 116/1 k.

17 Anton Purkarth, Bürgermeister von Semmering.

18 Josef Graf, Bürgermeister von Neunkirchen.

19 Am 16. Juni 1948 war in Wien das Gerücht verbreitet worden, daß auf dem Semmering große Aufregung herrsche, weil die Sowjetkommandantur in Gloggnitz 30 Villen und drei erst kürzlich in Betrieb genommene Hotels für Militärzwecke habe anfordern lassen. Daraufhin hatte der Bürgermeister von Semmering der Austria Presse Agentur mitgeteilt, daß in Zusammenhang mit einer personellen Verstärkung der sowjetischen Kommandantur drei Privatvillen, jedoch keinerlei gewerbliche Betriebe, also auch kein Hotel, angefordert worden seien. Vgl. Wiener Zeitung, 17. Juni 1948, S. 1 „Kein Semmering-Hotel angefordert“. In Folge war es in der Sache auch zu einer Intervention Bundeskanzler Figls bei Generaloberst Želtov gekommen. Vgl. dazu AdR, BKA, Sektion II, Sign. 40-N, GZl. 70.411-2a/1948, Zl. 70.606-2a/1948, Einrichtung einer Kommandantur der sowjetischen Besatzungsmacht

bb) Bezüglich der angeordneten Erhebungen durch Formblätter in Niederösterreich, die sich auf das gesamte Betriebsmaterial, Maschinen, Kredite usw. bezog, erklärte er mir auf meine Vorhalte, daß das Material ja ohnehin beim Statistischen Amt auch für ihn erhältlich ist, in diesem Falle sei eine individuelle Überprüfung nicht notwendig, und sagte die Zurückziehung der Anordnungen zu.[20]

cc) Die Anordnung, betreffend Anbringung von russischen Straßentafeln im Mühlviertel und einigen Bezirkshauptmannschaften Niederösterreichs, ist ebenfalls zurückgezogen worden.[21] Wenn die Besatzungsmacht die Beschriftung selber durchführen will, steht dem nichts im Wege, niemals kann sie aber auf Kosten Österreichs erfolgen.[22]

dd) Hinsichtlich der Beschlagnahme des Klosterneuburger Stiftskellers samt Küche und Einrichtung hat der Generaloberst erklärt, er habe in der Angelegenheit noch keine klare Übersicht, auf keinen Fall werden aber die gesamten Räume beschlagnahmt werden.

ee) In der Frage der Lieferung von Öl und der Arlbergleitung[23] hat er mitgeteilt, daß das Öl binnen kürzester Frist geliefert werde, so daß die 6.000 Tonnen, die wir schuldig sind, abgeführt werden können. Dies ist besonders wichtig, weil sonst die Italiener allenfalls die Arlbergleitung am 1. 7. 1948 wieder abmontieren oder wir eine Konventionalstrafe von 18 % des Wertes pro Halbjahr bezahlen müßten.

ff) In Ostdeutschland liegt noch eine große Zahl von österreichischen Kirchenglocken, wegen deren Rückschaffung der Kardinal[24] seinerzeit an mich herangetreten ist. Gen. Oberst Scheltow teilte mit, der Rücktransport stünde selbstverständlich frei. Die Glocken sollen abgeholt werden.[25]

gg) Das Urteil über die Täter von Josefsberg ist bereits Samstag verlautbart worden. Gen. Oberst Scheltow hat mir schon am Donnerstag mitgeteilt, daß über sie das Höchstausmaß von 25 Jahren Zwangsarbeit im Kohlenbergbau von Sibirien verhängt wurde.[26]

---

auf dem Semmering; Wiener Zeitung, 20. Juni 1948, S. 3 „Am Semmering nur 13 Zimmer beschlagnahmt"; MRP Nr. 116/1 k und MRP Nr. 121/1 c.

20 Vgl. MRP Nr. 120/1 d, Beilage B. Die Beilage enthält die vom Österreichischen Statistischen Zentralamt, Abteilung Agrarstatistik, ausgegebenen Formblätter für die Durchführung der Bodenbenutzungserhebung 1948.

21 Die Zivilverwaltung Mühlviertel war am 15. Juni 1948 von der sowjetischen Besatzungsmacht aufgefordert worden, „an sämtlichen Straßen und Wegen des Mühlviertels bis längstens 21. Juni Ortstafeln und Wegweiser in russischer Schrift anzubringen". Vgl. Neues Österreich, 18. Juni 1948, S. 3 „Ortstafeln in russischer Schrift gefordert". Auf Grund der Vorsprache Bundeskanzler Figls war es gelungen, die Zusicherung Generaloberst Željtovs zu erhalten, daß diese „Aufforderung rückgängig gemacht werde". Vgl. Neues Österreich, 19. Juni 1948, S. 2 „Die Forderung nach russischen Ortstafeln fallen gelassen" und Wiener Zeitung, 19. Juni 1948, S. 3 „Keine russischen Mühlviertler Ortstafeln".

22 Vgl. dazu weiters MRP Nr. 120/18 h.

23 Vgl. auch MRP Nr. 92/13 vom 16. Dezember 1947, MRP Nr. 105/1 c vom 23. März 1948, MRP Nr. 118/1 m; weiters WMK Nr. 50/3 vom 22. März 1948.

24 Kardinal Dr. Theodor Innitzer, 1932 bis 1955 Erzbischof von Wien.

25 Ein Großteil der österreichischen Kirchenglocken war während des Krieges demontiert und als Rohstoff für die Rüstungsindustrie verwendet worden. Erhebungen hatten ergeben, daß sich in der sowjetischen Zone Deutschlands noch 124 österreichische Glocken befanden, die infolge des Zusammenbruchs des Deutschen Reiches nicht mehr zur Verschrottung gelangt waren. Nach Überprüfung der Eigentumsverhältnisse hatten die sowjetischen Behörden die Freigabe dieser Glocken erteilt. Nun sollten diese, sobald die erforderlichen Transportmittel bereitstanden, nach Österreich gebracht werden. Vgl. dazu Wiener Zeitung, 24. Juni 1948, S. 4 „Heimkehr der Kirchenglocken".

26 In Josefsberg (Gemeinde Annaberg/NÖ) hatten zwei sowjetische Deserteure in der Nacht zum 30. März 1948 nach einem Streit mit einem Einheimischen zwei Teilnehmer einer Tanzunterhaltung erschossen und einundzwanzig zum Teil lebensgefährlich verletzt. Vgl. etwa Wiener Zeitung, 31. März 1948, S. 2 „Tragisches Ende einer Tanzunterhaltung" und Österreichische Volksstimme, 1. April 1948, S. 3 „Die Bluttat von Josefsberg"; MRP Nr. 106/1 e vom 6. April 1948 und MRP Nr. 114/1 e vom

hh) Weiters habe ich ihn ersucht, daß Verhaftungen österreichischer Staatsbürger nur im Einvernehmen mit österreichischen Behörden vorgenommen werden sollen. Zumindest sollen diese verständigt werden. Der österreichische Staatsbürger muß das Recht haben, nach österreichischen Gesetzen bestraft zu werden, niemals aber einseitig durch Besatzungsgerichte, ohne daß die österreichischen Behörden etwas wissen. Scheltow meinte, er sehe die Schwierigkeiten ein, aber nicht alle Personen, die in Österreich verschwinden, befänden sich bei den Sowjetbehörden; es seien bestimmt auch andere Elemente beteiligt.[27]

ii) Hinsichtlich der Heimführung österreichischer Kriegsgefangener, von denen in den nächsten Wochen 800 aus Marmaros Szigeth[28] kommen werden, erklärte er, dies sei im Hinblick auf die Verstreutheit der Lager schwer, doch werde er sein Möglichstes tun.[29]

jj) Auf meine Beschwerde über Major Goldenberg meinte er, dieser sei nur einfacher Offizier. Ich hielt dem gegenüber, daß Goldenberg Zensor der Ravag[30] und außerdem Angehöriger des Stabes des Hochkommissars sei. Es sei unerträglich, daß sich ein Angehöriger einer Besatzungsmacht derart in die inneren politischen Verhältnisse einmenge.

Der Generaloberst erklärte, er werde sich den Artikel Goldenbergs durchsehen und mir mitteilen, welche Maßnahmen ergriffen wurden.[31]

Trotz aller Bemühungen ist es mir aber nicht gelungen, das Gespräch auf Dr. Migsch zu bringen.

kk) Dann hat Gen. Oberst Scheltow das Gespräch noch auf das von uns abgeschlossene Weizenabkommen[32] gebracht und gemeint, den Weizen könnten wir von Ungarn und Jugo-

---

2. Juni 1948. Das Urteil gegen die beiden sowjetischen Deserteure, das vom Militärtribunal der Sowjetarmee gefällt worden war, wurde in der „Wiener Zeitung" veröffentlicht. Vgl. Wiener Zeitung, 19. Juni 1948, S. 5 „Das Verbrechen von Josefsberg". Material zum Mordfall Josefsberg vgl. AdR, BMI, GZl. 59.085-13/1948, Schießerei in Josefsberg.

27 Vgl. dazu auch Wiener Zeitung, 23. Juni 1948, S. 1 „Ministerrat will Schutzbestimmungen für Österreicher". Das Österreichische Jahrbuch führt für das Jahr 1948 „413 Fälle von Verhaftungen österreichischer Staatsangehöriger durch Organe einer Besatzungsmacht" an, deren Verteilung auf die vier Besatzungsmächte sich laut Jahrbuch folgendermaßen gestaltete: 27 Verhaftete (davon 23 wieder enthaftet) beim US-Element, 4 (davon 3 enthaftet) beim britischen, 22 (davon 9 enthaftet) beim französischen und 360 (davon 183 enthaftet) beim sowjetischen Element. Vgl. Österreichisches Jahrbuch 1948. Nach amtlichen Quellen herausgegeben vom Bundespressedienst, Wien 1949, S. 124.

28 In der rumänischen Stadt Sighetu Marmaţiei (ung.: Máramarossziget) befand sich das sowjetische Durchgangslager für heimkehrende Kriegsgefangene aus der Sowjetunion.

29 Zur Rückführung der Kriegsgefangenen aus Jugoslawien vgl. weiters MRP Nr. 118/14 e, MRP Nr. 121/1 c, MRP Nr. 123/1 i, MRP Nr. 127/1 g vom 5. Oktober 1948, MRP Nr. 128/10 b vom 12. Oktober 1948 und MRP Nr. 130/1 i vom 26. Oktober 1948. Vgl. auch Neues Österreich, 13. Juni 1948, S. 1 „Weisungen an die österreichische Vertretung in Moskau: Garantierte Termine für die Heimkehr der Kriegsgefangenen" und Wiener Zeitung, 22. Juni 1948, S. 1 „Zugsgarnitur am 26. nach Sziget".

30 Ravag: Österreichische Radio Verkehrs-A.G., 1924 gegründet, aufgelöst 1939. Vgl. dazu MRP Nr. 84/8 vom 21. Oktober 1947. Mit Ravag war die Sendergruppe Radio Wien gemeint. Die Bezeichnung wurde auch in der Zeit nach 1945 immer wieder gebraucht, obwohl der Rundfunkbetreiber am 24. August 1939 im Handelsregister gelöscht und nach 1945 nicht mehr eingetragen worden war. Vgl. Norbert P. Feldinger, Nachkriegsrundfunk in Österreich. Zwischen Föderalismus und Zentralismus von 1945 bis 1957 (= Rundfunkstudien 4), München/London/New York/Paris 1990, S. 45; weiters allgemein Viktor Ergert, 50 Jahre Rundfunk in Österreich, Band II: 1945–1955, Wien 1975, und Theodor Venus, Die Entstehung des Rundfunks in Österreich – Herkunft und Gründung eines Massenmediums, 3 Bände, phil. Diss., Wien 1982. Zur sowjetischen Zensur bei Radio Wien vgl. Wolfgang Mueller, Österreichische Zeitung und Russische Stunde. Die Informationspolitik der sowjetischen Besatzungsmacht in Österreich, Diplomarbeit, Wien 1998, S. 179–182 und S. 196–204.

31 Vgl. dazu auch MRP Nr. 115/13 b vom 8. Juni 1948 und MRP Nr. 121/1 c.

32 Zum Internationalen Weizenabkommen vgl. MRP Nr. 105/3 vom 23. März 1948 und MRP Nr. 147/13 vom 1. März 1949. Weiterführendes Material dazu findet sich in AdR, BKA/AA, W-pol 1948, Wirtschaft Europa, GZl. 133.037-Wpol/1948, Internationaler Weizen-Rat.

slawien günstiger haben. Ich entgegnete, daß es uns nicht einmal möglich war, eine Klausel in die Handelsverträge mit diesen Staaten einzubauen, derzufolge wir allfällige Überschüsse bekommen hätten.

ll) Zu der Vergebung der Baulose auf der Straße Wien-Budapest im Burgenland erklärte er, diese seien ungerecht vergeben worden.[33] Den unter den ersten 10 Firmen rangierenden USIA-Betrieben[34] seien keine Baustellen gegeben worden, sondern der an 13. Stelle stehenden Firma, weil sich BM Dr. Kolb sehr bemühe, gegen die USIA und Rußland zu arbeiten. Wieder ein klarer Beweis der Diskriminierung des Sowjetelementes durch die österreichische Bundesregierung. Dadurch entstünden für den österreichischen Staat Mehrkosten von 1,200.000 Schilling.[35]

mm) In der Frage der DDSG[36] wollte er meine persönliche Stellungnahme zu der Rede des Generaldirektors Bauer auf der Linzer Donaukonferenz hören.[37] Ich habe erklärt, wir hätten nur Interesse, ehestens die Donau von Passau bis Preßburg befahren zu können. Auf die Frage, ob sich die von Bauer angedeutete Richtung mit der Ansicht der Regierung decke, sagte ich nein.

Wir könnten nicht eine einseitige Donaupolitik betreiben, wo doch die Frage der Donauschiffahrt in London behandelt würde. Er erwiderte, die Regierung mache einen Fehler, wenn sie mit den Südoststaaten nicht genügend Verkehr und Handel treibe.

---

33 Wegen der Änderung der Staatsgrenzen zwischen der Tschechoslowakei und Ungarn im Gebiet südlich von Preßburg hatte die ungarische Regierung an Österreich das Ersuchen gestellt, an Stelle der gegenwärtigen, infolge der Grenzänderungen über tschechoslowakisches Gebiet führenden Straßenverbindung von Wien über Kittsee nach Budapest eine weiter südlich gelegene Ausweichstrecke als Fernstraßenverbindung Wien–Budapest auf österreichischem Gebiet auszubauen. Vgl. dazu auch MRP Nr. 86/9 d vom 6. November 1947 und MRP Nr. 89/8 b vom 25. November 1947.

34 Zur USIA vgl. Anmerkung 33 in MRP Nr. 116.

35 Aktenmaterial dazu findet sich in AdR, BMHW, Sektion I/4, GZl. 33.081/1947.

36 Das Aktienkapital der Ersten Donau-Dampfschiffahrts-Gesellschaft (DDSG) und der dazugehörigen Schiffswerft Korneuburg befand sich im Jahr 1938 zu je ungefähr einem Viertel im Besitz der österreichischen Bundesverwaltung sowie der Creditanstalt-Bankverein, etwas unter 50 % waren in italienischer Hand. 1939 ging das Aktienkapital zu praktisch hundert Prozent in den Besitz der Reichswerke Hermann Göring über. Nach Kriegsende wurde die DDSG unter öffentliche Verwaltung gestellt, bis die sowjetische Besatzungsmacht im März 1946 die Kontrolle über den Schiffahrts- und Hafenbetrieb der DDSG übernahm. Nach vorübergehender Übernahme der in der britischen Zone Wiens gelegenen Generaldirektion wurde in der sowjetischen Besatzungszone eine eigene sowjetische Verwaltung errichtet. Ihr waren die Hafeneinrichtungen der DDSG, die Schiffswerft Korneuburg sowie der vorhandene Schiffspark unmittelbar unterstellt. Dieser Zustand bestand bis zur Übergabe sämtlicher USIA-Betriebe an Österreich im August 1955. Vgl. dazu Helmuth Feigl/Andreas Kusternig (Hg.), Die USIA-Betriebe in Niederösterreich. Geschichte, Organisation, Dokumentation (= Studien und Forschungen aus dem Niederösterreichischen Institut für Landeskunde 5), Wien 1983, S. 201–207.

37 In Linz hatte am 13. Juni 1948 ein Internationaler Donaukongreß stattgefunden. Vgl. Wiener Zeitung, 13. Juni 1948, S. 2 „Zeitlupenbilder". In dessen Rahmen hatte der Generaldirektor der DDSG Josef Bauer in einer Rede gefordert: „Die Bundesregierung müsse ähnlich wie dies jetzt im Hinblick auf den Staatsvertrag geschieht, auch in der Frage der österreichischen Donauschiffahrt nach einem direkten Übereinkommen mit der Sowjetunion trachten. Praktisch sei es derzeit nur möglich, auf der ein paar Kilometer langen Donaustrecke zwischen Linz und Passau Vergnügungsreisende hin und her zu führen. Damit würde letztlich die Donauschiffahrt auf die Bedeutung einer kleinen Binnenschiffahrt zusammenschrumpfen. Der Schwerpunkt der Donauschiffahrt liege aber nicht innerhalb, sondern außerhalb der Landesgrenzen. Das treffe nicht nur für Österreich zu, sondern für sämtliche Donauuferstaaten. [...] Wenn daher durch direkte Verhandlungen mit der Sowjetunion unter Ausschaltung politischer Bindungen und ohne Junktim mit dem Staatsvertrag einzugehen, wenigstens erreicht werden könnte, daß innerhalb des österreichischen Hoheitsgebietes die Schiffe der DDSG zwischen Passau und Wien verkehren dürfen, ohne Gefahr zu laufen, beschlagnahmt zu werden, dann könnte nicht nur die staatliche Unterstützung wegfallen, sondern es ergebe sich darüber hinaus ein bescheidener Reinertrag." Vgl. dazu Neues Österreich, 13. Juni 1948, S. 2 „Freier Schiffsverkehr zwischen Passau und Wien".

BM Dr. K r a u l a n d: Tatsächlich hat Generaldirektor Bauer etwas anderes gesagt.

Der BK: Das war nach der ersten Aussendung über die Rede, über die wir sehr ungehalten waren. Nach 2 Tagen ist die Rede im Wortlaut erschienen und hat dann ganz anders gelautet.

e

Der Bundeskanzler bringt sodann den Notenwechsel, betreffend BM Dr. Migsch zur Kenntnis. Er verliest die Note des sowjetrussischen Hochkommissars und die Antwortnote darauf, auf die kein weiteres Schreiben des Sowjetelementes eingetroffen ist. Wir werden noch bis nächste Woche warten. Trifft bis dahin keine Antwort ein, gehen wir mit dieser Note vor den Alliierten Rat. Dann ist auch die Publikation darüber frei, in welcher Form sich die österreichische Regierung gegen Angriffe auf ihre Minister zur Wehr setzt. Beilage A u. B[38]

f

Der BK: Eine wichtige Angelegenheit ist der Fall des Kriminaloberinspektors Anton M a r e k[39]. Dieser wurde am Donnerstag um 5 Uhr Nachmittag in der Reichsrathstraße 1 zu der, wie sich herausstellte, Militärprokuratur, dem russischen Militärtribunal, bestellt, von

---

[38] Die Worte *Beilage A u. B* wurden handschriftlich eingefügt. Beilage A: Verb. Zl. 3.400/VII Schreiben der Sowjetabteilung der Alliierten Kommission für Österreich, Nr. 9/139, an Bundeskanzler Figl vom 10. Juni 1948 (1 Seite). In der beiliegenden Note beschwerte sich der sowjetische Hochkommissar Kurasov über die angeblichen „unzulässigen und ausfälligen Verleumdungen [...], die gegen das Sowjetvolk durch das Auftreten des Bundesministers für Energiewirtschaft, Alfred Migsch, in der Vorarlberger Sozialistischen Konferenz – veröffentlicht in der Zeitung ‚Volkswille' vom 2. Juni 1948 – entstanden sind". Er erwarte, daß die österreichische Regierung aus der Angelegenheit die Konsequenzen ziehe. Bundesminister Migsch hatte sich am Landesparteitag der SPÖ in Bludenz dahingehend geäußert, daß alle Hemmungen und Schwierigkeiten im Zusammenhang mit den Staatsvertragsverhandlungen nur auf das dauernde „Nein" der Sowjetunion zurückgehen würden. Vgl. dazu Vorarlberger Volkswille, 2. Juni 1948, S. 3 „Die Innen- und Außenpolitik der SPÖ", weiters Tagesordnungspunkt 1 e.
Vladimir Vasil'evič Kurasov, sowjetischer General, 12. Juni 1946 bis 20. April 1949 Oberkommandierender der sowjetischen Zentralen Heeresgruppe in Ungarn und Österreich, Mai 1946 bis April 1949 Hochkommissar der UdSSR für Österreich.
Beilage B: (Ohne Aktenzahl) Schreiben des Bundeskanzlers an den Generalobersten Kurassow (Entwurf) (1 ½ Seiten); Notiz über Minister Dr. Migsch in „Vorarlberger Volkswille" vom 2. Juni 1948 (2 Seiten). Bundeskanzler Figl betonte in seinem Antwortschreiben an Hochkommissar Kurasov, daß „der fragliche Artikel der Zeitung ‚Volkswille' und die Ausführungen, die in diesem Artikel Dr. Migsch in den Mund gelegt werden, einer eingehenden Prüfung unterzogen werden. [...] Eine solche Prüfung ist umso notwendiger, als Reden öffentlicher Personen erfahrungsgemäß von der Presse sehr oft ungenau, ja geradezu verzerrt wiedergegeben werden." Gleichzeitig betonte Figl, daß Migsch als Delegierter der Sozialistischen Partei Österreichs am Landesparteitag der Vorarlberger Sozialistischen Partei teilgenommen habe und daß in Österreich für die Teilnahme an politischen Versammlungen volle Redefreiheit herrsche. Weiters verwies er auf die wiederholten Angriffe sowjetischer Medien, die in „scharfer, ja oft geradezu verletzender Weise [. . .] die österreichische Regierung und sonstige Personen des öffentlichen Lebens in Österreich" kritisierten, was wohl, so Figl, als Beweis dafür angesehen werden könne, „daß die Meinungsfreiheit in Österreich nach allen Richtungen hin verwirklicht ist". Eine weitere Note in dieser Angelegenheit von Generaloberst Želtov an Bundeskanzler Figl vom 20. Juli 1948 findet sich in AdR, BKA, Verbindungsstelle, Sign. VII, Verb. Zl. 3.552/1948. Želtov teilte mit, daß die sowjetische Besatzungsmacht die Versicherungen des Kanzlers, „daß sie die Tatsachen feindlicher, gegen die UdSSR gerichteter Äußerungen des Bundesministers Migsch einer genauen Untersuchung unterziehen werden, und daß Sie die Mitglieder ihrer Regierung verständigen werden, daß solche Ausfälle ihrerseits nicht zulässig sind", zur Kenntnis nehme.

[39] Anton Marek, Kriminalpolizist, Leiter der sogenannten „Gruppe 5" im Bundesministerium für Inneres. Marek galt als Vertrauensmann Bundesminister Helmers und war u. a. damit beauftragt gewesen, kommunistische Aktivitäten zu überwachen und Verschleppungen von Personen durch die sowjetische Besatzungsmacht zu untersuchen.

wo er nicht mehr zurückgekehrt ist.[40] Wir haben Samstag Vormittag eine Note fertiggestellt, um bei den Sowjetbehörden vorstellig zu werden; während der Arbeit an dieser Note kam eine russische Abordnung zu mir, die mir die Antwort des Gen. Oberst Scheltow in der Semmeringer Frage, der Frage der Straßentafeln im Mühlviertel, Klosterneuburg usw. überbrachte. Ich habe mich für die positive Erledigung dieser Fälle bedankt, sofort aber die Protestnote über das Verschwinden des Kriminaloberinspektors Marek angekündigt. Die österreichische Regierung müsse gegen Verhaftungen ohne die Verständigung der vorgesetzten österreichischen Dienststellen oder der österreichischen Regierung protestieren, umsomehr als ich noch am Donnerstag mit Generaloberst Scheltow über diese Angelegenheit gesprochen hatte. Ich müsse energisch bitten, daß der Generaloberst diese Note raschest behandle. Solche Fälle trügen nicht dazu bei, die Animosität gegenüber Rußland zu vermindern. Der russische Oberst, der dieser Delegation angehörte, erklärte, er kenne den Fall nicht, werde jedoch den Generalobersten informieren. Ich hatte aber das Gefühl, daß er bereits davon wußte.

Wir haben dann folgende Note über Marek verfaßt: (Der Kanzler verliest die Note) Beilage C[41]

Während ich diese unterschrieb, brachte ein Russe einen dringenden Brief des Generalobersten Scheltow, betreffend Marek, den mir der eben anwesende Generalsekretär Wildner[42] übersetzte. Er lautete: (Der Kanzler verliest den Brief) Beilage D[43]

---

40 Marek wurde am 17. Juni 1948 verhaftet und am 7. Februar 1951 durch ein sowjetisches Militärtribunal wegen angeblicher Spionage und Teilnahme an einer verbrecherischen Organisation zum Tod verurteilt. Am 19. März 1951 wurde das Todesurteil in 25 Jahre Haft umgewandelt. Am 25. Juni 1955 kehrte Marek nach Österreich zurück. Zu den näheren Umständen seiner Verhaftung durch die sowjetischen Besatzungsbehörden vgl. Wiener Zeitung, 19. Juni 1948, S. 1 „Kriminalbeamten-Oberinspektor Marek vermißt". Vgl. weiters auch Harald Knoll/Barbara Stelzl-Marx, „Wir mussten hinter eine sehr lange Liste von Namen einfach das Wort ‚verschwunden' schreiben." Sowjetische Strafjustiz in Österreich 1945–1955, in: Sowjetisierung oder Neutralität? Optionen sowjetischer Besatzungspolitik in Deutschland und Österreich 1945–1955. Herausgegeben von Andreas Hilger/Mike Schmeitzner/Clemens Vollnhals (= Schriften des Hannah-Arendt-Instituts für Totalitarismusforschung 32), Göttingen 2006, S. 169–219, zu Marek S. 189–191; Harald Knoll/Barbara Stelzl-Marx, Sowjetische Strafjustiz in Österreich. Verhaftungen und Verfolgungen 1945–1955, in: Stefan Karner/Barbara Stelzl-Marx (Hg.), Die Rote Armee in Österreich. Sowjetische Besatzung 1945–1955. Beiträge (= Veröffentlichungen des Ludwig Boltzmann-Instituts für Kriegsfolgen-Forschung, Sonderband 4), Graz/Wien/München 2005, S. 275–321; Wolfgang Mueller/Arnold Suppan/Norman M. Naimark/Gennadij Bordjugov (Hg.), Sowjetische Politik in Österreich 1945–1955. Dokumente aus russischen Archiven, Wien 2005, S. 751; weiters AdR, BKA, Präsidium, GZl. 3.483-Pr.M/1954, Marek Anton, Krim.Rev.Insp; Sten. Prot. NR, VII. GP, 23. Sitzung vom 7. Dezember 1953, S. 827.

41 Die Worte *Beilage C* wurden handschriftlich eingefügt. Beilage C: BKA, Zl. 114.480-Pol/1948 Note des Bundeskanzlers an den Vorsitzenden des Alliierten Rates für Österreich (3 ½ Seiten). Bundeskanzler Figl protestierte im Namen der österreichischen Bundesregierung gegen die Verhaftung Mareks, die „ein Glied in einer langen Kette von Zugriffen der Besatzungsmächte gegen österreichische Staatsbürger" sei. Die Verhaftung eines österreichischen Beamten ohne vorherige Mitteilung an die Bundesregierung stehe auch im Widerspruch zu den Bestimmungen des Kontrollabkommens. Die Bundesregierung richtete in diesem Sinne auch die Bitte an den Alliierten Rat, er möge den Beschluß auf sofortige Freilassung des Oberinspektors Marek fassen bzw. seine Überstellung an ein österreichisches Gericht anordnen und beschließen, daß künftighin österreichische Staatsbürger nur nach österreichischen Gesetzen von österreichischen Gerichten abgeurteilt werden könnten, denen sämtliches Beweismaterial zugänglich gemacht werden sollte. Die Note der österreichischen Bundesregierung an den Alliierten Rat wurde in der „Wiener Zeitung" veröffentlicht. Vgl. Wiener Zeitung, 24. Juni 1948, S. 1 „Oberinspektor Marek muß in Freiheit gesetzt werden. Der Wortlaut einer österreichischen Note an den Alliierten Rat".

42 Dr. Heinrich Wildner, a.o. Gesandter und bev. Minister, 17. Juli 1945 bis 11. November 1949 Generalsekretär für die Auswärtigen Angelegenheiten.

43 Die Worte *Beilage D* wurden handschriftlich eingefügt. Beilage D: Verb. Zl. 909/149, 17.725 UdSSR, Sowjetisches Element der Alliierten Kommission für Österreich, Schreiben Generaloberst A. Sheltows

Jetzt wußten wir eindeutig, wo Marek ist. In der Veröffentlichung haben wir mitgeteilt, daß wir interveniert haben, wenngleich es auch nur eine mündliche Intervention war.

Wegen besonderer Vertraulichkeit unter Verschluß aufbewahrt.[44]

Interessant ist, daß gerade am Donnerstag vergangener Woche in der „Österreichischen Zeitung"[45] der Fall „Friede" von Holland aufgezeigt wurde. Am selben Tag wurde Marek verhaftet. Am Sonntag hat die „Österreichische Zeitung" schon angedeutet, Mareks Vergehen sei so gravierend, daß er mit dem Höchstausmaß der sowjetischen Strafen zu rechnen habe.

Der Fall Marek ist sehr ernst. Ich glaube nicht, daß es uns gelingen wird, Marek zur Gänze frei zu bekommen. Wir müssen aber alles unternehmen, vor allem um der Beamtenschaft zu helfen. Wir müssen im besonderen auch die Weltöffentlichkeit mobilisieren, um einen gewissen Rückhalt zu bekommen. Das Problem wurde bereits von allen Seiten erwogen. Es wird im Einvernehmen mit dem Außenamt daran gearbeitet, um den Fall völkerrechtlich, dem Kontrollabkommen[46] gemäß usw. untermauert, an den Alliierten Rat heranzutragen, und zwar in 2 Richtungen. Von der ersten bin ich überzeugt, daß sie keinen Erfolg haben wird, aber wir müssen zu erreichen versuchen, daß Verhaftungen von österreichischen Staatsbürgern nur durch einen Beschluß des Alliierten Rates möglich sind.

Das werden wir zwar nicht erreichen, es muß aber die primäre Forderung sein. Der zweite Weg, der gangbar sein muß, ist der, daß Verhaftungen von österreichischen Staatsbürgern nur im Einvernehmen mit den zuständigen österreichischen Behörden durchgeführt werden können und daß es dem österreichischen Staatsbürger möglich werden muß, sich in einem Verfahren nach österreichischen Gesetzen, eventuell auch nach Besatzungsgesetzen zu verteidigen, daß aber der österreichische Staatsbürger niemals nur auf Grund von Besatzungsrecht und ohne Mitwirkung österreichischer Behörden verhaftet und bestraft werden kann. Diesen Standpunkt werden die 3 westlichen Alliierten wohl akzeptieren, so daß ihn das russische Element nicht zur Gänze wird ablehnen können. Im Falle Marek ist es auch zu überlegen, ob nicht die Frage im Parlament auf dem Weg über eine Anfrage, was die Regierung in diesem Falle zu tun gedenkt, anzuschneiden wäre.

Auf Antrag des BM H e l m e r, der zu diesem Problem einige wichtige Mitteilungen zu machen hat, berät der Ministerrat sodann ohne Beiziehung des Sektionschefs, des Schriftführers und des Vertreters des Bundespressedienstes von 10.55 Uhr bis 11.50 Uhr.[47]

---

an Bundeskanzler Figl vom 19. Juni 1948 (Abschrift der Übersetzung) (1 Seite). Die Beilage enthält die Mitteilung über die am 18. Juni 1948 erfolgte Verhaftung „des Oberinspektors des Ministeriums des Inneren Anton Marek wegen in Ausnützung seiner dienstlichen Stellung unternommener Organisation von Spionage gegen die sowjetischen Besatzungstruppen". In die Angelegenheit seien auch „hervorragende Beamte des Ministeriums des Inneren" verwickelt.

44 Der folgende Absatz ist nicht in der Reinschrift des Protokolls enthalten. Er wurde von den Bearbeitern nachträglich in den Protokolltext eingefügt.

45 „Die Österreichische Zeitung" war am 15. April 1945 als Presseorgan der sowjetischen Besatzungsmacht gegründet worden. Sie erschien zuerst zweimal wöchentlich, dann jeden zweiten Tag und ab dem 1. September 1945 täglich außer Montag.

46 Das sogenannte 2. Kontrollabkommen (der vollständige Titel des Abkommens lautete: Abkommen zwischen den Regierungen des Vereinigten Königreiches, der Vereinigten Staaten von Amerika, der Union der Sozialistischen Sowjetrepubliken und der Französischen Republik über den Kontrollapparat in Österreich, vom 28. Juni 1946) regelte den Aufbau und die Organisation der alliierten Präsenz in Österreich sowie ihre Befugnisse und Kompetenzen, weiters legte es die Grenzen der Autorität der österreichischen Regierung und ihre Verantwortlichkeit dem Alliierten Rat gegenüber fest. Der Text des Abkommens findet sich u. a. bei Manfried Rauchensteiner, Der Sonderfall. Die Besatzungszeit in Österreich 1945 bis 1955, Graz/Wien/Köln 1979, S. 344–350. Zum 2. Kontrollabkommen vgl. auch MRP Nr. 28 vom 29. Juni 1946.

47 Zum Inhalt der folgenden, offenbar knapp eine Stunde dauernden Ausführungen liegen dem Protokoll keine weiteren Informationen bei. Zur Verhaftung Anton Mareks und den Bemühungen der Bundes-

g

Hierauf berichtet der BK über seine beabsichtigte Reise in die Schweiz zur Teilnahme an den Feiern anläßlich des 100-jährigen Bestandes der schweizerischen Verfassung. Er wolle am Dienstag, dem 29. 6., abend abreisen und am Montag, dem 5. 7. 1948, wieder zurückkehren, so daß er zum Ministerrat am 6. 7. 1948 wieder in Wien sein werde. Er ersucht den Ministerrat um Zustimmung, daß er anläßlich dieser Reise den offiziellen Dank der österreichischen Regierung und des österreichischen Volkes für die Hilfe der Schweiz in den letzten Jahren zum Ausdruck bringe. Der Ministerrat stimmt dem zu.[48]

h

Der BK verliest sodann die Alliierten Noten a – c. (Siehe Beschlußprotokoll).[49]

Die Noten werden zur Kenntnis genommen.

ad c[50]

BM Ü b e l e i s klärt zu dieser auf, daß von den zur Beschriftung mit der Bezeichnung „Österreichische Bundesbahnen" freigegebenen Lokomotiven fast sämtliche in den westlichen Zonen und fast keine in der russischen Zone sind.

i

Der BK verliest sodann die Mitteilungen und Resolutionen a – e (siehe Beschlußprotokoll), die der Ministerrat zur Kenntnis nimmt.[51]

ad c[52]

BM H e l m e r hält diese Angelegenheit für sehr ernst, da die Bauern in ihrer Feldarbeit behindert würden.

Der BK erklärt, er werde die Angelegenheit nicht weiterleiten, da von russischer Seite mitgeteilt wurde, die Schießübungen würden am 30. 6. 1948 eingestellt.[53]

---

regierung um seine Freilassung vgl. weiters auch MRP Nr. 118/1 a, MRP Nr. 120/12 h, MRP Nr. 121/1 c, MRP Nr. 123/1 j, MRP Nr. 124/13 e vom 7. September 1948, MRP Nr. 133/1 a vom 16. November 1948, MRP Nr. 135/1 b vom 30. November 1948, MRP Nr. 161/1 d vom 14. Juni 1949, MRP Nr. 169/5 vom 30. August 1949 und MRP Nr. 172/1 c vom 20. September 1949.

48 Vgl. dazu auch Wiener Zeitung, 30. Juni 1948, S. 1 „Reise des Bundeskanzlers in die Schweiz"; MRP Nr. 119/1 a.

49 Die hier nicht behandelten Noten werden im Beschlußprotokoll näher ausgeführt und kommentiert. Vgl. Beschlußprotokoll Punkt 2 a und b.

50 Die beiliegende Note der Alliierten Kommission für Österreich an Bundeskanzler Figl enthält die Mitteilung über die positive Entschließung des Exekutivkomitees, betreffend die Bewilligung zur Schaffung eines österreichischen Lokomotivparks. Als Orientierung wurden der österreichischen Bundesregierung in drei Punkten die Voraussetzungen und Bedingungen für die Aufstellung des Lokomotivparks bekanntgegeben. So sollten u. a. die österreichischen Bundesbahnen ermächtigt werden, 253 normalspurige deutsche Reichsbahn-Lokomotiven, die sich in Österreich befanden, in den provisorischen österreichischen Lokomotivpark aufzunehmen, die Einverleibung restlicher Lokomotiven in den Lokomotivpark müsse noch vom Verkehrsministerium geprüft werden. Vgl. auch MRP Nr. 122/1 i und n.

51 Die hier nicht behandelten Resolutionen und Mitteilungen werden im Beschlußprotokoll näher ausgeführt und kommentiert. Vgl. Beschlußprotokoll Punkt 3 a, b und d.

52 Die Resolution liegt dem Protokoll nicht bei. Sie findet sich in AdR, BKA, Präsidium, GZl. 2.375-Pr.M/1950, Zl. 3.082-Pr.M/1950, Gefährdung d. österr. Bevölkerung durch Schießübungen d. Sowjetarmee. Der Akt enthält diverse Schreiben zum Thema. Laut einer Mitteilung des Amtes der Niederösterreichischen Landesregierung sollten, wie im Protokoll von Bundeskanzler Figl erwähnt, die gegenständlichen Schießübungen, die u. a. als eine „gewaltige Behinderung und Belastung des Donauverkehrs" bezeichnet wurden, bis 30. Juni 1948 dauern. Wie aber aus einem Schreiben des Gendarmeriekommandos Zwentendorf hervorgeht, dauerten die Übungen auf der Donau noch bis mindestens 15. Juli fort.

53 Vgl. dazu auch MRP Nr. 121/1 c.

j

BM Dr. Zimmermann teilt mit, er erwarte in den nächsten Tagen eine Vorsprache des Obersten Ivanow[54] von der russischen Finanzdivision, der sich über den Stand der für die Bezahlung der Besatzungskosten notwendigen Kassenmittel erkundigen werde.[55] Es werde notwendig sein, weitere Mittel zur Verfügung zu stellen.

BM Dr. Gruber regt an, die an das Sowjetelement zu bezahlenden Besatzungskosten jeweils durch den Ministerrat beschließen zu lassen.

BK: Ich habe dem Generalobersten Scheltow gesagt, daß ich nicht wisse, woher wir die Beträge nehmen sollen. Der Ministerrat müsse erst wieder Beschluß fassen.

BM Dr. Gruber spricht sich für eine hinhaltende Behandlung der Frage aus. Das Bundesministerium für Finanzen solle seine Zugeständnisse immer von einem Ministerratsbeschluß abhängig machen.

BK: Generaloberst Scheltow meint, er brauche vorläufig nur 15 Millionen für das 1. Quartal.

BM Dr. Krauland erklärt, er habe heute zum erstenmal von der beabsichtigten Besatzungssteuer gehört, man solle aber die Einhebung so unpopulär wie nur möglich machen.

BK: Die Absicht der Einhebung einer Besatzungssteuer haben wir schriftlich mitgeteilt.[56] Generaloberst Scheltow hat sofort gefragt, warum eine Besatzungssteuer eingeführt werden solle. Eine solche scheint ihm nicht sehr angenehm zu sein.

BM Dr. Zimmermann berichtet, daß das Finanzministerium bereits einen Entwurf für ein Besatzungskosten-Deckungsgesetz ausgearbeitet habe.[57] Im Laufe eines Jahres müsse ein Betrag von 450 Mill. Schilling aufgebracht werden. England und Frankreich haben erklärt, daß sie die Beträge nur langsam in Anspruch nehmen werden. Wieweit eine tatsächliche Ermäßigung eintreten wird, ist noch nicht abzusehen, so daß wir vorläufig mit 450 Mill. Schilling rechnen müssen. Es entstand daher die Frage, ob dieser Betrag durch einen Zuschlag zu einer einzelnen Steuer oder zu sämtlichen Steuern erzielt werden könne oder ob auch Beiträge von Staat, Ländern und Gemeinden herangezogen werden würden. Wir sind zu dem Ergebnis gekommen, daß der beste Weg die Ausarbeitung eines solchen Gesetzesentwurfes ist, der in Anlehnung an die frühere Bürgersteuer[58] eine globale Abstufung der Einkommens- und Vermögensbesteuerung vorsieht. Den 1. Entwurf habe ich bereits hier, er war aber noch nicht Gegenstand von Besprechungen. Ich wollte mir heute nur die grundsätzliche Zustim-

---

54 Zu dieser Person konnte nichts Weiteres eruiert werden.

55 Mit Beschluß vom 14. Mai 1948 hatte der Alliierte Rat die Besatzungskosten für das Jahr 1948 auf 597,4 Millionen Schilling festgesetzt. Vgl. Österreichisches Jahrbuch 1948, S. 21 f.

56 Vgl. AdR, BKA/AA, II-pol 1948, Österreich 15, GZl. 110.311-pol/1948, Erleichterung der Besatzungskosten für Österreich, Zl. 114.958-pol/1948, Besatzungskosten, Antwortnote an Sowjet-Union. Der Akt enthält u. a. die Abschrift einer Note des Finanzministers vom 28. Mai 1948 an das Finanzdirektorium der Alliierten Kommission für Österreich, in der mitgeteilt wurde, daß die „Bereitstellung der für Besatzungskosten erforderlichen Beträge den größten Schwierigkeiten" begegne. „Zur Sicherstellung der Bedeckung für diese Ausgaben wird einerseits die Einführung einer Besatzungssteuer, andererseits die Vornahme von Ausgabenkürzungen, etwa die Kürzung der Gehälter und Löhne der öffentlichen Bediensteten, die Einschränkung des Aufwandes für die sozialen Einrichtungen, Einschränkung des Verkehrs und sonstiger Ausgaben erwogen."

57 Besagtes Gesetz wurde im Juni 1949 verwirklicht: BGBl. Nr. 133, Bundesgesetz vom 19. Mai 1949, betreffend Maßnahmen zur Sicherung der Besatzungskosten für das Jahr 1949 (Besatzungskostendeckungsgesetz), ausgegeben am 30. Juni 1949.

58 Die „Bürgersteuer" war im Deutschen Reich 1937 und nach dem „Anschluß" auch in Österreich eingeführt worden. Vgl. dazu das Bürgersteuergesetz vom 20. November 1937, erläutert von Ernst Kaemmel, München/Berlin 1938; Josef Obermann, Die Bürgersteuerverordnungen für das Land Österreich und für die sudetendeutschen Gebiete. Vom 20. Januar 1939, Eberswalde 1939.

mung des Ministerrates zu weiteren Verhandlungen über diesen Entwurf einholen, so daß wir ihn in der nächsten Woche dem Ministerrat vorlegen und inzwischen mit den Kammern und den zuständigen Stellen sprechen können.[59]

BM Dr. G r u b e r: Wir sollen noch diese Woche eine neue Note an die Engländer und Franzosen in dieser Frage mit der eindeutigen Bitte richten, auf die Besatzungskosten zu verzichten. Vielleicht wird sich auch eine Möglichkeit ergeben, diese Bitte auf diplomatischem Wege zu untermauern. Wir werden auch die russische Note über die Besatzungskosten beantworten, die nicht unbeantwortet bleiben darf.[60] Der Minister ersucht den Finanzminister, ihn in dieser Frage zu unterstützen und seine Beamten anzuweisen, keine Zugeständnisse in geldlicher Hinsicht zu machen, da dadurch das Außenamt in eine schiefe Lage kommen könnte. Er spricht sich im übrigen nochmals für eine verschleppende Behandlung der Frage aus, wobei man es allerdings nicht soweit kommen lassen dürfte, daß die Russen den Vorwurf einer Verletzung der Beschlüsse des Kontrollrates durch Österreich erheben können. Eine feste Haltung in dieser Frage sei unbedingt notwendig.

BM Dr. Z i m m e r m a n n teilt mit, er habe den russischen Vertretern, als sie sich über den Stand dieser Angelegenheit erkundigten, erklärt, daß sich gegenüber der letzten Note nichts geändert habe; die österreichische Regierung sei aber bemüht, eine Bereinigung herbeizuführen. Er erwarte die russischen Vertreter im Laufe dieser Woche noch einmal.

BM Dr. G r u b e r empfiehlt, zu sagen, der Ministerrat beabsichtige, eine Besatzungssteuer einzuführen und aus dieser sowie anderen Erträgnissen die Besatzungskosten zu bezahlen.

BM Dr. K r a u l a n d schließt sich der Anregung, weitere Zahlungen nur über Ministerratsbeschluß zu leisten, an.

Der Ministerrat beschließt in diesem Sinne.[61]

k

BM Ü b e l e i s bringt zur Kenntnis, Generaldirektor Bauer habe ihm mitgeteilt, er sei zu einem russischen Major Jungjevich[62] gerufen worden, der gefragt habe, warum die Donau nicht weiter stromabwärts befahren werde. Generaldirektor Bauer habe dem Major erklärt, daß dies ja der Wunsch der österreichischen Stellen sei, habe aber im übrigen möglichst wenig gesprochen, um der Stellungnahme des Ministers nicht vorzugreifen.

Ich würde, wenn der Ministerrat zustimmt, mich mit Major Jungjewich ins Einvernehmen setzen, um zu hören, was er will. Wenn dieser Vorschlag nicht angenommen werden sollte, möchte ich den Herrn Bundeskanzler bitten, bei seiner monatlichen Vorsprache bei Generaloberst Scheltow wieder das Verlangen vorzubringen, es möge uns gestattet werden, mit jenen Schiffen, mit denen wir derzeit den Verkehr zwischen Passau und Linz betreiben, bis nach Wien fahren zu dürfen, ohne daß wir Gefahr laufen, daß sie von den Russen in Anspruch genommen werden.

---

59 Vgl. dazu MRP Nr. 118/6.

60 Zur sowjetischen Note, betreffend die Zahlung der Besatzungskosten, vgl. MRP Nr. 116/1 g.

61 Zu den Diskussionen im Ministerrat über die Bezahlung der Besatzungskosten, die Einführung einer Besatzungssteuer und den Entwurf eines Besatzungskostendeckungsgesetzes vgl. MRP Nr. 115/1 d vom 8. Juni 1948, MRP Nr. 116/1 g, MRP Nr. 118/6, MRP Nr. 119/8, MRP Nr. 121/1 c, MRP Nr. 133/1 a vom 16. November 1948, MRP Nr. 134/1 c vom 23. November 1948, MRP Nr. 135/1 b vom 30. November 1948, MRP Nr. 138/1 g vom 21. Dezember 1948, MRP Nr. 141/1 g vom 18. Jänner 1949, MRP Nr. 142/1 b vom 25. Jänner 1949, MRP Nr. 144/10 h vom 8. Februar 1949, MRP Nr. 155/15 b vom 3. Mai 1949 und MRP Nr. 156/21 vom 10. Mai 1949. Vgl. zu den Besatzungskosten auch Hans Seidel, Österreichs Wirtschaft und Wirtschaftspolitik nach dem Zweiten Weltkrieg, Wien 2005, S. 129–131 und S. 468–470.

62 Zu dieser Person konnte nichts Weiteres eruiert werden.

BM Dr. G r u b e r erinnert an den Ministerratsbeschluß, daß in allen Fragen des Deutschen Eigentums[63] – also auch in der der DDSG – das Außenamt beigezogen werden müsse.[64] Er teilt die Ansicht des Bundesministers Übeleis, daß nicht Generaldirektor Bauer diese Verhandlungen führen solle, weil man e i n e r Person eine so große Verantwortung nicht aufbürden könne. Er bittet, daß allfällige Besprechungen vom Verkehrsminister persönlich geführt werden mögen, wozu auch ein Beamter des Auswärtigen Amtes beigezogen und daß erst auf Grund von Beschlüssen des Ministerrates entschieden werden solle.

BM Dr. K r a u l a n d: Ich halte es für nicht gangbar, daß ein Minister den Major Jungjevich aufsuche. Dieser hat, falls er etwas wünsche, zum Minister zu kommen.

BM Ü b e l e i s: Mir fällt es gar nicht ein, mich in meritorische[65] Verhandlungen über die Modalitäten einzulassen, sondern ich möchte nur von Major Jungjevich hören, welche Bedingungen die Russen stellen und ob sie geneigt sind, uns dieses Recht einzuräumen.

BM Dr. G r u b e r: So einfach sind die Dinge nicht. Wenn eine österreichische Regierung Besprechungen über eine solche Sache abführt, gibt sie bereits eine halbe Zustimmung. Da es sich hier um eine Frage des Deutschen Eigentums handelt, die in London verhandelt wird,[66] muß ich unter allen Umständen bitten, daß bei diesen Unterredungen ein Beamter des Auswärtigen Amtes eingeschaltet wird.

Der BK faßt zusammen, daß, wenn Major Jungjevich zu Bundesminister Übeleis komme, ein Beamter des Auswärtigen Amtes zugezogen werde.

Der Ministerrat beschließt in diesem Sinne.[67]

l

BM H e l m e r bringt die Sprache auf die Versendung österr. Kunstwerke zu Ausstellungen ins Ausland, im besonderen darauf, daß die Ausstellung von Schweden nach Amerika gebracht werden solle. Er verweist auf die Beantwortung einer Anfrage im Nationalrat durch BM Dr. Hurdes, in der dieser bekanntgab, er habe sich in allen Fällen der Zustimmung des

---

63 Als „Deutsches Eigentum“ wurden jene Vermögenswerte bezeichnet, die als deutsches Auslandsvermögen galten und somit gemäß den Beschlüssen der Potsdamer Konferenz 1945 dem Reparationsanspruch der Alliierten unterlagen. Das Deutsche Eigentum „wurde jedoch bis zum Staatsvertrag nicht eindeutig definiert, da einerseits Österreich, andererseits die Alliierten durch eine Festlegung Nachteile befürchteten“. Vgl. Brigitte Bailer-Galanda, Die Entstehung der Rückstellungs- und Entschädigungsgesetzgebung. Die Republik Österreich und das in der NS-Zeit entzogene Vermögen (= Veröffentlichungen der Österreichischen Historikerkommission. Vermögensentzug während der NS-Zeit sowie Rückstellungen und Entschädigungen seit 1945 in Österreich 3), Wien/München 2003, S. 48. Zur Problematik des „Deutschen Eigentums“ vgl. auch Reinhold Bollmus, Ein kalkulierbares Risiko? Großbritannien, die USA und das „Deutsche Eigentum“ auf der Konferenz von Potsdam, in: Günter Bischof/Josef Leidenfrost (Hg.), Die bevormundete Nation. Österreich und die Alliierten 1945–1949 (= Innsbrucker Forschungen zur Zeitgeschichte 4), Innsbruck 1988, S. 107–126; Stefan Eminger/Ernst Langthaler (Hg.), Sowjets. Schwarzmarkt. Staatsvertrag. Stichworte zu Niederösterreich 1945–1955, St. Pölten/Wien/Linz 2005, S. 18–23; Rauchensteiner, Der Sonderfall, S. 115; Seidel, Österreichs Wirtschaft und Wirtschaftspolitik, S. 343–420. Die Behandlung der deutschen Vermögenswerte in Österreich (Artikel 35 des Vertragsentwurfes, Artikel 22 des endgültigen Vertragstextes) gestaltete sich im Laufe der Verhandlungen über den österreichischen Staatsvertrag „zur schwierigsten und umstrittensten Materie des ganzen Vertragswerkes“. Vgl. Gerald Stourzh, Um Einheit und Freiheit. Staatsvertrag, Neutralität und das Ende der Ost-West-Besetzung Österreichs 1945–1955, 5. Auflage, Wien/Köln/Graz 2005, S. 709, die Entwürfe S. 710–724.

64 Der konkrete Beschluß, auf den sich Bundesminister Gruber bezog, konnte nicht eindeutig eruiert werden.

65 Meritorisch: sachlich.

66 Vgl. MRP Nr. 116/1 a.

67 Aktenmaterial dazu findet sich in AdR, BKA/AA, II-pol 1948, Österreich 49, GZl. 114.622-pol/1948. Zur Frage der Erweiterung des Donauverkehrs vgl. auch MRP Nr. 125/8 vom 14. September 1948, MRP Nr. 129/6 b vom 19. Oktober 1948 und MRP Nr. 131/9 c vom 2. November 1948.

Ministerrates zu diesen Ausstellungen versichert und diesem eingehend über die Bedingungen und Modalitäten, unter denen sie stattfinden sollen, Bericht erstattet.[68] Der Ministerrat habe auch in allen Fällen seinen diesbezüglichen Anträgen zugestimmt. In dem Protokoll des Ministerrates vom 23. Dezember 1947, in dem die Frage der Ausstellungen im Ausland ausführlich erörtert wurde, heißt es: „Der Bericht des Bundeskanzlers, betr. ein Ansuchen des schwedischen Ministerpräsidenten Erlander[69], die bisher in Zürich, Brüssel und Amsterdam gezeigten Ausstellungen österreichischer Kunst ‚Meisterwerke aus Österreich' auch in Stockholm dem schwedischen Volke zugänglich zu machen, wird mit der Maßgabe zur Kenntnis genommen, daß diesem Wunsche im Frühjahr stattgegeben und anschließend daran die Ausstellung in Amerika gezeigt werden soll."[70]

Ich stelle fest, daß die Bedingungen, unter denen diese Ausstellung in Amerika gezeigt werden soll, dem Ministerrat in keiner Weise bekanntgegeben wurden, sondern nur die Absicht mitgeteilt wurde, daß sie nach Amerika versendet werden solle. In Amerika gibt es meines Wissens kein öffentliches Museum, sondern diese Kunstwerke müssen hauptsächlich in privaten Kunstanstalten untergebracht werden. Der Minister hebt die Gefahr hervor, die sich aus einem allfälligen Wunsch Rußlands ergeben könnte, die Ausstellung von Amerika auch nach Rußland zu bringen. Die Kunstwerke mit einem Werte von 250 Mill. Schweizer Franken stellen einen wesentlichen Teil des österreichischen Vermögens dar. Eine Versicherung ist nicht erfolgt. Ein Minister, der eine solche Aktion ohne Zustimmung des Ministerrates durchführt, macht sich eines schweren Vergehens schuldig und die Verantwortung vermag weder er noch sein Ministerium zu tragen. Der Minister bittet abschließend, entsprechende Vorsorge zu treffen.

Der BK erklärt, seines Wissens sei ein Beschluß über die Versendung der Kunstgüter nach Amerika im Ministerrat am 23. Dezember 1947 nicht gefaßt worden.

StS G r a f beantragt Zurückstellung dieser Frage bis zur Rückkehr des BM Dr. Hurdes.[71]

VK: Ich erinnere mich, daß damals im Ministerrat auf Antrag des Bundeskanzlers dem Ersuchen des schwedischen Ministerpräsidenten Erlander entsprochen wurde. Ich erinnere mich weiter, daß bisher jeder einzelne Fall der Versendung der Ausstellung ins Ausland im Ministerrat beschlossen worden ist.[72] Ich erinnere mich aber nicht, daß eine Ausstellung in

---

68 Vgl. dazu AdR, BKA, Sektion II, Sign. 40, GZl. 72.422-2a/1948, Anfrage der Abgeordneten Reismann, Krisch, Dr. Neugebauer und Genossen an den Herrn Bundeskanzler, betreffend den angeblich beabsichtigten Transport wertvoller Kunstschätze über See. Am 2. Juni 1948 war eine Anfrage, „betreffend den angeblich beabsichtigten Transport wertvoller Kunstschätze nach Amerika", an den Bundeskanzler gerichtet worden. Eine ähnliche Anfrage war bereits, wie hier im Ministerrat angesprochen, am 12. Mai 1948 an Bundesminister Hurdes ergangen. In beiden Anfragen spielte die Frage eine Rolle, ob der verfassungsmäßige Einfluß des Nationalrates bei der Gebarung mit den Erträgnissen solcher Ausstellungen nicht mißachtet werde. Bundesminister Hurdes hatte sich in seiner Anfragebeantwortung u. a. auf den Standpunkt gestellt, daß „die Veranstaltungen von Auslandsausstellungen rechtlich als Verwaltungsakte zu qualifizieren seien, welche der unmittelbaren Kontrolle der gesetzgebenden Körperschaften nicht unterlägen. Derartige Ausstellungen verfolgten auch keineswegs den Zweck, dem Bundesministerium für Unterricht zusätzliche vom Nationalrat nicht zu kontrollierende Einnahmen zu verschaffen." Weiters hatte Hurdes die geplante Schaffung von Kulturfonds aus den Reinerträgen der Ausstellungen dargestellt.

69 Tage Erlander, 1946 bis 1969 schwedischer Ministerpräsident.

70 Vgl. dazu MRP Nr. 93/1 i vom 23. Dezember 1947.

71 Bundesminister Hurdes nahm in Vertretung der Österreichischen Volkspartei in seiner Funktion als Generalsekretär am 4. Nationalkongreß der Christlichen Volkspartei Belgiens in Lüttich teil. Vgl. dazu Wiener Zeitung, 23. Juni 1948, S. 2 „Minister Dr. Hurdes in Brüssel".

72 Informationen dazu finden sich in AdR, BKA/AA, Kultur 1948, Österreich Kult Ausstellungen, GZl. 110.352-pol/1948, Österreichische Kunstausstellung a) Stockholm, b) Kopenhagen, c) Oslo. Zu dieser und weiteren österreichischen Kunstausstellungen vgl. MRP Nr. 32/6 vom 17. Juli 1946, MRP

Amerika beschlossen worden ist. Es ist damals wohl davon gesprochen worden, daß die Ausstellung allenfalls nach Amerika gehen solle, ein Beschluß darüber ist aber nicht gefaßt worden. Insbesondere wurde nie mitgeteilt, wer die Partner in Übersee und welches die sonstigen Bedingungen sind. Ich würde, wenn nicht eine staatliche Garantie oder die Garantie einer höheren öffentlich-rechtlichen Körperschaft gegeben wird, gegen eine Versendung nach Amerika schwerste Bedenken haben.

Sektionschef Dr. Chaloupka stellt nach Einsicht in die Verhandlungsschrift des Ministerrates vom 23. Dezember 1947 fest, daß die Frage nur zur Erwägung gestellt, aber kein Beschluß gefaßt wurde.

Der BK schließt nach Rücksprache mit dem den BM für Unterricht vertretenden BM Altenburger den Punkt mit der Erklärung: Die Reise nach Amerika ist noch nicht entschieden, die Vorbereitungen werden zwar getroffen, aber die Frage kommt vorher noch vor den Ministerrat.[73]

Damit ist der 1. Punkt der Tagesordnung abgeschlossen.

2
Personalangelegenheiten[74]

Die Anträge werden ohne Debatte angenommen.

3
Wirtschaftliche Zusammenarbeit zwischen Österreich und den Vereinigten Staaten

wird zurückgezogen.[75]

4
Einbürgerungen

Über Antrag des Bundesministers für Inneres, der die Liste Nr. 105[76] durch den Dipl. Ing. Karl Asboth, Industriekonsulent in Grundlsee[77], ergänzt, beschließt der Ministerrat

---

Nr. 38/10 b vom 1. Oktober 1946, MRP Nr. 53/12 a vom 21. Jänner 1947, MRP Nr. 56/9 vom 11. Februar 1947, MRP Nr. 59/1 d vom 4. März 1947, MRP Nr. 93/1 i vom 23. Dezember 1947, MRP Nr. 99/6 und 7 vom 10. Februar 1948, MRP Nr. 100/10 a vom 17. Februar 1948, MRP Nr. 105/5 vom 23. März 1948, MRP Nr. 112/14 d vom 18. Mai 1948, MRP Nr. 121/8, MRP Nr. 126/9 vom 28. September 1948, MRP Nr. 127/20 c vom 5. Oktober 1948, MRP Nr. 138/1 a vom 21. Dezember 1948, MRP Nr. 143/11 vom 1. Februar 1949, MRP Nr. 159/27 e vom 31. Mai 1949, MRP Nr. 160/8 vom 8. Juni 1949, MRP Nr. 165/11 m vom 12. Juli 1949, MRP Nr. 166/14 i vom 19. Juli 1949 und MRP Nr. 173/7 e vom 27. September 1949.

73 Vgl. dazu speziell MRP Nr. 126/9 vom 28. September 1948, MRP Nr. 127/20 c vom 5. Oktober 1948 und MRP Nr. 143/11 vom 1. Februar 1949.

74 Beilage 2: Personalangelegenheiten (1 Seite). Vgl. das Beschlußprotokoll.

75 Dem Tagesordnungspunkt liegt kein Material bei.

76 Beilage 4: BMI, (ohne Aktenzahl) Ministerratsvortrag (1 Seite); Verzeichnis Nr. 105 (16 Seiten); Nachtrag zur Liste Nr. 105 (Staatsbürgerschaftsanträge) (½ Seite). Die im beiliegenden Verzeichnis angeführten Personen bedurften zur Erlangung der österreichischen Staatsbürgerschaft eines Beschlusses der Bundesregierung gemäß § 5, Abs. (1), Z. 3, des Staatsbürgerschaftsgesetzes vom 10. Juli 1945, StGBl. Nr. 60, nach dem die Verleihung bei mangelndem vierjährigem Wohnsitz im Staatsgebiet nur dann ausgesprochen werden durfte, wenn die Bundesregierung sie als im Interesse des Staates gelegen bezeichnete. Weiterführendes Material zu den Staatsbürgerschaftsangelegenheiten findet sich in AdR, BMI, Abteilung 8.

77 Es handelte sich um den Einbürgerungsantrag des Industriekonsulenten Dipl.-Ing. Karl Asboth in Grundlsee/Steiermark für sich, seine Frau und seine vier Kinder. Der Antrag enthält den Vermerk: *Bewerber ist bei der BH Gmunden, der zuständigen Registrierungsbehörde, gem. § 17, Abs. 3 VG. 1947 als minderbelastet rechtskräftig registriert (Anwärter der NSDAP soll* {sic!} *1940 u. Angehöriger der SA ohne Funktion) Bm Helmer.* Vermutlich handelte es sich um den 1895 geborenen ehemaligen Proku-

ohne Debatte, die Verleihung der österreichischen Staatsbürgerschaft an die beantragten 99 Personen als im Interesse des Staates gelegen zu bezeichnen.

5

Wahl der Standesorgane in der Rechtsanwaltschaft und im Notariat

BM Dr. G e r ö berichtet gemäß Ministerratsvortrag JM. Zl. 11.975/48.[78]

Der Ministerrat beschließt ohne Debatte antragsgemäß.

6, 7 und 8

3. Börsefonds-Novelle, Börseüberleitungsgesetz und Börsesensalegesetz

BM Dr. Z i m m e r m a n n erinnert daran, daß diese Punkte bereits in der letzten Sitzung des Ministerrates zur Behandlung standen und im Hinblick auf die Bedenken des Vizekanzlers, betr. die Verfassungsmäßigkeit zweier Bestimmungen, zurückgestellt wurden.[79]

In der Zwischenzeit hat sich der Verfassungsdienst mit dieser Frage befaßt. Der Herr Vizekanzler erklärt jedoch, sich mit der Auffassung des Verfassungsdienstes nicht identifizieren zu können. Ich bin daher zu einer Abänderung dieser Bestimmungen bereit.

Praktisch wird sich allerdings nichts ändern, sondern man wird an der Wiener Börse weiterhin so wie bis zum Jahre 1938 vorgehen müssen, wo eine praktische Kompetenz der Landesregierung nicht gegeben war.

VK: Ich habe schon das letztemal ausgeführt, daß ich es für unmöglich halte, daß in einer Sache, in der die Vollziehung durch das Land vorgesehen ist, alle Kompetenzen an das Ministerium gezogen werden. Ich bin mit den beiden Vorschlägen des Finanzministeriums nicht einverstanden. Was ich bemängelt habe, ist, daß eine Kompetenz des Landes, wie sie der Verfassung entspricht, in dem Gesetz nicht vorgesehen ist. Solange eine solche nicht hergestellt wird, kann ich die Zustimmung zu dem Gesetz nicht geben. Ich kann nicht für ein Gesetz stimmen, das unter Umständen einseitig gegen Wien gerichtet ist. Das Gesetz soll so umgearbeitet werden, daß es den Bestimmungen des Art. 102 der Bundesverfassung entspricht.[80]

---

risten der Ruhrchemie und Geschäftsführer der „Katorfabrik Lützkendorf GmbH." Karl von Asboth. Informationen zu seiner Parteianwärterschaft finden sich in AdR, BMI, Zivile Akten der NS-Zeit, Erfassungsanträge NSDAP, Karl von Asboth.

78 Beilage 5: BMJ, Zl. 11.975/1948 Ministerratsvortrag (1 ½ Seiten). Die Rechtsanwaltsordnung aus dem Jahr 1868 und die Notariatsordnung aus dem Jahr 1871 sahen die Bestellung der Organe dieser Berufsstände durch Wahl vor. Das Bundesministerium für Justiz hatte nun gemäß § 2 der Rechtsanwaltsordnung 1945, StGBl. Nr. 103/1945, und gemäß § 3 der Notariatsordnung 1945, StGBl. Nr. 104/1945, die Standesorgane der beiden Berufsstände bis zur Durchführung von Wahlen durch Ernennung bestellt und sollte den Zeitpunkt für die Wahl der Standesorgane festsetzen. Die Rechtsanwaltskammern hatten bereits wiederholt den Wunsch nach Wahlen für die Standesorgane der Rechtsanwaltschaft ausgesprochen. Bei der Tagung der Delegierten sämtlicher Rechtsanwaltskammern Ende Mai 1948 in Linz war um die Festsetzung der Wahl für den Monat Oktober 1948 ersucht worden. Auch die Notare wollten 1948 Wahlen durchführen und ersuchten um Festsetzung der Wahl für die Zeit vom 1. Oktober bis 31. Dezember 1948. Der Bundesminister für Justiz stellte nun den Antrag an den Ministerrat, diesem Ersuchen die Zustimmung zu erteilen, da insbesondere seit dem Inkrafttreten des Bundesverfassungsgesetzes über die vorzeitige Beendigung der im Nationalsozialistengesetz vorgesehenen Sühnefolgen für minderbelastete Personen (BGBl. Nr. 99/1948) keine Bedenken bestünden, den Wünschen der beiden Berufsstände nachzukommen.

79 Vgl. MRP Nr. 116/6 bis 8. Die hier in der 117. Ministerratssitzung behandelten Beilagen 6 bis 8 sind identisch mit den Beilagen 6 bis 8 der 116. Sitzung. Vgl. die Regesten zu diesen Beilagen ebendort. Bei den erwähnten beiden Bestimmungen handelte es sich um die §§ 3 und 6 des Gesetzesentwurfes zum Börseüberleitungsgesetz.

80 Art. 102 der Bundesverfassung regelte das Verhältnis zwischen Ländern und Bund bezüglich der mittelbaren und unmittelbaren Bundesverwaltung.

BM Dr. Z i m m e r m a n n: Die Wiener Börse ist doch eine Einrichtung für ganz Österreich.

VK: Könnte man glauben! Man kann aber nicht so über die Sache hinweggehen, daß man sagt, die Festlegung der Kompetenz sei für den anderen Partner ohnehin nicht interessant.

BM Dr. K r a u l a n d: Man kann diese Frage nur auf rein sachlicher Basis entscheiden und muß untersuchen, was ein Land in diesem Gegenstand zweckmäßigerweise machen kann. Das Gesetz muß, bevor es wieder hierher kommt, wieder mit dem Herrn Vizekanzler abgesprochen werden.

VK: Ich bin ohne weiteres bereit, irgend eine sachliche und vernünftige Lösung zu finden.

BK: Die Punkte 6 (3. Börsefonds-Novelle)[81] und 8 (Börsesensalegesetz)[82] der Tagesordnung sind genehmigt. Wenn sich der Herr Vizekanzler und der Herr Finanzminister über das Börseüberleitungsgesetz geeinigt haben, wird es eventuell gar nicht mehr notwendig sein, dieses vor den Ministerrat zu bringen, sondern kann dann mit den beiden anderen gleichzeitig im Parlament eingebracht werden.[83]

Der Ministerrat beschließt in diesem Sinne.[84]

9
Mineralölsteuergesetz

BM Dr. Z i m m e r m a n n berichtet an Hand des Ministerratsvortrages, Zl. 43.417-14/47[85], über den Entwurf eines Bundesgesetzes über die Mineralölsteuer. Er erinnert daran,

---

[81] Der Gesetzesentwurf stimmt mit BGBl. Nr. 4, Bundesgesetz vom 13. Oktober 1948, womit die Börsefondsnovelle vom 16. Juli 1925, BGBl. Nr. 240, in der Fassung des Bundesgesetzes vom 26. Oktober 1934, BGBl. II Nr. 314, abgeändert wird (3. Börsefondsnovelle), ausgegeben am 8. Jänner 1949, überein. Vgl. Sten. Prot. NR, V. GP, 84. Sitzung vom 20. Juni 1948, Zuweisung der Regierungsvorlage an den Finanz- und Budgetausschuß, S. 2394; Bericht des Finanz- und Budgetausschusses und Annahme des Gesetzesentwurfes in der 88. Sitzung am 13. Oktober 1948, S. 2500.

[82] Der Gesetzesentwurf stimmt mit BGBl. Nr. 3, Bundesgesetz vom 13. Oktober 1948 über Börsesensale (Börsesensale-Gesetz), ausgegeben am 8. Jänner 1949, überein. Vgl. Sten. Prot. NR, V. GP, 84. Sitzung vom 20. Juni 1948, Zuweisung der Regierungsvorlage an den Finanz- und Budgetausschuß, S. 2394; Bericht des Finanz- und Budgetausschusses in der 88. Sitzung am 13. Oktober 1948 und Annahme des Gesetzesentwurfes, S. 2496–2500.

[83] Der Gesetzesentwurf stimmt mit BGBl. Nr. 160, Bundesgesetz vom 8. Juli 1948 über die Wiederherstellung des österreichischen Rechtes auf dem Gebiete des Börsewesens (Börseüberleitungsgesetz), ausgegeben am 23. August 1948, nicht zur Gänze überein. Der § 3 erhielt im endgültigen Gesetzestext eine etwas andere Form als im Entwurf. Vgl. Sten. Prot. NR, V. GP, 84. Sitzung vom 30. Juni 1948, S. 2394; Bericht des Finanz- und Budgetausschusses und Annahme des Gesetzesentwurfes in der 87. Sitzung am 8. Juli 1948, S. 2487 f.

[84] Aktenmaterial zu den hier behandelten Gesetzen findet sich in AdR, BMJ, Zivilrechtslegislative 1945–1974, Sektion I/B, Handelsrecht 33, Börsegesetz, Börseüberleitungsgesetz, Börsesensale-Gesetz, Teil I und II, 1946–1974.

[85] Beilage 9: BMF, Zl. 43.417-14/1947 Ministerratsvortrag (3 ½ Seiten); Gesetzesentwurf (7 Seiten); Erläuternde Bemerkungen (5 ½ Seiten); Information (½ Seite). Da das noch in Geltung stehende deutsche Mineralölsteuergesetz den österreichischen Verhältnissen nicht Rechnung trug, war die Schaffung eines neuen österreichischen Mineralölsteuergesetzes erforderlich. Der vorliegende Gesetzesentwurf berücksichtigte die durch die weitgehende Erschließung der Zistersdorfer Ölfelder völlig geänderte Lage der österreichischen Mineralölwirtschaft und gestaltete den Steuergegenstand so, daß die Steuer möglichst einfach erfaßt werden konnte. Der Steuergegenstand sollte die aus rohem Erdöl gewonnenen Produkte, die Destillate aus leichten Steinkohlenteerölen und jene Produkte, die bei der Aufarbeitung von Altölen der beiden erstgenannten Gruppen anfielen, umfassen. Der Entwurf sah zwei Steuersätze vor, und zwar 0,26 S pro Kilogramm für Benzin und leichte Steinkohlenteeröldestillate sowie 0,10 S pro Kilogramm für Petroleum, Gasöl und Aufarbeitungsprodukte von Dieselölen.

daß ein solcher Entwurf bereits einmal eingebracht worden war, jedoch im Hinblick auf die bevorstehende Währungsreform nicht erledigt wurde.[86]

StS Graf bemängelt, daß einzelne, zu Gunsten der Landwirtschaft wirkende Bestimmungen aus dem Entwurf herausgenommen wurden.[87] Er beantragt, dem § 5 einen 3. Absatz mit folgendem Wortlaut anzufügen:

„(3) Steuerfrei ist ferner ein dem Bedarf der Landwirtschaft entsprechendes Jahreskontingent an Petroleum und Gasöl für den Betrieb landwirtschaftlicher Traktoren und Motoren, dessen Höhe alljährlich vom Bundesministerium für Finanzen im Einvernehmen mit dem Bundesministerium für Land- und Forstwirtschaft festgesetzt wird." Diese Bestimmung war bereits einmal in dem Gesetzentwurf enthalten.

BM Dr. Krauland hält den Zeitpunkt für die Einbringung des Entwurfes für wenig geeignet, da sein Ministerium noch eine Reihe von Gesichtspunkten, die mit den staatsrechtlichen Verhältnissen zusammenhängen, zur Geltung bringen möchte. Er bittet, die Vorlage zur Abhaltung von Besprechungen auf 8 Tage zurückzustellen.

BM Dr. Kolb scheinen die Strafbestimmungen im § 3, Abs. (1), Z. 3, an dieser Stelle nicht passend. Sie sollten am Schluß eingebaut werden.

Dem Antrag Krauland gemäß wird der Punkt auf 8 Tage zurückgestellt.[88]

10
Literaturreinigungs-Gesetz

Gemäß dem Bericht des BM ohne Portefeuille Altenburger in Vertretung des abwesenden Bundesministers für Unterricht, Zl. 28.604-III/10/48[89], betreffend den Entwurf eines

---

Die Mineralölsteuer war nach dem Finanzausgleichsgesetz 1948 eine gemeinschaftliche Abgabe, deren Ertrag je zur Hälfte zwischen dem Bund und den Ländern geteilt wurde, die Regelung der Aufteilung der Ertragsanteile war wiederum der gesetzlichen Regelung im Zuge der Neuregelung der Mineralölsteuer vorbehalten. Die Feststellung des örtlichen Verbrauches nach Ländern war aber unter den derzeitigen Verhältnissen unmöglich, da ein Aufteilungsschlüssel gesucht werden mußte, der auf verschiedene in Frage kommende Momente Rücksicht nahm. Vor allem mußte in Betracht gezogen werden, daß den Ländern ein sehr hoher Ertragsanteil an der Steuer zugewiesen wurde, um ihnen die Tragung der Straßenlast zu erleichtern. Weiters sollte auch das Aufkommen an Kraftfahrzeugssteuer und Gewerbesteuer als Schlüsselelement herangezogen werden, da diese bis zu einem gewissen Grad als Funktionen des Benzinverbrauches bzw. des Verbrauches von Gas- und Heizöl in den gewerblichen Betrieben angesehen werden konnten. Ergänzend war auch die Volkszahl als Element in den Verteilungsschlüssel aufgenommen worden. Aus den Ertragsanteilen an der Mineralölsteuer sollte ein Vorzugsanteil von einem Viertel zu Gunsten der Länder Burgenland, Niederösterreich und Steiermark ausgeschieden werden, „um diesen durch den Wiener Ausstrahlungsverkehr in erster Linie berührten Ländern die Wiederherstellung ihrer durch die Kriegs- und Nachkriegsgeschehen besonders getroffenen Straßen zu erleichtern".

86 Vgl. dazu MRP Nr. 91/9 vom 9. Dezember 1947.

87 Vom Standpunkt des Bundesministeriums für Landwirtschaft war der Entwurf untragbar, da eine dem § 5, Abs. (2), der für Mineralöle, die der gewerblichen Verwendung dienten, Steuerfreiheit vorsah, ähnliche Bestimmung zu Gunsten der Landwirtschaft fehlte. Bis 1938 war nämlich Petroleum unter der Bedingung, daß es für die Landwirtschaft verwendet wurde, steuerfrei. Der Entwurf in der vorliegenden Fassung stellte demnach eine deutliche Verschlechterung gegenüber der Lage vor 1938 dar. Vgl. dazu die in Beilage 9 enthaltene Information.

88 Vgl. dazu MRP Nr. 118/7.

89 Beilage 10: BMU, Zl. 28.604-III/10/1948 Ministerratsvortrag (4 ½ Seiten); Gesetzesentwurf (2 ½ Seiten); Erläuterung (2 ¼ Seiten). Der Nationalrat hatte erstmals am 20. März 1946 einen von der Bundesregierung eingebrachten Entwurf eines Literaturreinigungsgesetzes zum Beschluß erhoben, wobei der Nationalrat gewisse Änderungen am Text der Regierungsvorlage vorgenommen hatte. Wegen Nichtgenehmigung durch den Alliierten Rat war das Gesetz jedoch nicht zur Verlautbarung gelangt. Über Beschluß des Ministerrates vom 21. Mai 1946 (MRP Nr. 21/9) wurde die Vorlage in der vom

Bundesverfassungsgesetz über die Vernichtung von Druck- und Bildwerken nationalsozialistischen Gehaltes oder eines den Alliierten Mächten feindlichen Charakters (Literaturreinigungsgesetz), beschließt der Ministerrat ohne Debatte, den Gesetzesentwurf als Regierungsvorlage der verfassungsmäßigen Behandlung durch die Organe der Bundesgesetzgebung zuzuführen.[90]

11

Notarversicherungs-Anpassungsgesetz

Nach einem Bericht des V i z e k a n z l e r s, in Vertretung des abwesenden Bundesministers für soziale Verwaltung, Zl. II-75.464-5/48[91], betr. den Entwurf eines Bundesgesetzes

---

Alliierten Rat gewünschten Fassung neuerlich im Nationalrat eingebracht, der diese am 25. Juli 1946 zum Beschluß erhob, dabei jedoch in einem Punkt einen von den Wünschen der alliierten abweichenden Beharrungsbeschluß faßte. Der Alliierte Rat erteilte am 23. Dezember 1946 der Vorlage nur unter der Bedingung die Bewilligung, daß der Absatz (3) des § 4 gestrichen werde. Die Vorlage wurde sodann am 5. Februar 1947 neuerlich unter Weglassung des genannten Absatzes beschlossen und die geänderte Fassung noch vor Beschlußfassung im Plenum des Nationalrates dem Alliierten Rat mit Ersuchen um Zustimmung zugeleitet. Da der Alliierte Rat der Neufassung des § 4, Absatz (3) wieder die Zustimmung verweigerte, hatte der Nationalrat dessen Textierung dahingehend geändert, „daß die Ausnahme von der Ablieferungspflicht auf die Nationalräte und Bundesräte beschränkt wird“. In dieser neuen Fassung wurde das Gesetz zum Beschluß erhoben. Auf die neuerliche Vorlage des Literaturreinigungsgesetzes in der letzten Fassung hatte der Alliierte Rat mit Note vom 23. April 1948 bekanntgegeben, daß dem Gesetz mit Ausnahme des Absatzes (3) des § 4 die Genehmigung erteilt werde. Es blieb somit nichts anderes übrig, als den strittigen Absatz in der neuen Regierungsvorlage wiederum wegzulassen und den Organen der Bundesgesetzgebung nochmals Gelegenheit zur verfassungsmäßigen Behandlung zu geben. Gleichzeitig sollte nun auch die Literaturreinigungsnovelle, die am 11. Dezember 1946 vom Nationalrat beschlossen worden war, in die Regierungsvorlage einbezogen worden. Diese war dem Alliierten Rat bisher noch nicht zugeleitet worden, da er dem Hauptgesetz noch nicht zugestimmt hatte. Die Vorlage wurde nun mit den erwähnten Abänderungen und entsprechend dem Wunsch der Alliierten ohne den umstrittenen Passus des § 4 eingebracht und sollte nochmals dem Alliierten Rat vorgelegt werden.

90 Vgl. Sten. Prot. NR, V. GP, 84. Sitzung vom 30. Juni 1948, Zuweisung der Regierungsvorlage an den Ausschuß für Unterricht, S. 2394; Bericht des Ausschusses für Unterricht und Annahme des Gesetzesentwurfes in der 109. Sitzung vom 12. Mai 1949, S. 3105–3107. Ein weiterer Gesetzesbeschluß im Mai 1949 wurde vom Bundesrat beeinsprucht. Vgl. MRP Nr. 155/15 f vom 3. Mai 1949. Zur Publikation eines Literaturreinigungsgesetzes kam es nicht. Zur weiteren Diskussion über das Literaturreinigungsgesetz bis in die 1950er Jahre vgl. den Aktenbestand im AdR, BMU/HR, Sign. 24 A-Werke, 1945–1954 und 1952–1965. Der Bestand beinhaltet u. a. die Tätigkeit der Bundesländer, einzelner Bibliotheken, Universitätsinstitute sowie die Sitzungsprotokolle der Zentralkommission im Bundesministerium für Unterricht. Eine umfangreiche Liste der gesperrten Autoren findet sich unter Zl. 20.899/1945. Zum Literaturreinigungsgesetz vgl. auch Stiefel, Entnazifizierung, S. 237–246; Gerhard Renner, Entnazifizierung der Literatur, in: Sebastian Meissl/Klaus-Dieter Mulley/Oliver Rathkolb (Hg.), Verdrängte Schuld, verfehlte Sühne. Entnazifizierung in Österreich 1945–1955, Wien 1986, S. 202–229; MRP Nr. 4/4 vom 22. Jänner 1946, MRP Nr. 9/4 vom 22. Februar 1946, MRP Nr. 11/5 vom 5. März 1946, MRP Nr. 18/7 c vom 30. April 1946, MRP Nr. 21/9 vom 21. Mai 1946, MRP Nr. 32/8 c vom 17. Juli 1946, MRP Nr. 36/9 vom 5. September 1946, MRP Nr. 55/6 a vom 5. Februar 1947 und MRP Nr. 109/1 h vom 27. April 1948.

91 Beilage 11: BMsV, Zl. II-75.464-5/1948 Ministerratsvortrag (1 ¼ Seiten); Gesetzesentwurf (1 Seite); Erläuterungen (1 Seite). Um den Notariatstarif an die wirtschaftlichen Verhältnisse anzupassen, war der vorliegende Entwurf eines Notarversicherungs-Anpassungsgesetzes über Antrag der Versicherungsanstalt des österreichischen Notariates ausgearbeitet worden. Er sah eine Erhöhung der Geldleistungen und der Höchst- und Mindestgrenzen für die Bemessung der Versicherungsleistungen vor. Eine Erhöhung des Beitragssatzes wurde als nicht erforderlich erachtet. Der Gesetzesentwurf stimmt mit BGBl. Nr. 249, Bundesgesetz vom 24. November 1948 über die Anpassung der Leistungen in der Notarversicherung an die wirtschaftlichen Verhältnisse (Notarversicherungs-Anpassungsgesetz), ausgegeben am 30. Dezember 1948, überein.

über die Anpassung der Leistungen in der Notarversicherung an die wirtschaftlichen Verhältnisse (Notarversicherungs-Anpassungsgesetz), beschließt der Ministerrat ohne Debatte, den Gesetzesentwurf als Regierungsvorlage der verfassungsmäßigen Behandlung durch die Organe der Bundesgesetzgebung zuzuführen.[92]

12
Regelung sozialversicherungsrechtlicher Verhältnisse aus Anlaß der Aufnahme in ein öffentlich-rechtliches Dienstverhältnis oder beim Ausscheiden aus einem solchen

Der Vizekanzler berichtet in Vertretung des abwesenden Bundesministers für soziale Verwaltung gemäß Ministerratsvortrag, Zl. II-63.410-5/48[93], über den Entwurf eines Bundesgesetzes über die Regelung sozialversicherungsrechtlicher Verhältnisse aus Anlaß der Aufnahme in ein öffentlich-rechtliches Dienstverhältnis oder beim Ausscheiden aus einem solchen.

Der Entwurf soll mit den Gewerkschaften bereits abgesprochen worden sein. Ob die Bedenken des Finanzministeriums gänzlich beseitigt sind, weiß ich nicht. Interesse an dem Entwurf hat, abgesehen von den Gewerkschaften, auch der öffentlichrechtliche Dienstgeber.

Wenn der Finanzminister noch Bedenken hegt, würde ich den Antrag stellen, die Vorlage unter der Auflage der formula Krauland[94] einzubringen.

BM Dr. Zimmermann: Mit den Gewerkschaften haben zwar Besprechungen stattgefunden, diese sind aber ebenso wie die interministeriellen Verhandlungen nicht abgeschlossen.[95] Wir haben grundsätzlich Stellung genommen zu

---

[92] Vgl. Sten. Prot. NR, V. GP, 84. Sitzung vom 30. Juni 1948, Zuweisung der Regierungsvorlage an den Ausschuß für soziale Verwaltung, S. 2394; Bericht des Ausschusses für soziale Verwaltung und Annahme des Gesetzesentwurfes in der 92. Sitzung vom 24. November 1948, S. 2554. Material dazu findet sich in AdR, BMsV, Sozialversicherung, Zl. 18.242/1948, Notariatsversicherungs-Anpassungsgesetz; AdR, BMJ, Zivilrechtslegislative 1945–1974, Sektion I/B, Notariatsordnung 19, 1947–1974.

[93] Beilage 12: BMsV, Zl. II-63.410-5/1948 Ministerratsvortrag (2 Seiten); Gesetzesentwurf (5 ½ Seiten); Erläuternde Bemerkungen (9 ¼ Seiten); Information (1 Seite). Die großen Personalveränderungen bei Bund, Ländern und den Gemeinden, die seit der Befreiung Österreichs erfolgt waren, ließen die Regelung der sozialversicherungsrechtlichen Verhältnisse der von den damit verbundenen Maßnahmen Betroffenen notwendig erscheinen. Die in Geltung stehenden Rechtsvorschriften waren nicht ausreichend, um die sich aus Anlaß der Aufnahme in ein öffentlich-rechtliches Dienstverhältnis oder beim Ausscheiden aus einem solchen für Dienstgeber und Dienstnehmer ergebenden Probleme zu lösen. Ein Rückgriff auf frühere österreichische Rechtsvorschriften war nicht möglich, da diese im wesentlichen nur die Angestelltenversicherung regelten und die Versicherungsträger darüber hinaus nicht in der Lage waren, die Mittel für die bei Pragmatisierungen an den öffentlich-rechtlichen Arbeitgeber zu zahlenden Überweisungsbeträge aufzubringen. Der vorliegende Gesetzesentwurf sollte grundsätzlich nur die sozialversicherungsrechtlichen Fragen lösen, die Regelung der dienstrechtlichen Fragen sollte den in Betracht kommenden Dienstgebern (Bund, Länder und Gemeinden) überlassen bleiben. Besonderes Gewicht wurde auf den sozialversicherungsrechtlichen Schutz der Dienstnehmer gelegt. Dieser sollte ohne wesentliche Erhöhung des Aufwandes der Sozialversicherungsträger und ohne Zwang für den Bund zu erhöhter Zuschußleistung erfolgen.

[94] Die „formula Krauland“ wurde häufig bei Gesetzesentwürfen angewandt, über die im Ministerrat keine vollständige Übereinstimmung erzielt werden konnte. Der Entwurf wurde vorläufig vom Ministerrat beschlossen und dem Parlament als Regierungsvorlage zugewiesen. Die Parteien behielten sich jedoch vor, im Parlament Abänderungsanträge zu stellen und diese dort in Parteienberatungen abzuklären. Diese Formel wurde vor allem dann angewendet, wenn bestimmte Fristen bis zur Gesetzeswerdung eingehalten werden mußten und keine weiteren Verzögerungen eintreten sollten. Der Name rührt daher, daß Bundesminister Krauland diese Vorgehensweise erstmals im Ministerrat vorschlug. Ab Sommer 1946 faßte der Ministerrat regelmäßig Beschlüsse nach der „formula Krauland“.

[95] Vgl. die in Beilage 12 enthaltene Information an den Bundeskanzler, BKA, Zl. 70.712-3/1948 (1 Seite). Der Gesetzesentwurf war seit längerem Gegenstand interministerieller Verhandlungen beim Bun-

1.) der Verzinsung und

2.) der Frage, daß in den Fällen, in denen ein Bediensteter freiwillig unter Verzicht auf die Pension aus dem öffentlichen Dienst ausscheidet und wenn er seine Stellung nach § 116 der Dienstpragmatik[96] verliert und dadurch der Ruhe- und Versorgungsgenüsse verlustig geht, eine Nachversicherung nicht zu leisten ist, sondern der Betreffende die Rechtsfolgen zu tragen hat.

VK: Dieser Gedanke widerspricht jedem Versicherungsrecht und -prinzip. Wir haben im österreichischen Versorgungsrecht zwar das Prinzip, daß eine Pension mit einer Verurteilung verloren geht, aber keine Verurteilung macht Sozialversicherungsansprüche hinfällig. Eine solche Bestimmung ist jedem europäischen Recht fremd.

BM Dr. Z i m m e r m a n n: Aber hier ist es ausdrücklich vorgesehen.

VK: Sie wünschen, daß es vorgesehen wird.

BM Dr. Z i m m e r m a n n: Nein, daß es vorgesehen bleibt.

VK: Auch in der Zeit von 1934 bis 1938 war es nur in einem speziellen Fall vorgesehen, daß Anwartschaften verloren gehen.[97] Aber in dieser Fassung ist es nirgends in der ganzen Welt. Ein Krankenversicherungs- oder Altersversicherungsanspruch kann doch wegen einer Verurteilung nicht verloren gehen.

Der Ministerrat beschließt, diesen Punkt zurückzustellen.[98]

13
Entsendung von Delegierten zu der Tagung der Regionalen europäischen Rundfunkkonferenz des Weltnachrichtenvertrages in Kopenhagen

BM Ü b e l e i s berichtet gemäß Ministerratsvortrag, BM. Zl. 22.140/1948[99], über die Teilnahme an der Tagung der Regionalen europäischen Rundfunkkonferenz des Weltnach-

---

desministerium für soziale Verwaltung gewesen. An der letzten Besprechung hatten auch Vertreter der Gewerkschaften und der Sozialversicherungsträger teilgenommen. Eine in Aussicht genommene neuerliche Besprechung zur Bereinigung offen gebliebener Fragen im Bundesministerium für soziale Verwaltung sowie die Übermittlung von Berechnungsbeispielen zum richtigen Verständnis des Gesetzes und zur vollständigen Beurteilung seiner Auswirkungen in der Frage der Teilung der Rente aus der Sozialversicherung zwischen dem öffentlich-rechtlichen Dienstgeber und dem Dienstnehmer bei Anrechnung von Vordienstzeiten für die Bemessung des Ruhegenusses war noch nicht abgehalten worden. Wegen der Komplexität der sozialversicherungsrechtlichen Materie und mangels Vorlage der entsprechenden Unterlagen hatte das Bundeskanzleramt noch nicht abschließend Stellung nehmen können, auch waren von Seiten des Bundesministers für Finanzen und von gewerkschaftlicher Seite Bedenken gegen den Gesetzesentwurf erhoben worden.

96 Der § 116 der Dienstpragmatik regelte das Ausscheiden eines Beamten, gegen den ein strafgerichtliches Urteil, das nach den bestehenden gesetzlichen Vorschriften den Verlust des Amtes unmittelbar zur Folge hatte, ergangen war, aus dem Dienstverhältnis. Vgl. dazu RGBl. Nr. 15, Gesetz vom 25. Jänner 1914 betreffend das Dienstverhältnis der Staatsbeamten und der Staatsdienerschaft (Dienstpragmatik), ausgegeben am 27. Jänner 1914.

97 Möglicherweise war damit § 232 des BGBl. Nr. 107, Bundesgesetz, betreffend die gewerbliche Sozialversicherung (GSVG.), ausgegeben am 30. März 1935, gemeint, der sich mit der „Wahrung der Anwartschaften" im Bereich der Angestelltenversicherung beschäftigte.

98 Vgl. dazu weiter MRP Nr. 118/5.

99 Beilage 13: BMV, Generaldirektion für die Post- und Telegraphenverwaltung, B.M.Zl. 22.140/1948 Ministerratsvortrag (1 ½ Seiten). Das Bundesministerium für Verkehr, Generaldirektion für die Post- und Telegraphenverwaltung, war zu der am 25. Juni 1948 in Kopenhagen beginnenden regionalen europäischen Konferenz für Rundfunkwesen, die die Ausarbeitung eines neuen regionalen Übereinkommens und eines Verteilungsplanes der Rundfunkfrequenzen zwischen den europäischen Staaten zum Ziel hatte, eingeladen worden. Die noch immer geltenden Bestimmungen von Luzern über die Verteilung der Mittel- und Langwellen stammten aus dem Jahre 1933 und entsprachen nicht mehr

richtenvertrages in Kopenhagen im Juni 1948 (Entsendung von Delegierten). Es liegen dieser Konferenz Österreich betreffend 2 Anträge vor, die für uns nicht annehmbar sind. Daher ist unsere Anwesenheit dort unerläßlich.[100]

BK: Von der Ravag fährt niemand?

BM Ü b e l e i s: Die Ravag ist separat eingeladen.

Der BK gibt der Befriedigung Ausdruck, daß die Entsendung nur eines Regierungsvertreters, des Sektionsrates Dipl. Ing. Ferdinand Henneberg[101], beantragt wurde. Er ersucht, diesem einzuschärfen, daß er mehr auf die Annahme des holländischen Vorschlages als des sowjetrussischen drängen solle, da dieser, wenn auch nicht befriedigend, so doch eher annehmbar sei.

BM Ü b e l e i s: Nach den uns zugekommenen Mitteilungen ist auch dieser Vorschlag nicht ideal.

Der Ministerrat beschließt antragsgemäß.

14
Änderung gebührenrechtlicher Maßnahmen auf dem Gebiete des Telegraphen-, Fernsprech- und Rundfunkwesens

Über Antrag des BM für Verkehr, BM. Zl. 20.975/1946[102], betr. den Entwurf einer Verordnung des Bundesministeriums für Verkehr, womit die Verordnung des Bundesministeriums für Verkehr vom 31. Juli 1947, BGBl. Nr. 176, über gebührenrechtliche Maßnah-

---

den aktuellen Bedürfnissen. Der 1939 in Montreux abgeschlossene neue Vertrag über das europäische Rundfunkwesen, der auch einen Plan über die Aufteilung der Wellenlängen zwischen den Rundfunkstationen des europäischen Bereiches enthalten hatte, war nicht ratifiziert worden, weshalb der Aufteilungsplan nicht angewendet werden konnte. Bei der Zuteilung eine Anzahl von Mittel- und Langwellenfrequenzen zu erhalten, war für die Aufrechterhaltung des bestehenden Rundfunkdienstes in Österreich sowie für den Ausbau des österreichischen Funkverkehrs eine Notwendigkeit und die Teilnahme an der Konferenz somit unumgänglich.

100 Material dazu findet sich in AdR, BKA/AA, II-pol 1948, International 17, GZl. 114.819/1948, Kopenhagener Radiowellen-Konferenz.

101 Dipl.-Ing. Ferdinand Henneberg, Sektionsrat, tätig in der Abteilung 10 (Technische Angelegenheiten des Fernmeldedienstes, Außenanlagen) der Sektion III (Generaldirektion für die Post- und Telegraphenverwaltung) des Bundesministeriums für Verkehr.

102 Beilage 14: BMV, Generaldirektion für die Post- und Telegraphenverwaltung, B.M.Zl. 20.975/1948 Ministerratsvortrag (1 ½ Seiten); Gesetzesentwurf (8 Seiten); Erläuternde Bemerkungen (8 Seiten). Die durch das Lohn- und Preisabkommen vom Juli/August 1947 (vgl. MRP Nr. 77/3 vom 29. Juli 1947) notwendig gewordene Anpassung sämtlicher Gebührensätze auf dem Gebiet des Fernmeldewesens an die wirtschaftlichen Verhältnisse, war durch die Verordnung vom 31. Juli 1947 (BGBl. Nr. 176/1947) erfolgt. Die Anwendung dieser Verordnung hatte jedoch gezeigt, daß Verbesserungen erforderlich waren, um Unklarheiten zu beseitigen und widersprüchliche Bestimmungen aufzuheben. Der vorliegende Verordnungsentwurf sollte sowohl diesen Forderungen als auch dem Wunsch der Wirtschaft nach einer Gebührenherabsetzung entsprechen. In diesem Sinne war die Herabsetzung der Gebühren in der I. Zone (bis 10 km) und in der II. Zone (über 10 bis 25 km) um 25 % vorgesehen. Weiters sollten die Gebühren im Telegrammverkehr und für das Senden von Funknachrichten gesenkt werden. Die Gebühr für die Zustellung von Telegrammen durch Fernsprecher sowie die Anmeldegebühr für Ferngespräche in der I. und II. Zone wurden aufgehoben. Da die Verordnung eine Veränderung gebührenrechtlicher Vorschriften enthielt, war gemäß Artikel 54 des Bundes-Verfassungsgesetzes in der Fassung von 1929 (BGBl. Nr. 1/1930) zur Erlassung die Mitwirkung des Hauptausschusses des Nationalrates erforderlich. Der Entwurf stimmt mit BGBl. Nr. 142, Verordnung des Bundesministeriums für Verkehr vom 14. Juli 1948, womit die Verordnung des Bundesministeriums für Verkehr vom 31. Juli 1947, BGBl. Nr. 176, über gebührenrechtliche Maßnahmen auf dem Gebiete des Telegraphen-, Fernsprech- und Rundfunkwesens abgeändert und ergänzt wird, ausgegeben am 12. August 1948, überein.

men auf dem Gebiete des Telegraphen-, Fernsprech- und Rundfunkwesens abgeändert und ergänzt wird, beschließt der Ministerrat ohne Debatte, den beiliegenden Verordnungsentwurf gemäß § 3 des Gesetzes vom 13. 4. 1920, StGBl. Nr. 180, dem Präsidenten des Nationalrates[103] zur Einholung des Beschlusses des Hauptausschusses zuzuleiten.[104]

15
Aufkauf und Einlagerung der Getreidekontingente 1948 sowie eines Teiles des Kartoffelkontingentes 1948[105]

Der Bericht und Antrag des BM für Volksernährung, Zl. 37.906-4/48, betreffend Aufkauf und Einlagerung der Getreidekontingente 1948 sowie eines Teiles des Kartoffelkontingentes 1948 und Bereitstellung von Geldmitteln, wird für die nächste Sitzung des Ministerrates zurückgestellt.[106]

16
Internationale Konferenz des Roten Kreuzes in Stockholm

Der Vizekanzler berichtet in Vertretung des abwesenden Bundesministers für soziale Verwaltung, Zl. V-74.876-JL/48[107], betreffend Teilnahme Österreichs an der XVII. Internationalen Konferenz des Roten Kreuzes in Stockholm in der Zeit vom 20. bis 30. August 1948.

BM H e l m e r hält es für zweckmäßig, notfalls einen Sachverständigen des Finanzministeriums mehr, dafür aber um einen Vertreter des Roten Kreuzes, deren 3 vorgesehen sind, weniger zu entsenden.

BM Dr. K r a u l a n d meint, es genüge ein Vertreter des Roten Kreuzes.

BM Dr. G r u b e r schließt sich den Ausführungen des Vizekanzlers an, hält aber mit Rücksicht auf den großen Umfang der Tagesordnung der Konferenz auch die Entsendung der 3 Vertreter des Roten Kreuzes für notwendig. Er ersucht, den Antrag des Vizekanzlers anzunehmen.

BM H e l m e r drückt sein Erstaunen aus, daß ein eigener Abgesandter des Außenamtes zur Behandlung der Kriegsgefangenenfragen zu der Konferenz entsendet werden solle, während die ganze Arbeit auf dem Gebiet der Heimschaffung der Kriegsgefangenen vom Innenministerium geleistet wird. Mit Ausnahme von Rußland und Jugoslawien sind alle unsere

---

103 Leopold Kunschak, 19. Dezember 1945 bis 13. März 1953 Nationalratsabgeordneter und Erster Präsident des Nationalrates, ÖVP.

104 Material dazu findet sich in AdR, BKA, Sektion II, Sign. 40, GZl. 64.262/1948, Zl. 73.301-2b/1948, Verordnung des Bundesministeriums für Verkehr, womit die Verordnung des Bundesministeriums für Verkehr vom 31. Juli 1947, BGBl. Nr. 176, über gebührenrechtliche Maßnahmen auf dem Gebiete des Telegraphen-, Fernsprech- und Rundfunkwesens abgeändert und ergänzt wird.

105 Der Punkt stand bereits auf der Tagesordnung des Ministerrates vom 15. Juni 1948, wurde aber zurückgezogen. Vgl. MRP Nr. 116/15.

106 Der Punkt wurde in der nächsten Ministerratssitzung vom 29. Juni 1948 behandelt. Die Beilage 15 liegt dort als Beilage 10 bei. Vgl. MRP Nr. 118/10.

107 Beilage 16: BMsV, Zl. V-74.876-JL/1948 Ministerratsvortrag (2 ½ Seiten). Der Ministerrat hatte am 10. Februar 1948 (MRP Nr. 99/9 j) den Beschluß gefaßt, zu der von 20. bis 30. August 1948 in Stockholm stattfindenden XVII. Internationalen Konferenz des Roten Kreuzes zwei Vertreter der österreichischen Bundesregierung, darunter einen Vertreter des Bundesministeriums für soziale Verwaltung, zu entsenden. Gleichzeitig war auch der Österreichischen Gesellschaft vom Roten Kreuz die Möglichkeit gegeben worden, zwei Vertreter zu entsenden. Dem in der Zwischenzeit eingelangten Programm war aber zu entnehmen, daß die Organisation der Tagung die Teilnahme eines weiteren Vertreters des Bundesministeriums für soziale Verwaltung erforderte. Da gleichzeitig auch die Tagung sämtlicher ausländischer Ligen des Roten Kreuzes stattfinden sollte, wurde es weiters als erforderlich bezeichnet, der Gesellschaft vom Roten Kreuz devisenmäßig die Entsendung dreier statt nur zweier Vertreter nach Stockholm zu ermöglichen.

Kriegsgefangenen heimgekehrt. Es sei nicht ganz klar, was der Vertreter des Außenamtes Dr. Blühdorn[108] auf der Konferenz tun solle, außer es handle sich um die Lösung juristischer Fragen.

VK: Es handelt sich um die Festlegung von völkerrechtlichen Bestimmungen über die Kriegsgefangenen.

BM Dr. G r u b e r: Es ist eine Konferenz zur Kodifizierung dieser Bestimmungen.

BM H e l m e r: Es wäre richtig gewesen, wenn wir voriges Jahr nach Belgrad gefahren wären.[109]

BM Dr. G r u b e r: Auf Wunsch des Bundesministers Maisel ist man ja hingefahren.

BM H e l m e r: Auf Ihr Verlangen ist niemand hingefahren.

BM Dr. G r u b e r: Das stimmt nicht. Das Sozialministerium war mit einigen Beamten vertreten.

BK: Von Kärnten war ein Vertreter entsandt worden und auch Vertreter des Sozialministeriums und des Roten Kreuzes delegiert.

BM Dr. G r u b e r: Die Kriegsgefangenentransporte zu organisieren ist nicht Aufgabe des Außenamtes. Wir haben die Moskauer Konferenz dazu benutzt, um eine Reihe von Aktionen zu starten.[110]

BM H e l m e r: Die Gesandten haben noch immer erklärt, sie können nichts machen.

BM Dr. G r u b e r: Das stimmt nicht. Unsere Aktionen sind eine Kette, aus der man nichts herausbrechen kann.

BM Dr. Z i m m e r m a n n appelliert, die Entsendung von Delegierten im Hinblick auf die angespannte Devisenlage möglichst einzuschränken.

BM Dr. G r u b e r hält dies für selbstverständlich, verweist jedoch darauf, daß Österreich auf internationalen Konferenzen meistens nur mit etwa 5 Vertretern anwesend ist, während andere gleichfalls kleine Staaten 20 und noch mehr Vertreter haben. Es gäbe andere Zweige, wo man mit Devisen sparen könnte, z. B. bei privaten Reisen, die nicht die Bedeutung wie Reisen dieser Art haben.

Der Ministerrat beschließt antragsgemäß.[111]

17
Mündliche Berichte
a
Abkommen Bretton Woods

BM Dr. Z i m m e r m a n n berichtet gemäß Ministerratsvortrag, Zl. 43.814-15/1948[112], über den Entwurf eines Bundesgesetzes über den Beitritt Österreichs zu den Abkommen

---

108 Dr. Rudolf Blühdorn, a.o. Gesandter und bev. Minister, 12. Mai 1947 bis 31. Dezember 1953 Leiter der Völkerrechtsabteilung im Bundeskanzleramt/Auswärtige Angelegenheiten.

109 Möglicherweise war eine Tagung des Roten Kreuzes gemeint, die im September 1947 in Belgrad stattgefunden hatte. Vgl. dazu etwa AdR, BMsV, Volksgesundheitsamt, Sign. Tbc, GZl. 109.360/1947, Statistisches Material über Tuberkulose für eine Tagung des RK in Belgrad.

110 Die Konferenz der Außenminister Großbritanniens, Frankreichs, der Sowjetunion und der USA in Moskau hatte von 10. März bis 24. April 1947 gedauert. Dort war u. a. beschlossen worden, wie Bundesminister Gruber am 7. Mai 1947 dem Nationalrat mitteilte, „die deutschen Kriegsgefangenen bis zum 1. Dezember 1948 zurückzuführen. Die Moskauer Konferenz hat es nicht der Mühe wert gehalten, einen ähnlichen Beschluß für die österreichischen Kriegsgefangenen zu fassen." Vgl. Sten. Prot. NR, V. GP, 51. Sitzung vom 7. Mai 1947, S. 1414.

111 Vgl. dazu auch Wiener Zeitung, 21. August 1948, S. 2 „Kongreß des Roten Kreuzes in Stockholm"; MRP Nr. 124/13 a.

112 Beilage 17: BMF, Zl. 43.814-15/1948 Gesetzesentwurf (½ Seite); Erläuternde Bemerkungen (2 ½ Seiten). Nach langen Beratungen waren im Juli 1944 auf der Konferenz von Bretton Woods im US-Bundesstaat New Hampshire von 44 Staaten Abkommen über die Errichtung eines Internationalen

Bretton Woods. Man wird im Parlament eine Ergänzung in das bereits eingebrachte Schatzscheingesetz einbauen müssen, um den für den Beitritt zu diesem Abkommen erforderlichen Betrag von 50 Millionen Schilling in Schatzscheinen aufbringen zu können.[113]

Der Ministerrat beschließt ohne Debatte, den Gesetzesentwurf als Regierungsvorlage der verfassungsmäßigen Behandlung durch die Organe der Bundesgesetzgebung zuzuführen.[114]

b

Bundesminister H e l m e r bringt zur Kenntnis, das Sowjetelement habe mit Schreiben vom 19. 6. mitgeteilt, daß sich in Marmaros Szigeth doch noch Kriegsgefangene befinden.

Wir sollen für diese die Verpflegung rückerstatten, u. zw. u. a. 140 to Mehl, 223 to Hülsenfrüchte, 52 to Fleisch, 6 to Fett, 13 to Zucker, 25.000 Schachteln Zündhölzer, Kaffee, Salz, Paprika usw. Ich habe zwar erwidert, daß wir alle unsere Verpflichtungen erfüllt haben und nicht mehr vorhanden sei, vermute aber, daß die Heimtransporte der in Kriegsgefangenschaft befindlichen Österreicher nunmehr wieder aufgenommen werden, so daß der Ministerrat seine Zustimmung dazu wird geben müssen, daß die von den Sowjets geforderten Lebensmittel bereitgestellt werden, um den Heimtransport der Kriegsgefangenen nicht zu verzögern. Beilage E[115]

Währungsfonds und einer Internationalen Bank für Wiederaufbau und Wirtschaftsförderung beschlossen worden, denen auch weitere Staaten als Mitglieder beitreten konnten. Zweck des Fonds war die Förderung der Zusammenarbeit hinsichtlich internationaler Währungsprobleme, die Erleichterung des internationalen Handels und die Förderung des Beschäftigungsgrades und des Realeinkommens der Bevölkerung der Mitgliedstaaten durch Schaffung eines multilateralen Zahlungssystems sowie durch Ausgleich von Störungen der Zahlungsbilanz mit dem Ziel der Beseitigung bestehender Devisenbeschränkungen. Diese Ziele sollten dadurch erreicht werden, daß die Mitgliedsstaaten Quoten in den Fonds einzahlten. Im Gegenzug erhielten die Mitgliedsstaaten die Möglichkeit, zur Überbrückung vorübergehender Ungleichmäßigkeiten ihrer Zahlungsbilanzen vom Fonds Devisen zum Paritätskurs ihrer jeweiligen Landeswährung zu kaufen. Der Fonds konnte die Mitgliedschaft von einer Änderung der Währungsparität abhängig machen, und bei Inanspruchnahme von Mitteln des Fonds durch die Mitglieder standen dem Fonds Kontrollmaßnahmen zu. Alle Verpflichtungen galten nur für die Zeit der Mitgliedschaft. Für Streitigkeiten mit dem Fonds war ein Schiedsgericht vorgesehen. Zweck der Internationalen Bank sollte die Unterstützung des Wiederaufbaus der Mitgliedstaaten durch die Finanzierung von Projekten sein, die der Wiederherstellung von durch den Krieg geschädigten Volkswirtschaften und der Umstellung von Produktionsmitteln und -quellen in weniger entwickelten Ländern dienten. Die Finanzierung sollte entweder durch direkte Darlehensgewährung oder durch Übernahme der Garantie für solche Darlehen erfolgen. Sowohl der Fonds als auch die Bank hatten beschlossen, Österreich als Mitglied aufzunehmen, die Quoten Österreichs waren mit je 50 Millionen Schilling festgesetzt worden. Österreich sollte die Möglichkeit erhalten, die in Landeswährung einzuzahlenden Quotenteile an Stelle von Bargeld in unverzinslichen Schatzscheinen zu erlegen. Laut vorliegendem Gesetzesentwurf sollte die Bundesregierung ermächtigt werden, „den Beitritt Österreichs zu den Abkommen von Bretton Woods zu vollziehen und die mit der Mitgliedschaft Österreichs beim Internationalen Währungsfonds und bei der Internationalen Bank für Wiederaufbau und Wirtschaftsförderung verbundenen Verpflichtungen und Haftungen zu übernehmen".

113 Der erforderliche Betrag von 50 Millionen Schilling wurde in das 3. Schatzscheingesetz aufgenommen, indem der im Gesetzesentwurf vorgesehene Nennbetrag für Bundesschatzscheine von 450 Millionen auf 500 Millionen Schilling erhöht wurde. Vgl. dazu auch MRP Nr. 116/9 und BGBl. Nr. 159, Bundesgesetz vom 7. Juli 1948 über die Ausgabe von Bundesschatzscheinen (3. Schatzscheingesetz 1948), ausgegeben am 23. August 1948.

114 Wie aus den diesbezüglichen Ausführungen in der folgenden Ministerratssitzung hervorgeht, wurde der gegenständliche Gesetzesentwurf nicht eingebracht, sondern der Weg einer „bloßen Genehmigung" gewählt. Vgl. weiter MRP Nr. 118/13.

115 Beilage E: UdSSR, Sowjetsektion des All. Rates für Österreich, 17. Juni 1948, Nr. 470, Wien Hotel Imperial, Zl. 11.164 Schreiben Oberst Starows an das Bundesministerium für Inneres Abteilung 12/K zu Handen Herrn Amtsrat Berdach (Abschrift von Zl. 249.385-14/1948, Übersetzung) (1 Seite); Mitteilung über den Stand der Lebensmittellieferungen durch österreichische Behörden zum 17. Juni

BM Dr. Zimmermann befürchtet, daß dann ständige Forderungen von Nachtragslieferungen erfolgen könnten. Man müsse bei der Nachlieferung andeuten, daß damit endgültig Schluß sei.

BM Sagmeister: Wenn der Ministerrat beschließt, diese Lebensmittel rückzuerstatten, muß mir die Möglichkeit gegeben werden, Lebensmittel zur Deckung des inländischen Kalorienerfordernisses in weniger entwickelten Ländern einzuführen.

BM Helmer: Wir dürfen uns nicht unseren Leuten gegenüber ins Unrecht setzen, da sonst die Russen vor die Öffentlichkeit gehen und sagen, daß sie zwar die Leute heimbrächten, wir aber die Lebensmittel nicht liefern.

BM Dr. Gruber: Man muß Anstrengungen unternehmen, um diese Lebensmittel aufzubringen. Vielleicht wäre auch Generaloberst Scheltow zu einer Herabsetzung zu bewegen. Dies müßte aber vorsichtig eingeleitet werden.

Der BK stellt die Möglichkeit von Ratenlieferungen,

BM Dr. Gruber die Einleitung einer Sammlung im Inland zur Erwägung.

BM Helmer beantragt, der Ministerrat möge beschließen, die geforderten Nachtragslieferungen zu leisten.

BM Dr. Krauland meint, die Sache sollte möglichst rasch erledigt werden. Man solle den Russen mitteilen, daß die Lieferung beschlossen wurde, jedoch in Raten erfolgen werde.

Der Ministerrat beschließt in diesem Sinne.[116]

c

Nach einem Bericht des BM Dr. Zimmermann genehmigt der Ministerrat die vorschußweise Auszahlung des Betrages von S 500.000.-- zur Durchführung der Bauarbeiten am Salzburger Dom gegen Verrechnung auf den Ertrag der im Sommer erscheinenden Sonderpostmarke.[117]

d

BM Dr. Gruber berichtet, er habe in Osttirol Klage über die Handhabung der Sperre in der Sperrzone Sillian gehört.[118] Diese Sperrzone sollte praktisch bereits aufgelassen sein, wird aber von der österreichischen Gendarmerie noch aufrechterhalten.

BM Helmer erklärt, dies sei ihm völlig neu. Er wisse nur, daß bei Hermagor[119] die von der österreichischen Gendarmerie kontrollierte Einreise in die Sperrzone aufgehoben und

---

1948 (Abschrift, Übersetzung) (1 Seite). Das Schreiben nahm Bezug auf die von Sowjetstellen für den Aufenthalt der sich noch im Durchgangslager Máramaros Sziget befindenden österreichischen Kriegsteilnehmer und ihren Transport nach Wiener Neustadt aufgewendete Verpflegung, die den Sowjetbehörden in Wien ersetzt werden sollte. Die österreichischen Behörden wurden aufgefordert, die in der Beilage unter „Noch zu liefern" angeführten Waren der Wirtschaftsabteilung der Sowjetbehörde zuzuweisen.

116 Vgl. weiters MRP Nr. 118/14 b und 14 e sowie MRP Nr. 123/1 i.

117 Es handelte sich um eine im August 1948 ausgegebene Sonderpostmarkenserie zur Förderung des Wiederaufbaus des Salzburger Doms, die acht Briefmarken umfaßte.

118 Die Alliierten hatten 1945 in Österreich vielerorts Sperrzonen zur leichteren Erfassung der ins Land strömenden Flüchtlinge und zur Grenzkontrolle errichtet. Anfang Juli 1945 waren in Kärnten und der südlichen Steiermark von der britischen Besatzungsmacht Grenzsperrzonen eingerichtet worden, in die niemand ohne Erlaubnisschein einreisen durfte. Die Grenze dieser Zonen verlief entlang der Linie „Lienzer Dolomiten–Gailtaler Alpen–Dobratsch bis zur Drau, folgte dem Flußlauf bis Lippitzbach und bog dann in nordöstlicher Richtung zur Kleinalpe auf der Koralm". Die Verwaltung des südlich dieser Linie gelegenen Landesteiles war lange Zeit erheblich behindert. Die Sperrzone im Kärntner Abschnitt wurde erst am 1. März 1949 durch die britische Besatzungsmacht aufgehoben. Vgl. Wilhelm Wadl, Das Jahr 1945 in Kärnten. Ein Überblick, Klagenfurt 1985, S. 46.

119 Hermagor: Stadtgemeinde in Kärnten.

die Sperrzone von Hermagor bis Lienz aufgelassen wurde.[120] Er werde der Angelegenheit sein Augenmerk zuwenden.

Der Bundeskanzler schließt die Sitzung um 13.20 Uhr.

[120] Zur Auflassung der Sperrzonen im Grenzgebiet von Steiermark und Kärnten vgl. auch MRP Nr. 93/1 h vom 23. Dezember 1947, MRP Nr. 143/1 d und Beschlußprotokoll Punkt 2 e vom 1. Februar 1949 sowie MRP Nr. 146/1 d und Beschlußprotokoll Punkt 2 a vom 21. Februar 1949.

Beschlußprotokoll Nr. 117 über die Sitzung des Ministerrates am 22. Juni 1948

1.) Der Bericht des Bundeskanzlers über
a) den Abschluß der Verhandlungen in den USA, betreffend Marshall-Plan;
b) eine Unterredung mit General Bethouart;
c) den Notenwechsel mit dem sowjetrussischen Element, betreffend Bundesminister Dr. Migsch;
d) seine Unterredung mit Generaloberst Scheltow, betreffend
aa) Beschlagnahmen von Villen am Semmering,
bb) Rückziehung der angeordneten Erhebungen des russischen Elementes durch Formblätter in Niederösterreich,
cc) die Anbringung von russischen Straßentafeln im Mühlviertel,
dd) die Beschlagnahme des Klosterneuburger Stiftskellers,
ee) Lieferung des noch ausständigen vereinbarten Rohöles für die Arlbergleitung,
ff) die Rückgabe österreichischer Glocken aus dem Glockenlager Apolda, (russische Zone Deutschlands),
gg) das Urteil, betreffend die Josefsberger Täter (siehe Beschlußprotokoll Nr. 114, Pkt. 1a),
hh) die Verschleppungen österreichischer Staatsbürger,
ii) den Heimtransport von Kriegsgefangenen,
jj) das Verhalten des Zensors der RAVAG Major GOLDENBERG im russischen Stabe des Hochkommissariates,
kk) die Vergebung der Baulose auf der Straße in Budapest,
ll) die Aufnahme der Rede des Generaldirektors der DDSG B a u e r;
e) den Notenwechsel in der Angelegenheit der Verhaftung des Kriminaloberinspektors M a r e k, ergänzt durch Mitteilungen des Bundesministers für Inneres;
f) seine Reise zwischen 29. Juni und 4. Juli 1948 in die Schweiz zur Schweizerischen Unabhängigkeitsfeier, wobei er den Dank der Österr. Bundesregierung für die erhaltenen Hilfslieferungen persönlich zum Ausdruck bringen wird,
wird zur Kenntnis genommen.

2.) Der Bundeskanzler verliest folgende alliierte Noten:
a) Note des Hochkommissars der Französischen Republik in Österreich, 10.549/CE/CAB, vom 15. 6. 1948, betreffend Rückstellung von den Regierungen oder Staatsangehörigen der Vereinten Nationen gehörenden Eigentum.[121]
b) Note der Alliierten Kommission für Österreich, Alliiertes Sekretariat, SECA 48/116, vom 18. Juni 1948, betreffend Ernährungsplan für die 42. Lebensmittelperiode.[122]

---

[121] Die beiliegende Note des Hochkommissariates der Französischen Republik in Österreich an Bundeskanzler Figl enthält die Antwort des französischen Hochkommissars auf ein Schreiben des Bundesministers für Vermögenssicherung und Wirtschaftsplanung vom 20. Mai 1948, in dem auf die verhängnisvollen Auswirkungen, die die Rückstellung des Eigentums der Regierungen oder von Staatsangehörigen der Vereinten Nationen auf die österreichische Wirtschaft hervorrufen könnte, hingewiesen worden war. Der französische Hochkommissar verwies auf die Londoner Deklaration vom 5. Jänner 1943 als rechtliche Grundlage aller Rückstellungsmaßnahmen. Laut Erlaß vom 25. Mai 1946 sei „die Anmeldung und die Zählung des den Vereinten Nationen gehörenden, von den Deutschen beschlagnahmten und aus den besetzten Gebieten verschleppten Eigentums“ angeordnet worden. Sämtliche Inhaber des auf Grund dieses Erlasses anzumeldenden Eigentums seien über die eventuelle Rückstellungsverpflichtung ihres Eigentums verständigt worden. Da das Verzeichnis der bis dato eingelaufenen Anmeldungen im Besitz der österreichischen Bundesregierung sei, müsse diese auch in der Lage sein, alle erforderlichen Voranschläge aufzustellen.

[122] Die beiliegende Note der Alliierten Kommission für Österreich an Bundeskanzler Figl enthält die Mitteilung über die Entschließung des Exekutivkomitees vom 18. Juni 1948 über den Ernährungsplan für die 42. Lebensmittelperiode. Das Exekutivkomitee nahm den Ernährungsplan zwar zur Kenntnis, merkte jedoch an, daß der Plan ein Defizit von 6 Milliarden Kalorien aufweise, von denen 4,9 Milli-

c) Note der Alliierten Kommission für Österreich, Büro des Alliierten Sekretariates, SECA 48/115, vom 18. Juni 1948, betreffend Lokomotivpark der österr. Bundesbahnen.
Die Noten a) bis c) werden zur Kenntnis genommen.

3.) Die Mitteilungen und Resolutionen:
a) Mitteilung des Bundeskanzlers, betreffend den Bericht des Bundesministers für Inneres über das Ergebnis der Befragung des Gendarmeriegenerals Stillfried[123] in der Angelegenheit Presterl;[124]
b) Schreiben des österr. Gesandten in Moskau[125] vom 23. 4. 1948, Zl. 3.802/A, betreffend die Rückführung der noch in der Sowjetunion verbliebenen Kriegsgefangenen;[126]

---

arden durch österreichische Zuckertransporte gedeckt werden sollten, deren Ankunft und Verfügbarkeit allerdings erst im Laufe der Lebensmittelperiode erwartet werde. Gegen die Erhöhung der Lebensmittelration auf 1.800 Kalorien pro Tag für den Normalverbraucher wurde, vorausgesetzt, daß die österreichischen Behörden in der 43. und 44. Lebensmittelperiode das gleiche Niveau aufrecht erhalten könnten und „daß die Gesamtrationen für die ganze Periode für Schwerstarbeiter, Schwerarbeiter, Arbeiter, Angestellte, werdende und stillende Mütter, Kinder bis zu 12 Jahren und Normalverbraucher beschafft werden, bevor die beabsichtigten Zusatzrationen für sonstige Kategorien der Bevölkerung in Betracht gezogen werden", kein Einspruch erhoben. Die Regierung wurde daran erinnert, „den Beschluß des Alliierten Rates, betreffend die Aufrechterhaltung des Grundsatzes einer gleichmäßigen Lebensmittelversorgung für die Bevölkerung aller Länder Österreichs voll durchzuführen".

123 Emanuel Stillfried, ab 1. Jänner 1947 Gendarmeriegeneral, Leiter der Abteilung 5 – Gendarmeriezentralkommando im Bundesministerium für Inneres, 1949 seines Amtes enthoben.

124 Die Mitteilung liegt dem Protokoll nicht bei. Vgl. AdR, BKA, Präsidium, GZl. 1.904-Pr.M/1948, Zl. 2.636-Pr.M/1948, Mitteilung des Bundeskanzlers, betreffend den Bericht des Bundesministers für Justiz über das Ergebnis der Befragung des Gendarmeriegenerals Stillfried in der Angelegenheit Presterl, der Akt enthält jedoch keine konkreten Informationen zu den Aussagen Stillfrieds. Martin Presterl, Gesellschafter des in Graz ansässigen Kristall-Verlages, und seine Sekretärin und Verlobte Hildegard Hahn waren von einer Jugoslawienreise im Oktober 1947 nicht zurückgekehrt. Nach einer Meldung der Nachrichtenagentur Tanjug waren beide in Jugoslawien wegen Spionage angeklagt und zum Tod verurteilt worden. Tatsächlich war Presterl im Mai 1948 hingerichtet, Hildegard Hahns Urteil dagegen in eine lebenslange Haftstrafe umgewandelt worden. Aus Zeitungsberichten war bekannt geworden, daß Presterl beschuldigt wurde, einer der Hauptverschwörer eines Spionagenetzes zu sein, das im KZ Dachau gegründet worden sei. Er habe, so die Vorwürfe, gegen Jugoslawien gerichtete Aufträge erhalten, u. a. von dem ehemaligen Mithäftling General Emanuel Stillfried. Nähere Angaben zu den im Rahmen des Prozesses erhobenen Beschuldigungen und Behauptungen finden sich in AdR, BKA, Präsidium, Sign. KZ, GZl. 1.672-Pr.S/1948, Zl. 2.267-Pr.S/1948, Laibacher Prozeß. Unter Berufung auf eine französische Nachrichtenagentur berichtete die „Wiener Zeitung" über den Ausgang des Schauprozesses, im Zuge dessen Presterl, Hahn und neun weitere Mitangeklagte, darunter eine Reihe jugoslawischer Funktionäre, teils zum Tod, teils zu Haftstrafen verurteilt worden waren: „Man kann zu all dem nur kopfschüttelnd fragen, wem zu Nutzen und wem zu Schaden wurde ein solches Lügengewebe fortgesponnen und was war der wirkliche Hintergrund dieses Laibacher Schauprozesses, der auf unmöglichen Tatbeständen das nun vollstreckte Urteil fällte?" Vgl. Arbeiter-Zeitung, 19. Mai 1948, S. 2 „Presterl hingerichtet, Hildegard Hahn begnadigt"; Wiener Zeitung, 19. Mai 1948, S. 2 „Hildegard Hahn nicht justifiziert". Vgl. zu dieser Angelegenheit auch MRP Nr. 111/1 h vom 11. Mai 1948, MRP Nr. 112/14 e vom 18. Mai 1948 und MRP Nr. 115/1 n vom 6. August 1948. Umfangreiche Informationen zu diesem und weiteren ähnlichen Prozessen finden sich in Dušan Nećak/Ljubo Bavcon (Hg.), Dachauski procesi. Raziskovalno poročilo z dokumenti, Ljubljana 1990, zum hier relevanten Prozeß vgl. besonders S. 168–219.

125 Norbert Bischoff, a.o. Gesandter und bev. Minister, 31. Dezember 1946 bis 4. April 1960 politischer Vertreter bzw. ab 26. Juli 1953 a.o. und bev. Botschafter in Moskau.

126 Das Schreiben liegt dem Protokoll nicht bei. Es findet sich in AdR, BKA, Präsidium, Sign. 19/1, GZl. 899-Pr.M/1948, Zl. 2.472-Pr.M/1948, Schreiben des österr. Gesandten in Moskau vom 23.4.1948, Zl. 3.802/A, betreffend die Rückführung der noch in der Sowjetunion verbliebenen Kriegsgefangenen. In dem Schreiben informierte Gesandter Bischoff aus Moskau über Schritte, die dort in Angelegenheit der Rückführung österreichischer Kriegsgefangener bei sowjetischen Behörden unternommen worden

c) Mitteilung des Bundesministers für Verkehr vom 18. 6. 1948, betreffend Schießübungen der russischen Donauflottille im Raume zwischen Tulln und Traismauer;
d) Dankschreiben der Witwe des verstorbenen Landeshauptmann-Stellvertreters von Oberösterreich Grete L o r e n z o n i[127] vom 11. 6. 1948 für die ihr anläßlich des Todes ihres Gatten erwiesene Anteilnahme;[128]
e) Resolution der Betriebsräte und Vertrauensleute der Elektrizitätswerke der Stadt- und Marktgemeinden Tirols von 28. Mai 1948, betreffend das 2. Verstaatlichungsgesetz,[129]

verlesen bezw. bekanntgegeben durch den Herrn Bundeskanzler, werden zur Kenntnis genommen.

4.) Nach einem Bericht des Bundesministers für Finanzen, betreffend die weitere Flüssigmachung der Besatzungskosten, beschließt der Ministerrat, weitere Zahlungen jeweils von der Zustimmung des Ministerrates abhängig zu machen.

5.) Nach einem Bericht des Bundesministers für Verkehr, betreffend die vom sowjetrussischen Element gewünschten Besprechungen über die Möglichkeit der Wiederaufnahme des Donauverkehrs bis Wien, beschließt der Ministerrat, den Bundesminister für Verkehr zu ermächtigen, diese Besprechungen im Beisein eines Vertreters des Auswärtigen Amtes abzuführen.

6.) Nach einem Bericht des Bundesministers für Inneres, betreffend die Überführung der Ausstellung österreichischer Kunstwerke aus Schweden nach USA, nimmt der Ministerrat die Mitteilung des mit der Führung des Bundesministeriums für Unterricht betrauten Bundesministers Altenburger zur Kenntnis, daß im Falle einer beabsichtigten Überführung vorher der Ministerrat im Gegenstande befaßt wird.

---

waren. Speziell bei Kriegsgefangenen, „die mangels Nachweises der österreichischen Staatsbürgerschaft noch nicht freigelassen worden sind, und für die die Heimatscheine dem [sowjetischen] Aussenministerium überreicht wurden", könne man, so Bischoff, „nach unseren bisherigen Einsichten in den Dienstgang der mit Kriegsgefangenensachen befassten sowjetischen Behörden nicht annehmen, dass von den Militärbehörden Meldungen über die Erhebungsresultate an das Ministerium des Äusseren erstattet werden, so dass über den Erfolg der Eingaben wohl am raschesten Rückfragen bei den interessierten Familien Aufschluss geben könnten". Zur Rückführung von Kriegsgefangenen vgl. weiters auch MRP Nr. 118/14 e, MRP Nr. 121/1 c, MRP Nr. 123/1 i, MRP Nr. 125/18 b vom 14. September 1948, MRP Nr. 127/1 g vom 5. Oktober 1948, MRP Nr. 128/10 b vom 12. Oktober 1948, MRP Nr. 129/10 c vom 19. Oktober 1948, MRP Nr. 130/1 i vom 26. Oktober 1948, MRP Nr. 139/1 d vom 4. Jänner 1949, MRP Nr. 140/1 b vom 11. Jänner 1949, MRP Nr. 144/Beschlußprotokoll Punkt 3 e vom 8. Februar 1949, MRP Nr. 151/1 d vom 29. März 1949, MRP Nr. 154/Beschlußprotokoll Punkt 4 g vom 26. April 1949, MRP Nr. 156/1 f vom 10. Mai 1949, MRP Nr. 157/1 c vom 17. Mai 1949, MRP Nr. 161/1 d vom 14. Juni 1949, MRP Nr. 162/11 f vom 21. Juni 1949, MRP Nr. 163/1 d vom 28. Juni 1949, MRP Nr. 165/11 j vom 12. Juli 1949, MRP Nr. 170/11 b vom 6. September 1949 und MRP Nr. 173/1 b vom 27. September 1949.

127 Grete Lorenzoni, Witwe des stellvertretenden Landeshauptmannes von Oberösterreich Dr. Franz Lorenzoni.

128 Das Dankschreiben liegt dem Protokoll nicht bei. Es findet sich in AdR, BKA, Präsidium, GZl. 2.309-Pr.1a/1948, Zl. 2.679-Pr.1a/1948, LORENZONI Dr. Franz, Landeshauptmannstellvertreter von Oberösterreich, Ableben. Der Akt enthält ein eigenhändiges Dankschreiben Grete Lorenzonis, gerichtet an Bundeskanzler Figl.

129 Die Resolution liegt dem Protokoll nicht bei. Sie findet sich in AdR, BKA, Präsidium, Sign. 46, GZl. 2.543-Pr.M/1948, Resolution der Betriebsräte und Vertrauensleute der Elektrizitätswerke der Stadt- und Markgemeinden Tirols vom 28. Mai 1948, betreffend das 2. Verstaatlichungsgesetz. In der Resolution wurde u. a. kritisiert, daß vor der Vorlage des 2. Verstaatlichungsgesetzes (BGBl. Nr. 81, Bundesgesetz vom 26. März 1947 über die Verstaatlichung der Elektrizitätswirtschaft, ausgegeben am 10. Mai 1947) weder den davon betroffenen Gemeinden als Besitzer der kommunalen Elektrizitätswerke noch der zuständigen Gewerkschaft die Möglichkeit einer Stellungnahme gegeben und damit keine „Rücksicht auf die elementarsten Prinzipien der Demokratie" genommen worden sei. Das Gesetz bedeute eine schwere finanzielle Schädigung für die Gemeinden, widerspreche allen öffentlichen Interessen und behandle nicht alle Gemeinden gleich, weswegen scharfer Protest erhoben und eine Novellierung des Gesetzes gefordert werde.

7.) Der Antrag des Bundesministers für Finanzen
auf Verleihung des Titels „Kanzleirat" an den Kanzleidirektor Anna B a l e k im Personalstande des Bundesministeriums für Finanzen wird angenommen.

8.) Die Anträge des Bundesministers für Unterricht auf Verleihung des Titels „Hofrat" an den
a) Oberstaatsbibliothekar, Leiter der Handschriftensammlung der Österreichischen Nationalbibliothek Dr. Otto B r e c h l e r;
b) Direktor des Bundesgymnasiums in Wien VI Dr. Rudolf K u p p e;
c) Direktor des Bundesreal-und Obergymnasiums in Klosterneuburg Ottokar U r b a r z;
auf Verleihung des Titels eines a. o. Universitätsprofessors an den
d) Pd. für Dermatologie und Syphilidologie an der Universität Wien Dr. August M a t r a s;
e) Pd. für antike Rechtsgeschichte, Römisches Recht und Österreichisches Privatrecht an der Rechts- und Staatswissenschaftlichen Fakultät der Universität Wien Dr. Sibylla[130] B o l l a;
f) auf Verleihung des Titels eines a. o. Professors an den Hon. Doz. für Hydrobiologie und Fischereiwirtschaftslehre an der Hochschule für Bodenkultur Adolf C e r n y
werden angenommen.

9.) Die Anträge des Bundesministers für Verkehr
auf Verleihung des Titels „Regierungsrat" an den
a) Rechnungsdirektor Alois S t ö g e r;
b) Amtsdirektor der DPGr. III des Postamtes Graz 2 Otto R u d o l f;
auf Verleihung des Titels „Amtsdirektor im Post- und Telegraphendienst" an den
c) Oberinspektor im Post- und Telegraphendienst der Post- und Telegraphendirektion Wien Wilhelm H o r a k aus Anlaß der Versetzung in den dauernden Ruhestand
werden angenommen.

10.) Der Bericht und Antrag des Bundesministers für die Auswärtigen Angelegenheiten auf Zustimmung des Ministerrates zur Unterzeichnung des Abkommens durch den Bundeskanzler und den Bundesminister für die Auswärtigen Angelegenheiten zwischen Österreich und den Vereinigten Staaten, betreffend die wirtschaftliche Zusammenarbeit, wird zurückgestellt.

11.) Über Antrag des Bundesministers für Inneres beschließt der Ministerrat, die Verleihung der österreichischen Staatsbürgerschaft an die im Verzeichnis Nr. 105 des Bundesministeriums für Inneres angeführten 99 Personen – zuzüglich des Dipl. Ing. Karl A s b o t h, Industriekonsulent in Grundlsee, als im Interesse des Staates gelegen zu bezeichnen.

12.) Über Bericht des Bundesministers für Justiz, JM. Zl. 11.975/48, betreffend die Wahl der Standesorgane in der Rechtsanwaltschaft und im Notariat, beschließt der Ministerrat antragsgemäß.

13.) Nach einem Bericht des Bundesministers für Finanzen, Zl. 11.583-17/48, über den Entwurf eines Bundesgesetzes, womit die Börsefonds-Novelle vom 16. Juli 1925, BGBl. Nr. 240/25, in der Fassung des Bundesgesetzes vom 26. Oktober 1934, BGBl. Nr. 314, abgeändert wird (3. Börsefonds-Novelle), beschließt der Ministerrat, den Gesetzesentwurf als Regierungsvorlage der verfassungsmäßigen Behandlung durch die Organe der Bundesgesetzgebung zuzuführen, wobei die Einbringung von der Erledigung des Pkt. 14 des Beschlußprotokolls 117 abhängig gemacht wird.

14.) Nach einem Bericht des Bundesministers für Finanzen, Zl. 39.815-17/48, betreffend den Entwurf eines Bundesgesetzes über die Wiederherstellung des österreichischen Rechts auf dem Gebiete des Börsewesens (Börseüberleitungsgesetz), beschließt der Ministerrat, den Vizekanzler und den Bundesminister für Finanzen zur Klärung der Kompetenzbestimmungen zu ermächtigen, wobei der übereinstimmenden Auffassung die Wirksamkeit eines Ministerratsbeschlusses zukommt.

15.) Nach einem Bericht des Bundesministers für Finanzen, Zl. 51.779-14/47, betreffend den Entwurf eines Bundesgesetzes über Börsesensale (Börsesensalegesetz), beschließt der Ministerrat, den Gesetzes-

130 Richtig: Sibylle.

entwurf als Regierungsvorlage der verfassungsmäßigen Behandlung durch die Organe der Bundesgesetzgebung zuzuführen, wobei die Einbringung von der Erledigung des Pkt. 14 des Beschlußprotokolls 117 abhängig gemacht wird.

16.) Der Bericht des Bundesministers für Finanzen, Zl. 43.417-14/47, betreffend den Entwurf eines Bundesgesetzes über die Mineralölsteuer, wird zurückgestellt.

17.) Nach einem Bericht des Bundesministers ohne Portefeuille Altenburger, in Vertretung des abwesenden Bundesministers für Unterricht, Zl. 28.604/III/10/48, betreffend den Entwurf eines Bundesverfassungsgesetzes über die Vernichtung von Druck- und Bildwerken nationalsozialistischen Gehaltes oder eines den Alliierten Mächten feindlichen Charakters (Literaturreinigungsgesetz), beschließt der Ministerrat, den Gesetzesentwurf als Regierungsvorlage der verfassungsmäßigen Behandlung durch die Organe der Bundesgesetzgebung zuzuführen.

18.) Nach einem Bericht des Vizekanzlers, in Vertretung des abwesenden Bundesministers für soziale Verwaltung, Zl. II-75.464-5/48, betreffend den Entwurf des Bundesgesetzes über die Anpassung der Leistungen in der Notarversicherung an die wirtschaftlichen Verhältnisse (Notarversicherungs-Anpassungsgesetz), beschließt der Ministerrat, den Gesetzesentwurf als Regierungsvorlage der verfassungsmäßigen Behandlung durch die Organe der Bundesgesetzgebung zuzuführen.

19.) Der Antrag des Vizekanzlers, in Vertretung des abwesenden Bundesministers für soziale Verwaltung, Zl. II-63.410-5/48, betreffend den Entwurf eines Bundesgesetzes über die Regelung sozialversicherungsrechtlicher Verhältnisse aus Anlaß der Aufnahme in ein öffentlich-rechtliches Dienstverhältnis oder beim Ausscheiden aus einem solchen, wird zurückgestellt.

20.) Über Bericht des Bundesministers für Verkehr, BM. Zl. 22.140/48, betreffend die Teilnahme an der Tagung der Regionalen europäischen Rundfunkkonferenz des Weltnachrichtenvertrages in Kopenhagen im Juni 1948 (Entsendung von Delegierten), beschließt der Ministerrat antragsgemäß.

21.) Über Antrag des Bundesministers für Verkehr, BM. Zl. 20.975/48, betreffend den Entwurf einer Verordnung des Bundesministeriums für Verkehr, womit die Verordnung des Bundesministeriums für Verkehr vom 31. Juli 1947, BGBl. Nr. 176, über gebührenrechtliche Maßnahmen auf dem Gebiete des Telegraphen-, Fernsprech- und Rundfunkwesens abgeändert und ergänzt wird, beschließt der Ministerrat, den beiliegenden Verordnungsentwurf gemäß § 3 des Gesetzes vom 13. 4. 1920, StGBl. Nr. 180, dem Präsidenten des Nationalrates zur Einholung des Beschlusses des Hauptausschusses zuzuleiten.

22.) Der Bericht und Antrag des Bundesministers für Volksernährung, Zl. 37.906-4/48, betreffend Aufkauf und Einlagerung der Getreidekontingente 1948 sowie eines Teiles des Kartoffelkontingentes 1948 und Bereitstellung von Geldmitteln, wird für die nächste Sitzung des Ministerrates zurückgestellt.

23.) Nach einem Bericht des Vizekanzlers, in Vertretung des abwesenden Bundesministers für soziale Verwaltung, Zl. V/74.876/JL/48, betreffend Teilnahme Österreichs an der XVII. Internationalen Konferenz des Roten Kreuzes in Stockholm in der Zeit vom 20. bis 30. August 1948, beschließt der Ministerrat antragsgemäß.

24.) Nach einem Bericht des Bundesministers für Finanzen, betreffend den Beitritt Österreichs zu den Abkommen Bretton Woods, beschließt der Ministerrat, den Gesetzesentwurf als Regierungsvorlage der verfassungsmäßigen Behandlung durch die Organe der Bundesgesetzgebung zuzuführen.

25.) Nach einem Bericht des Bundesministers für Inneres beschließt der Ministerrat, die von den Sowjetstellen nachträglich geforderten Lebensmittel für die in Gefangenschaft befindlichen österreichischen Kriegsgefangenen im Lager Marmaros Szigeth und für die Fahrt nach Wr. Neustadt nach Maßgabe der vorhandenen Vorräte zu übergeben, wobei der Bundesminister für Volksernährung ermächtigt wird, die entsprechende Vorsorge unter Aufrechterhaltung des inländischen Kaloriensatzes zu treffen.

26.) Nach einem Bericht des Bundesministers für Finanzen genehmigt der Ministerrat die vorschußweise Auszahlung des Betrages von S 500.000.-- zur Durchführung der Bauarbeiten am Salzburger Dom gegen Verrechnung auf den Ertrag der im Sommer erscheinenden Sonderpostmarke.

27.) Nach einem Bericht des Bundesministers für die Auswärtigen Angelegenheiten, betreffend Verkehrsbehinderungen am Betreten der Sperrzone bei Sillian, stellt der Bundesminister für Inneres deren Behebung in Aussicht.

118.

[Dienstag] 1948-06-29

Vorsitz: Figl
Anwesend: Schärf, Helmer, Gerö, Hurdes, Zimmermann, Kraus, Kolb, Sagmeister, Krauland, Übeleis, Migsch, Gruber, Altenburger, Graf, Mantler
Schriftführer: Chaloupka, Loibl
Ort: Wien I., Ballhausplatz 2, Ministerratssaal
Dauer: 10.15–13.15 Uhr[1]

Reinschrift, unterfertigte Anwesenheitsliste, Beschlußprotokoll[2]

Tagesordnung:
1. Bericht des Bundeskanzlers.
[1 a. Verhaftung des Kriminaloberinspektors Marek (Beschlußprotokoll Punkt 1 a).
1 b. Einreise einer italienischen Polizeidelegation, Verweigerung der Zustimmung durch die sowjetische Besatzungsmacht (Beschlußprotokoll Punkt 1 b).
1 c. Anfrage im britischen Unterhaus bezüglich der Verhaftung des Kriminaloberinspektors Marek.
1 d. Einigung in der Frage der Agrarpreise (Beschlußprotokoll Punkte 1 c und 17).
1 e. Beunruhigung in Österreich wegen der Vorkommnisse in Berlin (Beschlußprotokoll Punkt 1 d).
1 f. Entwicklung der Lage in Jugoslawien (Beschlußprotokoll Punkt 1 d).
1 g. Konferenz der Südtiroler in Innsbruck (Beschlußprotokoll Punkt 1 e).
1 h. Übernahme des Ehrenschutzes der Auslandsaktion der Stadt Salzburg durch den Bundespräsidenten (Beschlußprotokoll Punkt 1 f).
1 i. Verlesung der alliierten Noten durch den Bundeskanzler (Beschlußprotokoll Punkt 2 a und b).
1 j. Verlesung der Resolutionen durch den Bundeskanzler (Beschlußprotokoll Punkt 3 a und b).
1 k. Bericht des Bundesministers für Inneres über die durch die Verweigerung der Einreiseerlaubnis für die italienischen Polizeiabgeordneten entstandene prekäre Lage für die österreichische Bundesregierung (Beschlußprotokoll Punkt 1 b).
1 l. Behandlung der Kärntner Grenzfrage.
1 m. Bericht des Bundesministers für Energiewirtschaft und Elektrifizierung über Rohöllieferungen nach Italien (Beschlußprotokoll Punkt 4).]
2. Personalangelegenheiten (siehe Beilage) (Beschlußprotokoll Punkte 5 bis 9).
3. Bericht des Bundesministers für Inneres, betreffend die Erklärung des Staatsinteresses an der Einbürgerung der im Verzeichnis Nr. 106 des Bundesministeriums für Inneres angeführten 97 Personen (Beschlußprotokoll Punkt 10).
4. Bericht und Antrag des Bundesministers für die Auswärtigen Angelegenheiten auf Zustimmung des Ministerrates zur Unterzeichnung des Abkommens zwischen Österreich und den Vereinigten Staaten, betreffend die wirtschaftliche Zusammenarbeit, durch den Bundeskanzler und den Bundesminister für die Auswärtigen Angelegenheiten (Beschlußprotokoll Punkt 11).

---

1 In der Tagesordnung ist der Beginn der Sitzung mit *10.00 Uhr* angegeben.

2 Dem Ministerratsprotokoll liegt kein Stenogramm bei. Statt dessen findet sich der Vermerk: *Keine Verhandlungsschrift Herr Min. Rat Dr. Capek auf Urlaub!*

5. Antrag des Bundesministers für soziale Verwaltung, Zl. II/63.410-5/48, betreffend den Entwurf eines Bundesgesetzes über die Regelung sozialversicherungsrechtlicher Verhältnisse aus Anlaß der Aufnahme in ein öffentlich-rechtliches Dienstverhältnis oder beim Ausscheiden aus einem solchen. Material verteilt (117. Min. Rat) (Beschlußprotokoll Punkt 12).
6. Bericht des Bundesministers für Finanzen über den Entwurf eines Bundesgesetzes, betreffend Maßnahmen zur Sicherung der Bedeckung der Besatzungskosten für das Jahr 1948 (Besatzungskosten-Deckungsgesetz) (Beschlußprotokoll Punkt 13).
7. Bericht des Bundesministers für Finanzen, Zl. 43.417-14/47, betreffend den Entwurf eines Bundesgesetzes über die Mineralölsteuer. Material verteilt (117. Min. Rat) (Beschlußprotokoll Punkt 14).
8. Bericht des Bundesministers für Finanzen, Zl. 16.745-21/48, über die Aufnahme von 150 Vertragsbediensteten gem. Pkt. 9, Abs. 2, des Allgemeinen Teiles des Dienstpostenplanes 1948 im Bereiche der FLD Wien (Beschlußprotokoll Punkt 15).
9. Bericht des Bundesministers für Land- und Forstwirtschaft, Zl. 27.294-I/2b/48, betreffend den Entwurf eines Bundesgesetzes über die Bekämpfung der Dasselbeulenkrankheit der Rinder (Beschlußprotokoll Punkt 16).
10. Bericht und Antrag des Bundesministers für Volksernährung, Zl. 37.906-4/48, betreffend Aufkauf und Einlagerung der Getreidekontingente 1948 sowie eines Teiles des Kartoffelkontingentes 1948 und Bereitstellung von Geldmitteln. Material verteilt (116. Min. Rat) (Beschlußprotokoll Punkt 18).[3]
11. Bericht des Bundesministers für Vermögenssicherung und Wirtschaftsplanung, Zl. 26.529-1/48, betreffend den Entwurf eines Bundesgesetzes, womit das Bundesgesetz vom 26. 7. 1946, BGBl. Nr. 157, über die Bestellung von öffentlichen Verwaltern und öffentlichen Aufsichtspersonen (Verwaltergesetz) abgeändert wird (Verwaltergesetznovelle) (Beschlußprotokoll Punkt 19).
12. Bericht des Bundesministers für Handel und Wiederaufbau, betreffend Brennholz-Umtauschaktion der österreichischen Papierindustrie 1948 (Beschlußprotokoll Punkt 20).
13. Bericht des Bundesministers für Finanzen, Zl. 45.616-15/48, über den Beitritt Österreichs zu den Abkommen von Bretton Woods (Beschlußprotokoll Punkt 21).
14. Mündliche Berichte der Minister.

[14 a. Bericht des Bundesministers für die Auswärtigen Angelegenheiten, Zl. 114.393-Pol/48, betreffend die Stellungnahme der Österreichischen Bundesregierung zu den Beschlüssen der Internationalen Konferenz für Nachrichtenfreiheit in Genf (März – April 1948) (Beschlußprotokoll Punkt 22).

14 b. Bericht des Bundesministers für Volksernährung, betreffend Lebensmittellieferungen für Heimkehrertransporte aus der Sowjetunion (Beschlußprotokoll Punkt 23).

14 c. Bericht des Bundesministers für Unterricht, Zl. 37.941-II/4b-48, betreffend Wiener Filmbeirat; Nominierung der drei von der Bundesregierung zu bestellenden Mitglieder (§ 12 (3) des Wiener Kinogesetzes ex 1935) (Beschlußprotokoll Punkt 24).

14 d. Bericht des Bundesministers für Finanzen über das Angebot der amerikanischen Regierung, den Surplus-Kredit in Höhe von 12 ½ Millionen Dollar bis zum Ende des Jahres 1948 unter den gleichen Bedingungen zu verlängern (Beschlußprotokoll Punkt 25).

14 e. Bericht des Bundesministers für Inneres über das Schicksal der Kriegsgefangenen in Máramaros Sziget.]

---

[3] Die folgenden Punkte 11 bis 13 wurden nachträglich auf die Tagesordnung des Ministerrates gesetzt. Der ursprüngliche Punkt 11 wurde zu Punkt 14.

Beilagen:

1 Anwesenheitsliste (1 Seite).

2 Tagesordnung (1 Seite); Nachtrag zur Tagesordnung (½ Seite); Beilage zu Punkt 2 der Tagesordnung, Anträge in Personalangelegenheiten (1 Seite).

3 Bundesministerium für Inneres, (ohne Aktenzahl): Ministerratsvortrag, betr.: Beschluß der Bundesregierung gemäß § 5, Abs. (1), Z. 3, StGBl. Nr. 60/1945 (1 Seite); Verzeichnis Nr. 106 der für die Verleihung der Staatsbürgerschaft vorgesehenen Personen (16 Seiten); Einbürgerungsstatistik (½ Seite).

4 Bundeskanzleramt/Auswärtige Angelegenheiten, Zl. 162.755-Wpol/1948: Vortrag an den Ministerrat. Abkommen zwischen Österreich und den Vereinigten Staaten von Amerika über wirtschaftliche Zusammenarbeit (13 Seiten); Abkommen zwischen den Vereinigten Staaten von Amerika und Österreich über wirtschaftliche Zusammenarbeit (22 Seiten); Note, die an Stelle der Meistbegünstigungsbestimmungen des ursprünglichen Entwurfes treten soll (deutsch und englisch) (jeweils 3 Seiten).

5 Bundesministerium für soziale Verwaltung, Zl. II-63.410-5/1948: Bundesgesetz vom ... 1948 über die Regelung sozialversicherungsrechtlicher Verhältnisse aus Anlaß der Aufnahme in ein öffentlich-rechtliches Dienstverhältnis oder beim Ausscheiden aus einem solchen (6 Seiten); Erläuternde Bemerkungen (9 ½ Seiten); Vortrag für den Ministerrat (2 Seiten); Bundeskanzleramt, Zl. 70.712-3/1948: Information für den Herrn Bundeskanzler, betreffend den vom Bundesministerium für soziale Verwaltung im Ministerrat eingebrachten Entwurf eines „Bundesgesetzes über die Regelung sozialversicherungsrechtlicher Verhältnisse aus Anlaß der Aufnahme in ein öffentlich-rechtliches Dienstverhältnis oder beim Ausscheiden aus einem solchen" (Abschrift) (1 Seite); Bundeskanzleramt, Zl. 70.993-3/1948: Information an den Herrn Bundeskanzler, betreffend den vom Bundesministerium für soziale Verwaltung im Ministerrat nunmehr neuerlich eingebrachten Entwurf eines „Bundesgesetzes über die Regelung sozialversicherungsrechtlicher Verhältnisse aus Anlaß der Aufnahme in ein öffentlich-rechtliches Dienstverhältnis oder beim Ausscheiden aus einem solchen" (1 Seite); Beilage A: Beilage zur Information an den Herrn Bundeskanzler betreffend ziffernmäßige Auswirkung der §§ 6 und 7 des Entwurfes (1 Seite).

6 Bundesministerium für Finanzen, Zl. 46.309-9/1948: Bundesgesetz vom ... 1948, betreffend Maßnahmen zur Sicherung der Bedeckung der Besatzungskosten für das Jahr 1948 (Besatzungskostendeckungsgesetz) (3 ½ Seiten); Erläuternde Bemerkungen (1 ¼ Seiten); Vortrag an den Ministerrat (1 ¼ Seiten); Schreiben des Bundesministers für Finanzen an alle Bundesminister und Staatssekretäre (Abschrift) (1 Seite); Bundesgesetz vom ... 1948 betreffend Maßnahmen zur Sicherung der Bedeckung der Besatzungskosten für das Jahr 1948 (4 Seiten); Bundeskanzleramt, Zl. 71.314-2a/1948: Information für den Herrn Bundeskanzler. Betrifft: Tagesordnung des Ministerrates am 29. Juni d. J., Punkt 6 (Abschrift) (1 ¼ Seiten).

7 Bundesministerium für Finanzen, Zl. 43.417-14/1947: Bundesgesetz vom ... über die Mineralölsteuer (7 Seiten); Erläuternde Bemerkungen (5 ½ Seiten); Mineralölsteuergesetz, Ergänzung und Berichtigung des Entwurfes (1 Seite); Vortrag an den Ministerrat (3 ½ Seiten).

8 Bundesministerium für Finanzen, Zl. 16.745-21/1948: Vortrag für den Ministerrat betreffend Aufnahme von 150 Vertragsbediensteten gemäß Pkt. 9, Abs. 2 des allgemeinen Teiles des Dienstpostenplanes 1948 im Bereich der Finanzlandesdirektion Wien (2 ¼ Seiten).

9 Bundesministerium für Land- und Forstwirtschaft, Zl. 27.294-I/2b/1948: Entwurf eines Bundesgesetzes vom ... über die Bekämpfung der Dasselbeulenkrankheit der Rinder (1 ½ Seiten); Erläuterungen (1 Seite); Vortrag für den Ministerrat (1 ½ Seiten).

10 Bundesministerium für Volksernährung, Zl. 37.906-4/1948: Vortrag an den Ministerrat. Aufkauf und Einlagerung der Getreidekontingente 1948 sowie eines Teiles des Kartoffelkontingentes 1948, Bereitstellung von Geldmitteln (3 Seiten).

11 Bundesministerium für Vermögenssicherung und Wirtschaftsplanung, Zl. 26.529-1/1949: Entwurf eines Bundesgesetzes vom ..., womit das Bundesgesetz vom 26. 7. 1946, BGBl. Nr. 157, über die Bestellung von öffentlichen Aufsichtspersonen (Verwaltergesetz) abgeändert wird (Verwaltergesetznovelle) (3 ¼ Seiten); Erläuternde Bemerkungen zur Verwaltergesetznovelle (3 Seiten); Vortrag an den Ministerrat (2 ¼ Seiten).

12 Bundesministerium für Handel und Wiederaufbau, (ohne Aktenzahl): Vortrag an den Ministerrat. Betr.: Brennholz-Umtauschaktion der österreichischen Papierindustrie 1948 (4 ¼ Seiten).

13 Bundesministerium für Finanzen, Zl. 45.616-15/1948: Vortrag an den Ministerrat über den Beitritt Österreichs zu den Abkommen von Bretton Woods (3 ½ Seiten); Internationale Bank für Wiederaufbau und Wirtschaftsförderung. Beschluß betreffend die Termine und Bedingungen, zu denen Österreich zur Mitgliedschaft bei der Bank zugelassen wird (2 Seiten); Internationaler Währungsfonds. Beschluß, betreffend die Termine und Bedingungen, unter denen Österreich zur Mitgliedschaft beim Fonds zugelassen wird (1 ½ Seiten).

14 Bundesministerium für Land- und Forstwirtschaft, Zl. 29.944-5c/1948: Vortrag für den Ministerrat. Gegenstand: Regelung der Agrarpreise und Festsetzung der Lieferkontingente aus der Ernte 1948 (5 ¼ Seiten); Nachtrag zum Vortrag für den Ministerrat (1 ½ Seiten); Niederschrift (5 Seiten).

14 a Bundeskanzleramt/Auswärtige Angelegenheiten, Zl. 114.393-POL/1948: Vortrag des Bundesministers für die Auswärtigen Angelegenheiten an den Ministerrat, betreffend die Stellungnahme der österreichischen Bundesregierung zu den Beschlüssen der Internationalen Konferenz der UN für Nachrichtenfreiheit, Genf 1948 (1 ½ Seiten); Stellungnahme zu den Beschlüssen (1 Seite).

14 b Bundesministerium für Volksernährung, (ohne Aktenzahl): Vortrag an den Ministerrat. Betrifft: Lebensmittellieferungen für Heimkehrertransporte aus der Sowjetunion (1 ½ Seiten).

14 c Bundesministerium für Unterricht, Zl. 37.941-II/4b/1948: Vortrag des Bundesministers für Unterricht an den Ministerrat, betreffend Wiener Filmbeirat, Nominierung der drei von der Bundesregierung zu bestellenden Mitglieder (§ 12 (3) des Wiener Kinogesetzes ex 1935), abgeänderte Fassung (1 ½ Seiten).

A Bundeskanzleramt, Präsidium, Zl. 2.663-Pr.M/1948: Note des Bundeskanzlers an Herrn Generaloberst Wladimir Kurassow, Hochkommissar der Sowjet-Union und Oberkommandierender der sowjetischen Truppen in Österreich, Wien, vom 28. Juni 1948 (Abschrift) (1 ¼ Seiten).

B (Ohne Aktenzahl): Schreiben des Bürgermeisters der Stadt Salzburg, Anton Neumayr an S. g. Herrn Bundespräsidenten Dr. Karl Renner, Wien I, vom 18. Juni 1948 (Abschrift) (3 ½ Seiten); Schreiben des Bundespräsidenten an den Bundeskanzler vom 22. Juni 1948 (Abschrift) (1 Seite); Schreiben an den Bundespräsidenten vom 28. Juni 1948, Dr. C/R (Abschrift) (½ Seite).

C (Ohne Aktenzahl): Aktenvermerk. Betr. Rohöllieferungen nach Italien vom 28. Juni 1948 (Abschrift) (1 Seite).[4]

---

4 Weiters liegen dem Protokoll bei:
Verb. Zl. 3.434/VII: Schreiben des Sowjetelementes der Alliierten Kommission für Österreich, Nr. 9/152, an Bundeskanzler Figl vom 21. Juni 1948 (1 ½ Seiten); Entwurf (1 ½ Seiten). Vgl. Beschlußprotokoll Punkt 2 a.

Der Bundeskanzler eröffnet die Sitzung und stellt fest, daß das Beschlußprotokoll in der letzten Sitzung unbeanstandet geblieben ist. Tagesordnung und Unterlagen für diese Sitzung wurden mit den entsprechenden Nachträgen rechtzeitig verteilt.

[1]

a

In der Angelegenheit der Verhaftung des Kriminaloberinspektors M a r e k[5] haben wir eine Note an den Alliierten Rat gerichtet, die in der Presse im Wortlaut veröffentlicht wurde.[6]

Der Alliierte Rat ist naturgemäß, wie zu erwarten war, zu keiner Einigung gelangt. Falls einer der Herren Kollegen die Unterlagen einsehen will, so habe ich sie hier. Generaloberst Kurassow[7] hat in der Sitzung des Alliierten Rates erklärt, weder der Bundeskanzler noch ein Minister habe beim Sowjetelement in dieser Angelegenheit interveniert. Ich habe daraufhin an den Generalobersten Scheltow[8] einen Brief geschrieben und genau nachgewiesen, daß doch interveniert wurde und habe daran die Bitte um die Freilassung des Marek geknüpft.

Ich habe auf den Brief, den ich am Samstag abgeschickt habe, bis heute noch keine Antwort bekommen. Es wurde wohl heute Früh angerufen, ob ich heute wegfahre und ob ich eventuell Nachmittag noch für eine kurze Besprechung frei sei, der Generaloberst werde mich vielleicht noch heute Nachmittag kurz zu sprechen wünschen; ob dies tatsächlich der Fall sein wird, weiß ich nicht. Der BK bringt den Notenwechsel im Gegenstand laut Beilagen zur Kenntnis. Beilg. A[9]

Verb. Zl. 3.437/VI: Schreiben des Oberkommandos der US-Streitkräfte in Österreich, Büro des Oberbefehlshabers, an Bundeskanzler Figl vom 22. Juni 1948 (1 Seite). Vgl. Beschlußprotokoll Punkt 2 b.

5 Anton Marek, Kriminalpolizist, Leiter der sogenannten „Gruppe 5" im Bundesministerium für Inneres. Marek galt als Vertrauensmann Bundesminister Helmers und war u. a. damit beauftragt gewesen, kommunistische Aktivitäten zu überwachen und Verschleppungen von Personen durch die sowjetische Besatzungsmacht zu untersuchen.

6 Die Note wurde in der „Wiener Zeitung" veröffentlicht. Vgl. Wiener Zeitung, 24. Juni 1948, S. 1 f „Oberinspektor Marek muß in Freiheit gesetzt werden. Der Wortlaut einer österreichischen Note an den Alliierten Rat". In dem umfangreichen Bericht wurde u. a. festgestellt, daß der „Fall Marek" „in der österreichischen Öffentlichkeit außerordentliche Bestürzung hervorgerufen" habe, „insbesondere mit Rücksicht darauf, daß er ein Glied in einer langen Kette von Zugriffen der Besatzungsmächte gegen österreichische Staatsbürger ist. Die Bevölkerung sieht darin auch einen Versuch, die Loyalität der österreichischen Beamtenschaft gegen die verfassungsmäßige Regierung zu erschüttern."

7 Vladimir Vasil'evič Kurasov, sowjetischer General, 12. Juni 1946 bis 20. April 1949 Oberkommandierender der sowjetischen Zentralen Heeresgruppe in Ungarn und Österreich, Mai 1946 bis April 1949 Hochkommissar der UdSSR für Österreich.

8 Aleksej Sergeevič Želtov, sowjetischer Generaloberst, September 1945 bis Juli 1950 stellvertretender Hochkommissar der UdSSR für Österreich.

9 Die Worte *Beilg. A* wurden handschriftlich eingefügt. Beilage A: BKA, Präsidium, Zl. 2.663-Pr.M/1948 Note des Bundeskanzlers an Generaloberst Wladimir Kurasow, Hochkommissar der Sowjet-Union und Oberkommandierender der sowjetischen Truppen in Österreich (1 ¼ Seiten). In der Note berichtigte Bundeskanzler Figl die in der Sitzung des Alliierten Rates vom 25. Juni 1948 vom Sowjetvertreter getätigte Äußerung, weder er (Figl) noch irgendein Minister der Bundesregierung seien bisher in der Angelegenheit des Oberinspektors Marek an das sowjetische Oberkommando herangetreten. Bundeskanzler Figl verwies auf die amtliche Feststellung der Bundesregierung vom 26. Juni 1948 über seine diesbezügliche Intervention bei Generaloberst Želtov, der in einem rasch ergangenen Antwortschreiben die Verhaftung Mareks damit begründete, daß dieser wegen „Ausnützung seiner dienstlichen Stellung durch Organisation von Spionage gegen die sowjetrussischen Besatzungstruppen" verhaftet worden sei. Überdies seien auch „hervorragende Beamte des Ministeriums des Innern" in die Angelegenheit verwickelt. In der Angelegenheit werde eine Untersuchung geführt, deren Ergebnisse veröffentlicht würden. Vgl. weiter Tagesordnungspunkt 1 c.

b

Die Versuche, der italienischen Polizeidelegation die Einreise auch nach Wien zu ermöglichen, sind fehlgeschlagen, da das russische Element die Zustimmung verweigert.[10] Der Beamte Bundschuh[11] von der Verbindungsstelle[12] und mein Sekretär Dr. Mais[13], die die Verhandlungen geführt haben, haben die Überzeugung gewonnen, die Russen hätten vielleicht zugestimmt, wenn unter den 6 Polizeioffizieren wenigstens ein Slowene gewesen wäre. Da dies nicht der Fall ist, wurde eine Einreisebewilligung nicht erteilt. Dies wird aber für die Russen unangenehm sein, da bekannt werden wird, daß italienische Polizeioffiziere einen Gegenbesuch in Österreich abstatten und nicht in die Sowjetzone nach Wien kommen können, weil es die Sowjetbesatzungsmacht verhindert.[14]

c

In der Angelegenheit M a r e k werden wir uns natürlich weiter bemühen und alles daransetzen, um eine weitere Verzögerung hintanzuhalten. Im englischen Unterhaus wurden in dieser Angelegenheit 3 Fragen gestellt, und zwar, wie sich der englische Hochkommissar in Österreich verhalten hat, was die britische Regierung zu tun gedenkt, um diese Zustände abzustellen und welche Vorkehrungen getroffen werden, um sie in Zukunft hintanzuhalten.[15] Für Rußland ist es sehr unangenehm, daß sich das englische Unterhaus so ausführlich mit diesem Fall beschäftigt. Wir werden uns weiterhin bemühen, die Angelegenheit nicht einschlafen zu lassen.[16]

---

[10] Es handelte sich um eine Polizeidelegation aus Triest, die in den folgenden Tagen Steiermark und Kärnten besuchte und am 3. Juli 1948 wieder abreiste. Vgl. Wiener Zeitung, 3. Juli 1948, S. 2 „Triester Polizei-Delegation abgereist".

[11] Ing. Anton Bundschuh, ab 1. März 1946 als Dolmetscher für die russische Sprache bei der Verbindungsstelle zum Alliierten Rat tätig.

[12] Am 17. Jänner 1946 war im Bundeskanzleramt unter der Bezeichnung „Bundeskanzleramt/Verfassungsdienst-Verbindungsstelle zum Alliierten Rat" eine neue Dienststelle eingerichtet worden, um einen geregelten und verläßlich funktionierenden Verbindungsdienst mit der Alliierten Kommission für Österreich zu gewährleisten. Sie bestand aus der Leitung, die den Verbindungsdienst zu versehen hatte, und drei Sprachengruppen (französische, englische und russische Gruppe). Die Verbindungsstelle mußte alle im österreichischen Nationalrat eingereichten Gesetzesvorlagen übersetzen, mit Übersetzungen dem Alliierten Sekretariat (bzw. dem Exekutivkomitee) vorlegen und um Genehmigung des Alliierten Rates ansuchen, sobald die legislative Maßnahme vom Parlament beschlossen war. Vor der diesbezüglichen Genehmigung durfte die österreichische Bundesregierung nichts unternehmen, um das Gesetz in Kraft treten zu lassen. Nach Erhalt der Genehmigung mußte dieses jedoch sofort verlautbart werden. Ebenso mußten alle Verordnungen und Kundmachungen der Bundesregierung dem Alliierten Rat vor ihrer Verlautbarung vorgelegt werden. Sämtliche Mitteilungen des Bundeskanzlers an die Alliierte Kommission durften nur durch den Bundeskanzler in Form von Noten (mit dreisprachigen Übersetzungen) erfolgen, die an den Vorsitzenden des Alliierten Rates, in Angelegenheiten, die eine bestimmte Besatzungsmacht betrafen, an den jeweiligen Hochkommissar zu richten waren, ebenso hatten auch alle Mitteilungen des Alliierten Rates an die österreichische Regierung durch Noten des den turnusmäßigen Vorsitz im Alliierten Sekretariat führenden Chefsekretärs zu erfolgen. In diesem Falle war es Aufgabe der Verbindungsstelle, für die richtige Übersetzung dieser Noten ins Deutsche und für die rascheste Verständigung der österreichischen Dienststellen zu sorgen, die vom Inhalt der Note Kenntnis erhalten sollten. Diese provisorische Geschäftsordnung für den Verbindungsdienst war durch das 2. Kontrollabkommen vom 28. Juni 1946 ergänzt und kodifiziert worden. Vgl. dazu KA, Nachlaß Seiller, B/811:26, Manuskript „Der Alliierte Rat in Österreich 1945–1955", S. 31–34 und S. 47–50; AdR, BKA, Verbindungsstelle, Zl. 40.589-2a/1946, Genehmigung des A. R. z. Verlautbarung von österr. Rechtsvorschriften, Einrichtung einer Verbindungsstelle beim BKA.

[13] Dr. Karl Mais, Sektionsrat, ab 17. Jänner 1946 Sekretär von Bundeskanzler Figl, ab Jänner 1949 im diplomatischen Dienst.

[14] Vgl. weiters Tagesordnungspunkt 1 k sowie MRP Nr. 119/9 a.

[15] Vgl. dazu Wiener Zeitung, 27. Juni 1948, S. 2 „Drei Fragen im Unterhaus".

[16] Zur Verhaftung Anton Mareks vgl. auch Anmerkungen 40 in MRP Nr. 117, weiters exemplarisch

d

In der letzten Woche ist es gelungen, in der Frage der Agrarpreise eine Einigung zu erzielen. Darüber wird noch der Landwirtschaftsminister berichten.[17]

e

Die Vorkommnisse in Berlin haben auch in Österreich eine gewisse Beunruhigung hervorgerufen, es scheint aber doch, daß man nun etwas nachgibt.[18]

f

Hinsichtlich Jugoslawien kann man noch nicht feststellen, wie sich die Lage entwickelt. Unsere Aufgabe ist es, wachsam und vorsichtig zu sein.[19]

g

Die Südtiroler haben in der Zeit vom 19. – 21. 4. 1948 in Innsbruck eine Konferenz abgehalten, an der auch die Delegierten der Südtiroler aus der französischen, amerikanischen und britischen Besatzungszone Deutschlands teilnahmen. Die Vertreter der Südtiroler in Deutschland haben das Ersuchen gestellt, der österreichischen Bundesregierung für das ihrem Schicksal entgegengebrachte Interesse ihren Dank zum Ausdruck zu bringen.

h

Die Festspielstadt Salzburg hat den Herrn Bundespräsidenten[20] um Übernahme des Ehrenschutzes für ihre Auslandsaktion ersucht.

Der Bundeskanzler verliest das Schreiben des Bundespräsidenten zu diesem Gegenstande und das Ersuchen der Stadt Salzburg, aus welchem hervorgeht, daß die Stadt Salzburg beab-

---

Wiener Zeitung, 19. Juni 1948, S. 1 „Kriminalbeamten-Oberinspektor Marek vermißt" und Österreichische Volksstimme, 20. Juni 1948, S. 1 „Oberinspektor Marek als Spion verhaftet"; MRP Nr. 117/1 f, MRP Nr. 120/12 h, MRP Nr. 121/1 c, MRP Nr. 123/1 j, MRP Nr. 124/13 e vom 7. September 1948, MRP Nr. 133/1 a vom 16. November 1948, MRP Nr. 135/1 b vom 30. November 1948, MRP Nr. 161/1 d vom 14. Juni 1949, MRP Nr. 169/5 vom 30. August 1949 und MRP Nr. 172/1 c vom 20. September 1949.

17 Die ausführliche Debatte zu diesem Thema folgt auf Tagesordnungspunkt 9.

18 Bereits seit April 1948 hatte die Sowjetunion in Berlin, das als viergeteilte Stadt zwar einen Sonderstatus besaß, aber inmitten der sowjetischen Besatzungszone lag, mit verschärften Kontrollen und Verkehrsbeschränkungen begonnen. Nach Durchführung der Währungsreform in den drei Westzonen am 20. Juni 1948 und der Einführung der Deutschen Mark, die auch in West-Berlin gelten sollte, reagierte die Sowjetunion ab 24. Juni 1948 mit der Unterbrechung der Land- und Wasserverbindungen zwischen den westalliierten Besatzungszonen und West-Berlin. Offen blieben lediglich die Luftkorridore, über die die Westalliierten die Versorgung der Bevölkerung sicherstellten. Die Blockade West-Berlins dauerte bis 12. Mai 1949 an. Sie wurde im Ministerrat immer wieder thematisiert und in den österreichischen Tageszeitungen kommentiert. Vgl. exemplarisch Wiener Zeitung, 22. Juni 1948, S. 1 „Währungsreform in deutscher Ostzone bevorstehend", 25. Juni 1948, S. 1 „Berliner Alliierte Kommandantur hat aufgehört" und 29. Juni 1948 S. 2 „Berlin im Brennpunkt des Weltinteresses"; Arbeiter-Zeitung, 27. Juni 1948, S. 1 „Die Aushungerung Berlins"; MRP Nr. 120/1 b, MRP Nr. 121/1 a, MRP Nr. 122/1 a, MRP Nr. 123/14 e, MRP Nr. 125/1 a vom 14. September 1948, MRP Nr. 126/1 b vom 28. September 1948, MRP Nr. 127/1 b vom 5. Oktober 1948, MRP Nr. 129/3 vom 19. Oktober 1948, MRP Nr. 130/1 a vom 26. Oktober 1948, MRP Nr. 131/1 b vom 2. November 1948 und MRP Nr. 156/1 b vom 10. Mai 1949.

19 Ende Juni 1948 war es zum offenen Bruch zwischen Moskau und Belgrad gekommen. Das Organ der Tschechoslowakischen Kommunistischen Partei „Rude Pravo" hatte ein Kommuniqué über eine Sitzung des Informationsbüros der Kommunistischen Parteien veröffentlicht, in der die Lage der Kommunistischen Partei Jugoslawiens erörtert und festgestellt worden war, daß sich diese in der Innen- und Außenpolitik auf falschem Weg befinde. Vgl. dazu Arbeiter-Zeitung, 29. Juni 1948, S. 1 „Moskau gegen Tito" und Wiener Zeitung, 29. Juni 1948 „Bannfluch der Kominform gegen Tito und seine Partei". Zum Bruch zwischen Moskau und Belgrad vgl. auch MRP Nr. 119/1 a, MRP Nr. 120/1 b, MRP Nr. 121/1 a und 1 e, MRP Nr. 122/1 b, MRP Nr. 123/6 und MRP Nr. 124/1 b vom 7. September 1948.

20 Dr. Karl Renner, 20. Dezember 1945 bis 31. Dezember 1950 Bundespräsident.

sichtige, Diplome an Gönner, Förderer und Stifter je nach Höhe ihrer Spende zu verleihen und ihren Namen an sichtbarer Stelle in Salzburg zu verewigen. Beilg. B[21]

Ich weiß nicht, wie sich der Herr Bundespräsident hinsichtlich der Übernahme des Ehrenschutzes entscheiden wird, bringe aber das Ansuchen zur Kenntnis, weil der Herr Bundespräsident Wert darauf legt, der Bundesregierung davon Kenntnis zu geben.

VK: Die Ehrungen, die eine Gemeinde verleihen kann, sind in der Gemeindeordnung genau vorgesehen. Ehrungen darüber hinaus kann eine Gemeinde nicht erfinden. Diese Angelegenheit müßte erst auf die Verfassungsmäßigkeit geprüft werden.

BK: Wir können in der Sache keinen Beschluß fassen, aber ich wollte sie über Wunsch von Herrn Bundespräsidenten doch zur Kenntnis bringen.

BM H e l m e r wendet sich gegen verschiedene von Stadt und Land Salzburg unternommene Separataktionen, so die Aktion „Salzburg den Salzburgern"[22], die Errichtung einer eigenen Bundesbahndirektion Salzburg[23] usw.

i

Der Bundeskanzler verliest sodann die Alliierten Noten a und b. (Siehe Beschlußprotokoll). Sie werden zur Kenntnis genommen.[24]

j

Der Bundeskanzler gibt sodann die Resolutionen a und b bekannt, die der Ministerrat zur Kenntnis nimmt.[25]

k

BM H e l m e r verweist auf die prekäre Lage, die sich aus der Verweigerung der Einreisevisa an die italienischen Polizeioffiziere für die österreichische Bundesregierung ergäbe, nachdem von dieser die Einladung zu dem Gegenbesuch ergangen ist. Das englische Element hat sich bereit erklärt, diese Visa zu beschaffen, konnte diese Absicht aber im internationalen Arbeitskontrollausschuß nicht durchsetzen. Der Minister lenkt die Aufmerksamkeit auf eine gestern von der APA[26] verbreitete Meldung, wonach der Bundeskanzler im Zusammenhang mit der Verhaftung Mareks die Beschuldigung erhoben habe, die Kommunisten hätten davon gewußt. Er bittet den Bundeskanzler, den Kommunisten keine Handhabe zu einer Verzerrung des Falles Marek zu geben, und regt eine Richtigstellung dieser Meldung an.

---

21 Die Worte *Beilg. B* wurden handschriftlich eingefügt. Beilage B: (Ohne Aktenzahl) Schreiben des Bürgermeisters der Stadt Salzburg Anton Neumayr an S. g. Herrn Bundespräsidenten Dr. Karl Renner, Wien I, vom 18. Juni 1948 (Abschrift) (3 ½ Seiten); Schreiben des Bundespräsidenten an den Bundeskanzler vom 22. Juni 1948 (Abschrift) (1 Seite); Schreiben an den Bundespräsidenten vom 28. Juni 1948, Dr. C/R (Abschrift) (½ Seite). Der Inhalt der Beilage geht nicht wesentlich über den Protokolltext hinaus. Das Schreiben des Bürgermeisters von Salzburg vom 18. Juni 1948 enthält zusätzlich eine detaillierte Schilderung des geplanten Programms der Auslandsaktion.
Anton Neumayr, Mai 1946 bis 31. Dezember 1951 Bürgermeister von Salzburg, SPÖ.

22 Zur Aktion „Salzburg den Salzburgern" konnte nichts Näheres eruiert werden.

23 Bundesbahndirektionen befanden sich damals wie heute in Innsbruck, Linz, Villach und Wien.

24 Die hier nicht behandelten Noten werden im Beschlußprotokoll näher ausgeführt und kommentiert. Vgl. Beschlußprotokoll Punkt 2 a und b.

25 Die hier nicht behandelten Resolutionen werden im Beschlußprotokoll näher ausgeführt und kommentiert. Vgl. Beschlußprotokoll Punkt 3 a und b.

26 Zur Geschichte der Austria Presse Agentur vgl. 30 Jahre Austria Presseagentur APA, Wien 1976; Edith Dörfler/Wolfgang Pensold, „... von der Loslösung der Nachrichtenstelle aus dem rein staatlichen Charakter ...". Die Gründung der Austria Presse Agentur, in: Medien & Zeit, Sonderdruck 4/2000, S. 1–15; dies., Die Macht der Nachricht. Die Geschichte der Nachrichtenagenturen in Österreich, Wien 2001; Sabine Zussner, Funktion und Geschichte der österreichischen Nachrichtenagentur. Die Entwicklung der APA-Austria Presse Agentur von einer traditionellen Presseagentur zur „Intelligence Agency" unter besonderer Berücksichtigung der unternehmenspolitischen Zielsetzungen, Diplomarbeit, Wien 1998.

Der B u n d e s k a n z l e r erklärt, keine Presseberichterstatter mitgenommen zu haben.

BM H e l m e r meint, man solle den Kommunisten keinen Vorwand geben, allenfalls jetzt eine große Sache aus diesem Fall zu machen, ohne daß man ihnen die entsprechende Antwort darauf geben kann. Eine Antwort wird zur richtigen Zeit erfolgen und die Zusammenhänge im Falle Marek mit der Kommunistischen Partei werden aufgezeigt werden, bevor dieser Fall abgeschlossen wird.

StS G r a f: Wir müssen jetzt einmal innerhalb der Regierung, wenn wir im Ministerium die Entschlußkraft nicht aufbringen, jene Leute, von denen wir ziemlich eindeutig wissen, daß sie an Verschleppungen mitgewirkt haben, ausscheiden. Dabei müssen wir uns allerdings auch der weittragenden Folgen eines solchen Vorgehens bewußt sein. Wir kennen die Namen der Leute bei der Polizei, die mit diesen Dingen im Zusammenhang stehen. Kollege Helmer und ich werden vielleicht für den nächsten Ministerrat etwas vorbereiten, um für diese sehr weittragende Maßnahme die Zustimmung des Ministerrates einzuholen.

BM Dr. G e r ö: Nach den internen Weisungen der Polizei ist meines Wissens jedes Begehren einer ausländischen Macht auf Intervention der Polizei der vorgesetzten Dienststelle zu melden; dies unterbleibt in vielen Fällen. Wir könnten ohne weiteres Leute, die z. B. am Menschenraub mitwirken, strafgerichtlich verfolgen, weil sie einen österreichischen Staatsbürger einer ausländischen Macht in die Hand geliefert haben. Wenn wir das Material haben, kann ohne weiteres eingeschritten werden.

BM H e l m e r: Wird geschehen![27]

l

BM Dr. G r u b e r hält es nicht für erwünscht, im Zusammenhang mit den Vorgängen in Jugoslawien die Kärntner Grenzfrage[28] zu behandeln, bevor man klar sieht. Es sei auch

---

27 Diese Thematik wurde in der nächsten Sitzung des Ministerrates nicht behandelt.

28 Jugoslawien hatte ab Jänner 1947 von Österreich u. a. größere Gebietsabtretungen in Kärnten gefordert, wobei eine Fläche von 2.470 Quadratkilometern mit 180.000 Einwohnern betroffen war. Am 24. Februar 1949 sollte der stellvertretende jugoslawische Außenminister Aleš Bebler schließlich im Rahmen einer Verhandlungsrunde der Sonderbeauftragten für den österreichischen Staatsvertrag in London ein neues Forderungsprogramm vorlegen, in dem 1. Grenzberichtigungen zugunsten Jugoslawiens „in einem noch später zu bestimmenden Ausmaß“, 2. politische, wirtschaftliche und kulturelle Autonomie für den bei Österreich verbleibenden Teil „Slowenisch-Kärntens“, 3. „substantielle“ Reparationsleistungen Österreichs an Jugoslawien und 4. Garantien für die Minderheitenrechte der Kroaten und Slowenen, die außerhalb des autonomen Gebietes blieben, verlangt wurden. In Verbindung damit wurde auf jugoslawischer Seite über eine Teilung Kärntens in zwei Bundesländer und die Schaffung eines autonomen Südkärntens nachgedacht. Den jugoslawischen Forderungen wurde der Boden entzogen, als die Sowjetunion ihnen die weitere Unterstützung versagte. Vgl. dazu Gerald Stourzh, Um Einheit und Freiheit. Staatsvertrag, Neutralität und das Ende der Ost-West-Besetzung Österreichs 1945–1955, 5. Auflage, Wien/Köln/Graz 2005, S. 63–67, S. 81–85, S. 135–139, S. 147 f und S. 150–152, hier S. 63 f, S. 147 f und S. 150 f. Ein konziser Abriß der Geschichte der jugoslawischen Forderungen gegenüber Kärnten findet sich in Reginald Herschy, Freiheit um Mitternacht. Österreich 1938–1955. Traumatische Besatzungsjahre, Klagenfurt 2011, S. 61–68; weiters Österreichisches Jahrbuch 1949. Nach amtlichen Quellen herausgegeben vom Bundespressedienst, Wien 1950, S. 15–18 und S. 20. Aktenmaterial zum Thema für den Zeitraum der Jahre 1948 und 1949 findet sich in AdR, BKA/AA, II-pol 1948, Staatsvertrag 2, GZl. 112.613-pol/1948, Kärnten; II-pol 1949, Staatsvertrag 2 c, GZl. 80.797-pol/1949, Staatsvertrag, Grenzen – Jugoslawien. Zu den jugoslawischen Forderungen vgl. auch MRP Nr. 109/1 a und 13 c vom 27. April 1948, MRP Nr. 110/1 a und 11 a vom 4. Mai 1948, MRP Nr. 111/1 i vom 11. Mai 1948, MRP Nr. 126/14 vom 28. September 1948, MRP Nr. 129/3 vom 19. Oktober 1948, MRP Nr. 143/1 f vom 1. Februar 1949, MRP Nr. 145/1 a vom 15. Februar 1949, MRP Nr. 147/1 a vom 1. März 1949, MRP Nr. 148/1 a vom 8. März 1949, MRP Nr. 149/1 a vom 15. März 1949, MRP Nr. 150/Beschlußprotokoll Punkt 16 vom 22. März 1949, MRP Nr. 151/1 a vom 29. März 1949, MRP Nr. 153/1 b vom 12. April 1949, MRP Nr. 155/15 d vom 3. Mai 1949, MRP Nr. 160/1 a vom 8. Juni 1949, MRP Nr. 161 a/1 vom 17. Juni 1949, MRP Nr. 162 a vom 23. Juni 1949 und MRP Nr. 166/14 e vom 19. Juli 1949.

nicht opportun, im gegebenen Zeitpunkt propagandistisch schärfer gegen die OF (Slowenische Separatistenbewegung)[29] vorzugehen. Er bittet den Innenminister, in diesem Sinne einzuwirken.

BM Helmer erklärt, gegen die OF werde ohnehin sehr tolerant vorgegangen. Man müsse zwischen den Mitgliedern dieser Organisation und den Drahtziehern unterscheiden. Wenn wir gegen letztere nicht scharf vorgehen, besteht die Gefahr, daß uns dies als Schwäche ausgelegt wird. Ich bin absolut der Meinung des Kollegen Dr. Gruber, gegen die Mitglieder tolerant vorzugehen, wir müssen aber gegen die Drahtzieher eine klare Stellung beziehen.

BM Dr. Gerö: Die OF wird genau beobachtet und über jeden Schritt berichtet. Eine momentane Gefahr besteht nicht.

Der BK: Die bisherige Linie wird also weiter verfolgt.

[m]

BM Dr. Migsch berichtet an Hand eines Aktenvermerkes über die Rohöllieferungen nach Italien. Am 25. d. Mts. teilte der russische Major Koretko[30] mit, es sei derzeit kein Rohöl verfügbar und es könne über diese Angelegenheit auch erst nach dem 15. Juli d. Js. weiter gesprochen werden. Beilg. C[31]

Der BK erinnert daran, daß ihm Generaloberst Scheltow zugesagt habe, das gesamte Öl werde bis Ende Juli ausgeliefert, wenn nur die Tankwagen zur Verfügung gestellt würden. Er gibt die Absicht bekannt, die Angelegenheit, falls am Nachmittag noch eine Zusammenkunft mit dem Generalobersten stattfinde, zur Sprache zu bringen.[32]

2

Personalangelegenheiten[33]

Die Anträge werden ohne Debatte angenommen.

Zum Bruch zwischen Moskau und Belgrad vgl. MRP Nr. 119/1 a, MRP Nr. 120/1 b, MRP Nr. 121/1 a und 1 e, MRP Nr. 122/1 b, MRP Nr. 123/6 und MRP Nr. 124/1 b vom 7. September 1948.

29 Die Osvobodilna fronta za Slovensko Koroško (Befreiungsfront für Slowenisch Kärnten) war aus dem Widerstand gegen deutsche und italienische Besatzungstruppen entstanden. Im Zentrum der zunächst überparteilichen, dann zunehmend kommunistisch dominierten Vereinigung stand ab 1945 die Forderung nach dem Anschluß Südkärntens an Jugoslawien. Vertreter der OF errichteten nach Kriegsende den Landes-Volksbefreiungsausschuß für Slowenisch Kärnten (Pokajinski narodno-Osvobodilni Odbor za Slovensko Koroško), der für die Rechte der Kärntner Slowenen eintreten wollte, jedoch erfuhr die OF in weiterer Folge weder als Bewegung noch als Partei die Anerkennung durch die britische Militärregierung in Kärnten, obwohl ihr Rede- und Versammlungsfreiheit zugestanden wurde. Sowohl mit der britischen Besatzungsmacht als auch den österreichischen Sicherheitskräften geriet die OF immer wieder in Konflikt, und nachdem Jugoslawien ab dem Frühjahr 1948 in internationale Isolation geriet, verlor auch die OF an Rückhalt in der slowenischen Bevölkerung Kärntens und die Forderung nach dem Anschluß Südkärntens an Jugoslawien trat in den Hintergrund. Vgl. Gabriela Stieber, Die Briten als Besatzungsmacht in Kärnten 1945–1955, Klagenfurt 2005, S. 308–314. Weitere Informationen zur OF in Janko Kulmesch/Vladimir Smrtnik, Zum inneren Differenzierungsprozeß des Konfliktes zwischen den beiden Zentralorganisationen der Kärntner Slowenen nach 1945. Die Sicht des „Rates der Kärntner Slowenen", in: Stefan Karner/Andreas Moritsch (Hg.), Aussiedlung – Verschleppung – nationaler Kampf (= Kärnten und die Nationale Frage 1), Hermagor/Klagenfurt/Ljubljana/Wien 2005, S. 225–242; Wilhelm Wadl, Das Jahr 1945 in Kärnten. Ein Überblick, Klagenfurt 1985, S. 109–111.

30 Koretko, sowjetischer Major, ab 1945 Referent für Brennstoffe der Wirtschaftsabteilung des Sowjetischen Teils der Alliierten Kommission.

31 Die Abkürzung *Beilg. C* wurde handschriftlich eingefügt. Beilage C: (Ohne Aktenzahl) Aktenvermerk. Betr. Rohöllieferungen nach Italien vom 28. Juni 1948 (Abschrift) (1 Seite). Der Inhalt der Beilage geht nicht wesentlich über den Protokolltext hinaus.

32 Vgl. auch MRP Nr. 92/13 vom 16. Dezember 1947, MRP Nr. 105/1 c vom 23. März 1948, MRP Nr. 117/1 d; weiters WMK Nr. 50/3 vom 22. März 1948.

33 Beilage 2: Personalangelegenheiten (1 Seite). Vgl. das Beschlußprotokoll.

3

Einbürgerungen

Über Antrag des Bundesministers für Inneres beschließt der Ministerrat, die Verleihung der österreichischen Staatsbürgerschaft an die im Verzeichnis Nr.106 angeführten 97 Personen als im Interesse des Staates gelegen zu bezeichnen.[34]

BM Helmer teilt dazu mit, daß in der Zeit vom 14. 3. 1946 bis 29. 6. 1948 der Ministerrat in 106 Sitzungen 11.621 Einbürgerungsansuchen als im Interesse des Staates gelegen bezeichnet hat. Von diesen wurde bis 30. 4. 1948 an 9.111 Personen die Österreichische Staatsbürgerschaft verliehen.[35] Dies als Beweis gegen die in den letzten Tagen in der Öffentlichkeit verbreiteten Gerüchte, als ob Abertausende von DP's[36] eingebürgert würden. Es sei eine individuelle Prüfung jedes einzelnen Falles vorgesehen.[37]

---

34 Beilage 3: BMI, (ohne Aktenzahl) Ministerratsvortrag (1 Seite); Verzeichnis Nr. 106 (16 Seiten); Einbürgerungsstatistik (½ Seite). Die im beiliegenden Verzeichnis angeführten Personen bedurften zur Erlangung der österreichischen Staatsbürgerschaft eines Beschlusses der Bundesregierung gemäß § 5, Abs. (1), Z. 3, des Staatsbürgerschaftsgesetzes vom 10. Juli 1945, StGBl. Nr. 60, nach dem die Verleihung bei mangelndem vierjährigem Wohnsitz im Staatsgebiet nur dann ausgesprochen werden durfte, wenn die Bundesregierung sie als im Interesse des Staates gelegen bezeichnete. Weiterführendes Material zu den Staatsbürgerschaftsangelegenheiten findet sich in AdR, BMI, Abteilung 8.

35 Vgl. dazu die der Beilage 3 angefügte Einbürgerungsstatistik.

36 DP: Displaced Persons. Bei Kriegsende befanden sich mehr als eine Million sogenannte Displaced Persons bzw. versetzte Personen auf österreichischem Staatsgebiet, also deutsch- als auch fremdsprachige Personen nichtösterreichischer Staatsangehörigkeit, die sich u. a. aus zivilen und militärischen ehemaligen Zwangsarbeitern (vor allem aus Osteuropa), aus Betroffenen der nationalsozialistischen Umsiedlungspolitik sowie aus deutschsprachigen Personen zusammensetzten, die nach dem Krieg aus ihren Heimat- oder Ansiedlungsgebieten in Ost- und Südosteuropa vertrieben worden oder aus Angst vor Vergeltungsaktionen der nicht-deutschsprachigen Bevölkerung geflüchtet waren. Untergebracht wurden die versetzten Personen in DP-Lagern, deren Erhaltungskosten der österreichische Bundeshaushalt zu tragen hatte. Die Lager fremdsprachiger Ausländer wurden in der amerikanischen Zone zuerst von der amerikanischen Militärregierung, ab September 1947 von der International Refugee Organization (IRO) verwaltet, während die Lager in den britischen und französischen Zonen den jeweiligen Militärregierungen unterstanden. In der sowjetischen Zone befanden sich außer dem Durchgangslager Melk nur einige kleinere Arbeiterlager. Unter österreichischer Verwaltung standen lediglich jene Lager, in denen sich volksdeutsche Flüchtlinge befanden. Trotzdem hatte der österreichische Staat für sämtliche Personen, die in Lagern untergebracht waren, die Kosten zu tragen, von der Verpflegung bis zum Erhalt der Unterkünfte und der Bezahlung des Verwaltungspersonals der Lager. Die Frage, was mit den verbleibenden Displaced Persons geschehen sollte, gewann somit immer größere Bedeutung. Vgl. Stefan Eminger/Ernst Langthaler (Hg.), Sowjets. Schwarzmarkt. Staatsvertrag. Stichwörter zu Niederösterreich 1945–1955, St. Pölten/Wien/Linz 2005, S. 23–27. Detailliertere Informationen zum Begriff der „Displaced Persons" und den damit verbundenen Klassifizierungen finden sich in Gabriela Stieber, Nachkriegsflüchtlinge in Kärnten und der Steiermark, Graz 1997, S. 18–25. Vgl. zum Thema weiters Thomas Albrich, Asylland wider Willen, in: Günther Bischoff/Josef Leidenfrost, Die bevormundete Nation. Österreich und die Alliierten 1945–1949 (= Innsbrucker Forschungen zur Zeitgeschichte 4), Innsbruck 1988, S. 217–244; Dieter Kolonivits/Hannelore Burger/Harald Wendelin, Staatsbürgerschaft und Vertreibung (= Veröffentlichungen der Österreichischen Historikerkommission. Vermögensentzug während der NS-Zeit sowie Rückstellungen und Entschädigungen seit 1945 in Österreich 7), Wien/München 2004; Gabriela Stieber, Volksdeutsche und Displaced Persons, in: Heiss/Rathkolb (Hg.), Asylland wider Willen, S. 140–156; Reinhard Wurm, Die Flüchtlingsproblematik in Österreich in den ersten Jahren nach dem Zweiten Weltkrieg, Diplomarbeit, Wien 1993. Zur Tätigkeit der IRO vgl. auch Louise W. Holborn, The International Refugee Organization. A specialized agency of the United Nations. Its history and work 1946–1952, London/New York/Toronto 1956; Gabriela Stieber, Flüchtlingswesen in Österreich unter besonderer Berücksichtigung der Lager in Kärnten und der Steiermark, phil. Diss., Wien 1994; Michael Barnett/Martha Finnemore, Rules for the World: International Organizations in Global Politics, Ithaca 2004, S. 78–80.

37 Vgl. dazu auch MRP Nr. 120/3 und MRP Nr. 121/1 c. Die „Österreichische Volksstimme" hatte am 27. Juni 1948 in ihrem Leitartikel behauptet, der Ministerrat habe den Landesregierungen die Weisung

4
Abkommen, betreffend die wirtschaftliche Zusammenarbeit
mit den Vereinigten Staaten

BM Dr. G r u b e r berichtet gemäß Ministerratsvortrag, Zl. 162.755-Wpol/48[38], über das Abkommen zwischen Österreich und den Vereinigten Staaten von Amerika über wirtschaftliche Zusammenarbeit.

Er verweist besonders darauf, daß dem Antrag gemäß der Bundeskanzler zur Unterzeichnung des Abkommens berechtigt sein soll und ersucht um die Zustimmung des Ministerrates, daß im Falle der Abwesenheit des Bundeskanzlers auch der Vizekanzler zur Unterzeichnung berechtigt sei. Er hebt den Art. IV hervor, der sich auf Währungsfragen bezieht.[39] Zu diesem hat der Finanzminister ein Gutachten ausgearbeitet, welches amerikanischerseits entsprechend gewürdigt wurde. Es wurde jedoch festgestellt, daß mit Rücksicht auf den Text des amerikanischen Kongreßbeschlusses Änderungen nicht möglich sind. Man hat sich aber bereit erklärt, ein Aide-Memoire abzufassen, das der Außenminister bekanntgibt.[40] Dieses Aide-Memoire ist im Hinblick auf die Besprechungen und das Memorandum des Finanzministers eine ausreichende Garantie dafür, daß wir nicht in Währungsschwierigkeiten kommen.

---

gegeben, „möglichst schnell hunderttausende Ausländer in Österreich einzubürgern". Vgl. Österreichische Volksstimme, 27. Juni 1948, S. 1 „Ministerrat beschließt Masseneinbürgerung von DP". Dieser Behauptung hatte die österreichische Bundesregierung in einer Presseaussendung des Bundesministeriums für soziale Verwaltung widersprochen. Vgl. Wiener Zeitung, 29. Juni 1948, S. 3 „Keine Masseneinbürgerung von DP's".

38 Beilage 4: BKA, Zl. 162.755-Wpol/1948 Ministerratsvortrag (13 Seiten); Abkommen zwischen Österreich und den Vereinigten Staaten von Amerika über wirtschaftliche Zusammenarbeit (22 Seiten); Note, die an Stelle der Meistbegünstigungsbestimmungen des ursprünglichen Entwurfes treten soll (deutsch und englisch) (jeweils 3 Seiten). Der US-Kongreß hatte auf Grund eines Vorschlages der US-Regierung am 3. April 1948 den „Economic Cooperation Act" (bzw. „Foreign Assistance Act of 1948") angenommen. Dieser sah die Hilfeleistung an die Teilnehmerstaaten der Europäischen Organisation für Wirtschaftliche Zusammenarbeit vor, die jedoch nur unter der Bedingung gewährt werden sollte, daß jeder europäische Teilnehmerstaat mit den USA ein bilaterales Abkommen abschließe, dessen Inhalt weitgehend vorgegeben war. Der ursprüngliche Entwurf des nun vorliegenden Abkommens zwischen Österreich und den USA hatte, so wurde in der Beilage ausgeführt, in Verhandlungen mit der US-Regierung im Sinne der österreichischen Wünsche beeinflußt werden können. Im weiteren erläutert der Ministerratsvortrag die einzelnen Artikel des Abkommens und die darin enthaltenen Bestimmungen. Das Abkommen mußte bis spätestens 3. Juli 1948 unterzeichnet werden.

39 Artikel IV des Abkommens befaßte sich mit Fragen der inländischen Währung, bezog sich aber nur auf Hilfeleistungen, die von der Regierung der USA geschenkweise erfolgten. Es sollte ein auf den Namen der österreichischen Regierung lautendes Sonderkonto bei der Oesterreichischen Nationalbank (Counterpart-Fonds) errichtet werden, auf das Schillingbeträge nach detailliert angeführten Richtlinien erlegt werden mußten.

40 Vgl. dazu AdR, BKA/AA, W-pol 1948, Verträge 2, GZl. 152.794-Wpol/1948, Zl. 162.895-Wpol/1948, Abkommen zwischen Österreich und den Vereinigten Staaten von Amerika für Wirtschaftliche Zusammenarbeit, Schillingbeträge. Der Akt enthält eine amerikanische Note zu Artikel IV, in der versichert wurde, daß der entsprechende Abschnitt des „Foreign Assistance Act of 1948" „weitgehende Ermächtigungen" gewähre, „die Verwendung von Guthaben aus dem darin vorgesehenen Schilling-Sonderkonto für Zwecke der inneren Währungs- und finanziellen Stabilisierung für die Stimulierung der produktiven Tätigkeit und die Erforschung und Entwicklung von neuen Quellen des Reichtums und für solche andere Auslagen zu gewähren, die mit den Zwecken des Gesetzes vereinbar sind. Sie können versichert sein, dass die Regierung der Vereinigten Staaten von Amerika und der Administrator für wirtschaftliche Zusammenarbeit genau so wie die österreichische Regierung wünschen, einen wirtschaftlichen Wiederaufbau in Österreich herbeizuführen und jede vernünftige Massnahme ergreifen werden, die im weiten Rahmen dieser Bestimmung des Gesetzes über ausländische Hilfeleistung gelegen ist, um die österreichische Regierung bei der Behandlung ihrer Währungsprobleme im Zusammenhang mit den Erfordernissen nach Art. IV des Abkommens zu unterstützen."

Es hat auch Schwierigkeiten dieser Art bisher nicht gegeben. Bezüglich der Meistbegünstigungsklausel[41] liegt ein Briefwechsel vor. Es handelt sich hierbei nur um eine Ausdehnung auf jene Gebiete, die heute noch besetzt sind.[42] Für uns kommt hauptsächlich Deutschland in Betracht. Vielleicht wird sich noch eine Änderung insoferne ergeben, als England versucht, Japan und Süd Korea zu streichen, was für uns aber nicht von Bedeutung ist, weil wir mit diesen Staaten keinen regen Handelsverkehr haben. Hinsichtlich der Immunität der Sondermissionen haben wir noch die Abänderung verlangt, daß diese nicht über die den Diplomaten gewährte hinausgeht; dies aus prinzipiellen Gründen.

Der Bundesminister stellt abschließend seine Anträge laut Ministerratsvortrag und bittet um Kenntnisnahme des Aide-Memoires zu Art. IV und um Ermächtigung des Vizekanzlers zur Unterzeichnung des Abkommens in Abwesenheit des Bundeskanzlers.

BM Dr. G e r ö bringt eine Veröffentlichung der „Volksstimme" zur Kenntnis, die im Zusammenhang mit diesem Abkommen den Satz „Von Verfassungsbruch zu Verfassungsbruch" geprägt hat. Der Staatsanwalt wollte die „Volksstimme" deshalb beschlagnahmen, doch habe er, der Minister, veranlaßt, daß bis zur Stellungnahme des Ministerrates davon Abstand zu nehmen sei. Er bitte nun um diese Stellungnahme. Die „Volksstimme" sei der Meinung, das Abkommen müsse der parlamentarischen Behandlung unterzogen werden.[43]

BM Dr. G r u b e r: Der Verfassungsdienst ist in dieser Frage mit uns der Auffassung, daß sich die Beurteilung, ob ein solches Abkommen gesetzesändernden oder politischen Charakter hat, aus der jeweiligen Sachlage ergibt. Ob es politischen Charakter hat, ist eine Ermessenssache der Bundesregierung. Unsererseits steht dem nichts entgegen, das Abkommen dem Parlamente vorzulegen. Eine Notwendigkeit dazu besteht jedoch nicht. Es wäre dies ein Novum.

BM Dr. G e r ö: Der Staatsanwalt will im Wiederholungsfalle mit einer Beschlagnahme der „Volksstimme" vorgehen.

---

41 Die Meistbegünstigungsklausel bestimmte, daß jede Konzession, die anderen Handelspartnern eingeräumt worden war oder später eingeräumt werden sollte, auch dem Vertragschließenden gewährt werden mußte.

42 In Besprechungen zwischen Vertretern der USA und Österreichs war hinsichtlich der örtlichen Anwendung von Handelsabkommen festgelegt worden, daß die österreichische Regierung, solange die US-Regierung „an der Besetzung oder Kontrolle irgendwelcher Gebiete von Westdeutschland, dem freien Territorium von Triest, Japans oder Süd Koreas teilnimmt, [...] auf den Warenhandel dieser Gebiete die Bestimmungen bezüglich der meistbegünstigten Behandlung des Warenhandels der Vereinigten Staaten von Amerika nach dem Freundschafts-Handels- und Konsularvertrag von Wien, 19. Juni 1928 und dem Zusatzabkommen von Wien, 20. Jänner 1931 und während der Zeit wo die Regierungen [...] beide Vertragsteile des allgemeinen Abkommens über Tarife und Handel vom 30. Oktober 1947 sein sollten, die Bestimmungen dieses Abkommens nach ihrem jetzigen oder künftigen Stand bezüglich der meistbegünstigten Behandlung dieses Handels anwenden wird". Zu den weiteren Regelungen vgl. die in der Beilage enthaltene Note über den Ersatz der Meistbegünstigungsbestimmungen, weiters AdR, BKA/AA, W-pol 1948, Verträge 2, GZl. 152.794-Wpol/1948, Zl. 163.194-Wpol/1948, Abkommen zwischen Österreich und den Vereinigten Staaten von Amerika, betr. Wirtschaftliche Zusammenarbeit, Meistbegünstigung im Verhältnis zu den besetzten Gebieten, sowie Zl. 163.197-Wpol/1948, Abkommen zwischen Österreich und den Vereinigten Staaten von Amerika über Wirtschaftliche Zusammenarbeit, Meistbegünstigung.

43 Vgl. Österreichische Volksstimme, 27. Juni 1948, S. 2 „Was steht im Marshallvertrag? Die Bedingungen bis zum letzten Augenblick geheimgehalten". Die Passage, auf die hier speziell Bezug genommen wurde, lautete: „So spielt sich also bei der Unterzeichnung dieses folgenschweren Vertrages das gleiche ab wie beim ‚Beitritt Oesterreichs zum Marshall-Plan'. Niemals wurde dieser Beitritt vom Nationalrat oder vom Hauptausschuß besprochen und beschlossen. [...] In der gleichen autoritären Art und unter Verletzung der Rechte, die nach der Verfassung einzig und allein dem Nationalrat, beziehungsweise seinem Hauptausschuß zustehen, wird jetzt auch in der Frage des Vertragsabschlusses verfahren. In den vier Wänden des Ministerrates wird über die Köpfe der Volksvertretung hinweg entschieden. Es geht also von Verfassungsbruch zu Verfassungsbruch."

Der VK meint, man solle es auf einen Prozeß nicht ankommen lassen. Eine Untersuchung vor dem Gericht, ob dies ein politischer Vertrag ist oder nicht, sei nicht zweckmäßig, da der Vertrag leider nicht so günstig und propagandistisch sehr leicht dazu zu verwenden sei, eine wirtschaftliche Durchdringung Österreichs durch Amerika zu konstruieren. Dazu kommt noch, daß die Geltungsdauer des Vertrages bis 30. 6. 1953, also 1 Jahr über die Laufzeit des Marshallplanes[44] hinaus, festgelegt ist.

BM Dr. G r u b e r stimmt bezüglich des Vorgehens mit dem Vizekanzler überein. Der Grund, warum das Abkommen 1 Jahr länger als der Marshallplan läuft, liege in der Notwendigkeit der Abwicklung des Marshallplanes nach seiner Beendigung. Bisher wurde amerikanischerseits in keiner Weise eine Einflußnahme auf unsere Wirtschaftspolitik ausgeübt, daher bin ich der Meinung, das Abkommen möge ruhig publiziert werden und dann die Pressekontroverse mit den Kommunisten ausgefochten werden. Im übrigen stimme ich der Auffassung zu, daß man die Angelegenheit nicht zum Gegenstand eines Gerichtsverfahrens machen soll.

Der Ministerrat beschließt gemäß den Anträgen des Bundesministers für die Auswärtigen Angelegenheiten.[45]

5
Regelung sozialversicherungsrechtlicher Verhältnisse
aus Anlaß der Aufnahme in ein öffentlich-rechtliches Dienstverhältnis
oder beim Ausscheiden aus einem solchen[46]

Der VK berichtet in Vertretung des abwesenden Bundesministers für soziale Verwaltung gemäß Ministerratsvortrag, Zl. II-63.410-5/48[47], über den Entwurf eines Bundesgesetzes,

---

[44] Zum Marshallplan vgl. Anmerkung 6 in MRP Nr. 116.

[45] Umfangreiches Material zu dem Abkommen zwischen Österreich und den Vereinigten Staaten von Amerika über wirtschaftliche Zusammenarbeit findet sich in AdR, BKA/AA, W-pol 1948, Verträge 2, GZl. 152.794-Wpol/1948. Das Abkommen wurde am 2. Juli 1948 in Wien unterzeichnet. Vgl. dazu auch Wiener Zeitung, 3. Juli 1948, S. 1 „Bilaterales Wirtschaftsabkommen mit USA". Es wurde im Amtsteil der „Wiener Zeitung" publiziert: Wiener Zeitung, 4. Juli 1948, S. 6 „Abkommen zwischen Österreich und den Vereinigten Staaten von Amerika über wirtschaftliche Zusammenarbeit". Vgl. weiters MRP Nr. 119/1 b und d.

[46] Der Punkt war bereits Gegenstand auf der Tagesordnung der vorhergehenden Ministerratssitzung gewesen. Vgl. MRP Nr. 117/12.

[47] Beilage 5: BMsV, Zl. II-63.410-5/1948 Ministerratsvortrag (2 Seiten); Gesetzesentwurf (6 Seiten); Erläuternde Bemerkungen (9 ½ Seiten); BKA, Zl. 70.712-3/1948 Information für den Bundeskanzler (1 Seite); BKA, Zl. 70.993-3/1948 Information für den Bundeskanzler (1 Seite); Beilage A zur Information an den Bundeskanzler (1 Seite). Die in Geltung stehenden Rechtsvorschriften reichten nicht aus, um die aus Anlaß der Aufnahme in ein öffentlich-rechtliches Dienstverhältnis oder beim Ausscheiden aus einem solchen sich für Dienstgeber und Dienstnehmer ergebenden Probleme zu lösen. Ein Rückgriff auf die seinerzeitigen österreichischen Rechtsvorschriften erwies sich als unmöglich, da diese im wesentlichen nur die Verhältnisse in der Angestelltenversicherung regelten und auch die Versicherungsträger nicht in der Lage waren, die Mittel für die bei Pragmatisierungen an den öffentlich-rechtlichen Dienstgeber zu zahlenden Überweisungsbeträge aufzubringen, weshalb eine Neugestaltung der sozialversicherungsrechtlichen Verhältnisse bei Dienstantritt und bei Ausscheiden aus dem Dienstverhältnis vorgenommen werden sollte. Der Gesetzesentwurf sollte grundsätzlich nur die sozialversicherungsrechtlichen Fragen regeln, die Regelung der dienstrechtlichen Fragen aber den in Betracht kommenden Dienstgebern (Bund, Länder und Gemeinden) überlassen. Besonderes Gewicht wurde auf den sozialversicherungsrechtlichen Schutz der Dienstnehmer gelegt. Dieser sollte ohne wesentliche Erhöhung des Aufwandes der Sozialversicherungsträger und ohne Zwang für den Bund zu erhöhter Zuschußleistung erfolgen. Der Gesetzesentwurf stimmt mit BGBl. Nr. 177, Bundesgesetz vom 8. Juli 1948 über die Regelung sozialversicherungsrechtlicher Verhältnisse aus Anlaß der Aufnahme in ein öffentlich-rechtliches Dienstverhältnis oder beim Ausscheiden aus einem solchen, ausgegeben am

betreffend die Regelung sozialversicherungsrechtlicher Verhältnisse aus Anlaß der Aufnahme in ein öffentlich-rechtliches Dienstverhältnis oder beim Ausscheiden aus einem solchen. Die noch bestehenden Bedenken wurden in der Zwischenzeit beseitigt. Vom Herrn Finanzminister wurde darauf hingewiesen, er vermisse in dem Gesetz, daß eine strafrechtliche Verurteilung den Verlust von Sozialversicherungsansprüchen zur Folge habe.

Falls er seine Bedenken noch aufrecht erhalten sollte, schlage ich vor, den Entwurf unter Vorbehalt der formula Krauland[48] im Parlament einzubringen. Eine nennenswerte Belastung des Bundes erwächst in der Sache nicht, im Gegenteil unter Umständen eine Entlastung.

BM Altenburger bemerkt, daß gemäß § 4, Abs. (2) eine Rente nur gebührt, wenn die Verminderung der Erwerbsfähigkeit mehr als 25 % beträgt. Er schlägt vor, den Prozentsatz mit einem runden 10-er Satz festzulegen, wie dies in derartigen Fällen üblich sei.

Der VK hat dagegen nichts einzuwenden, ersucht jedoch nochmals, mit Rücksicht auf die Unmöglichkeit einer sofortigen Durchrechnung der sich durch Änderungen ergebenden Auswirkungen um Einbringung im Parlament vorbehaltlich der formula Krauland. Er macht gleichzeitig auf 2 Schreibfehler in der Vorlage aufmerksam, u. zw.:

Im § 6, Abs. (3) soll es statt „gewährten" ... „gewahrten" Anwartschaft heißen; in der letzten Zeile des § 7, Abs. (3) statt Abs. (4).

BM Übeleis schlägt zu § 6, Abs. (3) vor, zu sagen „die Rente samt Beihilfen und Zuschlägen".

Der VK ersucht, auch diese Abänderung erst im Parlament anzuregen, da eine versicherungstechnische Durchrechnung jetzt nicht möglich ist.

BK: Der Verfassungsdienst kann sich nun dem Gesetzesentwurf ohne jede Bedenken anschließen, so daß der Entwurf vorbehaltlich der formula Krauland dem Parlament zugehen kann.

Der Ministerrat beschließt in diesem Sinne.[49]

6
Besatzungskostendeckungsgesetz

BM Dr. Zimmermann berichtet gemäß Ministerratsvortrag, Zl. 46.309-9/48[50], über den Gesetzesentwurf, betreffend Maßnahmen zur Sicherung der Bedeckung der Besat-

---

7. September 1948, nicht zur Gänze überein. Die im Gesetzentwurf in § 4, Abs. (2) enthaltene einschränkende Bestimmung, „daß eine Rente nur gebührt, wenn die Minderung der Erwerbsfähigkeit mehr als 25 v. H. beträgt", wurde nicht in das Gesetz aufgenommen. Der § 9, Abs. (1), betreffend Übergangsbestimmungen, enthält dagegen über den Gesetzesentwurf hinausgehende Bestimmungen hinsichtlich der Verrechnung von Versicherungsfällen, die vor Inkrafttreten des Bundesgesetzes oder vor Inkrafttreten der zwischenstaatlichen Regelung eintreten sollten.

48 Zur „formula Krauland" vgl. Anmerkung 94 in MRP Nr. 117.

49 Vgl. Sten. Prot. NR, V. GP, 84. Sitzung vom 30. Juni 1948, Zuweisung der Regierungsvorlage an den Ausschuß für soziale Verwaltung, S. 2394; Bericht des Ausschusses für soziale Verwaltung und Annahme des Gesetzesentwurfes in der 87. Sitzung vom 8. Juli 1948, S. 2488–2490. Material dazu findet sich in AdR, BMsV, Sektion II (Sozialversicherung), GZl. 4.426/1948.

50 Beilage 6: BMF, Zl. 46.309-9/1948 Ministerratsvortrag (1 ¼ Seiten); Gesetzesentwurf (3 ½ Seiten); Erläuternde Bemerkungen (1 ½ Seiten); Schreiben des Bundesministers für Finanzen an alle Bundesminister und Staatssekretäre (Abschrift) (1 Seite); Gesetzesentwurf (4 Seiten); Bundeskanzleramt, Zl. 71.314-2a/1948 Information (Abschrift) (1 ¼ Seiten). Die Aufbringung der Besatzungskosten könne, so wurde in der Beilage ausgeführt, nur erreicht werden, indem grundsätzlich jeder Österreicher zu einer Beitragsleistung verpflichtet werde. Der Gesetzesentwurf sollte somit auf eine sozial gerechte und zweckentsprechende Verteilung dieser Last Bedacht nehmen. Alle Personen, die der Einkommens-, Körperschafts- und Vermögenssteuer unterlagen und deren Einkommen den Betrag von 2.000 Schilling überstieg, sollten beitragspflichtig sein. Gegen die über Antrag der Bundeskammer der gewerblichen Wirtschaft erfolgte Aufnahme der Bestimmung zur Ermächtigung des Bundesministeriums für

zungskosten für das Jahr 1948 (Besatzungskostendeckungsgesetz). Er stellt zur Erwägung, ob bei dieser Steuer nicht die Abgabefreiheit gemäß dem Gesetz über die Bezüge der Mitglieder des Nationalrates und des Bundesrates bestimmter Oberster Organe der Vollziehung und des Präsidenten des Rechnungshofes[51] außer Kraft gesetzt werden solle, da ja der Entwurf von dem Grundsatz ausgehe, die Lasten sozial gerecht zu verteilen.[52]

VK: Einzelne Bestimmungen des Entwurfes könnte man sich wohl anders vorstellen, daher wird der Herr Finanzminister nichts dagegen haben, wenn wir uns Änderungen vorbehalten. Zu dem Vorschlag, die Volksbeauftragten von der Steuer auszunehmen, verweist der Vizekanzler darauf, daß besonders die Abgeordneten aus der Provinz nur schwer mit ihrer Aufwandsentschädigung das Auslangen finden, da sie sich nicht auf die normalen Verkehrsmittel verlassen können und Autos in größerem Ausmaße als früher benötigen.

Wenn man den Vorschlag auf Steuerfreiheit in die Regierungsvorlage aufnähme, könne das Parlament schwer ablehnen. Damit wäre nichts Gutes getan. Außerdem hat der Herr Finanzminister übersehen, daß die Bezüge der Volksbeauftragten als Aufwandsentschädigung gegeben werden, also praktisch bei der Einkommensteuerveranlagung als Abzugspost aufscheinen müßten. Man sollte daher einen solchen Vorschlag gar nicht machen.

BM Dr. K r a u l a n d betrachtet den Gesetzesentwurf als noch nicht für den Nationalrat reif. Die Besatzungssteuer ist weniger gegen die österreichische Bevölkerung als gegen die Besatzungsmächte gerichtet. Es würde nach unserer Auffassung genügen, im heutigen Ministerratskommuniqué zu sagen, daß der Finanzminister den Auftrag erhalten hat, einen Entwurf für ein Besatzungskostendeckungsgesetz vorzubereiten, da er sich, wenn die Besatzungskosten weiterhin eingehoben werden, zur Sicherung des Budgets eine Einnahmequelle erschließen muß.

BM Dr. G r u b e r verweist auf die Veröffentlichung des „Wiener Kuriers" vom heutigen Tage, der unter der Überschrift „Steuererhöhung zur Bezahlung der Besatzungskosten? Gesetzesbeschlüsse in der heutigen Ministerratssitzung erwartet" bereits Einzelheiten über den Entwurf des Finanzministers bringt.[53]

BM Dr. K r a u l a n d spricht sich nochmals gegen eine sofortige Einbringung im Nationalrat aus. Der Einbringung müsse eine genauere Besprechung des Entwurfes vorausgehen. Die den einzelnen Körperschaften zur Stellungnahme gestellte Frist sei zu kurz gewesen. Er könne nicht empfehlen, den Entwurf heute schon dem Nationalrat zuzuleiten, sondern lege Wert auf eine Erwähnung im Ministerratskommuniqué und auf interministerielle Besprechungen sowie Besprechungen mit den Kammern.

BM H e l m e r: „Der Wiener Kurier" schadet uns in dieser Frage mehr, als man glaubt.

StS G r a f: Man müßte der Sache nachgehen, woher die Quellen stammen.

BM Dr. Z i m m e r m a n n meint, der Entwurf gehe den Kammern zur Stellungnahme zu, die ihn ihren Landesstellen weitergeben, woraus sich eine Möglichkeit von vorzeitigen Veröffentlichungen ergebe.

Finanzen, im Falle der Herabsetzung der Besatzungskosten für das Jahr 1948 die Besatzungskostenbeiträge (§§ 3 und 4) nach Maßgabe der tatsächlichen Eingänge an Besatzungskostenbeiträgen durch Verordnung entsprechend zu ermäßigen, hatte jedoch der Verfassungsdienst des Bundeskanzleramtes Einwendungen erhoben.

51 BGBl. Nr. 23, Bundesgesetz vom 12. Dezember 1946 über die Bezüge der Mitglieder des Nationalrates und des Bundesrates, bestimmter oberster Organe der Vollziehung und des Präsidenten des Rechnungshofes, ausgegeben am 4. Februar 1947.

52 Vgl. dazu das in Beilage 6 enthaltene Schreiben des Bundesministers für Finanzen an alle Bundesminister und Staatssekretäre (1 Seite).

53 Vgl. dazu Wiener Kurier, 20. Juni 1948, S. 8 „Steuererhöhung zur Bezahlung der Besatzungskosten?"

Der BK spricht sich gleichfalls gegen den Einbau der vom Finanzminister vorgeschlagenen Bestimmung, betr. die Volksbeauftragten aus, da damit der Demagogie[54] Tür und Tor geöffnet werden könne.

BM Dr. G r u b e r regt an, die Erwähnung einer Besatzungssteuer im Ministerratskommuniqué zum Anlaß einer scharfen Politik gegen die Besatzungskosten überhaupt zu machen, weil dann Aussicht bestehe, bei den westlichen Alliierten Erfolge in dieser Frage zu erreichen, und vielleicht dann auch die Russen einer Herabsetzung zustimmen.

BM Dr. H u r d e s vertritt gleichfalls die Auffassung, den Gesetzesentwurf noch nicht im Parlament einzubringen. Er stellt zur Erwägung, im Ministerratskommuniqué bekanntzugeben, der Finanzminister habe berichtet, daß keine Bedeckungsmöglichkeit für die Besatzungskosten bestünde, so daß eine eigene Steuer erforderlich sei, und daß der Ministerrat diesen Bericht zum Anlaß nimmt, den Bundeskanzler zu ersuchen, neuerdings bei den Besatzungsmächten wegen Verzichtes auf die Besatzungskosten vorstellig zu werden.

BM H e l m e r glaubt, dieses Vorgehen werde die gegenteilige Wirkung erzielen. Bloßes Reden von der Absicht der Schaffung eines solchen Gesetzes werde nicht auf den Ernst zur tatsächlichen Einbringung schließen lassen. Er schlägt vor, den Gesetzesentwurf sofort im Parlament einzubringen. Dieses käme ohnedies erst in der Herbstsession zur Behandlung. Er hält die Einbringung unter der formula Krauland für richtig.

BM Dr. H u r d e s wendet sich erneut gegen diese Ansicht, da durch Einbringung des Gesetzesentwurfes die Meinung auftreten könne, die österreichische Regierung erachte die Besatzungssteuer für die Bevölkerung als tragbar. Ein nochmaliger Appell sei daher vorzuziehen.

BM Dr. K r a u l a n d: Wir sind nicht in der Lage, der Einbringung zuzustimmen. Der Entwurf muß noch nach manchen Richtungen genau durchbesprochen werden. Ich habe vor einer Woche dem Finanzministerium einige Ideen dazu mitgeteilt, offenbar war aber die Zeit zu einer Berücksichtigung zu kurz.

BM Dr. Z i m m e r m a n n regt die Einsetzung eines Ministerkomitees an.

Der BK schlägt vorerst den Finanzminister, den Justizminister und Bundesminister Dr. Krauland dazu vor.

BM Dr. K r a u l a n d legt Wert darauf, daß, wenn er in dem Komitee vertreten sei, auch Minister Dr. Kolb hineingenommen werde.

Der Ministerrat beschließt die Einsetzung eines Komitees, bestehend aus den Bundesministern Dr. Zimmermann, Dr. Gerö, Dr. Migsch, Sagmeister, Dr. Kolb und Dr. Krauland, das dem nächsten Ministerrat einen geeigneten Vorschlag in der Frage der Besatzungskostendeckung vorzulegen hat.[55]

BM Dr. H u r d e s regt erneut an, noch einen Appell an die Besatzungsmächte zu richten.

Der BK hält dem entgegen, daß ohnedies ständig Verhandlungen in der Frage stattfanden. Ein neuerlicher Appell würde nur eine Abschwächung bedeuten. Er erinnert daran, wie unangenehm dem Gen. Oberst Sheltow bei der letzten Aussprache die Andeutung der Einführung einer Besatzungssteuer gewesen sei.[56]

Der Ministerrat beschließt schließlich, die bereits im Gange befindlichen Verhandlungen über die Besatzungskosten zu forcieren und die entsprechende Verlautbarung in der Presse vorzusehen.[57]

---

54 Demagogie: Volksaufwiegelung, Volksverführung.

55 Vgl. dazu MRP Nr. 119/8.

56 Vgl. dazu MRP Nr. 117/1 j.

57 Vgl. die Verlautbarung in Wiener Zeitung, 30. Juni 1948, S. 1 „Besatzungskosten sind eine unerträgliche Last". Der „Österreichische Volkswirt" kommentierte die Verlautbarung, indem er die Besatzungskosten für die „Inflationierung des österreichischen Geldumlaufes" und damit für die Notwendigkeit der Währungsreform 1947 verantwortlich machte. Betont wurde, daß die Höhe der Besat-

7

Mineralölsteuergesetz

BM Dr. Zimmermann berichtet gemäß Ministerratsvortrag, Zl. 43.417-14/48[58], über den Entwurf eines Bundesgesetzes über die Mineralölsteuer und teilt dazu die Ergänzung und Berichtigung des Entwurfes laut Beilage mit.

Die Vorschläge des Staatssekretärs Graf in der letzten Ministerratssitzung wurden berücksichtigt.[59] Der Meinung des BM Dr. Kolb in der letzten Sitzung, die Bestimmung des § 3 (Abs. 1) Ziffer 3, sei als Strafbestimmung an das Ende des Entwurfes zu setzen, ist der Verfassungsdienst nicht beigetreten, da es sich um keine Strafbestimmung handelt. Die Bedenken des BM Dr. Krauland wurden durch Rücksprache beseitigt.

Der Ministerrat beschließt ohne Debatte, den Entwurf der verfassungsmäßigen Behandlung durch die Organe der Bundesgesetzgebung zuzuführen.[60]

8

Aufnahme von 150 Vertragsbediensteten

BM Dr. Zimmermann berichtet an Hand des Ministerratsvortrages, Zl. 16.745-21/48[61] über die Aufnahme von 150 Vertragsbediensteten gemäß Pkt. 9, Abs. 2, des

---

zungskosten auch künftig „eine ernste Gefährdung unserer Währung" darstelle. „Wie aus der amtlichen Mitteilung über die letzte Sitzung des Ministerrates hervorgeht, hat der Finanzminister auf die Schwierigkeiten der Finanzverwaltung hingewiesen, die ungeheuren Besatzungskosten weiterhin aufzubringen. Es müßten Mittel und Wege ausfindig gemacht werden, den erforderlichen Betrag von rund 450 Mill. S zu beschaffen. Der Vorschlag geht dahin, jeden Österreicher zur Leistung eines entsprechenden Betrages in Form einer Besatzungskostensteuer zu verpflichten." Vgl. Der Österreichische Volkswirt, 34. Jg., 1. Juliheft 1948, Nr. 19, S. 3 „Besatzungssteuer?" Zu den Diskussionen im Ministerrat über die Bezahlung der Besatzungskosten, die Einführung einer Besatzungssteuer und den Entwurf eines Besatzungskostendeckungsgesetzes vgl. MRP Nr. 115/1 d vom 8. Juni 1948, MRP Nr. 116/1 g, MRP Nr. 117/1 j, MRP Nr. 119/8, MRP Nr. 121/1 c, MRP Nr. 133/1 a vom 16. November 1948, MRP Nr. 134/1 c vom 23. November 1948, MRP Nr. 135/1 b vom 30. November 1948, MRP Nr. 138/1 g vom 21. Dezember 1948, MRP Nr. 141/1 g vom 18. Jänner 1949, MRP Nr. 142/1 b vom 25. Jänner 1949, MRP Nr. 144/10 h vom 8. Februar 1949, MRP Nr. 155/15 b vom 3. Mai 1949 und MRP Nr. 156/21 vom 10. Mai 1949.

58 Beilage 7: BMF, Zl. 43.417-14/1947 Ministerratsvortrag (3 ½ Seiten); Gesetzesentwurf (7 Seiten); Erläuternde Bemerkungen (5 ½ Seiten); Ergänzung und Berichtigung des Entwurfes (1 Seite). Die Beilage ist identisch mit Beilage 9 der vorhergehenden Ministerratssitzung. Vgl. MRP Nr. 117/9. Laut beiliegender Ergänzung zum Gesetzesentwurf sollte dem § 5 ein neuer Abs. (3) hinzugefügt werden, der festlegte, daß „von der Mineralölsteuer ferner Petroleum und Gasöl für den Betrieb landwirtschaftlicher Traktoren und Motoren im Rahmen eines dem Bedarf der Landwirtschaft entsprechenden Jahreskontingentes befreit sein sollen". Die Höhe dieses Kontingentes sollte alljährlich vom Bundesministerium für Finanzen im Einvernehmen mit dem Bundesministerium für Land- und Forstwirtschaft festgesetzt werden. Geringfügige Änderungen waren für den § 3 und den § 13, Abs. (1) und (4) vorgesehen. Der Gesetzesentwurf stimmt mit BGBl. Nr. 140, Bundesgesetz vom 18. Mai 1949 über die Mineralölsteuer, ausgegeben am 18. Juli 1949, überein. Die in der Beilage beantragten Änderungen wurden zur Gänze in das Gesetz aufgenommen.

59 Staatssekretär Graf hatte in der vorhergehenden Ministerratssitzung die Aufnahme des Abs. (3) in den § 5 beantragt. Vgl. MRP Nr. 117/9.

60 Vgl. Sten. Prot. NR, V. GP, 84. Sitzung vom 30. Juni 1948, Zuweisung der Regierungsvorlage an den Finanz- und Budgetausschuß, S. 2394; Bericht des Finanz- und Budgetausschusses und Annahme des Gesetzesentwurfes in der 110. Sitzung vom 18. Mai 1949, S. 3142 f. Vgl. dazu AdR, BKA, Sektion II, Sign. 40, GZl. 36.153-2b/1949, Zl. 39.742-2b/1949, Verordnung des Bundesministeriums für Finanzen über die Mineralölsteuer (Mineralölsteuerdurchführungsverordnung), Verlautbarung.

61 Beilage 8: BMF, Zl. 16.745-21/1948 Ministerratsvortrag (2 ¼ Seiten). Das der Republik Österreich auf Grund des Verbotsgesetzes 1947 verfallene Vermögen der NSDAP, ihrer Wehrverbände, Gliederungen und angeschlossenen Verbände sowie aller nationalsozialistischen Organisationen und Einrich-

allgemeinen Teiles des Dienstpostenplanes 1948 im Bereich der Finanzlandesdirektion Wien.

BM Dr. M i g s c h möchte wissen, ob die Möglichkeit geprüft wurde, geeignete Personen von anderen Ressorts für diesen Zweck freizustellen, da in vielen Ministerien ein Überbestand sei. Er selbst könne sofort 2 Volljuristen zur Verfügung stellen.

BM Dr. Z i m m e r m a n n verweist auf die Notwendigkeit, daß diese Vertragsbediensteten in einer gewissen Verbindung zum Ressort stehen müssen.

BM H e l m e r macht darauf aufmerksam, daß sich unter den minderbelasteten Beamten, z. B. in der Gendarmerie, zweifellos genügend geeignete Personen für diese Posten befinden, die wegen des voraussichtlichen Einspruches des russischen Elementes nicht mehr in ihre alten Stellen gelangen könnten.

BM Dr. Z i m m e r m a n n entgegnet, daß diese 150 Vertragsbediensteten gerade in der Ostzone eingestellt werden sollen.

Vielfach werden voraussichtlich ohnehin Leute aus der Finanzverwaltung genommen werden.

BM Dr. K r a u l a n d meint, der Finanzminister werde selbstverständlich nichts dagegen haben, wenn er ersucht werde, vor Neuaufnahmen mit den anderen Ressorts Fühlung zu nehmen.

Der BK stellt zusammenfassend fest, der Finanzminister werde nach Möglichkeit nicht neue Vertragsbedienstete, sondern tunlichst schon seinerzeit verwendete Beamte mit der entsprechenden Eignung auch aus anderen Ressorts heranziehen.

Der Ministerrat beschließt antragsgemäß in diesem Sinne.

9
Bekämpfung der Dasselbeulenkrankheit der Rinder

BM K r a u s berichtet gemäß Ministerratsvortrag, Zl. 27.294-I/2b/48[62], über den Gesetzentwurf, betreffend die Bekämpfung der Dasselbeulenkrankheit der Rinder.

---

tungen bedurfte der Erfassung, Verwaltung und allfälligen Verwertung. In den westlichen Zonen Österreichs führte die politische Verwaltung die Erfassung durch. Was die sowjetische Besatzungszone betraf, so hatte die Finanzlandesdirektion für Wien, Niederösterreich und Burgenland zwei Vermögensabteilungen errichtet, die sich mit der Verwaltung des vom Deutschen Reich eingezogenen Vermögens bzw. der Rückstellung dieses Vermögens nach den Rückstellungsgesetzen sowie mit den zugunsten des Bundes verfallenen Vermögen befaßten. Hinsichtlich der Verwaltung des landwirtschaftlichen Vermögens hatten sich wegen der großen Zahl der Fälle Schwierigkeiten ergeben, da es dem Bundesministerium für Vermögenssicherung und Wirtschaftsplanung an Unterbehörden fehlte. Die politische Verwaltung Niederösterreichs und des Burgenlandes war mangels entsprechender Einrichtungen nicht in der Lage, diese Aufgabe zu übernehmen. Die Finanzlandesdirektion forderte nun zur Bewältigung des erhöhten Arbeitsanfalles über das im Dienstpostenplan 1948 vorgesehene Ausmaß hinaus die Einstellung von zusätzlichem Personal. In diesem Sinne wurde die Aufnahme von 10 Vertragsbediensteten der Entlohnungsgruppe a und von je 70 Vertragsbediensteten für die Entlohnungsgruppen b und d beantragt. Vgl. dazu auch Peter Böhmer, Die Finanzlandesdirektion für Wien, Niederösterreich und das Burgenland, in: Die österreichische Finanzverwaltung und die Restitution entzogener Vermögen 1945 bis 1960 (= Veröffentlichungen der Österreichischen Historikerkommission. Vermögensentzug während der NS-Zeit sowie Rückstellungen und Entschädigungen seit 1945 in Österreich 5), Wien/München 2003, S. 151–248.

62 Beilage 9: BMLF, Zl. 27.294-I/2b/1948 Ministerratsvortrag (1 ½ Seiten); Gesetzesentwurf (1 ½ Seiten); Erläuternde Bemerkungen (1 Seite). Die Verordnung der Bundesregierung vom 23. März 1934, betreffend die Bekämpfung der Dasselbeulenkrankheit, BGBl. I Nr. 210, war durch die Verordnung über die Einführung der Tierseuchenvorschriften in der Ostmark vom 25. Juli 1939, Deutsches RGBl. I, S. 1321 (Gesetzblatt für das Land Österreich Nr. 1020/1939), aufgehoben worden. An ihre Stelle waren das Gesetz über die Bekämpfung der Dasselfliege vom 7. Dezember 1933, Deutsches RGBl. I, S. 1044, in der Fassung des Änderungsgesetzes vom 18. März 1938, Deutsches RGBl. I, S. 278, und

Der Ministerrat beschließt ohne Debatte, den Entwurf der verfassungsmäßigen Behandlung durch die Organe der Bundesgesetzgebung zuzuführen.[63]

[ad 1 d]

Der Ministerrat geht hierauf in die Debatte über die Regelung der Agrarpreise und Festsetzung der Lieferkontingente aus der Ernte 1948 ein.

BM Kraus berichtet gemäß Ministerratsvortrag, Zl. 29.944-5c/48[64], sowie über die im Nachtrag enthaltenen Abänderungen und stellt seine Anträge gemäß Ministerratsvortrag, wobei er im Punkt 2 des Antrages die Anführung auch des BM für die Auswärtigen Angelegenheiten vorschlägt.

BM Sagmeister: Die Verhandlungen waren sehr schwierig und haben Wochen gedauert. Meine Partei und ich haben seinerzeit den Standpunkt vertreten, daß das Einkommen der Landwirte, durch die Währungsreform[65] bedingt, gewisse Schmälerungen erlitten hat,

---

die Verordnung zur Durchführung und Ergänzung des Gesetzes zur Bekämpfung der Dasselfliege vom 19. April 1937, Deutsches RGBl. I, S. 467, getreten. Diese waren mit dem Veterinärrechtsgesetz vom 12. September 1945, StGBl. Nr. 197/1945, außer Kraft gesetzt worden, ohne daß dabei die frühere österreichische Vorschrift wieder in Kraft gesetzt worden wäre. Somit fehlte auf diesem Gebiet eine gesetzliche Regelung. In verfassungsrechtlicher Hinsicht oblag diese als Angelegenheit des Veterinärwesens der Zuständigkeit des Bundes. In diesem Sinne war der vorliegende Gesetzesentwurf über die Bekämpfung der Dasselfliege vom Bundesministerium für Land- und Forstwirtschaft ausgearbeitet worden, die Durchführung wurde den Landeshauptleuten überlassen. Der Gesetzesentwurf stimmt mit BGBl. Nr. 21, Bundesgesetz vom 16. Dezember 1948 über die Bekämpfung der Dasselbeulenkrankheit der Rinder, ausgegeben am 31. Jänner 1949, nicht zu Gänze überein. In das Gesetz wurde in den § 2 noch ein zusätzlicher Abs. (3) aufgenommen, betreffend die Unterweisung der Tierbesitzer und des Halterpersonals über das Entdasselungsverfahren, das durch die zuständigen Amtstierärzte oder deren Beauftragte zu erfolgen hatte.

63 Vgl. Sten. Prot. NR, V. GP, 88. Sitzung vom 13. Oktober 1948, Zuweisung der Regierungsvorlage an den Ausschuß für Land- und Forstwirtschaft, S. 2495 f; Bericht des Ausschusses für Land- und Forstwirtschaft und Annahme des Gesetzesentwurfes in der 99. Sitzung vom 16. Dezember 1948, S. 2871. Material dazu findet sich in AdR, BKA, Sektion II, Sign. 40, GZl. 21.929-2b/1949, Bundesgesetz über die Bekämpfung der Dasselbeulenkrankheit der Rinder.

64 Die Numerierung der Beilage stimmt nicht mit der des Tagesordnungspunktes überein. Beilage 14: BMLF, Zl. 29.944-5c/1948 Ministerratsvortrag (5 ¼ Seiten); Nachtrag zum Ministerratsvortrag (1 ½ Seiten); Niederschrift (5 Seiten). Die Beilage enthält das Ergebnis der zwischen Vertretern der ÖVP und SPÖ und den Bundesministern für Volksernährung und für Land- und Forstwirtschaft über die Regelung der Agrarpreise und die Festsetzung der Lieferkontingente aus der Ernte 1948 stattgefundenen Besprechungen. Gemäß diesen Vereinbarungen sollte für Brotgetreide, Gerste, Hafer, Mais, Kartoffeln und Fleisch sowie deren Erzeugnisse, soweit es sich um kontingentmäßige Ablieferungen handelte, keine Erhöhung der Verbraucherpreise eintreten. Die vereinbarten Preiserhöhungen müßten – ausgenommen Fleisch, das an Verbraucher mit einem Familieneinkommen von mehr als 1000 Schilling brutto im Monat abgegeben wurde – durch anderweitige Mittel abgedeckt werden. Es war geplant, zu diesem Zweck jene Schillingerlöse heranzuziehen, die aus dem Verkauf von Hilfslieferungen auf Sonderkonten eingingen (Material zur Verwendung dieser Beträge findet sich für 1948 in AdR, BKA/AA, ERP, Sonderkonten, GZl. 163.453-ERP/1948). Die Beilage listet in der Folge die für die erwähnten Lebensmittel errechneten finanziellen Zuschüsse auf. In der beiliegenden Niederschrift wurden die als Kontingent abzuliefernden Mengen der einzelnen Lebensmittelsparten aus der Ernte 1948 und die Marktviehpreise in Schilling für 1 kg Lebendgewicht angeführt.

65 Damit war die durch BGBl. Nr. 250, Bundesgesetz vom 19. November 1947 über die Verringerung des Geldumlaufs und der Geldeinlagen bei Kreditunternehmungen (Währungsschutzgesetz – W. Sch.G.), das am 9. Dezember 1947 in Kraft getreten war, vorgenommene Währungsreform gemeint. Weiterführendes Material zum Währungsschutzgesetz findet sich in AdR, BMJ, Zivilrechtslegislative 1945–1974, Sektion I/B, Währung 2, Währungsschutzgesetz 1947–1954; AdR, BKA, Sektion II, Sign. 40, GZl. 63.302/1948, Währungsschutzgesetz. Vgl. dazu auch Hans Seidel, Österreichs Wirtschaft

weil die Preise auf gewissen Märkten stark abgebröckelt sind. Wir haben uns daher bemüht, der Landwirtschaft die geforderte Preisregelung dort zuzubilligen, wo dieser Preisverfall eingetreten ist. Wir erhofften diese Regelung möglichst unter Abstandnahme von Subventionierungen zu finden, sind aber nicht durchgedrungen, so daß nach allgemeiner Auffassung nur eine Stützung der Preise übrig geblieben ist. Als Positivum dieser Regelung möchte ich besonders hervorheben, daß es doch möglich war, wenigstens bei Brotgetreide und Gerste noch eine Überkontingentregelung vorzunehmen. Ich knüpfe an diese Preisregelung die Erwartung, daß die Kontingente, da die Kostendeckung gegeben ist, im Gegensatz zu den früheren Jahren heuer tatsächlich abgeliefert werden, u. zw. so rechtzeitig, daß die entsprechenden Dispositionen getroffen werden können. Ich würde nur wünschen, daß der Stichtag für die Viehpreisregelung weiter hinausgeschoben wird. In dem Antrag wird gefordert, daß das Ernährungsministerium die Vorbereitungen für die Fleischverbilligung trifft. Dazu bin aber nicht ich zuständig; das kann nur der Finanzminister machen, u. zw. in Form von Verbilligungsscheinen über die Finanzämter. Das wird aber nicht in so kurzer Zeit möglich sein. Ich halte es für gänzlich ausgeschlossen, die Viehpreisregelung ab nächsten Montag wirksam werden und die Leute einfach die höheren Preise zahlen zu lassen. Die Durchrechnung durch mein Ministerium wird vielleicht nächsten Montag fertiggestellt werden, wenn sich das Handelsministerium bereit erklärt, sich mit uns über die Häute und Talgpreise auseinanderzusetzen. Die Häute kosten in Amerika 7 Dollar, in Österreich 15 S, sind also hier wesentlich billiger, während dagegen die Leder- und Lederwarenpreise in Österreich und Amerika gleich sind. Der Minister richtet einen Appell an den Handelsminister, darauf hinzuwirken, daß bei der Preisregelung darauf Rücksicht genommen werde.

Er bedauert, daß nicht gleichzeitig auch die Äpfelkontingente festgesetzt wurden und bittet den Landwirtschaftsminister, Vorbereitungen dafür zu treffen, daß, nicht so wie im vorigen Jahre, die Kontingente heuer auch tatsächlich abgeliefert werden.

BM Dr. K r a u l a n d bezeichnet diese Regelung als brauchbare Übergangsregelung, u. zw. unter der Voraussetzung, daß es gelinge, die Zustimmung zur Verwendung der Gelder der amerikanischen Hilfsfonds zu erlangen. Eine Dauerregelung könne es aber unmöglich sein. Er ersucht, zu den 5 Punkten des Antrages noch hinzuzufügen als

Punkt 6: „Die Gültigkeit des Beschlusses ist an die Freigabe der nötigen Beträge aus den Hilfsfonds als wesentliche Bedingung gebunden. Durch diese Feststellung soll aber die sofortige Inangriffnahme der Durchführung nicht verhindert werden."

Punkt 7: „Eine Überschreitung der Obergrenze von 400 Mill. Schilling ist nur mit Zustimmung des Ministerrates zulässig."

Er vertritt die Meinung, daß nur die landwirtschaftlichen Produkte, von denen in der Niederschrift die Rede ist, weiterhin der Ablieferungspflicht unterliegen, sinngemäß bestehe bei den anderen nicht erwähnten offenbar eine solche Pflicht nicht mehr.

BM Dr. Z i m m e r m a n n weist auf die Gefahren hin, die sich aus einer solchen Anschauung ergeben könnten. Er vermißt im besonderen eine Regelung für den Milchpreis, die mit Ende September abläuft.[66] Er nimmt die Absicht des BM für Land- und Forstwirtschaft

und Wirtschaftspolitik nach dem Zweiten Weltkrieg, Wien 2005, S. 138–164, sowie Karl Bachinger/Felix Butschek/Herbert Matis/Dieter Stiefel, Abschied vom Schilling, Graz/Wien/Köln 2001, S. 174–177; MRP Nr. 89/1 b vom 25. November 1947, MRP Nr. 91/1 a vom 9. Dezember 1947, MRP Nr. 92/16 a vom 16. Dezember 1947, MRP Nr. 93/17 c vom 23. Dezember 1947, MRP Nr. 95/7 vom 13. Jänner 1948, MRP Nr. 96/7 d vom 20. Jänner 1948, MRP Nr. 98/1 a vom 3. Februar 1948, MRP Nr. 98 a/1 vom 4. Februar 1948 und MRP Nr. 115/13 f vom 6. August 1948.

66 Zur Regelung der Agrarpreise und speziell des Milchpreises vgl. auch MRP Nr. 101/4 vom 24. Februar 1948, MRP Nr. 106/13 vom 6. April 1948, MRP Nr. 107/Beschlußprotokoll Punkt 34 vom 13. April 1948, MRP Nr. 116/1 d, MRP Nr. 119/9 a und MRP Nr. 138/11 vom 21. Dezember 1948. Zu den Agrarpreisen vgl. auch Der Österreichische Volkswirt, Jg. 34, 1. Juliheft 1948, Nr. 19, S. 1 f

zur Kenntnis, die Preisregelung für die Hülsenfrüchte und andere in der Niederschrift bezeichnete Produkte ohne Zuschüsse durchzuführen, möchte sich aber versichern, daß diese 400 Millionen Schilling eine absolute Obergrenze darstellen, um nicht die Währung in Gefahr zu bringen, und daß nicht daneben noch eine Fortsetzung der Milchpreisstützungsaktion in Aussicht genommen wird. Er schlägt vor, einen gleich hohen Betrag zur Abbuchung von den verbliebenen ursprünglichen Konten zu verwenden, um ein Gegengewicht gegen die Vermehrung des Banknotenumlaufes sicherzustellen, wobei jedoch die Abbuchung nicht unbedingt zur gleichen Zeit erfolgen müßte. Zur Frage des Termines und der Verbilligungsscheine sei er nicht in der Lage sofort Stellung zu nehmen, da er den Entwurf erst gestern bekommen habe, er wisse aber, daß bloß die Drucklegung solcher Scheine ziemlich lange Zeit erfordere. Er tritt daher der Meinung des BM Sagmeister bei, entsprechende Zeit zu gewähren. Im übrigen hält er den Strafbetrag von S 1.50 pro kg Fehlmenge für Erzeuger, die ihr vorgeschriebenes Liefersoll in Brotgetreide, Gerste, Hafer und Mais nicht erfüllen, für zu niedrig.

BM Dr. G r u b e r meint, es müßten auch noch andere Beträge zur Sicherung des Währungsgleichgewichtes vorhanden sein. Um seine eigene Verantwortlichkeit festzulegen, stellt er fest, er habe in einer allgemeinen Aussprache mit den Amerikanern deren Geneigtheit, uns zu helfen, festgestellt, er könne aber konkrete Verhandlungen erst aufnehmen, nachdem von den Ressortministern schriftliche Stellungnahmen vorliegen.

BM Dr. K r a u l a n d kommt auf die Anregung des Finanzministers wegen der Abbuchung eines gleich hohen Betrages für Währungszwecke zurück. Man dürfe sich keiner Täuschung darüber hingeben, daß noch in diesem Jahre mit einer erheblichen Vermehrung des Währungsumlaufes zu rechnen sei. Die Abbuchung wäre von Vorteil, um Preiserhöhungen aus dem erhöhten Notenumlauf entgegenzuwirken. Er beantragt, einen gleich hohen Betrag mit Rangordnung für den nächstfolgenden Platz für die Abbuchung festzulegen.

BM H e l m e r fragt an, wo eine Legitimation dafür gegeben sei, Produzenten, wenn sie das vorgeschriebene Liefersoll nicht erfüllen, im Wege der Verwaltungsbehörden zu bestrafen. Die Möglichkeit dazu werde von landwirtschaftlichen Kreisen schon jetzt immer bestritten.

BM Dr. G e r ö meint, man könne im landwirtschaftlichen Aufbringungsgesetz dafür Vorsorge treffen.[67]

BM H e l m e r: Unter Umständen wird die Strafe noch durch die Landeshauptmänner ermäßigt oder total aufgehoben. Das ist eine sehr ernste Frage. Außerdem ist noch die Frage offen, wohin die Strafgelder fließen werden.

„Auf dem Wege des geringsten Widerstandes"; zur Zusammensetzung des Milchpreises vgl. Der Österreichische Volkswirt, 34. Jg., 2. Oktoberheft 1948, Nr. 32, S. 3 „Milchpreismathematik"; zur Ablieferungsproblematik in Bezug auf Milch vgl. Der Österreichische Volkswirt, 34. Jg., 3. Oktoberheft 1948, Nr. 33, S. 8 f „Lenkung in der Milchwirtschaft".

67 Eine Novelle von BGBl. Nr. 77, Bundesgesetz vom 19. März 1947 über die Durchführung der Erfassung, Aufbringung und Ablieferung der bewirtschafteten heimischen landwirtschaftlichen Erzeugnisse (Landwirtschaftliches Aufbringungsgesetz), ausgegeben am 6. Mai 1947, wurde am 23. August 1948 ausgegeben: BGBl. Nr. 158, Bundesgesetz vom 1. Juli 1948, betreffend die Abänderung des Bundesgesetzes vom 19. März 1947, BGBl. Nr. 77, über die Durchführung der Erfassung, Aufbringung und Ablieferung der bewirtschafteten heimischen landwirtschaftlichen Erzeugnisse (Aufbringungs-Gesetz-Novelle). Die Ausgabe einer weiteren Novelle erfolgte am 30. Juli 1949: BGBl. Nr. 153, Bundesgesetz vom 30. Juni 1949, betreffend die Abänderung des Bundesgesetzes vom 19. März 1949, BGBl. Nr. 77, über die Durchführung der Erfassung, Aufbringung und Ablieferung der bewirtschafteten heimischen landwirtschaftlichen Erzeugnisse (2. Aufbringungs-Gesetz-Novelle). Anläßlich des Ministerratsbeschlusses über die Einbringung der letztgenannten Novelle in der 138. Sitzung des Ministerrates am 21. Dezember 1948 kommentierte Bundesminister Sagmeister: „Ich begrüße diese Gesetzesnovelle, weil damit versucht wird, die Nichtablieferungswilligen zu bestrafen." Vgl. MRP Nr. 138/11 vom 21. Dezember 1948.

BM Dr. Z i m m e r m a n n: Sie sind Bundeseinnahmen.

BM H e l m e r: Dann müßte man sie als Bundeseinnahmen deklarieren. Er bittet, in dieser Beziehung die notwendigen gesetzlichen Vorsorgen zu treffen, damit nicht Bauern, die ihre Ablieferungsverpflichtung voll erfüllen, der Lächerlichkeit preisgegeben werden.

BM Dr. Z i m m e r m a n n stellt klar, daß er nicht in der Lage sei, mit den Zahlungen vor Bewilligung der Freigabe der nötigen Beträge zu beginnen, da er nicht über die nötigen Beträge verfüge.

BM Dr. M i g s c h schließt sich den Ausführungen des BM Helmer an. Man müsse sorgen, daß die Landeshauptleute nicht die Möglichkeit haben, Strafbescheide abzuändern. Er bittet, bei der gesetzlichen Regelung zu prüfen, ob diese Beträge nicht von den Finanzämtern eingehoben werden können, und regt an, daß diese Beträge in einem Fonds gesammelt werden, dessen Zweckbestimmung sein solle, allenfalls aus der Subventionspolitik entstehende volkswirtschaftliche Schäden zu beheben.

BM K r a u s erwidert auf die vorgebrachten Anregungen. Zu der vom BM Sagmeister gewünschten Verlängerung des Termines sei darauf aufmerksam zu machen, daß es in der Zwischenzeit sehr schwer sein werde, Vieh aufzutreiben. Die Frist sollte daher möglichst verkürzt werden. Was die Meinung des BM Dr. Krauland betreffe, daß die in der Niederschrift nicht aufgezählten landwirtschaftlichen Produkte nicht unter die Bewirtschaftungsmaßnahmen fallen, bemerkt der Minister, daß außer den dort angeführten Produkten noch andere Produkte der Preisfestsetzung unterliegen, u. a. Hülsenfrüchte, Ölsaaten, Zuckerrüben, Milch usw.; deren Preisregelung sei vorbehalten worden, um diese Verhandlungen nicht zu stören. Die Gestehungskosten für diese Produkte sollen noch separat behandelt und die Angelegenheit noch vor das wirtschaftliche Ministerkomitee gebracht werden.[68] Die Hülsenfrüchte haben bei uns keine besondere Bedeutung, und er werde ihre Freigabe ebenso wie die der Ölsaaten beantragen. Die Regelung für den Milchpreis wurde bis Ende September getroffen, um einen Überblick über das Ansteigen der Milchproduktion zu bekommen und dann allenfalls eine durch eine Produktionssteigerung mögliche Senkung der fixen Kosten durchzuführen. Betreffend die Strafmandate sei zu sagen, daß schon bisher Ablieferungsunwillige bestraft wurden, daß sich aber einzelne Länder geweigert haben, die Beschlüsse des Ernährungsdirektoriums[69] durchzuführen. Hier müsse energisch vorgegangen werden. Die beiden Anträge des BM Kraus, betreffend die Obergrenze von 400 Millionen Schilling und Bindung an die Freigabe der nötigen Beträge aus den Hilfsfonds könnten angenommen werden.

BM Dr. Z i m m e r m a n n wendet sich gegen die Befassung der Finanzämter mit der Einziehung der Strafgelder, da es sich um ressortfremde Agenden handle. Er wiederholt, die Strafgelder müßten als Bundeseinnahmen erklärt werden, die dem Fonds zugeführt werden.

BM Dr. K r a u l a n d rät von einer Einbeziehung in den Fonds ab, da dadurch die Gelder unter amerikanische Kontrolle kämen.

BM Dr. K o l b stellt fest, daß im Punkt 7 g der Niederschrift die Worte „mit Ausnahme der WUST“[70] gestrichen wurden. Diese Bestimmung sei für die beteiligten Gewerbetreibenden von allergrößter Bedeutung. Außerdem möchte er festgelegt wissen, daß unter den gemäß Punkt 3 des Antrages im Punkte 7 h zur Mitarbeit an den vorgesehenen Durchrechnungsarbeiten „zuständigen Stellen“ auch die Vertreter des fleischverarbeitenden Gewerbes verstanden werden.

BM S a g m e i s t e r teilt mit, diese hätten sich schon am gestrigen Tage mit ihm ins Einvernehmen gesetzt.

---

68 Vgl. dazu WMK Nr. 54/3 vom 7. September 1948 und WMK Nr. 55/5 b vom 22. September 1948.

69 Das Ernährungsdirektorium war durch das Landwirtschaftliche Aufbringungsgesetz (BGBl. Nr. 77/1947) eingerichtet worden. Es setzte sich aus Mitgliedern der Bundesregierung zusammen und stand unter Leitung des Bundesministers für Inneres. Vgl. dazu MRP Nr. 52/10 vom 14. Jänner 1947.

70 WUST: Warenumsatzsteuer.

BM K r a u s stellt fest, daß die Durchrechnung unter Leitung des Ernährungsministeriums erfolge, wozu die Fachleute einberufen werden.

BM S a g m e i s t e r erklärt, wieso es zu der Herausstreichung des Passus „mit Ausnahme der WUST" im § 7 g der Niederschrift gekommen ist. Es sei nach längeren Verhandlungen im Gegenstande eine einvernehmliche Regelung mit Präsidenten Gruber[71] erzielt worden, wobei der Meinung Ausdruck gegeben wurde, man könne den Provinzfleischhauern dieses Opfer ohne weiteres zumuten, nicht aber den Fleischern in Wien, bei denen ein kontinuierlicher Geschäftsgang nicht gegeben sei. Er schlägt vor, die Verhandlungen in den nächsten Tagen so zu führen, daß den Wienern nicht aber den Landfleischern die notwendige Entlastung gebracht werde.

BM Dr. K o l b wünscht eine Festlegung dieser Erklärung durch einen Beschluß.

BM S a g m e i s t e r formuliert nach einer längeren Debatte mit BM Dr. Kolb die Meinung folgendermaßen: „Bei der Durchrechnung der Fleischpreise werden wir darauf Rücksicht nehmen, daß den Fleischhauern und der fleischverarbeitenden Industrie in Wien und in den Städten Graz und Linz die Überwälzung der gesamten WUST möglich gemacht werden soll, daß hingegen bei den Landfleischhauern, die eine kontinuierliche Beschäftigung und daher ganz andere Kostendeckungsmöglichkeiten haben, die WUST in der bisherigen Höhe weiterverrechnet werden darf".

Eine Schwierigkeit dabei bilden noch die sogenannten Großschlächter in Wien, die das Vieh vierteln und an die kleineren Fleischhauer weitergeben. Der Minister ersucht den Finanzminister, diese Großhändler zu berücksichtigen.

BM Dr. Z i m m e r m a n n entgegnet, dazu habe er keine gesetzliche Ermächtigung.

BM Dr. K o l b formuliert den Antrag folgendermaßen: „Das Ernährungsministerium verpflichtet sich, bei der Durchrechnung darauf Rücksicht zu nehmen, daß die Fleischer in Wien, Linz und Graz die gesamte Umsatzsteuer überwälzen können, wobei in Wien auch die 70 Großschlächter eingerechnet werden."

BK: Die Anträge sind nun formuliert, zu den verschiedenen Punkten sind die Aufklärungen gegeben worden. Ich glaube, daß der Ministerrat dem Vorschlag der beiden Ressortminister seine Zustimmung geben kann.

BM Dr. K r a u l a n d: Auch den Antrag des Finanzministers wegen der Bindung an die Freigabe der nötigen Beträge und wegen Abbuchung eines gleich hohen Betrages!

BK: Einverstanden, aber nicht so, daß der Finanzminister sagt, er könne mit den Zahlungen erst beginnen, bis die Bewilligung der Amerikaner vorliegt. Solange können wir nicht warten.

Der Ministerrat beschließt im Sinne der Anträge.[72]

10

Aufkauf der Getreidekontingente 1948 sowie eines Teiles der Kartoffelernte 1948[73]

BM S a g m e i s t e r berichtet gemäß Ministerratsvortrag, Zl. 37.906-4/48[74], betreffend Aufkauf und Einlagerung der Getreidekontingente 1948 sowie eines Teiles des Kartoffelkontingentes 1948 und Bereitstellung von Mitteln.

---

[71] Zu „Präsident Gruber" konnte nichts Weiteres eruiert werden.

[72] Vgl. dazu auch Arbeiter-Zeitung, 30. Juni 1948, S. 2 „Ablieferungskontingente und Agrarpreisregelung". Detaillierte Ausführungen inklusive Zahlenmaterial zum Problem der Agrarpreisfrage und seiner Lösung vgl. in Monatsberichte des Österreichischen Institutes für Wirtschaftsforschung, XXI. Jahrgang, Nr. 7, Juli 1948, S. 253–263. Vgl. weiters auch MRP Nr. 121/Beschlußprotokoll Punkt 27.

[73] Der Punkt stand bereits in den Sitzungen des Ministerrates am 15. Juni 1948 und am 22. Juni 1948 auf der Tagesordnung, wurde aber beide Male zurückgezogen. Vgl. MRP Nr. 116/15 und MRP Nr. 117/15.

[74] Beilage 10: BMVE, Zl. 37.906-4/1948 Ministerratsvortrag (3 Seiten). Am 29. Juli 1947 (MRP Nr. 77/11) hatte der Ministerrat die Finanzierung des Ankaufes der Getreide- und Kartoffelkontin-

BM Dr. Z i m m e r m a n n regt die Deckung der erforderlichen Mittel durch die landwirtschaftliche Genossenschaftszentralkasse an. Soferne Bundesmittel nötig sind, sollten sie den Sonderkonten entnommen werden dürfen, u. zw. sollten die 400 Mill. Schilling zuerst herangezogen werden. Die 3 aus Budgetmittel beantragten Millionen sollten tunlichst von den Wirtschaftsverbänden[75] gedeckt werden.

BM Dr. G r u b e r möchte wissen, welcher Unterschied im Ankauf und der Einlagerung durch Private und die Bundesregierung bestehe.

BM S a g m e i s t e r erklärt, daß sich bei einer privaten Einlagerung die Preise erhöhen würden, da eine solche Einlagerung von Privaten nur vorgenommen werde, wenn die Aussicht auf einen entsprechenden Preiszuschlag bestehe.

BM K r a u s verweist auf seine Fühlungnahme mit den landwirtschaftlichen Zentralbanken zur Bereitstellung eines Betrages von 200–250 Millionen Schilling, um die Lagerhäuser in die Lage zu versetzen, die Ernte rechtzeitig aufzukaufen, da die Bauern und die Produzenten auf das Bargeld bereits warten. Er hoffe, wenn keine Schwierigkeiten eintreten, daß das Kontingent bis Oktober im allgemeinen hereingebracht sein werde. Für die Kartoffeleinlagerung sollten möglichst auch Bunker verwendet werden. Hinsichtlich der 3 Mill. aus Budgetmitteln habe er derzeit nicht die Möglichkeit, eine derartige Belastung zu übernehmen.

BK: Wir werden also noch einen Fonds der Wirtschaftsverbände heranziehen.

Der Ministerrat beschließt antragsgemäß.

11
Verwaltergesetz-Novelle

BM Dr. K r a u l a n d berichtet an Hand des Ministerratsvortrages, Zl. 26.529-1/48[76], über den Entwurf eines Bundesgesetzes, womit das Bundesgesetz vom 26. 7. 46, BGBl.

---

gente 1947/48 für den Herbst 1947 und die Begleichung der mit der Einlagerung verbundenen Kosten aus öffentlichen Mitteln beschlossen. Das Ergebnis dieses Regierungsbeschlusses hatte sich jedoch als unbefriedigend erwiesen. Als Gründe dafür wurden vor allem die durch die Trockenheit bedingten schlechten Ernte und das Bestreben der Produzenten, ihre Getreide- und Kartoffelerträge wegen der kommenden Währungsreform zurückzuhalten, genannt. Die Beilage führt im weiteren die Gründe für den Ankauf und die Einlagerung der inländischen Getreideernte 1948 und einen Teil des Kartoffelkontingentes 1948 an. Die Sicherung der Getreideernte war für die Ernährung der Nichtselbstversorger und die Gewährleistung einer über das ganze Wirtschaftsjahr hinweg gleichbleibenden Brotqualität unerläßlich. Darüber hinaus wurde die Ermächtigung zum freien Einkauf mit den Mitteln aus der ERP-Hilfe von den USA nur unter der Bedingung erteilt, daß die Bundesregierung die verläßliche Einbringung des zu jenem Zeitpunkt mit 820 Kalorien bemessenen Beitrages aus der eigenen landwirtschaftlichen Produktion garantierte. Weiters war auch über die Verwertung der Überkontingente zu entscheiden und es wurde als notwendig bezeichnet, einen Vierwochenvorrat an Speisekartoffeln (30.000 Tonnen) für die Versorgung Wiens und der Randgebiete anzukaufen und über den Winter einzulagern, wofür der Bund Geldmittel in der Höhe von 6 Millionen Schilling vorschußweise gegen nachträgliche Rückerstattung zur Verfügung stellen sollte.

75 Die Wirtschaftsverbände waren mit StGBl. Nr. 171, Gesetz vom 5. September 1945 über die Errichtung von österreichischen Wirtschaftsverbänden (Wirtschaftsverbände-Gesetz), ausgegeben am 28. September 1945, eingerichtet worden. Zu den Wirtschaftsverbänden zählten der Österreichische Getreide- und Brauwirtschaftsverband, der Österreichische Viehwirtschaftsverband, der Österreichische Milch- und Fettwirtschaftsverband, der Österreichische Gartenbau- und Kartoffelwirtschaftsverband und der Österreichische Zuckerwirtschaftsverband. Sie sollten den Verkehr mit Lebens- und Futtermitteln sowie mit den zu deren Herstellung erforderlichen Rohstoffen lenken und bei Erfassung, Aufbringung, Verarbeitung, Absatz und Verteilung sowie bei der Einfuhr dieser Waren mitwirken.

76 Beilage 11: BMVW, Zl. 26.529-1/1948 Ministerratsvortrag (1 ¼ Seiten); Gesetzesentwurf (3 ¼ Seiten); Erläuternde Bemerkungen (2 ½ Seiten). Das Verwaltergesetz (BGBl. Nr. 157/1946) hatte sich in mehrfacher Hinsicht als abänderungsbedürftig erwiesen. Einige Paragraphen, die der Vortrag im einzelnen anführt, waren durch das Nationalsozialistengesetz (BGBl. Nr. 25/1947) und durch das

Nr. 157, über die Bestellung von öffentlichen Verwaltern und öffentlichen Aufsichtspersonen (Verwaltergesetz) abgeändert wird (Verwaltergesetznovelle).

Sein Antrag, den Entwurf der verfassungsmäßigen Behandlung durch die Organe der Bundesgesetzgebung zuzuführen, wird ohne Debatte angenommen.[77]

12

Brennholz – Umtauschaktion der österr. Papierindustrie 1948

wird zurückgezogen.[78]

13

Abkommen von Bretton Woods

BM Dr. Z i m m e r m a n n berichtet gemäß Ministerratsvortrages, Zl. 45.616-15/48[79], über den Beitritt Österreichs zu den Abkommen von Bretton Woods. Er verweist darauf, daß

Verfassungsgesetz über die vorzeitige Beendigung der im Nationalsozialistengesetz vorgesehenen Sühnefolgen für minderbelastete Personen (BGBl. Nr. 99/1948) überholt. So war u. a. eine Bestellung von öffentlichen Verwaltern oder deren Beibehaltung aus den Gründen des § 17 des Verbotsgesetzes nicht mehr zulässig, weiters ließ das Verwaltergesetz die sozialrechtliche Stellung der öffentlichen Verwalter, die zum überwiegenden Teil aus den Kreisen der Dienstnehmer stammten, ungeregelt. Die im vorliegenden Gesetzesentwurf vorgesehenen Änderungen und Ergänzungen des Verwaltergesetzes sollten diese Mängel beseitigen. Der Gesetzesentwurf stimmt mit BGBl. Nr. 163, Bundesgesetz vom 22. Juni 1949, womit das Bundesgesetz vom 26. Juli 1946, BGBl. Nr. 157, über die Bestellung von öffentlichen Verwaltern und öffentlichen Aufsichtspersonen (Verwaltergesetz) abgeändert wird (Verwaltergesetznovelle), ausgegeben am 13. August 1949, nicht zur Gänze überein. Die im § 18 des Gesetzentwurfes enthaltenen Absätze (1) und (2), betreffend u. a. Aufhebung der öffentlichen Verwaltung und Abberufung der öffentlichen Verwalter, wurden in das Gesetz nicht aufgenommen.

[77] Vgl. Sten. Prot. NR, V. GP, 84. Sitzung vom 30. Juni 1948, Zuweisung der Regierungsvorlage an den Ausschuß für Vermögenssicherung, S. 2394; Bericht des Ausschusses für Vermögenssicherung und Annahme des Gesetzesentwurfes in der 114. Sitzung am 22. Juni 1949, S. 3279. Material zum Verwaltergesetz und seinen Novellierungen findet sich in AdR, BMsV, Sozialpolitik, GZl. 15.938/1948, Zl. AV.III/65.146-9/1948, Verwaltergesetznovelle; AdR, BMJ, Zivilrechtslegislativ 1945–1974, Sektion I/B, Verwaltergesetz, Verwaltergesetz 1945–1964.
Bereits am 10. Mai 1945 (KRP Nr. 5/4) hatte die Provisorische Regierung Renner ein Verwaltergesetz verabschiedet (StGBl. Nr. 9/1945), das vorerst nur in der sowjetischen Zone galt. Da dieses Gesetz zahlreiche Lücken aufwies (etwa fehlende Bestimmungen über die Bezahlung der Verwalter als auch Kontrollmöglichkeiten), war eine Gesetzesnovelle (StGBl. Nr. 97/1945) vorbereitet worden (vgl. KRP Nr. 24/1 vom 31. August 1945). Das Gesetz wurde in weiterer Folge nicht novelliert, sondern aufgehoben, da die USA am 18. Dezember 1945 Einspruch erhoben. Die Neuregelung des Verwaltergesetzes beschäftigte im Jänner und Februar 1946 mehrmals den Ministerrat der Regierung Figl und war Gegenstand komplizierter Verhandlungen mit den Alliierten. Schließlich wurde im März 1946 ein entsprechender Gesetzesentwurf in den Nationalrat eingebracht, der dort zwar beschlossen, von den Alliierten jedoch abgelehnt wurde. Vgl. auch MRP Nr. 5/13 vom 29. Jänner 1946, MRP Nr. 6/1 vom 30. Jänner 1946, MRP Nr. 6 a/1 vom 30. Jänner 1946 und MRP Nr. 9/8 vom 22. Februar 1946. Am 2. Juli 1946 wurde im Ministerrat erneut die Einbringung eines Gesetzesentwurfes in den Nationalrat beschlossen, der am 26. Juli 1946 angenommen wurde (BGBl. Nr. 157/1946). Vgl. dazu MRP Nr. 29/18 f vom 2. Juli 1946.

[78] Der Punkt stand am 20. Juli 1949 wieder auf der Tagesordnung des Ministerrates. Vgl. MRP Nr. 121/10.

[79] Beilage 13: BMF, Zl. 45.616-15/1948 Ministerratsvortrag (3 ½ Seiten); Internationale Bank für Wiederaufbau und Wirtschaftsförderung (2 Seiten); Internationaler Währungsfonds (1 ½ Seiten). Der Inhalt des Ministerratsvortrages ist identisch mit dem der Beilage 17 der vorhergehenden Ministerratssitzung. Vgl. MRP Nr. 117/17 a. Darüber hinaus enthält die Beilage die Bestimmungen des Beschlusses, betreffend die Termine und Bedingungen, unter denen Österreich zur Mitgliedschaft beim Fonds und bei der Bank zugelassen wurde.

nachträglich vom Verfassungsdienst Bedenken dahingehend geltend gemacht wurden, die Regelung nicht durch Gesetz, sondern durch bloße Genehmigung des Beitrittes zu der Internationalen Bank für Wiederaufbau und Wirtschaftsförderung und dem Internationalen Währungsfond durch den Nationalrat vorzunehmen.

Der Ministerrat beschließt ohne Debatte antragsgemäß.[80]

14

Mündliche Berichte

a

Internationale Konferenz der UN für Nachrichtenfreiheit

BM Dr. G r u b e r berichtet laut Ministerratsvortrag, Zl. 114.393-Pol/48[81], über die Stellungnahme der österreichischen Bundesregierung zu den Beschlüssen der Internationalen Konferenz der UN für Nachrichtenfreiheit, Genf 1948.

Der Ministerrat beschließt ohne Debatte antragsgemäß.[82]

---

80 Vgl. Sten. Prot. NR, V. GP, 84. Sitzung vom 30. Juni 1948, Zuweisung der Regierungsvorlage an den Finanz- und Budgetausschuß, S. 2394; Bericht des Finanz- und Budgetausschusses und Annahme des Gesetzesentwurfes in der 86. Sitzung vom 7. Juli 1948, S. 2464 f. Nach der verfassungsmäßigen Genehmigung der Abkommen über den Internationalen Währungsfonds und über die Internationale Bank für Wiederaufbau und Wirtschaftsförderung (IBRD; auch: Internationale Bank für Wiederaufbau und Entwicklung) durch den Nationalrat wurden die Beitrittsurkunden am 23. August 1948 vom Bundespräsidenten ratifiziert und vom Bundeskanzler, vom Bundesminister für Finanzen und vom Bundesminister für die Auswärtigen Angelegenheiten gegengezeichnet. Die Abkommen traten am 27. August 1948 in Kraft, die Beitrittsurkunden wurden am selben Tag bei der Regierung der USA hinterlegt. Die Abkommen wurden als BGBl. Nr. 105, Abkommen über den Internationalen Währungsfonds und über die Internationale Bank für Wiederaufbau und Wirtschaftsförderung, am 4. Juni 1949 ausgegeben. Material dazu findet sich in AdR, BMF, Kreditsektion, Zl. 181-15/1948; AdR, BKA/AA, W-pol 1948, Finanzen International II, IMF – IBRD. Im genannten Konvolut vgl. vor allem GZl. 131.021-Wpol/1948, Beitritt Österreichs zum internationalen Währungsfonds und zur internationalen Bank; GZl. 162.879-Wpol/1948, Internationaler Währungsfonds und Internationale Bank, Abkommenstexte.

81 Beilage 14 a: BKA, Zl. 114.393-Pol/1948 Ministerratsvortrag (1 ½ Seiten); Stellungnahme (1 Seite). Der Ministerrat hatte am 3. Februar 1948 (MRP Nr. 98/11 a) der Teilnahme Österreichs an der Internationalen Konferenz der UN für Nachrichtenfreiheit zugestimmt und in der Folge die Zusammensetzung der nach Genf zu entsendenden Delegation festgelegt (MRP Nr. 103/1 f vom 9. März 1948). Die Konferenz, die in der Zeit vom 23. März bis 21. April 1948 in Genf getagt hatte, hatte u. a. die Entwürfe zu drei Konventionen sowie eine Anzahl von Resolutionen angenommen, die dem Wirtschafts- und Sozialrat der UN zur weiteren Behandlung zugegangen waren. Die an der Konferenz teilnehmenden Staaten waren aufgefordert worden, ihre Stellungnahme zu diesen Entwürfen sowie eventuelle Vorschläge bis spätestens 5. Juli 1948 zu erstatten. In ihrer dementsprechenden Stellungnahme war die österreichische Bundesregierung zu dem Schluß gekommen, daß keine wesentlichen Bedenken bezüglich der drei Konventionsentwürfe bestünden. Ausdrücklich wurde aber darauf verwiesen, „daß die österreichische Gesetzgebung die Informationsfreiheit in weitestgehendem Maße verwirklicht und in zahlreichen Fällen weit über die in den Konventionsentwürfen niedergelegten Mindesterfordernisse hinausgeht". Darüber hinaus trage das durch das österreichische Pressegesetz gewährleistete Recht auf Veröffentlichung einer Entgegnung dem Ziel freier zwischenstaatlicher Berichterstattung „viel wirkungsvoller Rechnung" als die im Konventionsentwurf II enthaltenen Bestimmungen. Weiters wurde auch darauf hingewiesen, „daß sich aus der Haltung und den Maßnahmen der Besatzungsmächte derzeit Hemmungen und Beschränkungen im Nachrichtenwesen ergeben, welche verschiedentlich im Widerspruche zu den Bestimmungen der vorliegenden Konventionsentwürfe stehen und vorläufig die uneingeschränkte Wirksamkeit der durch die österreichische Gesetzgebung und Verwaltung gewährleisteten vollen Informationsfreiheit nicht zulassen".

82 Vgl. dazu weiters MRP Nr. 119/7.

b

Lebensmittellieferungen für Heimkehrertransporte

BM Sagmeister berichtet gemäß Ministerratsvortrag.[83] Er bezeichnet entgegen böswilligen Gerüchten die Qualität des aus der Schweiz einzuführenden Gefrierfleisches als erstklassig. Nur ein geringer Teil war ramponiert, doch sei dafür von der Schweiz ein großzügiger Preisnachlaß gewährt worden.[84]

BM Dr. Gruber beantragt die Rückstellung dieses Punktes bis zur nächsten Ministerratssitzung, um den wirtschaftlichen Stellen die Möglichkeit zur Überprüfung zu geben. Es sei unerwünscht, daß die Schweiz auf die Dauer als Zwischenhandelsland fungiere.

BM Dr. Zimmermann schließt sich diesem Antrag an und macht darauf aufmerksam, daß eine derartige Inanspruchnahme von Schweizer Franken sehr bedenklich sei. Er regt an, die Ersatzlebensmittel im Inland aufzubringen, wobei er bereit sei, dafür höhere Preise in Schilling zu zahlen.

BM Sagmeister: Von dem für das heurige Jahr vorgesehenen Fleischkontingent in Höhe von 72.000 Tonnen sind bis Ende Juni ungefähr 4.000 to nicht zeitgemäß abgeliefert worden. Es wäre nicht vorstellbar, wie man dieses Quantum an Ersatzlieferungen hereinbringen sollte. Ein Aufruf zu einem Notopfer für die Kriegsgefangenen würde zweifellos Erfolg haben, sich aber dann in weiteren Fehlmengen bei der Ablieferung auswirken.

Der BK regt gleichfalls eine Verschiebung des Punktes bis zur nächsten Ministerratssitzung an.

BM Sagmeister: Wir sind eben jetzt dabei, das Geschäft abzuwickeln. Man wird das Fleisch nirgends sonst zu diesem Preis bekommen.

BM Dr. Gruber: Das Schweizer Devisenkontingent ist momentan am angespanntesten. Außerdem wurde dieser Antrag erst vor 2 Tagen zugesandt, so daß eine Überprüfung noch nicht möglich war.

BM Sagmeister schlägt vor, ein aus den Bundesministern Dr. Gruber, Dr. Zimmermann und seiner Person bestehendes Komitee zur Prüfung dieser Angelegenheit einzusetzen, wobei der übereinstimmenden Auffassung dieser Bundesminister die Wirksamkeit eines Ministerratsbeschlusses zukommt.

Der Ministerrat beschließt in diesem Sinne.[85]

---

83 Beilage 14 b: BMVE, (ohne Aktenzahl) Ministerratsvortrag (1 ½ Seiten). Auf Grund eines Ministerratsbeschlusses vom 2. September 1947 mußten für den Transport der sich noch in der Sowjetunion befindenden österreichischen Kriegsgefangenen aus dem Durchgangslager Máramaros Sziget nach Österreich Lebensmittel zur Verfügung gestellt werden (vgl. MRP Nr. 78/5). Die notwendigen Mengen wurden in der Beilage angeführt. Bis auf wenige Ausnahmen konnten diese Lebensmittel nicht den für die Inlandversorgung bestimmten Vorräten entnommen werden. Ihr Import aus dem Ausland sei wiederum zeitlich nicht möglich und würde sich auch bei der Verschiedenartigkeit der Waren und den verhältnismäßig geringen Mengen als unwirtschaftlich erweisen. Es erscheine deshalb zweckmäßig, die benötigten Lebensmittel den Inlandsbeständen zu entnehmen und durch den Import einer einzigen Ware mit kalorienmäßig gleichem Gesamtwert zu kompensieren. Als Ersatz bot sich argentinisches Gefrierfleisch an. Eine Menge von 650 Tonnen könne, so wurde ausgeführt, in der Schweiz eingekauft werden. Diese Menge entspreche einem Wert von 1,3 Milliarden Kalorien und decke sich nahezu mit dem für die Lebensmittel der Heimkehrertransporte benötigten Kalorienwert. Vgl. auch MRP Nr. 117/17 b.

84 Umfangreiches Aktenmaterial zum Ankauf von Gefrierfleisch aus der Schweiz findet sich in AdR, BKA/AA, W-pol 1948, Handel Schweiz, GZl. 147.944-Wpol/1948, Bezug von südamerikanischem Gefrierfleisch aus der Schweiz. Vgl. dazu weiters MRP Nr. 130/7 vom 26. Oktober 1948 und MRP Nr. 133/12 a vom 16. November 1948; weiters WMK Nr. 56/5 a vom 20. Oktober 1948.

85 Zur Regelung des Fleischpreises vgl. auch MRP Nr. 119/9 b.

c

Wiener Filmbeirat

BM Dr. H u r d e s berichtet laut Ministerratsvortrag, Zl. 37.941-II/4b/48[86], betreffend den Wiener Filmbeirat – Nominierung der drei von der Bundesregierung zu bestellenden Mitglieder (§ 12 (3) des Wiener Kinogesetzes ex 1935).

Der VK ersucht in Vertretung des BM Maisel um Vertagung. Er spricht sich im besonderen gegen die Entsendung von Vertretern des BM für Handel und Wiederaufbau gegen diesen Filmbeirat aus, da im Kinogesetz[87] nichts enthalten sei, was in dessen Kompetenzen falle. Dagegen falle eine Reihe von Agenden in die Kompetenz des BM für soziale Verwaltung und allenfalls auch des Justizministeriums, die überhaupt nicht berücksichtigt wurden. Der VK zitiert die entsprechenden Stellen aus dem Kinogesetz. Er wendet sich weiter dagegen, daß an den Sitzungen des Filmbeirates abwechselnd ein Vertreter des Bundeskanzleramtes und des BM für Inneres als Beobachter anwesend sein wollen.

BM Dr. G r u b e r schließt sich der Argumentation des VK nicht an. Jedes Verbot von Filmaufführungen habe auch wirtschaftliche Auswirkungen; daher müßte im Wege über das Handelsministerium auch ein Vertreter der Filmindustrie vertreten sein.

Der VK zitiert eine Gesetzesstelle, derzufolge dies ohnedies der Fall ist.[88]

BM Dr. H u r d e s erklärt seine Zustimmung zu einer Vertagung des Punktes.

Der Punkt wird zurückgestellt.[89]

d

Verlängerung des Surplus-Kredites[90]

BM Dr. Z i m m e r m a n n berichtet über das Angebot der amerikanischen Regierung, den Surplus-Kredit in Höhe von 12 ½ Millionen Dollar bis zum Ende des Jahres 1948 unter den gleichen Bedingungen zu verlängern.[91]

---

86 Beilage 14 c: BMU, ZL 37.941-II/4b-1948 Ministerratsvortrag (1 ½ Seiten). Der Ministerrat hatte am 2. Juni 1948 (MRP Nr. 114/8) beschlossen, daß auch das Bundesministerium für Inneres an der Vertretung im Wiener Filmbeirat, der seine Tätigkeit wieder aufnahm, beteiligt sein müsse. Der Vortrag enthält die Vorschläge für die zu ernennenden Vertreter des Bundesministeriums für Inneres, die abwechselnd mit Vertretern des Bundeskanzleramtes an den Sitzungen des Filmbeirates teilnehmen sollten.

87 Gesetzblatt der Stadt Wien Nr. 20, Stadtgesetz vom 29. März 1935, betreffend die Abänderung des Wiener Kinogesetzes, und Nr. 21, Verordnung des Bürgermeisters vom 20. April 1935. betreffend die Wiederverlautbarung des Wiener Kinogesetzes (Wiener Kinogesetz 1935), beide ausgegeben am 20. April 1935.

88 Laut Wiener Kinogesetz 1935 § 12, Abs. (3) sollte im Beirat auch je ein Vertreter der Filmerzeuger und der Filmverleiher vertreten sein.

89 Der Punkt stand erst in der Sitzung vom 31. August 1948 wieder auf der Tagesordnung des Ministerrates. Vgl. MRP Nr. 123/9.

90 Auf Grund des Bundesgesetzes vom 13. Juni 1946, BGBl. Nr. 119/1946, war das Bundesministerium für Finanzen ermächtigt worden, einen Kredit im Höchstbetrag von 10 Millionen Dollar zum Ankauf von Demobilisierungsgut aus den Beständen der US-Armee in Europa aufzunehmen. Diese Ermächtigung diente zur Aufnahme eines sogenannten Surplus-Kredites. Mit BGBl. Nr. 154, Bundesgesetz vom 25. Juli 1946 über die Aufnahme von Anleihen in fremder Währung in der Fassung des Bundesgesetzes vom 2. Juli 1947, BGBl. Nr. 180/1947, war die Bundesregierung weiters ermächtigt worden, Anleihen in ausländischer Währung bis zum Höchstbetrag von 200 Millionen Dollar aufzunehmen. Die Erlöse der nach diesem Bundesgesetz aufgenommenen Anleihen und der unter Bundeshaftung aufgenommenen Kredite mußten zur teilweisen Deckung des österreichischen Importbedarfes verwendet werden.

91 Der Bericht liegt dem Protokoll nicht bei. Er findet sich in AdR, BKA, Präsidium, GZl. 2.708-Pr.M/1948, Verlängerung des Surplus-Kredites. Der Inhalt des Berichtes geht über den Protokolltext nicht hinaus.

Der Ministerrat beschließt ohne Debatte, der Verlängerung zuzustimmen.[92]

e

BM Dr. K o l b ersucht den BM Helmer um Mitteilung über das Schicksal der Kriegsgefangenen in Marmaros Szigeth.[93]

BM H e l m e r bringt zur Kenntnis, die russische Besatzungsmacht habe mitgeteilt, daß die in Marmaros Szigeth befindlichen Kriegsgefangenen heimkehren könnten, und habe die Zusammenstellung einer Zugsgarnitur verlangt, die der BM für Verkehr innerhalb von 3 Tagen zusammenstellen ließ.[94] Freitag war der Zug abfahrtsbereit, am Montag haben aber die Russen verschiedene schwer zu beschaffende Kleinigkeiten, darunter 12 weiße Kochmützen, verlangt. Der Zug hätte bereits lange übernommen werden sollen, doch ist dies nicht erfolgt. Nun steht er bereits eine Woche bereit, die Übernahme erfolgt jedoch nicht. In der Kriegsgefangenenkommission[95] wurde am Samstag eine genaue Aufstellung darüber gemacht, wo noch Kriegsgefangene sind. Die amerikanischen und britischen Vertreter haben erklärt, jeden ihnen in ihren Ländern namhaft gemachten Kriegsgefangenen sofort nach Österreich zu schicken. Von der Veröffentlichung über die Gründe zur Verzögerung der Abfahrt der Zugsgarnitur wurde auf Wunsch der kommunistischen Vertreter in der Kommission abgesehen, um die Russen nicht zu verstimmen. Nationalrat Honner[96] hat in der „Volksstimme" behauptet, daß sich noch 2.600 österreichische Kriegsgefangene in England befinden.[97] Daran ist kein wahres Wort.

BM Dr. G r u b e r meint, die Verzögerung habe sich allenfalls infolge der jugoslawischen Krise ergeben.[98]

---

92 Zur Verlängerung des Surplus-Kredites vgl. auch WMK Nr. 45/2 vom 13. Dezember 1947 und WMK Nr. 46/1 vom 20. Dezember 1947.

93 In der rumänischen Stadt Sighetu Marmaţiei (ung.: Máramarossziget) befand sich das sowjetische Durchgangslager für heimkehrende Kriegsgefangene aus der Sowjetunion.

94 Vgl. dazu Neues Österreich, 22. Juni 1948, S. 1 „Am 26. Juni nächste Zuggarnitur nach Maramaros-Szigeth".

95 Die Zentrale Kommission für Kriegsgefangenenangelegenheiten war am 5. Juli 1947 im Bundesministerium für Inneres geschaffen worden und existierte bis 1951. Unter dem Vorsitz Innenminister Helmers und unter Beteiligung von Vertretern der ÖVP, SPÖ und KPÖ sollte sie der beschleunigten Rückführung österreichischer Kriegsgefangener aus der Sowjetunion dienen. Im Detail vgl. dazu Sabine Elisabeth Gollmann, Die Zentrale Kommission für Kriegsgefangenenangelegenheiten der Zweiten Republik, phil. Diss., Graz 2004. Vgl. auch Wiener Zeitung, 6. Juli 1947, S. 3 „Vorschläge der Kriegsgefangenenkommission".

96 Franz Honner, 27. April bis 20. Dezember 1945 Staatssekretär für Inneres, 23. September 1945 bis 1954 stellvertretender Vorsitzender der KPÖ, 19. Dezember 1945 bis 9. Juni 1959 Nationalratsabgeordneter, 22. April 1946 bis 1964 Mitglied des Politbüros der KPÖ.

97 Nationalratsabgeordneter Honner hatte in der „Österreichischen Volksstimme" zur Behauptung des Kriegsgefangenenfürsorgereferates bei der steirischen Landesregierung, es befänden sich mit 1. Juni 1948 noch 27.123 Steirer in Gefangenschaft, wobei sich diese angeblich auf die USA mit 1.669, England mit 2.565, Frankreich mit 652, Jugoslawien mit 3.337 und die Sowjetunion mit 11.171 Kriegsgefangenen verteilten, Stellung genommen. Er bezeichnete vor allem die Zahl der über 11.000 noch in sowjetischer Kriegsgefangenschaft befindlichen Steirer als Fälschung, da in Wirklichkeit bereits mehr als 55.000 Österreicher aus sowjetischer Kriegsgefangenschaft heimgekehrt seien. Vgl. Österreichische Volksstimme, 24. Juni 1948, S. 2 „Wieviele Kriegsgefangene fehlen noch?" Laut neueren Forschungen waren von 16. Juni 1947 bis 27. Juli 1948 55.077 Österreicher aus sowjetischer Kriegsgefangenschaft repatriiert worden. Vgl. Stefan Karner, Österreicher in der Sowjetunion 1941–1956. Unter besonderer Berücksichtigung der österreichischen Kriegsgefangenen, in: Arnold Suppan/Gerald Stourzh/Wolfgang Mueller (Hg.), Der Österreichische Staatsvertrag 1955: Internationale Strategie, rechtliche Relevanz, nationale Identität, Wien 2005, S. 163–194, hier S. 191.

98 Vgl. dazu Tagesordnungspunkt 1 f des vorliegenden Ministerratsprotokolls.

BM H e l m e r entgegnet, diese habe zu jener Zeit noch nicht bestanden.[99]

Der BK verabschiedet sich von den Ministerkollegen im Hinblick auf seine Abreise in die Schweiz[100] und schließt die Sitzung um 13.15 Uhr.

[99] Zur Rückführung der Kriegsgefangenen aus Jugoslawien vgl. auch MRP Nr. 117/1 d, MRP Nr. 121/1 c, MRP Nr. 123/1 i, MRP Nr. 127/1 g vom 5. Oktober 1948 und MRP Nr. 128/10 b vom 12. Oktober 1948.

[100] Bundeskanzler Figl nahm an den Feiern anläßlich des 100-jährigen Bestandes der schweizerischen Verfassung teil. Vgl. Wiener Zeitung, 30. Juni 1948, S. 1 „Reise des Bundeskanzlers in die Schweiz"; MRP Nr. 117/1 g und MRP Nr. 119/1 a.

Beschlußprotokoll Nr. 118 über die Sitzung des Ministerrates am 29. Juni 1948

1.) Der Bericht des Bundeskanzlers über
 a) den Notenwechsel mit dem sowjetrussischen Element, betreffend Verhaftung des Kriminaloberinspektors M a r e k;
 b) die Verweigerung des Einreisevisums seitens des sowjetrussischen Elementes für die zum Gegenbesuch eingeladenen Polizeibeamten des Freistaates Triest – ergänzt durch den Bericht des Bundesministers für Inneres;
 c) die Einigung in der Angelegenheit der Agrarpreise;
 d) die politische Lage in Berlin und Jugoslawien;
 e) den Dank der Südtiroler Delegierten aus der amerikanischen, der britischen und der französischen Besatzungszone Deutschlands an die Österr. Bundesregierung für das ihrem Schicksal entgegengebrachte Interesse und
 f) die allfällige Übernahme des Ehrenschutzes des Herrn Bundespräsidenten über eine Auslandsaktion der Stadt Salzburg
 wird zur Kenntnis genommen, wobei ad f) der Ministerrat – ohne der Entschließung des Herrn Bundespräsidenten vorzugreifen – die Prüfung der verfassungsmäßigen Zulässigkeit für zweckmäßig hält.

2.) Der Bundeskanzler verliest folgende alliierte Noten:
 a) Note des UdSSR Sowjetelementes der Alliierten Kommission für Österreich, No. 9/152, vom 21. Juni 1948, betreffend Kriegspropaganda gegen die Sowjetunion seitens der österr. Presse;[101]
 b) Note des Oberkommandos der US-Streitkräfte in Österreich, Büro des Oberbefehlshabers, vom 22. Juni 1948, betreffend Bekämpfung des Nonnenfalters.[102]
 Die Noten a) und b) werden zur Kenntnis genommen.

3.) Die Resolutionen, verlesen durch den Herrn Bundeskanzler,
 a) Resolution der Freien Österr. Jugend vom 17. Juni 1948, betreffend größeres Mitbestimmungsrecht der Jugend bei der Verwaltung des Landes und seiner Wirtschaft usw.;[103]

---

101 In der beiliegenden Note des sowjetischen Hochkommissars Kurasov an Bundeskanzler Figl beschwerte sich ersterer über die angeblich „zügellose Aktion für Kriegspropaganda“, die von der österreichischen Presse gegen die Sowjetunion geführt werde. An dieser Aktion würden sich sogar Organe der österreichischen Presse beteiligen, die der Volkspartei und der Sozialistischen Partei nahestünden. Weder seitens der österreichischen Regierung noch seitens der Parteileitungen werde dem entgegengetreten, obwohl in der 2. Sitzung der Generalversammlung der Vereinten Nationen jede Art der Kriegspropaganda, die zur Schaffung oder Stärkung einer Kriegsgefahr geführt werde, verurteilt worden sei. Der Hochkommissar gab jedoch seiner Hoffnung Ausdruck, die österreichische Regierung werde die notwendigen Maßnahmen treffen, „um die verbrecherische Propaganda für einen neuen Krieg in der österreichischen Presse zu unterbinden“. Ein Antwortschreiben auf diese Note vom 15. Juli 1948 findet sich in AdR, BKA, Sektion II, Sign. 40-N, GZl. 72.531-2a/1948, Behauptete Kriegspropaganda gegen die Sowjetunion durch die österreichische Presse.

102 In der beiliegenden Note des Oberkommandos der US-Streitkräfte in Österreich dankte US-Hochkommissar Geoffrey Keyes Bundeskanzler Figl für die Mitteilung über den Abschluß einer von der US-Luftwaffe durchgeführten Besprühungsoperation der steirischen Wälder zur Bekämpfung des Nonnenfalters.
Geoffrey Keyes, Generalleutnant, Jänner 1947 bis Oktober 1950 US-Hochkommissar für Österreich.

103 Die Resolution liegt dem Protokoll nicht bei. Sie findet sich in AdR, BKA, Präsidium, Sign. 46, GZl. 2.666-Pr.M/1948, Resolution betreffend Mitbestimmungsrecht der Jugend bei der Verwaltung des Landes und seiner Wirtschaft. Die Resolution war im Rahmen des zweiten Bundeskongresses der Freien Österreichischen Jugend von den Delegierten einstimmig beschlossen worden und enthält u. a. die Forderung auf Herabsetzung des aktiven Wahlalters auf 18 und des passiven auf 21 Jahre.

b) Resolution der Landesexekutive Tirol des Österr. Gewerkschaftsbundes, betreffend Abschluß des Staatsvertrages und Abzug aller Besatzungstruppen[104]
werden zur Kenntnis genommen.

4.) Die Mitteilung des Bundesministers für Energiewirtschaft und Elektrifizierung, betreffend die vorläufige Abstandnahme seitens des sowjetrussischen Elementes von Roh- und Heizöllieferungen für die Arlbergleitung, wird zur Kenntnis genommen.

5.) Die Anträge des Bundesministers für die Auswärtigen Angelegenheiten
a) auf Ermächtigung, wegen der Beglaubigung des Gesandten Clemens W i l d n e r als a.o. Gesandten und bev. Minister beim Schah von Iran an den Herrn Bundespräsidenten heranzutreten;
b) auf Ermächtigung, wegen Bestellung des Anthelme Jean René V i s e z zum österr. Honorarkonsul und Leiter des zu errichtenden österr. Honorarkonsulates in Leopoldville an den Herrn Bundespräsidenten heranzutreten,
werden angenommen.

6.) Die Anträge des Bundesministers für Justiz
a) auf Ernennung des Sektionsrates Dr. Johann K a p f e r zum Ministerialrat im Personalstand des Bundesministeriums für Justiz (II. Dienstpostengruppe);
b) auf Ernennung des Ersten Staatsanwaltes der StA. Steyr und zugleich mit der Leitung der OStA. Linz betrauten Franz N i c o l a d o n i zum Oberstaatsanwalt im Personalstand der Oberstaatsanwaltschaft Linz (5. Standesgruppe);
c) auf Verleihung des Titels „Amtsrat der Bundesverwaltung" an Franz B a y e r;
d) auf Ernennung des VOff. Anton P ö t s c h e r unter Nachsicht vom allgemeinen Anstellungserfordernis nach dem 2. Abschn. A, Abs. (1) und (3), der VO. v. 18. 3. 1927, BGBl. Nr. 87, gem. § 5 dieser VO. auf einen Dienstposten im gehobenen Fachdienst (VG. B.) in der DPGr. V beim Kreisgericht in Steyr im Zuge der Bildung der Personalstände nach § 7 BÜG.
werden angenommen.

7.) Die Anträge des Bundesministers für Land- und Forstwirtschaft
auf Verleihung des Titels „Ökonomierat" mit Nachsicht der Taxe an
a) den Inhaber eines Gartenbaubetriebes in Wien XIII., Gallgasse 63, Josef K u c h a r;
b) den Inhaber eines Gartenbaubetriebes in Wien XIX., Sieveringerstr. 69, Franz P o s p i s c h i l;
c) Josef O b e r h a m m e r, Bauer in Kundl, Bezirk Kufstein,
werden angenommen.

8.) Der Antrag des Bundesministers für Handel und Wiederaufbau auf Verleihung des Titels „Kommerzialrat" an Johann K i e n a s t, Präsident des Hauptverbandes der Österr. Sparkassen, wird angenommen.

9.) Der Antrag des Bundesministers für Verkehr auf Verleihung des Titels „Regierungsrat" mit Nachsicht der Taxe an den Zentralinspektor im Personalstande der Österr. Bundesbahnen (Hauptwagenamt) Josef K i n d l wird angenommen.

10.) Über Antrag des Bundesministers für Inneres beschließt der Ministerrat, die Verleihung der österreichischen Staatsbürgerschaft an die im Verzeichnis Nr. 106 des Bundesministeriums für Inneres angeführten 97 Personen als im Interesse des Staates gelegen zu bezeichnen.

---

[104] Die Resolution liegt dem Protokoll nicht bei. Sie findet sich in AdR, BKA, Präsidium, Sign. 46, GZl. 2.667-Pr.M/1948, Resolution betreffend Abschluß des Staatsvertrages und Abzug aller Besatzungstruppen. Die Landesexekutive des Österreichischen Gewerkschaftsbundes forderte in der Resolution den raschesten Abschluß des Staatsvertrages und den Abzug aller Besatzungstruppen, „damit das Volk in demokratischer Entfaltung all seiner Kräfte den Wiederaufbau in einem souveränen, unabhängigen demokratischen Österreich durchführen kann".

11.) Nach einem Bericht des Bundesministers für die Auswärtigen Angelegenheiten, Zl. 162.755-Wpol/48, betreffend Zustimmung des Ministerrates zur Unterzeichnung des Abkommens zwischen Österreich und den Vereinigten Staaten über die wirtschaftliche Zusammenarbeit, durch den Bundeskanzler und den Bundesminister für die Auswärtigen Angelegenheiten – unter Bekanntgabe eines aide memoire bezüglich Art. 4 des Abkommens – beschließt der Ministerrat antragsgemäß.

12.) Nach einem Bericht des Vizekanzlers in Vertretung des abwesenden Bundesministers für soziale Verwaltung, Zl. II-63.410-5/48, betreffend den Entwurf eines Bundesgesetzes über die Regelung sozialversicherungsrechtlicher Verhältnisse aus Anlaß der Aufnahme in ein öffentlich-rechtliches Dienstverhältnis oder beim Ausscheiden aus einem solchen, beschließt der Ministerrat, den Gesetzesentwurf als Regierungsvorlage der verfassungsmäßigen Behandlung durch die Organe der Bundesgesetzgebung mit der Maßgabe zuzuführen, daß
a) sich die Parteien Abänderungsanträge vorbehalten;
b) im § 6, Abs. (3), anstatt des Wortes „gewährten" das Wort „gewahrten" und
c) in der letzten Zeile des § 7 anstatt „§ 6, Abs. (4)" ..., „§ 6, Abs. (3)" zu setzen ist.

13.) Nach einem Bericht des Bundesministers für Finanzen, Zl. 46.309-9/1948, betreffend einen Gesetzesentwurf über Maßnahmen zur Sicherung der Bedeckung der Besatzungskosten für das Jahr 1948 (Besatzungskostendeckungsgesetz), beschließt der Ministerrat
a) die Einsetzung eines Ministerkomitees, bestehend aus den Bundesministern Dr. Gerö, Dr. Kolb, Dr. Krauland, Dr. Migsch, Sagmeister und Dr. Zimmermann;
b) die bereits in Gang befindlichen Verhandlungen über die Besatzungskosten zu forcieren und
c) die entsprechende Verlautbarung in der Presse vorzusehen.

14.) Nach einem Bericht des Bundesministers für Finanzen, Zl. 43.417-14/47, betreffend den Entwurf eines Bundesgesetzes über die Mineralölsteuer, beschließt der Ministerrat, den Gesetzesentwurf als Regierungsvorlage der verfassungsmäßigen Behandlung durch die Organe der Bundesgesetzgebung mit der dem Entwurf beigeschlossenen Ergänzung und Berichtigung zuzuführen.

15.) Nach einem Bericht des Bundesministers für Finanzen, Zl. 16.745-21/48, betreffend Aufnahme von 150 Vertragsbediensteten gemäß Pkt. 9, Abs. 2, des allgemeinen Teiles des Dienstpostenplanes 1948 im Bereich der Finanzlandesdirektion Wien, beschließt der Ministerrat antragsgemäß, wobei er der Erwartung Ausdruck gibt, daß für diese vorübergehende Tätigkeit nach Möglichkeit auch von anderen Ressorts geeignete Bedienstete herangezogen werden.

16.) Nach einem Bericht des Bundesministers für Land- und Forstwirtschaft, Zl. 27.294-I/2b/48, betreffend den Entwurf eines Bundesgesetzes über die Bekämpfung der Dasselbeulenkrankheit der Rinder, beschließt der Ministerrat, den Gesetzesentwurf als Regierungsvorlage der verfassungsmäßigen Behandlung durch die Organe der Bundesgesetzgebung zuzuführen.

17.) Nach einem Bericht des Bundesministers für Land- und Forstwirtschaft, Zl. 29.944-5c/48, betreffend Regelung der Agrarpreise und Festsetzung der Lieferkontingente aus der Ernte 1948, beschließt der Ministerrat unter Bedachtnahme auf die durch den Nachtrag zum Ministerratsvortrag sich ergebenden Abänderungen antragsgemäß mit der Maßgabe, daß
a) im Punkt 2 des Antrages auch der Bundesminister für die Auswärtigen Angelegenheiten anzuführen ist;
b) zu den beantragten Beschlußpunkten als
Punkt 6: „Die Gültigkeit des Beschlusses ist an die Freigabe der nötigen Beträge aus den Hilfsfonds als wesentliche Bedingung gebunden. Durch diese Feststellung soll aber die sofortige Inangriffnahme der Durchführung nicht behindert werden."
als Punkt 7: „Eine Überschreitung der Obergrenze von 400 Mill. Schilling ist nur mit Zustimmung des Ministerrates zulässig."
als Punkt 8: „Gleichzeitig ist ein gleich hoher Betrag von 400 Mill. Schilling aus den Hilfsfonds zur Abbuchung auf die Bundesschuld bei der Nationalbank zu verwenden."
hinzugefügt wird;
c) der Punkt 7, lit. g, der Niederschrift, Seite 3, dahingehend zu interpretieren ist, daß bei der

Durchrechnung der Fleischpreise die Fleischer in Wien, Graz und Linz (in Wien auch die Großschlächter) die gesamte Warenumsatzsteuer überwälzen dürfen;

d) der Bundesminister für Finanzen beauftragt wird, für die eheste Aufgabe der Verbilligungsscheine für Fleisch zu sorgen und

e) die für Nichtablieferung eingehenden Strafgelder als Bundeseinnahmen den unter Pkt. 8, lit. c, der Niederschrift angeführten notwendigen Mitteln zuzuführen sind.

18.) Nach einem Bericht des Bundesministers für Volksernährung, Zl. 37.906-4/48, betreffend Aufkauf und Einlagerung der Getreidekontingente 1948 sowie eines Teiles des Kartoffelkontingentes 1948 und Bereitstellung von Geldmitteln, beschließt der Ministerrat antragsgemäß mit der Maßgabe, den Betrag von 3 Mill. Schilling nicht aus Budgetmitteln sondern tunlichst aus Mitteln der Wirtschaftsverbände zu decken.

19.) Nach einem Bericht des Bundesministers für Vermögenssicherung und Wirtschaftsplanung, Zl. 26.529-1/48, betreffend den Entwurf eines Bundesgesetzes, womit das Bundesgesetz vom 26. 7. 1946, BGBl. Nr. 157, über die Bestellung von öffentlichen Verwaltern und öffentlichen Aufsichtspersonen (Verwaltergesetz) abgeändert wird (Verwaltergesetznovelle), beschließt der Ministerrat, den Gesetzesentwurf als Regierungsvorlage der verfassungsmäßigen Behandlung durch die Organe der Bundesgesetzgebung zuzuführen.

20.) Der Bericht des Bundesministers für Handel und Wiederaufbau, betreffend Brennholz-Umtauschaktion der österreichischen Papierindustrie 1948, wird zurückgestellt.

21.) Nach einem Bericht des Bundesministers für Finanzen, Zl. 45.616-15/48, über den Beitritt Österreichs zu den Abkommen von Bretton Woods beschließt der Ministerrat antragsgemäß.

22.) Nach einem Bericht des Bundesministers für die Auswärtigen Angelegenheiten, Zl. 114.393-POL/1948, betreffend die Stellungnahme der Österreichischen Bundesregierung zu den Beschlüssen der Internationalen Konferenz für Nachrichtenfreiheit in Genf (März – April 1948), beschließt der Ministerrat antragsgemäß.

23.) Nach einem Bericht des Bundesministers für Volksernährung, betreffend Lebensmittellieferungen für Heimkehrertransporte aus der Sowjetunion, beschließt der Ministerrat die Einsetzung eines Ministerkomitees, bestehend aus den Bundesministern Dr. Gruber, Sagmeister und Dr. Zimmermann zur Prüfung der Angelegenheit, wobei der übereinstimmenden Auffassung dieser Bundesminister die Wirksamkeit eines Ministerratsbeschlusses zukommt.

24.) Der Bericht des Bundesministers für Unterricht, Zl. 37.941-II/4b-48, betreffend Wiener Filmbeirat; Nominierung der drei von der Bundesregierung zu bestellenden Mitglieder (§ 12(3) des Wiener Kinogesetzes ex 1935), wird zurückgestellt.

25.) Der Ministerrat beschließt nach einem Bericht des Bundesministers für Finanzen, von dem Angebot der USA über die Verlängerung des Surplus-Kredites bis zum Ende des Jahres unter den gleichen Bedingungen Gebrauch zu machen.

26.) Der Ministerrat hat am 24. Juni 1948 im Zirkulationswege über Antrag des Bundeskanzlers, Zl. 70.190-2a/48, betreffend die Überprüfung der Gebarung des Bundeslandes Tirol in den Jahren 1945 – 1946 durch den Rechnungshof, antragsgemäß beschlossen (Zl. 2.617-Pr.M/48).[105]

[105] Der Zirkularbeschluß liegt dem Protokoll nicht bei. Er findet sich in AdR, BKA, Präsidium, Sign. 18, GZl. 2.617-Pr.M/1948, Überprüfung der Gebarung des Bundeslandes Tirol in den Jahren 1945–1946 durch den Rechnungshof. Der Akt enthält nur die im Zirkularweg zustande gekommene Zustimmung der Bundesregierung zum genannten Bericht des Rechnungshofes, der Bericht selbst liegt dem Akt nicht bei.

119.

[Dienstag] 1948-07-06

Vorsitz: Figl
Anwesend: Schärf, Helmer, Gerö, Hurdes, Zimmermann, Kolb, Sagmeister, Krauland, Übeleis, Migsch, Gruber, Altenburger, Graf, Mantler
Schriftführer: Chaloupka, Loibl
Ort: Wien I., Ballhausplatz 2, Ministerratssaal
Dauer: 10.30–12.30 Uhr[1]

Reinschrift, unterfertigte Anwesenheitsliste, Beschlußprotokoll[2]

Tagesordnung:
1. Bericht des Bundeskanzlers.
[1 a. Bericht des Bundeskanzlers über seinen Besuch in der Schweiz (Beschlußprotokoll Punkt 1).
1 b. Unterzeichnung des Abkommens, betreffend die wirtschaftliche Zusammenarbeit mit den USA.
1 c. Verlesung der Mitteilungen und Resolutionen durch den Bundeskanzler (Beschlußprotokoll Punkt 2 a bis i).
1 d. Bericht des Bundesministers für die Auswärtigen Angelegenheiten über die Unterzeichnung des ERP-Planes und das Ergebnis der Besprechungen mit dem Sonderbotschafter der Europahilfe Harriman sowie mit General Draper (Beschlußprotokoll Punkt 3).]
2. Personalangelegenheiten (siehe Beilage) (Beschlußprotokoll Punkte 4 bis 9).
3. Bericht des Bundesministers für Inneres, betreffend die Erklärung des Staatsinteresses an der Einbürgerung der im Verzeichnis Nr. 107 des Bundesministeriums für Inneres angeführten 134 Personen (Beschlußprotokoll Punkt 10).
4. Bericht des Bundesministers für Inneres, Zl. 62.863-8/48, betreffend Abtrennung der Katastralgemeinde Eichberg von der Gemeinde Gräflerviertl und Einverleibung in die Gemeinde Kleinschlag; Abänderung der Gerichtsbezirksgrenzen (Beschlußprotokoll Punkt 11).
5. Bericht des Bundesministers für Verkehr, Zl. 2.898-1, über den Entwurf einer Kundmachung, betreffend Anrechnung von Vordienstzeiten für die Vorrückung in höhere Bezüge bei den Beamten der Österreichischen Bundesbahnen (Beschlußprotokoll Punkt 12).
6. Bericht des Bundesministers für Verkehr, BM. Zl. 15.578/1948, betreffend den Entwurf einer Verordnung, womit einige Bestimmungen der österreichischen Postordnung und Postgebührenordnung ergänzt und abgeändert werden (Beschlußprotokoll Punkt 13).
7.[3] Bericht des Bundesministers für Justiz im Einvernehmen mit dem Bundesminister für die Auswärtigen Angelegenheiten, JMZl. 11.536/48, betreffend die Stellungnahme

---

[1] In der Beilage ist der Beginn der Sitzung mit *10.00 Uhr* angegeben.
[2] Dem Ministerratsprotokoll liegt kein Stenogramm bei. Statt dessen findet sich der Vermerk: *Keine Verhandlungsschrift Herr Min. Rat Dr. Capek auf Urlaub!*
[3] Die Punkte 7 und 8 wurden nachträglich auf die Tagesordnung des Ministerrates gesetzt. Der ursprüngliche Punkt 7 wurde zu Punkt 9.

der österreichischen Bundesregierung zu den Beschlüssen der Internationalen Konferenz der UN für Nachrichtenfreiheit (Beschlußprotokoll Punkt 14).

8. Bericht des Bundesministers für Finanzen über den Entwurf eines Bundesgesetzes, betreffend Maßnahmen zur Sicherung der Bedeckung der Besatzungskosten für das Jahr 1948 (Besatzungskosten-Deckungsgesetz) – Bericht des Ministerkomitees. Material verteilt (118. Ministerrat) (Beschlußprotokoll Punkt 15).

9. Mündliche Berichte der Minister.

[9 a. Bericht des Staatssekretärs im Bundesministerium für Inneres über Beschwerden in Kärnten und Steiermark über die Einfuhr großer Gemüsemengen aus den Nachbarstaaten, insbesondere aus Italien, trotz Gemüseüberschusses (Beschlußprotokoll Punkt 16).

9 b. Bericht des Bundesministers für Finanzen über die Frage der Fleischverbilligung (Beschlußprotokoll Punkt 17).]

Beilagen:

1 Anwesenheitsliste (1 Seite).

2 Tagesordnung (½ Seite); Nachtrag zur Tagesordnung (½ Seite); Beilage zu Punkt 2 der Tagesordnung, Anträge in Personalangelegenheiten (1 Seite).

3 Bundesministerium für Inneres, (ohne Aktenzahl): Ministerratsvortrag, betr.: Beschluß der Bundesregierung gemäß § 5, Abs. (1), Z. 3, StGBl. Nr. 60/1945 (1 Seite); Verzeichnis Nr. 107 der für die Verleihung der Staatsbürgerschaft vorgesehenen Personen (23 Seiten).

4 Bundesministerium für Inneres, Zl. 62.863-8/1948: Vortrag für den Ministerrat. Betr. Abtrennung der Katastralgemeinde Eichberg von der Gemeinde Gräflerviertl und Einverleibung in die Gemeinde Kleinschlag, Änderung der Gerichtsbezirksgrenzen (1 ½ Seiten); Kundmachung der Steiermärkischen Landesregierung vom 4. September 1947, betreffend Änderung der Grenzen der Gemeinden Gräflerviertl und Kleinschlag (½ Seite).

5 Bundesministerium für Verkehr, Generaldirektion der Österreichischen Bundesbahnen, Zl. 2.898: Entwurf einer Kundmachung des Bundesministeriums für Verkehr vom ... 1948 betreffend Anrechnung von Vordienstzeiten für die Vorrückung in höhere Bezüge bei den Beamten der Österreichischen Bundesbahnen (6 ½ Seiten); Erläuternde Bemerkungen (½ Seite); Vortrag an den Ministerrat (1 Seite).

6 Bundesministerium für Verkehr, Generaldirektion für die Post- und Telegraphenverwaltung, B.M. Zl. 15.578/1949: Gegenüberstellung jener Paragraphen der Postordnung, die geändert werden sollen (12 Seiten); Entwurf einer Verordnung des Bundesministeriums für Verkehr vom ... 1948 womit einige Bestimmungen der österreichischen Postordnung und Postgebührenordnung ergänzt und abgeändert werden (10 ½ Seiten); Begründung und Erläuterung zu den beabsichtigten Abänderungen der Postordnung (6 Seiten); Vortrag für den Ministerrat (1 ½ Seiten).

7 Bundesministerium für Justiz, JMZl. 11.536/1948: Vortrag des Bundesministers für Justiz im Einvernehmen mit dem Bundesministerium für Auswärtige Angelegenheiten an den Ministerrat, betreffend die Stellungnahme der österreichischen Bundesregierung zu den Beschlüssen der Internationalen Konferenz der UN für Nachrichtenfreiheit (1 ¼ Seiten); Stellungnahme der österreichischen Bundesregierung zu den Beschlüssen der in Genf abgehaltenen Internationalen Konferenz der UN für Nachrichtenfreiheit (2 ½ Seiten).

8 Bundesministerium für Finanzen, Zl. 46.309-9/1948: Bundesgesetz vom ... 1948 betreffend Maßnahmen zur Sicherung der Bedeckung der Besatzungskosten für das

Jahr 1948 (Besatzungskostendeckungsgesetz) (3 ½ Seiten); Erläuternde Bemerkungen (1 ¼ Seiten); Vortrag an den Ministerrat (1 ¼ Seiten).[4]

Der Bundeskanzler eröffnet die Sitzung und bittet, sein verspätetes Eintreffen zu entschuldigen. Er habe jedoch noch mit dem Sonderbotschafter der Europahilfe, W. Averell Harriman[5] und General Draper[6], die vor ihrer Abreise noch mit ihm sprechen wollten, zu konferieren gehabt. Es seien einige mit dem jetzt zur Verhandlung stehenden ERP-Plan[7] zusammenhängende Probleme erörtert worden.[8]

Die Bundesminister Dr. Zimmermann und Dr. Krauland befänden sich noch bei einer Besprechung mit Mr. Marget[9] und dem Vertreter des amerikanischen Elementes[10] über den ERP-Plan.

Die Tagesordnung liegt auf, die Unterlagen wurden rechtzeitig verteilt, das Beschlußprotokoll der letzten Sitzung ist unbeanstandet geblieben.

[1]

a

Über seine Schweizer Reise[11] teilt der Bundeskanzler mit:

Vor allem habe ich die besten Wünsche der Schweizer Regierung an alle Mitglieder der Österr. Bundesregierung zu überbringen; desgleichen die Versicherung, daß die Schweiz mit Aufmerksamkeit unseren Kampf um die Souveränität Österreichs verfolgt und sich bemüht, uns zu helfen, damit wir diesem Ziele näherkommen. Die Schweizer meinen, wenn Österreich den Kampf nicht durchhalten könnte, wären sie die ersten Leidtragenden; daher legen sie Wert auf den Ausbau der wirtschaftlichen Beziehungen, wobei sie speziell auch an der Energiefrage interessiert sind. Sie legen des weiteren Wert auf Intensivierung der kulturellen Beziehungen.

Bei dem Empfang im Bundeshause war der gesamte Bundesrat versammelt. Der schweizerische Bundespräsident[12] hat seine Ansprache in deutscher Sprache gehalten, ein Zeichen besonderer Sympathie und Freundschaft. Der Presseempfang war sehr gut besucht, insbesondere auch von der Auslandspresse. Der Empfang am Freitag war ein Ereignis, an dem das gesamte diplomatische Korps teilnahm. Es hat aufsehenerregend gewirkt, daß nach dem

---

4 Dem Protokoll liegen keine alliierten Noten bei. Es enthält den handschriftlichen Vermerk *119. Min. Rat keine all. Noten.*
Weiters liegt dem Protokoll bei:
(Ohne Aktenzahl): Aktennotiz über den Ablauf der vom 19. bis 24. Juli 1948 in Wien tagenden Bundeskonferenz für Wohlfahrtswesen (½ Seite). Vgl. Punkt 1 c der Tagesordnung.

5 William Averell Harriman, US-amerikanischer Geschäftsmann, Politiker und Diplomat, 1948 bis 1950 Sonderrepräsentant der USA in Europa bei der Marshallplan-Zentrale (ECA) in Paris.

6 William Henry Draper Jr., US-Diplomat, 18. September 1947 bis 28. Februar 1949 United States Under Secretary of the Army.

7 ERP: European Recovery Program.

8 Vgl. dazu Wiener Zeitung, 7. Juli 1948, S. 1 „Harriman bei Kanzler Figl"; Österreichische Volksstimme, 7. Juli 1948, S. 2 „Der amerikanische Vormund gestattet…"

9 Arthur William Marget, Oberstleutnant, Wirtschaftsexperte, Chef der US-amerikanischen Finanzabteilung bei der Alliierten Kommission für Österreich, Leiter eines Sonderkomitees für wirtschaftliche Fragen.

10 Die Identität des erwähnten Vertreters konnte mangels näherer Angaben nicht geklärt werden.

11 Bundeskanzler Figl hatte an den Feiern anläßlich des 100-jährigen Bestandes der schweizerischen Verfassung teilgenommen. Vgl. dazu Wiener Zeitung, 30. Juli 1948, S. 1 „Reise des Bundeskanzlers in die Schweiz"; MRP Nr. 117/1 g.

12 Enrico Celio, 1943 und 1948 Bundespräsident der Schweiz.

päpstlichen Nuntius[13] und dem amerikanischen Gesandten[14] sofort der Vertreter Rußlands[15] ins Gespräch mit mir gekommen ist. Auch der bulgarische[16] und jugoslawische Vertreter[17] sind gekommen, um über die wirtschaftlichen Verhältnisse einige Worte auszutauschen. Am Samstag habe ich einige landwirtschaftliche Musterbetriebe und Versuchsanstalten besucht.

Alles in allem genommen, ist die Herzlichkeit und Aufrichtigkeit der Zuneigung der Schweizer Österreich gegenüber hervorzuheben. Besondere Freude hat die österreichische Kolonie über den Besuch empfunden, die sich durch ihn eine Stärkung ihrer Position verspricht.[18]

(Es erscheint BM Dr. Krauland).

Hinsichtlich der jugoslawischen Ereignisse[19] und der Lage in Berlin[20] besteht auch in der Schweiz größtes Interesse, weil man unter Umständen daraus Rückschlüsse auf Österreich ziehen kann. Auch in der Schweiz schwanken die Meinungen vom höchsten Optimismus bis zum tiefsten Pessimismus.

b

Über die Unterzeichnung des Abkommens, betreffend die wirtschaftliche Zusammenarbeit mit den USA, wird der Vizekanzler oder der Bundesminister für die Auswärtigen Angelegenheiten berichten, da ich selbst bei der Unterzeichnung nicht anwesend war.[21]

c

Der Bundeskanzler verliest sodann die Mitteilungen und Resolutionen. (Siehe Beschlußprotokoll).[22]

ad g)[23] BK: Der Nationalrat feiert am Freitag, den 9. Juli 1948, den 100. Tag der Wiederkehr der ersten Sitzung der österreichischen Volksvertretung. Aus diesem Anlaß findet im Parlament eine Festsitzung statt, in der der Herr Bundespräsident[24] selbst die Festrede halten wird.[25] Es wird gebeten, die Mitglieder der Bundesregierung und des Nationalrates mögen sich bereits um 9 Uhr 45 im Parlament einfinden. Am gleichen Nachmittag gibt der Herr Bundespräsident zwischen 17 und 19 Uhr für die Mitglieder des Parlaments und der Bundesregierung einen Empfang. Ich bitte die Mitglieder der Bundesregierung, diesen Anlaß

---

13 Filippo Bernardini, Titularerzbischof von Antiochia in Psidia, 1935 bis 1953 Apostolischer Nuntius in der Schweiz.

14 Möglicherweise John Carter Vincent, US-Diplomat, 1947 bis 1951 Gesandter in der Schweiz.

15 Vermutlich Anatolij Gregor'evič Kulaženkov, sowjetischer Diplomat, 1946 bis 1950 Gesandter in der Schweiz.

16 Möglicherweise Boris Popov, bulgarischer Diplomat, 1948 bis 1953 Gesandtschaftssekretär der bulgarischen Gesandtschaft in Bern.

17 Vermutlich Milan Ristić, jugoslawischer Diplomat, 1945 bis 1950 Gesandter in der Schweiz.

18 Vgl. dazu Wiener Zeitung, 30. Juli 1948, S. 1 „Schweizer Besuch – alle Erwartungen übertroffen".

19 Zur Lage in Jugoslawien vgl. MRP Nr. 118/1 f.

20 Zur sowjetischen Blockade West-Berlins vgl. auch Anmerkung 18 in MRP Nr. 118, weiters MRP Nr. 120/1 b, MRP Nr. 121/1 a, MRP Nr. 122/1 a, MRP Nr. 123/14 e, MRP Nr. 125/1 a vom 14. September 1948, MRP Nr. 126/1 b vom 28. September 1948, MRP Nr. 127/1 b vom 5. Oktober 1948, MRP Nr. 129/3 vom 19. Oktober 1948, MRP Nr. 130/1 a vom 26. Oktober 1948, MRP Nr. 131/1 b vom 2. November 1948 und MRP Nr. 156/1 b vom 10. Mai 1949.

21 Vgl. Tagesordnungspunkt 1 d des vorliegenden Protokolls.

22 Die hier nicht behandelten Mitteilungen und Resolutionen werden im Beschlußprotokoll näher ausgeführt und kommentiert. Vgl. das Beschlußprotokoll Punkt 2 a bis f und i.

23 Die Mitteilung liegt dem Protokoll nicht bei. Sie findet sich in AdR, BKA, Präsidium, Sign. 34, GZl. 2.330-Pr.1a/1948, Zl. 3.506-Pr.1a/1948, 100. Jahrestag des Zusammentrittes der ersten österreichischen Volksvertretung. Der Akt enthält im wesentlichen die hier im Ministerrat genannten Informationen zur gegenständlichen Festsitzung. Weiters findet sich darin ein gedrucktes Exemplar des Protokolls dieser Sitzung, das die Parlamentsdirektion dem Bundeskanzleramt übermittelte.

24 Dr. Karl Renner, 20. Dezember 1945 bis 31. Dezember 1950 Bundespräsident.

25 Vgl. dazu Wiener Zeitung, 10. Juli 1948, S. 1 „Österreichs Schicksal ist in ihre Hand gelegt".

nicht vorübergehen zu lassen, um dem Herrn Bundespräsidenten ihre Aufwartung zu machen.[26]

ad h)[27] erklärt sich der Ministerrat auf Anregung des Bundeskanzlers damit einverstanden, daß die Bundesregierung einen Empfang für die ausländischen Gäste aus Anlaß dieser Bundeskonferenz gibt.[28]

d

BM Dr. G r u b e r gibt einen Bericht über die Unterzeichnung des ERP-Planes[29] und das Ergebnis der Besprechungen mit dem Sonderbotschafter der Europahilfe W. Averell Harriman sowie General Draper. Anläßlich der Unterzeichnung hat der Vizekanzler eine von allen Seiten sehr gut aufgenommene Rede gehalten. Das schwierige Problem ist momentan das der Subsidien[30]. Harriman wies darauf hin, es solle im Hinblick auf die Notwendigkeit, im nächsten Jahr wieder vor den amerikanischen Kongreß treten zu müssen, alles vermieden werden, was den Anschein erwecken könnte, als ob die bewilligten Mittel nicht für Währungsprobleme verwendet würden. Es wurde auch davon gesprochen, einen Austausch der Budgetposten zu erreichen. Harriman meinte, es werde doch notwendig sein, das Parlament mit dieser Frage zu befassen. Hinsichtlich der weiteren Geschäftsführung hat sich folgendes ergeben:

Die Amerikaner stehen auf dem Standpunkt, daß uns bezüglich der Lebensmittel der gesamte Handel in Europa sofort übergeben werden solle, nicht aber in Amerika. In den Vereinigten Staaten sollen die Lebensmittelankäufe von der amerikanischen Regierung durch-

---

26 Vgl. dazu Wiener Zeitung, 10. Juli 1948, S. 3 „Empfang beim Bundespräsidenten“; MRP Nr. 120/1 a.

27 Die Resolution liegt dem Protokoll nicht bei. Sie findet sich in AdR, BKA, Präsidium, Sign. 54/1, GZl. 2.813-Pr.1a/1948, Österreichische Bundeskonferenz für Wohlfahrtswesen. Das Bundesministerium für soziale Verwaltung in Zusammenarbeit mit der Stadt Wien und den anderen Bundesländern veranstaltete in der Zeit vom 19. bis 24. Juli 1948 eine Bundeskonferenz für Wohlfahrtswesen, „die in umfassender Weise Berichte von in- und ausländischen Fachleuten über die wichtigsten Probleme des Wohlfahrtswesens bringen wird“. Am 20. Juli sollte in diesem Zusammenhang ein Empfang der Bundesregierung für die ausländischen Konferenzteilnehmer stattfinden. Der Akt enthält weiters Informationen zu den in- und ausländischen Teilnehmern sowie zu Ablauf und Programm der Konferenz und des besagten Empfangs. Vgl. auch Wiener Zeitung, 20. Juli 1948, S. 2 „Bundeskonferenz für Wohlfahrtswesen“; 25. Juli 1948, S. 2 „Bundeskonferenz für Wohlfahrtspflege beendet“.

28 (Ohne Aktenzahl): Aktennotiz über den Ablauf der vom 19. bis 24. Juli 1948 in Wien tagenden Bundeskonferenz für Wohlfahrtswesen (½ Seite). Vizekanzler Schärf hatte in seiner Eigenschaft als Vertreter des Bundesministers für soziale Verwaltung ersucht, die aus Anlaß der Bundeskonferenz für Wohlfahrtswesen in der Zeit vom 19. bis 24. Juli 1948 in Wien anwesenden in- und ausländischen Fachleute namens der Bundesregierung am 20. Juli 1948 zu empfangen.

29 Das Abkommen zwischen Österreich und den Vereinigten Staaten von Amerika über wirtschaftliche Zusammenarbeit war am 2. Juli 1948 in Wien unterzeichnet worden. Vgl. dazu Wiener Zeitung, 3. Juli 1948, S. 1 „Bilaterales Wirtschaftsabkommen mit USA. Ein feierlicher Unterzeichnungsakt im Außenamt – Eine neue Organisation startet“; MRP Nr. 118/4. Das Abkommen vgl. auch in AdR, BKA/AA, Staatsurkunden, Wien 1948 Juli 2. Vgl. weiters AdR, BKA/AA, ERP, Verträge, GZl. 154.660-ERP/1948, Zl. 162.570-ERP/1948, Bilaterales Abkommen mit USA über das ERP; Zl. 164.934-ERP/1948, Abkommen zwischen Österreich und den Vereinigten Staaten von Amerika über wirtschaftliche Zusammenarbeit; Zl. 188.223-ERP/1948, Oesterr.-amerikanischer Vertrag vom 2. Juli 1948. Der volle Wortlaut wurde auch in der „Wiener Zeitung“ publiziert: Wiener Zeitung, 4. Juli 1948, S. 6 f „Kundmachungen. Abkommen zwischen Österreich und den Vereinigten Staaten von Amerika über wirtschaftliche Zusammenarbeit“.

30 Subsidien: veralteter Ausdruck für finanzielle Mittel, die vom Geldgeber eingesetzt werden, um einen bestimmten Zweck zu erreichen, häufig um einen Staat im Krieg gegen einen Dritten zu unterstützen. Im vorliegenden Fall wurden die Mittel des ERP-Programms eingesetzt, um die Wirtschaft aufzubauen, sie sollten jedoch nicht dazu dienen, unmittelbar den Konsum (Nahrung, Energieverbrauch) zu finanzieren.

geführt werden, die sie leichter und billiger bekommen kann. Ich habe darauf hingewiesen, daß wir wesentlich mehr Freiheiten haben müssen. General Draper hat aber gesagt, daß sie die Bestimmungen momentan nicht ändern wollen, sie seien aber bereit, zu einem späteren Zeitpunkt in neue Besprechungen darüber einzutreten. Man solle das vorläufig zur Kenntnis nehmen und von unserer Seite vernünftige Pläne ausarbeiten. Man werde versuchen, zu einer liberaleren Handhabung des ganzen Systems zu kommen. Harriman und Draper haben uns gebeten, unseren Gesandten in Washington[31] in diesem Sinne zu informieren. Ich möchte den Ministerrat bitten, diesem Berichte zuzustimmen.

Um 10.30[32] Uhr erscheint BM Dr. Zimmermann.

Kollege Sagmeister wird also versuchen müssen, mit den maßgebenden Stellen entsprechende Pläne auszuarbeiten. Der Minister stellt abschließend den Antrag, den Bericht zur Kenntnis zu nehmen und ihn zu ermächtigen, dem Gesandten in Washington KLEINWÄCHTER eine diesbezügliche Anweisung zu übermitteln, im besonderen dahingehend, daß die Einkäufe in Amerika nur von den amerikanischen Stellen durchgeführt werden.

BK: Wegen der Elocations[33] und der Verbilligung!

Der Ministerrat erklärt sich damit einverstanden.

BM Dr. G r u b e r: Eine wichtige noch zu entscheidende Frage ist es, ob es notwendig sein wird, doch noch das Parlament mit dieser Frage zu befassen und den Austausch von Budgetposten durchzuführen.

BK: Die Amerikaner glauben, daß es ohne Parlament nicht gehen wird.

BM Dr. G r u b e r: Sie wären bereit, Posten aus dem a. o. Budget auf die Fonds zu übernehmen, wenn wir die Subsidien übernehmen.

BK: Im Endeffekt ist es dasselbe. Es ist nur eine Umstellung.

BM Dr. Z i m m e r m a n n: Wenn man sich auf diesen Gedanken einläßt, wäre praktisch ein Gesetz notwendig, das verfügt, daß 600 Millionen für die Subsidien aus dem außerordentlichen Haushalt dieses Jahres einzustellen und das Extraordinarium[34] durch die Fondserlöse zu bedecken ist. So könnte man das vollkommen losgelöst vom Marshall-Plan[35] als Ergebnis eines Beschlusses der beiden Parteien in Erscheinung treten lassen. Mir schiene es möglich, das jetzt zu machen. Dazu müßte ein Initiativantrag beider Parteien eingebracht werden. Es könnte vielleicht morgen mit Unterbrechung der Nationalratssitzung geschehen.

Dann wäre ein Zusammenhang mit dem Marshallplan überhaupt nicht gegeben.

BM Dr. G r u b e r: Der Zusammenhang ist aber für jedermann sichtbar.

BM Dr. Z i m m e r m a n n: Diese 600 Millionen würden dann praktisch aus dem Fonds gedeckt.

BM Dr. G r u b e r: Politisch ist diese Vorgangsweise aber äußerst ungünstig. Man sollte erwägen, ob es nicht mit dem Hauptausschuß zu machen wäre, u. zw. daß das außerordentliche Budget gedeckt wird und dadurch Beträge für die Subsidien frei werden.

---

[31] Dr. Ludwig Kleinwächter, ab 13. Februar 1946 a.o. Gesandter und bev. Minister in Washington, ab 8. Dezember 1947 in Mexiko mitbeglaubigt.

[32] Die Zeitangabe *10.30* Uhr wurde handschriftlich eingefügt. Allerdings handelte es sich vermutlich um einen Irrtum, da der Sitzungsbeginn ebenfalls mit 10 Uhr 30 angegeben wurde.

[33] Richtig: allocations. Gemeint waren die von den USA im Rahmen der Marshallplanhilfe für Lieferungen zur Verfügung gestellten Waren, die in Vierteljahresprogrammen zusammengestellt wurden (allocations). Vgl. dazu Zehn Jahre ERP in Österreich 1948/1958. Wirtschaftshilfe im Dienste der Völkerverständigung. Herausgegeben von der Österreichischen Staatsdruckerei unter Mitwirkung des Bundespressedienstes und Benützung von Unterlagen des Bundeskanzleramtes – Sektion für wissenschaftliche Koordination, Wien 1958, S. 49.

[34] Extraordinarium: die im Bundesvoranschlag enthaltenen außerordentlichen Ausgaben.

[35] Zum Marshallplan vgl. Anmerkung 6 in MRP Nr. 116.

BK: Die Amerikaner wollen die Subsidien nicht aus dem Fonds geben, sondern sagen, wir sollen sie aus unserem Budget nehmen. Was wir dabei aus dem Budget hergeben müssen, wollen sie dann aus dem Fonds decken.

BM Dr. Z i m m e r m a n n: Der Eindruck aus der Besprechung mit Mister Marget war der, daß er es in den Vereinigten Staaten nicht anders durchsetzen kann.

BM Dr. K r a u l a n d: Ich halte nicht dafür, daß man den anderen Weg forciert. Wir werden dabei nichts erreichen und sollten daher keine Schwierigkeiten machen.

VK: Mir scheint, daß es mit dem ständigen Unterausschuß des Hauptausschusses gemäß Artikel 18 der Bundesverfassung möglich sein sollte, u. zw. durch eine Notverordnung des Bundespräsidenten. Der VK bringt den Artikel 18 der BV. zur Verlesung.[36]

Eine Änderung des Budgets scheint mir auf diese Weise ohne weiteres möglich.

BM Dr. K r a u l a n d hält dies für sehr aufsehenerregend.

BM Dr. Z i m m e r m a n n: Es ist sehr auffallend.

BM H e l m e r: Aber eine Parlamentssitzung nach dem 9. 7. wäre noch auffälliger.

BM Dr. G r u b e r bespricht die Frage, ob man nicht die UNRRA[37]-Konten[38] für diesen Zweck heranziehen könnte: Wenn wir jetzt in letzter Minute das Parlament noch zusammenberufen, wäre in etwa 4 Wochen, in der Sommerzeit, eine höchst unerwünschte Unruhe.

---

36 Der Artikel liegt dem Protokoll nicht bei. Artikel 18, Abs. (3) des Bundes-Verfassungsgesetzes in der Fassung von 1929 (BGBl. Nr. 1/1930) besagt: „Wenn die sofortige Erlassung von Maßnahmen, die verfassungsgemäß einer Beschlußfassung des Nationalrates bedürfen, zur Abwehr eines offenkundigen, nicht wieder gutzumachenden Schadens für die Allgemeinheit zu einer Zeit notwendig wird, in der der Nationalrat nicht versammelt ist, nicht rechtzeitig zusammentreten kann oder in seiner Tätigkeit durch höhere Gewalt behindert ist, kann der Bundespräsident auf Vorschlag der Bundesregierung unter seiner und deren Verantwortlichkeit diese Maßnahmen durch vorläufige gesetzändernde Verordnungen treffen. Die Bundesregierung hat ihren Vorschlag im Einvernehmen mit dem vom Hauptausschuß des Nationalrates einzusetzenden ständigen Unterausschuß (Art. 55, Abs. 2) zu erstatten. Eine solche Verordnung bedarf der Gegenzeichnung der Bundesregierung."

37 Die United Nations Relief and Rehabilitation Administration (UNRRA) widmete sich als Vorgängerin der International Refugee Organization (IRO) vor allem der Bewältigung der Probleme auf dem Gebiet der Flüchtlingsbetreuung. Bis Mitte 1947 versorgte sie Österreich mit wichtigen Importlieferungen, in erster Linie mit Lebensmitteln, im Gesamtwert von ca. 136 Millionen Dollar. Die aus dem Verkauf dieser Lieferungen erzielten Schillingerlöse beliefen sich auf 790 Millionen Schilling. Vgl. Hans Seidel, Österreichs Wirtschaft und Wirtschaftspolitik nach dem Zweiten Weltkrieg, Wien 2005, S. 288. Zu den Aufgaben und Zielsetzungen der UNRRA vgl. U.N.R.R.A. Eine Internationale Hilfsorganisation. Herausgegeben vom Informationsbureau der UNRRA Mission in Österreich, Wien 1946; Wilfried Mähr, Von der UNRRA zum Marshallplan. Die amerikanische Finanz- und Wirtschaftshilfe an Österreich in den Jahren 1945–1950, phil. Diss., Wien 1985; weiters BGBl. Nr. 116, Vertrag zwischen der Österreichischen Regierung und der UNRRA zur Unterstützung der Bevölkerung Österreichs durch Hilfs- und Wiederaufbau-Lieferungen sowie durch Dienstleistungen, ausgegeben am 3. August 1946.

38 Durch Artikel V des österreichischen UNRRA-Abkommens war ein Fonds geschaffen worden, in den der Nettogegenwert der Erlöse aus dem Verkauf der UNRRA-Hilfslieferungen eingezahlt werden mußte. Diese Gelder waren für Hilfs- und Wiederaufbauzwecke zu verwenden. Der Fonds sollte ursprünglich für fünf Jahre gesperrt sein, man begann jedoch schon 1948, auf diese Mittel zuzugreifen. Vgl. dazu Mähr, Von der UNRRA zum Marshallplan, S. 88, S. 107 f und S. 411 f. Aktenmaterial zur Verwendung der UNRRA-Erlöse für die Jahre 1947 und 1948 findet sich in AdR, BMF, Kreditsektion, GZl. 21.206/1947, Verwendung der UNRRA Erlöse, sowie GZl. 5.420/1948, Verwendung der UNRRA Erlöse. Umfangreiche Korrespondenz zwischen den UNRRA-Behörden und der österreichischen Regierung findet sich in AdR, BKA, Verbindungsstelle, Sign. XXVII Unrra. Zum UNRRA-Fonds bzw. zur Verwendung der UNRRA-Erlöse vgl. auch MRP Nr. 68/1 g vom 13. Mai 1947, MRP Nr. 82/6 vom 7. Oktober 1947, MRP Nr. 84/5 b vom 21. Oktober 1947, MRP Nr. 85/5 vom 29. Oktober 1947, MRP Nr. 96/7 c vom 20. Jänner 1948, MRP Nr. 103/Beschlußprotokoll Punkt 2 m vom 9. März 1948, MRP Nr. 104/5 vom 16. März 1948, MRP Nr. 107/9 vom 13. April 1948,

BM Dr. Z i m m e r m a n n: Die Amerikaner erklären, dieser UNRRA-Fonds gehe sie nichts an; sie wären nicht dagegen.

Das sind aber nur 500 Millionen, während wir 600 Millionen brauchen. Eine zweite Frage ist die, wann wir die Zustimmung der UNRRA-Vertreter zur Verwendung dieser Gelder bekommen werden.

BM Dr. K r a u l a n d fürchtet, dies werde sehr lange dauern.

BM Dr. Z i m m e r m a n n: Es dauert einige Monate.

BM Dr. G r u b e r: Wenn die Bundesregierung diese Maßnahme durchführt, werden wir sie mit allem Nachdruck betreiben.

VK: Verfassungsrechtlich scheint die Sache dahin geklärt, daß sie durch eine Notverordnung des Bundespräsidenten geregelt werden kann. Ich betrachte sie jetzt einzig und allein vom optisch-politischen Gesichtspunkt aus. Jetzt, nach dem Besuch Harrimans eine besondere Parlamentssitzung einzuberufen, scheint mir viel aufsehenerregender, als die Angelegenheit nach Auseinandergehen des Parlaments durch eine Notverordnung des Bundespräsidenten zu regeln, wobei man schon beide Seiten der Angelegenheit aufzeigen müßte, um der Bevölkerung die Sache ohne Beunruhigung mundgerecht zu machen.

BK: Eine Verschiebung von 8 Tagen hat keine Bedeutung. Machen wir es nächste Woche. Es wird jeder sehen, daß es sich nur um eine Verschiebung der Konten handelt.

BM Dr. K o l b: Der Hauptausschuß hat sich bei seiner Wahl zum ständigen Unterausschuß erklärt. Die Regelung gemäß Artikel 18 der BV. ist nur unter der Voraussetzung möglich, daß das Parlament nicht einberufen werden kann.

BK: Wegen solcher Formalitäten dürfen wir nicht an dem Problem vorbeigehen. Wir brauchen politische Ruhe. Wir können das Problem als solches nicht ändern, nachdem das Abkommen bereits unterzeichnet ist. Es handelt sich hier um ein bloß kontenmäßiges Changement[39] der Ziffern.

BM Dr. G r u b e r regt an, dies im Motivenbericht zum Ausdruck zu bringen.

BK pflichtet dem bei. Die Wirkung sei nur für den amerikanischen Kongreß berechnet, demgegenüber betont werden müsse, daß die Subsidien nicht aus dem Fonds sondern aus dem Budget genommen werden, wobei gleichzeitig der Betrag, der für die Subsidien aus dem Budget verwendet wird, aus dem Fonds zur Deckung des Budgets genommen wird. Die „Volksstimme" wird vielleicht etwas schreien, aber dann wird vollständige Ruhe sein.[40] Wenn wir aber eine Parlamentssitzung einberufen, wird es viel mehr Aufsehen erregen.

Sektionschef Dr. C h a l o u p k a: Die Verordnung muß aber trotzdem dem Parlament vorgelegt werden und wird deshalb zweimal behandelt. Der Unterausschuß des Hauptausschusses wird morgen konsultiert.

BK: Dann ist die Aufregung aber schon vorbei. Ein Kompromißvorschlag wäre folgender: Wir werden die Angelegenheit verfassungsrechtlich überprüfen. Kommen wir zu der Überzeugung, daß der Weg gangbar ist, machen wir es mit dem ständigen Unterausschuß. Sollten die Verfassungsjuristen jedoch Bedenken haben, bitte ich, die Angelegenheit dem Vizekanzler und mir zu überlassen.

MRP Nr. 108/16 d vom 20. April 1948, MRP Nr. 110/10 vom 4. Mai 1948, MRP Nr. 122/15, MRP Nr. 127/7 vom 5. Oktober 1948; weiters WMK Nr. 52/1 vom 10. Mai 1948.

39 Changement („Changement de compte"): Umbuchung.

40 Im Einklang mit der allgemeinen sowjetischen Propagandalinie zum Marshallplan erschienen in der „Österreichischen Volksstimme" regelmäßig negative Äußerungen. Für zeitnahe Beispiele vgl. etwa Österreichische Volksstimme, 9. Juli 1948, S. 2 „Marshall-Plan führt immer tiefer ins Elend. Für dieses Jahr nur mehr 19 Millionen Dollar vorhanden"; 13. Juli 1948, S. 2 „Marshall-Plan garantiert dem amerikanischen Kapital freie Bahn in Europa"; 18. Juli 1948, S. 1 f „Marshall-Vertrag und Souveränität".

BM Dr. G r u b e r meint, wenn es gelänge, Gelder des UNRRA-Fonds flüssig zu machen, überhaupt keine parlamentarische Maßnahme notwendig wäre, höchstens im Herbst. Wir würden uns schon mit den UNRRA-Leuten in Verbindung setzen.

BK: Wir werden also die Angelegenheit prüfen, ob sie mit dem ständigen Unterausschuß und der Notverordnung des Bundespräsidenten zu machen ist und werden uns in den nächsten Tagen bemühen, auch die UNRRA-Fonds-Gelder flüssig zu machen. Die Verhandlungen mit Mr. Marget werden in den nächsten Tagen noch weitergeführt.

Der Ministerrat erklärt sich mit der Vorgangsweise im Sinne obiger Ausführungen einverstanden.[41]

2

Personalangelegenheiten[42]

Die Anträge werden ohne Debatte angenommen. Siehe Beschlußprotokoll Nr. 119, Pkt. 4–9.

3

Einbürgerungen

Über Antrag des Bundesministers für Inneres beschließt der Ministerrat ohne Debatte, die Verleihung der österreichischen Staatsbürgerschaft an die im Verzeichnis Nr. 107 angeführten 134 Personen als im Interesse des Staates gelegen zu bezeichnen.[43]

4

Einverleibung der Katastralgemeinde Eichberg in die Gemeinde Kleinschlag

Nach einem Bericht des Bundesministers für Inneres, Zl. 62.863-8/48[44], betreffend Abtrennung der Katastralgemeinde Eichberg von der Gemeinde Gräflerviertl und Einverleibung in die Gemeinde Kleinschlag – Abänderung der Gerichtsbezirksgrenzen – beschließt der Ministerrat ohne Debatte antragsgemäß.

5

Anrechnung von Vordienstzeiten für die Vorrückung in höhere Bezüge bei den Beamten der Österr. Bundesbahnen

BM für Verkehr Ü b e l e i s berichtet an Hand des Ministerratsvortrages, Zl. 2.898-1[45], über den Entwurf einer Kundmachung, betreffend Anrechnung von Vordienstzeiten für die Vorrückung in höhere Bezüge bei den Beamten der Österr. Bundesbahnen.

---

41 Vgl. weiter MRP Nr. 120/1 c.

42 Beilage 2: Personalangelegenheiten (1 Seite). Vgl. das Beschlußprotokoll.

43 Beilage 3: BMI, (ohne Aktenzahl) Ministerratsvortrag (1 Seite); Verzeichnis Nr. 107 (23 Seiten). Die im beiliegenden Verzeichnis angeführten Personen bedurften zur Erlangung der österreichischen Staatsbürgerschaft eines Beschlusses der Bundesregierung gemäß § 5, Abs. (1), Z. 3, des Staatsbürgerschaftsgesetzes vom 10. Juli 1945, StGBl. Nr. 60, nach dem die Verleihung bei mangelndem vierjährigem Wohnsitz im Staatsgebiet nur dann ausgesprochen werden durfte, wenn die Bundesregierung sie als im Interesse des Staates gelegen bezeichnete. Weiterführendes Material zu den Staatsbürgerschaftsangelegenheiten findet sich in AdR, BMI, Abteilung 8.

44 Beilage 4: BMI, Zl. 62.863-8/1948 Ministerratsvortrag (1 ½ Seiten); Kundmachung der Steiermärkischen Landesregierung (½ Seite). Die steiermärkische Landesregierung hatte am 4. September 1947 beschlossen, die zur Ortsgemeinde Gräflerviertl (Gerichtsbezirk Hartberg) gehörige Katastralgemeinde Eichberg von ersterer abzutrennen und der Ortsgemeinde Kleinschlag (Gerichtsbezirk Vorau) einzuverleiben. Beide Ortsgemeinden lagen im politischen Bezirk Hartberg. Da durch die Änderung der Gemeindegrenzen die Grenzen der Gerichtsbezirke Hartberg und Vorau berührt wurden, bedurfte der Beschluß der Steiermärkischen Landesregierung gemäß § 8, Abs. (5), lit. d des Übergangsgesetzes vom 1. Februar 1920 in der Fassung des BGBl. Nr. 368/1925 der Zustimmung der Bundesregierung.

45 Beilage 5: BMV, Generaldirektion der österreichischen Bundesbahnen, Zl. 2.898 Ministerratsvortrag

Der Ministerrat beschließt ohne Debatte, die im Entwurf beiliegende Kundmachung gem. dem Gesetz vom 13. April 1920, StGBl. Nr. 180[46], zur Einholung der Zustimmung des Hauptausschusses des Nationalrates dem Präsidenten des Nationalrates[47] zu übermitteln.

6

Änderung der österr. Postordnung und Postgebührenordnung

BM für Verkehr Übeleis berichtet an Hand des Ministerratsvortrages, BM Zl. 15.578/1948[48], über den Entwurf einer Verordnung, womit einige Bestimmungen der österreichischen Postordnung und Postgebührenordnung ergänzt und abgeändert werden, und nimmt die Richtigstellung eines Druckfehlers im 1. Absatz der Beilage 2 vor, wo es in der 3. Zeile „Beförderungsgebühren" statt „Beförderungsvorschriften" lauten soll.

Der Ministerrat beschließt ohne Debatte, unter Berücksichtigung der Abänderung dem Entwurf zuzustimmen und ihn dem Präsidenten des Nationalrates behufs Weiterleitung an den Hauptausschuß zur Genehmigung der in den §§ 48 und 50 der Postordnung sowie im § 2, Z. 14 und 15, der Postgebührenordnung enthaltenen Gebührenänderungen vorzulegen.[49]

(1 Seite); Kundmachungsentwurf (6 ½ Seiten); Erläuternde Bemerkungen (½ Seite). Durch die auf Grund des § 22 des Gehaltsüberleitungsgesetzes (BGBl. Nr. 22/1947) erlassene Vordienstzeitenverordnung (BGBl. Nr. 73/1948), war die Anrechnung einer vor der Anstellung in einem öffentlichen oder nichtöffentlichen Dienstverhältnis, in einem freien Beruf oder in Ausbildung für den Dienst nach Vollendung des 18. Lebensjahres zugebrachten Zeit für die Erlangung höherer Bezüge bei den Bundesbeamten geregelt worden. § 11, Abs. (2) der Besoldungsordnung für die Beamten der Österreichischen Bundesbahnen, BGBl. Nr. 263/1947, enthielt die Feststellung, daß die Anrechnung von Vordienstzeiten für die Erlangung höherer Bezüge bei den Beamten der Österreichischen Bundesbahnen besonders geregelt werden sollte. Der Entwurf dieser Regelung war Gegenstand mehrerer Besprechungen mit dem Bundeskanzleramt und dem Bundesministerium für Finanzen gewesen und lehnte sich vollständig an die für Bundesbeamte geltenden Bestimmungen an. Zur Inkraftsetzung war die Zustimmung des Hauptausschusses des Nationalrates erforderlich.

46 StGBl. Nr. 180, Gesetz vom 13. April 1920 über die Mitwirkung der Nationalversammlung an der Regelung von Eisenbahntarifen, Post-, Telegraphen- und Telephongebühren und Preisen der Monopolgegenstände sowie von Bezügen der in staatlichen Betrieben Beschäftigten, ausgegeben am 25. April 1920.

47 Leopold Kunschak, 19. Dezember 1945 bis 13. März 1953 Nationalratsabgeordneter und Erster Präsident des Nationalrates, ÖVP.

48 Beilage 6: BMV, Generaldirektion für die Post- und Telegraphenverwaltung, BM. Zl. 15.578/1948 Ministerratsvortrag (1 ½ Seiten); Gegenüberstellung (12 Seiten); Verordnungsentwurf (10 ½ Seiten); Begründung und Erläuterung (6 Seiten). Im Zusammenhang mit dem fortschreitenden Wiederaufbau der Postanstalt hatte sich herausgestellt, daß verschiedene Bestimmungen der mit Verordnung des Bundesministeriums für Verkehr vom 21. November 1946, BGBl. Nr. 205/1946, wiederhergestellten Postordnung und der mit Verordnung des Bundesministeriums für Verkehr vom 21. November 1946, BGBl. Nr. 206/1946, verlautbarten Postgebührenordnung abänderungs- oder ergänzungsbedürftig waren. Die beiliegende Gegenüberstellung enthält die beabsichtigten Änderungen und Ergänzungen. Die Verordnung wurde mit den hier beantragten Änderungen ausgegeben: BGBl. Nr. 153, Verordnung des Bundesministeriums für Verkehr vom 19. Juli 1948, womit einige Bestimmungen der österreichischen Postordnung und Postgebührenordnung ergänzt und abgeändert werden, ausgegeben am 19. August 1948.

49 Vgl. dazu AdR, BKA, Sektion II, Sign. 40, GZl. 66.864/1948, Zl. 74.394-2b/1948, Verordnung des Bundesministeriums für Verkehr, womit einige Bestimmungen der österreichischen Postordnung und Postgebührenordnung ergänzt und abgeändert werden.

7

Internationale Konferenz der UN für Nachrichtenfreiheit[50]

Nach einem Bericht des BM für Justiz Dr. G e r ö, JMZl. 11.536/48[51], im Einvernehmen mit dem Bundesminister für die Auswärtigen Angelegenheiten, betreffend die Stellungnahme der österr. Bundesregierung zu den Beschlüssen der Internationalen Konferenz der UN für Nachrichtenfreiheit, beschließt der Ministerrat ohne Debatte antragsgemäß.[52]

---

50 Vom 23. März bis zum 21. April 1948 hatte in Genf auf Initiative der Philippinen eine Internationale Sonderkonferenz der Vereinten Nationen für Presse- und Nachrichtenfreiheit (United Nations Conference on Freedom of Information and Freedom of the Press) stattgefunden, die von einem Unterausschuß der UNO seit Mai 1947 vorbereitet worden war. Dabei sollte es vor allem um die Feststellung gehen, „welche Rechte und Verpflichtungen und welche praktischen Richtlinien in dem Begriff der Nachrichten-Freiheit eingeschlossen sein sollen". Vgl. Die Zeit, 14. Mai 1947, S. 1. Die Konferenz erarbeitete vor allem drei Entwürfe für internationale Konventionen: Erstens die Konvention über ein Berichtigungsrecht zwischen den Nationen, zweitens die Konventionen über die Grundlagen der Informationsfreiheit und drittens die Konvention über das Sammeln und die internationale Verteilung von Informationen. Die Konferenz erarbeitete weiters 50 Resolutionen und zahlreiche Empfehlungen für jene UN-Arbeitsgruppe, die gleichzeitig an der Menschenrechtsdeklaration arbeitete, allerdings zeigten sich schon deutliche Differenzen zwischen den USA und der Sowjetunion. Die USA vertraten den prinzipiellen Standpunkt, daß Informationsfreiheit eine Grundbedingung aller anderen Freiheiten und Rechte sei. Die Sowjetunion dagegen vertrat den Standpunkt, daß die Menschenrechte und das Recht auf freie Meinungsäußerung erst dann verwirklicht werden könnten, wenn alle Massenmedien dem Frieden dienen würden. Auf der folgenden UNO-Vollversammlung im Dezember 1948 konnte daher keine der ausgearbeiteten Konventionen angenommen werden. Unter den Bedingungen des beginnenden Kalten Krieges wurde lediglich jene Konvention, die ein Berichtigungsrecht zwischen den Nationen vereinbarte, 1953 wirksam, allerdings wiederum nur für jene wenigen Länder, die die Konvention ratifizierten. Der einzige bleibende Erfolg der Konferenz bestand darin, daß ein eigener Artikel über Informationsfreiheit als „Artikel 19" in die „Allgemeine Erklärung der Menschenrechte" eingefügt wurde. Vgl. Walter Rudolf, Informationsfreiheit und Satellitenrundfunk im Völkerrecht, in: Walther Fürst u. a. (Hg.), Festschrift für Wolfgang Zeidler, 2 Bände, Berlin 1987, S. 1869–1884, hier S. 1869 f.

51 Beilage 7: BMJ, JMZl. 11.536/1948 Ministerratsvortrag (1 ¼ Seiten); Stellungnahme der österreichischen Bundesregierung (2 ½ Seiten). In der Sitzung vom 29. Juni 1948 (MRP Nr. 118/14 a) hatte der Ministerrat auf Antrag des Bundesministers für die Auswärtigen Angelegenheiten einer österreichischen Stellungnahme zu den Beschlüssen der Internationalen Konferenz der Vereinten Nationen für Nachrichtenfreiheit zugestimmt und das Bundeskanzleramt/Auswärtige Angelegenheiten beauftragt, diese dem Generalsekretär der UN zu übermitteln. Nachträglich hatte sich jedoch die Notwendigkeit ergeben, in die Stellungnahme der Bundesregierung noch den Hinweis aufzunehmen, daß der Entwurf der Konvention über die Informationsfreiheit vom Standpunkt des österreichischen Strafrechtes aus beurteilt noch in einigen Punkten modifiziert werden müsse. So sollte Artikel 2 des Entwurfes ergänzt werden, da eine Prüfung der in Österreich geltenden Rechtsvorschriften ergeben habe, daß eine Reihe von Strafbestimmungen Einschränkungen des Rechts auf freie Meinungsäußerung postuliere, die durch die Ausnahmebestimmungen des Art. 2, Abs. (1) des Entwurfes nicht zur Gänze gedeckt erschienen, auf die jedoch im Interesse des Staates sowie der öffentlichen Ordnung und Sicherheit nicht verzichtet werden könne. Es wurde daher angeregt, „die erschöpfende Aufzählung der Ausnahmebestimmungen entweder durch eine beispielsweise zu ersetzen oder sie durch die weitere Bestimmung zu ergänzen, daß die im Art. 1, lit. a, c und d angeführten Freiheiten auch durch Verbote und Strafdrohungen eingeschränkt werden können". Dieser Vorschlag galt auch für Art. 17 des Projektes eines Paktes über die Menschenrechte.

52 Eine Sammlung von Dokumenten zur österreichischen Beteiligung an der Konferenz und ihrer Vorbereitung findet sich in AdR, BKA/AA, II-pol 1948, UNO 7, GZl. 110.551/1948, Internationale Konferenz der UN, Genf März 1948. Vgl. weiters MRP Nr. 98/11 a vom 3. Februar 1948, MRP Nr. 103/1 f vom 9. März 1948 und MRP Nr. 118/14 a.

8

Besatzungskostendeckungsgesetz

BM für Finanzen Dr. Zimmermann berichtet über die Verhandlungen des in der letzten Ministerratssitzung zur Beratung dieser Frage eingesetzten Ministerkomitees, denen Minister Dr. Krauland wegen Verhinderung nicht beiwohnen konnte.[53] Das Komitee sei zu dem Ergebnis gelangt, dem Ministerrat zu empfehlen, er möge den Gesetzesentwurf der verfassungsmäßigen Behandlung durch die Organe der Bundesgesetzgebung zuführen. Die Wirkung des Gesetzentwurfes solle in erster Linie sein, zu dokumentieren, daß die Regierung die ernste Absicht habe, die Besatzungskosten, falls sie unverändert bleiben sollten, auf diesem Wege zu decken.

BM Dr. Hurdes: Ich weiß nicht, ob das dem entspricht, was wir uns in der letzten Sitzung vorgestellt haben. Wenn wir den Gesetzesentwurf einbringen, begeben wir uns des letzten Druckmittels. Ich glaube daher, daß man mit der Einbringung vorläufig noch zuwarten sollte.

BM Dr. Gerö: Das Komitee erwartet sich von der Einbringung im Parlament eine erhöhte propagandistische Wirkung, besonders auch auf das Ausland, sowie einen indirekten Druck auf die Alliierten und meint, daß ein Zurückhalten des Gesetzes die Sache nur weiter in Schwebe lassen würde. Wenn wir gar nichts machen, bleibt die Sache liegen.

VK: Ich glaube, der Vorschlag des Kollegen Hurdes hat sehr viel für sich. Ein vermittelnder Vorschlag wäre der, intern den Bundeskanzler zur Einbringung des Entwurfes zu ermächtigen, sodaß er den Ministerrat nicht neuerlich beschäftigen muß. In dem Kommuniqué über die heutige Sitzung sollte man aber mitteilen, daß sich der Ministerrat mit der Absicht der Einbringung beschäftigt, wenn er auch den Entwurf im Parlament noch nicht eingebracht hat.

BM Dr. Gerö meint, man könnte in dem Kommuniqué sagen, daß es dem Bundeskanzler überlassen wurde, den Zeitpunkt des Einbringens entsprechend dem Verhalten der Besatzungsmächte in der Besatzungsfrage zu bestimmen.

BM Dr. Gruber teilt mit, er habe eine Beschwerde wegen einer Karikatur in der „Wiener Tageszeitung"[54] bekommen, welche im Hinblick auf die Besatzungskosten einen Österreicher in einer Presse liegend darstellt, deren Schraube von den Alliierten angezogen wird.[55]

BM Dr. Krauland erinnert daran, daß der letzte Ministerrat vorgesehen habe, der Bundeskanzler solle mit den Besatzungsmächten noch einmal in Fühlung treten.

BM Dr. Hurdes: Vielleicht genügt es, im Ministerratskommuniqué den Bericht des Ministerkomitees zu bringen, demzufolge es keine andere Bedeckungsmöglichkeit als ein

---

53 Beilage 8: BMF, Zl. 46.309-9/1948 Ministerratsvortrag (1 ¼ Seiten); Gesetzesentwurf (3 ½ Seiten); Erläuternde Bemerkungen (1 ¼ Seiten). Der Inhalt der Beilage ist identisch mit dem der Beilage 6 des vorhergehenden Ministerratsprotokolls. Vgl. MRP Nr. 118/6.

54 Die „Wiener Tageszeitung" erschien ab 1947 mit dem Untertitel „Zentralorgan der Österreichischen Volkspartei". Ab Jänner 1950 lautete ihr Titel „Neue Wiener Tageszeitung", ab 1955 „Neue Österreichische Tageszeitung". Vgl. Kurt Paupié, Handbuch der österreichischen Pressegeschichte 1848–1959. Band I: Wien, Wien 1960, S. 106. Das Blatt wurde im Mai 1964 eingestellt.

55 Eine Information zu dieser Angelegenheit sowie ein Exemplar der entsprechenden Seite aus der „Wiener Tageszeitung" vom 1. Juli 1948 finden sich in AdR, BKA/AA, II-pol 1948, Österreich 6, GZl. 114.755-pol/1948, Karikatur in der Wiener Tageszeitung vom 1.7., Beschwerde der Engländer und Franzosen. Von britischer Seite wurde der gegenständlichen Karikatur, wie dem Akt zu entnehmen ist, ein „besonderer Mangel an Geschmack" konstatiert. Die Karikatur entspricht der hier im Ministerrat gegebenen Beschreibung. Der Hebel der erwähnten Presse, in die eine mit Steirerhut ausgestattete Figur eingespannt ist, trägt die Aufschrift „Besatzungskosten", der Sockel der Presse ist mit „Patent Befreiung" bezeichnet.

Gesetz und eine separate Steuer gibt, und in diesem Zusammenhang zu sagen, daß es dem Bundeskanzler überlassen wurde, je nach dem Gang der Verhandlungen mit den Alliierten den Zeitpunkt für die Einbringung des Entwurfes im Parlament festzulegen.[56]

Der BK faßt zusammen:

Der Bundeskanzler wird also beauftragt, nach Maßgabe der Ergebnisse der Verhandlungen im gegebenen Zeitpunkt den Gesetzesentwurf dem Parlament zuzuleiten.

Der Ministerrat erklärt sich damit einverstanden.[57]

9

Mündliche Berichte

a

StS Graf berichtet, er habe während seines Aufenthaltes in Kärnten und Steiermark Beschwerden darüber erhalten, daß gerade in den letzten Tagen wieder eine große Menge von Gemüse aus den Nachbarstaaten, insbesondere aus Italien, eingeführt wurde, obwohl Kärnten und Steiermark einen Gemüseüberschuß haben. Er fragt den Ernährungsminister, wer den Auftrag dazu gab, ob diese Importe mit Devisen bezahlt werden und ob sie mit Genehmigung des Ernährungsministeriums erfolgen.

BM Sagmeister erklärt, er habe erfahren, daß das englische Element für seine Truppen Gemüse importiere und die Überschüsse an die österreichische Bevölkerung abgebe. Darüber hinaus habe jedes Bundesland die Möglichkeit, ein sogenanntes Globalkontingent einzuführen, wobei die eingeführten Posten nicht die RAD-Kommission[58] passieren müssen. Das Ernährungsministerium hat seit vielen Wochen Gemüse nur für Wien importiert, u. zw. nur Frühgemüsesorten, was zur Korrektur der inländischen Preise beitrage. Außerdem haben wir durch Handelsverträge auch Verpflichtungen zur Übernahme von Gemüse übernommen, so z. B. gegenüber Ungarn auf Übernahme von Obst und Gemüse im Wert von 150.000 Dollar.[59]

Der Minister zeigt an konkreten Beispielen auf, daß sich Spekulanten im großen Maße auf den Gemüseanbau verlegt haben. Jede Spekulation aber ist ein Risiko; so sind z. B. die Produzenten des Eferdinger Anbaugebietes[60], welche die Warnungen des Landwirtschaftsministers in die Luft geschlagen haben, vor einiger Zeit an uns um die Bewilligung herangetre-

---

56 Das in der „Wiener Zeitung" veröffentlichte Kommuniqué lautete: „Da das Ministerkomitee zur Überzeugung gelangt ist, daß es für die Besatzungskosten keine andere Bedeckungsmöglichkeit gibt als eine Sondersteuer, wurde der Gesetzesentwurf in der vorgelegten Fassung angenommen. Der Ministerrat ermächtigte den Bundeskanzler, die Einbringung des Gesetzes zu einem Zeitpunkt durchzuführen, zu dem die noch schwebenden Verhandlungen mit den Besatzungsmächten zu einem Gesamtüberblick geführt haben." Vgl. Wiener Zeitung, 7. Juli 1948, S. 1 „Sondersteuer für Besatzungskosten".

57 Zu den Diskussionen im Ministerrat über die Bezahlung der Besatzungskosten, die Einführung einer Besatzungssteuer und den Entwurf eines Besatzungskostendeckungsgesetzes vgl. MRP Nr. 115/1 d vom 8. Juni 1948, MRP Nr. 116/1 g, MRP Nr. 117/1 i, MRP Nr. 118/6, MRP Nr. 121/1 c, MRP Nr. 133/1 a vom 16. November 1948, MRP Nr. 134/1 c vom 23. November 1948, MRP Nr. 135/1 b vom 30. November 1948, MRP Nr. 138/1 g vom 21. Dezember 1948, MRP Nr. 141/1 g vom 18. Jänner 1949, MRP Nr. 142/1 b vom 25. Jänner 1949, MRP Nr. 144/10 h vom 8. Februar 1949, MRP Nr. 155/15 b vom 3. Mai 1949 und MRP Nr. 156/21 vom 10. Mai 1949.

58 Vermutlich war die Ein-, Aus- und Durchfuhrkommission (EAD) des Österreichischen Warenverkehrsbüros gemeint, die der Überprüfung von Außenhandelsgeschäften diente.

59 Am 19. März 1948 war in Wien ein Abkommen zwischen der Republik Österreich und der Republik Ungarn über den gegenseitigen Warenaustausch paraphiert worden. Vgl. MRP Nr. 106/Beschlußprotokoll Punkt 36 vom 6. April 1948. Aktenmaterial dazu findet sich in AdR, BKA/AA, Handel Ungarn, GZl. 131.177-Wpol/1948, Österr.-ungarische Wirtschaftsverhandlungen.

60 Eferding: Stadtgemeinde in Oberösterreich.

ten, Gemüse nach Deutschland exportieren zu dürfen, da sie in ihrer Spekulation überproduziert haben.

BM H e l m e r berichtet in diesem Zusammenhang, er habe anläßlich des Besuches der Polizeidelegation aus Triest[61] erfahren, daß nach Triest zeitweilig große Mengen bestimmter Warengattungen, so Zucker, Gemüse und Reis gebracht wurden, sodaß in Triest daran Überfluß bestehe. Es sei möglich, daß der Überschuß auf Schleichwegen nach Österreich gebracht werde. Er bespricht die Fleischversorgung in den Bundesländern, die ungleich besser als in Wien sei, und wendet sich im besonderen gegen gewisse Vorgänge im Lande Salzburg, wo es hoch an der Zeit sei, die sogenannten Importgesellschaften gründlichst zu untersuchen.

BM S a g m e i s t e r teilt mit, daß dies schon geschehen sei, doch wurden diese Gesellschaften durch die Landesregierung voll gedeckt.[62]

BM H e l m e r bittet den Bundeskanzler, Vorsorge für die Abhilfe dieser Zustände zu treffen, und betont, der Landeshauptmann von Salzburg[63] decke alle diese unlauteren Geschäfte. Hier müsse eingegriffen werden, da sonst die anderen Bundesländer korrumpiert würden. In bestimmten Ländern seien bewirtschaftete Waren frei erhältlich, und es komme vor, daß bei der Kontrolle an der Ennsbrücke größere Mengen von Wurst oder Fleisch beschlagnahmt würden.[64] Dieses Vorgehen der Bundesländer erwecke bei der Wiener Bevölkerung falsche Vorstellungen und könne sich einmal rächen.

StS G r a f betont, er habe nicht den Spekulanten das Wort reden wollen, im Gegenteil, wer seiner Anbaupflicht nicht nachkomme, solle zur Verantwortung gezogen werden. Seine Anfrage habe nur darauf abgezielt, daß diese Gemüseimporte zur Ersparung von Devisen eingedämmt werden müßten, zumal genügend heimisches Gemüse vorhanden ist. Es sei nicht ausgeschlossen, daß Großunternehmungen enge Beziehungen zu den Besatzungsmächten als Vorspann für unerlaubte Importe benützen.

Er ersucht den Ernährungsminister, die Zustimmung zu Importen nur für jene Waren zu geben, zu deren Einfuhr wir auf Grund von Handelsverträgen verpflichtet sind, aber auch in diesem Falle gäbe es die Ausgleichsmöglichkeit, Obst statt Gemüse einzuführen. Die Ermächtigung an die Länder, bestimmte Globalbeträge monatlich für eigene Geschäfte zu verwenden, sollte einer Korrektur unterzogen werden. Er berichtet, daß in Klagenfurt von der Polizei eine größere Menge Zucker beschlagnahmt wurde, die das Gericht aber wieder freigab, weil der Nachweis erbracht wurde, daß der Zucker legal in Salzburg gekauft worden war. Dadurch kommt die Polizei in eine untragbare Situation. Er bittet den Ernährungsminister um Beantwortung der Frage, ob auch in der letzten Woche noch beträchtliche Mengen an Gemüse eingeführt wurden.

BM S a g m e i s t e r: Nicht ein Kilogramm!

StS G r a f: Und es wurden keinerlei Devisen nach irgendeiner Richtung hin verwendet?

BM S a g m e i s t e r: Nein! Wir haben im Kompensationsweg nur für Wien etwas eingeführt, nicht aber für die Bundesländer.

StS G r a f: Kompensationen sind ja auch Devisen.

BM S a g m e i s t e r: Kärnten war für Wien in normalen Zeiten nie Gemüselieferant. Wir haben einmal Spinat aus Kärnten bekommen, mußten ihn aber, weil er verdorben war, wegwerfen. Der spekulative Gemüseanbau muß zu einer derartigen Situation führen. Außerdem müssen wir im Rahmen unserer Handelsverträge gewisse Mengen Gemüse importieren.

---

61 Vgl. dazu auch MRP Nr. 118/1 b.

62 Zu den Machenschaften der Importgesellschaften, insbesondere der „Commerziale Salzburger Großhandelsvereinigung Ges.m.b.H." in Salzburg, vgl. auch MRP Nr. 122/24 a.

63 Josef Rehrl, 22. Dezember 1947 bis 1. Dezember 1949 Landeshauptmann von Salzburg, ÖVP.

64 Die Stadt Enns in Oberösterreich war von 1945 bis 1955 von amerikanischen Truppen besetzt. Die Enns bildete die Demarkationslinie zwischen der sowjetischen und der amerikanischen Besatzungszone in Österreich.

Ich erkläre nochmals, daß wir für Kärnten kein Gemüse importiert haben, nur geringe Mengen für Wien. Im übrigen ist das Finanzministerium für diese Importe zuständig, da die Finanzlandesdirektionen die Zustimmung geben.

BM H e l m e r regt an, die Bewilligung zur Verwendung der monatlichen Globalbeträge zurückzuziehen.

BM K r a u s verweist auf seine Bemühungen, Klarheit über die Frage der Gemüseimporte zu erhalten, doch sei ihm dies nicht gelungen. Kürzlich sei er vor der Situation gestanden, daß 8 Waggon Frühkraut und 4 Waggon Erbsen in Klagenfurt einliefen. Die Klagenfurter versuchten, die Erbsen nach Leoben abzuschieben, doch standen dort bereits 3 Waggon aus dem Ausland, die nicht ausgeladen werden konnten. Auf der anderen Seite suchen die Eferdinger Produzenten um Bewilligung zur Ausfuhr von Gemüse in die Bi-Zone Deutschlands[65] an. Jedes Land macht Sondergeschäfte, und es kommen Unmengen, nicht nur an Gemüse, sondern auch an Zucker, waggonweise herein. Diesen Importen müßte man auf den Grund gehen.

Der Minister berichtet, in Tirol stehe man auf dem Standpunkt, nachdem das Fleischkontingent erfüllt wurde, könne das Überkontingent frei verkauft werden; da nur die Preise für das Kontingent geregelt seien, könne man für das Überkontingent höhere Preise verlangen. Oberösterreich könne sich gegen die Vieheinkäufe Salzburgs nicht mehr wehren. Diesen Zustand haben wir abgestellt und der Landeshauptmann von Salzburg wurde persönlich verantwortlich gemacht. Aus den Bundesländern langen die unmöglichsten Anträge ein, so z. B. aus Kärnten, wo man Pferde nach Italien gegen Olivenöl eintauschen will. Dabei bekäme man aber für 2 kg Pferdefleisch nur 1 kg Olivenöl. Das sind untragbare Geschäfte. Beim Gemüseanbau treiben Spekulanten ihr Unwesen. Dabei könnte auf diesen Gründen Weizen sehr gut gedeihen. Eine Katastrophe wird im Absatz aber erst gegen Herbst eintreten u. zw. z. B. bei Gurken, Zwiebel und Spätgemüse.

Der Minister teilt mit, er habe den Bezirksbauernkammern bereits die Weisung erteilt, zu erheben, wer den Anbauplan nicht eingehalten hat, um diese Leute zur Verantwortung ziehen zu können. Das Finanzministerium müsse jetzt seinerseits die Importe überwachen.

BM Dr. Z i m m e r m a n n erklärt, die Beamten seines Ministeriums hätten wiederholt den Auftrag erhalten, gegen diese Gemüseeinfuhren zu kämpfen. Wenn die Engländer das Gemüse für sich ohne Einfuhrgenehmigung einführen, bedeutet das noch nicht die Ermächtigung, den Überschuß an die Zivilbevölkerung zu verkaufen. Wie sich die Angelegenheit in Klagenfurt verhält, weiß ich nicht, werde mich aber erkundigen. Da es sich aber um ganze Waggonsendungen handelt, können sie nur mit Einfuhrbewilligung hereinkommen; vielleicht stammen sie noch aus früher abgeschlossenen Geschäften. Ich werde es untersuchen lassen.

BM Dr. K o l b: Die Erwähnung der planmäßigen Aushungerung Wiens und der Kontrollen an der Ennsbrücke läßt den Vorwurf auf uns selbst zurückfallen. Wir müssen der Entwicklung Rechnung tragen und dürfen nicht den Rucksackverkehr kleinlich kontrollieren. Wenn sich jemand schon eine Kleinigkeit an Lebensmitteln erwerben konnte, soll es ihm die Gendarmerie nicht wegnehmen.

BM H e l m e r: Die Gendarmerie geht ja nach dem Gesetz vor!

BM Dr. K o l b: Das kann man vermeiden, wenn man von vornherein klare Weisungen gibt. Wir dürfen mit den Gesetzen nicht hinter der Entwicklung herhinken, sondern müssen dieser voraus sein. Bezüglich der Einfuhr wurde schon zu Beginn des Jahres 1946 erklärt, man werde Ordnung in die Sache bringen, wenn die Zoll-Linie festgelegt sei. Nun kommt auf Lastwagen, besonders über die westliche Zone, viel herein. Wenn es aber schon im Lan-

---

65 Bi-Zone: die 1947 zusammengeschlossene britische und amerikanische Besatzungszone in Deutschland.

de ist, soll man doch den Leuten den Ankauf nicht verbieten, sondern froh sein, wenn sie etwas bekommen. Diese Entwicklung können wir nicht aufhalten.

BM Dr. G r u b e r schließt sich dieser Meinung an. Es habe keinen Sinn, sich gegen eine Entwicklung zu stellen, die früher oder später auch auf Wien übergreifen wird. Die Agrarpreisregelung werde zu einer Änderung in dieser Hinsicht sehr beitragen.[66] Die Frage der Handelsverträge dürfte nicht rein theoretisch behandelt werden, da ja auch wir in Handelsverträge die Ausfuhr von im Inland nicht absetzbaren Gütern einzubauen versuchen. Wir bemühen uns außerordentlich, die Gemüse- und Obsteinfuhr in den Handelsverträgen einzudämmen, dies läßt sich jedoch nicht gänzlich durchführen. Der Minister warnt eindringlichst vor dem Versuche, den Ländern die freien Globalkontingente zu streichen, da sonst eine Anarchie auf diesem Gebiete eintreten werde. Eine gewisse Initiative müsse man den Ländern einräumen.

BM H e l m e r kann der Meinung des BM Dr. Gruber hinsichtlich der Globalbeträge nicht ganz beistimmen. Er verweist darauf, daß einzelne Bundesländer gegen Holz oder andere Ausfuhrprodukte z. B. Uhren aus der Schweiz oder andere Waren aus der Schweiz oder Italien eingeführt haben und von solchen Geschäften nicht ablassen wollen. Die Regierung müsse aber nach einem einheitlichen Grundsatz vorgehen. Solche Dinge müßten abzustellen sein. Sie seien nur dadurch möglich, daß zwischen den Landesfinanzdirektionen, den Zollbehörden und den einzelnen Unternehmungen brüderliches Spiel getrieben werde. Dies müsse man unterbinden.

BM Dr. Z i m m e r m a n n betont, bei so großen Mengen könne es sich nur um legale Einfuhrgeschäfte handeln.

BM Dr. G r u b e r unterstreicht diese Meinung.

BM H e l m e r: Wenn man diese Dinge abstellen will, so hat man die Möglichkeit, sie zu kontrollieren. Gegenüber der Meinung des Kollegen Dr. Kolb bezüglich des kleinen Rucksackverkehrs nach Wien möchte ich daran erinnern, daß wir diesen freigegeben haben, daß wir aber im Ministerrat geradezu angegriffen wurden, weil die Kontrolle zu lax durchgeführt wurde.[67] Der Polizeipräsident von Wien[68] steht gleichfalls auf dem Standpunkt nach größerer Toleranz. Es hat sich aber gezeigt, daß sich vor den Toren Wiens Groß-Schlächtereien eingerichtet haben, von denen das Fleisch mittels Rucksackes nach Wien geschleppt wird. Durch die Kontrolle des Rucksackverkehrs gehen diese Leute immerhin ein Risiko ein.

BM Dr. G r u b e r hebt hervor, daß besonders die westliche Grenze sehr sorgfältig kontrolliert wird. Er unterstreicht dies an dem Beispiel, daß die USIA[69] an 3 verschiedenen Stellen mit einer nicht bewilligten Schrottausfuhrsendung durchzukommen versuchte, was jedesmal mißlang.[70] Die Zollkontrolle funktioniere. Andererseits könne man von einem Kaufmann in Bregenz, der aus Lindau einige Schrauben braucht, nicht verlangen, daß er sich diese auf dem Umweg über Wien beschaffen müsse. Die bewilligten Globalkontingente seien so gering, daß sie nicht ins Gewicht fielen. Man sollte die bisherige Methode beibehalten.

BM Dr. Z i m m e r m a n n hält es für sehr fraglich, ob diese beanstandeten Waggons Gemüse in Wahrheit nicht eine sehr geringe Menge seien und nur von den Betroffenen zu einer unverhältnismäßig großen Menge aufgebauscht würden. Er werde der Angelegenheit

66 Zur Regelung der Agrarpreise und speziell des Milchpreises vgl. auch MRP Nr. 101/4 vom 24. Februar 1948, MRP Nr. 106/13 vom 6. April 1948, MRP Nr. 107/Beschlußprotokoll Punkt 34 vom 13. April 1948, MRP Nr. 116/1 d, MRP Nr. 118/1 d und MRP Nr. 138/11 vom 21. Dezember 1948.

67 Vgl. dazu MRP Nr. 85/8 d vom 7. Oktober 1947.

68 Josef Holaubek, 1947 bis 1972 Polizeipräsident von Wien.

69 Zum USIA-Konzern vgl. Anmerkung 33 in MRP Nr. 116.

70 Zum Schrottverkauf durch die sowjetische Besatzungsmacht vgl. auch MRP Nr. 94/8 e vom 6. Jänner 1948, MRP Nr. 97/12 c vom 27. Jänner 1948 und MRP Nr. 108/16 h vom 20. April 1948.

nachgehen, doch könnten diese Sendungen sicher nur auf legalem Wege ins Land gelangt sein.

Der BK stellt resümierend fest, daß vor allem die Kontrolle über die waggonweise Einfuhr an der Grenze genauest überprüft werde. Außerdem werde auch die Zuteilung der Devisen genau überprüft werden und allenfalls sei zu erwägen, ob man nicht die Globalfreibeträge der Länder prüfen solle.

BM Dr. G r u b e r hält dies für unmöglich.

BM S a g m e i s t e r vertritt die Ansicht, die Globalkontingente seien nicht so erschrekkend groß, daß sie abgestellt werden müßten. Es sei jedoch festgestellt worden, daß über diese Summen durch Sonderabmachungen mit den Finanzdirektionen hinausgegangen werde. Auch durch den sogenannten Liebesgabenverkehr kommen namhafte Mengen nach Österreich. Der Minister stellt zur Erwägung, allenfalls selbst diese Liebesgabeneinfuhren zu bewerkstelligen.[71] Wir müssen dazu übergehen, den Schleichhandel auch positiv zu bekämpfen, indem wir selbst Importe durchführen, die wir wesentlich billiger gestalten könnten.

BM Dr. Z i m m e r m a n n: Die Regelung erfolgt auf Grund der genauen Weisungen, die an die Finanzlandesdirektionen ergangen sind und sehr genau eingehalten werden. Es ist möglich, daß diese unter einem Druck der Landesregierungen stehen und dadurch einzelne Fälle larger[72] behandelt werden. Ich bitte aber, von Pauschalverdächtigungen abzusehen und mir derartige Fälle bekanntzugeben, damit sie überprüft werden können. Dann wird man feststellen, was daran wahr ist, und auch die Gelegenheit zur Abstellung der Dinge benützen.[73]

b

BM Dr. Z i m m e r m a n n berichtet sodann über die Frage der Fleischverbilligung, in der auf Grund des letzten Ministerratsbeschlusses[74] unter seiner Führung langwierige Beratungen stattgefunden haben. Ihr Ergebnis war die allgemeine Meinung, daß die Finanzämter diese Sache nicht leisten können. Es fehlen die Grundlagen, und es wäre die Aufstellung eines eigenen großen Apparates notwendig. Außerdem würde wegen des großen Umfanges des von den einzelnen Finanzämtern zu betreuenden Gebietes eine rege Reisetätigkeit der in Frage kommenden Personen einsetzen. Die Beratungen führten zu dem Schluß, daß die Verbilligungsscheine nur durch das Ernährungsministerium im Wege über die Kartenstellen ausgegeben werden können, indem eine Art Zusatzkarte gegeben wird. Es könnten auch die Gemeindekassen eingeschaltet werden. Die Bezahlung könnte allenfalls auf dem Lande durch

---

71 Diverse Sachspenden wurden immer wieder für Schleichhandelszwecke mißbraucht. Im Mai 1948 hatte der „Österreichische Volkswirt" im Zusammenhang mit Schweizer Liebesgaben darauf hingewiesen, daß „mit der Not von Menschen aus Profitsucht Schindluder" getrieben werde. Mit Liebesgaben-Paketen, so forderte der „Volkswirt", sollten im Grunde genommen nur staatliche oder solche Organisationen handeln dürfen, „die Gewähr dafür bieten, daß überhaupt kein Verdienst auf Kosten wohltätiger Menschen möglich ist und auch nicht Fonds von sich unter bestimmten Bewegungen tarnenden politischen Parteien genährt werden". Vgl. Der Österreichische Volkswirt, 34. Jg., 2. Maiheft 1948, Nr. 14, S. 11 „Es ist erreicht!". Im August 1948 folgte ein weiterer Artikel. Es sei „fraglos ein öffentlicher Skandal", kommentierte der „Volkswirt" darin, „welcher Mißbrauch vom zünftigen Schleichhandel mit Paketen und Gutscheinen getrieben wird, und wie sich diese Sparte des Schwarzhandels ungünstig auf unsere Währung auswirkt". Vgl. Der Österreichische Volkswirt, 34. Jg., 1. Augustheft 1948, Nr. 23, S. 3 „Nach System Schilda". Vgl. weiters auch Der Österreichische Volkswirt, 34. Jg., 4. Novemberheft 1948, Nr. 39, S. 5 f „Liebesgabensendungen unerwünscht? Sie spielen eine bedeutende Rolle bei der Deckung des Defizites unserer Handelsbilanz". Vgl. in diesem Zusammenhang auch die Vorkommnisse rund um die Liebesgabenaktion „Hoffnung", MRP Nr. 150/9 c vom 22. März 1949 und MRP Nr. 171/10 d vom 13. September 1949.

72 Large: großzügig.

73 Vgl. weiter MRP Nr. 120/11 c.

74 Vgl. dazu MRP Nr. 118/1 d.

die Raiffeisenkassen[75] durchgeführt werden. Das Familieneinkommen ist überhaupt nicht feststellbar, da keine Grundlagen dafür vorhanden sind. Natürlich liegt seitens der Kartenstellen ein gewisser Widerstand vor, und das Ernährungsministerium scheut sich, sie mit Geldwertscheinen zu befassen.

BM S a g m e i s t e r teilt mit, vor wenigen Minuten habe ihn der Landeshauptmann von Oberösterreich[76] telefonisch angerufen und gefragt, wie die Angelegenheit der Viehpreise stehe; es werde Vieh angeliefert, und er könne den Leuten nicht sagen, wie es bezahlt werden soll. Die Vieh- und Fleischpreise mögen von hier aus rasch geregelt werden. Das Ernährungsministerium hat leider keine Möglichkeit, die Verbilligungsscheine auszugeben, da sie ja Geldwerte darstellen. Wir wollen eher die administrativen Agenden der Kartenstellen abbauen. In einer Weise könnten wir aber dem Finanzminister behilflich sein, indem wir nämlich Erhebungsarbeiten durch die Kartenstellen durchführen lassen. Es wird ungefähr drei Monate dauern, bis wir die ganze Verbilligungsaktion eingeleitet haben; in diesen drei Monaten müßte man mit einer Zwischenlösung operieren.

BM Dr. K r a u l a n d rät dem Finanzminister auf das dringendste davon ab, diese Sache aus der Hand zu geben, da dann der erforderliche Geldbetrag lawinenartig ansteigen werde. Er erinnert an die Freigabe der Beträge von 2.500 bezw. 3.500 S gemäß dem Währungsschutzgesetz.[77]

StS M a n t l e r fragt an, ob es nicht möglich wäre, diese Aktion durch einen Zuschlag zur Einkommensteuer durchzuführen, der ungefähr den erforderlichen Betrag ergeben müßte, und sie nicht nur auf die Fleischpreise, sondern auf alle Lebensmittel, die gestützt werden, abzustellen.

BM Dr. Z i m m e r m a n n: Dazu brauchen wir aber ein Gesetz und kommen in den Herbst hinein.

StS M a n t l e r: Eine Zwischenlösung muß ja ohnehin gesucht werden.

BM Dr. G r u b e r: Man sollte an den Beschlüssen nichts ändern. Der Finanzminister muß eben zusehen, wie er es macht. Wenn an der Sache gerüttelt wird, kommen wir mit einer Regelung bis in den Herbst hinein, die Aktion muß aber jetzt durchgeführt werden.

BK: Wir können die Wiener nicht warten lassen; sie müssen ihr Fleisch bekommen.

BM Dr. Z i m m e r m a n n verweist darauf, daß z. B. im Burgenland nur zwei Finanzämter bestehen, zu denen die Leute aus der weiten Umgebung um die Scheine kommen müßten.[78] Wie soll außerdem das Familieneinkommen kontrolliert werden, da es sich um nichtveranlagte Steuerpflichtige handelt.

---

75 1937 bestanden in Österreich 1.839 Raiffeisenkassen, 1.938 Warengenossenschaften und 15 Verbandsgenossenschaften (insgesamt 3.792), 1947 dagegen 1.752 Raiffeisenkassen, 2.338 Warengenossenschaften und 60 Verbandsgenossenschaften (insgesamt 4.150). Die Verringerung der Zahl der Raiffeisenkassen kam meist durch Zusammenlegungen zustande. Vgl. Der Österreichische Volkswirt, 34. Jg., 1. Novemberheft 1948, Nr. 36, S. 7 f „Der Ausbau der landwirtschaftlichen Genossenschaften – Weniger Raiffeisenkassen, mehr Warengenossenschaften als vor dem Kriege".

76 Dr. Heinrich Gleißner, 26. Oktober 1945 bis 2. Mai 1971 Landeshauptmann von Oberösterreich, ÖVP.

77 § 10 (1) des BGBl. Nr. 250, Bundesgesetz vom 19. November 1947 über die Verringerung des Geldumlaufs und der Geldeinlagen bei Kreditunternehmungen (Währungsschutzgesetz – W.Sch.G.), ausgegeben am 9. Dezember 1947, bestimmte u. a.: „Physische Personen, die bei Wirksamkeitsbeginn dieses Bundesgesetzes Inhaber von Sperrguthaben sind, können, sofern für sie die Voraussetzungen zur Verfügung über Sperrkonten gemäß § 13, Abs. (1), Punkt 1 a, des Schillinggesetzes vorliegen, binnen zwei Monaten nach Wirksamkeitsbeginn dieses Bundesgesetzes bei dem für sie zuständigen Finanzamt die einmalige Rückbuchung eines Betrages bis zu 2500 S oder, wenn ihr Haushalt aus mehr als zwei Personen besteht, bis zu 3500 S beantragen." Vgl. auch StGBl. Nr. 231, Gesetz vom 30. November 1945 über Maßnahmen auf dem Gebiete der Währung (Schillinggesetz), ausgegeben am 1. Dezember 1945.

78 Im Burgenland befanden sich Finanzämter in Eisenstadt und Oberwart.

BK: Die Nachweispflicht hat die Partei und nicht das Finanzamt, dieses hat nur zu kontrollieren.

BM Dr. G r u b e r meint, es handle sich in der Regel ohnehin nur um Lohnsteuerpflichtige mit Einkommen bis zu 1.000 S.

BM Dr. K o l b vertritt die Ansicht, daß nicht viele Leute der Begünstigung der Aktion teilhaftig werden würden und sich diese daher in dieser Art gar nicht lohne.

Er regt an, die Innung des Fleischergewerbes zu beauftragen, die Fakturen[79] des Lebendgewichtes der Finanzlandesdirektion vorzulegen, wodurch der ganze Apparat erspart würde.

BM Dr. G r u b e r hält dem entgegen, daß dann für das ganze Fleisch die Stützungssumme gezahlt werden müßte.

BM K r a u s: Wir müssen die Regelung jetzt durchführen, weil sonst alles ins Stocken kommt. Die Länder haben die neuen Ankaufspreise bereits mit 5. ds. M. in Kraft gesetzt. Es muß eine Zwischenlösung gefunden werden. Das ist nicht so kompliziert. Jeder Bewerber um einen Verbilligungsschein geht zum Finanzamt, weist dort sein Einkommen nach und bekommt den Schein. Wenn ihm die Reise zum Finanzamt zu weit ist, wird er eben auf den Schein verzichten. Den Nachweis muß selbstverständlich die Partei und nicht das Finanzamt führen.

VK sieht eine Schwierigkeit darin, daß die Finanzämter nur beschränkte Dienststunden haben.

BM Dr. Z i m m e r m a n n: Sie haben ja auch noch andere Agenden.

StS G r a f: Wir haben die schwierigen Preisverhandlungen abgeschlossen, und jetzt scheitert die Aktion daran, weil einige Herren des Finanzministeriums gesagt haben, es gehe nicht. Man muß sich eben den Kopf zerbrechen wie so etwas zu machen ist. Wir kommen durch diese bürokratischen Hemmungen ins Stocken. Diese Herren werden sich dann eben entschließen müssen, statt eines Aktes zwei Akte zu bearbeiten. Auf dem flachen Lande wird diese Angelegenheit nicht von Bedeutung sein, sondern praktisch nur in den Städten, wo es eine größere Zahl von Arbeitnehmern gibt. Hier kann das Bezirkssteueramt mit den Bürgermeistern zusammenarbeiten. Der St. Sekretär ersucht dringend, diese wichtige Sache nicht an bürokratischen Hemmungen scheitern zu lassen, und bittet den Finanzminister, doch noch einen gangbaren Weg zu suchen. Er sei auch der Meinung, daß nur ein ganz geringer Prozentsatz von der Begünstigung Gebrauch machen werde.

BM Dr. Z i m m e r m a n n: Sämtliche an den Beratungen teilzunehmenden Ressortbeamten haben sich in dem von mir vorgebrachten Sinne ausgesprochen.

BM Dr. H u r d e s ist der Ansicht, es müsse sogar innerhalb von drei Tagen möglich sein, die Verbilligungsscheine an die Bewerber gelangen zu lassen.

BM Dr. Z i m m e r m a n n betont die Notwendigkeit, nur ortsnahe Stellen mit der Aktion zu befassen.

BM Dr. K o l b meint, die Höhe des Fleischpreises sei noch nicht festgesetzt. Im letzten Ministerrat sei gesagt worden, wie sie zu errechnen sei, doch habe sich das Ernährungsministerium nicht daran gehalten.[80] Er hebt im einzelnen das Problem der Handelsspanne und des Schwundes hervor.

BM S a g m e i s t e r: Der Herr Bundeskanzler und der Herr Landwirtschaftsminister sind Zeugen dafür, was damals vom Präsidenten GRUBER der Fleischerinnung[81] erklärt wurde, daß nämlich die Schwundsätze absolut in der bisherigen Höhe verrechnet werden.

---

79 Faktur: Warenrechnung.

80 In der vorhergehenden Sitzung des Ministerrates war festgelegt worden: „Das Ernährungsministerium verpflichtet sich, bei der Durchrechnung darauf Rücksicht zu nehmen, daß die Fleischer in Wien, Linz und Graz die gesamte Umsatzsteuer überwälzen können, wobei in Wien auch die 70 Großschlächter eingerechnet werden." Vgl. MRP Nr. 118/1 d.

81 Zu „Präsident Gruber" konnte nichts Weiteres eruiert werden.

Der BK bestätigt dies.

BM S a g m e i s t e r erinnert daran, er habe im letzten Ministerrat darauf aufmerksam gemacht, daß, wenn die Fleischpreise geregelt werden, auch die Häutepreise geregelt werden müssen. Er habe sein Ministerium dahingehend unterrichtet, daß, wenn sich die Lebendviehpreise erhöhen, auch die Häutepreise erhöht werden müßten, die gegenüber den Weltmarktpreisen sehr tief stehen.

BM Dr. K o l b gibt zu, daß sich wohl an dem Prozentsatz des Schwundes nichts ändere, aber vom teuren Fleisch derselbe Prozentsatz mehr Schillinge als vom billigeren Fleisch ausmache. Das könne in der absoluten Spanne nicht enthalten sein.

Der BK stellt abschließend fest, daß bei Regelung der Fleischpreise auch diese Frage im Auge zu behalten sei und im übrigen noch in dieser Woche die Vorarbeiten für die Ausgabe der Verbilligungsscheine abzuschließen wären.[82]

Er schließt die Sitzung um 12 Uhr 30 Minuten.

---

82 Vgl. dazu weiters MRP Nr. 136 a vom 19. Dezember 1948.

Beschlußprotokoll Nr. 119 über die Sitzung des Ministerrates am 6. Juli 1948

1.) Der Bericht des Bundeskanzlers über den Verlauf der Schweizer Reise und die Grüße der Schweizer Bundesregierung an die Mitglieder der Österreichischen Bundesregierung wird zur Kenntnis genommen.

2.) Die Resolutionen und Mitteilungen:

a) Resolution des Ortsbauernrates von Maria Anzbach (übermittelt mit Schrb. d. N. Ö. Bauernbundes vom 24. 6. 1948, Dir. H./R./6.419), betreffend Aufhebung der Bewirtschaftung landw. Produkte, Erhöhung der Selbstversorgerquote in Mahlprodukten usw. und Anregung zur Abhaltung eines Bittgottesdienstes und zum Abbrennen von Höhenfeuern für die baldige Heimbeförderung aller Kriegsgefangenen;[83]

b) Resolution des Professorenkollegiums der Technischen Hochschule in Wien vom 21. Juni 1948, betreffend die Titelverleihung „Dr.-Ing.";[84]

c) Telegramm und Schreiben der Vereinigung Bombengeschädigter Steiermarks vom 1. Juli 1948, betreffend Nichtbesteuerung von Vermögensresten Bombengeschädigter – wie unversehrt gebliebene Vermögen;[85]

---

83 Die Resolution liegt dem Protokoll nicht bei. Sie findet sich in AdR, BKA, Präsidium, Sign. 46, GZl. 2.857-Pr.M/1948, Resolution des Ortsbauernrates von Maria Anzbach. Die Resolution enthält die in der am 20. Juni 1948 abgehaltenen Versammlung des Ortsbauernrates von Maria Anzbach aufgestellten Forderungen nach baldigster Aufhebung der Bewirtschaftung der landwirtschaftlichen Produkte, Erstellung angemessener Preise, Erhöhung der Selbstversorgerquote bei Mahlprodukten und nach entsprechender Zuteilung sämtlicher Lebensmittel je nach Wirtschaftsgröße.

84 Die Resolution liegt dem Protokoll nicht bei. Sie findet sich in AdR, BKA, Präsidium, Sign. 46, GZl. 2.886-Pr.M/1948, Resolution des Professorenkollegiums der Technischen Hochschule in Wien, betr. die Titelverleihung „Dr.-Ing." In der beiliegenden Resolution protestierte das Professorenkollegium der Technischen Hochschule in Wien dagegen, daß seine Vorschläge zu dem Gesetzesentwurf über die Verleihung des „Dr.-Ing." in wesentlichen Punkten nicht berücksichtigt worden seien. Das Professorenkollegium könne „in einem demokratischen Staate erwarten, daß es bei der Ausarbeitung von Gesetzesentwürfen, die das Gefüge des Hochschulunterrichtes wesentlich betreffen, in maßgebender Weise beigezogen wird", was in diesem Falle nicht geschehen sei. Es beantrage daher „die Rückverweisung des Gesetzesvorschlages an den Unterrichtsausschuß und neuerliche Beratung desselben, zumal das Professorenkollegium bei Beachtung demokratischer Grundsätze nicht gezwungen werden kann, gegen seinen Willen Maßnahmen durchzuführen, die den Anforderungen eines gedeihlichen Hochschulunterrichts und Forschungsbetriebes zuwiderlaufen und darüber hinaus das kulturelle Ansehen Österreichs gefährden". Die Einführung des akademischen Grades „Dr.-Ing." neben dem schon bestehenden Titel „Dr.-techn." bedeute eine „schreiende Ungerechtigkeit gegenüber jenen Personen, die sich diesen Titel ‚Dr.-techn.' durch schwierige Arbeit erworben haben". Völlig unannehmbar sei auch die Bestimmung, daß Ingenieure lediglich auf Grund eines Gesetzesbeschlusses rückwirkend den Titel eines Doktors bekommen könnten, „da es ein allgemeiner Grundsatz sei, daß akademische Grade nur auf Grund akademischer Prüfungen, nicht jedoch auf Grund von Staatsprüfungen verliehen werden können". Zur Schaffung eines entsprechenden Gesetzes und der Einführung des Titels „Dr.-Ing." kam es nicht.

85 Die Resolution liegt dem Protokoll nicht bei. Sie findet sich in AdR, BKA, Präsidium, Sign. 46, GZl. 504-Pr.M/1948, Telegramm der Vereinigung der Bombengeschädigten Steiermarks vom 1.7.1948, betr. Nichtbesteuerung von Vermögensresten Bombengeschädigter. In der Resolution wurde u. a. ausgeführt: „Wir erwarten [...], daß im kommenden Vermögensabgabegesetz ein Passus aufgenommen wird, demzufolge die Vermögensabgabe bei Bombengeschädigten zu ermäßigen und in schweren Fällen gänzlich zu streichen ist." Der Akt enthält einige weitere vergleichbare Resolutionen des genannten Verbandes früheren Datums. Vgl. dazu auch MRP Nr. 98/1 h vom 3. Februar 1948 und MRP Nr. 107/1 f vom 13. April 1948.

d) Protesttelegramm der Betriebsräte der Stadlauer Lederindustrie, Wien 22., vom 2. Juli 1948 gegen die Unterzeichnung des Marshall-Plan-Abkommens;[86]
e) Protestresolution der Sektion Jugend des Österr. Gewerkschaftsbundes der Hütte Donawitz, D/164/Jgd. Gew., vom 28. 6. 1948, betreffend Jugendschutzgesetz;[87]
f) Resolution der österr. Frauenbewegung an die Bundesregierung, betreffend die Verhaftung und Inhaftsetzung österreichischer Staatsbürger;[88]
g) Festsitzung des Nationalrates und des Bundesrates am 9. Juli 1948;
h) Empfang der Bundesregierung am 20. Juli 1948 für die aus Anlaß der Bundeskonferenz für Wohlfahrtswesen in Wien weilenden in- und ausländischen Fachleute;
i) Radiogramm aus Los Angeles, Calif., vom 6. 7. 1948, betreffend Auszeichnung der österr. Delegation bei der Konferenz des Internationalen Arbeitsamtes in San Francisco durch Wahl des Arbeitgebervertreters Dir. Dr. Fritz HOYNIGG zum stellvertretenden Mitglied des Verwaltungsrates des Internationalen Arbeitsamtes,[89]
verlesen bzw. bekanntgegeben durch den Herrn Bundeskanzler, werden zur Kenntnis genommen.

3.) Der Beschluß wird den beteiligten Ressorts übermittelt.

4.) Der Antrag des Bundeskanzlers auf Verleihung des Titels „Regierungsrat“ an den Oberamtsrat des Magistrates der Stadt Wien Adolf R e i c h e r t wird angenommen.

5.) Die Anträge des Bundesministers für die Auswärtigen Angelegenheiten
auf Ernennung zum Legationsrat 1. Klasse (Höherer Auswärtiger Dienst, Verwendungsgruppe A, Dienstpostengruppe II) im Personalstande des BKA – AA, mit dem Rang vom 1. 7. 1948, des
a) Legationsrates 2. Klasse Karl Z e i l e i s s e n, BKA – AA;
b) Legationsrates 2. Klasse Dr. Paul Wilhelm H e i n i n g e r, BKA – AA;
c) Legationsrates 2. Klasse Dr. Max A t t e m s, BKA – AA,
werden angenommen.

---

86 Die Resolution liegt dem Protokoll nicht bei. Sie findet sich in AdR, BKA, Präsidium, Sign. 46/3, GZl. 2.883-Pr.M/1948, Protesttelegramm der Betriebsräte der Stadlauer Lederindustrie vom 2.7.48 gegen die Unterzeichnung des Marshall-Plan-Abkommens. In dem Telegramm wurde u. a. behauptet, daß das Marshallplanabkommen die österreichische Wirtschaft unter die Kontrolle amerikanischer Imperialisten stelle und die österreichischen Betriebe dann nur noch das produzieren dürften, was der amerikanischen Konkurrenz genehm sei.

87 Die Resolution liegt dem Protokoll nicht bei. Sie findet sich in AdR, BKA, Präsidium, Sign. 46, GZl. 2.887-Pr.M/1948, Protestresolution der Sektion Jugend des Österr. Gewerkschaftsbundes der Hütte Donawitz vom 28. Juni 1948, betr. Jugendschutzgesetz. In der Resolution protestierte die „arbeitende Jugend der Hütte Donawitz [...] einstimmig gegen die Ablehnung und Mißachtung ihrer Forderungen“ bezüglich des Jugendschutzgesetzes und forderte „die Gesetzwerdung der 40 Stundenwoche, der 60 stündigen Freizeit und die gesetzliche Verankerung der Jugendvertrauensmänner“. Zum Jugendschutzgesetz vgl. auch MRP Nr. 83/11 vom 14. Oktober 1947, MRP Nr. 86/9 a vom 6. November 1947 und MRP Nr. 133/Beschlußprotokoll Punkt 3 d vom 16. November 1948.

88 Die Resolution liegt dem Protokoll nicht bei. Sie findet sich in AdR, BKA, Präsidium, Sign. 46, GZl. 2.986-Pr.M/1948, Resolution der Österr. Frauenbewegung vom 21. Juni 1948, betr. die Verhaftung und Inhaftsetzung österreichischer Staatsbürger. Die Eingabe der Österreichischen Frauenbewegung an die Bundesregierung enthält die Bitte an die Alliierten Mächte, Vorkehrungen zu treffen, „um die wachsende Unruhe und Panikstimmung in der Bevölkerung einzudämmen“, die durch unvermittelte Verhaftungen seitens der Besatzungsmächte entstanden sei.

89 Das Radiogramm liegt dem Protokoll nicht bei. Es konnte in den Beständen des AdR, BKA, Präsidium nicht eruiert werden. Zur 31. Konferenz des Internationalen Arbeitsamtes in San Francisco vgl. auch MRP Nr. 108/8 vom 20. April 1948, MRP Nr. 113/1 k vom 25. Mai 1948 und MRP Nr. 122/16.
Dr. Fritz Hoynigg, Jurist, Verwaltungsdirektor der Österreichisch-Alpine Montangesellschaft, 1948 bis 1950 österreichischer Arbeitgeber-Delegierter bei der Internationalen Arbeitsorganisation.

6.) Die Anträge des Bundesministers für Inneres
auf Ernennung zum wirkl. Hofrat der II. Dienstpostengruppe im Personalstande der Bundesbeamten des Amtes der oberösterr. Landesregierung des Oberregierungsrates, Hofrates
a) Ludwig S p a u n;
b) Dr. Johann S c h a l l e r;
c) auf taxfreie Verleihung des Titels „Hofrat" an den Leiter des Staatsarchivs beim Amte der Tiroler Landesregierung, Oberstaatsarchivar Dr. Karl D ö r r e r,
werden angenommen.

7.) Die Anträge den Bundesministers für soziale Verwaltung
a) auf taxfreie Verleihung des Titels „Obermedizinalrat" an den Med. Rat Dr. Oskar Z i m m e r - m a n n, Bürgermeister der Marktgemeinde Bad Hofgastein;
b) auf taxfreie Verleihung des Titels „Medizinalrat" an den prakt. Arzt Dr. Eduard A l l r a m in Ried i. I.
werden angenommen.

8.) Die Anträge des Bundesministers für Land- und Forstwirtschaft
a) auf Ernennung des Sektionsrates Tierarzt Dr. Adolf K a l u s c h zum Ministerialrat (II. DPGr.) im Personalstande des höheren Ministerialdienstes im Bundesministerium für Land- und Forstwirtschaft;
b) auf Verleihung des Titels „Ökonomierat" mit Nachsicht der Taxe an Franz S c h a f f e r, Landwirt in Fohnsdorf, Bezirk Judenburg,
werden angenommen.

9.) Die Anträge des Bundesministers für Handel und Wiederaufbau
auf Verleihung des Titels „Kommerzialrat" an
a) Jakob Z a l a u d e k, Bundesinnungsmeister der Drechslerinnung;
b) Rudolf U h e r e k, Feinmechaniker,
werden angenommen.

10.) Über Antrag des Bundesministers für Inneres beschließt der Ministerrat, die Verleihung der österreichischen Staatsbürgerschaft an die im Verzeichnis Nr. 107 des Bundesministeriums für Inneres angeführten 134 Personen als im Interesse des Staates gelegen zu bezeichnen.

11.) Nach einem Bericht des Bundesministers für Inneres, Zl. 62.863-8/48, betreffend Abtrennung der Katastralgemeinde Eichberg von der Gemeinde Gräflerviertl und Einverleibung in die Gemeinde Kleinschlag – Abänderung der Gerichtsbezirksgrenzen – beschließt der Ministerrat antragsgemäß.

12.) Nach einem Bericht des Bundesministers für Verkehr, Zl. 2.898-1, über den Entwurf einer Kundmachung, betreffend Anrechnung von Vordienstzeiten für die Vorrückung in höhere Bezüge bei den Beamten der Österreichischen Bundesbahnen, beschließt der Ministerrat, die im Entwurf beiliegende Kundmachung gem. dem Gesetz vom 13. April 1920, StGBl. Nr. 180, zur Einholung der Zustimmung des Hauptausschusses des Nationalrates dem Präsidenten des Nationalrates zu übermitteln.

13.) Nach einem Bericht des Bundesministers für Verkehr, BM. Zl. 15.578/1948, beschließt der Ministerrat – unter Berücksichtigung eines Druckfehlers (Beilage 2, 1. Abs., 3. Zeile ... „Postbeförderungsgebühren" anstatt „Postbeförderungsvorschriften" ...) –
a) der im Entwurf beigeschlossenen Verordnung, betreffend die Abänderung und Ergänzung einzelner Bestimmungen der Postordnung und Postgebührenordnung, zuzustimmen und
b) den Entwurf sodann dem Präsidenten des Nationalrates behufs Weiterleitung an den Hauptausschuß zur Genehmigung der in den §§ 48 und 50 der Postordnung sowie im § 2, Z. 14 und 15 der Postgebührenordnung enthaltenen Gebührenänderungen vorzulegen.

14.) Nach einem Bericht des Bundesministers für Justiz, JMZl. 11.536/48, im Einvernehmen mit dem Bundesminister für die Auswärtigen Angelegenheiten, betreffend die Stellungnahme der Österr. Bundesregierung zu den Beschlüssen der Internationalen Konferenz der UN für Nachrichtenfreiheit, beschließt der Ministerrat antragsgemäß.

15.) Nach einem Bericht des Bundesministers für Finanzen, Zl. 46.309-9/1948, über den Entwurf eines Bundesgesetzes, betreffend Maßnahmen zur Sicherung der Bedeckung der Besatzungskosten für das Jahr 1948 (Besatzungskostendeckungsgesetz), beschließt der Ministerrat, den Bundeskanzler zu ermächtigen, nach Maßgabe des Ergebnisses der Verhandlungen mit den in Frage kommenden Besatzungsmächten den Gesetzesentwurf zu einem ihm geeignet erscheinenden Zeitpunkt als Regierungsvorlage der verfassungsmäßigen Behandlung durch die Organe der Bundesgesetzgebung zuzuführen.

16.) Nach einem Bericht des Staatssekretärs im Bundesministerium für Inneres, betreffend die Gemüseeinfuhr vom Ausland trotz des Überschusses in einzelnen Bundesländern, beschließt der Ministerrat nach eingehender Debatte über die verschiedenen in den Bundesländern durchgeführten Importe – offenbar auf Grund der ihnen für diese Zwecke gewährten Globalsummen, die zuständigen Bundesminister zu beauftragen, der Notwendigkeit der Importe und der Grenzkontrolle zur Hintanhaltung unerwünschter Importe erhöhte Aufmerksamkeit zuzuwenden.

17.) Nach einem Bericht des Bundesministers für Finanzen, betreffend die Ausgabe der Fleischverbilligungsscheine (siehe Beschlußprotokoll Nr. 118, Pkt. 17d), beschließt der Ministerrat die Einsetzung eines Ministerkomitees, bestehend aus den Bundesministern Kraus, Sagmeister und Dr. Zimmermann, um bis zum Wochenende die Ausgabe der Fleischverbilligungsscheine zu ermöglichen.

18.) Der Ministerrat hat am 2. Juli 1948 im Zirkulationswege über Antrag des Bundesministers für die Auswärtigen Angelegenheiten, Zl. 114.786-Pol/48, betreffend Übereinkommen über die Länderbank[90], antragsgemäß beschlossen (Zl. 2.739-PrM/48).[91]

---

[90] Die im Jahr 1880 gegründete Zentraleuropäische Länderbank befand sich seit 1921 im Eigentum der Banque des Pays de l'Europe Centrale (BPEC) in Paris. Der Schwerpunkt ihrer Geschäftstätigkeit lag allerdings in Österreich. 1938 wurde die Länderbank, die mittlerweile nach den diversen Zusammenbrüchen und Fusionen anderer Großbanken nach der Credit-Anstalt als die zweitgrößte österreichische Aktienbank galt, von der Dresdner Bank um 3,2 Millionen Reichsmark übernommen, wobei die meisten ausländischen Beteiligungen der Bank an die französischen Eigentümer abgetreten wurden. 1946 wurde die Länderbank, die nun als „Deutsches Eigentum" galt, verstaatlicht (BGBl. Nr. 168/1946). Allerdings stellte die BPEC – mit Unterstützung der französischen Militärregierung in Österreich – Rückstellungsansprüche und die Gesetzeslage ließ keinen Zweifel daran, daß die Transaktion von 1938 als Vermögensentzug zu werten sei. Die entsprechenden Restitutionsverhandlungen wurden zunächst vom Bundesministerium für Vermögenssicherung und Wirtschaftsplanung, dann vom Bundeskanzleramt/Auswärtige Angelegenheiten geführt. Sie mündeten vorerst in ein Abkommen vom Juli 1948, in dem der BPEC 30 Prozent an der Länderbank und mindestens drei Aufsichtsratsmitglieder zugesichert wurden. Erst ein Jahr später, im Juli 1949, wurden die Verhandlungen mit einem Pauschalabkommen abgeschlossen: Frankreich verzichtete auf alle Restitutionsansprüche bei sämtlichen nunmehr in Österreich befindlichen Vermögen, die sich vor der deutschen Besetzung in Frankreich befunden hatten, sowie auf weitere Restitutionsverpflichtungen, die auf interalliierten oder internationalen Übereinkommen beruhten. Davon ausgenommen waren Wertpapiere, Kulturgüter, Kunstwerke und privater Besitz. Österreich verpflichtete sich, Frankreich 30 Millionen Schilling in bar zu bezahlen sowie 2,5 Millionen US-Dollar in Raten innerhalb von zwei Jahren. Vgl. Peter Böhmer, Wer konnte, griff zu. „Arisierte" Güter und NS-Vermögen im Krauland-Ministerium (1945–1949), Wien/Köln/Weimar 1999, S. 87–89. Vgl. auch Institut für Zeitgeschichte Wien, Nachlaß Alfred Migsch, DO 10, Mappe „Deutsches Eigentum, Länderbank". Zur Länderbankfrage vgl. weiters MRP Nr. 34/1 b vom 30. Juli 1946, MRP Nr. 43/1 a vom 29. Dezember 1946, MRP Nr. 85/8 e vom 29. Oktober 1947, MRP Nr. 86/9 b vom 6. November 1947, MRP Nr. 90/1 c vom 2. Dezember 1947, MRP Nr. 93/1 h vom 23. Dezember 1947, MRP Nr. 94/1 h vom 6. Jänner 1948, MRP Nr. 103/9 c vom 9. März 1948, MRP Nr. 105/9 a vom 23. März 1948, MRP Nr. 106/9 vom 6. April 1948, MRP Nr. 112/1 d vom 18. Mai 1948 und MRP Nr. 113/15 vom 25. Mai 1948. Zum Begriff des „Deutschen Eigentums" vgl. Anmerkung 63 in MRP Nr. 117.

[91] Der Zirkularbeschluß liegt dem Protokoll nicht bei. Laut den Protokollbüchern des AdR, BKA, Präsidiums findet er sich in diesem Bestand in Sign. 15, GZl. 6.689-Pr.M/1956, Durchführung des Länderbankabkommens vom Jahre 1948, liegt dem Akt jedoch nicht bei.

120.

[Dienstag] 1948-07-13

Vorsitz: Figl
Anwesend: Schärf, Helmer, Gerö, Hurdes, Zimmermann, Kraus, Kolb, Sagmeister, Krauland, Übeleis, Migsch, Gruber, Altenburger, Mantler
Schriftführer: Chaloupka, Loibl
Ort: Wien I., Ballhausplatz 2, Ministerratssaal
Dauer: 10.00–14.05 Uhr

Reinschrift, unterfertigte Anwesenheitsliste, Beschlußprotokoll[1]

Tagesordnung:
1. Bericht des Bundeskanzlers.
[1 a. Bericht des Bundeskanzlers über die Ereignisse der vergangenen Woche (Sessionsschluß des Parlamentes).
1 b. Bericht des Bundeskanzlers über Berlin und Jugoslawien und die am 30. Juli beginnende Donaukonferenz in Belgrad.
1 c. Bericht des Bundeskanzlers, betreffend die beginnende Ratstagung in Paris über den Marshallplan (Beschlußprotokoll Punkt 1 a und b).
1 d. Bericht des Bundeskanzlers, betreffend die Verhandlung mit der sowjetischen Besatzungsmacht über die Durchführung der Bodennutzungserhebung (Beschlußprotokoll Punkt 1 c).
1 e. Angelobung des neuen Landeshauptmannes von Steiermark Josef Krainer (Beschlußprotokoll Punkt 1 d).
1 f. Einladung aller Regierungsmitglieder zu den Salzburger Festspielen durch den Landeshauptmann von Salzburg (Beschlußprotokoll Punkt 1 e).
1 g. Mitteilung des Bundeskanzlers über einige Frühmeldungen der Presse.
1 h. Verlesung der alliierten Noten durch den Bundeskanzler (Beschlußprotokoll Punkt 2 a bis c).
1 i. Verlesung der Mitteilungen durch den Bundeskanzler (Beschlußprotokoll Punkt 3 a und b).
1 j. Mitteilung des Bundeskanzlers über den Stand der Verhandlungen im Falle des verhafteten Kriminaloberinspektors Marek (Beschlußprotokoll Punkt 4).
1 k. Anfrage des Bundesministers für Inneres, betreffend die Gehaltsbezüge der durch alliierte Anordnung an der Ausübung ihres Dienstes behinderten öffentlichen Bediensteten (Beschlußprotokoll Punkt 5).]
2. Personalangelegenheiten (siehe Beilage) (Beschlußprotokoll Punkte 6 bis 11).
3. Bericht des Bundesministers für Inneres, betreffend die Erklärung des Staatsinteresses an der Einbürgerung der im Verzeichnis Nr. 108 des Bundesministeriums für Inneres angeführten 230 Personen (Beschlußprotokoll Punkt 12).
4. Bericht des Bundesministers für Justiz, JMZl. 10.364/48, betreffend Verfügung über deutsches Eigentum in Österreich (Tauschvertrag, Tgb. Zl. 722/47 des Bezirksgerichtes Voitsberg) (Beschlußprotokoll Punkt 13).
5. Bericht des Bundesministers für Justiz, JMZl. 11.801/48, betreffend Verfügung über deutsches Eigentum in Österreich (Tauschvertrag, TZ. 164/48 des Bezirksgerichtes Klosterneuburg) (Beschlußprotokoll Punkt 14).

---
[1] Dem Protokoll liegt kein Stenogramm bei.

6. Bericht des Bundesministers für Justiz, JMZl. 11.910/48, betreffend Löschung eines Pfandrechtes der deutschen Bau- und Bodenbank A. G., Zweigniederlassung Wien (TZ. 511/47 des Bezirksgerichtes Hietzing) (Beschlußprotokoll Punkt 15).
7. Bericht des Bundesministers für Land- und Forstwirtschaft, betreffend Verhandlungen mit der amerikanischen Militärregierung für Deutschland und den zuständigen bayerischen Behörden über Bachableitungen im Achensee-Gebiet und Antrag auf Bewilligung eines Übereinkommens (Beschlußprotokoll Punkt 16).
8. Bericht des Bundesministers für Energiewirtschaft und Elektrifizierung, betreffend Deckung des Geldbedarfes für die Wasserkraftwerkbauten 1949 (Beschlußprotokoll Punkt 17).
9. Bericht des Bundesministers für Vermögenssicherung und Wirtschaftsplanung, Zl. 277.670-15/48, betreffend die Errichtung der Österreichisch-Bayerischen Kraftwerke Aktiengesellschaft (Beschlußprotokoll Punkt 18).
10.[2] Bericht des Bundesministers für Unterricht, Zl. 42.094-III/10-48, über den Entwurf eines Bundesverfassungsgesetzes, betreffend das österreichische Schul- und Erziehungswesen (Schul- und Erziehungsgesetz) (Beschlußprotokoll Punkt 19).
11. Bericht des Bundesministers für Unterricht, Zl. 42.117-III/10-48, über den Entwurf eines Bundesverfassungsgesetzes, betreffend die Leitung und Aufsicht über das Erziehungs- und Unterrichtswesen (Bundesschulaufsichtsgesetz) (Beschlußprotokoll Punkt 20).
12. Bericht des Bundeskanzlers, Zl. 66.891-2a/1948, betreffend den Tätigkeitsbericht 1947 des Verfassungsgerichtshofes (Beschlußprotokoll Punkt 21).
13. Bericht des Bundesministers für die Auswärtigen Angelegenheiten, betreffend die Donaukonferenz in Belgrad am 30. Juli 1948 (Beschlußprotokoll Punkt 22).
14. Antrag des Bundesministers für Inneres, Zl. 91.125-4/48, betreffend beabsichtigte Verhandlungen mit der amerikanischen Militärregierung für Deutschland über den kleinen Grenzverkehr (Beschlußprotokoll Punkt 23).
15. Antrag des Bundesministers für Finanzen, Zl. 49.813-15/48, betreffend den Entwurf einer Verordnung über die Einführung eines Bundesschuldbuches (Bundesschuldbuchverordnung) und Altkontenverordnung (Beschlußprotokoll Punkt 24).
16. Bericht des Bundeskanzlers, Zl. 72.177-2a/1948, über den Gesetzesbeschluß des Salzburger Landtages vom 5. 5. 1948, betreffend die Einhebung einer Lustbarkeitsabgabe (Vergnügungssteuer) für Veranstaltungen im Salzburger Festspielhaus (Beschlußprotokoll Punkt 25).
17. Bericht des Bundeskanzlers, Zl. 72.007-2a/1948, betreffend den Gesetzesbeschluß des Salzburger Landtages vom 5. 5. 1948, über die Einhebung einer Fremdenzimmerabgabe in der Stadt Salzburg (Beschlußprotokoll Punkt 26).
18. Mündliche Berichte der Minister.
[18 a. Vorschlag des Bundeskanzlers, betreffend die Abhaltung regelmäßiger Ministerratssitzungen während der Sommerzeit (Beschlußprotokoll Punkt 27).
18 b. Bericht des Bundesministers für Unterricht über das Ansuchen einer Studentendelegation um Devisenzuteilung für die Teilnahme an einem medizinischen Kongreß und Sommerkurs in Frankreich (Beschlußprotokoll Punkt 28).
18 c. Bericht des Bundesministeriums für Finanzen über die Bewilligung von Devisen für Gemüseimporte in den Monaten April und Mai 1948 nach Kärnten (Beschlußprotokoll Punkt 29).

---

2 Die Punkte 10 bis 17 wurden nachträglich auf die Tagesordnung des Ministerrates gesetzt. Der ursprüngliche Punkt 10 wurde zu Punkt 18.

18 d. Bericht des Bundesministers für Finanzen über die Anmeldung von Forderungen durch die Vertreter der Bundesangestellten, betreffend eine Sonderzahlung (Beschlußprotokoll Punkt 30).

18 e. Bericht des Bundesministers für Inneres über die bevorstehende Entscheidung des Direktoriums der Alliierten Kommission, den österreichischen Behörden das Recht einzuräumen, Aus- und Einreisevisa selbst zu erteilen (Beschlußprotokoll Punkt 31).

18 f. Bericht des Bundesministers für die Auswärtigen Angelegenheiten über seine beabsichtigte Reise nach Paris zur Besprechung mit dem Administrator des Marshallplanes (Beschlußprotokoll Punkt 32).

18 g. Bericht des Bundesministers für Verkehr über die geforderte Auslieferung von Werkzeugmaschinen der Kraftwagen-Betriebsleitungen Urfahr und Freistadt an die USIA (Beschlußprotokoll Punkt 34).

18 h. Bericht des Bundesministers für die Auswärtigen Angelegenheiten über eine Meldung des „Wiener Kurier", betreffend die Aufstellung von Wegweisern mit russischer Aufschrift im Mühlviertel (Beschlußprotokoll Punkt 35).]

Beilagen:

1 Anwesenheitsliste (1 Seite).

2 Tagesordnung (1 Seite); Nachtrag zur Tagesordnung (1 Seite); Beilage zu Punkt 2 der Tagesordnung, Anträge in Personalangelegenheiten (1 Seite); Nachtrag zur Beilage (¼ Seite).

3 Bundesministerium für Inneres, (ohne Aktenzahl): Ministerratsvortrag, betr.: Beschluß der Bundesregierung gemäß § 5, Abs. (1), Z. 3, StGBl. Nr. 60/1945 (1 Seite); Verzeichnis Nr. 108 der für die Verleihung der Staatsbürgerschaft vorgesehenen Personen (37 ½ Seiten).

4 Bundesministerium für Justiz, JMZl. 10.364/1948: Ministerratsvortrag (2 Seiten).

5 Bundesministerium für Justiz, JMZl. 11.801/1948: Ministerratsvortrag (1 ½ Seiten).

6 Bundesministerium für Justiz, JMZl. 11.910/1948: Ministerratsvortrag (1 ½ Seiten).

7 Bundesministerium für Land- und Forstwirtschaft, Zl. 96.010/36-30.684/1948: Übersicht über den Verlauf der Verhandlungen mit Bayern über die Tiroler Grenzbäche im Achenseegebiet (Beilage A) (2 Seiten); Übereinkommen abgeschlossen am 29. Juni 1948 zwischen der US/UK-Militärregierung für Deutschland und der österr. Bundesregierung über Ableitungen aus dem Rissbach-, Dürrach- und Walchengebiet (deutsch, englisch) (Beilage B, Beilage C) (jeweils 1 ¼ Seiten); Gedächtnisprotokoll (Beilage D) (½ Seite); Vortrag für den Ministerrat (3 Seiten).

8 Bundesministerium für Energiewirtschaft und Elektrifizierung, (ohne Aktenzahl): Vortrag an den Ministerrat. Betr.: Deckung des Geldbedarfes für die Wasserkraftwerksbauten 1949 (2 ½ Seiten); Deckung des Geldbedarfes für Energieinvestitionen (1 ½ Seiten).

9 Bundesministerium für Vermögenssicherung und Wirtschaftsplanung, Zl. 277.670-15/1948: Bericht des auf Grund der Verhandlungen vom 25. Mai 1948 gebildeten bayerisch-österreichischen Arbeitsausschusses zum Entwurf der Satzung einer gemeinsamen Gesellschaft für die Ausnützung der Grenzstrecke des Inn und der Salzach und des erforderlichen Vertrages zwischen Bayern und Österreich (2 Seiten); Entwurf der Satzung (2 Seiten); Entwurf, Vertrag zwischen der Republik Österreich und Bayern (5 ¼ Seiten); Vortrag für den Ministerrat. Errichtung der Oesterreichisch-bayerischen Kraftwerke Aktiengesellschaft (2 Seiten).

10 Bundesministerium für Unterricht, Zl. 42.094/III-10/1948: Entwurf des Bundesministeriums für Unterricht. Bundesverfassungsgesetz betreffend das österreichische Schul- und Erziehungswesen (Schul- und Erziehungsgesetz) (86 ½ Seiten); Erläute-

rungen zum Schul- und Erziehungsgesetz (14 Seiten); Vortrag an den Ministerrat (2 Seiten).

11 Bundeskanzleramt, Zl. 69.384-2a/1948: Information für den Herrn Bundeskanzler. Betrifft: Tagesordnung des Ministerrates vom 13. Juli 1948, Vorlage des Bundesministeriums für Unterricht, betreffend ein Bundesschulaufsichtsgesetz und ein Schul- und Erziehungsgesetz (1 Seite); Bundesministerium für Unterricht, Zl. 42.117-III/10/1948: Bundesverfassungsgesetz vom ... betreffend die Leitung und Aufsicht über das Erziehungs- und Unterrichtswesen (Bundes-Schulaufsichtsgesetz) (18 ½ Seiten); Erläuternde Bemerkungen zum Bundes-Schulaufsichtsgesetz (7 ½ Seiten); Vortrag an den Ministerrat (2 Seiten).

12 Bundeskanzleramt, Zl. 66.891-2a/1948: Vortrag an den Ministerrat. Betrifft: Tätigkeitsbericht des Verfassungsgerichtshofes über das Jahr 1947 (4 Seiten).

13 Bundeskanzleramt/Auswärtige Angelegenheiten, Zl. 114.754-Pol/1948: Donaukonferenz (3 ½ Seiten); Protokoll über die am 8. Juli im Bundeskanzleramt stattgefundene interministerielle Sitzung über die bevorstehende Donaukonferenz in Belgrad (22 Seiten); Zl. 115.065-Pol/1948 Vortrag an den Ministerrat (9 ½ Seiten).

14 Bundesministerium für Inneres, Generaldirektion für die öffentliche Sicherheit, Zl. 91.125-4/1948: Antrag an den Ministerrat. Betr.: Beabsichtigte Verhandlungen mit der amerikanischen Militärregierung für Deutschland über den kleinen Grenzverkehr (2 Seiten).

15 Bundesministerium für Finanzen, Zl. 49.813-15/1948: Verordnung der Bundesregierung vom ... 1948 über die Umwandlung von Alt- und Konversionsguthaben in Forderungen gegen den Bundesschatz (Altkronenverordnung) (4 ½ Seiten); Verordnung der Bundesregierung vom ... über die Einführung eines Bundesschuldbuchs (Bundesschuldbuchverordnung) (3 Seiten); I. Änderung an der Bundesschuldbuchverordnung, II. Änderungen an der Altkronenverordnung (1 Seite); Vortrag für den Ministerrat (1 Seite).

16 Bundeskanzleramt, Zl. 72.177-2a/1948: Gesetz vom ..., betreffend die Einhebung einer Lustbarkeitsabgabe (Vergnügungssteuer) für Veranstaltungen des Landestheaters Salzburg (½ Seite); Nr. 67 der Beilagen zum stenogr. Protokoll des Salzburger Landtages. Bericht des Finanzausschusses und des Verfassungs- und Verwaltungsausschusses über den Antrag der Abgeordneten Neumayr, Weißkind, Meißnitzer und Genossen betreffend die Erlassung zweier Landesgesetze zur Ermächtigung der Einhebung einer Vergnügungssteuer von den Veranstaltungen des Salzburger Landestheaters und der Salzburger Festspiele (1 ½ Seiten); Vortrag an den Ministerrat (2 Seiten).

17 Bundeskanzleramt, Zl. 72.007-2a/1948: Gesetz vom ... über die Einhebung einer Fremdenzimmerabgabe in der Stadt Salzburg (4 Seiten); Nr. 66 der Beilagen zum stenogr. Protokoll des Salzburger Landtages. Bericht des Finanzausschusses und des Verfassungs- und Verwaltungsausschusses über den Antrag der Abgeordneten Neumayr, Weißkind, Meißnitzer und Genossen betreffend die Einhebung einer Fremdenzimmerabgabe in der Stadt Salzburg (1 ½ Seiten).

A Bundeskanzleramt, Zl. 72.381-2a/1948: Zweite Information für den Herrn Bundeskanzler. Betrifft: Erlös aus der UNRRA-Hilfsaktion und sonstiger Hilfsaktionen, Nachtrag zum Bundesfinanzgesetz, Regelung durch Neuverordnung (2 Seiten).

B Drucksorte Bo 9, Anleitung für die Herren Bürgermeister zur Durchführung der Bodenbenutzungserhebung 1948 (4 Seiten); Drucksorte Bo 1, Österreichisches Statistisches Zentralamt, Abteilung Agrarstatistik, Betriebsbogen Bodenbenutzungserhebung 1948 (5 Seiten); Drucksorte Bo 4, Österreichisches Statistisches Zentralamt, Abteilung Agrarstatistik, Gemeindeblatt (Urschrift) Bodenbenutzungserhebung 1948 (2 Seiten); Drucksorte Bo 5, Österreichisches Statistisches Zentralamt, Abteilung

Agrarstatistik, Gemeindeblatt (Reinschrift) Bodenbenutzungserhebung 1948 (2 Seiten).

C Bundeskanzleramt, Zl. 115.005-Pol/1948: Note des Bundeskanzler an Herrn Generaloberst W. Kurassow, Wien, am 9. Juli 1948 (2 ½ Seiten).

D Übersetzung Radiogramm, Stockholm KW 141 4522 k330 Etat Danktelegramm des Königs Gustav von Schweden an Seine Exzellenz Dr. Karl Renner, Präsident der Republik, Wien, für die ihm anläßlich seines 90. Geburtstages übermittelten Glückwünsche (½ Seite).

E Organisation der Vereinten Nationen für Erziehung, Wissenschaft und Kultur, Abschrift Übersetzung, XR/44477: Telegramm Julian Huxleys, 19 Avenue Kléber, Paris 16e vom 22. Juni 1948 an Seine Exzellenz Dr. Karl Gruber, Minister für die Auswärtigen Angelegenheiten, Ballhausplatz 2, Wien I, Österreich (1 Seite).[3]

Der Bundeskanzler eröffnet die Sitzung. Entschuldigt sind Minister M a i s e l, der sich auf der Rückreise von San Francisco befindet[4], und Staatssekretär G r a f, der bereits seinen Urlaub angetreten hat. Die Tagesordnung ist aufgelegen. Die Unterlagen sind im allgemeinen rechtzeitig, zum Teil leider erst heute früh beigebracht worden.

[1]

a

Die vergangene Woche war ziemlich ruhig. Das innenpolitische Ereignis war der Sessionsschluß des Parlamentes, das sich nach der Festsitzung anläßlich des 100. Jahrestages des ersten Zusammentrittes der österreichischen Volksvertretung bis 4. Oktober vertagt hat.[5] Die Session war ziemlich ergebnisreich und es wurden wertvolle Gesetze geschaffen, die für die Wirtschaft und die politische Ruhe im Lande von ausschlaggebender Bedeutung sind.[6]

b

Auf dem Gebiete der Außenpolitik stehen die Probleme Berlin[7] und Jugoslawien im Vordergrund, die wir mit dem größten Interesse verfolgen.[8] Der Riß zwischen Tito[9] und Stalin[10] scheint doch tiefer zu gehen; es scheint eine einheitliche Linie unter den Oststaaten

---

3 Weiters liegt dem Protokoll bei:
Bundesministerium für Verkehr, Generaldirektion der Österreichischen Bundesbahnen, Zl. 1.448/1: Information für den Herrn Bundesminister für Verkehr. Betr.: Vorkommnisse bei den Österr. Bundesbahnen 1948 (2 Seiten).

4 Bundesminister für soziale Verwaltung Maisel hatte als Delegationsleiter an der Internationalen Arbeitskonferenz in San Francisco teilgenommen. Vgl. dazu Wiener Zeitung, 17. Juni 1948, S. 3 „Minister Maisel in San Franzisko".

5 Vgl. dazu MRP Nr. 119/1 c.

6 Vgl. Sten. Prot. NR, V. GP, 87. Sitzung vom 8. Juli 1948.

7 Zur sowjetischen Blockade West-Berlins vgl. Anmerkung 18 in MRP Nr. 118, weiters MRP Nr. 119/1 a, MRP Nr. 121/1 a, MRP Nr. 122/1 a, MRP Nr. 123/14 e, MRP Nr. 125/1 a vom 14. September 1948, MRP Nr. 126/1 b vom 28. September 1948, MRP Nr. 127/1 b vom 5. Oktober 1948, MRP Nr. 129/3 vom 19. Oktober 1948, MRP Nr. 130/1 a vom 26. Oktober 1948, MRP Nr. 131/1 b vom 2. November 1948 und MRP Nr. 156/1 b vom 10. Mai 1949.

8 Zum Bruch Jugoslawiens mit der Sowjetunion vgl. auch MRP Nr. 118/1 f, MRP Nr. 119/1 a, MRP Nr. 121/1 a und 1 e, MRP Nr. 122/1 b, MRP Nr. 123/6 und MRP Nr. 124/1 b vom 7. September 1948.

9 Josip Tito (eigtl. Broz), ab 1945 Ministerpräsident und Verteidigungsminister Jugoslawiens, ab 14. Jänner 1953 Staatspräsident.

10 Josef Stalin, Generalsekretär des Zentralkomitees der KPdSU, 1946 bis 1953 Vorsitzender des Ministerrates der UdSSR.

zu bestehen, um Tito Schwierigkeiten zu machen.[11] Die Auswirkungen auf uns können wir noch nicht absehen und müssen daher die Dinge aufmerksam verfolgen. An der Donaukonferenz, die am 30. Juli in Belgrad beginnt, wird Österreich mit beratender Stimme teilnehmen können.[12] Dadurch werden wir Gelegenheit haben, die Lage in Jugoslawien durch unsere Vertreter an Ort und Stelle zu sondieren.

c

In der Frage des Marshall-Planes hat sich im wesentlichen nichts Neues ereignet. Die Ratstagung in Paris ist in vollem Gange.[13] Wir hoffen, daß wir durch die 10-%ige allgemeine Kürzung auf Grund der Sonderbehandlung durch die erste Ratstagung keine maßgebliche Kürzung erfahren werden. Wir haben uns mit der Marshall-Plan-Hilfe bereits im letzten Ministerrat beschäftigt und die Möglichkeit der Regelung durch eine Notverordnung des Herrn Bundespräsidenten[14] besprochen.[15] Dazu mußten wir feststellen, daß im Falle einer Notverordnung innerhalb einer bestimmten Frist das Parlament trotzdem einberufen werden und endgültig Beschluß fassen müßte. Ich habe den Präsidenten des Verfassungsgerichtshofes, Prof. Dr. Adamovich[16], beauftragt, die Frage genau zu prüfen. Auch den Amerikanern ist eine Regelung durch eine Notverordnung nicht angenehm, wie mir General Palmer[17] gestern erklärt hat; diese Regelung würde in Amerika den Eindruck des Autoritären erwecken. Er meint, man solle einen anderen Weg versuchen. Prof. Adamovich hat eine Lösung ähnlich derjenigen vom Jahre 1922 anläßlich der Völkerbundanleihe angeregt.[18] Inzwischen folgt eine Regelung über eine Parteienvereinbarung, die das Parlament dann durch Gesetz bestätigt. (Der Bundeskanzler verliest diese Information). Blg. A[19]

---

11 Vgl. dazu exemplarisch Neues Österreich, 1. Juli 1948, S. 1 „Tito vor der Entscheidung: Ausgleich mit der Kominform oder Westkurs"; Arbeiter-Zeitung, 6. Juli 1948, S. 1 „Sucht Tito einzulenken?"; Wiener Zeitung, 13. Juli 1948, S. 3 „Der schwere Konflikt".

12 Vgl. dazu auch Tagesordnungspunkt 13 des vorliegenden Protokolls. Die Donaukonferenz fand von 30. Juli bis 18. August 1948 in Belgrad statt. Vertreten waren die USA, die Sowjetunion, Großbritannien und Frankreich sowie die Anrainerstaaten (Tschechoslowakei, Österreich, Ungarn, Jugoslawien, Bulgarien, Rumänien und die Ukraine). Auf der Konferenz wurde der Vorschlag der USA, eine internationale Kontrollbehörde einzurichten, verworfen und stattdessen eine Donaukommission – in der nur Mitglieder der Anrainerstaaten vertreten waren – gegründet sowie eine Konvention festgelegt, die die freie Schiffahrt in Übereinstimmung mit den Interessen und Rechten der Anrainerstaaten garantieren sollte. Großbritannien, Frankreich und die USA unterzeichneten die Belgrader Donau-Schifffahrtskonvention allerdings nicht. Vgl. Rüdiger Alte, Die Außenpolitik der Tschechoslowakei und die Entwicklung der internationalen Beziehungen 1946–1947, München 2003, S. 142. Der „Österreichische Volkswirt" beurteilte die Erfolgsaussichten der Konferenz allgemein als „ungünstig", da „die dabei zu lösenden Fragen [...] Teile des gesamten Problemkomplexes [sind], der den Gegenstand der Auseinandersetzungen zwischen dem Westen und dem Osten darstellt und von dessen Bereinigung wir heute allem Anscheine nach weiter als je entfernt sind". Vgl. Der Österreichische Volkswirt, 34. Jg., 1. Augustheft 1948, Nr. 23, S. 2 „Um die Freiheit des Donauverkehrs". Zum Thema vgl. weiters Ignaz Seidl-Hohenveldern, Die Belgrader Donaukonvention von 1948. In: Archiv des Völkerrechts, Band 7, Heft 3, Tübingen 1958, S. 253–261.

13 Der Rat der Marshallplanländer tagte seit 8. Juli 1948 in Paris. Vgl. dazu auch MRP Nr. 116/11.

14 Dr. Karl Renner, 20. Dezember 1945 bis 31. Dezember 1950 Bundespräsident.

15 Vgl. dazu MRP Nr. 119/1 d.

16 Dr. Ludwig Adamovich, 19. Juni 1946 bis 23. September 1955 Präsident des Verfassungsgerichtshofes.

17 Jesmond Dene Balmer, Brigadegeneral, März 1947 bis November 1949 stellvertretender US-Hochkommissar für Österreich.

18 Gemeint war vermutlich BGBl. Nr. 843, Bundesgesetz vom 27. November 1922 über die zur Aufrichtung der Staats- und Volkswirtschaft der Republik Österreich zu treffenden Maßnahmen (Wiederaufbaugesetz), ausgegeben am 3. Dezember 1922. Vgl. speziell Abschnitt D dieses Gesetzes.

19 Die Abkürzung *Blg. A* wurde handschriftlich eingefügt. Beilage A: BKA, Zl. 72.381-2a/1948 Zweite Information für den Herrn Bundeskanzler (2 Seiten). Bei einer am 8. Juli 1948 auf Einladung des

Die Amerikaner sind hinsichtlich des ersten Problemes einverstanden, daß diese Gelder so verwendet werden, nur wünschen sie im Hinblick auf den amerikanischen Kongreß, daß sie für die Preisstützung aus dem außerordentlichen Budget genommen werden, wobei die gleichen Beträge aus den Hilfslieferungen dem außerordentlichen Budget zugeleitet werden. Es handelt sich also nur um einen formalen Austausch buchhalterischer Art. Für uns kommt im wesentlichen der Punkt 3, betreffend eine Parteienvereinbarung, in Betracht[20], auf Grund deren wie im Jahre 1922 das Parlament ein Gesetz mit einer generellen Ermächtigungsklausel für den Finanzminister beschließt.[21]

BM Dr. Zimmermann verweist auf die Schwierigkeit, daß finanzgesetzlich ein Betrag im Extraordinarium[22] für Preisstützungen überhaupt nicht vorgesehen ist. Das Gesetz müßte so abgefaßt werden, daß alles gedeckt ist. Außerdem brauchen wir ein Gesetz, um die Nationalbank zu ermächtigen, Gelder für die Einzahlung des Gegenwertes auf die blockierten Konten zur Verfügung zu stellen, weil sich die Nationalbank an eine Parteienvereinbarung nicht gebunden fühlen, sondern erklären wird, sie brauche dazu ein Gesetz. Dies ist auch deshalb notwendig, weil sonst in der Öffentlichkeit die Meinung entstehen könnte, daß mit einem umfangreichen Notendruck eingesetzt wird. Das Gelingen der Aktion wird auch davon abhängen, ob von den Amerikanern eine entsprechende Erstreckung der Schatzscheinlaufzeit erreicht wird.[23] Man wird sich über die Zwischenzeit weghelfen müssen, indem man inzwischen auf andere Kontenerlöse greift.

Der BK teilt mit, daß außer den 250 schon bewilligten Millionen durch ein gestern eingelangtes Kabel auch die 350 weiteren Millionen bewilligt wurden.[24]

Bundeskanzlers stattgefundenen Besprechung mit dem Präsidenten des Verfassungsgerichtshofes Dr. Ludwig Adamovich, bei der auch das Bundesministerium für Finanzen vertreten gewesen war, war festgehalten worden, daß die USA nicht das Verlangen gestellt hätten, die Verwendung der Österreich auf Grund von Hilfsverträgen, insbesondere des Marshallplanabkommens, zukommenden Gelder in Form eines innerösterreichischen Gesetzes festzulegen. Vielmehr bestünden zwei Probleme: erstens daß der Finanzminister ein Virement (d. i. die entweder zeitliche oder sachliche Übertragung eines Etatpostens) in dem bereits vom Nationalrat festgelegten Finanzgesetz 1948 in dem Sinne vornehmen wolle, daß er zur Bedeckung der Ausgaben für Preisstützungsaktionen (insbesondere bei Milch- und Agrarprodukten) die Erlöse aus Hilfslieferungen, vorausgesetzt der Vertragsstaat sei hiermit einverstanden; zweitens daß die vom Verfassungsdienst wiederholt betonte Notwendigkeit anerkannt werde, die Zweckwidmung der Österreich durch Hilfsverträge zukommenden Gelder im besonderen durch den Nationalrat festlegen zu lassen. Deshalb müsse in einem allgemein zeitlich nicht begrenzten Gesetz das Programm für die Verwendung der Hilfsgelder auf Grund der diesbezüglichen Verträge festgelegt und in den alljährlich vom Nationalrat zu beschließenden Bundesfinanzgesetzen die jährliche Höhe der Ausgaben bestimmt werden. Um der Bundesregierung vor der Beschlußfassung die Möglichkeit zu geben, bestimmte Erlöse aus Hilfslieferungen für Preisstützungsaktionen heranzuziehen, sollten Parteienvereinbarungen getroffen werden, um „vorbehaltlich der späteren gesetzlichen Untermauerung und der Erlassung eines Nachtrages zum Bundesfinanzgesetz 1948 die Heranziehung der Erlöse aus den Hilfslieferungen für Preisstützungsaktionen durch die Bundesregierung" zu ermöglichen. Unabhängig von diesen innerösterreichischen Maßnahmen müsse mit den Vertragsstaaten Einverständnis über die Verwendung der Erlöse aus Hilfslieferungen für bestimmte Zwecke erzielt werden.

20 Beilage A, Punkt 3 lautete: „Um der Bundesregierung die Möglichkeit zu geben, schon jetzt – also vor Beschlussfassung über ein solches Gesetz – bestimmte Erlöse aus Hilfslieferungen für Preisstützungsaktionen heranzuziehen, wäre eine Parteienvereinbarung zu treffen, die vorbehaltlich der späteren gesetzlichen Untermauerung und der Erlassung eines Nachtrages zum Bundesfinanzgesetz 1948 die Heranziehung der Erlöse aus den Hilfslieferungen für Preisstützungsaktionen durch die Bundesregierung gutheisst."

21 Vermutlich war abermals BGBl. Nr. 843/1922, besonders Abschnitt D, gemeint.

22 Extraordinarium: die im Bundesvoranschlag enthaltenen außerordentlichen Ausgaben.

23 Vgl. dazu das Beilagenregest zu MRP Nr. 122/12.

24 Vgl. dazu AdR, BKA, Verbindungsstelle, Sign. VI, Verb. Zl. 3.533/1948, Schillingerlös-Konti aus US-Hilfsprogrammen.

VK: Da es sich vorläufig nicht um die ganze Summe, sondern um einen verhältnismäßig kleineren Teilbetrag handelt, wird man schon irgendwie ohne Nationalbank auskommen können. Im übrigen bittet der Vizekanzler, ihm die von Herrn Bundeskanzler verlesene Information zugänglich zu machen.

BM Dr. K r a u l a n d schließt sich dieser Bitte an und fragt den Finanzminister, ob es eine gesetzliche Bestimmung gibt, die der Nationalbank verbietet, wenn auch nur vorübergehend, Schatzscheine entgegenzunehmen.

BM Dr. Z i m m e r m a n n erklärt, daß die Nationalbank auf Grund des Notenbank-Überleitungsgesetzes[25] zur Gewährung eines Kredites an den Staat nicht ermächtigt ist.

BM Dr. G r u b e r spricht die Zuversicht aus, die Aktion werde sich nach der Freigabe der 600 Millionen Schilling durchführen lassen. Andererseits dürfe man es den Amerikanern bei den Verhandlungen nicht allzu leicht machen, indem Österreich allein die politische Last zu tragen habe. Im übrigen müsse eine Regelung vorläufig auch ohne Gesetz möglich sein.

BK: Ich werde die Information den Parteien zustellen lassen.[26]

d

BK: Mit den Russen haben wir momentan eine kleine Schwierigkeit bezüglich der Durchführung der Bodennutzungserhebung. Ich habe szt. Generaloberst Scheltow[27] auf die Angaben des Statistischen Amtes verwiesen.[28] Er hat sich damals damit beschieden, hat aber nun neuerlich das Begehren auf Durchführung der Bodennutzungserhebung vorgebracht, da die Daten des Statistischen Amtes sich nur summarisch auf ganze Gemeinden beziehen, während die Russen ins Detail gehende Angaben über die einzelnen Besitze haben wollen. Das scheint nur eine Vorarbeit für die Kolchosenwirtschaften[29] und für die kommunistische Partei zu sein. Blg. B[30]

Der Bundeskanzler bittet den Ministerrat um die Billigung, daß er so wie bisher den Standpunkt vertrete, eine solche Einmischung in österreichische Angelegenheiten als gegen das Kontrollabkommen[31] verstoßend abzulehnen.

Der Ministerrat stimmt dem zu.[32]

e

Am letzten Donnerstag fand die Angelobung des neuen Landeshauptmannes von Steiermark, J. K r a i n e r[33] statt. Es ist zu hoffen, daß dadurch auch das Verhältnis zwischen der Bundesregierung und dem Lande Steiermark verbessert werden kann.

---

25 StGBl. Nr. 45, Gesetz vom 3. Juli 1945 über die einstweilige Neuordnung der Oesterreichischen Nationalbank (Notenbank-Überleitungsgesetz), ausgegeben am 4. Juli 1945.

26 Vgl. dazu auch MRP Nr. 121/1 j, MRP Nr. 122/15, MRP Nr. 126/16 b vom 28. September 1948 und MRP Nr. 128/9 vom 12. Oktober 1948.

27 Aleksej Sergeevič Želtov, sowjetischer Generaloberst, September 1945 bis Juli 1950 stellvertretender Hochkommissar der UdSSR für Österreich.

28 Vgl. dazu MRP Nr. 117/1 d.

29 Kolchos/Kolchose: kollektivwirtschaftlicher Landwirtschaftsbetrieb der Sowjetunion.

30 Die Worte *Blg. B* wurden handschriftlich eingefügt. Beilage B: Die Beilage enthält die vom Österreichischen Statistischen Zentralamt, Abteilung Agrarstatistik, ausgegebene Anleitung und die Formblätter für die Durchführung der Bodenbenutzungserhebung 1948. Gemeindeweise erfaßt werden sollten alle land- und forstwirtschaftlichen Betriebe mit mindestens ½ ha Betriebsfläche, weiters Erwerbsgartenbau-, Erwerbsobstbau- und Erwerbsweinbaubetriebe ohne Rücksicht auf ihre Größe und der Anbau von Mais zur Körnergewinnung und Kartoffeln in Kleinstbetrieben. Weiters wurden die Bürgermeister angewiesen: „Die unter a l l i i e r t e r B e w i r t s c h a f t u n g stehenden Flächen sind nicht aufgeteilt, sondern nur in Summe zu erfassen."

31 Zum sogenannten 2. Kontrollabkommen vgl. Anmerkung 46 in MRP Nr. 117.

32 Vgl. dazu weiters MRP Nr. 121/1 c.

33 Josef Krainer, Landwirt und Politiker, 6. Juli 1948 bis 28. November 1971 Landeshauptmann der Steiermark, ÖVP. Vgl. dazu Wiener Zeitung, 9. Juli 1948, S. 1 „Angelobung".

f

Der Landeshauptmann von Salzburg[34] hat alle Regierungsmitglieder herzlichst zu den Salzburger Festspielen, die am 28. Juli beginnen, eingeladen. Er bittet um rechtzeitige Verständigung, um Karten und Quartier bereitstellen zu können.

g

Der Bundeskanzler bringt sodann einige Frühmeldungen der Presse zur Kenntnis.[35]

h

Der Bundeskanzler verliest die alliierten Noten (siehe Beschl. Prot. Nr. 120).[36]

ad a)[37] bringt der BK ein Telegramm der PCIRO[38] zur Kenntnis, demzufolge eine Million Dollar an die TRUSTCO-New-York[39] für Rechnung der Österr. Nationalbank und der Österr. Regierung überwiesen wurde.

BM Dr. Z i m m e r m a n n: Der Betrag ist bereits eingegangen.

BK: Die 500.000 $ werden auch bald an die Nationalbank kommen und Gen. Wood[40] wird dafür sorgen, daß die Beträge laufend eingezahlt werden. Dies ist endlich einmal ein Positivum in der Frage der PCIRO, daß diese 2 ½ Millionen Dollar eingezahlt werden.[41]

ad b)[42] erklärt BM Dr. K r a u l a n d auf eine Anfrage des BM Dr. Migsch, es handle

---

34 Josef Rehrl, 22. Dezember 1947 bis 1. Dezember 1949 Landeshauptmann von Salzburg, ÖVP.

35 Die erwähnten Pressemeldungen liegen dem Protokoll nicht bei.

36 Die hier nicht behandelte Note wird im Beschlußprotokoll näher ausgeführt und kommentiert. Vgl. Beschlußprotokoll Punkt 2 c.

37 Die Note liegt dem Protokoll nicht bei. Sie findet sich in AdR, BKA, Verbindungsstelle, Sign. XXVII PCIRO, Verb. Zl. 3.601/1948. In der Note, datiert mit 2. August 1948, wurde mitgeteilt, daß die Vorbereitende Kommission der Internationalen Flüchtlingsorganisation „für Rechnung der Österreichischen Nationalbank $ 1,000.000" deponiert hatte. Weiters wurde mitgeteilt, daß ein Betrag von weiteren 500.000 Dollar deponiert werden würde, „auf den sich maximal der geschätzte Wert der für Fürsorge und Unterhalt der für die PCIRO-Fürsorge in Österreich in Betracht kommenden Flüchtlinge während der Zeit vom 1. März bis zum 30. Juni 1948 importierten Verbrauchsgüter beläuft".

38 PCIRO: Preparatory Commission of the International Refugee Organization (Vorbereitende Kommission der Internationalen Flüchtlingsorganisation). Am 30. Juni 1947 hatte diese Kommission die Aufgaben der United Nations Relief and Rehabilitation Administration (UNRRA) übernommen. Laut einem Vertrag zwischen der IRO und der amerikanischen Besatzungsmacht, der am 12. September 1947 in Kraft trat, oblag der IRO u. a. die Führung der in der US-Zone gelegenen DP-Lager und die Unterstützung der DP bei der Emigration und Repatriierung. Die US-Besatzungsmacht hatte sich im Vertrag mit der IRO auch dazu verpflichtet, die österreichische Regierung zur vollständigen Übernahme der Kosten für die Verpflegung der DP zu bewegen. Vgl. dazu Gabriela Stieber, Nachkriegsflüchtlinge in Kärnten und der Steiermark, Graz 1997, S. 158 und 160 f. Die US-Armee stellte im weiteren auch keine Armeerationen mehr zur Verfügung und DP-Lager wurden geschlossen oder die Flüchtlinge in größeren Camps zusammengelegt. Vgl. Margit Reiter, „In unser aller Herzen brennt dieses Urteil." Der Bad Ischler „Milch-Prozeß" von 1947 vor dem amerikanischen Militärgericht, in: Michael Gehler/Hubert Sickinger (Hg.), Politische Affären und Skandale in Österreich. Von Mayerling bis Waldheim, Thaur/Wien/München 1996, S. 323–345, hier S. 329. Zahlreiche Noten der Vorbereitenden Kommission der IRO finden sich in AdR, BKA, Verbindungsstelle, Sign. XXVII PCIRO.

39 Ein 1902 in New York gegründetes und noch heute bestehendes Bankhaus mit dem Namen „TrustCo Bank Corp. New York".

40 John Shirley Wood, Generalleutnant, 1946 bis 1952 für die International Refugee Organization (IRO) in Deutschland und Österreich tätig, u. a. als Leiter der IRO-Mission für Österreich.

41 Material zu den Verhandlungen mit der IRO bzw. PCIRO im hier relevanten Zeitraum findet sich unter AdR, BKA/AA, II-pol 1948, International 11 IRO, GZl. 110.120-pol/1948.

42 Die Note liegt dem Protokoll nicht bei. Sie findet sich in AdR, BKA, Verbindungsstelle, Sign. VI, Verb. Zl. 3.496/1948, Verstaatlichung des elektr. Kraftwerks Ternberg. In der Note des Oberkommandos der US-Streitkräfte in Österreich vom 7. Juli 1948 wurde darauf verwiesen, daß das Oberkommando am 2. April 1948 von der Verstaatlichung des Kraftwerks Ternberg verständigt worden sei, dagegen müsse allerdings darauf verwiesen werden, daß das Kraftwerk Ternberg „von den Alliierten

sich nur darum, eine Rechtsform zu finden, die dem amerikanischen Standpunkt gerecht wird, die aber den Zustand beläßt, wie er bisher bestanden hat.[43]

i

Der BK gibt die Mitteilungen bekannt (siehe Beschl. Prot. Nr. 120, Pkt. 3), die der Ministerrat zur Kenntnis nimmt. Blg. D und E[44]

j, k

Die Debatte über diese beiden Punkte wird wegen besonderer Vertraulichkeit unter Verschluß aufbewahrt.[45]

[ad 1 j]

BM H e l m e r ersucht den Bundeskanzler um Mitteilungen über den Stand der Verhandlungen im Falle des Krim. Oberinsp. M a r e k[46].

Mächten als ausländisches deutsches Eigentum angesehen" werde. „Als Treuhänder ist dieses Oberkommando für die Erhaltung dieser Aktiven und für die Verhinderung jeglicher Verschleuderung oder Entwertung ihres Wertes verantwortlich." Es müsse gebeten werden, die mitgeteilten „Maßnahmen auszuheben und alles nachträglich zur Durchführung derselben Veranlaßte zu annullieren".

43 Im Jahr 1939 war mit dem Bau einer Staustufe zur Stromversorgung der Hütte Linz der „Reichswerke Hermann Göring" begonnen worden, die als Ergänzung des auf dem Werksgelände in Linz entstehenden Dampfkraftwerkes dienen sollte. Zu den Bauarbeiten waren neben Zivilarbeitern auch Kriegsgefangene und Zwangsarbeiter, ab 1942 auch Häftlinge aus dem neu errichteten KZ Ternberg herangezogen worden. Im Herbst 1944 kam es durch kriegsbedingten Materialmangel zur Einstellung der Bauarbeiten an der zur Hälfte fertiggestellten Wehranlage. Im Mai 1945 besetzten die US-Streitkräfte die Wehranlage, wonach unter Aufsicht der Besatzungsmacht die Bauarbeiten wiederaufgenommen wurden. 1948 kam das Kraftwerk in den Besitz der Ennskraftwerke AG. Material zur Verstaatlichung des Kraftwerkes Ternberg findet sich in AdR, BMEE, Vorakten des BMVW, Sign. 385, GZl. 271.530/1948 sowie GZl. 271.551-15/1948, Amtserinnerung, Verstaatlichung des Kraftwerkes Ternberg. Zur Geschichte des Kraftwerkes Ternberg vgl. auch Josef Brunnthaler, Strom für den Führer – Der Bau der Ennskraftwerke und die KZ-Lager Ternberg, Großraming und Dipoldsau, Weitra 2000; Harry Slapnicka, Oberösterreich als es Oberdonau hieß, Linz 1978. Vgl. dazu auch MRP Nr. 78/18 e vom 2. September 1947, MRP Nr. 126/14 vom 28. September 1948, MRP Nr. 128/Beschlußprotokoll Punkt 2 i vom 12. Oktober 1948 und MRP Nr. 136/9 vom 7. Dezember 1948. In diesem Zusammenhang vgl. auch Der Österreichische Volkswirt, Jg. 34, 3. Maiheft 1948, Nr. 15, S. 6 f „Das Energiezentrum an der Enns. Widerstände gegen die Verstaatlichung – Die Schwierigkeiten der Entschädigungsfrage".

44 Die Worte *Blg. D und E* wurden handschriftlich eingefügt. Beilage D: Radiogramm, Stockholm KW 141 45 22 k330 ETAT (½ Seite). Die Beilage enthält den Dank des schwedischen Königs Gustav V. an Bundespräsident Renner für die Glückwünsche anläßlich seines 90. Geburtstages.
König Gustav V., 1907 bis 1950 König von Schweden.
Beilage E: Organisation der Vereinten Nationen für Erziehung, Wissenschaft und Kultur, Telegramme: UNESCO-Paris, XR/44477 vom 22. Juni 1948 (1 Seite). Im Telegramm dankte Sir Julian Sorrell Huxley, Generaldirektor der Organisation der Vereinten Nationen für Erziehung, Wissenschaft und Kultur (UNESCO), Bundesminister Gruber für den freundlichen Empfang in Österreich und die damit einhergehenden Vorbereitungen. Material zum Besuch Huxleys findet sich in AdR, BKA, Präsidium, Sign. 54/1, GZl. 2.358-Pr.1a/1948, Zl. 2.502-Pr.1a/1948, HUXLEY Prof. Dr., Generaldirektor der UNESCO, Aufenthalt in Österreich. Vgl. weiters Wiener Zeitung, 16. Juni 1948, S. 2 „Unesco-Generaldirektor Huxley in Wien"; 17. Juni 1948, S. 2 „Besuche des Generaldirektors Huxley"; 19. Juni 1948, S. 4 „Prof. Dr. Huxley über Aufgaben der Unesco".
Sir Julian Sorrell Huxley, britischer Biologe, Philosoph und Schriftsteller, 1946 bis 1948 Generaldirektor der UNESCO.

45 Die folgende Textstelle ist nicht in der Reinschrift des Protokolls enthalten. Sie wurde von den Bearbeitern nachträglich in den Protokolltext eingefügt.

46 Anton Marek, Kriminalpolizist, Leiter der sogenannten „Gruppe 5" im Bundesministerium für Inneres. Marek galt als Vertrauensmann Bundesminister Helmers und war u. a. damit beauftragt gewesen, kommunistische Aktivitäten zu überwachen und Verschleppungen von Personen durch die sowjetische Besatzungsmacht zu untersuchen. Er wurde in die Sowjetunion verschleppt und erst 1955 freigelassen.

BK: Ich habe die Mitteilung erhalten, daß die Russen in Sorge sind, wie sie das belastende Material gegen M a r e k konstruieren, um gegen ihn vorgehen zu können, weil Marek sich hartnäckig weigert, irgendeine Unterschrift zu geben. Alle Versuche, ihn zu irgendeinem „Geständnis" zu bewegen, sind bis jetzt gescheitert. Die Russen sind nun in Zeitnot, da die Öffentlichkeit natürlich auf die angekündigte Veröffentlichung des belastenden Materials wartet. Die Rechtsabteilung erklärte uns privatim am vergangenen Freitag, daß auf Grund der ununterbrochenen Vorstöße, die ich bei Generaloberst Scheltow wegen Freigabe der Abgeordneten GRUBER[47], RIFLER[48], SEEGER[49], SCHRETTER[50] und des Min. Rates

---

Zu seiner Verschleppung vgl. Anmerkungen 40 in MRP Nr. 117, weiters MRP Nr. 118/1 a, MRP Nr. 121/1 c, MRP Nr. 123/1 j, MRP Nr. 124/13 e vom 7. September 1948, MRP Nr. 133/1 a vom 16. November 1948, MRP Nr. 135/1 b vom 30. November 1948, MRP Nr. 161/1 d vom 14. Juni 1949, MRP Nr. 169/5 vom 30. August 1949 und MRP Nr. 172/1 c vom 20. September 1949.

47 Franz Gruber, 12. Dezember 1945 bis 5. November 1949 Abgeordneter zum Landtag Niederösterreich, SPÖ. Er war am 13. Juli 1946 wegen unerlaubten Waffenbesitzes von der sowjetischen Besatzungsmacht verhaftet und verschleppt worden und verstarb in sowjetischer Haft. Sein Tod wurde den österreichischen Behörden erst im November 1955 bekanntgegeben. Zu den Vorwürfen gegen ihn vgl. den „Bericht der Politischen Verwaltung der Zentralen Gruppe der Streitkräfte über den niederösterreichischen Landtagsabgeordneten Franz Gruber" vom 7. August 1946 in: Stefan Karner/Barbara Stelzl-Marx/Alexander Tschubarjan (Hg.), Die Rote Armee in Österreich. Sowjetische Besatzung 1945–1955. Dokumente (= Veröffentlichungen des Ludwig Boltzmann-Instituts für Kriegsfolgen-Forschung, Sonderband 5), Graz/Wien/München 2005, S. 461–465.

48 Ferdinand Riefler, 12. Dezember 1945 bis 5. November 1949 Abgeordneter zum Landtag Niederösterreich, ÖVP, war im Sommer 1946 von der sowjetischen Besatzungsmacht verschleppt und zu vier Jahren Arbeitslager verurteilt worden. Er kehrte erst am 27. Juli 1952 schwerkrank nach Österreich zurück. Zu den Verschleppungen Grubers und Rieflers vgl. auch MRP Nr. 79/1 i vom 9. September 1947, MRP Nr. 80/1 j vom 16. September 1947, MRP Nr. 81/1 i vom 26. September 1947, MRP Nr. 98/1 d vom 3. Februar 1948, MRP Nr. 114/1 b vom 2. Juni 1948, MRP Nr. 121/1 c, MRP Nr. 138/1 e vom 21. Dezember 1948 und MRP Nr. 161/1 d vom 14. Juni 1949.

49 Der Baumeister Eduard Seeger, ehemaliger Staatsrat und öffentlicher Verwalter der Baufirma Sager & Wörner, Wien IV., Brucknerstraße 2, die ihren Hauptsitz in Oberösterreich hatte, war im August 1946 von Organen der sowjetischen Besatzungsmacht verhaftet und in die Sowjetunion gebracht worden. Dort verstarb er nach Mitteilung sowjetischer Behörden vom Jänner 1951 im Juli 1949. Material dazu findet sich in AdR, BMI, Generaldirektion für die öffentliche Sicherheit, GZl. 66.913-2/1957, Seeger Eduard, Ableben in der UdSSR; MRP Nr. 98/1 d vom 3. Februar 1948, MRP Nr. 114/1 b vom 2. Juni 1948, MRP Nr. 121/1 c, MRP Nr. 138/1 e vom 21. Dezember 1948 und MRP Nr. 161/1 d vom 14. Juni 1949.

50 Herbert Schretter, Sekretär des Niederösterreichischen Bauernbundes. Ferdinand Riefler und Herbert Schretter hatten am 11. August 1946 im niederösterreichischen Weinviertel in drei Versammlungen über die Umbildung der Gemeinde Mistelbach auf Grund der Ergebnisse der im Herbst 1945 abgehaltenen Nationalratswahlen gesprochen. Im Zuge der Versammlungen hatte Schretter abfällige Bemerkungen über die sowjetische Besatzungsmacht gemacht. Ein in der Versammlung in Ebersdorf anwesender Arbeiter der von der sowjetischen Besatzungsmacht beschlagnahmten Erdölverwaltung hatte Schretter und Riefler daraufhin bei der Mistelbacher Sowjetkommandantur denunziert. Riefler wurde, obwohl er schwerhörig war und die Bemerkungen Schretters nicht hatte hören können, verhaftet, weil er nicht gegen diesen eingeschritten war. Von einem sowjetischen Militärgericht wurde Ferdinand Riefler zu vier und Herbert Schretter zu sieben Jahren Arbeitslager verurteilt. Vgl. Ferdinand Riefler, Verschleppt-Verbannt-Unvergessen, Wien 1956, S. 20 f und S. 265. Material zu den Entführungen Rieflers und Schretters findet sich in AdR, BMI, Generaldirektion für die öffentliche Sicherheit, GZl. 41.671-2A/1962, Riefler Ferdinand, 4.12.1897 geb., Auskunft. Vgl. dazu weiters MRP Nr. 79/1 i vom 9. September 1947, MRP Nr. 80/1 j vom 16. September 1947, MRP Nr. 81/1 i vom 26. September 1947, MRP Nr. 98/1 d vom 3. Februar 1948, MRP Nr. 114/1 b vom 2. Juni 1948, MRP Nr. 121/1 c, MRP Nr. 138/1 e vom 21. Dezember 1948 und MRP Nr. 139/Beschlußprotokoll Punkt 3 b.

KATSCHER[51] mache, damit zu rechnen ist, daß diese in den nächsten Wochen zurückkommen. Ich möchte aber bitten, darüber niemandem etwas zu sagen, um keine unberechtigten Hoffnungen bei den Angehörigen zu erwecken. Diese Nachricht hat mir ein maßgeblicher Herr der Rechtsabteilung am vergangenen Freitag mitteilen lassen.[52]

[ad 1 k]

Der VK fragt in diesem Zusammenhang den Finanzminister, wie es mit den Bezügen der Familien solcher in Haft befindlicher Personen stehe. Er höre, daß die Auszahlung der Bezüge an diese verschieden gehandhabt werde, und möchte wissen, ob dafür einheitliche Richtlinien bestehen.

BM H e l m e r unterstreicht dies an Hand praktischer Beispiele. Der Ministerrat müßte Beschluß fassen, was diese Personen, soweit es sich um Staatsangestellte handelt, zu bekommen haben.

BM Dr. K r a u l a n d: Diese Frage ist bei uns auch in Bezug auf die öffentlichen Verwalter aufgetaucht. Ich habe veranlaßt, daß die Betreffenden, solange wir sie nicht einer anderen Verwendung zuführen, wenn sie „abberufen" werden, die Bezahlung weiter erhalten, dies, weil ich es als selbstverständlich ansehe, daß solche Personen unsere volle Deckung erhalten müssen, sonst können wir nicht verlangen, daß sie sich exponieren.

Der BK meint, diese Mitteilung stimme nicht ganz.

VK: Bei den Staatsbeamten stimmt es nicht.

BK: Was ist unter „abberufen" gemeint? Durch die Besatzungsmacht?

BM Dr. K r a u l a n d: Ja. Bei der Brückenbau[53] verlangt man z. B. von den Leuten Unterschriften, die sie nicht geben können. Ich habe ihnen gesagt, daß sie diese Unterschrif-

---

51 Ministerialrat Dipl.-Ing. Paul Katscher, Leiter der Abteilung 33 (Technischer Wagendienst) der Sektion II der Generaldirektion der Österreichischen Bundesbahnen, war am 5. Dezember 1947 von der sowjetischen Besatzungsmacht verschleppt worden und verstarb am 28. Juni 1948 im Durchgangslager Lemberg an Erschöpfung. Vgl. dazu AdR, BKA/AA, II-pol 1948, Österreich 15, GZl. 110.133-pol/1948, Min.Rat Dipl.Ing. Paul Katscher, Abgängigkeit; Wiener Zeitung, 9. März 1948, S. 2 „Ing. Katscher seit drei Monaten verschwunden"; MRP Nr. 91/14 c vom 9. Dezember 1947, MRP Nr. 93/17 g vom 23. Dezember 1947, MRP Nr. 95/1 d vom 13. Jänner 1948, MRP Nr. 96/1 g vom 20. Jänner 1948, MRP Nr. 97/1 n vom 27. Jänner 1948, MRP Nr. 98/1 d vom 3. Februar 1948, MRP Nr. 100/1 b vom 17. Februar 1948, MRP Nr. 105/1 c vom 23. März 1948, MRP Nr. 106/1 e vom 6. April 1948, MRP Nr. 121/1 c, MRP Nr. 132/1 f vom 9. November 1948, MRP Nr. 133/1 a vom 16. November 1948 und MRP Nr. 168/1 d vom 23. August 1949. Zu Katschers Tod vgl. speziell MRP Nr. 168/1 d vom 23. August 1949 und Wiener Zeitung, 23. August 1949, S. 3 „Ing. Katscher gestorben".

52 Die Identität des „maßgeblichen Herrn" konnte mangels weiterführender Informationen nicht geklärt werden. Hoffnungen auf eine baldige Heimkehr der hier erwähnten Personen erwiesen sich jedenfalls in der Tat als unberechtigt. Zu den Verhaftungen und Verschleppungen österreichischer Staatsbürger durch die sowjetische Besatzungsmacht vgl. auch Wolfgang Mueller/Arnold Suppan/Norman M. Naimark/Gennadij Bordjugov (Hg.), Sowjetische Politik in Österreich 1945–1955. Dokumente aus russischen Archiven, Wien 2005, S. 351–357, sowie Harald Knoll/Barbara Stelzl-Marx, Sowjetische Strafjustiz in Österreich. Verhaftungen und Verfolgungen 1945–1955, in: Stefan Karner/Barbara Stelzl-Marx (Hg.), Die Rote Armee in Österreich. Sowjetische Besatzung 1945–1955. Beiträge (= Veröffentlichungen des Ludwig Boltzmann-Instituts für Kriegsfolgen-Forschung, Sonderband 4), Graz/Wien/München 2005, S. 275–321.

53 Gemeint war die 1920 gegründete Wiener Brückenbau und Eisenkonstruktions-AG., die nach Kriegsende bis 1955 dem sowjetischen USIA-Konzern angehörte, wenngleich sie auch 1946 durch BGBl. Nr. 168, Bundesgesetz vom 26. Juli 1946 über die Verstaatlichung von Unternehmen (Verstaatlichungsgesetz), ausgegeben am 16. September 1946, verstaatlicht wurde. Zur Geschichte des Unternehmens vgl. Peter Hana, Wiener Brückenbau und Eisenkonstruktions A.G., Diplomarbeit, Wien 1973; Franz Mathis, Big Business in Österreich. Österreichische Großunternehmen in Kurzdarstellungen, Wien 1987, S. 350 f. Vgl. auch Wiener Zeitung, 16. Juni 1948, S. 4 „Konflikt bei der Wiener Brückenbau A.G."

ten auch auf die Gefahr hin nicht geben, daß sie aus dem Betrieb entlassen werden; ich werde veranlassen, daß sie bis zu einer anderen Verwendung ihre Bezüge bekommen.

BK: Und wenn einer von den Russen verschleppt wird?

BM Dr. K r a u l a n d: Seine Frau muß die Bezüge weiter bekommen, es sei denn, daß sie eine andere Existenzgrundlage hat.

BK: Die Frau Seeger[54] bekommt nichts.

BM Dr. K r a u l a n d: Das hat man an mich nicht herangetragen.

BK: Seeger war öffentlicher Verwalter und ist deswegen verurteilt worden, weil er die Maschinen, die von seiner Firma noch in Oberösterreich lagerten, nicht in die russische Zone transportierte. Er wurde deshalb wegen Sabotage zu 7 Jahren Zwangsarbeit verurteilt.

BM Dr. Z i m m e r m a n n: An mich ist die Frage der Staatsbeamten noch nicht herangetragen worden.

BM H e l m e r widerspricht dem. Dies sei schon zweimal geschehen und die Frage auch im Ministerrat zur Sprache gekommen.

BM Dr. Z i m m e r m a n n meint, man müßte die Bezüge weiter bezahlen.

BM H e l m e r stellt den Antrag, in solchen Fällen die aktiven Bezüge an die Angehörigen der öffentlichen Angestellten weiter zu bezahlen.

BM Dr. G r u b e r stellt den Ergänzungsantrag, die Bezüge auch rückwirkend auszuzahlen.

Der Ministerrat beschließt, den Angehörigen der durch alliierte Anordnung an der Ausübung ihres Dienstes behinderten öffentlichen Bediensteten die Bezüge rückwirkend in voller Höhe anzuweisen.

BM H e l m e r verweist darauf, daß es in der Öffentlichkeit Befremden und Beunruhigung hervorgerufen habe, daß über den Fall Marek nahezu vollständiges Stillschweigen herrscht. Es wäre zweckmäßig, eine Mitteilung über eine Vorsprache oder einen Briefwechsel zu veröffentlichen, allenfalls auch eine kurze Notiz, daß sich der Ministerrat neuerlich mit der Angelegenheit befaßt habe.

BM Dr. G r u b e r: Der nächste geeignete Schritt wäre der, daß man eine persönliche Vorsprache bei Generaloberst Kurassow[55] macht, bei der die Beantwortung der Schreiben urgiert und auf die Freigabe Marek's gedrungen wird, und das dann publiziert.

Der BK verweist darauf, daß Generaloberst Kurassow z. Zt. in Moskau ist.

BM Dr. G r u b e r meint, die Vorsprache könne nach seiner Rückkehr erfolgen.

BK: Wir könnten verlautbaren, daß der Ministerrat den Bundeskanzler beauftragt hat, in der Angelegenheit Marek neuerlich vorzusprechen.

BM H e l m e r: Es wäre besser, die Veröffentlichung erst nach der Vorsprache des Herrn Bundeskanzlers bei Gen. Oberst Scheltow am Donnerstag vorzunehmen.

BM Ü b e l e i s teilt vertraulich mit, er habe, allerdings noch nicht authentisch, die Nachricht erhalten, daß sich Min. Rat K a t s c h e r bereits in Wien, angeblich sogar in seiner Wohnung, befinde.

BK: Er soll zwar nicht in der Wohnung, aber bereits in Wien sein. Nach dieser Mitteilung sollen die Abgeordneten RIFLER, GRUBER, SEEGER, SCHRETTER, Min. Rat KATSCHER, Dr. SPANN[56] und noch ein Siebenter in den nächsten Wochen freigelassen werden.

---

[54] Gattin des Eduard Seeger.

[55] Vladimir Vasil'evič Kurasov, sowjetischer General, 12. Juni 1946 bis 20. April 1949 Oberkommandierender der sowjetischen Zentralen Heeresgruppe in Ungarn und Österreich, Mai 1946 bis April 1949 Hochkommissar der UdSSR für Österreich.

[56] Der Kaufmann Dr. Raphael Spann, der sich auf Geschäftsreise von Wien nach Innsbruck befunden hatte, war in der Nacht zum 22. Jänner 1948 im Arlberg-Expreß vor dem Passieren der Demarkationslinie bei Enns von sowjetischen Kontrollorganen festgenommen worden. Vgl. Wiener Zeitung, 25. Jänner 1948, S. 1 „Zwei Verhaftungen durch Sowjetorgane"; MRP Nr. 97/1 n vom 27. Jänner

Es sei ihnen die Strafe nachgelassen worden. Dies hat mir ein Mitglied der Rechtsabteilung am Freitag vertraulich mitgeteilt.[57] Ich werde Donnerstag in dieser Angelegenheit bei Generaloberst Scheltow vorfühlen.

BM H e l m e r schlägt vor, noch heute einen Brief an Generaloberst Scheltow zu richten und am Donnerstag die Antwort zu urgieren. Es wirke in der Öffentlichkeit besser, wenn man sähe, daß sich der Ministerrat mit der Sache befaßt.

BM Dr. G r u b e r wendet ein, ein neuer Brief werde wie die anderen zur Seite gelegt werden, wogegen bei einer Vorsprache irgend etwas gesagt werden müsse.

BM Dr. G e r ö berichtet über ein „Kompensationsgeschäft" zwischen den Amerikanern und Russen. Die Amerikaner haben einen Beamten der OROP[58], der wegen Unterschlagungen von den Russen verfolgt, nach Salzburg flüchtete, dort wegen unerlaubten Besitzes einer Pistole verhaftet. Die Russen hätten sich bereit erklärt, M a r e k gegen diesen Mann freizulassen.

Der BK vertritt auch die Meinung, ein weiterer Brief werde ohne Erfolg sein. Wenn er bei der Vorsprache am Donnerstag die Beantwortung der 3 bisherigen Schreiben persönlich urgiere, werde eher eine Antwort erfolgen.

BM Dr. G r u b e r hält es für zweckmäßig, wenn die persönliche Aussprache keinen Erfolg zeitige, wieder vor den Alliierten Rat zu gehen und darüber etwas zu veröffentlichen.

BM H e l m e r zieht seinen Vorschlag, einen neuen Brief zu schreiben zurück und teilt im übrigen mit, die Russen seien an ihn herangetreten, ihnen eine Liste der Häftlinge im Landesgericht zu übermitteln. Er habe dieses Ansuchen abgelehnt und erklärt, dies sei Sache der Amerikaner, weil sich das Landesgericht in der amerikanischen Zone befindet. Er ersucht um die Billigung des Ministerrates für diese Maßnahme.

BM Dr. G r u b e r verweist auf die Notwendigkeit, den Briefwechsel in solchen Fällen immer auf alle 4 Besatzungsmächte, niemals aber auf ein einzelnes Element, abzustellen.

BK: Wir halten uns immer daran und machen dem Alliierten Rat Mitteilung mit der Bitte um Stellungnahme. Beim Alliierten Rat bleibt der Fall wegen Fehlens eines einstimmigen Beschlusses liegen, und wir sind außer Obligo[59].[60]

1948, MRP Nr. 98/1 d vom 3. Februar 1948, MRP Nr. 100/1 b vom 17. Februar 1948, MRP Nr. 105/1 c vom 23. März 1948, MRP Nr. 106/1 e vom 6. April 1948, MRP Nr. 121/1 c, MRP Nr. 123/1 d und MRP Nr. 133/1 a vom 16. November 1948.

57 Vgl. auch die zu Tagesordnungspunkt 1 j gehörigen Aussagen des Kanzlers weiter oben.

58 Die OROP (Österreichisch-Russische Ölprodukte) Handels AG. war die Vertriebsfirma der Sowjetischen Mineralölverwaltung (SMV). Im Gegensatz zur exterritorialen SMV war die OROP am 11. September 1946 „legal nach österreichischem Recht laut Eintragung beim Handelsgericht Wien vom 21. Oktober 1946, Zl. B5311" gegründet worden und stellte keinen USIA-Betrieb im eigentlichen Sinne dar, da sie eine Neugründung der Sowjetunion auf österreichischem Boden und kein Unternehmen war, das die Sowjetunion in Österreich auf Grund der Potsdamer Beschlüsse in ihr Eigentum übergeführt hatte. Nach Klambauer stützte sich der Vertrieb der Erdölprodukte vor allem „auf das in der Sowjetzone vorhandene B. V. ARAL-Tankstellennetz, besonders auf dessen Tanklager am Praterspitz". Am 1. Juli 1947 übermittelte die OROP „den Pächtern der ehemaligen BV-, Gasolin- und NITAG-Tankstellen in der sowjetischen Besatzungszone mittels Rundschreiben den Entwurf eines ‚Tankstellenvertrages'", der u. a. auch die Anerkennung der OROP als Rechtsnachfolgerin der beschlagnahmten deutschen Firmen beinhaltete, deren Vermögenswerte in der OROP vereint worden waren. Vgl. Walter M. Iber, Die sowjetische Mineralölverwaltung in Österreich. Zur Vorgeschichte der OMV 1945–1955 (= Veröffentlichungen des Ludwig Boltzmann-Instituts für Kriegsfolgen-Forschung 15), Innsbruck/Wien/Bozen 2011, S. 122 f; Otto Klambauer, Die USIA-Betriebe, phil. Diss., Wien 1978, S. 117 und S. 251.

59 Obligo: Verbindlichkeit, Schuld(igkeit), in der Schuld stehen.

60 Zu den Berichten und Bemühungen der Bundesregierung um Freilassung der durch die Sowjetorgane verschleppten Personen vgl. MRP Nr. 79/1 d vom 9. September 1947, MRP Nr. 80/1 j vom 16. Sep-

2
Personalangelegenheiten[61]

Siehe Beschl. Prot. Nr. 120, Pkt. 6–11.

BM A l t e n b u r g e r möchte nähere Auskünfte über die beantragte Ernennung des Reg. Rates T a x[62] der Österr. Bundesbahnen zum Hofrat.

BM Ü b e l e i s teilt mit, daß es sich hier um einen von allen Seiten als hervorragenden Fachmann geschilderten Beamten handle. Das BKA ist mit der Verleihung des Titels einverstanden. Wenn aber Herr Minister Altenburger, wie er mir vorhin angedeutet hat, dieser Titelverleihung nur zustimmt, wenn auch ein anderer gleichzeitig ernannt wird, ziehe ich den Antrag zurück, erkläre aber, daß ich überhaupt keinen einzigen Antrag auf Titelverleihung mehr einbringen werde.

BM Dr. G r u b e r beantragt lt. Nachtrag zur Tagesordnung die Beglaubigung des a. o. Gesandten und bev. Minister Ludwig B l a a s[63] beim König von Ägypten[64].

BM H e l m e r bittet um Auskunft, ob die Beglaubigung nur für Ägypten allein, oder auch für andere Staaten gelten werde.

BM Dr. G r u b e r klärt dahin auf, daß in der Regel wohl eine Beglaubigung für Nachbarstaaten erfolge, in diesem Falle aber wegen der Verhältnisse in diesem Gebiete zugewartet werden solle.

BM A l t e n b u r g e r verweist im Zusammenhang mit der Titelverleihung an Reg. Rat T a x darauf, daß die Titelverleihung an andere, in gleicher Weise verdiente Beamte nicht vorgenommen wurde, und stellt das Ersuchen auf Rückstellung und Überprüfung dieses Falles.

BM Ü b e l e i s: Ich erkläre Ihnen, es kommt von mir kein einziger Antrag auf Titelverleihung mehr in den Ministerrat. Die Betreffenden können sich dann bei Minister Altenburger bedanken.

VK: Ich bin für die Zurückstellung und freue mich, daß ein solches Präjudiz[65] geschaffen wird.

BM Dr. G e r ö: Das ist ein gefährliches Präjudiz.

BM A l t e n b u r g e r erinnert daran, daß auch Anträge des Unterrichtsministers zurückgestellt und nicht mehr behandelt wurden.

---

tember 1947, MRP Nr. 81/1 i vom 26. September 1947, MRP Nr. 91/14 c vom 9. Dezember 1947, MRP Nr. 93/17 g vom 23. Dezember 1947, MRP Nr. 95/1 d vom 13. Jänner 1948, MRP Nr. 96/1 g vom 20. Jänner 1948, MRP Nr. 97/1 n vom 27. Jänner 1948, MRP Nr. 98/1 d vom 3. Februar 1948, MRP Nr. 100/1 b vom 17. Februar 1948, MRP Nr. 106/1 e vom 6. April 1948, MRP Nr. 114/1 b vom 2. Juni 1948, MRP Nr. 121/1 c, MRP Nr. 123/1 j, MRP Nr. 124/13 e vom 7. September 1948, MRP Nr. 132/1 f vom 9. November 1948, MRP Nr. 138/1 e vom 21. Dezember 1948, MRP Nr. 161/1 d vom 14. Juni 1949, MRP Nr. 168/1 d vom 23. August 1949 und MRP Nr. 169/5 vom 30. August 1949.

61 Beilage 2: Personalangelegenheiten (1 Seite); Nachtrag zur Beilage (¼ Seite). Vgl. das Beschlußprotokoll.

62 Es handelte sich um den Antrag des Bundesministers für Verkehr „auf Verleihung des Titels ‚Hofrat' an den Regierungsrat Zentralinspektor Friedrich Tax der Österreichischen Bundesbahnen". Vgl. Punkt 5 der Beilage sowie Beschlußprotokoll Punkt 10.

63 Ludwig Blaas, a.o. Gesandter und bev. Minister, Mai 1947 bis September 1948 Protokollchef im Bundeskanzleramt/Auswärtige Angelegenheiten, 17. September 1948 bis 11. November 1949 an der Gesandtschaft in Kairo. Aktenmaterial zum Amtsantritt von Ludwig Blaas in Ägypten findet sich in AdR, BKA/AA, Österreich 2, II-pol 1948, GZl. 110.730-pol/1948.

64 Faruq I., April 1936 bis Juli 1952 König von Ägypten bzw. ab 1951 König von Ägypten und des Sudan.

65 Präjudiz: Vorentscheidung.

BM Ü b e l e i s stellt fest, daß von ihm bisher kein einziger ihm vorgelegter Akt auf Titelverleihung zurückgewiesen wurde.

Der BK macht den Vermittlungsvorschlag, diese Ernennung zu genehmigen und dafür auch andere, allenfalls eingebrachte Vorschläge zu genehmigen.

BM A l t e n b u r g e r kann sich damit nicht einverstanden erklären, da vielleicht solche Anträge nicht in den Ministerrat kommen könnten, weil sie gar nicht unterschrieben würden. Er spricht sich neuerlich für die Zurückstellung aus.

Die Titelverleihung gem. Pkt. 10 des Beschlußprotokolls Nr. 120 wird zurückgestellt, im übrigen werden die Anträge angenommen.[66]

3
Einbürgerungen

Gemäß dem Bericht und Antrag des BM für Inneres H e l m e r beschließt der Ministerrat, die Verleihung der österr. Staatsbürgerschaft an die im Verzeichnis Nr. 108[67] des Bundesministeriums für Inneres angeführten 230 Personen als im Interesse des Staates gelegen zu bezeichnen.

BM H e l m e r verweist in diesem Zusammenhang auf die Notwendigkeit, die Pressekampagne gegen die Einbürgerungen abzustoppen.[68] Es werde hier mit Ziffern jongliert, die der Wirklichkeit absolut nicht entsprechen. Tatsächlich wurden bisher nur ungefähr 10.000 Personen eingebürgert.[69]

4
Tauschvertrag

Nach einem Bericht des Bundesministers für Justiz Dr. G e r ö, JMZl. 10.364/48[70], betreffend Verfügung über deutsches Eigentum[71] in Österreich (Tauschvertrag TZ. 722/47 des Bezirksgerichtes Voitsberg), der darauf hinweist, daß inzwischen mit der englischen Besatzungsmacht ein Übereinkommen getroffen wurde, sodaß der Alliierte Rat nicht mit der Angelegenheit befaßt werden muß, wird dieser Antrag zurückgezogen.

---

66 Der Antrag des Bundesministers für Verkehr auf Verleihung des Titels „Hofrat" an den Zentralinspektor der Österreichischen Bundesbahnen Regierungsrat Friedrich Tax wurde erst in der Sitzung des Ministerrates vom 5. Oktober 1948 angenommen. Vgl. MRP Nr. 127/Beschlußprotokoll Punkt 9.

67 Beilage 3: BMI, (ohne Aktenzahl) Ministerratsvortrag (1 Seite); Verzeichnis Nr. 108 (37 ½ Seiten). Die im beiliegenden Verzeichnis angeführten Personen bedurften zur Erlangung der österreichischen Staatsbürgerschaft eines Beschlusses der Bundesregierung gemäß § 5, Abs. (1), Z. 3, des Staatsbürgerschaftsgesetzes vom 10. Juli 1945, StGBl. Nr. 60, nach dem die Verleihung bei mangelndem vierjährigem Wohnsitz im Staatsgebiet nur dann ausgesprochen werden durfte, wenn die Bundesregierung sie als im Interesse des Staates gelegen bezeichnete. Weiterführendes Material zu den Staatsbürgerschaftsangelegenheiten findet sich in AdR, BMI, Abteilung 8.

68 Vgl. dazu auch MRP Nr. 118/3.

69 Vgl. weiters MRP Nr. 121/1 c.

70 Beilage 4: BMJ, JMZl. 10.364/1948 Ministerratsvortrag (2 Seiten). Gemäß Art. 1 b und 5 IV des 2. Kontrollabkommens vom 28. Juni 1946 durften von der österreichischen Regierung und allen untergeordneten Behörden Maßnahmen, die Verfügungen über deutsches Eigentum in Österreich darstellten, nur mit vorheriger schriftlicher Zustimmung der Alliierten Kommission getroffen werden. Die Gerichte waren angewiesen worden, derartige Akten dem Bundesministerium für Justiz vorzulegen. Im Sinne dieser Weisung hatte auch das Bezirksgericht Voitsberg den Grundbuchsakt TZ. 722/1947 vorgelegt. Da es sich auf Grund der Besitzverhältnisse um deutsches Eigentum handelte, sollte der Ministerrat die grundsätzliche Bewilligung zur Einholung der Zustimmung der Alliierten Kommission erteilen.

71 Zum Begriff des „Deutschen Eigentums" vgl. Anmerkung 63 in MRP Nr. 117.

5

Tauschvertrag

Nach einem Bericht des Bundesministers für Justiz, JMZl. 11.801/48[72], betreffend Verfügung über deutsches Eigentum in Österreich (Tauschvertrag TZ. 164/48, des Bezirksgerichtes Klosterneuburg), beschließt der Ministerrat ohne Debatte antragsgemäß.[73]

6

Tauschvertrag

Nach einem Bericht des Bundesministers für Justiz, JMZl. 11.910/48[74], betreffend Löschung eines Pfandrechtes der Deutschen Bau- und Bodenbank A. G. Zweigniederlassung Wien (TZ. 511/47 des Bezirksgerichtes Hietzing), beschließt der Ministerrat ohne Debatte antragsgemäß.[75]

7

Bachableitungen im Achenseegebiet

Bundesminister für Land- und Forstwirtschaft K r a u s berichtet an Hand des Ministerratsvortrages, Zl. 96.010-36-30.684/48[76], und der 4 Beilagen über die Verhandlungen mit

---

[72] Beilage 5: BMJ, JMZl. 11.801/1948 Ministerratsvortrag (1 ½ Seiten). Der Inhalt der Beilage entspricht im Wesentlichen dem Inhalt der Beilage 4. Da die auf Grund eines Tauschvertrages an einen deutschen Staatsbürger gekommene gegenständliche Liegenschaft in Klosterneuburg als deutsches Eigentum in Österreich anzusehen war, mußte sie gemäß Befehl Nr. 17 (betreffend die Übertragung deutscher Vermögenswerte im östlichen Österreich in das Eigentum der Sowjetunion) der sowjetischen Besatzungsmacht als deutsches Eigentum gemeldet werden. Obwohl mit einer Zustimmung der Alliierten Kommission zu einem Tausch in solchen Fällen nicht gerechnet werden konnte, mußte das Ansuchen seiner Erledigung zugeführt werden und dem Ministerrat die grundsätzliche Bewilligung zur Einholung der Zustimmung der Alliierten Kommission vorbehalten bleiben. Zum Befehl Nr. 17 vgl. etwa Helmuth Feigl/Andreas Kusternig (Hg.), Die USIA-Betriebe in Niederösterreich. Geschichte, Organisation, Dokumentation (= Studien und Forschungen aus dem Niederösterreichischen Institut für Landeskunde 5), Wien 1983, S. 18–27.

[73] Informationen zu dieser Angelegenheit finden sich in AdR, BKA, Sektion II, Sign. 40, GZl. 72.845/1948, Zl. 81.592-2a/1948, Einholung der Zustimmung der Alliierten Kommission zur grundbücherlichen Durchführung des Tauschvertrages bezüglich der Liegenschaft EZ 474, Grundbuch Klosterneuburg.

[74] Beilage 6: BMJ, JMZl. 11.910/1948 Ministerratsvortrag (1 ½ Seiten). Der Inhalt der Beilage entspricht im Wesentlichen dem Inhalt der Beilage 4. Da es sich bei dem vom Bezirksgericht Hietzing am 5. September 1947 eingelangten Grundbuchsgesuch zwar um ein Pfandrecht handelte, das zur Zeit der Wiedererrichtung der Republik Österreich nur mehr formell bestanden hatte, dieses aber formell auch deutsches Eigentum war, mußte dem Ministerrat die grundsätzliche Entscheidung vor Einholung der Zustimmung der Alliierten Kommission vorbehalten bleiben.

[75] Informationen zu der Angelegenheit finden sich in AdR, BKA, Sektion II, Sign. 40, GZl. 72.844/1948, Zl. 81.316-2a/1948, Einverleibung der Löschung eines Pfandrechtes der Deutschen Bau- und Bodenbank AG. auf einer Liegenschaft im Bezirk Purkersdorf.

[76] Beilage 7: BMLF, Zl. 96.010/36-30.684/1948 Ministerratsvortrag (2 ½ Seiten); Beilage A Übersicht (2 Seiten); Beilage B und C Übereinkommen (deutsch, englisch) (jeweils 1 ½ Seiten); Beilage D Gedächtnisprotokoll (1 Seite). Die Tiroler Wasserkraftwerke AG. (Tiwag) hatte im September 1947 beim Bundesministerium für Land- und Forstwirtschaft um die Bewilligung angesucht, mehrere im österreichischen Karwendelgebiet entspringende und nach Bayern fließende Bäche noch vor der Staatsgrenze zu fassen und auf österreichischem Boden in den Achensee überzuleiten. Es handelte sich dabei um den Rissbach, die Dürrach mit dem Kesselbach und drei kleine in den Achen- oder Walchenbach mündende Seitenbäche. Der Bayerische Landtag hatte aber bereits am 26. Juni 1947 beschlossen, den Rissbach in den Walchensee überzuleiten und im Isartal einen großen Ausgleichsspeicher anzulegen, worüber das bayerische Staatsministerium des Innern dem Bundesministerium für Land- und Forstwirtschaft ebenfalls im September 1947 Mitteilung gemacht hatte. Die Mitteilung war auch

der amerikanischen Militärregierung und den zuständigen bayrischen Behörden über Bachableitungen im Achenseegebiet.

BM Dr. G r u b e r hat gegen den meritorischen[77] Inhalt der Abmachungen keine Einwendungen, hält sie aber hinsichtlich der völkerrechtlichen Bedeutung für bedenklich. Wir wissen nicht, ob Bayern zum Abschluß von völkerrechtlichen Abmachungen überhaupt ermächtigt ist. Er beantragt, ein Ministerkomitee, bestehend aus den Bundesministern Dr. Krauland, Kraus, Dr. Migsch und Dr. Gruber, zum Studium der Detailfragen mit der Maßgabe einzusetzen, daß dessen einhelligem Beschluß die Wirksamkeit eines Ministerratsbeschlusses im Gegenstande zukomme.

Der Ministerrat beschließt diesem Antrag gemäß.[78]

8

Deckung des Geldbedarfes für die Wasserkraftwerkbauten 1949

BM Dr. M i g s c h berichtet an Hand des Ministerratsvortrages und der Anlage über die Deckung des Geldbedarfes für die Wasserkraftwerkbauten 1949.[79]

BM Dr. Z i m m e r m a n n: Unser Budget wird für die nächsten Jahre nur in dem Rahmen erstellt werden können, in dem die Einnahmen zur Deckung der Ausgaben vorhanden sind. Im wesentlichen wird das jener Umfang des Budgets sein, den wir bisher den ordentlichen Haushalt genannt haben. Was darüber hinaus entsprechend dem außerordentlichen Haushalt der letzten Jahre bedeckt wurde, u. zw. durch Kassenbestände, bzw. Schatzscheine, wird durch Sonderkredite, also Eingänge aus den amerikanischen Hilfslieferungen gedeckt werden müssen. Bevor man zu den einzelnen Anträgen Stellung nehmen kann, muß abgewartet werden, welche Beträge seitens der anderen interessierten Stellen gebraucht werden. Dann erst wird man nach Abwägung der Dringlichkeit und der Möglichkeiten Klarheit darüber erhalten, wie man zu den einzelnen Anträgen Stellung nehmen kann. Die Budgetverhandlungen sind bereits begonnen. {sic!} Die abschließenden Verhandlungen werden im

---

mit dem Ersuchen verbunden gewesen, diesem „wichtigen bayrischen Bauvorhaben" keinerlei Hindernisse in den Weg zu stellen. In Beantwortung dieses Schreibens wurde österreichischerseits auf die Absichten der Tiwag hingewiesen und Verhandlungen in Aussicht gestellt, die sodann im Februar 1948 unter Teilnahme der Bundesministerien für Land- und Forstwirtschaft und für Energiewirtschaft und Elektrifizierung sowie des Amtes der Tiroler Landesregierung und der Tiwag stattgefunden hatten. Ziel der Verhandlungen war die „Herbeiführung einer sachlichen Übereinstimmung aller beteiligten Stellen" gewesen, auf deren Grundlage die Ermächtigung der Bundesregierung zum Abschluß eines formellen Übereinkommens eingeholt werden sollte. Ende Juni 1948 war das beiliegende Übereinkommen, das der Tiwag ohne Gegenleistung die Angliederung eines Einzelgebietes von über 70 km² an den Achensee und damit eine Steigerung der Energieerzeugung im Achenseekraftwerk um durchschnittlich 60 Millionen kWh im Jahr (davon 40 Millionen kWh im Winter) einräumte, paraphiert worden.

77 Meritorisch: sachlich.

78 Material zu den diesbezüglichen Verhandlungen findet sich in AdR, BMLF, Wasserrecht Österreich-Bayern 1948–1950. Vgl. weiters auch Tagesordnungspunkt 9 des vorliegenden Protokolls.

79 Beilage 8: BMEE, (ohne Aktenzahl) Ministerratsvortrag (2 ½ Seiten); Anlage (1 ½ Seiten). Für das Jahr 1949 wurden laut beiliegender Anlage 592,350.000 Schilling für Energieinvestitionen benötigt, die aber derzeit weder aus Budgetmitteln noch über den Kreditmarkt durch Begebung von Obligationsanleihen aufgebracht werden konnten. Auf Grund einer sorgfältigen Untersuchung des Kapitalmarktes war man zum Ergebnis gelangt, die Finanzierung einerseits durch Granterlöse und andererseits durch Kapitalseinziehungen des Bundes und der Länder durchzuführen. Das Abkommen zwischen den Vereinigten Staaten von Amerika und Österreich über wirtschaftliche Zusammenarbeit vom 2. Juli 1948 (vgl. MRP Nr. 119/1 d) bot nun die Möglichkeit, eine namhafte Quote dieser Erfordernisse zu finanzieren. Die Abhebung der Beträge aus den Granterlösen bedurfte aber einer vorhergehenden Vereinbarung mit der US-Regierung, für deren Einholung der Ministerrat seine Zustimmung geben sollte.

Laufe des Juli geführt werden müssen. Die Vorwegnahme eines bestimmten Betrages ist meiner Meinung nach ausgeschlossen. Es wird auch notwendig sein, den Amerikanern einen Gesamtplan für das nächste Halbjahr vorzulegen. Der Minister bittet daher, dieses Erfordernis vorerst zurückzustellen und noch einen Monat zuzuwarten; er ersucht im übrigen die Ressortminister, ihre Anträge möglichst rasch einzubringen.

Die BM Dr. K r a u l a n d und Dr. G r u b e r schließen sich der Meinung hinsichtlich der vorläufigen Zurückstellung an.

BM Dr. M i g s c h vertritt die Meinung, daß sich die Baukosten sehr erhöhen, wenn nicht ein entsprechender Plan rechtzeitig vorgelegt wird. Die Bauvorhaben auf dem Gebiete der Energiewirtschaft seien nicht mit anderen großen Bauvorhaben zu vergleichen.

BM Dr. G r u b e r meint, einer sofortigen Planung stehe nichts im Wege, es sei aber nicht möglich, daß ein Ressort aus dem Gesamtplan einen Teil herausschneide. Es bestehe die Möglichkeit, mit der Planung sofort zu beginnen und dem nächsten Ministerrat oder dem Wirtschaftlichen Ministerkomitee einen Plan vorzulegen; ein Beschluß ohne Prüfung der Gesamtlage sei aber nicht möglich.

BM Dr. K r a u l a n d befürchtet, man werde nicht in der Lage sein, für Elektrizitätsbauten auch nur annähernd den angeforderten Betrag zur Verfügung zu stellen. Es sei auch anderweitig ein so großer Bedarf, daß nicht alle Wünsche berücksichtigt werden könnten. Im Augenblick könne man eine Entscheidung nicht fällen, vielleicht in einem Monat.

BM Dr. G r u b e r hält es für wichtig, den Amerikanern ein Verwendungsprogramm für das nächste Jahr vorzulegen. Dies sei notwendig, um den amerikanischen Kongreß zu weiteren Hilfeleistungen bewegen zu können.

BM Dr. M i g s c h erörtert im einzelnen die Besonderheiten von großen Energiebauten, im besonderen die Finanzierung. Der Finanzbedarf für diese szt. bewilligten Vorhaben laufe nun an. Die Verwendung der amerikanischen Hilfsgelder für solche Aufbauarbeiten werde auch für den Kreditbedarf der anderen Ressorts beim amerikanischen Element eine günstigere Stimmung schaffen. Eine weitere Verzögerung werde das Baujahr 1948 ungenützt verstreichen lassen. In einem solchen Falle müsse er für eine Verschleppung und unrationelle Führung der Bauarbeiten die Verantwortung entschieden ablehnen.

BM Dr. G r u b e r wiederholt, daß diese Frage erst geprüft werden müsse.

Der BK meint, dies könne im Laufe der nächsten Wochen geschehen. Daraus werde sich zeigen, wie weit die Ansprüche des Energieministeriums befriedigt werden können. Die Vorarbeiten könnten unbeschadet dessen begonnen werden. Eine Verschiebung von 4 Wochen sei nicht ausschlaggebend. Vorerst müsse ein Gesamtplan erstellt werden.

BM Dr. M i g s c h: Was geschieht, wenn dies nicht der Fall ist?

BK: Der Plan muß erstellt werden, da ja das Budget erstellt werden muß.

BM Dr. M i g s c h: Ich hätte gegen einen Gesamtplan über die Verwendung der Granterlöse[80] keinerlei Einwand, habe aber doch schon einige Erfahrungen, wie lange solche Dinge dauern.

Der BK fordert den Minister auf, selbst bei den anderen Ressortministern auf rechtzeitige Vorlage ihrer Anforderungen zu dringen, damit der Gesamtplan möglichst bald erstellt

[80] Österreich erhielt die Marshallplanhilfe als „Grants" (Beihilfen) geschenkt. Die gelieferten Waren wurden zu inländischen Marktpreisen oder billiger, also zu sehr günstigen Bedingungen, verkauft und die sich daraus ergebenden Erlöse auf ein ERP-Konto bei der Oesterreichischen Nationalbank eingezahlt. Dieses sogenannte Counterpart-Konto (Gegenwertmittel) diente vorerst der Währungsstabilisierung und der Bereinigung des Staatshaushalts, sodann wurden die Mittel auch für Investitionen in die Industrie verwendet. Vgl. dazu Franz Heissenberger, Der Wiederaufbau in Österreich, Frankfurt am Main 1961, S. 19 f; Michael Gehler, Vom Marshall-Plan bis zur EU. Österreich und die europäische Integration von 1945 bis zur Gegenwart, Innsbruck 2006, S. 40.

werden könne. Dieser Punkt solle bis zur Erstellung des Gesamtplanes vorläufig zurückgestellt werden.

BM Dr. M i g s c h erklärt sich damit nicht einverstanden.

VK: Alle anderen Kollegen sind einer Meinung, daß man diesen Punkt zurückstellen soll. Man kann doch die Debatte nicht 2 Stunden führen.

BM Dr. M i g s c h: Es muß aber doch ein Termin gestellt werden.

VK: Der Herr Finanzminister hat 4 Wochen vorgeschlagen.

BM Dr. K r a u l a n d schlägt vor, den Punkt bis Mitte August zurückzustellen.

BM Dr. M i g s c h erklärt sich damit einverstanden.[81]

9

Errichtung der Österreichisch-Bayrischen Kraftwerke Aktiengesellschaft

Bundesminister für Vermögenssicherung und Wirtschaftsplanung Dr. K r a u l a n d berichtet laut Ministerratsvortrag, Zl. 277.670-15/48[82], und Anlagen über die Errichtung der Österreichisch-Bayrischen Kraftwerke Aktiengesellschaft. Er beantragt laut Ministerratsvortrag und erklärt sich mit der Einsetzung eines Ministerkomitees wie zu Pkt. 7 der Tagesordnung, bestehend aus den BM Dr. Gruber, Dr. Krauland, Kraus, und Dr. Migsch, einverstanden, dessen Kompetenz dahin festzulegen wäre, daß dieses Ministerkomitee, falls die Frage abschlußreif gemacht werden könne, ermächtigt werde, namens des Ministerrates seine Zustimmung zu dem Abschluß der Verhandlungen zu geben.

---

81 Ein entsprechender Bericht scheint im Ministerrat nicht erstattet worden zu sein. Eine Überblick über den Stand der österreichischen Elektrizitätswirtschaft und ihren geplanten Ausbau zu jener Zeit findet sich in den folgenden beiden Ausgaben von „Der Österreichische Volkswirt“: 34. Jg., 1. Juliheft 1948, Nr. 19, S. 7–9, und 2. Juliheft, Nr. 20, S. 5–8. Vgl. weiters Wiener Zeitung, 20. Juni 1948, S. 4 „Der österreichische Elektrizitätswirtschaftsplan. 78 Wasserkraftbauvorhaben, davon 34 im Bau – Gesamtkosten 6.4 Milliarden“.

82 Beilage 9: BMVW, Zl. 277.670-15/1948 Ministerratsvortrag (2 Seiten); Bericht des bayerisch-österreichischen Arbeitsausschusses zum Satzungsentwurf (2 Seiten); Satzungsentwurf (2 Seiten); Vertragsentwurf (5 ¼ Seiten). Die zwischenstaatliche Behandlung der Innkraftwerke Ering und Obernberg, die an der Grenzstrecke des Inn zwischen Österreich und Bayern errichtet worden waren, war zu klären. Damit im Zusammenhang stand der aus energiewirtschaftlicher Sicht dringende rasche Ausbau dieser Grenzstrecke. Aus diesem Anlaß waren unter Einschaltung der amerikanischen Militärregierung unverbindliche Verhandlungen zwischen Österreich und Bayern aufgenommen und ein österreichisch-bayerischer Arbeitsausschuß gebildet worden. Dieser Ausschuß hatte den vorliegenden Bericht erstattet (Beilage A) und den Entwurf der Satzungen der zu errichtenden gemeinsamen Gesellschaft (Beilage B) sowie den Entwurf eines Abkommens zwischen den beiden Regierungen (Beilage C) ausgearbeitet. Den Vertragsentwürfen lag der Gedanke zugrunde, „daß dieser gemeinsame Ausbau der Wasserkräfte unter gleicher Beteiligung beider Seiten vorteilhafter als die getrennte Ausnützung ist“. In Fragen wie der Beteiligung am Kapital, der Besetzung der Organe der Gesellschaft, der Aufbringung fremder Mittel, der Besteuerung der Gesellschaft, der Verteilung des Stromes, der Berechnung der Strompreise u. a. sollten beide Seiten grundsätzlich gleich behandelt werden. In anderen wichtigen Punkten hatten die Vorbesprechungen jedoch zu keinem Ergebnis geführt, diese sollten nun am 23. und 24. Juli 1948 neuerlich verhandelt werden. Dabei handelte es sich um die Frage der Ansiedlung der Gesellschaft in Bayern oder Österreich, um die Einbringung der Werke Ering und Obernberg auf Basis der Anschaffungskosten gegen Übernahme eines entsprechenden Schuldbetrages in die Gesellschaft, um die Frage der Verteilung des bayerischen Anteils auf die beiden führenden Wasserkraftunternehmungen, die Innwerke Aktiengesellschaft und die Bayernwerke Aktiengesellschaft, um die Frage der Lage der künftigen Ausbauten der Krafthäuser und über die Einbeziehung einer rein bayerischen Gefällstrecke des Inn in den geplanten Ausbau der Stufe Braunau. Den österreichischen Unterhändlern wurden für die Aushandlung dieser strittigen Punkte genaue Direktiven erteilt.

BM Dr. M i g s c h hält es für notwendig, vorsichtig vorzugehen, u. zw. besonders hinsichtlich der internationalen Frage der Werke Ering[83] und Obernberg[84].[85]

BM Dr. G r u b e r: Die Ansprüche auf diese Kraftwerke sind ja staatsvertragrechtlich angemeldet.

BM Dr. M i g s c h teilt mit, man habe sich bis zuletzt mit dieser Frage bei den Verhandlungen beschäftigt. Er habe ein Ersuchen um Klärung an das Außenamt gerichtet und BM Dr. Gerö um ein Gutachten über die rechtliche Situation ersucht.

BM Dr. K r a u l a n d betont, dies sei gemeinsam mit ihm und nicht vom Energieminister allein geschehen.

Der BK faßt zusammen: Ein Ministerkomitee, bestehend aus den Bundesministern Dr. Gruber, Dr. Krauland, Kraus und Dr. Migsch wird beauftragt, die völkerrechtliche Seite der Frage zu prüfen. Wenn eine Einigung erzielt wird, kommt die Entscheidung einem Ministerratsbeschluß gleich.

Der Ministerrat beschließt in diesem Sinne.[86]

10
Schul- und Erziehungsgesetz

BM Dr. H u r d e s berichtet gemäß Ministerratsvortrag, Zl. 42.094/III-10/48[87], über den Entwurf eines Bundesverfassungsgesetzes, betreffend das österreichische Schul- und Erziehungswesen (Schul- und Erziehungsgesetz).

Er schlägt in Ergänzung des Ministerratsvortrages vor, den Entwurf unter Vorbehalt der Formula Krauland[88] im Parlament einzubringen, damit die parlamentarischen Ausschüsse die noch strittigen Fragen bereinigen können.

---

83 Laufkraftwerk Ering-Frauenstein am unteren Inn. Das Kraftwerk befindet sich auf dem Gemeindegebiet von Ering/Bayern und Mining/OÖ.

84 Laufkraftwerk Egglfing-Obernberg am Inn. Das Kraftwerk befindet sich auf dem Gemeindegebiet von Bad Füssingen/Bayern und Obernberg/OÖ.

85 Gemeint war die Regelung der zwischenstaatlichen Nutzung der beiden Kraftwerke.

86 Die Österreichisch-Bayerische Kraftwerke AG. wurde schließlich im Oktober 1950 ins Leben gerufen. Material zum Thema findet sich in AdR, BMLF, Wasserrecht Österreich-Bayern 1948–1950; weiters auch in AdR, BMLF, Innkraftwerk Ering-Obernberg 1947–1948. Zur Gründung dieser Aktiengesellschaft vgl. auch Oliver Braun (Bearb.), Die Protokolle des Bayerischen Ministerrates 1945–1954. Das Kabinett Ehard II. 20. September 1947 bis 18. Dezember 1950. Band 3: 1950. Herausgegeben von der Historischen Kommission bei der Bayerischen Akademie der Wissenschaften und der Generaldirektion der Staatlichen Archive Bayerns, München 2010, S. 2–5 und S. 219–222.

87 Beilage 10: BMU, Zl. 42.094/III-10/1948 Ministerratsvortrag (2 Seiten); Gesetzesentwurf (86 ½ Seiten); Erläuterungen (14 Seiten). Das österreichische Schulrecht hatte bis zum Jahr 1938, obwohl es auf zahlreichen gesetzlichen Bestimmungen aus verschiedenen Perioden des 19. Jahrhunderts beruhte, eine gewisse Einheit dargestellt. Erst in der Zeit der NS-Herrschaft war es „durchlöchert und verstümmelt" worden, so daß auf diesem Gebiet seit 1945 unklare und widersprüchliche, „ja fast chaotische Verhältnisse" herrschten. Im Bundesministerium für Unterricht war bereits vor längerer Zeit der Entwurf eines Schul- und Erziehungsgesetzes ausgearbeitet worden, der das gesamte Schulrecht vom „Kindergarten bis zur Schwelle der Hochschule" in einem Grundrecht kodifizieren sollte. Der Entwurf war in seinen Grundzügen den politischen Parteien zur Beratung zugegangen, damit noch vor der verfassungsmäßigen Behandlung eine gemeinsame Basis für dieses „notwendige und bedeutsame" Verfassungsgesetz gefunden werden konnte. Der inzwischen von sozialistischer Seite im Nationalrat eingebrachte Initiativantrag zu einem Schulgesetz hatte nun den Bundesminister für Unterricht dazu veranlaßt, „unbeschadet der Ergebnislosigkeit der Parteienverhandlungen" den Gesetzesentwurf dem Ministerrat vorzulegen, wobei seitens des Bundesministers für Unterricht ausdrücklich darauf verwiesen wurde, „daß ein Großteil des berufsbildenden Schulwesens hiermit überhaupt zum ersten Male in der österreichischen Schulgeschichte seine klar umrissene gesetzliche Grundlage erhalten" sollte.

88 Vgl. dazu Anmerkung 94 in MRP Nr. 117.

VK: Die historische Darstellung, die der Herr Unterrichtsminister über das Zustandekommen des Gesetzentwurfes gegeben hat, bedürfte vielleicht einiger Richtigstellungen. Es sind 2 Jahre her, daß die Verhandlungen hierüber begonnen wurden. Ich habe an diesen anfänglich teilgenommen, später jedoch nicht mehr, weil es unfruchtbare Verhandlungen waren. Inzwischen sind diese vom Unterrichtsministerium selbst als beendet erklärt worden. Da sie zu keinem Ergebnis geführt haben, versucht der Unterrichtsminister den Entwurf unter Vorbehalt der Formula Krauland einzubringen. Die Formula Krauland wurde jedoch nie bei so großen, sondern nur bei nebensächlichen Meinungsverschiedenheiten angewendet. Es wurde bei diesem Entwurf nicht einmal mit den anderen Ressorts das Einvernehmen hergestellt. Zum Beispiel werden Zuständigkeiten, die bisher das Sozialministerium hatte, auf das Unterrichtsministerium übertragen, ohne den Versuch einer Einigung unternommen zu haben. Auch wurde der Entwurf nicht an die Kammern versendet, wie die Arbeiterkammer behauptet. Das sind so weitgehende Mängel, daß ich den Entwurf zur Einbringung im Parlament nicht für geeignet halte. Wenn sich der Herr Unterrichtsminister die Verhandlungen bequemer gestalten will, möge er so wie wir einen Initiativantrag im Parlament einbringen.[89] Wenn er aber darauf rechnet, das Gesetzeswerk als Arbeit der Regierung einzubringen, müßte er sich wie jeder andere Minister dazu bequemen, im vorhinein die entsprechende Willensmeinung zustande zu bringen. Je länger über den Entwurf verhandelt wurde, umsomehr sind gewisse Dinge, die ursprünglich überhaupt nicht in ihm enthalten waren, in den Vordergrund gerückt.

Der Vizekanzler verweist in diesem Zusammenhang besonders auf die Privatschulen.[90] Als Grundlage der Zusammenarbeit der Parteien in der Regierung dient die Erklärung vom 21. Dezember 1945 im Nationalrat.[91] Was Kollege Hurdes hier vorlegt, ist durch diese Erklärung absolut nicht gedeckt. Ich halte auch die damit verbundene Demonstration für nicht sehr glücklich. Das Gesetz ist ein Verfassungsgesetz und bedarf im Parlament der Zustimmung der 3 Parteien. Für solche Demonstrationen, die ins Leere gehen, ist der Ministerrat nicht da. Während im Parlament zur Überbrückung von Schwierigkeiten die Beratungen aus den Ausschüssen auf Parteienbesprechungen übertragen werden, will Kollege Hurdes, weil die Parteienverhandlungen keinen Erfolg hatten, den umgekehrten Weg nehmen und ins Parlament gehen. Dieser Weg regt Leidenschaften auf, für die in der heutigen Zeit nicht Platz sein sollte. Ich erkläre daher namens meiner Parteifreunde, daß wir nicht damit einverstanden sind, daß dieser Gesetzesentwurf als Regierungsvorlage ins Parlament kommt.

---

89 Die SPÖ hatte am 30. Juni 1948 einen Entwurf zu einem Schul- und Erziehungsgesetz als Initiativantrag im Nationalrat eingebracht. Seit diesem Zeitpunkt wurde über den Hurdes-Entwurf – von den Sozialdemokraten als „undiskutierbar" bezeichnet – verhandelt. Vgl. Sten. Prot. NR, V. GP, 84. Sitzung vom 30. Juni 1948, S. 2394, Antrag des Nationalratsabgeordneten Dr. Leopold Zechner (SPÖ) und Genossen, betreffend Schaffung eines Bundesverfassungsgesetzes, womit der Wirkungskreis des Bundes und der Länder auf dem Gebiete des Schul-, Erziehungs- und Volksbildungswesens geregelt und grundsätzliche Bestimmungen auf diesem Gebiete getroffen werden (Schulverfassungsgesetz); Zuweisung des Antrages an den Ausschuß für Unterricht in der 85. Sitzung vom 1. Juli 1948, S. 2394. Vgl. auch Arbeiter-Zeitung, 1. Juli 1948, S. 1 „Die Sozialisten beantragen ein neues Schulgesetz"; SPÖ-Vertrauensmann, April 1952, S. 166–168, und Juni/Juli 1952, S. 265–268.

90 Der vorliegende Gesetzesentwurf hielt an der Möglichkeit zur Errichtung privater Schulen und zur Verleihung des Öffentlichkeitsrechtes für Privatschulen, die bestimmten Anforderungen entsprachen, fest und stellte sich somit gegen den Gedanken eines staatlichen Schulmonopols (§§ 19 bis 24). Vgl. dazu den beiliegenden Gesetzesentwurf und die Erläuterungen zum Gesetzesentwurf.

91 Zur Regierungserklärung Bundeskanzler Figls vgl. Sten. Prot. NR, V. GP, 2. Sitzung vom 21. Dezember 1945.

BK: Der Vorsitzende des Finanzausschusses des amerikanischen Repräsentantenhauses[92] ist hier und möchte mir einen kurzen Besuch machen. Ich bitte daher, mich auf einige Minuten zu entschuldigen.

(Der Vizekanzler übernimmt den Vorsitz um 12 Uhr)

BM Dr. H u r d e s erklärt, dieser in Paragraphen gefaßte Entwurf sei vorgelegt worden, um eine Basis für weitere Verhandlungen zu schaffen. Wegen der Zuständigkeit bestünden zwischen dem Unterrichts- und dem Sozialministerium keine Meinungsverschiedenheiten. Der Entwurf entspräche in diesem Punkte durchaus der übereinstimmenden Auffassung beider Parteien. Seine Einbringung im Parlament bedeute keine Störung des Friedens und sei nicht als Demonstration gedacht. Ebenso könnte die Einbringung eines Initiativantrages der SPÖ als Störung des Friedens betrachtet werden. Die Regelung, betreffend die Privatschulen, sei von der ÖVP nicht als definitiver Zustand angesehen worden. Der Minister ersucht, den Entwurf durchzustudieren, dann werde man sehen, daß er nicht untragbar, sondern eine Grundlage sei, über die man diskutieren könne.

BM H e l m e r: Es ist unbestreitbar, daß die Parteien im Parlament Gesetzesanträge einbringen können. Das ist seitens der SPÖ in diesem Falle geschehen. Aber es ist doch etwas anderes, wenn hier Entwürfe vorgelegt werden, die als Verfassungsgesetz gelten. In diesem Entwurf gibt es zuviel heikle Fragen, und es kann nicht von einer einheitlichen Auffassung innerhalb der Regierung gesprochen werden. Die formula Krauland haben wir nur bei einfachen Gesetzen angewendet. Man muß eben Geduld für Parteienverhandlungen haben.

BM Dr. H u r d e s: 2 Jahre habe ich verhandelt!

BM H e l m e r: Kollege Hurdes hat in seinem Ministerium das Glück, daß ihn niemand beobachtet. Was er anordnet, muß sofort durchgeführt werden, ohne daß ihm jemand dreinreden kann. Ich glaube, daß es zu einer Vereinbarung kommen kann, wenn die Verhandlungen im Geiste eines gewissen Entgegenkommens geführt werden, nicht aber wenn man unter Umständen einen Kulturkampf heraufbeschwören will. Ich würde daher den Herrn Kollegen Hurdes bitten, aus der vom Herrn Vizekanzler beantragten Ablehnung nicht etwa den Schluß zu ziehen, daß wir uns überhaupt ablehnend verhalten. Auch im Falle der Ernennung des Landesschulrates für Niederösterreich sei eine Klärung notwendig im Sinne des gegenseitigen Entgegenkommens. Ich schließe mich der Anschauung des Kollegen Schärf an und halte es für ausgeschlossen, daß ein Verfassungsgesetz mit der formula Krauland eingebracht wird.

StS M a n t l e r bemängelt es, daß die Arbeiterkammer den Entwurf nicht zur Begutachtung erhalten hat. Sie hat wohl einen Gesetzesentwurf über ein Bundes-Schulaufsichtsgesetz[93] erhalten, doch sei bei diesem keine Frist genannt worden. Nach Rücksprache mit dem Unterrichtsminister sei sie bis zum September terminisiert worden. Man könne heute hier nicht über einen Gesetzesentwurf beschließen, bei dem ein Begutachtungsrecht bis zum September besteht. Für das Schul- und Erziehungsgesetz hat die Arbeiterkammer überhaupt keine Vorlage erhalten. Aus diesen Gründen ist es mir auch nicht möglich, diesen beiden Gesetzesentwürfen zuzustimmen.[94]

---

92 Karl Stefan, der Vorsitzende des Zuteilungsausschusses des amerikanischen Repräsentantenhauses, wurde von Bundeskanzler Figl im Beisein Bundesminister Grubers empfangen. Die Aussprache betraf Probleme des österreichischen Wiederaufbaues und die Verwendung der ERP-Mittel. Vgl. dazu Wiener Zeitung, 14. Juli 1948, S. 1 „Besuch beim Kanzler“.
Karl Stefan, Journalist und Radiosprecher, 3. Jänner 1935 bis 2. Oktober 1951 republikanischer Abgeordneter zum US-amerikanischen Repräsentantenhaus.

93 Zum Entwurf des Bundes-Schulaufsichtsgesetzes vgl. Tagesordnungspunkt 11 des vorliegenden Ministerratsprotokolls.

94 Staatssekretär Karl Mantler war von 1945 bis 1956 Präsident des Österreichischen Arbeiterkammertages.

BM Dr. Zimmermann: Das Finanzministerium hat diesen Entwurf nicht bekommen, und bei einer ganz flüchtigen Durchsicht bin ich auf sehr schwerwiegende finanzielle Fragen gestoßen. Sicherlich ist auch noch eine Reihe anderer wichtiger Fragen enthalten, die noch geprüft werden müssen. Der Minister bitte, den Entwurf auch dem Finanzministerium zur Prüfung zugehen zu lassen.

BM Dr. Hurdes: Es gibt namhafte Juristen hier im Hause, die auf dem Standpunkt stehen, das Gesetz sei gar kein Verfassungsgesetz. Trotzdem wollte ich es als Verfassungsgesetz deklarieren lassen, um niemandem etwas zu oktroyieren. Ich sehe nicht ein, daß das mit einem Kulturkampf etwas zu tun haben soll. Man hätte sagen können, daß während der Zeit der Regierungskoalition über die Schulfrage überhaupt nicht gesprochen werden soll, dann hätte aber auch der sozialistische Initiativantrag nicht eingebracht werden sollen. Da die SPÖ einen Entwurf eingebracht hat, muß ich nun den andern Weg gehen.

(Der BK übernimmt wieder den Vorsitz – 12.20 Uhr)

BM Dr. Hurdes wiederholt, der Entwurf solle nur eine Grundlage für die Diskussion im Parlament sein, da dies der sozialistische Antrag allein nicht sein könne. Die Einbringung als Verfassungsgesetz spreche dafür, daß man nicht eine Partei überstimmen wolle. Im übrigen sei die Personalfrage beim Landesschulrat in Niederösterreich wohl in erster Linie eine Sache der Länder.

BM Dr. Gruber schlägt vor, ein Ministerkomitee einzusetzen, dem die Vollmacht gegeben werden solle, den Entwurf nach Abführung von Verhandlungen ins Parlament zu bringen, und dem der Bundeskanzler, der Vizekanzler, der Unterrichtsminister und noch ein Vertreter der SPÖ angehören solle.

VK: Die Debatte, ob Verfassungsgesetz oder nicht, führt nicht weiter. Außerdem gibt es noch genug Sicherungen in der Bundesverfassung, daß nicht eine einfache Mehrheit entscheidet. Ich verstehe nicht, warum jetzt ein Verfassungsgesetz, das umfangreicher als die Bundesverfassung ist, beschlossen werden soll, damit es im Oktober dem Nationalrat überreicht werden kann. Den Vorschlag des Kollegen Gruber würde ich nicht ablehnen, aber er führt zu nichts. Es ist besser man holt bis zum Herbst die fehlenden Gutachten ein und versucht dann weiterzukommen.

Der BK stellt fest, daß es zu keiner einmütigen Auffassung gekommen ist und das Gesetz bis zum Herbst zurückgestellt werden solle.

BM Dr. Gruber meint ob es nicht zweckmäßig wäre, daß der Ministerrat den Wunsch ausdrücke, daß die Parteienverhandlungen wieder aufgenommen werden, so daß bis zum Herbst eine einhellige Auffassung erzielt werde.

BM Dr. Hurdes stimmt einer Zurückstellung bis zum Oktober nicht zu und kündigt an, er werde die Vorlage wieder in den Ministerrat bringen.

Der VK betont: Wir werden uns solange nicht mit dem Entwurf identifizieren, als er ohne Verhandlungen vorgelegt wird.

BM Dr. Hurdes zieht nochmals eine Parallele zu dem sozialistischen Initiativantrag worauf der

VK erklärt, daß er nach dieser Betrachtung der Dinge durch den Bundesminister Dr. Hurdes Parteienverhandlungen in der nächsten Zeit nicht für möglich halte.

Der BK faßt zusammen, daß zunächst die Gutachten des Sozialministeriums, der Arbeiterkammer und allfälliger weiterer Stellen eingeholt und die Parteienverhandlungen wieder aufgenommen werden sollen, die eine Grundlage für die Einbringung im Parlament schaffen.

Der Ministerrat beschließt in diesem Sinn.[95]

---

[95] Zur gesetzlichen Regelung des österreichischen Schul- und Erziehungswesens kam es erst 1962 durch das Schulorganisationsgesetz, BGBl. Nr. 242, Bundesgesetz vom 25. Juli 1962 über die Schulorganisation (Schulorganisationsgesetz), ausgegeben am 8. August 1962, durch das das österreichische Schul-

11
Bundes-Schulaufsichtsgesetz

BM Dr. H u r d e s legt den Ministerratsvortrag, Zl. 42.117-III/10/48[96], über den Entwurf eines Bundesverfassungsgesetzes, betreffend die Leitung und Aufsicht über das Erziehungs- und Unterrichtswesen (Bundes-Schulaufsichtsgesetz) unter Verzicht auf ein mündliches Referat vor.

VK: Ich entbehre ungern das mündliche Referat. Ich war ohne weiteres bereit zuzustimmen, daß dieses Gesetz im Nationalrat eingebracht werde; es ist aber erst heute um 9 Uhr in meine Hand gekommen und ich habe nicht die Möglichkeit gehabt, es zu studieren. Ich habe nur rein zufällig auf Seite 19 den Absatz 4 des § 28 nachgesehen, der bestimmt, welche bisherigen Vorschriften außer Kraft treten. Dort werden die §§ 1, 2 und 9 bis 13 des Gesetzes vom 25. Mai 1868, RGBl. Nr. 48, wodurch grundsätzliche Bestimmungen über das Verhältnis der Schule zur Kirche erlassen werden, aufgehoben.

Der VK zitiert die §§ 1 und 2 dieses Gesetzes, insbesonders den 2. Absatz des § 2, der besagt, daß der Unterricht mit Ausnahme des Religionsunterrichtes unabhängig von dem Einfluß jeder Kirche oder Religionsgenossenschaft ist.[97] Diese Bestimmung soll nun aufge-

---

wesen der Zweiten Republik auf eine einheitliche Rechtsbasis gestellt wurde. Gleichzeitig wurde auch das Privatschulwesen gesetzlich geregelt. Vgl. BGBl. Nr. 244, Bundesgesetz vom 25. Juli 1962 über das Privatschulwesen (Privatschulgesetz), ausgegeben am 8. August 1962. Zur österreichischen Schulpolitik der Nachkriegszeit vgl. auch Wiener Zeitung, 15. Juli 1948, S. 1 „Österreichs schulpolitische Leistungen". Vgl. zur Problematik weiters Helmut Engelbrecht, Zielvorstellungen der österreichischen Bildungspolitik in der Zweiten Republik, in: Herbert Zdarzil/Nikolaus Severinski (Hg.), Österreichische Bildungspolitik in der Zweiten Republik, Horn 1998, S. 19–37; Horst Pfeiffle, Österreichische Bildungspolitik unter Ernst Fischer und Felix Hurdes, in: ebendort, S. 39–56. Zu den Vorstellungen der SPÖ zu den Schulgesetzen in den Jahren 1958 bis 1963 vgl. das detailreiche Material im AVA/FHKA, Nachlaß Waldbrunner E/1932:41. Aktenmaterial zum hier beantragten Gesetzesentwurf findet sich in AdR, BMJ, Zivilrechtslegislative 1945–1974, Sektion I/B, Verwaltungsrecht 38 a, Schul- und Erziehungsgesetz; AdR, BMU, Hauptreihe, Sign. 24-Gesetze, Schulgesetz 1945 – 1948; AdR, BKA, Sektion II, Sign. 40, GZl. 72.299/1948, Schul- und Erziehungsgesetz – Entwurf.

96 Beilage 11: BMU, Zl. 42.117-III/10/1948 Ministerratsvortrag (2 Seiten); Gesetzesentwurf (18 ½ Seiten); Erläuternde Bemerkungen (8 Seiten); BKA, Zl. 69.384-2a/1948 Information für den Herrn Bundeskanzler (1 Seite). Die Rechtsbestimmungen über die Organisation der österreichischen Schulaufsicht waren während der NS-Zeit außer Kraft gesetzt, das kollegiale System der Schulaufsichtsbehörden beseitigt und die Schulaufsicht den Reichsstatthaltereien übertragen worden. Durch das Behördenüberleitungsgesetz (StGBl. Nr. 94/1945) war zwar die Rückkehr zu den österreichischen Organisationsformen der Schulaufsicht angeordnet worden, diese Anordnung bedurfte aber, um wirksam werden zu können, einer weiteren gesetzgeberischen Aktion, durch die die Organisation der durch § 22 des Behördenüberleitungsgesetzes wieder eingeführten Schulbehörden geregelt werden sollte. Das bis 1938 in mehreren Rechtsvorschriften, zum Teil auch in der Bundesverfassung 1929, geregelte Gebiet sollte nun in einem selbständigen Bundesverfassungsgesetz zusammengefaßt werden. Dadurch sollte auch die Möglichkeit zur Erlassung von Ausführungsgesetzen der Länder im Rahmen eines Bundesverfassungsgesetzes im Weg der einfachen Landesgesetzgebung eröffnet werden. Der vorliegende Gesetzesentwurf sah die Unterstellung des gesamten Erziehungs- und Unterrichtswesens mit Einschluß des land- und forstwirtschaftlichen Schulwesens unter die Leitung des Bundesministeriums für Unterricht und seine Unterbehörden vor. Durch entsprechende organisatorische Anordnungen im Gesetzesentwurf sollte auch die erforderliche Einflußnahme der am gewerblichen und land- und forstwirtschaftlichen Schulwesen interessierten Bundesministerien gesichert werden. Im übrigen folgte der Gesetzesentwurf im Wesentlichen dem Grundgedanken der früheren „bewährten Organisation der österreichischen Schulaufsicht".

97 Die §§ 1 und 2 des RGBl. Nr. 48, Gesetz vom 25. Mai 1868, wodurch grundsätzliche Bestimmungen über das Verhältnis der Schule zur Kirche erlassen werden, ausgegeben am 26. Mai 1868, lauteten: „§ 1. Die oberste Leitung und Aufsicht über das gesammte Unterrichts- und Erziehungswesen steht dem Staate zu und wird durch die hiezu gesetzlich berufenen Organe ausgeübt. / § 2. Unbeschadet

hoben werden. Wenn ich das, fährt er fort, eine Stunde vor Einbringung der Vorlage lese, werde ich mißtrauisch und muß mir vorbehalten, den ganzen Gesetzentwurf zu studieren. Ich schlage bezüglich dieses Gesetzes vor, daß wir es eventuell in der nächsten Ministerratssitzung behandeln, um in der Zwischenzeit Gelegenheit zum Studium zu haben.

StS M a n t l e r verweist darauf, daß die Arbeiterkammer bis zum September eine Frist zur Begutachtung erhalten hat, und bittet, dieses Begutachtungsrecht nicht zu schmälern.[98]

Nachdem sich Bundesminister Dr. Hurdes für eine einheitliche Behandlung der beiden Gesetzesvorlagen ausgesprochen hat, wird auch dieser Entwurf zurückgestellt.[99]

12
Tätigkeitsbericht 1947 des Verfassungsgerichtshofes

Der BK berichtet laut Ministerratsvortrag, Zl. 66.891-2a/48[100], über den Tätigkeitsbericht des Verfassungsgerichtshofes über das Jahr 1947.

---

dieses Aufsichtsrechtes bleibt die Besorgung, Leitung und unmittelbare Beaufsichtigung des Religionsunterrichtes und der Religionsübungen für die verschiedenen Glaubensgenossen in den Volks- und Mittelschulen oder betreffenden Kirche oder Religionsgesellschaft überlassen. / Der Unterricht in den übrigen Lehrgegenständen in diesen Schulen ist unabhängig von dem Einflusse jeder Kirche oder Religionsgenossenschaft."

98 Die in Beilage 11 enthaltene Information des Verfassungsdienstes enthielt ebenfalls den Antrag auf Unterbreitung der Vorschläge zu den Entwürfen des Bundes-Schulaufsichtsgesetzes und des Schul- und Erziehungsgesetzes noch vor Beratung der Entwürfe im Unterrichtsausschuß des Nationalrates.

99 Zur gesetzlichen Regelung der Schulaufsicht kam es erst 1962 durch das Bundes-Schulaufsichtsgesetz, BGBl. Nr. 240, Bundesgesetz vom 25. Juli 1962 über die Organisation der Schulverwaltung und Schulaufsicht des Bundes (Bundes-Schulaufsichtsgesetz), ausgegeben am 8. August 1962. Der Religionsunterricht wurde 1949 gesetzlich geregelt. Vgl. BGBl. Nr. 190, Bundesgesetz vom 13. Juli 1949, betreffend den Religionsunterricht in der Schule, ausgegeben am 29. August 1949. Vgl. dazu auch MRP Nr. 159/10 vom 31. Mai 1949. Umfangreiches Aktenmaterial zu dem hier behandelten Gesetzesentwurf findet sich in AdR, BMU, Hauptreihe, Sign. 24-Gesetze, Schulgesetz 1945–1948.

100 Beilage 12: BKA, Zl. 66.891-2a/1948 Ministerratsvortrag (4 Seiten). Der Ministerrat hatte in seiner Sitzung vom 4. Mai 1948 (MRP Nr. 110/4) den für das Jahr 1947 erstatteten Tätigkeitsbericht des Verfassungsgerichtshofes zur Kenntnis genommen und den Verfassungsdienst des Bundeskanzleramtes beauftragt, eine Stellungnahme zu der vom Verfassungsgerichtshof angeregten Erweiterung der Zuständigkeit dieses Gerichtshofes vorzulegen. Bezüglich der Frage, ob eine ältere Rechtsvorschrift durch eine jüngere derogiert werde, sei der Verfassungsgerichtshof nach Artikel 139 und 140 B-VG. zu keiner Stellungnahme befugt, da er nach diesen beiden Verfassungsbestimmungen nur die Frage zu prüfen und zu entscheiden habe, ob eine Verordnung oder ein Gesetz im Widerspruch zu der Rechtslage zustande gekommen sei, die im Zeitpunkt der Erlassung der Norm gültig gewesen war. Der Verfassungsgerichtshof stellte daher der Bundesregierung anheim, „im Anschluß an Artikel 139 und 140 B-VG. eine derartige Kompetenzbestimmung des Verfassungsgerichtshofs zu begründen", wobei das Recht zur Antragstellung der Bundesregierung und den Landesregierungen zustehen sollte. Die Bundesregierung nahm in ihrer Stellungnahme in erster Linie auf die Vorschläge des Verfassungsgerichtshofes über Erweiterung seiner Kompetenzen in der Richtung Bezug, daß der Verfassungsgerichtshof auf Antrag der Bundesregierung, einer Landesregierung oder eines Gerichtes authentisch festzustellen habe, ob eine Rechtsvorschrift durch eine andere inhaltlich derogiert sei. Für die Entscheidung der Bundesregierung, dem Nationalrat keine diesbezügliche und nur im Wege eines Verfassungsgesetzes zu verwirklichende Erweiterung der Zuständigkeiten des Verfassungsgerichtshofes vorzuschlagen, waren zwei Grundsätze entscheidend. Erstens bedinge die Trennung der Justiz von der Verwaltung die Schaffung einer über diesen beiden Gewalten stehenden Instanz, die vermittelnd wirken könne, und zweitens stelle der Verfassungsgerichtshof „gewissermaßen die Klammern dar, die die dualistische Konstruktion von Bund und Ländern zu einer höheren Einheit zusammenfügen und das nur zu leicht beziehungslose Nebeneinanderfunktionieren der beiden Organisationsapparate zu einem harmonischen Zusammenwirken verbinden". Diesem, „die Rechtsstaatlichkeit in seiner letzten Auswirkung wahrenden Prinzip" würde Abbruch getan, wenn der Verfassungsgerichtshof in laufenden Verfahren

BM Dr. K o l b macht zunächst auf eine grammatikalische Richtigstellung im letzten Absatz auf Seite 3 des Ministerratsvortrages aufmerksam, in dem es statt „seiner" „ihrer" heißen muß, so daß der Absatz zu beginnen hätte: „Diesem die Rechtsstaatlichkeit in i h r e r letzten Auswirkung wahrenden Prinzip würde Abbruch getan werden, wenn ...". Außerdem wendet er sich gegen den Passus in dem gleichen Absatz: „Hierüber kann letzten Endes im Rahmen der Gerichtsbarkeit im engeren Sinne, der Verwaltungsgerichtsbarkeit und der Verfassungsgerichtsbarkeit, in ihrem derzeit bestehenden Umfang entschieden werden."

Darum ist es ja gegangen. Praktisch kann der Verfassungsgerichtshof nur darüber entscheiden, ob ein Gesetz zu der Zeit, als es beschlossen wurde, der damals geltenden Verfassung entsprochen hat. Damit ist aber keine Möglichkeit gegeben, irgend ein Gesetz dahin überprüfen zu lassen, ob es der heutigen Verfassung entspricht. Das wäre aber der erste Zweck der Verfassungsgerichtsbarkeit

BM Dr. G e r ö spricht sich für eine Beibehaltung des jetzigen Rechtszustandes aus, um nicht dem Querulantentum entgegenzukommen.

BM Dr. K o l b: Die Ausführungen des Kollegen Gerö beziehen sich auf Ziffer 5.[101] Wenn das Gericht den Verfassungsgerichtshof anruft, stellt es ein Versagen dieser Einrichtung dar, wenn der Verfassungsgerichtshof erklärt, er habe nur darüber zu entscheiden, ob das Gesetz damals der Verfassung entsprochen habe.

BM Dr. G r u b e r hält gleichfalls eine Überprüfung der gegenwärtigen Gesetzmäßigkeit für wünschenswert. Er beantragt die Zurückstellung des Punktes.

Der Ministerrat beschließt die Zurückstellung des Punktes zur neuerlichen Prüfung des Schreibens hinsichtlich Ziffer 4.[102]

13
Donaukonferenz in Belgrad 1948

BM Dr. G r u b e r berichtet gemäß Ministerratsvortrag, Zl. 115.065-Pol/48[103], samt Beilagen über die Donaukonferenz in Belgrad am 30. Juli 1948.

---

der ordentlichen Gerichte und der Verwaltungsbehörden bindend entscheiden müsse, „ob und welche Rechtsvorschriften für diese Behörden zur Entscheidung einer konkreten Angelegenheit maßgebend sein sollten". Darüber könnten im Rahmen der Gerichtsbarkeit im engeren Sinne die Verwaltungsgerichtsbarkeit und die Verfassungsgerichtsbarkeit im derzeit bestehenden Umfang entscheiden.

101 In Ziffer 5 sollte erwogen werden, ob der Verfassungsgerichtshof auch dann von Amtswegen zur Überprüfung eines Gesetzes oder einer Verordnung berufen sein sollte, „wenn sie nicht eine Vorfrage seiner eigenen Entscheidung bildet".

102 Ziffer 4 betraf die in der Beilage angesprochene Erweiterung der Kompetenzen des Verfassungsgerichtshofes, betreffend Feststellung der inhaltlichen Derogation einer Rechtsvorschrift durch eine andere. Zum Tätigkeitsbericht des Verfassungsgerichtshofes 1948 vgl. auch MRP Nr. 143/3 vom 1. Februar 1949.

103 Beilage 13: BKA/AA, Zl. 115.065-Pol/1948 Ministerratsvortrag (9 ½ Seiten); Zl. 114.754-Pol/1948 Donaukonferenz (3 ½ Seiten); Protokoll (22 Seiten). Österreich war von der jugoslawischen Regierung zu der für den 30. Juli 1948 nach Belgrad einberufenen Donaukonferenz eingeladen worden. Die Konferenz sollte eine neue Vereinbarung über die Schiffahrtsverhältnisse an der Donau ausarbeiten. Da Österreich, obwohl Anrainerstaat, nicht als stimmberechtigtes Mitglied, sondern nur in beratender Funktion an der Konferenz teilnehmen konnte, sollte die österreichische Delegation vor dem Eingehen in die Verhandlungen „gegen diese vollkommen unberechtigte Einschränkung" protestieren. Gleichzeitig sollte die österreichische Bundesregierung darauf hinweisen, daß der Verkehr auf der Donau durch den Ausbau neuer Kanäle sowie durch eine Reihe technischer Erfindungen immer größere wirtschaftliche Bedeutung erlange und die Donau für Österreich auch einzige Schiffahrtsverbindung mit dem Meer bilde. Die Einzelheiten der Konferenzmaterie waren in einer interministeriellen Sitzung am 8. Juli 1948 im Bundeskanzleramt/Auswärtige Angelegenheiten besprochen worden. Dabei hatte das Bundesministerium für Verkehr gemeinsam mit dem Bundesministerium für Handel und Wiederaufbau den Standpunkt vertreten, Österreich solle auf dem Grundsatz der Weitergeltung des Donaustatuts 1921, das den

BM Dr. K r a u l a n d wendet sich gegen die Bestellung des Gesandten Orsini-Rosenberg[104] zum Führer der österreichischen Delegation mit der Befürchtung, er werde dieser Mission nicht gewachsen sein, und schlägt die Betrauung eines anderen Diplomaten vor.

BM H e l m e r hält die Entsendung auch von Praktikern für wichtig, die mit dem Donauproblem vertraut sind. Er nennt dabei den Namen des Generaldirektor B a u e r[105] von der DDSG[106].

BM Dr. G r u b e r teilt mit, dessen Entsendung sei ohnehin vorgesehen.

BM H e l m e r meint, es gäbe sicherlich auch noch andere Fachleute, die entsendet werden könnten.

BM Ü b e l e i s hielte es für die beste Lösung, wenn die alte Donaukonvention[107] unter Zuziehung von Sowjetrußland und der Ukraine wieder aktiviert werden könnte, und zwar mit der Sicherung, daß Österreich nicht majorisiert werden könne.[108] Wenn allerdings das Stimmenverhältnis zu Ungunsten Österreichs wäre, müsse man zumindestens das Recht Österreichs auf freie Schiffahrt sichern.

Der Minister legt Wert darauf, daß Generaldirektor Bauer und Dipl. Ing. K o r w i k[109] der Delegation angehören. Im übrigen tritt er dafür ein, daß das Verkehrsministerium in der Aufzählung nicht als letztes fungiert.

BM Dr. G r u b e r versichert, es habe sich um keine beabsichtigte Diskriminierung des Verkehrsministeriums gehandelt.

BM Dr. K r a u l a n d schlägt eine alphabetische Reihung vor, wonach sein Ministerium nach dem Verkehrsministerium als letztes aufscheine.

BM Dr. M i g s c h reklamiert einen Vertreter auch für das Energieministerium, da der ursprüngliche Plan die Entsendung eines Vertreters aus jedem Ministerium vorsah.

Ausgangspunkt der Konferenzberatungen zu bilden hätte, beharren, da mit diesem der Begriff der Internationalisierung und der internationalen Kommission verknüpft sei. Hingegen vertrat das Bundesministerium für Land- und Forstwirtschaft das Prinzip der freien Schiffahrt als Grundlage für die Haltung der österreichischen Delegation, das Bundesministerium für die Auswärtigen Angelegenheiten aber das Prinzip freier und ungehinderter Schiffahrt auf der gesamten Donau, das derzeit nur unter oberster Aufsicht einer internationalen Kommission möglich sei. Auf Grund der Meinungsverschiedenheiten der Ressorts müsse der Ministerrat eine Entscheidung treffen, die der Delegation als Weisung gelten solle. Die Beilage enthält weiters eine Auflistung der auf der Donaukonferenz anstehenden Programmpunkte sowie das Protokoll der interministeriellen Sitzung über die bevorstehende Konferenz.

104 Dr. Felix Orsini-Rosenberg, 16. Mai 1947 bis 24. Juni 1950 a.o. Gesandter und bev. Minister in Sofia.

105 Josef Bauer, 1945 bis 1954 Generaldirektor der DDSG, Vorstand des Fachverbandes der Schiffahrtsunternehmungen.

106 Zur Ersten Donau-Dampfschiffahrts-Gesellschaft vgl. Anmerkung 36 in MRP Nr. 117.

107 BGBl. Nr. 706, Übereinkommen, betreffend das endgültige Donau-Statut vom 23. Juli 1921, ausgegeben am 29. September 1922.

108 Durch die Regelung der Donauschiffahrt nach dem Ersten Weltkrieg in der Pariser Donaukonvention von 1921 waren Österreich, Deutschland, Rußland und die Türkei aus der 1856 gegründeten Internationalen Donaukommission ausgeschlossen worden. Die Pariser Donaukonvention enthielt folgende Grundsätze: freie Schiffahrt ohne Diskriminierung, die Teilnahme der Nichtuferstaaten an der Verwaltung der Donaukommission, die Ausdehnung des Tätigkeitsbereiches der Donaukommission auf die Nebenflüsse der Donau, den supranationalen Charakter der Donaukommission hinsichtlich ihrer Entscheidungen sowie eine Verbindung zu den Vereinten Nationen. Vgl. Franz Pichler, Die Donaukommission und die Donaustaaten: Kooperation und Integration (= Schriftenreihe der Österreichischen Gesellschaft für Außenpolitik und Internationale Beziehungen 8), Wien/Stuttgart 1973, S. 9 und S. 20 f.

109 Dip.-Ing. Otto Korwik, ehemaliger Generaldirektor der DDSG, Leiter der Abteilung 12 (Planung in Fragen des Gewerbes, Handels, Fremdenverkehrs und Messewesens) der Sektion I des Bundesministeriums für Vermögenssicherung und Wirtschaftsplanung.

BM Dr. G r u b e r: Wir haben Gründe, zunächst nicht mit einer massiven Delegation aufzutreten, sondern müssen für die erste Konferenz nur unsere Bereitschaft zeigen. Aus dem Konferenzverlauf wird sich ergeben, wen man noch braucht. Dann werden wir notfalls noch weitere Fachleute beiziehen. Wir haben vorläufig jedoch noch gar keine Tagesordnung und wissen nicht, ob die Konferenz gleich wieder auseinandergehen oder monatelang tagen wird. Man muß daher abwarten und dann zusätzliche Beschlüsse fassen. Die Entscheidung der Frage, ob der Gesandte Orsini-Rosenberg oder ein anderer bestellt wird, muß man schon dem Außenamt überlassen. Orsini-Rosenberg hat sich von allen Balkan-Diplomaten am besten bewährt. Wenn rein politische Fragen auftreten, muß er uns verständigen, und man wird dann den politischen Direktor[110] nach Belgrad schicken. Die Wahrscheinlichkeit, daß es jetzt zu einer Konvention kommt, ist nicht groß, außer wenn einer der großen Staaten seine Meinung grundsätzlich ändert. Momentan ist dies die zweckmäßigste Lösung.

Der Minister ersucht um die Vollmacht für den Bundeskanzler, Vizekanzler und sich, die weiteren Fragen einvernehmlich zu regeln. Notfalls wird selbstverständlich auch die Vertretung des Energieministeriums herangezogen werden.

BM Dr. M i g s c h betont, daß sämtliche Ressorts außer seinem vertreten sind.

BM Dr. G r u b e r: Nennen Sie einen Vertreter, dann nehmen wir ihn gleich mit.

BM Dr. M i g s c h nominiert den Sektionsrat Dr. U n g e r[111].

Der VK behält sich für den Fall, daß arbeitsrechtliche, das Schiffahrtspersonal betreffende Fragen zur Debatte gelangen, die Nominierung eines Vertreters des Sozialministeriums vor.

BK: Die Delegation wird also um den Sektionsrat Unger vom Energieministerium erweitert und die Regelung der weiteren Fragen vom Bundeskanzler, Vizekanzler und dem Außenminister gemeinsam vorgenommen.

BM Dr. K r a u l a n d: Aber nach Fühlungnahme mit den Ressorts!

Der Ministerrat beschließt antragsgemäß unter Berücksichtigung der in der Debatte vorgebrachten Anregungen.[112]

14
Kleiner Grenzverkehr mit Deutschland

Der BM für Inneres H e l m e r berichtet laut Ministerratsvortrag, Zl. 91.125-4/48[113], über die beabsichtigten Verhandlungen mit der amerikanischen Militärregierung für Deutschland über den kleinen Grenzverkehr.

---

110 Damit war vermutlich der Leiter der Abteilung 2 Pol (Angelegenheiten der Auswärtigen Politik u. a.) Dr. Markus Leitmaier oder der Leiter der Abteilung 5 W-Pol (Politische Vorbereitung und Durchführung der Verhandlungen mit dem Ausland auf dem Gebiete der Wirtschafts-, Finanz- und Verkehrspolitik) Dr. Heinrich Sommaruga im Bundeskanzleramt/Auswärtige Angelegenheiten gemeint.
Dr. Markus Leitmaier, 12. Mai 1947 bis 31. Dezember 1949 (bzw. bis 31. Dezember 1951 als Ruhestandsbeamter) Leiter der handelspolitischen Abteilung im Bundeskanzleramt/Auswärtige Angelegenheiten.
Dr. Heinrich Sommaruga, a.o. Gesandter und bev. Minister, 30. Dezember 1946 bis 18. August 1949 Leiter der wirtschaftspolitischen Abteilung im Bundeskanzleramt/Auswärtige Angelegenheiten.

111 Dr. Arthur Unger, Sektionsrat im Präsidium des Bundesministeriums für Energiewirtschaft und Elektrifizierung.

112 Aktenmaterial zur Donaukonferenz findet sich in AdR, BKA/AA, II-pol 1948, International 17, GZl. 114.322-pol/1948. Vgl. dazu weiters MRP Nr. 115/1 h vom 8. Juni 1948, MRP Nr. 122/1 c und MRP Nr. 123/1 b; Arbeiter-Zeitung, 15. Juli 1948, S. 1 „Vor der Belgrader Donaukonferenz".

113 Beilage 14: BMI, Generaldirektion für die öffentliche Sicherheit, Zl. 91.125-4/1948 Antrag an den Ministerrat (2 Seiten). Die Grenzverhältnisse an der österreichisch-bayerischen Grenze hatten in den letzten Jahren wiederholt Anlaß zu berechtigten Klagen gegeben, da sich die von den beiderseitigen Besatzungsmächten angestrebte hermetische Absperrung der Grenze als praktisch undurchführbar und

Der Ministerrat beschließt über Anregung des BM für die Auswärtigen Angelegenheiten Dr. Gruber antragsgemäß mit der Maßgabe, daß mit der Führung der Verhandlungen das Bundeskanzleramt – Auswärtige Angelegenheiten betraut ist.[114]

15
Bundesschuldbuchverordnung und Altkontenverordnung

Bundesminister für Finanzen Dr. Z i m m e r m a n n berichtet gemäß Ministerratsvortrag, Zl. 49.813-15/48[115], über den Entwurf einer Verordnung über die Einführung eines Bundesschuldbuches (Bundesschuldbuchverordnung) und den Entwurf einer Verordnung über die Umwandlung von Alt- und Konversionsguthaben in Forderungen gegen den Bundesschatz (Altkontenverordnung).

Der Ministerrat beschließt ohne Debatte antragsgemäß.[116]

16
Einspruch gegen den Gesetzesbeschluß des Salzburger Landtages, betreffend eine Lustbarkeitsabgabe für Veranstaltungen im Salzburger Festspielhaus

Der BK berichtet gemäß Ministerratsvortrag, Zl. 72.177-2a/48[117], über den Gesetzesbeschluß des Salzburger Landtages vom 5. 5. 1948, betreffend die Einhebung einer Lustbarkeitsabgabe (Vergnügungssteuer) für Veranstaltungen im Salzburger Festspielhaus.

---

aus wirtschaftlichen Gründen als bedenklich erwies. Die in der Landwirtschaft tätige Bevölkerung besaß seit alters her Überlandgrundstücke im jenseitigen Staatsgebiet, deren Bewirtschaftung vielfach die Existenzgrundlage darstellte. In dringenden Fällen waren deshalb auch von den Besatzungsmächten Grenzüberschreitungsbewilligungen ausgestellt worden. Das Bundesministerium für Inneres hatte bereits seit längerer Zeit die Aufnahme von unmittelbaren Verhandlungen mit der amerikanischen Militärregierung in Deutschland zum Zweck des Abschlusses eines Regierungsübereinkommens zur Regelung des kleinen Grenzverkehrs angestrebt. Nach Zustimmung der amerikanischen Militärregierung in Berlin sollten diese nun im Laufe des Sommers in Wien aufgenommen werden. Zu diesem Zweck hatte das Bundesministerium für Inneres im Einvernehmen mit den beteiligten Ministerien und mit Kenntnis des Bundeskanzleramtes/Auswärtige Angelegenheiten den Entwurf eines Grenzübereinkommens zwischen Österreich und der Amerikanischen Besatzungszone Deutschlands ausgearbeitet, der von den zuständigen amerikanischen Dienststellen als Diskussionsgrundlage akzeptiert worden war.

114 Vgl. Neues Österreich, 1. August 1948, S. 2 „Kleiner Grenzverkehr zwischen Österreich und Bayern"; weiters MRP Nr. 142/5 vom 25. Jänner 1949.

115 Beilage 15: BMF, Zl. 49.813-15/1948 Ministerratsvortrag (1 Seite); Entwurf zur Bundesschuldbuchverordnung (3 Seiten); Entwurf zur Altkontenverordnung (4 ½ Seiten); Änderungen an der Bundesschuldbuchverordnung und der Altkontenverordnung (1 ½ Seiten). In der Sitzung vom 8. Juni 1948 (MRP Nr. 115/6 und 7) hatte der Ministerrat die Entwürfe der Bundesschuldbuchverordnung und der Altkontenverordnung angenommen. Bei der Beratung im Hauptausschuß des Nationalrates hatten sich daran jedoch diverse Modifikationen als notwendig erwiesen. Da der Hauptausschuß jedoch keine Abänderungen an den Verordnungsentwürfen vornehmen durfte, mußte sich der Ministerrat erneut mit den beiden Verordnungen befassen und die neuen Textfassungen genehmigen. Die am ursprünglichen Text vorgenommenen Änderungen wurden in der beiliegenden Aufstellung aufgelistet. Die neuen Entwürfe stimmen mit den ausgegebenen Gesetzen überein: BGBl. Nr. 162, Verordnung der Bundesregierung vom 13. Juli 1948 über die Einführung eines Bundesschuldbuchs (Bundesschuldbuchverordnung), sowie BGBl. Nr. 163, Verordnung der Bundesregierung vom 13. Juli 1948 über die Umwandlung von Alt- und Konversionsguthaben in Forderungen gegen den Bundesschatz (Altkontenverordnung), beide ausgegeben am 23. August 1948.

116 Aktenmaterial zu den beiden Verordnungen findet sich in AdR, BMF, GZl. 75.500-15/1948, Bundesschuldbuchverordnung, Altkontenverordnung 1948–1949. Ein Kommentar zur Altkontenverordnung findet sich in Der Österreichische Volkswirt, 34. Jg., 2. Septemberheft 1948, Nr. 28, S. 7 f „Die Inlandsschuld der zweiten Republik Österreich".

117 Beilage 16: BKA, Zl. 72.177-2a/1948 Ministerratsvortrag (2 Seiten); Gesetzesentwurf (½ Seite); Nr. 67 der Beilagen zum stenographischen Protokoll des Salzburger Landtages, Bericht (1 ½ Seiten). Nach

Der Ministerrat beschließt ohne Debatte antragsgemäß, gegen den Gesetzesbeschluß gemäß Artikel 98 Bundes-Verfassungsgesetz in der Fassung von 1929[118] Einspruch zu erheben.[119]

17
Einspruch gegen den Gesetzesbeschluß des Salzburger Landtages, betreffend eine Fremdenzimmerabgabe

Der BK berichtet gemäß Ministerratsvortrag, Zl. 72.007-2a/48[120], betreffend den Gesetzesbeschluß des Salzburger Landtages vom 5. 5. 1948 über die Einhebung einer Fremdenzimmerabgabe in der Stadt Salzburg.

Der VK verweist darauf, daß Salzburg die Fremdenzimmerabgabe, die im Gemeindebudget eine große Rolle gespielt hat, schon vor 1938 besaß.[121] Nun ist Salzburg die am meisten

---

Auffassung des Bundesministeriums für Finanzen gefährdete der vorliegende Gesetzesbeschluß des Salzburger Landtages die Interessen des Bundes. Das Bundeskanzleramt sollte vom Ministerrat beauftragt werden, dem Salzburger Landeshauptmann Josef Rehrl folgende Begründung zukommen zu lassen: Der vorliegende Gesetzesbeschluß, der der Stadt Salzburg die Einhebung der Lustbarkeitsabgabe (Vergnügungssteuer) auch für die aus öffentlichen Mitteln subventionierten Salzburger Festspiele durch Landesgesetze ermöglichen sollte, gefährde Bundesinteressen, da der Bund den Abgang der Salzburger Festspiele mit 40 Prozent decke, während je 20 Prozent vom Land, der Stadt Salzburg und dem Fremdenverkehrsfonds getragen würden. Dieser Bundeszuschuß sei mit Ausnahme des Jahres 1945 seit 1929 regelmäßig geleistet worden. Da die Preise für die Festspielveranstaltungen ohnehin sehr hoch angesetzt würden, könne die Lustbarkeitsabgabe nicht auf die Besucher übertragen werden, weswegen sich der Abgang um den Ertrag der Abgabe erhöhe und die Subvention des Bundes um 40 Prozent dieses Betrages steigere, während die Stadt Salzburg ihren Beitrag zum erhöhten Abgang aus dem Ertrag der ihr allein zufließenden Lustbarkeitsabgabe decken könne. Es sei naheliegend, daß die Stadt Salzburg auf diese Art ihren Beitrag zur Abgangsdeckung auf Bund, Land und Fremdenverkehrsfonds abwälzen wolle. Unter Berücksichtigung „der Bedeutung dieser Festspiele für Österreich" erscheine es deshalb angebracht, daß die Stadt Salzburg wie vor 1938 keine Lustbarkeitsabgabe für die Salzburger Festspiele einhebe.

118 Artikel 98, Abs. (2) des Bundes-Verfassungsgesetzes in der Fassung von 1929 (BGBl. Nr. 1/1930) besagt: „Wegen Gefährdung von Bundesinteressen kann die Bundesregierung gegen den Gesetzesbeschluß eines Landtages binnen acht Wochen von dem Tag, an dem der Gesetzesbeschluß beim zuständigen Bundesministerium eingelangt ist, einen mit Gründen versehenen Einspruch erheben."

119 Der Gesetzesentwurf wurde schließlich mit Beschluß des Salzburger Landtages vom 3. Juni 1949 aufgehoben und in Folge nicht ausgegeben. Vgl. dazu AdR, BKA, Sektion II, Sign. 31, GZl. 36.347/1949; weiters auch MRP Nr. 159/25 vom 31. Mai 1949.

120 Beilage 17: BKA, Zl. 72.007-2a/1948 Ministerratsvortrag (2 Seiten); Gesetzesentwurf (4 Seiten); Nr. 66 der Beilagen zum stenographischen Protokoll des Salzburger Landtages, Bericht (1 ½ Seiten). Nach übereinstimmender Auffassung der Bundesministerien für Handel und Wiederaufbau und für Finanzen gefährdete der vorliegende Gesetzesbeschluß des Salzburger Landtages die Interessen des Bundes. Der Ministerrat hatte sich mit dieser Angelegenheit bereits in der Sitzung vom 4. Mai 1948 (MRP Nr. 110/11 f) befaßt, dort aber den Beschluß gefaßt, „den Vizekanzler zu ersuchen, seinen Einfluß in der Stadt Salzburg dahin geltend zu machen, daß diese, den Fremdenverkehr schädigende Maßnahme, unterbleibt". Da die Stadt Salzburg aber größtes Interesse an der Einhebung der Abgabe habe, sollte der Ministerrat das Bundeskanzleramt beauftragen, an den Salzburger Landeshauptmann Josef Rehrl ein Schreiben des Inhalts zu richten, daß der vorliegende Gesetzesbeschluß des Salzburger Landtages über die Einhebung einer Fremdenzimmerabgabe in der Stadt Salzburg die Interessen des Bundes gefährde. Die Wiedereinführung dieser Abgaben in einer Zeit, „in der sich die Fremdenverkehrswirtschaft aus schweren Kriegs- und Nachkriegsschäden emporzuringen bemüht", erscheine nicht vertretbar, „denn es ist wohl auf der Hand liegend, daß das Beispiel der Stadt Salzburg nicht nur in anderen Teilen des Landes Salzburg, sondern auch im übrigen Bundesgebiet Nachahmung finden würde. Den im Zuge befindlichen Förderungsbestrebungen der Fremdenverkehrswirtschaft würde durch diese fiskalische Sonderbelastung entgegengewirkt werden, was mit den Interessen des Bundes unvereinbar erscheint."

121 Vgl. dazu MRP Nr. 116/16 a.

aufbaubedürftige Landeshauptstadt. Andererseits ist der Finanzminister mit einer Anzahl von auf Grund der Abgabenteilung in Aussicht gestellten Steuern im Rückstand geblieben. Dadurch kommt die Stadt Salzburg mit ihrem autonomen Haushalt in eine schwierige Lage. Man sollte über den einstimmig gefaßten Beschluß des Salzburger Landtages nicht hinweggehen, ohne eine andere Einnahmequelle zu eröffnen. Ich bin daher unter Berücksichtigung der besonderen Verhältnisse dafür, nicht abrupt nein zu sagen, sondern man sollte, wenn noch Zeit zu Verhandlungen ist, versuchen, mit Salzburg zu einem Übereinkommen zu gelangen.

BK: Da die Frist noch nicht abläuft, ist dazu noch Gelegenheit. Der Finanzminister wird also beauftragt, sich mit Salzburg diesbezüglich noch in Verbindung zu setzen.

Der Ministerrat beschließt in diesem Sinne.[122]

18

Mündliche Berichte

a

Der BK schlägt vor, für die Sommerzeit von regelmäßigen Ministerratssitzungen Abstand zu nehmen. Es werde jeden Samstag bekanntgegeben werden, ob in der folgenden Woche ein Ministerrat stattfindet.

BM H e l m e r hält im Hinblick auf die Lage in Berlin und Belgrad sowie die Donaukonferenz ein Ruhen des Ministerrates bereits jetzt für nicht zweckmäßig.

Der BK betont, daß eine Einberufung des Ministerrates jederzeit, auch kurzfristig, möglich sein werde, so daß man notfalls nicht einmal den Dienstagtermin abwarten müsse.

BM H e l m e r erklärt sich mit dieser Lösung einverstanden.

b

BM Dr. H u r d e s bringt das Ansuchen einer aus 35 Studenten bestehenden Delegation um Devisenzuteilung für die Teilnahme an einem medizinischen Kongreß und einen medizinischen Sommerkurs in Frankreich im Juli und August zur Kenntnis.[123] Für die Durchführung dieser Reise, die vom Leiter des französischen Gesundheitsdienstes[124] ausgeht, wird insgesamt ein Betrag von 700.000 ffrs benötigt. Da er stets einen sehr strengen Maßstab bei der Befürwortung von Devisenzuteilungen angewendet habe, bitte er um Stellungnahme des Ministerrates in diesem Fall.

Der BK hebt hervor, er habe erst am Vorabend durch den Leiter des französischen Gesundheitsdienstes Mitteilungen von dieser beabsichtigten Studienfahrt erhalten.

BM Dr. Z i m m e r m a n n teilt mit, der Leiter des französischen Gesundheitsdienstes habe bei ihm vorgesprochen und darauf verwiesen, daß bereits Verhandlungen mit dem Unterrichtsministerium stattfänden und ihn gebeten, die Devisenangelegenheit zu ordnen. Er habe darauf erwidert, dies hänge davon ab, inwieweit das Unterrichtsministerium diese Reise für notwendig, bezw. nützlich halte. Er habe lediglich versprochen, zu überprüfen, wieweit Devisen für diesen Zweck verfügbar sind.

BM Dr. G r u b e r: Dieses Vorgehen ist nicht derart, daß man ihm ohne weiters zustimmen könnte. Ein solcher Studentenaustausch könnte unmöglich zu Lasten Österreichs erfolgen, sondern höchstens in der Art, daß man ein Übereinkommen trifft, daß die Franzosen für diese Studentengruppe die Kosten in Frankreich übernehmen, während für eine im Austausch nach Österreich kommende französische Gruppe die Kosten in Österreich tragen. {sic!}

---

122 Vgl. weiters MRP Nr. 122/Beschlußprotokoll Punkt 39.

123 Das Ansuchen liegt dem Protokoll nicht bei. Vgl. AdR, BKA, Präsidium, Sign. 47, GZl. 2.969-Pr.M/1948, Devisen für Teilnehmer an einem Medizinischen Kongreß und Sommerkurs in Frankreich, der Akt enthält jedoch weder das Ansuchen noch sonstige weitere Informationen.

124 Zum erwähnten Leiter des französischen Gesundheitsdienstes konnte nichts eruiert werden.

BM Dr. H u r d e s schließt sich dieser Meinung an. Keinesfalls solle die Aktion zu Lasten Österreichs gehen. Dies um so mehr, als sich oft finanzielle Schwierigkeiten bei der Entsendung offizieller Vertreter oder Sachverständiger ins Ausland ergeben.

BM Dr. G r u b e r verweist auf die Möglichkeit, die Mittel aus dem Kulturfonds[125] zur Verfügung zu stellen.

BM Dr. H u r d e s erwidert, in diesem seien wohl 6,000.000 ffrs, die jedoch im wesentlichen dazu dienen, um die Ansprüche von Gastprofessoren u. dgl. zu befriedigen.

BM Dr. K r a u l a n d vertritt die Meinung, daß sich Österreich eine solche Aktion eben noch nicht leisten kann.

Der BK faßt zusammen, BM Dr. Hurdes möge den Vertretern der Studentengruppe mitteilen, der Ministerrat könne der Devisenzuteilung nicht zustimmen, vielmehr könne nur eine Verrechnung über im Austauschwege nach Österreich reisende französische Studierende erfolgen.[126]

c

BM Dr. Z i m m e r m a n n berichtet über die Bewilligung von Devisen für Gemüseimporte in den Monaten April und Mai 1948 nach Kärnten (siehe Beschlußprotokoll 119, Pkt. 16). In beiden Monaten wurden je 255.000 S bewilligt. In der Hauptsache wurden nur mit ministerieller Bewilligung Waren eingeführt. Im April wurde von den Exposituren[127] nur Gemüse im Werte von 7.496.– S, im Mai überhaupt nichts mit Bewilligung der Exposituren eingeführt. Im April gelangten für diese 255.000 S Kartoffel um 108.000 S, Karfiol um 72.000 S, Möhren um 57.000 S, Kohl um 3.000 S und sonstige Kleinigkeiten zur Einfuhr; im Mai Kartoffel um 238.000 S, Häuptelsalat um 4.600 S, Zwiebel um 4.000 S, Karfiol um 1.400 S und Kraut um 6.000 S. Er glaube daher nicht, daß die Information über eine waggonweise Einfuhr auf Grund von Bewilligungen durch die Exposituren stimmen könne.

Der Ministerrat nimmt den Bericht zur Kenntnis.[128]

d

BM für Finanzen Dr. Z i m m e r m a n n gibt bekannt, die Vertreter der Bundesangestellten hätten seit Anfang dieses Jahres wiederholt Forderungen betreffend eine Sonderzahlung angemeldet. Bei einer Zuwendung von etwa 20% des Gehaltes wären 50,000.000 S erforderlich, ein im Hinblick auf die angespannte finanzielle Situation bedenkbarer Betrag. Dies habe er den Vertretern der Gewerkschaften bei ihrer Vorsprache auch mitgeteilt. Wir stehen derzeit in Verhandlungen mit den Alliierten über die Besatzungskosten und mit den Amerikanern wegen Flüssigmachung der Gelder aus dem Marshall-Plan; es ist daher für eine solche Forderung der ungünstigste Zeitpunkt. Die Gewerkschaftsvertreter haben auf die schlechte finanzielle Lage der kleinen Angestellten hingewiesen, die sich mit Anfangsbezügen von 460.– S im Monat, besonders wenn sie verheiratet sind, in einer sehr schwierigen Lage befinden. Trotzdem glaube ich, daß man dem Verlangen angesichts der budgetären Lage nicht entgegenkommen kann.

BM A l t e n b u r g e r sieht eine besondere Erschwerung der Lage darin, daß die Nationalsozialisten auf Grund des Gesetzes nunmehr Nachzahlungen von hohen Beträgen bekommen.

BM Dr. Z i m m e r m a n n: Nachgezahlt wird nicht, außer wenn ein Unrecht erfolgt ist.

---

125 Damit war der französisch-österreichische Kulturfonds gemeint, der wie der belgisch-österreichische und der holländisch-österreichische aus den Reingewinnen der im Ausland gezeigten österreichischen Kunstausstellungen geschaffen worden war. Vgl. MRP Nr. 99/7 vom 10. Februar 1948.

126 Vgl. dazu Neues Österreich, 17. Juli 1948, S. 3 „Studenten- und Professorenaustausch mit Frankreich“.

127 Exposituren: auswärtige Geschäftsstellen.

128 Vgl. auch MRP Nr. 119/9 a.

Die Bezahlung erfolgt erst ab 1. Juli.

BM Altenburger weist auf die durch Auszahlung größerer Beträge an Nationalsozialisten bei der Beamtenschaft erfolgte Beunruhigung, sowie darauf hin, daß die Durchrechnung infolge Personalmangels nicht in dem wünschenswerten Tempo vor sich gehe. Es sei unmöglich, an dem Problem vorüberzugehen, ohne überhaupt etwas zu machen. Er schlägt vor, einen Vorschuß auf die Bezüge zu geben, die die Beamten bekommen sollen.

VK: Die Nachzahlungen an die Nationalsozialisten spielen in allen Ämtern eine große Rolle. Zum Teil handelt es sich allerdings auch um Beamte, die man zu Unrecht außer Dienst gestellt hat. Jedenfalls sind die übrigen Beamten äußerst unzufrieden, wenn die Nationalsozialisten jetzt größere Beträge in die Hand bekommen. Die Verhandlungstaktik mit den Gewerkschaftsvertretern war nicht die glücklichste. Kollege Zimmermann ist sehr liebenswürdig, aber auch sehr vorsichtig. Nach dem was mir berichtet worden ist, war die Gewerkschaft auf Grund der freundlichen Miene des Finanzministers der Meinung, daß etwas zu erreichen sei. Ich weiß nicht, ob man aus der Lage ganz ohne eine Leistung herauskommen kann. Vielleicht ist es möglich, daß man eine Aktion für später, allenfalls für den Dezember oder eine Maßnahme in Aussicht nimmt, die sich nicht generell als Lohnerhöhung auswirkt. Ganz ohne wird sich die Sache aber nicht mehr abbremsen lassen; dazu haben sich die ersten Verhandlungen zu freundlich angelassen.

BK: Der Finanzminister möge also dafür sorgen, daß man doch irgend einen Weg findet. Man muß trachten, daß keine politischen Schwierigkeiten daraus entstehen.

BM Helmer: Es mehren sich die Gehaltsvorschüsse bereits in einem erschreckenden Ausmaß.

BM Dr. Zimmermann: Ich habe gedacht, ob man nicht eine Aushilfsaktion durchführen könnte.

BK: Der Finanzminister wird also das Problem genau studieren und das nächste Mal einen neuerlichen Bericht geben, wie die Dinge stehen.[129]

e

BM Helmer teilt mit, daß das Direktorium der Alliierten Kommission den österreichischen Behörden das Recht einräumt, nunmehr, wenn die Russen nicht in der heutigen Sitzung Einspruch erheben, Aus- und Einreisevisa selbst zu erteilen.[130] Er gibt in diesem Zusammenhang bekannt, daß das Bundesministerium für Inneres den Bezirkshauptmannschaften in den Ländern das Recht zusprach, die Pässe mit Stampiglien mit dem Bundeswappen zu versehen. Vorarlberg stelle sich auf den Standpunkt, es wolle in die Pässe Stempel mit dem Vorarlberger Wappen geben. Daraus könnten sich unter anderem auch Schwierigkeiten bei der Kontrolle an der russischen Demarkationslinie ergeben.

Der BK erinnert daran, daß sich anfänglich auch mit Oberösterreich eine solche Schwierigkeit ergab, da sich der Landeshauptmann[131] nicht befugt glaubte, die Ausstellung von Pässen mit Bundeswappen durch landesbehördliche Organe durchzuführen. Nach entsprechender Aufklärung sei keine Beanstandung mehr zu verzeichnen.

BM Helmer kündigt an, er werde, wenn Vorarlberg auf seinem Standpunkt beharre, die Pässe für Vorarlberg nur in Wien ausstellen lassen.

---

[129] Vgl. auch Österreichische Volksstimme, 14. Juli 1948, S. 2 „Um den dreizehnten Monatsgehalt“; weiters MRP Nr. 125/16 vom 14. September 1948, MRP Nr. 134/1 d vom 23. November 1948, MRP Nr. 135/17 d vom 30. November 1948, MRP Nr. 136/11 c vom 7. Dezember 1948, MRP Nr. 137/1 c vom 14. Dezember 1948, MRP Nr. 138/Beschlußprotokoll Punkt 4 a vom 21. Dezember 1948, MRP Nr. 142/Beschlußprotokoll Punkt 5 b vom 25. Jänner 1949 und MRP Nr. 144/10 c vom 8. Februar 1949.

[130] Vgl. dazu auch MRP Nr. 62/Beschlußprotokoll Punkt 2 a vom 25. März 1947 und MRP Nr. 108/ Beschlußprotokoll Punkt 2 c vom 20. April 1948.

[131] Dr. Heinrich Gleißner, 26. Oktober 1945 bis 2. Mai 1971 Landeshauptmann von Oberösterreich, ÖVP.

Der BK regt die Vermittlung des aus Vorarlberg stammenden Ministers Kolb im Gegenstande an.[132]

f

BM Dr. G r u b e r macht Mitteilung über seine beabsichtigte Reise nach Paris zur Besprechung mit dem Administrator des Marshall-Planes H o f m a n n[133] am 23. und 24. Juli d. Js.[134]

Er regt an, für die Zeit, in der der Ministerrat nicht tagt, den Bundeskanzler, den Vizekanzler und den Bundesminister für die Auswärtigen Angelegenheiten zu ermächtigen, bei der Fassung außenpolitischer Entschlüsse den Ministerrat zu vertreten.

BK: Gegen nachträgliche Sanktion durch den Ministerrat!

BM Dr. K r a u l a n d unterstreicht, daß dies nur für außenpolitische Angelegenheiten gelten solle.

Der Ministerrat beschließt demgemäß.

g

BM Ü b e l e i s berichtet über die geforderte Auslieferung von Werkzeugmaschinen der Kraftwagen-Betriebsleitungen Urfahr und Freistadt an die USIA[135].

Der BK teilt mit, eine Protestnote sei bereits abgegangen. Beilage C[136]

BM Ü b e l e i s: Der letzte von den Russen genannte Termin ist der 14. Juli, wenn bis zu diesem Zeitpunkt keine Regelung getroffen ist und die Russen die Maschinen wegführen, bedeutet das die Lahmlegung aller Reparaturarbeit in Oberösterreich.

BK: Ich habe am Samstag die Note bekommen und noch am gleichen Tag eine Protestnote im Hotel Imperial[137] zustellen lassen.

---

132 Vgl. dazu auch MRP Nr. 122/23 c und MRP Nr. 137/Beschlußprotokoll Punkt 3 b vom 14. Dezember 1948.

133 Paul Gray Hoffman, 1948 bis 1950 US-Vorsitzender der ECA (Economic Cooperation Administration).

134 Bundesminister Gruber nahm als Vertreter Österreichs an der Konferenz der Außenminister der sechzehn europäischen Marshallplanstaaten, die am 25. Juli 1948 in Paris begann, teil. Vgl. dazu etwa Neues Österreich, 23. Juli 1948, S. 2 „Außenminister Gruber nach Paris abgereist"; Wiener Zeitung, 23. Juli 1948, S. 2 „Minister Dr. Gruber nach Paris" und 24. Juli 1948, S. 2 „Außenminister Dr. Gruber in Paris".

135 Zum USIA-Konzern vgl. Anmerkung 33 in MRP Nr. 116.

136 Beilage C: BKA, Zl. 115.005-Pol/1948 Note Bundeskanzler Figls an Generaloberst W. Kurasow vom 8. Juli 1948 (2 ½ Seiten). In der Note machte Figl Generaloberst Kurasov darauf aufmerksam, daß dem Bundesministerium für Verkehr durch die Kraftwagenbetriebsleitungen Urfahr und Freistadt gemeldet worden sei, daß die USIA Bezahlung für verschiedene in Verwendung der dortigen Reparaturwerkstätten stehende Werkzeugmaschinen verlangt habe. Die sowjetische Besatzungsmacht habe dies damit begründet, daß es sich um „Deutsches Eigentum" handle, das entweder zu bezahlen oder zum Abtransport freizugeben sei. Dem Vertreter des Bundesministeriums für Vermögenssicherung und Wirtschaftsplanung sei eine Zahlungsfrist bis 14. Juli 1948 eingeräumt worden, widrigenfalls mit dem Abtransport begonnen werde. Bundeskanzler Figl wies ausdrücklich darauf hin, „daß es nicht angängig wäre, durch Maßnahmen, wie die oben geschilderten, die Entscheidung in einer Frage vorwegzunehmen, die seit über zwei Jahren den am meisten umstrittenen Punkt in den Österreich-Verhandlungen der Außenminister der Sowjetunion, der Vereinigten Staaten, Großbritanniens und Frankreichs bildet und deren Lösung, wie die jüngsten Londoner Verhandlungen zeigen, gerade in letzter Zeit infolge weitgehender Annäherung der gegensätzlichen Standpunkte in greifbare Nähe gerückt zu sein scheint". Er ersuchte Generaloberst Kurasov um Prüfung der Angelegenheit und vorübergehende Aussetzung der geplanten Maßnahmen, die einen Zusammenbruch des gesamten Kraftwagenverkehrs im Mühlviertel nach sich ziehen würden.

137 Im Hotel Imperial in Wien I., Kärntnerring 16 befand sich das Generalhauptquartier der sowjetischen Besatzungsmacht in Österreich.

BM Dr. G r u b e r meint, man sollte sich energisch dagegen zur Wehr setzen, um kein Präjudiz für andere Fälle, bei denen es sich nicht um Kriegsmaterial handelt, zu schaffen.

BM Ü b e l e i s sagt dies zu, aber nur unter der Verantwortlichkeit des Ministerrates.

BK: Der Landeshauptmann ist beauftragt, sich einer allfälligen Demontage unter Hinweis darauf zu widersetzen, daß Verhandlungen zwischen dem russischen Hochkommissariat und der Bundesregierung laufen. BM Übeleis soll seine nachgeordneten Behörden anweisen, ihn im Falle der Demontage sofort zu verständigen.

h

BM Dr. G r u b e r bringt eine Meldung des „Wiener Kurier" zur Kenntnis, der zufolge im Mühlviertel[138] Wegweiser in russischer Aufschrift angebracht wurden, und möchte wissen, ob dies durch österreichische oder russische Stellen erfolgt sei.

BM K r a u s: Von den österreichischen Behörden. Auch in einzelnen Bezirken Niederösterreichs ist dies der Fall.[139]

BK: Ich habe es verboten, und es wurde ein Fernschreiben hinausgegeben, daß für diese Zwecke von den österreichischen Stellen kein Schilling verwendet werden darf. Ich selbst habe erklärt, daß ich jedermann persönlich dafür haftbar machen werde.

BM H e l m e r: Das ist auf die Feigheit der Niederösterreichischen Landesregierung sowie der Stellen im Mühlviertel zurückzuführen. Der Minister gibt weiter bekannt, daß Landesrat Blöchl, OÖ., den Tschechen zugesagt habe, jeden, der unerlaubt die österreichische Grenze übertrete, den Russen auszuliefern. Er habe Landeshauptmann Gleissner auf die Ungehörigkeit eines solchen Vorgehens aufmerksam gemacht.

BK erklärt, dies sei ihm völlig neu.

BM H e l m e r: Ich habe es sofort dem Auswärtigen Amt und auch einzelnen Abgeordneten im Parlament mitgeteilt. Landesrat Blöchl hat auch die Zusage wegen der Anbringung der Ortstafeln gemacht.

[138] Das Mühlviertel war Teil der sowjetischen Besatzungszone. Mit StGBl. Nr. 115, Gesetz vom 7. August 1945 über die Ordnung der staatlichen Verwaltung in der russischen Besatzungszone von Oberösterreich, ausgegeben am 13. August 1945, war der Landwirt Johann Blöchl als Staatsbeauftragter für das Mühlviertel (Chef der Zivilverwaltung) eingesetzt worden. § 1 des Gesetzes lautete: „Die Provisorische Staatsregierung bestellt mit dem Amtssitz in Urfahr Ökonomierat Johann Plöchl {sic!}, Wirtschaftsbesitzer in Lasberg, als Staatsbeauftragten, der die Befugnisse des Landeshauptmannes von Oberösterreich in dessen Namen in der russischen Besatzungszone des Landes (Mühlviertel) bis zu dem Zeitpunkt auszuüben hat, in dem diese Zone in die einheitliche Verwaltung des Landes Oberösterreich zurückfällt." Begründet wurde dies im Gesetz mit den „durch die Ordnung der Besatzungszonen im Lande Oberösterreich entstandenen Bedürfnisse[n] der staatlichen Verwaltung". Ziel war es, „die rasche und wirksame Zusammenarbeit der zivilen Verwaltung mit den militärischen Befehlsstellen sicherzustellen, ohne die verfassungsmäßige Einheit des Landes Oberösterreich zu beeinträchtigen". Vgl. zum Thema auch Johann Blöchl, Meine Lebenserinnerungen, Linz 1988; Gabriele Hindinger, Das Kriegsende und der Wiederaufbau demokratischer Verhältnisse in Oberösterreich im Jahre 1945 (= Publikationen des Österreichischen Instituts für Zeitgeschichte und des Instituts für Zeitgeschichte der Universität Wien 6), Wien 1968; Erich Leimlehner, Das Kriegsende und die Folgen der sowjetischen Besetzung im Mühlviertel 1945 bis 1955, Zürich 1974; Edmund Merl, Besatzungszeit im Mühlviertel: anhand der Entwicklung im politischen Bezirk Freistadt, Linz 1980; Manfried Rauchensteiner, Der Sonderfall. Die Besatzungszeit in Österreich 1945 bis 1955, Wien 1979.
Johann Blöchl, Landwirt, 1945 bis 1966 Abgeordneter zum Landtag Oberösterreich, ÖVP, Juli 1945 bis Mai 1955 Staatsbeauftragter für das Mühlviertel (Chef der Zivilverwaltung), 26. Oktober 1945 bis 18. November 1955 Mitglied der Landesregierung von Oberösterreich.

[139] Vgl. dazu auch Arbeiter-Zeitung, 21. Juli 1948, S. 2 „Zweisprachige Verkehrstafeln in Niederösterreich".

BK: Ich kann nicht mehr machen als unsere Stellungnahme amtlich zu verlautbaren.[140]
Der Ministerrat nimmt die Berichte zur Kenntnis.
Der BK schließt die Sitzung um 14 Uhr 5 Minuten.

[140] In dem am Folgetag in der „Wiener Zeitung“ veröffentlichten kursorischen Bericht über die vorliegende Sitzung des Ministerrates wurde diese Angelegenheit nicht erwähnt. Vgl. dazu auch MRP Nr. 117/1 d.

Beschlußprotokoll Nr. 120 über die Sitzung des Ministerrates am 13. Juli 1948

1.) Der Bericht des Bundeskanzlers über
- a) die beginnende Ratstagung, betreffend den Marshall-Plan in Paris;
- b) die Maßnahmen zur Durchführung des Pkt. 3) des Beschlußprotokolls Nr. 119;
- c) das Begehren des sowjetrussischen Elementes auf Durchführung der Bodenbenutzungserhebung nach Größenklassen statt nach Gemeinden;
- d) die Neuwahl des Landeshauptmannes von Steiermark;
- e) die Einladung der Bundesregierung zu den Salzburger Festspielen

wird mit der Maßgabe zur Kenntnis genommen, daß

ad b) der Ministerrat
- aa) die von Herrn Bundeskanzler vorgetragene Auffassung des Präsidenten des Verfassungsgerichtshofes im Gegenstande billigt;
- bb) die bisherigen Absprachen über die Verwendung der aus den Fonds zur Verfügung stehenden Gelder als Parteienvereinbarung ansieht;
- cc) bis zur Herbstsession die Vorlage eines entsprechenden Gesetzes durch den Bundesminister für Finanzen gewärtigt und
- dd) den Ressortministern die von Herrn Bundeskanzler dargelegte Auffassung des Präsidenten des Verfassungsgerichtshofes zugehen läßt;

ad c) der Ministerrat sich zu einer Abänderung der in Österreich angeordneten Bodenbenutzungserhebungen 1947/1948 nicht veranlaßt sieht.

2.) Der Bundeskanzler verliest folgende alliierte Noten:
- a) Note der Vorbereitenden Kommission der Internationalen Flüchtlingsorganisation, Zl. 99/2/Aus. vom 28. Juni 1948, betreffend Überweisung von 1,000.000 $ an die Österr. Nationalbank durch die PCIRO;
- b) Note des Oberkommandos der US-Streitkräfte in Österreich, Büro des Oberbefehlshabers, vom 7. Juli 1948, betreffend Verstaatlichung des elektr. Kraftwerkes Ternberg;
- c) Note des Hochkommissariates der Französischen Republik in Österreich, Exekutivkomitee, No. 1.936 CE/CAB, betr. radiotelefonische Ausrüstungen mit Mehrfachsendung.[141]

Die Noten a) bis c) werden zur Kenntnis genommen.

3.) Die Mitteilungen:
- a) Dank des Generaldirektors der UNESCO, Julian HUXLEY, für seine Aufnahme in Wien;
- b) Dankteleggramm des Königs Gustav von Schweden an die Österr. Bundesregierung für die ihm anläßlich seines 90. Geburtstages übermittelten Glückwünsche,

bekanntgegeben durch den Herrn Bundeskanzler, werden zur Kenntnis genommen.

4.) Auf Grund einer Anfrage des Bundesministers für Inneres, betreffend weitere Maßnahmen in der Angelegenheit der Verhaftung des Kriminaloberinspektors MAREK, beschließt der Ministerrat, den Bundeskanzler zu ersuchen, anläßlich seiner neuerlichen Vorsprache bei Generaloberst Scheltow oder bei Generaloberst Kurassow die Angelegenheit mit Nachdruck zu betreiben und das Ergebnis in der Presse zu verlautbaren.

5.) Nach einer Anfrage des Bundesministers für Inneres, betreffend die Gehaltsbezüge der durch alliierte Anordnung an der Ausübung ihres Dienstes behinderten öffentlichen Bediensteten, beschließt der Ministerrat, den Angehörigen der derart betroffenen Bediensteten die Bezüge rückwirkend in voller Höhe anzuweisen.

---

[141] Die Note liegt dem Protokoll nicht bei. Sie findet sich in AdR, BKA, Verbindungsstelle, Sign. IV, Verb. Zl. 3.500/1948, Radiotelefonische Ausrüstungen mit Mehrfachsendung. In der Note vom 6. Juli 1948 teilte das französische Hochkommissariat mit, es bestünden gegen die Verwendung von „radiotelephonischen Ausrüstungen mit Mehrfachsendung mit Ausnützung des Prinzips der dezimetrischen Wellen“ in der französischen Besatzungszone keine Einwendungen.

6.) Der Antrag des Bundesministers für Inneres
auf taxfreie Verleihung des Titels „Regierungsrat" an den Landesoberinspektionsrat i. R. der n. ö. Landesregierung Friedrich W e i n m a n n
wird angenommen.

7.) Die Anträge des Bundesministers für Unterricht
a) auf Ernennung des Univ. Professors Dr. Hans G e r s t i n g e r, Philosophische Fakultät der Universität Graz, zum ord. Professor für Klassische Philologie an der Universität Graz unter Zuerkennung der 8. Gehaltsstufe eines o. Professors;
b) auf Ernennung des Professors Dr. Albert M i t t e r e r, katholisch-theologische Fakultät der Universität Wien, gem. § 7 BÜG, StGBl. Nr. 134/1945, zum ord. Professor für Fundamentaltheologie und Apologetik an der Universität Wien unter Zuerkennung der 13. Gehaltsstufe eines o. Professors und Anrechnung von 24 Jahren für die Bemessung des Ruhegenusses;
c) auf Verleihung des Titels eines außerordentlichen Universitätsprofessors an den Privatdozenten für physikalische Chemie Dr. phil. Franz S e e l i c h, philosophische Fakultät der Universität Graz;
d) auf Verleihung des Titels „Hofrat" an Dr. phil. Oskar T r o l l - O b e r g f e l l, Oberstaatsbibliothekar i. R., ehemaliger Leiter der Bibliothek der Tierärztl. Hochschule;
e) auf Verleihung des Titels „Regierungsrat" an den Bezirksschulinspektor im Schulbezirk Wels Karl S t u m p f v o l l[142],
werden angenommen.

8.) Der Antrag des Bundesministers für Land- und Forstwirtschaft
auf Bestellung des Hofrates Dr. Jakob S t o i b e r zum juridisch-administrativen Direktor der Österr. Bundesforste mit Wirkung vom 1. August 1947 gem. § 8, Abs. 1, des Bundesgesetzes von 28. Juli 1925, BGBl. Nr. 282, und Genehmigung des abzuschließenden Dienstvertrages
wird angenommen.

9.) Die Anträge des Bundesministers für Handel und Wiederaufbau
auf Ernennung zum Ministerialrat im Personalstande des Bundesministeriums für Handel und Wiederaufbau (II. DPGr.) des
a) Sektionsrates Dipl. Ing. Ernst D i r m o s e r,
b) Sektionsrates Dr. Ing. Viktor Z a t l o u k a l,
werden angenommen.

10.) Der Antrag des Bundesministers für Verkehr
auf Verleihung des Titels „Hofrat" an den Regierungsrat Zentralinspektor Friedrich T a x der Österr. Bundesbahnen
wird zurückgestellt.

11.) Der Antrag des Bundesministers für die Auswärtigen Angelegenheiten
auf Beglaubigung des a. o. Gesandten und bev. Ministers Ludwig B l a a s beim König von Ägypten
wird angenommen.

12.) Über Antrag des Bundesministers für Inneres beschließt der Ministerrat, die Verleihung der österreichischen Staatsbürgerschaft an die im Verzeichnis Nr. 108 des Bundesministeriums für Inneres angeführten 230 Personen als im Interesse des Staates gelegen zu bezeichnen.

[13.)][143]

14.) Nach einem Bericht des Bundesministers für Justiz, JMZl. 11.801/48, betreffend Verfügung über deutsches Eigentum in Österreich (Tauschvertrag, TZ. 164/48, des Bezirksgerichtes Klosterneuburg), beschließt der Ministerrat antragsgemäß.

---

142 Richtig: Stumpfoll.

143 Der Punkt 13 ist im Beschlußprotokoll nicht enthalten. Dem Protokoll liegt folgende Aktennotiz bei: *Es wird gebeten, im Beschlussprotokoll Nr. 120, Seite 4, vor Punkt 14.) nachstehenden Punkt einzukleben. 13.) Der Bericht des Bundesministers für Justiz, JMZl. 10.364/48, betreffend Verfügung über deutsches Eigentum in Österreich (Tauschvertrag TZ. 722/47 des Bezirksgerichtes Voitsberg), wird zurückgezogen.*

15.) Nach einem Bericht des Bundesministers für Justiz, JMZl. 11.910/48, betreffend Löschung eines Pfandrechtes der deutschen Bau- und Bodenbank A. G., Zweigniederlassung Wien (TZ. 511/47 des Bezirksgerichtes Hietzing), beschließt der Ministerrat antragsgemäß.

16.) Nach einem Bericht des Bundesministers für Land- und Forstwirtschaft, Zl. 96.010/36-30.684/48, betreffend Verhandlungen mit der amerikanischen Militärregierung für Deutschland und den zuständigen bayrischen Behörden über Bachableitungen im Achenseegebiet und Antrag auf Bewilligung eines Übereinkommens, beschließt der Ministerrat antragsgemäß mit der Maßgabe, daß zur Klärung der völkerrechtlichen Frage ein Ministerkomitee, bestehend aus den Bundesministern Dr. Gruber, Dr. Krauland, Kraus und Dr. Migsch, eingesetzt wird, dessen einhelligem Beschluß die Wirksamkeit eines Ministerratsbeschlusses im Gegenstande zukommt.

17.) Der Bericht des Bundesministers für Energiewirtschaft und Elektrifizierung, betreffend Deckung des Geldbedarfes für die Wasserkraftwerksbauten 1949, wird bis Mitte August zurückgestellt.

18.) Nach einem Bericht des Bundesministers für Vermögenssicherung und Wirtschaftsplanung, Zl. 277.670-15/48, betreffend die Errichtung der Österreichisch-Bayrischen Kraftwerke Aktiengesellschaft, beschließt der Ministerrat antragsgemäß mit der Maßgabe, daß zur Klärung der völkerrechtlichen Frage ein Ministerkomitee, bestehend aus den Bundesministern Dr. Gruber, Dr. Krauland, Kraus und Dr. Migsch, eingesetzt wird, dessen einhelligem Beschluß die Wirksamkeit eines Ministerratsbeschlusses im Gegenstande zukommt.

19.) Der Bericht des Bundesministers für Unterricht, Zl. 42.094/III-10/48, über den Entwurf eines Bundesverfassungsgesetzes, betreffend das österreichische Schul- und Erziehungswesen (Schul- und Erziehungsgesetz), wird zwecks Einholung der Stellungnahme der Ressorts, Kammern usw. und allfälliger Parteienverhandlungen zurückgestellt.

20.) Der Bericht des Bundesministers für Unterricht, Zl. 42.117-III/10/48, über den Entwurf eines Bundesverfassungsgesetzes, betreffend die Leitung und Aufsicht über das Erziehungs- und Unterrichtswesen (Bundes-Schulaufsichtsgesetz), wird zwecks Einholung der Stellungnahme der Ressorts, Kammern usw. und allfälliger Parteienverhandlungen zurückgestellt.

21.) Der Ministerrat hat den Bericht des Bundeskanzlers, Zl. 66.891-2a/1948, betreffend den Tätigkeitsbericht des Verfassungsgerichtshofes über das Jahr 1947, zur neuerlichen Prüfung des Schreibens bezüglich Ziffer 4 zurückgestellt.

22.) Nach einem Bericht des Bundesministers für die Auswärtigen Angelegenheiten, Zl. 115.065-Pol/48, betreffend die Donaukonferenz in Belgrad am 30. Juli 1948, beschließt der Ministerrat antragsgemäß mit der Maßgabe, daß
   a) die Reihung der Delegationsmitglieder alphabetisch zu erfolgen hätte;
   b) ein Vertreter des Bundesministeriums für Energiewirtschaft und Elektrifizierung beigezogen wird und
   c) die Zuziehung weiterer Experten – falls eine Zustimmung des Ministerrates nicht eingeholt werden kann – vom Bundeskanzler, Vizekanzler und Bundesminister Dr. Gruber erfolgt.

23.) Nach einem Bericht des Bundesministers für Inneres, Zl. 91.125-4/48, betreffend beabsichtigte Verhandlungen mit der amerikanischen Militärregierung für Deutschland über den kleinen Grenzverkehr, beschließt der Ministerrat antragsgemäß mit der Maßgabe, daß mit der Führung der Verhandlungen das Bundeskanzleramt – Auswärtige Angelegenheiten betraut wird.

24.) Nach einem Bericht das Bundesministers für Finanzen, Zl. 49.813-15/48, betreffend den Entwurf einer Verordnung über die Einführung eines Bundesschuldbuchs (Bundesschuldbuchverordnung) und den Entwurf einer Verordnung über die Umwandlung von Alt- und Konversionsguthaben in Forderungen gegen den Bundesschatz (Altkontenverordnung), beschließt der Ministerrat antragsgemäß.

25.) Nach einem Bericht des Bundeskanzlers, Zl. 72.177-2a/1948, über den Gesetzesbeschluß des Salzburger Landtages vom 5. 5. 1948, betreffend die Einhebung einer Lustbarkeitsabgabe (Vergnügungssteuer) für Veranstaltungen im Salzburger Festspielhaus, beschließt der Ministerrat, gegen den erwähnten Gesetzesbeschluß gem. Art. 98 B.-VG. in der Fassung 1929 Einspruch zu erheben.

26.) Nach einem Bericht des Bundeskanzlers, Zl. 72.007-2a/1948, betreffend den Gesetzesbeschluß des Salzburger Landtages vom 5. 5. 1948, über die Einhebung einer Fremdenzimmerabgabe in der Stadt Salzburg, beschließt der Ministerrat, den Bundesminister für Finanzen zu beauftragen, sich zwecks Herbeiführung eines Einvernehmens mit dem Bundesland Salzburg in Verbindung zu setzen.

27.) Der Ministerrat nimmt die Mitteilung des Bundeskanzlers, daß ab nun jeweils am Samstag durchgegeben wird, ob die Abhaltung eines Ministerrates in der kommenden Woche erfolgt, zur Kenntnis.

28.) Nach einem Bericht des Bundesministers für Unterricht, betreffend die Bewilligung von Devisen für 35 Studierende der Medizin zur Teilnahme an einem Medizinischen Kongreß und Sommerkurs in Frankreich, beschließt der Ministerrat, der Auffassung des Ressortministers im Gegenstande beizutreten, wonach eine Devisenzuteilung für diesen Zweck nicht erfolgt, vielmehr eine Verrechnung für im Austauschwege nach Österreich reisende französische Studierende erfolgt.

29.) Der Ministerrat nimmt den Bericht des Bundesministers für Finanzen, betreffend die Bewilligung von Devisen für Gemüseimporte in den Monaten April und Mai 1948 nach Kärnten, zur Kenntnis (siehe Beschl. Prot. Nr. 119, Pkt. 16).

30.) Der Ministerrat nimmt den Bericht des Bundesministers für Finanzen, betreffend die Vorsprache der Gewerkschaft der öffentlichen Bediensteten wegen Bewilligung einer Sonderzahlung, mit der Maßgabe zur Kenntnis, daß der Bundesminister für Finanzen beauftragt wird, die Angelegenheit zur neuerlichen Prüfung und Berichterstattung an den Ministerrat zurückzustellen.

31.) Der Ministerrat nimmt den Bericht des Bundesministers für Inneres, betreffend die Delegation der Bezirkshauptmannschaft in den Bundesländern zur Ausstellung von Reisepässen und Erteilung von Sichtvermerken n u r unter Beifügung des Bundessiegels, zur Kenntnis.

32.) Der Ministerrat nimmt den Bericht des Bundesministers für die Auswärtigen Angelegenheiten, betreffend seine Reise nach Paris zur Besprechung mit dem Administrator des Marshall-Planes, H o f m a n n, am 23. und 24. Juli 1948, zur Kenntnis.

33.) Der Ministerrat beschließt nach einem Bericht des Bundesministers für die Auswärtigen Angelegenheiten, den Bundeskanzler, den Vizekanzler und den Bundesminister für die Auswärtigen Angelegenheiten zu ermächtigen, für die Zeit bis zur regelmäßigen Abhaltung der Ministerratssitzungen im Falle der Dringlichkeit gemeinsam Entscheidungen in außenpolitischen Angelegenheiten für den Ministerrat unter Vorbehalt der nachträglichen Genehmigung durch den nächsten Ministerrat zu treffen.

34.) Nach einem Bericht des Bundesministers für Verkehr, betreffend die Auslieferung von Werkzeugmaschinen der Kraftwagenbetriebsleitungen Urfahr und Freistadt, beschließt der Ministerrat, den Bundesminister für Verkehr zu beauftragen, im Hinblick auf die schwebenden Verhandlungen seitens der Bundesregierung mit dem sowjetrussischen Hochkommissar diese Auslieferung nicht zuzulassen (siehe auch Beschl. Prot. Nr. 111, Pkt. 21).

35.) Der Ministerrat nimmt den Bericht des Bundesministers für Inneres, betreffend die Anbringung von russischen Straßentafeln im Mühlviertel und einigen Bezirken Niederösterreichs sowie die Nichtbezahlung derselben aus öffentlichen Mitteln, zur Kenntnis (siehe Beschl. Prot. Nr. 117, Pkt. 1 cc).

121.

[Dienstag] 1948-07-20

Vorsitz: Figl
Anwesend: Schärf, Helmer, Gerö, Hurdes, Zimmermann, Kraus, Kolb, Sagmeister, Krauland, Übeleis, Migsch, Gruber, Altenburger, Mantler
Schriftführer: Chaloupka, Loibl
Ort: Wien I., Ballhausplatz 2, Ministerratssaal
Dauer: 10.15–12.40 Uhr[1]

Reinschrift, unterfertigte Anwesenheitsliste, Beschlußprotokoll[2]

Tagesordnung:
1. Bericht des Bundeskanzlers.
[1 a. Rücktritt der Regierung Schuman, Lage in Berlin, Lage in Jugoslawien.
1 b. Besuch des Präsidenten der Interparlamentarischen Union William Wedgwood Benn, 1. Viscount Stansgate (Beschlußprotokoll Punkt 1 a).
1 c. Unterredung mit Generaloberst Želtov (Beschlußprotokoll Punkt 1 b).
1 d. Verlesung der Mitteilungen durch den Bundeskanzler (Beschlußprotokoll Punkt 2 a und b).
1 e. Verlesung der alliierten Noten durch den Bundeskanzler (Beschlußprotokoll Punkt 3 a bis d).
1 f. Verlesung einer Resolution durch den Bundeskanzler (Beschlußprotokoll Punkt 4).
1 g. Überlegungen des Bundesministers für Inneres zum Verhältnis und zum Verkehr mit den Besatzungsmächten.
1 h. Überlegungen des Bundesministers für Äußeres, betreffend eine Publikation über das Verhalten der Besatzungsmächte in Österreich; Protest beim Alliierten Rat gegen die Verhaftungen des Gendarmeriebeamten Kiridus und des Kriminaloberinspektors Marek (Beschlußprotokoll Punkte 5 und 7).
1 i. Mitteilung an den Alliierten Rat, betreffend die Freigabe von 16 Millionen Schilling an Besatzungskosten (Beschlußprotokoll Punkt 6).
1 j. Wunsch des Bundesministers für Finanzen, betreffend vorzeitige Befassung des Nationalrates.
1 k. Entscheidung der Obersten Rückstellungskommission beim Obersten Gerichtshof über die Ablehnung der Beschwerde der Finanzprokuratur gegen die Rückstellung von 559 Exemplaren des Werkes „Österreich-Ungarns letzter Krieg" an Ing. Heinrich Ratzenhofer (Beschlußprotokoll Punkt 8).]
2. Personalangelegenheiten (siehe Beilage) (Beschlußprotokoll Punkte 9 bis 14).
3. Bericht des Bundeskanzlers, Zl. 72.097-2b/48, betreffend Tätigkeitsbericht des Rechnungshofes (Verwaltungsjahr 1947) (Beschlußprotokoll Punkt 15).
4. Bericht des Bundeskanzlers, Zl. 71.715-4S/48, betreffend den Entwurf einer Verordnung über die Nebengebühren der Bundesbeamten (Nebengebührenverordnung) (Beschlußprotokoll Punkt 16).
5. Bericht des Bundesministers für die Auswärtigen Angelegenheiten, Zl. 165.364-Wpol/48, betreffend österreichisch-polnische Wirtschaftsverhandlungen (Beschlußprotokoll Punkt 17).

---

1 In der Tagesordnung ist der Beginn der Sitzung mit *10.00 Uhr* angegeben.
2 Dem Ministerratsprotokoll liegt kein Stenogramm bei. Statt dessen findet sich der Vermerk *Keine Verhandlungsschrift Herr Min. Rat Dr. Capek auf Urlaub!*

6. Bericht des Bundesministers für Inneres, betreffend die Errichtung eines Bundespolizeikommissariates in Leoben (Beschlußprotokoll Punkt 18).
7. Bericht des Bundesministers für Inneres, betreffend die Erklärung des Staatsinteresses an der Einbürgerung der im Verzeichnis Nr. 109 des Bundesministeriums für Inneres angeführten 230 Personen (Beschlußprotokoll Punkt 19).
8. Bericht des Bundesministers für Unterricht, betreffend Entsendung österreichischer Künstler und die Veranstaltung einer österr. Kunstausstellung in B e i r u t anläßlich der UNESCO-Tagung im Herbst 1948 (Beschlußprotokoll Punkt 20).
9. Bericht des Bundesministers für Vermögenssicherung und Wirtschaftsplanung, Zl. 217.595-14/48, betreffend die Aufforderung an österreichische Firmen durch sowjetische Kommandanturen zur Abgabe von Industrieberichten (Beschlußprotokoll Punkt 21).
10. Bericht des Bundesministers für Handel und Wiederaufbau, betreffend Brennholz-Umtauschaktion der österreichischen Papierindustrie 1948. Material verteilt (118. Min. Rat) (Beschlußprotokoll Punkt 22).
11. Mündliche Berichte der Minister.

[11 a. Bericht des Bundesministers für Finanzen, Zl. 52.013-15/1947, betreffend Maßnahmen zwecks Erleichterung des europäischen Zahlungsverkehrs im Rahmen der OEEC (Beschlußprotokoll Punkt 23).

11 b. Bericht des Bundesministers für Handel und Wiederaufbau und des Bundesministers für Elektrifizierung und Energiewirtschaft über den Austausch zweier Marshallplan-Sachverständiger (Beschlußprotokoll Punkt 24).

11 c. Bericht des Bundesministers für Handel und Wiederaufbau über die Schwierigkeiten in der Stahlproduktion (Beschlußprotokoll Punkt 25).

11 d. Bericht des Bundesministers für Justiz, betreffend die Klärung der Frage der Gesuche gemäß § 27 des Verbotsgesetzes (Beschlußprotokoll Punkt 26).

11 e. Bericht des Bundesministers für die Auswärtigen Angelegenheiten über eine Zeitungsmeldung, betreffend Durchsuchung der jugoslawischen Gesandtschaft in Wien.

11 f. Bericht des Bundesministers für die Auswärtigen Angelegenheiten über die Notwendigkeit, im Zusammenhang mit der Verschärfung der Lage in Berlin beruhigend auf die Bevölkerung einzuwirken.

11 g. Bericht des Bundeskanzlers über den Empfang für die Teilnehmer an der Wohlfahrtskonferenz.

11 h. Teilnahme des Bundesministers Altenburger an der Christophorusfeier der Automobilisten in St. Christophen bei Neulengbach.

11 i. Ersuchen des Bundeskanzlers um Angabe der Urlaubsadressen der Bundesminister.]

Beilagen:

1 Anwesenheitsliste (1 Seite).

2 Tagesordnung (1 Seite); Beilage zu Punkt 2 der Tagesordnung, Anträge in Personalangelegenheiten (1 ½ Seiten).

3 Bundeskanzleramt, Zl. 72.097-2b/1948: Vortrag für den Ministerrat. Betrifft: Tätigkeitsbericht des Rechnungshofes (Verwaltungsjahr 1947) (1 Seite).

4 Bundeskanzleramt, Zl. 71.715-4S/1948: Entwurf einer Verordnung der Bundesregierung über die Nebengebühren der Bundesbeamten (Nebengebührenverordnung) (1 ½ Seiten); Vortrag für den Ministerrat (3 ½ Seiten).

5 Bundeskanzleramt/Auswärtige Angelegenheiten, Zl. 165.364-Wpol/1948: Protokoll (1 Seite); Handelsabkommen, betreffend den Warenaustausch zwischen der Republik Österreich und der Republik Polen (4 Seiten); Liste A, Livraisons des marchandises autrichiennes (3 ½ Seiten); Liste B, Livraisons de marchandises Polonaises (½ Seite); Bestim-

mungen betreffend Kohlenlieferungen (3 ¼ Seiten); Schreiben an den Präsidenten der österreichischen Delegation vom 7. Juli 1948 (französisch-deutsch) (1 Seite); Zahlungsabkommen zwischen Österreich und Polen (2 Seiten); Schreiben des Vorsitzenden der Polnischen Delegation an Max Clumecky-Löwenthal, a. o. Gesandter und Bevollm. Minister Wien vom 7. Juli 1948 (1 ¼ Seiten); Schreiben an den Präsidenten der österreichischen Delegation vom 7. Juli 1948 (½ Seite); Vereinbarung über die Angelegenheiten des Verkehres im Zusammenhang mit dem Warenaustauschübereinkommen zwischen der Bundesrepublik Österreich und der Republik Polen vom ... Juli 1948 (3 ½ Seiten); Vortrag an den Ministerrat (3 Seiten); BKA/AA, Zl. 166.492-Wpol/1949: Österreichisch-polnische Wirtschaftsverhandlungen, Berichtigungen des Ministerratsvortrages (1 Seite).

6 Bundesministerium für Inneres, Generaldirektion für die öffentliche Sicherheit, Zl. 95.030-3/1948: Verordnung der Bundesregierung, betreffend die Errichtung einer Bundespolizeibehörde mit vollem Wirkungskreis (Bundespolizeikommissariat) in Leoben (2 Seiten); Ministerratsvortrag (1 ½ Seiten).

7 Bundesministerium für Inneres, (ohne Aktenzahl): Ministerratsvortrag, betr.: Beschluß der Bundesregierung gemäß § 5, Abs. (1), Z. 3, StGBl. Nr. 60/1945 (1 Seite); Verzeichnis Nr. 109 der für die Verleihung der Staatsbürgerschaft vorgesehenen Personen (37 ½ Seiten).

8 Bundesministerium für Unterricht, Zl. 43.105-II-4a/1948: Vortrag des Bundesministeriums für Unterricht an den Ministerrat, betreffend die Entsendung künstlerischer Kräfte und die Veranstaltung einer Kunstausstellung in Bayreuth anlässlich der Generalkonferenz der Unesco im Oktober-November 1948 (5 ½ Seiten).

9 Bundesministerium für Vermögenssicherung und Wirtschaftsplanung, Zl. 217.595-14/1948: Entwurf einer Note an den Alliierten Rat, betreffend die Aufforderung an österreichische Firmen durch sowjetische Kommandanturen zur Abgabe von Industrieberichten (2 Seiten); Ministerratsvortrag (2 Seiten).

10 Bundesministerium für Handel und Wiederaufbau, (ohne Aktenzahl): Vortrag an den Ministerrat. Betr.: Brennholz-Umtauschaktion der österreichischen Papierindustrie 1948 (4 ¼ Seiten); Abänderung des Antrages (½ Seite).

A Bundeskanzleramt/Auswärtige Angelegenheiten, Zl. 126.635-6VR/1948: Information für den Herrn Bundesminister. Militärwissenschaftliche Mitteilungen. Rückstellungsansprüche (Abschrift) (2 Seiten).

B (Ohne Aktenzahl): Abschrift (1 Seite).

C Kammer der Gewerblichen Wirtschaft für das Burgenland, Sektion Industrie, (ohne Aktenzahl): Schreiben an den Dachverband der Sägeindustrie Österreichs, Wien I, Schottengasse 1, vom 21. Juni 1948. Betr.: Bericht an die Besatzungsmacht (1 Seite).

D Bundeskammer der Gewerblichen Wirtschaft (Bundeshandelskammer), Geschäftszahl Präs. 3.731/1948: Schreiben an Herrn Bundeskanzler Dr. h.c. Ing. Leopold Figl, Wien I, Ballhausplatz 1. Betrifft: Fachverband der Sägeindustrie. Erhebungen für die russische Besatzungsmacht (1 ½ Seiten).

E (Ohne Aktenzahl): Pako Aktion 1948. Information für den Herrn Bundesminister (Abschrift) (½ Seite).

F Bundesministerium für Finanzen, Zl. 52.013-15/1947: Vortrag für den Ministerrat, betreffend Maßnahmen zwecks Erleichterung des europäischen Zahlungsverkehrs im Rahmen der OEEC, Entwurf (Abschrift) (3 ¼ Seiten).[3]

[3] Weiters liegen dem Protokoll bei:
Verb. Zl. 3.533/VI: Schreiben des Oberkommandos der US-Streitkräfte in Österreich, Büro des Oberbefehlshabers, an Bundeskanzler Figl vom 14. Juli 1948 (2 ¼ Seiten). Vgl. Punkt 1 e der Tagesordnung.
Verb. Zl. 3.535/III/Verk: Schreiben der Alliierten Kommission für Österreich, Alliiertes Sekretariat, SECA

Der Bundeskanzler eröffnet die Sitzung. Entschuldigt sind BM M a i s e l und Staatssekretär G r a f.

Ich habe den heutigen Ministerrat doch noch einberufen, weil sich eine Anzahl von Fragen in der vergangenen Woche ergeben hat. Da ich alle Kollegen aufgefordert habe, die noch offenen Probleme vorzulegen, aber nichts weiter eingebracht wurde, glaube ich, nach diesem Ministerrat eine Erleichterung eintreten lassen zu können.

[1]

a

Außenpolitisch ist zu vermerken, daß heute Nacht die Regierung Schuman[4] zurückgetreten ist.[5] Die Lage in Berlin hat sich etwas verschärft.[6] Die Lage in Jugoslawien ist weiterhin interessant.[7] Zu beachten ist in diesem Zusammenhang, daß der französische Kommunistenführer Thorez[8] eine Rüge der Kominform[9] erteilt erhielt, der er sich jedoch unterwarf.

b

Der Präsident der Interparlamentarischen Union[10] Lord STANSGATE[11] hat mir einen Besuch abgestattet und mich der Loyalität und des wärmsten Interesses seiner Regierung für Österreich versichert.[12]

48/119, an Bundeskanzler Figl vom 16. Juli 1948 (1 ¼ Seiten). Vgl. Beschlußprotokoll Punkt 3 b. Verb. Zl. 3.542/IV: Schreiben des Hochkommissariates der Französischen Republik, 2.033 CE/CAB, an Bundeskanzler Figl vom 16. Juli 1948 (1 ½ Seiten). Vgl. Beschlußprotokoll Punkt 3 d.

4 Robert Schuman, 24. November 1947 bis 19. Juli 1948 französischer Ministerpräsident.

5 Der französische Ministerpräsident Robert Schuman trat zurück, nachdem er die Abstimmung über ein Mißtrauensvotum, das durch einen sozialistischen Abänderungsantrag zum Militärbudget, der eine Kürzung von 12 Milliarden vorsah, ausgelöst worden war, verloren hatte. Vgl. dazu Wiener Zeitung, 21. Juli 1948, S. 1 „Heikles Pariser Problem: Wer folgt auf Schumann?"

6 Vgl. exemplarisch Neues Österreich, 20. Juli 1948, S. 1 „Markreform verschärft die Gegensätze. Sowjetzone vom Westen völlig abgeschlossen"; Wiener Zeitung, 21. Juli 1948, S. 2 „Neue Phase des Berliner Nervenkrieges" und 22. Juli 1948, S. 1 „Bevin: Keine Evakuierung Berlins". Zur sowjetischen Blockade West-Berlins vgl. auch Anmerkung 18 in MRP Nr. 118, weiters MRP Nr. 119/1 a, MRP Nr. 120/1 b, MRP Nr. 122/1 a, MRP Nr. 123/14 e, MRP Nr. 125/1 a vom 14. September 1948, MRP Nr. 126/1 b vom 28. September 1948, MRP Nr. 127/1 b vom 5. Oktober 1948, MRP Nr. 129/3 vom 19. Oktober 1948, MRP Nr. 130/1 a vom 26. Oktober 1948, MRP Nr. 131/1 b vom 2. November 1948 und MRP Nr. 156/1 b vom 10. Mai 1949.

7 Zum Bruch zwischen Moskau und Belgrad vgl. auch MRP Nr. 118/1 f, MRP Nr. 119/1 a, MRP Nr. 120/1 b, MRP Nr. 122/1 b, MRP Nr. 123/6 und MRP Nr. 124/1 b vom 7. September 1948.

8 Maurice Thorez, französischer Politiker, 1930 bis 1964 Generalsekretär der Kommunistischen Partei Frankreichs.

9 Das Kominform (Kommunistisches Informationsbüro, eigentlich Informationsbüro der Kommunistischen und Arbeiterparteien) war am 30. September 1947 in Warschau von den kommunistischen Parteien Bulgariens, Frankreichs, Italiens, Jugoslawiens, Polens, der UdSSR, der Tschechoslowakei und Ungarns gegründet worden. Es wurde von der KPdSU unter Stalin dominiert, diente als Hilfsorgan der sowjetischen Außenpolitik und wurde 1956 aufgelöst.
Josef Stalin, Generalsekretär des Zentralkomitees der KPdSU, 1946 bis 1953 Vorsitzender des Ministerrates der UdSSR.

10 Die Interparlamentarische Union (IPU, seit 1920 Sitz in Genf) war 1889 als internationale Vereinigung von Parlamenten in Paris gegründet worden, um den Gedanken der internationalen Schiedsgerichtsbarkeit zu fördern. Zu ihren vorrangigen Aufgaben zählen die politische Völkerverständigung und das Streben nach friedlicher Beilegung von Konflikten. Vgl. auch Arbeiter-Zeitung, 20. April 1948, S. 2 „Die Interparlamentarische Union". Diverses Material zur Interparlamentarischen Union für das Jahr 1948 findet sich in AdR, BKA/AA, II-pol 1948, International 3, GZl. 110.245-pol/1948, Interparlamentarische Union.

11 William Wedgwood Benn, 1. Viscount Stansgate, Abgeordneter zum britischen Herrenhaus, 1947 bis 1957 Präsident der Interparlamentarischen Union (IPU).

12 Vgl. dazu auch Wiener Zeitung, 20. Juli 1948, S. 1 „Lord Stansgate beim Kanzler".

c

Die Unterredung mit Generaloberst SCHELTOW[13] in der vergangenen Woche hat nur etwa 3 Stunden gedauert. Ich habe folgende Themen vorgebracht:

1. habe ich gebeten, daß die Schießübungen im Raum zwischen Traismauer und Tulln eingestellt werden, da sie dazu führen, daß auf einem Raum bis zu 8 km rechts und links der Donau die Feldarbeiten eingestellt werden mußten. Der Generaloberst meinte, die Frage sei nicht die der Einstellung der Schießübungen, sondern wie die Bauern trotzdem ungestört weiter arbeiten könnten. Er hat sich bereit erklärt, dafür zu sorgen, daß die Arbeiten nicht gestört werden und die Schießübungen wenigstens für die Erntezeit zur Gänze eingestellt werden. Ich habe auf die Notwendigkeit der Winterbestellungsarbeiten hingewiesen, worauf er eine Prüfung des Falles zugesagt hat.[14]

2. Der „kleine Grenzverkehr" zwischen Steiermark und Burgenland: Die Landwirte der Steiermark, die Grundstücke im Burgenland besitzen, dürfen ihre Produkte nur mit Bewilligung der russischen Kommandantur in die Steiermark bringen, die sie jedoch nicht erhalten. Die burgenländischen Bauern können umgekehrt von ihrem steirischen Besitz die Produkte ungehindert in das Burgenland bringen. In dieser Frage liegt schon ein Notenwechsel vor. Der Generaloberst hat diesmal erklärt, er habe Anordnung gegeben, daß die Regelung so wie im Vorjahre erfolge; damals bestanden keine Schwierigkeiten.

3. Bodennutzungserhebung:[15] Ich habe um die Einstellung der Erhebungen bei den Landwirten und Gewerbetreibenden sowie bei den Unternehmungen gebeten. Es handelt sich darum, daß auf Anordnung der Kommandanturen Fragebogen ausgegeben wurden über Grundbesitz, Grundbuchauszug, Erklärung, seit wann die Betreffenden im Besitz dieses Objektes sind, was sie gebaut haben, wieviel Maschinen sie besitzen, wo sie ihr Geld eingelegt haben, wo sie die Schulden aufgenommen haben, wieviele Arbeiter sie beschäftigen, Stand der Maschinenamortisation usw. Es ist klar, daß das nicht für die Statistik gehört, sondern nur Material für die Kommunisten ist. Ich habe diesbezüglich schon einige Eingaben gemacht, doch war es nicht möglich durchzukommen. Diesmal erklärte der Generaloberst, er lasse diese Erhebungen deshalb durchführen, weil er trotz meines Versprechens, daß er diese Daten durch das Statistische Zentralamt bekommen werde, die gewünschten Auskünfte von dort nicht erhalten habe. Er brauche ausführlichere Angaben. Außerdem seien in Niederösterreich ohne Wissen der Russen DPs[16] nicht nur in Arbeit, sondern auch in Besitz eingewiesen worden. So habe Minister HELMER bereits 40.000 DPs in der Sowjetzone angesiedelt und an 71.000 in Niederösterreich die Staatsbürgerschaft verliehen. Die Aussprache darüber war ziemlich heftig. Der Generaloberst hat unter anderem auch auf den „Auslandskurier" [17] verwiesen, in dem ein Artikel des Min. Rates JUST[18] des Innenmi-

13 Aleksej Sergeevič Želtov, sowjetischer Generaloberst, September 1945 bis Juli 1950 stellvertretender Hochkommissar der UdSSR für Österreich.

14 Vgl. dazu auch AdR, BKA, Verbindungsstelle, Sign. XXXVI, Verb. Zl. 3.543/1948, Note der Bundesregierung an den Hochkommissar der sowjetischen Besatzungsmacht in Österreich, General Kurasov vom 17. Juli 1948, betreffend die Scharfschießübungen der russischen Truppen im Donauabschnitt Traismauer–Tulln; MRP Nr. 117/1 i.

15 Vgl. dazu auch MRP Nr. 117/1 d und MRP Nr. 120/1 d.

16 Zum Begriff der „Displaced Persons" vgl. Anmerkung 36 in MRP Nr. 118.

17 Der „Auslandskurier" erschien zunächst unter dem Titel „Der Auswanderer" im Wiener Ecclesia-Verlag, wurde jedoch ab der neunten Ausgabe umbenannt. Die zwischen Juni 1947 und März 1952 erscheinende Zeitschrift nannte sich „Offizielles Organ der Österreichischen Liga für die Vereinten Nationen (UN), Sektion Auswanderung" und bezeichnete sich ab 1951 als „Unpolitische Zeitschrift für Auswanderung, Wirtschaft, Sozialwesen, Wissenschaft und Kultur in aller Welt".

18 Dr. Alfons Just, Ministerialrat, 16. Dezember 1946 bis 1. Jänner 1952 Vorstand der Abteilung 12 U (Angelegenheiten der versetzten Personen und der Flüchtlinge, Verkehr mit dem Büro der IRO in Wien) der Sektion II (Angelegenheiten der allgemeinen Innenverwaltung) des Bundesministeriums für Inneres.

nisteriums enthalten ist, demzufolge an 80.000 Personen eine befristete Aufenthaltsbewilligung erteilt wurde, also um 9.000 mehr als die von ihm behaupteten 71.000. Er werde die Angelegenheit überprüfen lassen.[19]

4. Kriegsgefangenentransport: Auf meine Frage, wann der Transport abgehen werde, erklärte er, er wisse es nicht. Inzwischen ist der Zug bereits abgegangen. Auf meine Anregung, Liebesgabenpakete an die Kriegsgefangenen in Marmaros-Sziget[20] schicken zu dürfen, verwies er darauf, daß die Gefangenen ohnehin verpflegt würden. Er würde mir wegen des Rücktransportes noch Samstag Bescheid sagen. Dieser ist indirekt dadurch erfolgt, daß der Zug abgegangen ist.

BM Helmer: Aber nur 16 Waggons anstatt 40 und nach allen möglichen Schikanen. Von 400 angekündigten Kriegsgefangenen sollen nur 260 kommen.[21]

5. Der Fall Kiridus: Der Gendarmeriebeamte KIRIDUS[22] wurde am Freitag, den 16. ds. auf der Rückfahrt aus der Steiermark, wo er mit dem Bez. Insp. CHRIST[23] und dem Chauffeur EBERHARD[24] zur Durchführung von Erhebungen über Nationalsozialisten weilte, an der Demarkationslinie von sowjetischen Organen zurückgehalten. Dem Bez. Insp. Christ wurde aufgetragen, seiner Dienststelle zu melden, Kiridus sei in der Liste der vom sowjetischen Element gesuchten Personen verzeichnet.[25] Ich habe den Generalobersten auf die Unzulässigkeit eines solchen Vorgehens hingewiesen. Das Ganze hängt wohl mit dem Fall MAREK[26] zusammen. Er hat gesagt, das Material über Marek werde verlautbart werden. Er meint, weil Marek jetzt einen Bericht über seine Tätigkeit niederschreibe, könne es noch nicht publiziert werden. Er habe aber im rechten Arm Rheumatismus, daher brauche er länger. Der Generaloberst garantierte mir mit seinem Wort, wenn der Bericht fertig sei, werde er ihn mir sofort übergeben, bevor er veröffentlicht wird. Damit im Zusammenhang verwies er darauf, daß nach einer offiziellen Mitteilung des amerikanischen Informationsdienstes bisher bereits 24.000 österreichische Staatsbürger durch die Amerikaner verurteilt worden wären.

BM Dr. Gerö hält dies im Hinblick auf die Verurteilungen durch die amerikanischen Schnellgerichte wegen Schnellfahrens und dgl. für möglich.

BK: Ich habe erklärt, daß ich bei jedem Element wegen Verurteilungen österreichischer Staatsbürger protestiere, wie z. B. auch im Fall Zimpernik[27]. Wegen Schnellfahrens sind

---

19 In der „Wiener Zeitung" wurde in diesem Zusammenhang ein Kommuniqué des Bundesministeriums für Inneres veröffentlicht, das eine Statistik über die zwischen 1945 und 1948 in den vier Besatzungszonen Österreichs erfolgten Einbürgerungen enthielt. Vgl. Wiener Zeitung, 28. Juli 1948, S. 1 „Zahl der Einbürgerungen: 10.179". Vgl. dazu auch MRP Nr. 118/3 und MRP Nr. 120/3.

20 In der rumänischen Stadt Sighetu Marmației (ung.: Máramarossziget) befand sich das Durchgangslager für heimkehrende Kriegsgefangene aus der Sowjetunion.

21 Vgl. dazu auch MRP Nr. 117/1 d und MRP Nr. 118/14 e, weiters MRP Nr. 123/1 i, MRP Nr. 127/1 g vom 5. Oktober 1948 und MRP Nr. 128/10 b vom 12. Oktober 1948; Neues Österreich, 13. Juni 1948, S. 1 „Weisungen an die österreichische Vertretung in Moskau: Garantierte Termine für die Heimkehr der Kriegsgefangenen" und Wiener Zeitung, 22. Juli 1948, S. 1 „Heute – 460 Heinkehrer aus Jugoslawien. Zur Rückführung der Kriegsgefangenen aus Jugoslawien".

22 Franz Kiridus, zweiter führender Beamter in der sogenannten „Gruppe 5" der Staatspolizei, deren Leiter Anton Marek war.

23 Zu Bezirksinspektor Konrad Christ konnte nichts eruiert werden.

24 Zur Person des „Chauffeur Eberhard" konnten keine weiteren Informationen eruiert werden.

25 Vgl. dazu Arbeiter-Zeitung, 18. Juli 1948, S. 2 „Ein Gendarm an der Demarkationslinie festgehalten"; Wiener Zeitung, 18. Juli 1948, S. 1 „Gendarmeriebeamte an der Demarkationslinie festgehalten".

26 Anton Marek, Kriminalpolizist, Leiter der sogenannten „Gruppe 5" im Bundesministerium für Inneres. Zur Verhaftung Mareks durch die sowjetische Besatzungsmacht vgl. Anmerkungen 40 in MRP Nr. 117.

27 Raimund Zimpernik war 1947 im Bad Ischler „Milch-Prozeß" von einem amerikanischen Militärge-

zahlreiche Personen verurteilt worden. Auch ich wurde schon dreimal wegen Schnellfahrens aufgeschrieben, der Herr Bundespräsident[28] viermal und General Clark[29] auch dreimal innerhalb der kürzesten Frist.

6. Verhaftungen: Die Verhafteten SEGER[30], GRUBER[31], RIEFLER[32], SCHRETTER[33], MANTLER[34], KATSCHER[35] und SPANN[36] teilt der Generaloberst in drei Kategorien: SEGER, RIEFLER, GRUBER und SCHRETTER sind verurteilt. Diesen Fällen wird er nachgehen und glaubt, daß vielleicht etwas zu erreichen ist. Bezüglich des Verhafteten MANTLER wies ich darauf hin, daß die Waffe, wegen deren Besitz er verhaftet wurde, auf dem Felde gefunden und auf den Wagen geworfen wurde. Er hätte sie sicherlich abgeliefert, wenn nicht zufällig auf dem Heimweg eine russische Patrouille dazugekommen wäre. Der Generaloberst sagte zu, den Fall zu prüfen. Bezüglich Min. Rat KATSCHER und Dr. SPANN sagte er, er habe schon mindestens zehnmal erklärt, er wisse nicht, wo sie seien. Ich habe darauf erwidert, daß z. B. Dr. Spann an der Demarkationslinie in Enns von russischen Organen aus dem Zug geholt wurde. In einem solchen Falle müsse sein Aufenthalt doch feststellbar sein.[37]

---

richt in Linz zu einer Gefängnisstrafe von einem Jahr wegen Störung der öffentlichen Ordnung verurteilt worden. Nach Verkündigung des Urteils hatte sich die Bundesregierung zu einem Protest bei US-Hochkommissar Keyes entschlossen und die Revision des Urteils verlangt. Vgl. dazu auch MRP Nr. 78/1 k vom 2. September 1947, MRP Nr. 79/1 j vom 9. September 1947, MRP Nr. 80/1 i vom 16. September 1947, MRP Nr. 81/1 i vom 26. September 1947, MRP Nr. 82 a/1 g vom 13. Oktober 1947, MRP Nr. 84/1 f vom 21. Oktober 1947, MRP Nr. 106/1 g vom 6. April 1948 und MRP Nr. 109/1 h vom 27. April 1948.

Geoffrey Keyes, Generalleutnant, Jänner 1947 bis Oktober 1950 US-Hochkommissar für Österreich.

28 Dr. Karl Renner, 20. Dezember 1945 bis 31. Dezember 1950 Bundespräsident.

29 Mark Wayne Clark, September 1945 bis Dezember 1946 US-Hochkommissar für Österreich.

30 Der Baumeister Eduard Seeger, ehemaliger Staatsrat und öffentlicher Verwalter der Baufirma Sager & Wörner, Wien IV., Brucknerstraße 2. Zu seiner Verhaftung durch die sowjetische Besatzungsmacht vgl. Anmerkung 49 in MRP Nr. 120.

31 Franz Gruber, 12. Dezember 1945 bis 5. November 1949 Abgeordneter zum Landtag Niederösterreich, SPÖ. Zu seiner Verhaftung durch die sowjetische Besatzungsmacht vgl. Anmerkung 47 in MRP Nr. 120.

32 Ferdinand Riefler, 12. Dezember 1945 bis 5. November 1949 Abgeordneter zum Landtag Niederösterreich, ÖVP. Zu seiner Verhaftung durch die sowjetische Besatzungsmacht vgl. Anmerkung 48 in MRP Nr. 120.

33 Herbert Schretter, Sekretär des Niederösterreichischen Bauernbundes. Zu seiner Verhaftung durch die sowjetische Besatzungsmacht vgl. Anmerkung 50 in MRP Nr. 120.

34 Zur Person „Mantler“ bzw. seiner Verhaftung konnte nichts Näheres eruiert werden. Der Fall wurde ansonsten im Ministerrat nicht erwähnt.

35 Dipl.-Ing. Paul Katscher, Ministerialrat, Leiter der Abteilung 33 (Technischer Wagendienst) der Sektion II der Generaldirektion der Österreichischen Bundesbahnen. Zu seiner Verhaftung durch die sowjetische Besatzungsmacht vgl. Anmerkung 51 in MRP Nr. 120.

36 Dr. Raphael Spann, Kaufmann. Zu seiner Verhaftung durch die sowjetische Besatzungsmacht vgl. Anmerkung 56 in MRP Nr. 120.

37 Zu den Berichten und Bemühungen der Bundesregierung um Freilassung der durch die Sowjetorgane verhafteten Personen vgl. MRP Nr. 79/1 d vom 9. September 1947, MRP Nr. 80/1 j vom 16. September 1947, MRP Nr. 81/1 i vom 26. September 1947, MRP Nr. 91/14 c vom 9. Dezember 1947, MRP Nr. 93/17 g vom 23. Dezember 1947, MRP Nr. 95/1 d vom 13. Jänner 1948, MRP Nr. 96/1 g vom 20. Jänner 1948, MRP Nr. 97/1 n vom 27. Jänner 1948, MRP Nr. 98/1 d vom 3. Februar 1948, MRP Nr. 100/1 b vom 17. Februar 1948, MRP Nr. 106/1 e vom 6. April 1948, MRP Nr. 114/1 b vom 2. Juni 1948, MRP Nr. 120/1 k, MRP Nr. 123/1 j, MRP Nr. 124/13 e vom 7. September 1948, MRP Nr. 132/1 f vom 9. November 1948, MRP Nr. 138/1 e vom 21. Dezember 1948, MRP Nr. 161/1 d vom 14. Juni 1949, MRP Nr. 168/1 d vom 23. August 1949 und MRP Nr. 169/5 vom 30. August 1949.

7. Noch schwieriger war es mit der Angelegenheit der Schwindgasse, in der mich BM Dr. Kolb um Intervention ersucht hat. Ich solle trachten, daß er das Haus wieder ganz bekommt. Der Generaloberst wird die Sache prüfen.[38]

8. Bezüglich der Villa Oberwald am Semmering will er mir bereits heute nachmittag Bescheid sagen.[39]

9. Bahnhof Mödling: In Mödling darf die Zivilbevölkerung wohl die Fahrkarten im Bahnhof kaufen, sich aber nicht dortselbst aufhalten, sondern muß außerhalb des Bahnhofes auf die Züge warten und einsteigen. Ich habe ihm diese Sache warm ans Herz gelegt. Er hat noch in meiner Gegenwart telefoniert und erklärt, das werde er sofort abstellen. Ich verwies darauf, daß in der Nähe ein überdachter Bahnhof ist, wo für die Russen genügend Platz wäre.

10. In einer überaus bevölkerten Siedlung in Mödling wurde eine russische Militärfahrschule eingerichtet. Die Rauch- und Lärmplage für die Bevölkerung ist sehr groß. Der Generaloberst hat zugesagt, daß die Schule verlegt werde.

Dann hat er seine Wünsche vorgetragen:

1. Besatzungskosten: Der Standpunkt der Russen ist unverrückbar. Er erklärte, er brauche das Geld für die ersten zwei Quartale. Es bestehe ein Beschluß des Alliierten Rates, der realisiert werden müsse.[40] Entweder wir bezahlen diese ersten zwei Quartale, oder er wird einen Weg zu gehen wissen, daß Österreich nicht ungestraft alliierte Beschlüsse und das Kontrollabkommen[41] verletzt. Das hat er ziemlich deutlich und hart gesagt. Er erklärte, Sowjetrußland habe die Besatzungskosten ohnehin schon ermäßigt, denn bis zum vorigen Jahr habe es 50 % und die anderen Besatzungsmächte zusammen 50 % gehabt, jetzt aber habe Rußland nur mehr 25 % und die anderen ebensoviel. Er könne nicht mehr zuwarten.[42]

2. Benzinlieferung: Er teilte weiters mit, daß BM Dr. Kolb 700 t Spezialbenzin bei der OROP[43] bestellt habe. Die OROP hat das Benzin wirklich zu dem Normalpreis von 56.5 Dollar pro Tonne geliefert. Nun aber wolle BM Kolb das Benzin nicht abnehmen, weil ihn BM Krauland desavouiere.[44] Ich solle trachten, Krauland und Kolb auf eine Linie zu bringen, sodaß die 700 t Benzin abgenommen und bezahlt werden.[45]

---

38 Es konnte nicht mit völliger Sicherheit festgestellt werden, um welches Gebäude (das offensichtlich von der sowjetischen Besatzungsmacht besetzt war) es sich hier handelte. Eventuell ging es um das Gebäude an der Adresse Wien IV., Schwindgasse 8, das während des Zweiten Weltkriegs als Standort des Luftwaffengerichts des „Luftgaus XVII" sowie des Reichskriegsgerichts gedient hatte. Seit 1957 befindet sich die bulgarische Botschaft an dieser Adresse. Vgl. Mathias Lichtenwagner, Fehlende Jahre. Die Orte und das Netzwerk der NS-Militärjustiz in Wien, Diplomarbeit, Wien 2011, S. 95–101.

39 Zu den sowjetischen Beschlagnahmungen am Semmering vgl. auch MRP Nr. 116/1 k und MRP Nr. 117/1 d.

40 Der Alliierte Rat hatte am 14. Mai 1948 entschieden, daß die seitens der österreichischen Regierung für die Besatzungskosten für das Jahr 1948 zu bezahlende Summe 10,5 % des österreichischen Zivilbudgets pro Jahr, d. h. 149,356.000 S für jedes Vierteljahr, gleichmäßig auf die vier Besatzungsmächte, zu betragen habe. Eine entsprechende Note des Alliierten Rates war im Ministerrat am 18. Mai 1948 behandelt worden. Vgl. MRP Nr. 112/1 f.

41 Zum sogenannten 2. Kontrollabkommen vgl. Anmerkung 46 in MRP Nr. 117.

42 Vgl. weiter Tagesordnungspunkt 1 g.

43 Vgl. Anmerkung 58 in MRP Nr. 120.

44 Desavouieren: verleugnen, nicht anerkennen, bloßstellen, brüskieren.

45 Vgl. auch WMK Nr. 53/3.

3. Der Fall Major GOLDENBERG[46] (siehe Beschl. Prot. Nr. 115, Pkt. 23): Er habe sich erkundigt und erfahren, daß bei der Amerikanisch-Österreichischen[47] und Britisch-Österreichischen Gesellschaft[48] meistens Amerikaner und Briten sprechen. Im ersten Falle hätten in 6 Versammlungen 6 Amerikaner, im zweiten in 6 Versammlungen 4 Briten gesprochen. Bei der Österreichisch-Russischen Gesellschaft[49] hätte als erster und einziger in diesem Jahre Major Goldenberg gesprochen, doch sei in dem Vortrag nichts gegen Österreich gerichtet gewesen. Dabei lautete aber der letzte Satz des Artikels von Goldenberg: „Ich glaube, auch Österreich könnte eine Volksdemokratie werden". Auf seine Frage, ob ich als Demokrat gegen die Volksdemokratie wäre, erklärte ich, ich sei wohl ein Demokrat, aber nicht für die Volksdemokratie, in der nur eine einzige Partei diktiert. Auf seinen Vorwurf, daß ich da ja auch gegen die Sowjetunion sei, erwiderte ich, daß ich mich nicht in die russischen Verhältnisse einmenge.[50]

d

Der Ministerrat nimmt sodann die Mitteilungen des Bundeskanzlers (siehe Beschl. Prot. Nr. 121) zur Kenntnis.[51]

---

46 Jakuv Goldenberg, sowjetischer Major, später Oberstleutnant, Leiter der Unterabteilung Propaganda der Propagandaabteilung der sowjetischen Besatzungsmacht in Österreich, ab Mai 1945 mit der täglichen Vorzensur des Programms der Sendergruppe Radio Wien betraut.

47 Die Österreichisch-Amerikanische Gesellschaft (erweiterter Titel: Gesellschaft zur Pflege der kulturellen und wirtschaftlichen Beziehungen zwischen Österreich und den Vereinigten Staaten von Amerika) hatte ihre konstituierende Hauptversammlung im November 1945 abgehalten und war sodann im Jänner 1946 behördlich genehmigt worden. Ein Überblick über ihre Entwicklung und ihre Aktivitäten mit Stand September 1948 findet sich in AdR, BKA/AA, II-pol 1948, Österreich 14, GZl. 116.811-pol/1948, Gründung einer amerikanisch-österreichischen Gesellschaft. Die Gesellschaft bezweckte die „Aufnahme, Förderung und Vertiefung der kulturellen und wirtschaftlichen Beziehungen zwischen Österreich und den USA, Aufklärung über Land und Leute, den wirtschaftlichen Stand, der kulturellen und wirtschaftlichen Einrichtungen der beiden Länder und gegenseitige Annäherung. Ferner wird in den entsprechenden Kreisen der Bevölkerung der USA für Österreich in wirtschaftlicher und kultureller Beziehung geworben. Um diese Zwecke zu erreichen, wird sich der Presse und des Rundfunks bedient und Veranstaltungen mit oder ohne repräsentativen Charakter durchgeführt." Vgl. auch Wolfgang Oberleitner, Politisches Handbuch der Republik Österreich 1945–1972, Wien 1972, S. 115. Zur geplanten Gründung einer Schwestergesellschaft in den USA vgl. MRP Nr. 122/16.

48 Die Österreichisch-Britische Gesellschaft war 1946 gegründet worden. Vgl. Oberleitner, Politisches Handbuch, S. 116.

49 Im „Neuen Österreich" war schon am 13. Mai 1945 ein Aufruf zur Gründung einer „Gesellschaft zur Pflege der kulturellen und wirtschaftlichen Beziehungen zur Sowjetunion" (später umbenannt in „Österreichisch-Sowjetische Gesellschaft", ÖSG) veröffentlicht worden. Die Gesellschaft wurde am 13. Juni 1945 als eine der ersten bilateralen Gesellschaften gegründet und gab zwischen 1945 und 1965 die Zeitschrift „Die Brücke. Monatshefte für Kultur und Wirtschaft", später umbenannt in „Mitteilungen für die Mitglieder der Österreichisch-sowjetischen Gesellschaft", heraus. Die ÖSG unterhielt Landeszweigstellen (u. a. in Salzburg), betrieb eine wissenschaftliche Studienbibliothek (Wien IV., Brahmsplatz 8) und einige Jahre lang auch „Volksbüchereien", die später wieder aufgelöst wurden. Die Gesellschaft verfügte auch über eine Musikalien- und Filmsammlung. Die Bibliotheksbestände umfaßten zu achtzig Prozent Werke in russischer Sprache, davon ein Drittel Belletristik. Am 4. März 1993 wurde die Auflösung der Gesellschaft beschlossen, die Bibliothek wurde samt ihren Sammlungen aufgelassen, ihr Verbleib ist unbekannt. Vgl. 40 Jahre ÖSG. Festschrift zum 40. Jahrestag der Gründung der Österreichisch-Sowjetischen Gesellschaft, Wien 1985; Walter Lukan/Max Demeter Peyfuss, Ost- und Südosteuropa-Sammlungen in Österreich. Verzeichnis der Bibliotheken, Institute, Archive und Museen (= Schriftenreihe des Ost- und Südosteuropa-Institutes 15), Wien 1989, S. 46 f. Zu den bilateralen Gesellschaften vgl. Oberleitner, Politisches Handbuch, S. 115–122; Walter Claus (Hg.), Rot-Weiß-Rote PaN Geschichten, Wien 2005.

50 Vgl. dazu auch MRP Nr. 115/13 b vom 8. Juni 1948 und MRP Nr. 117/1 d.

51 Die hier nicht behandelten Mitteilungen werden im Beschlußprotokoll näher ausgeführt und kommentiert. Vgl. Beschlußprotokoll Punkt 2 a und b.

e

Der Bundeskanzler berichtet über die alliierten Noten (siehe Beschl. Prot. Nr. 121).[52]

ad a)[53] BK: Diese Note ist an die Bundesminister für Finanzen, Auswärtige Angelegenheiten und Vermögenssicherung und Wirtschaftsplanung abgegangen. Die Frage hängt mit der gestrigen Aussprache zusammen, in der über die Verwendung der Erlöse gesprochen wurde.

Die Alliierten Noten werden zur Kenntnis genommen.

f

Ebenso nimmt der Ministerrat die Resolution, betreffend die Errichtung eines Schulbaufonds, verlesen durch den Bundeskanzler, mit der Maßgabe zur Kenntnis, daß die Angelegenheit an den Unterrichtsminister weitergeleitet wird.[54]

g – i

Wird wegen besonderer Vertraulichkeit unter Verschluß aufbewahrt.[55]

[g]

BM Helmer: Ich glaube, daß uns die Berichte des Herrn Bundeskanzlers über seine Vorsprachen bei Generaloberst Scheltow vielleicht doch veranlassen sollten, die Frage zu ventilieren, in welcher Weise wir den Verkehr mit den Alliierten pflegen sollen. Ich habe bei den vielen Beziehungen mit den Alliierten folgende Wahrnehmung gemacht: Ich verkehre mit ihnen nur schriftlich. Außerdem glaube ich, daß die Öffentlichkeit die beste, vielleicht auch die einzige Waffe ist, die wir besitzen. Wir sollten alle Ungehörigkeiten, so z. B. die Angelegenheit des Mödlinger Bahnhofes, der Anbringung von russischen Ortstafeln und dgl. der Öffentlichkeit bekannt machen, u. zw. bei Unzukömmlichkeiten aller Alliierten. Schlechter als das Verhältnis zu den Russen jetzt ist, kann es auch nicht mehr werden. Ich meine,

---

52 Die hier nicht behandelten Noten werden im Beschlußprotokoll näher ausgeführt und kommentiert. Vgl. Beschlußprotokoll Punkt 3 b bis d.

53 Die beiliegende Note des Oberkommandos der US-Streitkräfte in Österreich an Bundeskanzler Figl enthält Mitteilungen über die Schillingerlös-Konti aus US-Hilfsprogrammen. Die Schillingerlöse aus dem Verkauf von US-Hilfssendungen und anderen Lieferungen waren auf Sperrkonten eingezahlt worden, die hinsichtlich ihrer Verfügbarkeit einer späteren beiderseitigen Vereinbarung unterworfen waren. Ausgaben von den Schillingerlös-Konti mußten mit von der Economic Cooperation Administration (ECA) aufgestellten Gesichtspunkten im Sinne der Förderung des europäischen Wiederaufbauprogramms vereinbar sein. Um diesbezüglich den Informationsfluß an das Oberkommando der US-Streitkräfte und an die US-Regierung zu gewährleisten, sollte die Bundesregierung offiziell über den Stand der Schillingerlös-Konti an die genannten Stellen berichten. Die Note enthält die dafür erforderlichen Richtlinien. Verlangt wurden: eine beglaubigte Aufstellung über die Gesamtsumme der auf den fraglichen Konten mit Stichtag 30. Juni 1948 deponierten Gelder; die Banken, bei denen diese Gelder deponiert waren, sowie die entsprechenden Kontoinformationen; eine Bestätigung, daß die ausgewiesenen Beträge die gesamten Nettoerlöse aus der Durchführung der Hilfsprogramme darstellten. Darüber hinaus sollte auch ein monatlicher Bericht über jedes Schillingerlös-Konto mit Daten über die Eröffnungsbilanz, über die Einzahlungen während des Berichtsmonates, die Behebungen mit Belegen und die Abschlußbilanz erstattet werden.

54 Die Resolution liegt dem Protokoll nicht bei. Sie findet sich in AdR, BKA, Präsidium, Sign. 46, GZl. 3.106-Pr.M/1948, Resolution des Bezirksschulrates Judenburg, betr. die Errichtung eines Schulbaufonds. Der Bezirksschulrat Judenburg hatte in einer am 1. Juli 1948 in Judenburg abgehaltenen Versammlung eine Resolution beschlossen, in der die Bundesregierung und die Landesregierung gebeten wurden, „die Errichtung und stete Förderung eines Schulbaufonds in die Wege zu leiten. Die nötigen Beträge sollten im Einvernehmen mit den alliierten Regierungen aus dem Fonds, der aus den Einnahmen für die gespendeten Waren vorhanden sei, zur Verfügung gestellt werden, außerdem sollte ein Teil aus den vom Bunde zurückbehaltenen 25 % der Ertragsanteile in den Schulbaufonds fließen".

55 Die folgenden Punkte g bis i sind nicht in der Reinschrift des Protokolls enthalten. Sie wurden von den Bearbeitern nachträglich in den Protokolltext eingefügt.

daß uns der Herr Kanzler als Chef der Regierung zu gut ist, als daß er alle 14 Tage dort zusammengeschimpft wird. Ich bin für den schriftlichen Verkehr und dafür, die konkreten Fälle der Öffentlichkeit bekanntzugeben.

Zum Fall KIRIDUS führt der Innenminister aus:

Wir sind in ein ganzes Spionagenetz eingebaut.[56] Es ist nichts, was irgendwie geheim bleiben kann. Kiridus war an der Demarkationslinie schon abgefertigt, in demselben Augenblick ist ein Telefonanruf unmittelbar aus Graz gekommen, daß dieses Auto aufzuhalten ist. Man weiß nicht mehr, was man einem Beamten auftragen kann.

Z. B. ist die Schwägerin des Chefs der Erhebungsabteilung der Gendarmerie Lutschinger[57] bei der NKDW {sic!}[58] im Hotel Imperial[59] beschäftigt. Der Mann dieser Lutschinger gibt eine Gendarmeriezeitung in N. Ö. heraus, und der Lutschinger selbst als Chef der Erhebungsabteilung geht dort aus und ein. Das kann zur Zersetzung des ganzen Apparates in der Ostzone führen.[60]

Andererseits wagt es kein Bezirkshauptmann mehr, eine Anordnung eines Ortskommandanten abzulehnen, obwohl ich den Bezirkshauptleuten schon oftmals gesagt habe, sie sollten zur Landesregierung gehen und Maßnahmen nur mit deren Zustimmung durchführen. Die Landeshauptleute habe ich darauf verwiesen, daß sie als erste Widerstand leisten müßten. Aber nicht einmal mehr die Landesregierung ist dazu zu bringen, daß sie eine Abwehrstellung einnimmt. Auch die Beamten sind nicht mehr zuverlässig.

Marek ist stur; aus ihm bringen die Russen nichts heraus. Alle Nachrichten lauten dahin, daß er nichts aussagt. Jetzt haben sie Kiridus, den unmittelbaren Mitarbeiter des Marek auch noch verhaftet. Das hängt irgendwie zusammen. Ich möchte vorschlagen, daß die Bundesregierung formell Veröffentlichungen über den Fall Marek urgiert und den Fall Kiridus dazu benützt, Protest beim Alliierten Rat gegen die Verhaftungen ohne Angabe von Gründen einzulegen, um die Russen zu veranlassen, endlich zu sagen, warum Marek verhaftet wurde. Wenn wir das nicht machen, werden wir die ganze Beamtenschaft verschüchtern.

Auch die Angelegenheit der Anbringung der Ortstafeln wird ein geschichtliches Dokument für kommende Zeiten sein, daß ein Bezirkskommandant einer ausländischen Macht einem Bezirkshauptmann drohen kann, er werde ihn einsperren, wenn er eine Maßnahme nicht durchführt.[61]

BK: Gen. Oberst Scheltow hat erklärt, er stehe zu seinem Wort und werde entsprechende Weisungen an die Kommandanten ergehen lassen. Im Falle Kiridus schlage ich vor, daß die Bundesregierung beschließen möge, mit beiden Fällen an den Alliierten Rat heranzutreten, die Frage der Verhaftung des Kiridus in den Vordergrund zu stellen und in diesem Zusammenhang auch anzufragen, was im Falle Marek geschehen ist

BM Dr. G r u b e r: In der Frage der Besatzungskosten brauchen wir uns zwar nicht einschüchtern zu lassen, ich bin aber doch der Meinung, daß wir zunächst 14 Millionen, wie schon einmal, bezahlen sollten.

---

56 Zur Spionagetätigkeit im Österreich der Nachkriegszeit vgl. auch Erwin A. Schmidl (Hg.), Österreich im Frühen Kalten Krieg 1945–1958. Spione, Partisanen, Kriegspläne, Wien/Köln/Weimar 2000.

57 Johann Lutschinger, Leiter der Gendarmerieerhebungsabteilung des Landesgendarmeriekommandos für Niederösterreich in Wien.

58 NKVD: Narodnyj komissariat vnutrennich del SSSR (Volkskommissariat für innere Angelegenheiten der UdSSR, im allgemeinen Sprachgebrauch synonym für die sowjetische Geheimpolizei verwendet).

59 Im Hotel Imperial in Wien I., Kärntnerring 16 befand sich das Generalhauptquartier der sowjetischen Besatzungsmacht in Österreich.

60 Zur Schwägerin Johann Lutschingers und ihrem Ehemann konnte nichts eruiert werden.

61 Zur Aufstellung von Ortstafeln in russischer Sprache im Mühlviertel und in Niederösterreich vgl. auch Arbeiter-Zeitung, 21. Juli 1948, S. 2 „Zweisprachige Verkehrstafeln in Niederösterreich"; MRP Nr. 117/1 d und MRP Nr. 120/18 h.

BM Dr. Z i m m e r m a n n: Wir haben nichts bezahlt.

BM Dr. G r u b e r regt an, aus diesem Anlaß eine Note des Inhaltes abzufassen, daß es nur nach umfangreichen Bemühungen gelungen sei, diese 14 Millionen aufzutreiben. In diesem Zusammenhang wäre neuerlich zu erwägen, ob man in der Frage der Besatzungskosten nicht an die Weltöffentlichkeit appellieren sollte.

Der BK schlägt vor, statt 14 Millionen 16 Millionen zu zahlen, sodaß sich mit den bereits bewilligten 14 Millionen eine Summe von 30 Millionen ergibt.[62]

BM Dr. G r u b e r führt zu den Ausführungen des BM Helmer aus, man müsse den Russen gegenüber in erster Linie mit der Waffe der Veröffentlichung arbeiten. Jede Illusion darüber, daß man zu Vereinbarungen kommen kann, ist falsch. Besprechungen sind für die Russen nur ein taktisches Mittel, um ihre eigene Position zu verbessern. Sie gehen aber im allgemeinen nicht über einen gewissen Rahmen hinaus, und man sollte daher diesen Weg fortsetzen. Andererseits glaube er nicht, daß der Herr Bundeskanzler seine Unterredungen mit dem Generaloberst Scheltow völlig einstellen sollte. Es wäre nur zu erwägen, daß er sich immer von einem Ressortminister begleiten läßt, um das, was Scheltow sagt, festzuhalten. Das muß man notfalls dann für die Öffentlichkeit benützen. Je mehr wir auf sachliche Art und Weise feststellen, umso unangenehmer wird dies den Russen sein. Alle Fälle, so die verbotene Zone, die Verhältnisse in Mödling und dgl. sollten veröffentlicht und dabei die Journalisten eingesetzt werden. Diese Veröffentlichungen müssen aber auch stimmen. Wenn andere Besatzungsmächte ähnliche Dinge tun, müssen solche Fälle gleichfalls angegriffen werden. Ich bin sogar der Meinung,

[h]

daß die Bundesregierung den Beschluß fassen sollte, eine Art Weißbuch oder Rotbuch oder Rot-Weiß-Rotbuch über das Verhalten der Besatzungsmächte in Österreich herauszugeben. Es wäre wertvoll, wenn man dieses bis zum Jahresende herausbringen und in ihm in völlig unpolemischer Form Fall für Fall darstellen könnte. Das würde ein verheerendes Bild der Verletzungen des Kontrollabkommens ergeben, das für die Russen sehr unangenehm wäre.

BM Dr. G e r ö: Wir haben bereits alles gesammelt.

BM Dr. G r u b e r wiederholt, man müsse natürlich auch die Fälle über die anderen Besatzungsmächte sammeln, und resümiert seine Ausführungen:

Der Herr Bundeskanzler soll sich bei seinen Vorsprachen bei Generaloberst Scheltow nach Möglichkeit von einem Ressortminister oder wenigstens einem höheren Beamten begleiten lassen; man müßte in viel stärkerem Maße mit der Veröffentlichung von Verletzungen des Kontrollabkommens, u. zw. in Form reiner Tatsachenberichte ohne polemischem Charakter, vorgehen.

Der BK wiederholt, daß in der Angelegenheit des Gendarmeriebeamten Kiridus an den Alliierten Rat herangetreten und im Zusammenhang damit der Fall Marek erneut angeschnitten werden solle, da Kiridus ein Mitarbeiter des Marek war; des weiteren solle angefragt werden, ob die Alliierten Listen von gesuchten Personen besitzen und warum bei Verhaftungen nicht das Einvernehmen mit der österr. Bundesregierung gepflogen werde.

BM Dr. G e r ö: Das ist nur eine Behauptung; es ist nicht festgestellt, daß sie Listen haben.

BM Dr. G r u b e r hebt die Notwendigkeit hervor, mit den Russen viel mehr schriftlichen Verkehr zu pflegen. Mündliche Vereinbarungen hätten überhaupt keinen Sinn.

BM Dr. G e r ö: Sie geben aber nichts Schriftliches aus der Hand.

BM Dr. G r u b e r: Dann schreibt man einen Brief ungefähr folgenden Inhaltes: „Sie waren bei mir und haben das und das gesagt." Bleibt das unwidersprochen, so hat es denselben Wert wie ein Brief des anderen.

---

62 Vgl. dazu weiter Tagesordnungspunkt 1 i.

Der Ministerrat beschließt, in der Angelegenheit der Verhaftung des Gendarmeriebeamten KIRIDUS und des Krim. Ob. Insp. MAREK Protest beim Alliierten Rat einzulegen.[63]

[i]

BK: Bezüglich der Besatzungskosten dürfen wir nicht allzu scharf vorgehen, dürfen uns aber auch nicht einschüchtern lassen. Andererseits sollten wir keine Handhabe zu der Behauptung bieten, daß wir die Beschlüsse des Alliierten Rates verletzt hätten.

Daher sollten wir wieder einen Betrag, u. zw. 16 Millionen, freigeben und dem Alliierten Rat mitteilen, daß wir sie nur mit großen Schwierigkeiten aufgebracht haben.

Der Ministerrat beschließt in diesem Sinne.[64]

BM Dr. G r u b e r: Und das Rot-weiß-rot-Buch?

VK: Man sollte tatsächlich eine umfangreiche Darstellung vorbereiten. Vieles weiß die Öffentlichkeit nicht. Ich habe z. B. erfahren, daß in Gebieten Niederösterreichs Aufträge der Kommandanturen an die Bürgermeister ergangen sind, auf den Häusern anzuschreiben, ob geschlechtskranke Frauen im Hause sind oder nicht. Die Feststellung solcher Tatsachen gehört wirklich in einem Buch veröffentlicht.

Der BK meint gleichfalls, man solle eine Veröffentlichung schon jetzt vorbereiten.

---

63 Die Note des Bundeskanzlers an den Alliierten Rat datierte vom 23. Juli 1948. Darin wurden die Umstände der Verhaftung des Gendarmeriebeamten Franz Kiridus und des Bezirksinspektors Konrad Christ detailliert geschildert und auf den Bericht des Innenministeriums, daß die „für die Verhaftung Kiridus bekanntgegebenen Gründe mit den bisherigen Feststellungen des Bundesministeriums für Inneres in keiner Weise in Einklang zu bringen sind", verwiesen. Weiters wurde auf die Verhaftung des Kriminaloberinspektors Anton Marek Bezug genommen und das Ergebnis der von der sowjetischen Besatzungsmacht durchgeführten Untersuchung urgiert. Vor allem wurde die seitens der sowjetischen Behörden erhobene „Pauschalverdächtigung", wonach hervorragende Beamte des Bundesministeriums für Inneres sich einer Tätigkeit gegen eine Besatzungsmacht schuldig gemacht hätten, zurückgewiesen. Bundeskanzler Figl ersuchte um Freilassung des Gendarmen Kiridus und des Kriminaloberinspektors Marek. Die österreichische Bundesregierung sei bereit, bei Bekanntgabe des Sachverhaltes das Verhalten der beiden Beamten zu untersuchen und im Falle des Verstoßes gegen bestehende Gesetze und Anordnungen die entsprechenden Maßnahmen zu treffen. Abschließend wurde erneut darum gebeten, „künftighin österreichische Staatsbürger nur nach österreichischen Gesetzen von österreichischen Gerichten, denen alles Beweismaterial zugänglich gemacht werden soll, aburteilen zu lassen". Der Note liegen Abschriften von Originaldokumenten über die Tätigkeit des Franz Kiridus in den Jahren 1938 bis 1945 bei. Vgl. AdR, BKA, Verbindungsstelle, Sign. XXXVI, Verb. Zl. 3.580/1948. Vgl. dazu auch MRP Nr. 123/1 j und MRP Nr. 124/13 e vom 7. September 1948.
Kiridus wurde erst am 7. Februar 1951 gemeinsam mit Marek durch ein sowjetisches Militärtribunal zum Tod verurteilt, die Strafe allerdings am 19. März 1951 in 25 Jahre Haft umgewandelt. Am 20. Juni 1955 kehrte Kiridus aus der Gefangenschaft nach Österreich zurück. Vgl. Harald Knoll/Barbara Stelzl-Marx, Sowjetische Strafjustiz in Österreich. Verhaftungen und Verfolgungen 1945–1955, in: Stefan Karner/Barbara Stelzl-Marx (Hg.), Die Rote Armee in Österreich. Sowjetische Besatzung 1945–1955. Beiträge (= Veröffentlichungen des Ludwig Boltzmann-Instituts für Kriegsfolgen-Forschung, Sonderband 4), Graz/Wien/München 2005, S. 275–321, hier S. 295.

64 Eine entsprechende Note vom 20. Juli 1948 an die Besatzungsmächte findet sich in AdR, BKA, Verbindungsstelle, Sign. XXXVI, Verb. Zl. 3.563/1948, Besatzungskosten. In der Note wurde u. a. mitgeteilt, daß der Ministerrat beschlossen habe, „zu dem schon bereitgestellten Betrag von 14 Millionen Schilling einen weiteren von 16 Millionen Schilling bereitzustellen". Es solle aber nicht unerwähnt bleiben, daß „die Beratungen über die Frage der Deckung der Besatzungskosten weiterhin fortgesetzt werden". Zur Frage der Bezahlung der Besatzungskosten vgl. auch MRP Nr. 115/1 d vom 8. Juni 1948, MRP Nr. 116/1 g, MRP Nr. 117/1 j, MRP Nr. 118/6, MRP Nr. 119/8, MRP Nr. 133/1 a vom 16. November 1948, MRP Nr. 134/1 c vom 23. November 1948, MRP Nr. 135/1 b vom 30. November 1948, MRP Nr. 138/1 g vom 21. Dezember 1948, MRP Nr. 141/1 g vom 18. Jänner 1949, MRP Nr. 142/1 b vom 25. Jänner 1949, MRP Nr. 144/10 h vom 8. Februar 1949, MRP Nr. 155/15 b vom 3. Mai 1949 und MRP Nr. 156/21 vom 10. Mai 1949.

BM Helmer verweist auf die Notwendigkeit eines guten Redaktionsstabes. Im übrigen biete die Geheimsitzung des Nationalrates eine Fülle von Material.[65]

BM Dr. Gruber schlägt vor, aus den Ministerien je einen Mitarbeiter für das Redaktionskomitee zu bestellen.

BK: Wir werden auch die Politiker einladen, alles zu schildern, was sie erlebt haben. Federführend soll der Bundespressedienst im Einvernehmen mit der Regierung sein. Die einzelnen Ressorts und Mandatare sollen Beiträge liefern und das ganze Werk ein umfassendes Bild der gesamten Ereignisse bieten.

Der Ministerrat beschließt im Sinne der in der Debatte vorgebrachten Anregungen die Herausgabe eines Sammelwerkes über das Verhalten der Alliierten in Österreich durch den Bundespressedienst und die sofortige Inangriffnahme der Vorarbeiten unter Zuziehung von Vertretern der Ressorts.[66]

j

BM Dr. Zimmermann hielte es für wünschenswert, das Parlament bereits im September im Zusammenhang mit den bereits bewilligten 700 Millionen Dollar mit dieser Frage zu befassen.

Der BK verweist darauf, daß sich der Nationalrat bis 4. Oktober vertagt hat. Eine vorzeitige Einberufung sei nicht tunlich.[67]

k

Der BK teilt mit, er habe soeben einen Akt betreffend die Entscheidung der Obersten Rückstellungskommission beim Obersten Gerichtshof[68] vom 15. 5. 1948 über die Ablehnung

---

65 Vermutlich war eine vertrauliche Sitzung des Nationalrates gemeint, die am 29. und 30. Oktober 1946 stattgefunden hatte und in deren Rahmen die Ressortminister „mit hieb- und stichfestem Material" die Abgeordneten „ungeschminkt" darüber unterrichten sollten, „wie die Regierung entgegen den Bestimmungen des Kontrollabkommens behindert" wurde. Vgl. Ulrich Nachbaur, Dokumentationsmaterial aus der Besatzungszeit. Vorarlbergs Beitrag zu einem 1948 geplanten Weißbuch der österreichischen Bundesregierung (= Kleine Schriften des Vorarlberger Landesarchivs 5), Bregenz 2007, S. 12–16.

66 Am Tag nach dieser Ministerratssitzung, am 21. Juli 1948, wurde im Bundespressedienst eine Besprechung abgehalten, in deren Rahmen die Pressereferenten beauftragt wurden, in ihren Ministerien sofort mit der Sammlung des Materials zu beginnen und dieses dem Bundespressedienst bis zum 15. September zur Verfügung zu stellen. Die Pressereferenten wurden angewiesen, die Materialsammlung und die Sammlung selbst im Einvernehmen mit den Leitern der Sektionen der einzelnen Bundesministerien durchzuführen und zunächst mündlich zu besprechen. Von einer Herausgabe von Rundschreiben wurde abgeraten, „da es nicht zweckmäßig ist, daß die Besatzungsmächte von den Vorhaben der österr. Bundesregierung zu frühzeitig Kenntnis erhalten". Die Endredaktion des Werkes sollte durch den Bundespressedienst erfolgen und etwa bis Ende Oktober 1948 abgeschlossen sein. Die Herausgabe des Werkes im Verlag der Staatsdruckerei war für Dezember 1948 geplant, wurde jedoch schließlich nicht verwirklicht. Vgl. dazu AdR, BKA, Bundespressedienst, Sign. 16, Zl. 91.026-III/1948, Herausgabe eines Werkes über das Verhalten der Alliierten in Österreich seit dem Jahre 1945. Vgl. dazu weiters MRP Nr. 122/1 r, MRP Nr. 123/1 j und MRP Nr. 125/1 e.

67 Vgl. dazu auch MRP Nr. 120/1 c, allerdings ist dort von einer bereits bewilligten Summe von insgesamt 600 Millionen die Rede. Die Frühjahrstagung 1948 der V. Gesetzgebungsperiode des Nationalrates war durch den Bundespräsidenten mit 10. Juli 1948 für beendet erklärt worden. Vgl. dazu Wiener Zeitung, 9. Juli 1948, S. 1 „10. Juli – Sessionsende". Die erste Sitzung der Herbsttagung 1948/49 fand am 13. Oktober 1948 statt.

68 Die Rückstellungskommissionen waren mit dem 3. Rückstellungsgesetz (BGBl. Nr. 54/1947) zur Entscheidung über Rückstellungsansprüche geschaffen worden. Nach § 15, Abs. (2) des genannten Gesetzes war bei jedem mit der Ausübung in bürgerlichen Rechtssachen betrauten Landesgericht eine Rückstellungskommission eingerichtet worden, deren Sprengel sich auf das Bundesland, in dem sich das Landesgericht befand, erstreckte. Diese Kommissionen entschieden in erster Instanz. Vorgesehen war insgesamt ein dreistufiger Instanzenzug. In zweiter Instanz entschieden nach § 15, Abs. (3) Rück-

der Beschwerde der Finanzprokuratur gegen die Rückstellung von 559 Exemplaren des Kriegswerkes „Österreich-Ungarns letzter Krieg" an den Ing. Heinrich {sic!} RATZENHOFER[69] erhalten. Blg. A u. B[70]

---

stellungsoberkommissionen, die bei jedem Oberlandesgericht eingerichtet wurden. Als dritte Instanz fungierte die Oberste Rückstellungskommission beim Obersten Gerichtshof. Vgl. dazu Georg Graf, Die österreichische Rückstellungsgesetzgebung. Eine juristische Analyse (= Veröffentlichungen der Österreichischen Historikerkommission. Vermögensentzug während der NS-Zeit sowie Rückstellungen und Entschädigungen seit 1945 in Österreich 2), Wien/München 2003, S. 252 f.

69 Richtig: Emil. Mit den „Rückstellungsansprüchen in militärwissenschaftlichen Fragen" war die Rückstellungsforderung der Republik Österreich gegenüber dem Verlag „Militärwissenschaftliche Mitteilungen" gemeint, der sich bis 1938 im Staatseigentum befunden hatte. 1938 hatte das Deutsche Reich den Verlag, dessen Inventar hauptsächlich aus 559 Exemplaren des Werkes „Österreich-Ungarns letzter Krieg" mit einem geschätzten Streitwert von 100.000 Schilling bestand, an General a. D. Ing. Emil Ratzenhofer verkauft. 1947 hatte die Republik Österreich, vertreten durch die Finanzprokuratur, ein Rückstellungsverfahren angestrengt. Die Rückstellungskommission beim Landesgericht Wien hatte jedoch den Antrag auf Rückstellung mit Erkenntnis vom 26. Januar 1948 zurückgewiesen und diese Entscheidung damit begründet, daß der deutsche Reichsfiskus berechtigt gewesen sei, über das Vermögen des Staates Österreich frei zu verfügen. Der darauf eingelegten Beschwerde bei der Rückstellungsoberkommission war mit Entscheidung vom 15. März 1948 keine Folge gegeben worden. Die Republik Österreich hatte daher bei der Obersten Rückstellungskommission als dritter und letzter Instanz Beschwerde gegen diese Entscheidung erhoben. Vgl. dazu auch MRP Nr. 107/1 h vom 13. April 1948 und MRP Nr. 109/13 b vom 27. April 1948.
Ing. Emil Ratzenhofer, General a. D., 1932 bis 1939 Herausgeber des Werkes „Österreich-Ungarns letzter Krieg 1914 – 1918".

70 Die Worte *Blg. A und B* wurden handschriftlich eingefügt. Beilage A: Zl. 126.635-6VR/1948 Information für den Herrn Bundesminister (2 Seiten). Die Oberste Rückstellungskommission hatte in der Angelegenheit der Republik Österreich gegen Emil Ratzenhofer mit Beschluß vom 15. Mai 1948 festgestellt, der Rückstellungsanspruch sei endgültig abzuweisen, „da die Übernahme des Österreichischen Staatsvermögens in das Eigentum des Deutschen Reiches nicht als Entziehung im Sinne der Rückstellungsgesetzgebung angesehen werden könne". Als Begründung wurde im Beschluß vor allem angeführt, daß „die Rückstellungsgesetzgebung nicht geschaffen wurde, um eine Vermögensauseinandersetzung zwischen Österreich und dem Deutschen Reiche herbeizuführen, wozu die österreichische Gesetzgebung allein auch gar nicht in der Lage gewesen wäre". Damit stelle sich, so wurde in der Beilage kommentiert, dieser Beschluß auf den Standpunkt, daß das Deutsche Reich vollkommen rechtmäßig das gesamte österreichische Staatseigentum übernommen habe und dieses Eigentum auch gegenwärtig noch nicht als österreichisches Eigentum angesehen werden könne. Als zweiten Abweisungsgrund führte der Beschluß an, es sei nicht möglich, daß die österreichische Finanzverwaltung Verwaltungsmaßnahmen „der Nationalsozialisten anerkenne, wenn sie für die Finanzverwaltung günstig sind, aber dort ablehne, wo sich eine Verfügung zum Nachteil des Fiskus auswirkt". Diese Begründung, so wurde in der Beilage bemerkt, sei als völlig haltlos zurückzuweisen. Schließlich wurde auch der im Beschluß enthaltene Hinweis, daß nur solchen Verwaltungsakten der nationalsozialistischen Ära, die gegen die in Österreich herrschende Rechtsauffassung verstoßen hätten, die Anerkennung versagt werden könne, zurückgewiesen, da ein solcher Fall hier nicht vorliege. Mit dem Urteil der Obersten Rückstellungskommission werde ausdrücklich erklärt, daß „die gewaltsame Ansichnahme des gesamten österr. Staatseigentums im Jahre 1938 durch das Deutsche Reich nicht gegen die österr. Rechtsauffassung" verstoße, wodurch die Schenkung des von der Republik Österreich zurückverlangten Verlagswerkes durch die deutschen Behörden an Ratzenhofer als gültiger Verwaltungsakt anzusehen wäre. Die Tatsache, daß österreichische Richter auch heute noch „dem deutschen Gesetze über die Wiedervereinigung Österreichs mit dem Deutschen Reiche Rechtswirkung zusprechen", werde bei den Besatzungsmächten einen äußerst negativen Eindruck hinterlassen. Darüber hinaus habe die Bundesregierung bei den Staatsvertragsverhandlungen stets den Standpunkt vertreten, „daß der deutsche Einfall in Österreich völkerrechtswidrig und daher das Eigentum des österreichischen Staates nicht in das Eigentum des Deutschen Reiches übergegangen sei". Das gegenständliche Urteil erkläre aber nicht nur, daß dieses Eigentum rechtmäßig in das Eigentum des Deutschen Reiches übergegangen, sondern daß es auch heute noch Eigentum des Deutschen Reiches sei.

Der BK bringt die Einzelheiten dieses Falles vor und fährt fort:

Dieser Fall kann nicht ohne weiteres hingenommen werden, besonders nicht im Hinblick auf unsere Stellungnahme bei den Staatsvertragsverhandlungen. Es ist verständlich, daß sich die Juristen sehr schwer tun, aber zumindest sollten solche Entscheidungen nicht publiziert werden, da sie unter Umständen außenpolitisch zu den größten Komplikationen führen könnten. Leider ist ein solches Erkenntnis bereits in den „Juristischen Blättern" veröffentlicht worden.[71] Es wäre dafür zu sorgen, daß in diesem Falle etwas vorsichtiger zu Werke gegangen wird.

BM Dr. G e r ö: Ich hätte den Prozeß gar nicht geführt, sondern im vorhinein einen Vergleich angestrebt.

BM Dr. G r u b e r: Ich habe das Dokument heute früh bekommen und muß, abgesehen von den juristischen Bedenken, sagen, daß dort eine ganze Reihe von Nazis sind.

BM Dr. G e r ö: Referent ist Dr. KLANG[72].

BM Dr. G r u b e r verweist auf den Passus in der Begründung der Entscheidung: „Diesen Standpunkt nimmt auch die österr. Finanzverwaltung insoweit ein, als er ihr zum Vorteil gereicht; sie kassiert unbedenklich die von den deutschen Steuerbehörden vorgeschriebenen Steuern ein und hat die Verfügungen, durch welche österr. Staatsanleihen in deutsche Reichsanleihen umgewandelt wurden, was zu einem erheblichen Vermögensverlust österr. Staatsbürger geführt hat, keineswegs rückgängig gemacht".

Was geht das die Juristen an? Wenn das so weiter geht, kommen wir dazu, daß der Anschluß zu einer legalen Sache gemacht wird. Gegen eine Reihe von Erkenntnissen bestehen die schwersten Bedenken. Zu Dr. KLANG habe ich das vollste Vertrauen, aber es ist überraschend, daß er sich an der Verfassung eines solchen Dokumentes beteiligen kann. Solche Entscheidungen gegen den österr. Staat geben zu den schwersten Bedenken Anlaß.

BM Dr. G e r ö: Beide Entscheidungen wurden von unabhängigen Gerichten gefällt. Im April 1945 standen wir vor folgender Frage: Sollen wir sämtliche Akte, welche während der nationalsozialistischen Ära gesetzt worden waren, für nichtig erklären oder nicht. Wir sind zu der Überzeugung gekommen, daß eine Nichtigerklärung zu einem Rechtschaos führen würde. Wenn der Verlag „Militärwissenschaftliche Mitteilungen" im Zuge der Besetzung Österreichs im Sinne des Völkerrechtes nicht rechtswidrig in den Besitz des deutschen Staates gekommen [ist] und dieser die vorhandenen Objekte fruktifiziert[73] hat, ist das nicht im Sinne der Rückstellungsgesetze zu beurteilen, sondern wir müssen andere Wege gehen. Aber alles, was in der Zeit zwischen 1938 und 1945 geschehen ist, für nichtig zu erklären, führt zu einem Rechtschaos.

VK: Ich verstehe den Kampf, den das Außenamt um die Anerkennung der Tatsache führt, daß Österreich okkupiert und nicht annektiert war. Ich glaube zwar, daß wir in diesem Kampf keinen Erfolg haben werden, denn im Staatsvertragsentwurf ist schon wieder der Begriff der

---

Beilage B: (Ohne Aktenzahl) Abschrift (1 Seite). Die Beilage enthält die Begründung der Obersten Rückstellungskommission, warum der Rückstellungsanspruch in der Rechtssache der Republik Österreich gegen Ing. Emil Ratzenhofer abzuweisen sei. Der Inhalt geht im wesentlichen nicht über die auch in Beilage A enthaltenen Ausführungen hinaus.

71 In den Ausführungen der Beilage A wurde darauf hingewiesen, daß in Ausgabe Nr. 13 der Juristischen Blätter vom 3. Juli 1948 auf S. 319 eine Entscheidung der Obersten Rückstellungskommission veröffentlicht worden war, die den Anspruch auf Rückstellung einer Finanzwachkaserne zum Inhalt hatte. Die ersten beiden Instanzen der Rückstellungskommission hatten diesen Anspruch anerkannt, die Oberste Rückstellungskommission hatte diese Entscheidungen jedoch aufgehoben und den Anspruch mit ganz ähnlicher Begründung wie im Fall Ratzenhofer zurückgewiesen.

72 Dr. Heinrich Klang, Jurist, Honorarprofessor an der Universität Wien, 1945 bis 1949 Senatspräsident des Obersten Gerichtshofes, Vorsitzender der Obersten Rückstellungskommission.

73 Fruktifizieren: nutzbringend anlegen, auswerten.

Annexion und nicht der Okkupation[74] verankert[75], trotzdem bin ich aber dafür, daß man die Fiktion des Okkupationsstatus weiterhin aufrecht erhält. Für die österreichischen Richter und Behörden sieht aber die Sache anders aus. Die von allen drei Parteien unterschriebene Urkunde über die Wiedererstehung Österreichs spricht ausdrücklich von der Annexion.[76] Das führt zu den verschiedensten Rückwirkungen auf Gebieten, auf denen wir uns nicht leicht verstehen. Ich würde aber trotzdem anstreben, daß wir auf diesem Gebiete zu irgendeiner Verständigung kommen.

Der Vizekanzler verweist im Zusammenhang damit besonders auf die Frage des Konkordates, welches bei Verfechtung der Okkupationstheorie als bestehend zu gelten hätte, bei Vertretung des Annexionsprinzipes aber als aufgehoben zu betrachten sei.[77] Man sollte für

---

[74] Die Annexionstheorie besagt, daß der „Anschluß" im Jahr 1938 eine völkerrechtlich wirksame Annexion bewirkt habe, mit der Folge, daß Österreich am 13. März 1938 untergegangen sei und zwischen dem Staat Österreich vom 12. März 1938 und der Republik Österreich nach 1945 keine völkerrechtliche Identität und Kontinuität bestehe. Damit war, wie im Schlußbericht der Österreichischen Historikerkommission ausgeführt, zwar nicht „automatisch eine Rechtsnachfolge der Republik Österreich in die völkerrechtliche Haftung und die hieraus folgende Verpflichtung zur Wiedergutmachung für Verfolgungsschäden, die durch das Deutsche Reich verursacht worden waren", gegeben, allerdings hätte Österreich als Gebietsnachfolger „auf dem Wege einer völkerrechtlichen vertraglichen Regelung für Völkerrechtsverletzungen durch den Gebietsvorgänger" verantwortlich gemacht werden können. Die Okkupationstheorie vertrat dagegen die Ansicht, daß der „Anschluß" nicht den Untergang Österreichs als Völkerrechtssubjekt bewirkt habe, sondern daß eine Identität und Kontinuität zwischen Österreich vor dem „Anschluß" und der Republik Österreich nach der Befreiung 1945 bestehe. Auch die unbestrittene Tatsache, daß ein Teil der Bevölkerung den „Anschluß" an das Deutsche Reich begrüßte, galt der Okkupationstheorie als irrelevant, da Staaten nur durch ihre Organe völkerrechtlich wirksam handeln könnten. Der Schlußbericht der Historikerkommission formuliert: „Die Okkupationstheorie hatte die Konsequenz, daß Österreich für die während der nationalsozialistischen Besetzung des Landes gesetzten Handlungen nicht verantwortlich gemacht werden kann." Vgl. dazu mit weiterführender Literatur Clemens Jabloner/Brigitte Bailer-Galanda/Eva Blimlinger u. a., Schlußbericht der Historikerkommission der Republik Österreich. Vermögensentzug während der NS-Zeit sowie Rückstellungen und Entschädigungen seit 1945 in Österreich. Zusammenfassungen und Einschätzungen (= Veröffentlichungen der Österreichischen Historikerkommission. Vermögensentzug während der NS-Zeit sowie Rückstellungen und Entschädigungen seit 1945 in Österreich 1), Wien/München 2003, S. 242–246, für die hier zitierten Passagen S. 243 und S. 245. Vgl. weiters auch Bruno Simma/Hans-Peter Folz, Restitution und Entschädigung im Völkerrecht. Die Verpflichtungen der Republik Österreich nach 1945 im Lichte ihrer außenpolitischen Praxis (= Veröffentlichungen der Österreichischen Historikerkommission. Vermögensentzug während der NS-Zeit sowie Rückstellungen und Entschädigungen seit 1945 in Österreich 6), Wien/München 2004.

[75] Zu diesem Zeitpunkt lag ein Entwurf des Staatsvertrages vom 24. April 1947 vor, der in der Präambel von „Annexion" sprach: „2. im Hinblick darauf, daß Hitler-Deutschland am 13. März 1938 Österreich mit Gewalt annektierte und sein Gebiet dem Deutschen Reich einverleibte; 3. daß nach dieser Annexion Österreich als integrierender Teil Hitler-Deutschlands am Kriege gegen die Alliierten und Assoziierten und gegen andere Vereinte Nationen teilnahm..." Der dritte Absatz des Entwurfes wurde in der Außenministerkonferenz am 14. Mai 1955 in Wien auf Antrag Figls, zu diesem Zeitpunkt Bundesminister für die Auswärtigen Angelegenheiten, gestrichen. Vgl. zum Entwurf von 1947 und zur endgültigen Fassung von 1955 Gerald Stourzh, Um Einheit und Freiheit. Staatsvertrag, Neutralität und das Ende der Ost-West-Besetzung Österreichs 1945–1955, 5. Auflage, Wien/Köln/Graz 2005, S. 683–773.

[76] Im einleitenden Teil des StGBl. Nr. 1, Proklamation über die Selbständigkeit Österreichs, ausgegeben am 1. Mai 1945, ist u. a. von der „völligen politischen, wirtschaftlichen und kulturellen Annexion des Landes" die Rede.

[77] Das 1933 nach der Ausschaltung des Parlaments ausgehandelte und am 1. Mai 1934 (BGBl. Nr. 2/1934) in Kraft getretene Konkordat räumte der katholischen Kirche ungewöhnlich weitgehende Rechte ein (zivilrechtliche Gültigkeit kirchlicher Ehen, staatliche Subventionierung katholischer Schulen, die Besetzung von kirchlichen Ämtern, die Anerkennung von kirchlichen Feiertagen etc.). Zwischen 1938

das Vorgehen der Amtsstellen und der Parteien eine gemeinsame Linie suchen. Wir wollen keine Schwierigkeiten machen, aber für innerpolitische Konsequenzen, die dazu führen, das Konkordat als existent zu betrachten, könnten wir nicht zu haben sein.

BM Dr. G e r ö teilt mit, es liefen zahlreiche Beschwerden von Rückstellungsgegnern ein, daß die Rückstellungskommissionen viel zu streng urteilten.

BM Dr. K r a u l a n d: Die vielen Einwendungen von beiden Seiten gegen das Rückstellungsgesetz wiesen darauf hin, daß das Gesetz nicht so schlecht war. Trotzdem wird sich die Notwendigkeit einer allfälligen Novellierung im Herbst ergeben.

BM Dr. G r u b e r erörtert die Annexions- und Okkupationstheorie des näheren und schlägt im Zusammenhang mit den Ausführungen des Vizekanzlers vor, zur Findung einer einheitlichen Linie einige Juristen aus den einzelnen Ministerien mit der Klärung der Frage zu betrauen, die unter Führung des Verfassungsdienstes oder des Auswärtigen Amtes die Rechtsstandpunkte zu prüfen und dem Ministerrat bis zum September einen Bericht vorzulegen hätten. Inzwischen aber solle von der Veröffentlichung solcher Erkenntnisse Abstand genommen werden.

Der BK resümiert, eine Veröffentlichung dieses Falles in den „Juristischen Blättern" solle hintangehalten und Juristen beider Parteien und der Ressorts mit der Beratung der einheitlichen Richtlinien für diese Frage betraut werden. Der Ministerrat solle den Vizekanzler Dr. Schärf und die Bundesminister Dr. Gerö, Dr. Hurdes, Dr. Gruber, Dr. Krauland und Dr. Zimmermann mit der Klärung dieser Frage unter Heranziehung des Verfassungsdienstes beauftragen. Die Verhandlungen mögen unter Leitung des Justizministers stattfinden.

BM Dr. G e r ö schlägt den Verfassungsdienst zur Verhandlungsleitung vor.

Der Ministerrat beschließt im Sinne der in der Debatte vorgebrachten Vorschläge.[78]

2
Personalangelegenheiten[79]

BM Ü b e l e i s ersucht um Aufklärung, betreffend den Titel „Baurat h. c."

Der BK klärt auf, daß es sich dabei um einen vom Herrn Bundespräsidenten zu verleihenden Berufstitel handelt.

Die Anträge werden sodann ohne weitere Debatte angenommen.

---

und 1945 war das Konkordat außer Kraft gesetzt, nach Kriegsende wurde seine Gültigkeit von der SPÖ stets bestritten, während der Vatikan bis in die 1950er Jahre auf seiner bedingungslosen Anerkennung beharrte. Vom Standpunkt des Völkerrechts war für die Gültigkeit des Konkordats ausschlaggebend, ob Österreich 1938 vom Deutschen Reich annektiert, also völkerrechtlich beseitigt, oder aber okkupiert, also zeitweise besetzt und nur für diesen Zeitraum außer Funktion gesetzt worden war. Während sowohl die internationalen Erklärungen über Österreich wie auch die Unabhängigkeitserklärung vom April 1945 ausdrücklich von Annexion sprachen, wurden später von katholischer Seite und von Teilen der ÖVP immer wieder verschiedene Versionen einer Okkupationstheorie ins Spiel gebracht. Vgl. Adolf Schärf, Österreichs Erneuerung 1945–1955. Das erste Jahrzehnt der zweiten Republik, Wien 1955, S. 217–221; Erika Weinzierl-Fischer, Die österreichischen Konkordate von 1855 und 1933, Wien 1960, S. 247–249; Maria-Elisabeth Watzl, Lösung offener Konkordatsprobleme in der Zweiten Republik, phil. Diss., Linz 1989, S. 18–22; weiters allgemein Hans Paarhammer/Franz Pototschnig/Alfred Rinnerthaler (Hg.), 60 Jahre österreichisches Konkordat (= Veröffentlichungen des Internationalen Forschungszentrums für Grundfragen der Wissenschaften, Neue Folge 56), München 1994. In diesem Zusammenhang vgl. auch AdR, BKA/AA, II-pol 1948, Österreich 4, GZl. 118.147-pol/1948, Zur Romreise des Herrn BM, Notiz für das Gespräch mit dem Heiligen Vater (Konkordat, zur Frage der Feiertage).

78 Umfangreiches Aktenmaterial zum Rückstellungsverfahren, betreffend den Verlag „Militärwissenschaftliche Mitteilungen", findet sich in AdR, BMVW, Zl. 25.022-1/1948, Verlag Militärwissenschaftliche Mitteilungen, Rückstellungsverfahren. Vgl. weiters auch AdR, BKA, Präsidium, GZl. 1.517-Pr.M/1948, Verlag Militärwissenschaftliche Mitteilungen.

79 Beilage 2: Personalangelegenheiten (1 ½ Seiten). Vgl. das Beschlußprotokoll.

3

Tätigkeitsbericht des Rechnungshofes für das Verwaltungsjahr 1947

Der BK berichtet laut Ministerratsvortrag, Zl. 72.097-2b/48[80], betreffend den Tätigkeitsbericht des Rechnungshofes (Verwaltungsjahr 1947).

Der Ministerrat beschießt ohne Debatte antragsgemäß.[81]

4

Nebengebührenverordnung

Der BK berichtet gemäß Ministerratsvortrag, Zl. 71.715-4S/1948[82], über die Verordnung der Bundesregierung über die Nebengebühren der Bundesbeamten (Nebengebührenverordnung).

BM Dr. K o l b regt die Richtigstellung eines grammatikalischen Fehlers auf Seite 3 des Ministerratsvortrages an, wo es im vorletzten Absatz richtig heißen soll: „.... der § 3 hinsichtlich eines sonstigen Beamten in Ausübung i h r e s Dienstes ....".

Der BK: Jetzt bleibt nur mehr die Personalvertretungsverordnung.[83] Dann bin ich mit diesen Fragen fertig. Ich hoffe, im Herbst eine Vorlage unterbreiten zu können, die die Zustimmung finden wird, nachdem wir in der vergangenen Woche einen Modus gefunden haben, wie wir die Verhandlungen weiterführen können.[84]

---

80 Beilage 3: BKA, Zl. 72.097-2b/1948 Ministerratsvortrag (1 Seite). Die Beilage enthält die vom Präsidium des Nationalrates mit Datum 7. Juli 1948 eingelangte Mitteilung über die Kenntnisnahme des Tätigkeitsberichtes des Rechnungshofes für das Verwaltungsjahr 1947.

81 Vgl. dazu auch MRP Nr. 111/3 vom 11. Mai 1948.

82 Beilage 4: BKA, Zl. 71.715-4S/1948 Ministerratsvortrag (3 ½ Seiten); Verordnungsentwurf (1 ½ Seiten). Der § 21 des Gehaltsüberleitungsgesetzes (BGBl. Nr. 22/1947) gewährte den Bundesbeamten Anspruch auf Übersiedlungsgebühren, verwies aber hinsichtlich der Frage, ob den Bundesbeamten sonstige Entschädigungen für besonderen Dienstaufwand oder Nebengebühren gegeben werden sollten, auf die näheren Bestimmungen der Bundesregierung. Außer der Regelung der Übersiedlungsgebühren, die bereits durch die Reisegebührenvorschrift erfolgt war, waren die Aufwandsentschädigungen und die sonstigen Nebengebühren nicht geregelt worden. Vielmehr hatte sich bei einzelnen Verwaltungszweigen in Anknüpfung an die vor 1938 bestandenen Bestimmungen, einzelnen Beamtengruppen nach Bedarf vom zuständigen Ressort im Einvernehmen mit Bundeskanzleramt und Bundesministerium für Finanzen Nebengebühren zu gewähren, ein verzweigtes Nebengebührensystem herausgebildet. Auch die Frage der Entlohnung von Mehrdienstleistungen der Vertragsbediensteten des Entlohnungsschemas I und II war nicht einheitlich geregelt worden. Mit Beschluß vom 17. Februar 1948 hatte sich die Bundesregierung bereit erklärt, bei der Regelung von Nebengebühren für die Bundesbeamten, „den Bedürfnissen der Verwaltung sowie den Wünschen der Verwaltung Rechnung tragend", eine Nebengebühr für Mehrdienstleistungen einzuführen und insbesondere den in Betrieben verwendeten Beamten und Bediensteten das Überstundenentgelt zu gewähren. Der vorliegende Verordnungsentwurf beschränkte „sich darauf, ein System der Nebengebühren aufzustellen, im übrigen aber die Überstundenentlohnung einer Regelung zuzuführen, hinsichtlich der Reisegebühren und der sonstigen Aufwandentschädigungen sowie hinsichtlich der Mehrdienstleistungsentschädigungen jedoch auf die Bestimmungen der Sondervorschriften" zu verweisen. In der Folge wurden in der Beilage die einzelnen Bestimmungen der Verordnung erläutert. Der Verordnungsentwurf stimmt mit BGBl. Nr. 173, Verordnung der Bundesregierung vom 20. Juli 1948, über die Nebengebühren der Bundesbeamten (Nebengebührenverordnung), ausgegeben am 31. August 1948, überein. Die beantragte Änderung wurde in die Verordnung aufgenommen.

83 Eine Personalvertretungsverordnung wurde nicht verabschiedet. Dies geschah erst mit BGBl. Nr. 133/1967, Bundesgesetz vom 10. März 1967 über die Personalvertretung bei den Dienststellen des Bundes (Bundes-Personalvertretungsgesetz), ausgegeben am 13. April 1967.

84 Vgl. dazu AdR, BKA, Sektion II, Sign. 40, GZl. 73.580/1948, Zl. 75.336-2b/1948, Verordnung der Bundesregierung über die Nebengebühren der Bundesbeamten (Nebengebührenverordnung).

5

Österreichisch-polnische Wirtschaftsverhandlungen

BM Dr. G r u b e r berichtet an Hand des Ministerratsvortrages, Zl. 165.364-Wpol/48[85], und der Beilagen über die österreichisch-polnischen Wirtschaftsverhandlungen.

BM S a g m e i s t e r: Es hat sich bei diesen Vertragsverhandlungen wieder gezeigt, daß es notwendig wäre, auch österreichischerseits die Fragen zu koordinieren. Wegen dieser Lieferung von Schweinen ist man österreichischerseits viermal an mich herangetreten. Der Minister verweist auf die Versuche einer gewissen Seite, auch durch die Presse, z. B. die „Volksstimme", einen Druck auf Abnahme bestimmter Warengattungen von den Oststaaten auszuüben. Er schlägt vor, als einzig und allein ausschlaggebendes Moment bei solchen Verhandlungen nur die Tatsache gelten zu lassen, ob ein Geschäft für Österreich gut ist oder nicht. Er sehe nicht ein, warum wir uns wegen einer vorübergehenden Schwierigkeit Waren anhängen lassen sollten, die wir nicht wünschen.

BM Dr. G r u b e r: Niemand wird vor der „Volksstimme" Angst haben, aber anders steht es, wenn es sich um Waren handelt, bei denen ein Engpaß besteht. Man muß gute Gründe angeben können, da sonst, wenn wir einmal abgewiesen haben, ein späterer Wunsch im Notfall nicht Gehör finden wird. Wenn Kollege Sagmeister überzeugt ist, daß keine Ernährungsschwierigkeiten eintreten, kann er es so machen.

---

[85] Beilage 5: BKA/AA, Zl. 165.364-Wpol/1948 Ministerratsvortrag (3 Seiten); Protokoll (1 Seite); Handelsabkommen (4 Seiten); Liste A (3 ¼ Seiten); Liste B (½ Seite); Bestimmungen betreffend Kohlenlieferungen (3 ¼ Seiten); Schreiben an den Präsidenten der österreichischen Delegation vom 7. Juli 1948 (französisch, deutsch) (1 Seite); Zahlungsabkommen (2 Seiten); Schreiben des Vorsitzenden der Polnischen Delegation an Max Clumecky-Löwenthal, a. o. Gesandter und Bevollm. Minister Wien vom 7. Juli 1948 (1 ¼ Seiten); Schreiben an den Präsidenten der österreichischen Delegation vom 7. Juli 1948 (½ Seite); Vereinbarung über die Angelegenheiten des Verkehres im Zusammenhang mit dem Warenaustauschübereinkommen zwischen der Bundesrepublik Österreich und der Republik Polen vom ... Juli 1948 (3 ½ Seiten); BKA/AA, Zl. 166.492-Wpol/1949 Österreichisch-polnische Wirtschaftsverhandlungen, Berichtigungen des Ministerratsvortrages (1 Seite). Die von 2. bis 7. Juni 1948 in Wien geführten österreichisch-polnischen Wirtschaftsverhandlungen hatten zur Paraphierung eines Warenaustausch- und Zahlungsabkommens sowie zur Unterzeichung eines Verkehrsabkommens geführt. Das Warenaustauschübereinkommen, dem ein Protokoll über die Kohlenlieferungen, ein Briefwechsel und ein vertrauliches Protokoll angeschlossen waren, sah die Lieferung einer Mindestmenge von 1,2 Millionen Tonnen polnischer Kohle, die bis auf 1,8 Millionen Tonnen erhöht werden konnte, vor. Bei einer Erhöhung der abgenommenen Kohlenmenge war eine Ermäßigung des Kohlenpreises vorgesehen. Für die Bezahlung der Kohle waren österreichische Exporte und Dienstleistungen im Wert von 9,6 Millionen Dollar geplant, weiters sollten auch polnische Lieferungen von Lebensmitteln wie Zucker und Eier für genau definierte österreichische Gegenlieferungen erfolgen. Dem von österreichischer Seite geäußerten Wunsch nach Lieferung polnischer Schweine war von der polnischen Regierung nicht entsprochen worden. Das Warenaustauschabkommen ließ grundsätzlich Kompensationsgeschäfte zu, diese sollten aber nicht auf die in den Listen angeführten Waren angewendet werden. Das Zahlungsabkommen, dem zwei Briefwechsel angeschlossen waren, sah weiters die Eröffnung unverzinslicher Dollarverrechnungskonten vor, auf die außer den Zahlungen aus dem Warenverkehr auch die Salden aus den Abrechnungen der beiderseitigen Bankverwaltungen u. ä. übertragen werden sollten. In dem angeschlossenen Verkehrsabkommen verpflichteten sich die Österreichischen Bundesbahnen, für die Beförderung der nach Österreich zu liefernden Kohle täglich 150 Waggons zur Verfügung zu stellen und im Falle eines Notstandes im Winter auf Ersuchen der polnischen Staatsbahnen Wagenaushilfe zur Beförderung von Gütern aus Triest oder Rijeka zu gewähren. Da dieses Abkommen kein Regierungsabkommen war, war es bereits von den Vertretern der beiderseitigen Verkehrsministerien unterzeichnet worden. Das Warenaustauschabkommen samt allen dazugehörigen Vertragsinstrumenten sollte am 1. August 1948 provisorisch in Kraft treten und bis 30. Juni 1949 gelten.

BM S a g m e i s t e r: Diese 5.000 Schweine machen gar nichts aus.

BM H e l m e r hält gleichfalls dafür, es sei im Hinblick auf die Ernährungslage die entsprechende Vorsorge zu treffen.

Der Ministerrat beschließt antragsgemäß.[86]

6

Errichtung eines Bundespolizeikommissariates in Leoben

BM H e l m e r berichtet gemäß Ministerratsvortrag, Zl. 95.030-3/48[87], über die Verordnung der Bundesregierung, betreffend die Errichtung einer Bundespolizeibehörde mit vollem Wirkungsbereich in Leoben.

Der Ministerrat beschließt ohne Debatte antragsgemäß.[88]

7

Einbürgerungen

BM H e l m e r beantragt laut Ministerratsvortrag.

Der Ministerrat beschließt ohne Debatte, die Verleihung der österreichischen Staatsbürgerschaft an die im Verzeichnis Nr. 109[89] des Bundesministeriums für Inneres angeführten 230 Personen als im Interesse des Staates gelegen zu bezeichnen.

---

[86] Material dazu findet sich in AdR, BKA/AA, W-pol 1948, Handel Polen, GZl. 140.811-Wpol/1948, Österr.-polnische Wirtschaftsverhandlungen.

[87] Beilage 6: BMI, Generaldirektion für die öffentliche Sicherheit, Zl. 95.030-3/1948 Ministerratsvortrag (1 ½ Seiten); Verordnungsentwurf (2 Seiten). Der Ministerrat hatte mit Beschluß vom 21. Oktober 1947 (MRP Nr. 84/3) der Errichtung eines Bundespolizeikommissariats mit vollem Wirkungsbereich in Leoben mit 1. Jänner 1948 zugestimmt und das Bundesministerium für Inneres beauftragt, mit der Stadtgemeinde Leoben die zur Durchführung dieser Maßnahme erforderlichen Verhandlungen abzuschließen. In der Zwischenzeit war bereits ein steiermärkisches Landesgesetz erlassen worden, durch das gewisse Agenden der Landesverwaltung dem zu errichtenden Bundespolizeikommissariat in Leoben übertragen werden sollten. Das Landesgesetz war bereits genehmigt und die steiermärkische Landesregierung davon in Kenntnis gesetzt worden, daß das Gesetz nach Ablauf der Vorlagefrist an den Alliierten Rat publiziert werden könne. Ausständig war nur noch die Verordnung der Bundesregierung über die formelle Errichtung des Bundespolizeikommissariates Leoben. Vgl. dazu auch MRP Nr. 83/3 vom 14. Oktober 1947.

[88] Der Verordnungsentwurf stimmt mit BGBl. Nr. 188, Verordnung der Bundesregierung vom 20. Juli 1948, betreffend die Errichtung einer Bundespolizeibehörde mit vollem Wirkungskreis (Bundespolizeikommissariat) in Leoben, ausgegeben am 17. September 1948, überein. Zur Errichtung des Bundespolizeikommissariates Leoben vgl. auch AdR, BKA, Sektion II, Sign 4/7, GZl. 75.479/1948, Bildung des Personalstandes gemäß § 7 B.-ÜG. Pol.Koat Leoben.

[89] Beilage 7: BMI, (ohne Aktenzahl) Ministerratsvortrag (1 Seite); Verzeichnis Nr. 109 (37 ½ Seiten). Die im beiliegenden Verzeichnis angeführten Personen bedurften zur Erlangung der österreichischen Staatsbürgerschaft eines Beschlusses der Bundesregierung gemäß § 5, Abs. (1), Z. 3, des Staatsbürgerschaftsgesetzes vom 10. Juli 1945, StGBl. Nr. 60, nach dem die Verleihung bei mangelndem vierjährigem Wohnsitz im Staatsgebiet nur dann ausgesprochen werden durfte, wenn die Bundesregierung sie als im Interesse des Staates gelegen bezeichnete. Weiterführendes Material zu den Staatsbürgerschaftsangelegenheiten findet sich in AdR, BMI, Abteilung 8.

8

Entsendung österreichischer Künstler nach Beyrouth

BM Dr. H u r d e s berichtet laut Ministerratsvortrag, Zl. 43.105-II-4a/48[90], über die Entsendung künstlerischer Kräfte und die Veranstaltung einer Kunstausstellung in Beyrouth anläßlich der Generalkonferenz der UNESCO[91] im Oktober-November 1948.

BM H e l m e r spricht sich dafür aus, daß, falls eine Entsendung beschlossen werden sollte, die vorläufige Finanzierung aus dem Kulturfonds des Unterrichtsministeriums[92] erfolgen solle.

BM Dr. H u r d e s: Was heißt „Kulturfonds"?

BM H e l m e r: Die Erlöse der Auslandsausstellungen.

BM Dr. H u r d e s betont, daß bei jeder Auslandsausstellung festgelegt wurde, daß der Fonds für die Förderung der kulturellen Beziehungen mit dem betreffenden Land gebunden ist.

BM Dr. G r u b e r meint, daß zunächst Dr. Buschbeck[93] nach Beyrouth entsendet werden und nach seiner Berichterstattung die Angelegenheit neuerlich den Ministerrat beschäftigen solle. Eine Entsendung sollte nur dann erfolgen, wenn wirklich eine propagandistische Wirkung damit verbunden ist. Vielleicht könnte man auch zur Ersparung größerer Kosten nur einige Sänger entsenden.

BM Dr. H u r d e s: Praktisch wollen wir die Franzosen und Italiener ausschalten. Es ist bezeichnend für unsere kulturelle Situation, daß man auf Österreich greifen will, obwohl das römische Orchester unter denselben Bedingungen zugesagt hat.[94] Vielleicht wäre es tatsächlich am zweckmäßigsten, zunächst Dr. Buschbeck nach Beyrouth zu entsenden.

---

90 Beilage 8: BMU, Zl. 43.105-II-4a/1948 Ministerratsvortrag (5 ½ Seiten). Zwischen Libanon und Österreich bestanden weder diplomatische noch konsularische Beziehungen. Nun wünschte die Republik Libanon, ein „repräsentatives Wiener Orchester" (Wiener Symphoniker oder Wiener Philharmoniker) oder andernfalls einen Chor der Wiener Sängerknaben während der im Oktober und November 1948 stattfindenden Generalkonferenz der UNESCO in den Libanon einzuladen. Auch die Veranstaltung einer repräsentativen Kunstausstellung nach dem Muster der bisherigen österreichischen Auslandsausstellungen wurde seitens des Libanon als Möglichkeit bezeichnet. Die libanesische Regierung hatte sich weiters auch bereit erklärt, die Kosten des Aufenthaltes zu tragen, da ihr gegenwärtig aber nicht die notwendigen Mittel zur Verfügung stünden, müsse die österreichische Regierung Reise-, Transport- und Versicherungskosten für Personen und Material vorschießen. Dafür sollten ihr die Reingewinne aus allen Veranstaltungen in „Beyrouth" zur Abdeckung dieser Vorschüsse überlassen werden. Der Umstand, daß Österreich vor den in der UNESCO vertretenen Nationen „sowie vor einer grossen Anzahl von höchst gebildeten Delegierten und vor einem an erstklassigen kulturellen und künstlerischen Darbietungen interessierten Publikum Gelegenheit erhielte, seine künstlerischen Qualitäten und Fähigkeiten neuerlich unter Beweis zu stellen", habe eine Prüfung dieses Angebotes durch das Bundesministerium für Unterricht als gerechtfertigt erscheinen lassen. Am 13. und 16. Juli 1948 hatten sodann im Bundesministerium für Unterricht Besprechungen mit allen beteiligten Ämtern und Stellen stattgefunden, deren Ergebnis in der Beilage präsentiert wurde. Für weitere Verhandlungen des Bundesministeriums für Unterricht müsse aber die Bundesregierung dem Projekt ihre Zustimmung erteilen.

91 UNESCO: United Nations Educational, Scientific and Cultural Organization. Österreich war der UNESCO erst unlängst beigetreten. Vgl. dazu etwa MRP Nr. 116/16 b vom 16. Juni 1948.

92 Mit Beschluß des Ministerrates vom 10. Februar 1948 waren ein französisch-österreichischer, ein belgisch-österreichischer und ein holländisch-österreichischer Kulturfonds aus den Reingewinnen der im Ausland gezeigten österreichischen Kunstausstellungen geschaffen worden. Vgl. MRP Nr. 99/7 vom 10. Februar 1948.

93 Dr. Ernst Buschbeck, Kunsthistoriker, Kurator des Kunsthistorischen Museums in Wien, 1949 bis 1955 Direktor der Gemäldegalerie des Kunsthistorischen Museums.

94 In der Beilage wurde ausgeführt, daß „auch andere Staaten […] die Entsendung von künstlerischen Gruppen nach Beyrouth bereits angeboten haben (so z. B. Italien das Orchester von Rom)".

VK: Das Land Libanon hat 600.000, Beyrouth 150.000 Einwohner. Das Land ist so klein, daß es auf der Landkarte nicht immer eingezeichnet ist. Libanon ist der einzige Staat in Asien mit einer christlichen Mehrheit; es sind arabisch sprechende Christen. Will man gute Beziehungen zu Libanon oder zur Unesco haben? Wenn mit der Unesco, wäre zu überlegen, ob gerade diese Gelegenheit die beste für eine Werbung ist. Für Libanon scheint eine Werbung ziemlich erfolglos zu sein. Es fallen außerdem die kostspieligen Bedingungen auf, zu denen die Symphoniker fahren wollen.

BM Dr. H u r d e s: Deshalb will ich ja auch nicht auf die Symphoniker greifen.

BM Dr. Z i m m e r m a n n schlägt angesichts der äußerst angespannten Devisenlage vor, keine künstlerische Vertretung dieser Art zu entsenden. Ob man eine kleinere Gruppe wegen der Unesco-Tagung hinschicken solle, sei eine andere Frage.

BM Dr. G e r ö verweist auf die Reiseschwierigkeiten, die sich besonders anläßlich einer geplanten Reise eines Fußballteams nach Istanbul kraß gezeigt hätten.[95]

BM H e l m e r: Lehnen wir es doch ab!

BM Dr. H u r d e s: Mir ist es gleich, ich will nur eine Stellungnahme des Ministerrates haben.

BM Dr. Z i m m e r m a n n stellt den Antrag auf Ablehnung des Antrages.

Der Ministerrat beschließt in diesem Sinne.

9
Abgabe von Industrieberichten

BM für Vermögenssicherung und Wirtschaftsplanung Dr. K r a u l a n d berichtet laut Ministerratsvortrag, Zl. 217.595-14/48[96], über die Aufforderung an österreichische Firmen durch sowjetische Kommandanturen zur Abgabe von Industrieberichten.

---

95 Dazu konnte nichts Näheres eruiert werden. Informationen zu einem Fußballmatch, das am 30. Mai 1948 in Istanbul zwischen den österreichischen und türkischen Nationalmannschaften ausgetragen worden war, finden sich in AdR, BKA/AA, Kultur 1948, Türkei Kult Sport, Zl. 114.418-Pol/1948, Fußballmatch Österreich – Türkei. Das Match endete mit einem 1:0-Sieg Österreichs, allerdings, so ist einem im Akt enthaltenen Bericht der österreichischen Gesandtschaft in Ankara zu entnehmen, hätten es „einige Goals mehr sein können".

96 Beilage 9: BMVW, Zl. 217.595-14/1948 Ministerratsvortrag (2 Seiten); Notenentwurf (2 Seiten). Bundesminister Krauland berichtete über die neuerliche Verschärfung bei der Befragung von österreichischen Industrie- und Gewerbebetrieben durch sowjetische Kommandanturen, betreffend die Bekanntgabe von Industriedaten. So sei ihm berichtet worden, daß die sowjetische Kommandantur in Wiener Neustadt über die Bezirkshauptmannschaft Wiener Neustadt Fragebögen an sämtliche Industrie- und Gewerbebetriebe des Bezirkes habe versenden lassen, die Fragen über „Konkurrenzverhältnisse und seinerzeitige und derzeitige Produktion" beinhalteten. Besonders die Fragen nach Kunden der Unternehmungen und nach Rohstofflieferungen seien untragbar, auch könne die Frage nach der jeweiligen Parteizugehörigkeit des Betriebsrates unter Umständen eine persönliche Gefährdung darstellen. Darüber hinaus waren bei Betriebsstillstand bzw. Rückgang der Produktion detaillierte Angaben über Ursache und Grund derselben zu machen. Ähnliche Aktionen waren auch im Gebiet der Kommandanturen Baden und St. Pölten beobachtet worden. Bereits im Frühjahr 1948, anläßlich der vom USIA-Konzern durchgeführten Frageaktion zur Erhebung des Maschineninventars in österreichischen Betrieben, hatte der Ministerrat in seiner Sitzung vom 11. Mai 1948 (MRP Nr. 111/13) beschlossen, eine diesbezügliche Anfrage an den Alliierten Rat zu richten und durch die Veröffentlichung einer Pressenotiz die Beantwortung dieser Fragen bis zu einer endgültigen Entscheidung zu verhindern. Da das sowjetische Element mit den USIA-Betrieben ein „nicht zu unterschätzendes Konkurrenzinstrument gegen die österreichische Wirtschaft" besaß, hielt Bundesminister Krauland es für unbedingt erforderlich, diese bis ins Detail der Betriebsorganisation gehenden Fragen an österreichische Betriebe zu verhindern und stellte den Antrag auf Beschluß des Ministerrates zur Absendung einer Protestnote an den Alliierten Rat mit dem Ersuchen um Überprüfung der in der Sowjetzone durchgeführten Frageaktion und um Einstellung derselben, da sie mit den Bestimmungen des Kontrollabkommens

Beilage C u. D[97]

BK: Ich habe die Frage mit Generaloberst Scheltow schon besprochen und es liegt bereits ein Akt im Detail vor. Z. B. werden von den gesamten Sägewerksbetrieben ganz Österreichs folgende Angaben verlangt:

a) Welche Rohstoffmaterialien werden im Lande benötigt?
b) Angabe der Importländer solcher Rohstoffe.
c) Angabe der Exportländer für die Erzeugnisse.
d) Schwierigkeiten bei der normalen Kapazitätsausnützung.
e) Allgemeine Situation im 1. Viertel 1948.
f) Kurzer Ausblick auf die zu erwartende Wirtschaftslage für den Rest des Jahres 1948.

Die Bundesländer außerhalb der Sowjetzone haben die Beantwortung abgelehnt. Die burgenländischen Betriebe mit mehr als 6 Leuten wurden zur Beantwortung gezwungen. Ich bin sehr an dieser Note interessiert, aber auch an einer Erwähnung der Sägebetriebe, weil dann eine stärkere Begründung dafür gegeben ist, warum wir vor den Alliierten Rat gehen. Die anderen Elemente werden sich dagegen wehren, daß die Russen in ihrer Zone sozusagen Wirtschaftsspionage betreiben.

VK: Für die Note bin ich selbstverständlich. Nur würde ich vorschlagen, daß man auch über diese Sache öffentlich schreibt. Dies vor allem, um der ewigen Argumentation, der Marshallplan[98] verlange die Auslieferung aller Industriegeheimnisse, entgegenzuwirken.

BK: Im Ministerkommuniqué wird es auch vermerkt.

BM Dr. K o l b bringt zur Sprache, daß Generaloberst Scheltow am 12. April 1947 an den Herrn Bundeskanzler einen Brief, betreffend die Kontrolle der Zuteilung von Industrieerzeugnissen geschrieben habe.[99] In den Veröffentlichungen des Alliierten Rates vom April

---

keinesfalls vereinbar sei und der „österreichischen Wirtschaft durch Bloßlegung der Konkurrenzverhältnisse" Schaden zufügen könne. Die Beilage enthält auch eine Auflistung aller in den von der sowjetischen Militärkommandantur in Wiener Neustadt an Betriebe ausgesandten Musterformblättern enthalten Fragen.

97 Die Worte *Beilage C u. D* wurden handschriftlich eingefügt. Beilage C: Kammer der Gewerblichen Wirtschaft für das Burgenland, Sektion Industrie, (ohne Aktenzahl) Schreiben an den Dachverband der Sägeindustrie Österreichs (1 Seite). In dem Schreiben informierte die Kammer der Gewerblichen Wirtschaft für das Burgenland den Fachverband der Sägeindustrie Österreichs über die von der sowjetischen Besatzungsmacht gestellte Forderung nach Vorlage eines Situationsberichtes „über die industrielle Lage im Land" und ersuchte für den Bereich des Burgenlandes unter Berücksichtigung ihres Fachbereiches und der gesetzten Frist um Beantwortung einer Reihe von Fragen, die die sowjetische Besatzungsmacht gestellt hatte. Verlangt wurden Angaben über die Art der benötigten Rohstoffe und Materialien, über die Importländer der Rohstoffe und die Exportländer für burgenländische Erzeugnisse sowie über die Schwierigkeiten, die einer normalen Kapazitätsausnützung entgegenstünden. Weiters sollte über die allgemeine Situation im 1. Quartal 1948 Bericht erstattet sowie die zu erwartende Wirtschaftslage für den noch ausstehenden Zeitraum des Jahres 1948 eingeschätzt werden.
Beilage D: Bundeskammer der Gewerblichen Wirtschaft (Bundeshandelskammer), Geschäftszahl Präs. 3.731/1948 Schreiben an Herrn Bundeskanzler Dr. h.c. Ing. Leopold Figl, Wien I, Ballhausplatz 1. Betrifft: Fachverband der Sägeindustrie. Erhebungen für die russische Besatzungsmacht (1 ½ Seiten). In der Beilage informierte die Bundeskammer der Gewerblichen Wirtschaft Bundeskanzler Figl u. a. über das Verlangen der sowjetischen Besatzungsmacht, die Adressen sämtlicher Sägewerke des Bundesgebietes mit mehr als sechs Beschäftigten, geordnet nach Bundesländern und Besatzungszonen, zur Verfügung zu stellen. Weiters wurde auch über die Aufforderung der sowjetischen Besatzungsmacht an die Kammer der Gewerblichen Wirtschaft für das Burgenland zur Vorlage eines Situationsberichtes über die industrielle Lage im Land berichtet.

98 Zum Marshallplan vgl. Anmerkung 6 in MRP Nr. 116.

99 Der erwähnte Brief vom 12. April 1947 findet sich in AdR, BKA, Verbindungsstelle, Sign. III Wirt, Verb. Zl. 1.819/1947, Verteilung von Industrieerzeugnissen. Darin wurde mitgeteilt: „1.) Die österreichische Bundesregierung übernimmt die Verteilung aller Industrieerzeugnisse unter ihre Aufsicht,

1947 sei als Punkt 4 der Beschluß des Alliierten Rates, betreffend die Kontrolle der Zuteilung von Industrieerzeugnissen enthalten, der als letzten Absatz die Bestimmung enthält, der Alliierte Rat stimme zu, daß jeder Hochkommissar in seiner Zone die entsprechenden Weisungen in Übereinstimmung mit diesem Beschluß erlasse.[100] Dieser Absatz war jedoch in dem Brief des Generalobersten Scheltow nicht enthalten. Der Minister möchte wissen, was als authentisch zu gelten habe: der Brief des Generalobersten oder die Veröffentlichung in der Zeitschrift des Alliierten Rates.

Der BK meint, der Originalbrief.

BM Dr. G r u b e r betont, der Beschluß des Alliierten Rates sei rechtsgültig.

BK: Uns ist der Originalbrief mit der Unterschrift maßgebend. Die Angelegenheit wird mit Gesandten Blühdorn[101] durchbesprochen werden. Ansonsten ist der Ministerrat mit der Vorgangsweise des Bundesministers Dr. Krauland einverstanden.

Der Ministerrat beschließt in diesem Sinne.[102]

10

Brennholz-Umtauschaktion 1948

BM Dr. K o l b berichtet lt. Ministerratsvortrag über die Brennholz-Umtauschaktion der österr. Papierindustrie 1948 und bringt eine schriftliche Abänderung des Antrages auf Seite 5 des Ministerratsvortrages zur Verteilung.[103] Beilage E[104]

---

die derzeit der Kontrolle der Alliierten unterworfen waren, mit Ausnahme von Explosionsstoffen. / 2.) Die Bundesregierung sorgt für die gleiche Verteilung nach allen Ländern unter Berücksichtigung aller ökonomischen Faktoren und der Notwendigkeit zur Wiederherstellung größter Sparsamkeit. / 3.) Die Bundesregierung wird dem Alliierten Rat zu Beginn eines jeden Quartals einen Verteilungsplan vorlegen und in einem Rechenschaftsbericht die Durchführung dieser Pläne, sowohl für ganz Österreich als auch für die einzelnen Bundesländer, darlegen."

100 Es handelte sich um den Beschluß des Alliierten Rates über „Kontrolle der Zuteilung von industriellen Erzeugnissen", veröffentlicht in der Gazette of the Allied Commission for Austria 1, April 1947, S. 22. Der Beschluß besagte u. a., daß die „österreichische Bundesregierung die Verantwortung für die Zuteilung aller industriellen Güter, die unter Kontrolle der alliierten Behörden stehen, mit Ausnahme der Sprengstoffe, trägt", weiters daß die Bundesregierung Sorge zu tragen habe, „damit die Zuteilung auf gerechter Grundlage im ganzen Lande stattfinde, indem sie alle wirtschaftlichen Faktoren, den Bedarf für den Wiederaufbau und die Wiedereinsetzung in vollstem Ausmaß in Betracht zieht". Weiters wurde die Bundesregierung darin verpflichtet, „dem Alliierten Rat die Zuteilungspläne am Anfang eines jeden Vierteljahres sowie die Berichte über die Ausführung dieser Pläne für ganz Österreich und für jedes der Länder zu unterbreiten". Der letzte Absatz des Beschlusses geht inhaltlich über die fast wortgetreue Wiedergabe durch Bundesminister Kolb im Ministerrat nicht hinaus.

101 Dr. Rudolf Blühdorn, ab 1945 Leiter des Referates für Völkerrecht in der Staatskanzlei, Mai 1947 Verleihung des Titels a.o. Gesandter und bev. Minister und Betrauung mit der Leitung der Völkerrechtsabteilung im Bundeskanzleramt/Auswärtige Angelegenheiten.

102 Vgl. dazu weiters MRP Nr. 122/Beschlußprotokoll Punkt 3 e.

103 Beilage 10: BMHW, (ohne Aktenzahl) Ministerratsvortrag (4 Seiten); Abänderung des Antrages (½ Seite). Die Kohlen-Holz-Beschaffungsaktion der österreichischen Papierindustrie (Pako-Aktion) hatte im Wirtschaftsjahr 1947/48, ungeachtet einzelner organisatorischer Mängel hinsichtlich der Durchführung, den für die Gesamtwirtschaft Österreichs erwarteten vollen Erfolg gebracht. So konnten durch diese Aktion für die österreichische Papierindustrie eine zusätzliche Holzmenge von 775.000 rm sichergestellt werden, wodurch es der Industrie ermöglicht wurde, den Produktionsstand bis zum Herbst des Jahres 1948 aufrecht zu erhalten. Durch die Pako-Aktion, so wurde weiter ausgeführt, könnten auch der Bevölkerung größere Mengen an Hausbrandkohle zur Verfügung gestellt und durch die gesteigerte Papieraktion eine Verbesserung der Inlandspapierversorgung sowie ein Ansteigen des Papierexports erreicht werden. Für das kommende Wirtschaftsjahr sollte durch Erfassung der für die Papiererzeugung notwendigen Holzmengen die weitere Aufrechterhaltung der aktuellen Erzeugungskapazität der Papierindustrie gesichert werden. Durch die Lockerung der Holzindustrie war jedoch eine Wiederholung der Pako-Aktion für das Jahr 1948 nicht möglich. Um einerseits möglichst große

BM Dr. G r u b e r: Ich habe nicht Zeit gehabt, die Angelegenheit selbst zu studieren, aber die wirtschaftspolitische Abteilung hat folgende Stellungnahme dazu abgegeben: Gegen die Aktion liegen folgende Bedenken vor:

a) Alles spricht dafür, daß die Papierausfuhr (mit Ausnahme von Rotationspapier und Zellulose) auf wachsende Schwierigkeiten stoßen wird, weshalb Dollareingänge immer schwerer zu erzielen sein werden.

b) Das Austauschverhältnis 4 : 1 auf Steinkohlenbasis erscheint auf Grund des Heizwertes nicht gerechtfertigt. Dieses Verhältnis könnte höchstens auf Braunkohlenbasis gerecht erscheinen.

BM Dr. K r a u l a n d: Meine Referenten machten mich darauf aufmerksam, daß die Sortenfrage hier eine gewiß große Schwierigkeit verursacht. Bekanntlich sind höherwertige Kohlensorten leichter abzusetzen. Wir bekommen aber immer auch gewisse Mengen an Staubkohle mit den Lieferungen. Es ist nicht denkbar, daß sich diese Aktion auch auf den Umtausch von Staubkohle beziehen könnte. Dadurch würde das Sortenproblem erschwert.

BM Dr. Z i m m e r m a n n: Von meinem Standpunkt aus bestehen Bedenken, ob diese Dollareingänge in Höhe von 2,2 Millionen erzielt werden. Wenn die Papierindustrie nicht in der Lage ist, die Dollarbeträge aufzubringen, würde das für den Staat Dollarzuschüsse bedeuten.

BM K r a u s bemerkt unter Hinweis auf die vorjährige Schlägerungsaktion, daß diese ein schlechtes Geschäft war und auch innerpolitische Folgen hatte.[105] Auch diese Aktion sei kalorien- und wertmäßig ein schlechtes Geschäft. Es sei aber noch immer besser, als das Holz zu verheizen; doch müßte eine andere Relation gefunden werden.

BM H e l m e r unterstreicht die Auffassung des Bundesministers Kraus, daß das Geschäft außerordentlich bedenklich erscheine. Er ersucht den Bundesminister Dr. Kolb, die Verhältnisse in der Papierindustrie näher zu untersuchen. Dort sei die unerfreulichste Kartellbildung zu verzeichnen. Es werden Gewinne im höchsten Ausmaße erzielt. Er habe Minister Dr. Kolb

---

Mengen an Brennholz einer nutzbringenden Verwertung zuzuführen und andererseits den ständig steigenden Exportverpflichtungen nachkommen zu können, beabsichtigte die Papierindustrie, eine „Brennholzabtausch-Aktion für Großgemeinschaften" durchzuführen, in deren Rahmen maximal 400.000 rm Brennholz bei Brennholz verbrauchenden Großgemeinschaften (Stadtverwaltungen, Spitäler, Schulen u. a.) im Austausch gegen Kohle erworben werden sollten. Die für diese Aktion erforderliche Devisenmenge von mindestens 2,200.000 Dollar müsse daher der Papierindustrie aus ihren Erlösen zweckgebunden und devisenabschöpfungsfrei auf einem Sonderkonto bei der Oesterreichischen Nationalbank verbleiben. Die geplante Austauschaktion sollte sich von der Pako-Aktion 1947/48 dadurch unterscheiden, daß nicht der einzelne Selbstwerber Anspruch auf die Austauschkohle haben, sondern nur bereits erzeugtes und im Eigentum von Großverbrauchern befindliches Brennholz durch Kohle getauscht werden sollte. Dadurch sollten zusätzliche Schlägerungen vermieden werden. Die Großverbraucher sollten bis zur Bereitstellung der Kohle Eigentümer ihres Brennholzes bleiben, dadurch werde auch gewährleistet, daß die organisatorischen Mängel, die sich bei der Durchführung der vorjährigen Pako-Aktion ergeben hätten, verhindert werden könnten. Mit der beiliegenden Abänderung des Antrages sollte die Österreichische Papierholzgesellschaft m.b.H. seitens des Ministerrates die Berechtigung zum Eintausch Holz gegen Kohle im Verhältnis von 4 rm gegen 1 t Kohle im Ausmaß von 400.000 rm von Großgemeinschaften erhalten.

104 Die Worte *Beilage E* wurden handschriftlich eingefügt. Beilage E: (Ohne Aktenzahl) Pako Aktion 1948. Information für den Herrn Bundesminister (Abschrift) (½ Seite). Die Beilage enthält die von der wirtschaftspolitischen Abteilung des Bundeskanzleramtes/Auswärtige Angelegenheiten gegen die Pako-Aktion vorgebrachten Bedenken, die im Protokolltext von Bundesminister Gruber aufgezählt werden.

105 Zur Pako-Holzschlägerungsaktion im Jahr 1947 vgl. auch MRP Nr. 67/Beschlußprotokoll Punkt 21 vom 6. Mai 1947 und MRP Nr. 79/1 b vom 9. September 1947. Vgl. weiters auch Wiener Zeitung, 27. August 1947, S. 2 „Holz und Papier gegen Kohle"; Der Österreichische Volkswirt, 33. Jg., 2. Oktoberheft 1947, Nr. 29, S. 12 „Die Schwierigkeiten bei der Durchführung der Pako-Aktion".

bereits eine ausführliche Darstellung gegeben. Wenn er diese durchsehe, werde er erkennen, daß Besserung nur eintreten kann, wenn er tatkräftig durchgreift.

BM Dr. M i g s c h schließt sich dem Antrag auf Zurückstellung und Überprüfung durch die Ressorts an.[106]

BM Dr. K o l b meint, er habe nichts gegen eine Ablehnung. Er müsse betonen, daß auch er selbst Bedenken gehabt und die Angelegenheit schon einmal zurückgezogen habe. Inzwischen seien jedoch Sicherungen eingebaut worden, die alle gegen die Papierindustrie gerichtet waren. Es habe keinen Zweck, etwas zurückzustellen, was jetzt entschieden werden müsse. Daher sei er für eine klare Entscheidung. Wenn der Ministerrat die Aktion ablehne, sei er auch einverstanden.

BM Dr. K r a u l a n d: Man sollte es ressortmäßig noch einmal durchberaten.

BK: Ich glaube, daß man das nicht ganz ablehnen, sondern überprüfen sollte. Die Kollegen Helmer, Kraus, Dr. Zimmermann, Dr. Krauland und Dr. Migsch sollen das Problem noch einmal durchbesprechen.

Der Ministerrat beschließt in diesem Sinne.

11
Mündliche Berichte
a

BM Dr. Z i m m e r m a n n berichtet gemäß Ministerratsvortrag, Zl. 52.013-15/47, betreffend Maßnahmen zwecks Erleichterung des europäischen Zahlungsverkehrs im Rahmen der OEEC. Beilage F[107]

BM Dr. K r a u l a n d beantragt, dem Antrag als Zusatz: „...wobei jedoch in jedem Punkte der Versuch zu machen ist, die für Österreich günstigste Regelung zu erreichen" anzufügen.

BM Dr. G r u b e r: Dieses Dokument ist schon in Brüssel von den 5 Mächten vereinbart worden.[108] Herauskommen wird dabei nicht viel, weil diese Kredite nicht zu Warenbewegungen führen werden, da alle Staaten so ziemlich das Verlangen nach den gleichen Waren haben und dafür die gleichen Waren anbieten. Auf der anderen Seite kann man annehmen, daß für uns kein Schaden daraus entsteht. Der einzige Erfolg wird sein, daß wir bei Reisen einen gewissen Teil der Kosten aus diesen Konten werden nehmen können.

---

[106] Der Tagesordnungspunkt war bereits in der Sitzung des Ministerrates vom 29. Juni 1948 zurückgestellt worden. Vgl. MRP Nr. 118/12.

[107] Die Worte *Beilage F* wurden handschriftlich eingefügt. Beilage F: BMF, Zl. 52.013-15/1947 Ministerratsvortrag (3 ¼ Seiten). Das Komitee für Intereuropäische Zahlungen hatte im Auftrag des Rates der Organisation für europäische wirtschaftliche Zusammenarbeit (OEEC) nach langen Verhandlungen einen Plan zur Erleichterung des europäischen Zahlungsverkehrs ausgearbeitet, der im wesentlichen folgende Punkte beinhaltete: die Staaten sollten von alter Schuldenlast möglichst befreit werden; die Marshallplanhilfe sollte so verteilt werden, daß voraussichtliche Defizite zwischen den Teilnehmerstaaten am Marshallplan beseitigt würden; die Teilnehmerstaaten sollten übereinkommen, gegenseitige Zahlungen im Wege multilateraler Kompensation durchzuführen. Über die Annahme des vom Intereuropäischen Zahlungs- und Handelskomitee vorgeschlagenen Planes sollte in einer Sitzung des Rates der OEEC entschieden werden. In diesem Sinne stellte der Bundesminister für Finanzen an den Ministerrat den Antrag auf Ermächtigung des Bundesministers für die Auswärtigen Angelegenheiten, innerhalb des Rates der OEEC die Zustimmung der österreichischen Bundesregierung zu diesem Plan geben zu können.

[108] Anfang März 1948 hatten in Brüssel Beratungen der Fünfstaatenkonferenz (England, Frankreich und die Beneluxstaaten) über die Schaffung der westeuropäischen Union, die Zusammenarbeit auf wirtschaftlichem, sozialem und militärischem Gebiet vorsah, stattgefunden. Vgl. dazu Wiener Zeitung, 18. März 1948, S. 1 „Paktunterzeichnung in Brüssel"; auch Wilfried Loth, Der Weg nach Europa. Geschichte der europäischen Integration 1939–1957, Göttingen 1996.

Der Antrag wird mit dem Zusatzantrag angenommen.[109]

b

BM Dr. K o l b teilt den durch Erkrankung des Sektionsrates HELMREICH[110] notwendigen Austausch durch den Sachbearbeiter für Mineralölfragen Ing. Julius HÜLL[111],

BM Dr. M i g s c h den Austausch des Dr. Ing. KÖLICKER[112] durch Sektionsrat Ing. FÜRST[113] in der Liste der Sachverständigen für Paris mit.

BM Dr. G r u b e r bittet um schriftliche Mitteilung.

Der Ministerrat nimmt die Änderungen zur Kenntnis.

c

BM Dr. K o l b: Wir stehen vor der Gefahr, die Stahlproduktion einstellen zu müssen. In der russischen Zone liegt Schrott – kein Beuteschrott –, dessen Transport über die Demarkationslinie verweigert wird. Dadurch besteht in der englischen Zone die Gefahr einer Arbeitslosigkeit.

BM H e l m e r: Das wäre wieder ein Fall für die Öffentlichkeit.

BM Dr. K o l b teilt mit, er habe dem Auswärtigen Amt bereits den Entwurf für einen Brief an den Alliierten Rat übergeben.[114]

d

BM Dr. G e r ö hält es für an der Zeit, die Frage der Gesuche gemäß § 27 des Verbotsgesetzes[115] zu klären. Obwohl es ursprünglich geheißen hat, daß die Ressortminister zuständig und von jeder Partei 200 Gesuche zugelassen sind, gingen die Gesuche der Parteien in die Tausende. Wenn jemand beim Ressortminister nicht durchkam, versuchte er es auf dem Umwege der Parteienvereinbarung. Die Minderbelasteten sind wir nun los geworden.[116] Das

---

[109] Umfangreiches Aktenmaterial zum Intereuropäischen Handels- und Zahlungskomitee findet sich in AdR, BKA/AA, ERP 1948, Komitee 5, Intereuropaeisches Handels u. Zahlungskomité, GZl. 159.887-ERP/1948. Vgl. weiters auch MRP Nr. 135/4 vom 30. November 1948, MRP Nr. 151/15 a vom 29. März 1949, MRP Nr. 161/1 e vom 14. Juni 1949 und MRP Nr. 163/9 h vom 28. Juni 1949.

[110] Dipl.-Ing. Dr. Heinrich Helmreich, Ministerialrat, Leiter der Abteilung 12 c (Wohn- und Siedlungswesen; technische Angelegenheiten) und der Abteilung 13 (Mineralöl- und Reifenbewirtschaftung; Feststellung des Mineralölbedarfs u. a.) der Sektion III und der Abteilung 14 c (Kontrolle des Baufortschritts und der Bauabrechnungen) der Verwaltung des Wohnhaus-Wiederaufbau-Fonds im Bundesministerium für Handel und Wiederaufbau.

[111] Dem Tagesordnungspunkt liegt folgende handschriftliche Aktennotiz bei: *Liste der Sachverständigen für Paris Energiewirtschaft an die Stelle Dr. Ing. Kölliker kommt SRat Ing. Fürst, 20. Juli 1948. Hüll statt SRat Helmreich.* Die Unterschrift ist unleserlich.
Ing. Julius Hüll, Sachbearbeiter für Mineralölfragen im Bundesministerium für Handel und Wiederaufbau.

[112] Ing. Dipl.-Kfm. Dr. Karl Kölliker, Kommerzialrat für Außenhandelsstatistik, Aufsichtsrat zahlreicher Unternehmungen, u. a. ab 28. Februar 1948 der Österreichischen Länderbank.

[113] Dipl.-Ing. Rudolf Fürst, Sektionsrat, Leiter der Gruppe I (Energiewirtschaftliche Gruppe und Energiewirtschaftliche Angelegenheiten des Marshallplanes) im Bundesministerium für Energiewirtschaft und Elektrifizierung.

[114] Ein entsprechendes Schreiben konnte in den Beständen des AdR, BKA, Verbindungsdienst nicht eruiert werden. Zum Verkauf von Schrott durch die sowjetische Besatzungsmacht vgl. auch MRP Nr. 94/8 e vom 6. Jänner 1948, MRP Nr. 97/12 c vom 27. Jänner 1948 und MRP Nr. 108/16 h vom 20. April 1948.

[115] Der § 27 des Verbotsgesetzes 1945 (StGBl. Nr. 13/1945) sowie des Verbotsgesetzes 1947 (BGBl. Nr. 25/1947) enthielt die Möglichkeit der „ausnahmsweisen" Nachsicht der „Sühnefolgen" (Berufsverbot, Verbot der leitenden Funktionen in Firmen, Körperschaften, Organisationen, Vereinen und Verbänden, fristlose Entlassung aus dem öffentlichen Dienst, Vorrückungssperren und Streichung von Vorrückungen, Pensionsverlust, Verlust des Wahlrechts u. a.) im Wege eines Gnadenaktes des Bundespräsidenten.

[116] Eine Anspielung auf BGBl. Nr. 99, Bundesverfassungsgesetz vom 21. April 1948, über die vorzeitige Beendigung der im Nationalsozialistengesetz vorgesehenen Sühnefolgen für minderbelastete Personen,

Problem der Belasteten besteht aber weiter und sogar wegen Kriegsverbrechen Verurteilte bringen Gesuche ein. Der Minister verweist im einzelnen auf die Schwierigkeiten und schlägt vor, der zuständige Referent des Bundeskanzleramtes, Obermagistratsrat Dr. Markowicz[117], möge eine interministerielle Besprechung zur Klärung dieser Frage einberufen.

Der BK unterstreicht die Schwierigkeiten durch Zitierung des Falles des Prof. P e r n - k o p f[118], der zwar eine Kapazität auf medizinischem Gebiete ist, aber andererseits Illegaler gewesen sei.[119]

BM H e l m e r: Der Ansturm der gemäß § 27 Ansuchenden war stärker als man gedacht hat. Die ÖVP hat hier den Vorsprung mit 1.200 Gesuchen, die SPÖ folgt mit 700 – 800 und die KPÖ mit ca. 200 Gesuchen. Zur Frage der Belasteten macht der Minister aufmerksam, daß bei der Beschwerdekommission im Bundesministerium für Inneres 14.000 Gesuche, davon 4.000 ungeöffnet liegen. Der Senat kann diese Gesuche unmöglich allein aufarbeiten. Dabei gibt es unter den Ansuchenden auch tragische Fälle. Die Bundesländer, so z. B. Tirol, Vorarlberg und Salzburg, haben es sich bequemer gemacht. Dort wurden selbst SS-Sturmbannführer als Minderbelastete erklärt.

BK: Es wurde sogar einer amnestiert, der hier im Bundeskanzleramt beim Juliputsch aktiv tätig war.[120]

---

ausgegeben am 5. Juni 1948. Aktenmaterial zu diesem Gesetz findet sich in AdR, BKA, Sektion II, Sign. 40-N, GZl. 63.680/1948, Zl. 69.896-2N/1948, Nationalsozialistengesetz, Bundesverfassungsgesetz über die vorzeitige Beendigung der im Nationalsozialistengesetz vorgesehenen Sühnefolgen für minderbelastete Personen.

117 Dr. Albert Markovics, Obermagistratsrat, Leiter der Abteilung 2 N (Durchführung des Verbotsgesetzes; Angelegenheiten legislativer Art, generelle und Einzelentscheidungen einschließlich Gnadenangelegenheiten; Statistik) der Sektion II im Bundeskanzleramt. Er veröffentlichte mehrere einschlägige Arbeiten zum Themenkreis des Nationalsozialistengesetzes. Vgl. etwa Albert Markovics, Der Begriff des Parteianwärters nach dem Verbotsgesetz, in: Österreichische Juristen-Zeitung, Jg. 1, Heft 17, 1946, S. 350–353; ders., Die Registrierungspflicht nach der 3. Verbotsgesetznovelle, in: Österreichische Juristen-Zeitung, Jg. 1, Heft 20, 1946, S. 430–434; ders., Der Begriff des Funktionärs im Verbotsgesetz 1947, in: Österreichische Juristen-Zeitung, Jg. 2, Heft 9, 1947, S. 177–179.

118 Dr. Eduard Pernkopf, Professor der Anatomie. Er hatte am 23. Februar 1948 ein Nachsichtsgesuch gemäß § 27 Verbotsgesetz 1947 eingebracht. Vgl. dazu AdR, BKA, GZl. 202.975-2N/1948.

119 Dr. Eduard Pernkopf war 1933 in die NSDAP eingetreten, wurde 1934 Mitglied der SA (erreichter Rang: SA-Sturmbannführer), war 1938 bis 1943 Dekan und ab 1943 Rektor der Universität Wien. 1944 erfolgte seine Berufung in den Beirat des „Bevollmächtigten für das Gesundheitswesen". Nach Kriegsende 1945 wurde Pernkopf suspendiert und drei Jahre im Lager Glasenbach bei Salzburg (Camp Marcus W. Orr) interniert. Anschließend setzte er, allerdings ohne seine akademischen Titel und ohne Vorlesungen zu halten, seine wissenschaftliche Arbeit fort und erhob Einspruch gegen die Registrierung als „Belasteter", der am 16. März 1949 stattgegeben wurde. Pernkopf habe die Dienstcharge eines SA-Obersturmbannführers der Sanität nur „ehrenhalber" und rein „formell" erhalten. Damit konnte er seine Arbeit am sogenannten Pernkopf-Atlas (Eduard Pernkopf, Topographische Anatomie des Menschen. Lehrbuch und Atlas der regionär-stratigraphischen Präparation, 4 Bände, Berlin/Wien/Innsbruck/München 1943–1960) fortsetzen. Neuere Forschungen gehen von der Verwendung von Präparaten von Hinrichtungsopfern aus der NS-Zeit aus, ohne im einzelnen Nachweise führen zu können. Vgl. Gustav Spann (Hg.), Untersuchungen zur anatomischen Wissenschaft in Wien 1938–1945, Senatsprojekt der Universität Wien, Wien 1998.

120 Welche der über 150 Personen, die am 25. Juli 1934 im Bundeskanzleramt am nationalsozialistischen Putschversuch unmittelbar beteiligt waren, hier konkret gemeint war, konnte mangels näherer Angaben nicht eruiert werden. Zu den Ereignissen des 25., 26. und 27. Juli 1934 allgemein vgl. u. a. Gerhard Jagschitz, Der Putsch. Die Nationalsozialisten 1934 in Österreich, Graz/Wien/Köln 1976; Hans Schafranek, Sommerfest mit Preisschießen. Die unbekannte Geschichte des NS-Putsches im Juli 1934, Wien 2006; Kurt Bauer, Hitler und der Juliputsch 1934 in Österreich. Eine Fallstudie zur nationalsozialistischen Außenpolitik in der Frühphase des Regimes, in: Vierteljahreshefte für Zeitgeschichte, Heft 2, April 2011, S. 193–227.

BM H e l m e r: In Wien und Niederösterreich kommt dagegen alles vor die Beschwerdekommission. Die Fälle, die unbedeutend sind, müssen von vornherein ausgeschieden werden, sonst dauert es viel zu lange. Es hängt ja das Schicksal von Menschen daran. Zumindestens die begründeten Ansuchen müssen behandelt werden.

BM Dr. G e r ö vertritt den Standpunkt, daß Gesuche gem. § 27 von nach dem Verbotsgesetz oder dem Kriegsverbrechergesetz abgeurteilten Personen überhaupt nicht untersucht werden sollten. Diese Fälle sollten dem Gnadenweg über das Gericht vorbehalten sein.

BM H e l m e r stimmt dem zu.

e

BM Dr. G r u b e r bringt eine Zeitungsmeldung zur Kenntnis, daß die jugoslawische Gesandtschaft in Wien von russischen Organen durchsucht worden sei.[121]

Er ersucht den Bundesminister für Inneres um einen Bericht.

BM H e l m e r sagt die ehestbaldige Übermittlung zu.[122]

f

BM Dr. G r u b e r betont die Notwendigkeit, im Zusammenhang mit der Verschärfung der Lage in Berlin beruhigend auf die Bevölkerung einzuwirken.

g

Der BK teilt mit, daß heute in der Zeit zwischen 18 – 20 Uhr ein Empfang für die Teilnehmer an der Wohlfahrtskonferenz, an der 16 Staaten vertreten sind, stattfindet. Er ersucht die Minister um zahlreiches Erscheinen.[123]

k

Kommenden Sonntag ist in St. Christophen bei Neulengbach[124] um 9 Uhr die Christophorusfeier der Automobilisten. Der Kanzler regt die Teilnahme des Bundesministers ALTENBURGER an der Feier an.[125]

i

Der Bundeskanzler hofft, dies werde der letzte Ministerrat vor den Sommerferien gewesen sein; er ersucht um Angabe der Urlaubsadressen und schließt die Sitzung um 12.40 Uhr.

---

[121] Vgl. dazu Arbeiter-Zeitung, 21. Juli 1948, S. 2 „Russische Durchsuchung der politischen Vertretung Jugoslawiens?"

[122] Ein entsprechender Bericht konnte nicht eruiert werden.

[123] Die Bundeskonferenz für Wohlfahrtswesen fand von 19. bis 24. Juli 1948 in Wien statt. Vgl. MRP Nr. 119/1 c.

[124] St. Christophen bei Neulengbach: Ort im Bezirk St. Pölten-Land/NÖ.

[125] Vgl. dazu Wiener Zeitung, 27. Juli 1948, S. 5 „Wiener Chronik".

Beschlußprotokoll Nr. 121
über die Sitzung des Ministerrates
am 20. Juli 1948

1.) Der Bericht des Bundeskanzlers über
 a) den Besuch des Präsidenten der Interparlamentarischen Union, Lord Stansgate;
 b) seine Rücksprache bei Generaloberst Scheltow, betreffend
 aa) die vorübergehende Beendigung der Schießübungen an der Donau bei Tulln zwecks Durchführung der Ernte- und Anbauarbeiten;
 bb) den „kleinen Grenzverkehr" zwischen Steiermark und Burgenland;
 cc) die Einstellung der statistischen Erhebungen in N. Ö.;
 dd) den Transport der Kriegsgefangenen aus Marmaros-Sziget;
 ee) die Freilassung des in Haft genommenen Gendarmeriebeamten Kiridus und des Kriminaloberinspektors MAREK;
 ff) die Freilassung weiterer seit längerer Zeit in russischer Haft befindlicher österreichischer Staatsangehöriger;
 gg) die Freigabe des Hauses Schwindgasse 8 und die Verwendung für das Bundesministerium für Handel und Wiederaufbau;
 hh) die Freigabe der Pension „Oberwald" am Semmering;
 ii) die Freigabe des Mödlinger Bahnhofes für den Zivilverkehr;
 jj) die Verlegung der russischen Militärfahrschule aus dem Siedlungsgebiet in Mödling;
 kk) die Anbringung von russischen Straßentafeln im Mühlviertel und einigen Bezirken Niederösterreichs (siehe Beschl. Prot. Nr. 117, Pkt. 100);
 ll) den Wunsch des Stellvertretenden russischen Hochkommissars auf Zahlung von Besatzungskosten; auf Übernahme von 700 t Spezialbenzin; seine Stellungnahme zum Fall Major Goldenberg (siehe Beschl. Prot. Nr. 115, Pkt. 23)
 wird mit der Maßgabe zur Kenntnis genommen, daß
ad aa und ad bb eine Prüfung zugesagt wurde;
ad cc die Erhebungen eingestellt werden;
ad dd ein Zug nach Marmaros Sziget abgefertigt wird;
ad ee im Falle Kriminaloberinspektor MAREK vor der Publikation die Österr. Regierung das Material erhalten wird;
ad ff, gg, hh eine genaue Überprüfung erfolgt;
ad kk die seinerzeitige Zusicherung aufrecht bleibt;
ad ii diesem Wunsche entsprochen wird.

2.) Die Mitteilung, betreffend
 a) das Dankschreiben des William Frary[126] vom 5. Juli 1948 anläßlich seines Empfanges durch den Bundeskanzler in der Angelegenheit der DP's;[127]
 b) das Schreiben des Hochkommissars der US-Streitkräfte in Österreich, Geoffrey Keyes, vom 16. Juli 1948 mit dem Dank des Mr. Draper[128] und des Generals Wedemeyer[129] an die österr. Bundesregierung[130]
 verlesen durch den Herrn Bundeskanzler, wird zur Kenntnis genommen.[130]

---

[126] William Theobald Frary, adoptierter Baron von Blomberg, Präsident der „World Fellowship of Religions", tätig in der Flüchtlingshilfe.

[127] Das Dankschreiben liegt dem Protokoll nicht bei. Es findet sich in AdR, BKA, Präsidium, GZl. 3.105-Pr.M/1948, Dankschreiben. In seinem Schreiben dankte Frary Bundeskanzler Figl dafür, ihn „im Interesse der DPs in Österreich empfangen" zu haben. Er werde „alles mögliche tun [...], um Ihrem Lande zu helfen. Sobald ich nächstens in Washington sein werde, werde ich mich mit Ihrer Gesandtschaft beraten."

[128] William Henry Draper Jr., US-Diplomat, 18. September 1947 bis 28. Februar 1949 United States Under Secretary of the Army.

[129] Albert Wedemeyer, General im US-Verteidigungsministerium. Vgl. Wiener Zeitung, 8. Juli 1948, S. 3 „Harriman wieder in Paris".

[130] Das Schreiben liegt dem Protokoll nicht bei. Es findet sich in AdR, BKA, Präsidium, GZl. 3.105-

3.) Der Bundeskanzler verliest folgende alliierte Noten:
   a) Note des Oberkommandos der US-Streitkräfte in Österreich, Büro des Oberbefehlshabers, vom 14. 7. 1948, betr. Schillingerlös-Konti aus US-Hilfsprogrammen;
   b) Note der Alliierten Kommission für Österreich, Alliiertes Sekretariat, SECA 48/119, vom 16. Juli 1948, gez. Bethouart[131], betr. Postverbindungen zwischen Österreich und Deutschland;[132]
   c) Note des Oberkommandos der US-Streitkräfte in Österreich vom 9. Juli 1948, betr. die Auslieferung von Kriegsverbrechern;[133]
   d) Note des Hochkommissariates der Französischen Republik, Nr. 2.033 CE/CAB, vom 16. Juli 1946, betreffend die Frage der an das Französische Element zu bezahlenden Besatzungskosten.[134]
   Die Noten a) bis d) werden zur Kenntnis genommen.

4.) Die Resolution des Bezirksschulrates Judenburg vom 6. 7. 1948, betreffend die Errichtung eines Schulbaufonds, verlesen durch den Herrn Bundeskanzler, wird zur Kenntnis genommen.

5.) Nach einem ergänzenden Bericht des Bundesministers für Inneres über die Verhaftung des Gendarmeriebeamten Kiridus und des Kriminaloberinspektors Marek beschließt der Ministerrat, Protest beim Alliierten Rat einzulegen.

6.) Nach einem Bericht des Bundesministers für die Auswärtigen Angelegenheiten und des Bundesministers für Finanzen beschließt der Ministerrat, einen Betrag von 16,000.000 Schilling als Beitrag zu den Besatzungskosten flüssig zu machen.

7.) Nach einem Bericht des Bundesministers für die Auswärtigen Angelegenheiten beschließt der Ministerrat
   a) die Herausgabe eines Werkes über das Verhalten der Alliierten in Österreich seit dem Jahre 1945 durch den Bundespressedienst und
   b) die sofortige Inangriffnahme der Sammlung der entsprechenden Unterlagen unter Zuziehung von Vertretern der Ressorts.

Pr.M/1948, Dankschreiben. Keyes teilte darin mit, er habe ein persönliches Kabel von Draper erhalten, der bat, „Ihnen in seinem eigenen und im Namen von General Wedemeyer und seiner gesamten Gruppe zu sagen, wie sehr sie sich über die Gelegenheit gefreut haben, Sie und die übrigen führenden Mitglieder der österreichischen Regierung gelegentlich ihrer Reise nach Wien zu treffen und mit Ihnen verschiedene Probleme im beiderseitigen Interesse Österreichs und der Vereinigten Staaten zu besprechen".

131 Marie Émile A. Béthouart, September 1945 bis Ende September 1950 kommandierender General und Hochkommissar der französischen Besatzungsmacht in Österreich.

132 Die beiliegende Note der Alliierten Kommission für Österreich, Alliiertes Sekretariat, SECA 48/119, an Bundeskanzler Figl vom 16. Juli 1948 enthält eine Aufzählung der in der Sitzung des Alliierten Rates vom 16. Juli 1948 genehmigten ergänzenden Postdienste in den Postverbindungen zwischen Deutschland und Österreich.

133 Die Note liegt dem Protokoll nicht bei. Sie findet sich in AdR, BKA, Verbindungstelle, Sign. VI, Verb. Zl. 3.508/1948, Note der US-Streitkräfte für Österreich vom 9. Juli 1948. In der Note wurde mitgeteilt, daß sich der Alliierte Rat am 25. Juni 1948 über zwei Schreiben der Bundesregierung beraten hatte, die die Auslieferung von Kriegsverbrechern betrafen. Der Alliierte Rat war bezüglich der betreffenden Personen zu keinem einstimmigen Beschluß gelangt und ermächtigte nunmehr die Bundesregierung, „die Häftlinge auf Grund des österreichischen Rechtes abzuurteilen".

134 Die beiliegende Note des Hochkommissariates der Französischen Republik in Österreich, Nr. 2.033 CE/CAB, an Bundeskanzler Figl vom 16. Juli 1948 enthält Instruktionen zur Besatzungskostenfrage. Die französische Regierung könne einem Verzicht auf die Bezahlung der Besatzungskosten, deren Höhe durch die Entscheidungen des Alliierten Rates in Anwendung des Kontrollabkommens festgesetzt werde, nicht zustimmen. In Anbetracht und unter Berücksichtigung der finanziellen Sorgen der österreichischen Bundesregierung habe sich die französische Regierung jedoch auf Vorschlag des Hochkommissars bereit erklärt, „Verfügungen zu treffen, die dazu bestimmt sind, so weit als möglich die dem österreichischen Bundesschatz auferlegten Lasten zu erleichtern". Diese Verfügungen würden dem Bundesminister für Finanzen demnächst mitgeteilt werden.

8.) Nach einem Bericht des Bundeskanzlers, betreffend den Ausgang des Rückstellungsverfahrens im Falle Verlag „Militärwissenschaftliche Mitteilungen", beschließt der Ministerrat zur Prüfung des Rechtsstandpunktes bezüglich der Annexions- bezw. Okkupationstheorie die Einsetzung eines Ministerkomitees, bestehend aus dem Vizekanzler Dr. Schärf, den Bundesministern Dr. Gerö, Dr. Gruber, Dr. Hurdes, Dr. Krauland und Dr. Zimmermann, dessen Vorarbeiten die Beamten der genannten Ressorts unter der Leitung des Verfassungsdienstes durchzuführen haben und das bis Anfang September dem Ministerrat einen Bericht vorzulegen hat.

9.) Der Antrag des Bundesministers für die Auswärtigen Angelegenheiten auf Ermächtigung, wegen Bestellung des Julius SCHOPKA in Reykjavik zum österreichischen Honorarkonsul an den Herrn Bundespräsidenten heranzutreten, wird angenommen.

10.) Der Antrag des BM f. Justiz auf Gewährung einer nach Maßgabe der Erreichung höherer Bezüge einziehbaren und in den Versorgungsgenuß einrechenbaren Personalzulage in der Höhe der Differenz auf die Anfangsbezüge des Ministerialrates mit Wirksamkeit vom 1. Juli 1948 an den Sektionsrat Dr. Karl T e m p f e r im Personalstande des Bundesministeriums für Justiz wird angenommen.

11.) Die Anträge des BM f. Unterricht auf Bestätigung der erfolgten Wiederwahl des
a) Dr. Heinrich F i c k e r, ord. Professor für Physik der Erde und Direktor der Zentralanstalt für Meteorologie und Geodynamik in Wien, zum Präsidenten der Österreichischen Akademie der Wissenschaften und
b) Dr. phil. Richard M e i s t e r, ord. Professor für Pädagogik an der philos. Fakultät der Universität Wien zum Vizepräsidenten der Österr. Akademie der Wissenschaften;
c) auf Ernennung des Dr. techn. Erich SCHWARZ-BERGKAMPF gem. § 7 BÜG zum ord. Professor für physikalische Chemie an der Montanistischen Hochschule Leoben unter Zuerkennung der Bezüge der 3. Gehaltsstufe eines ord. Professors werden angenommen.

12.) Die Anträge des BM f. soziale Verwaltung auf Ernennung zum wirkl. Hofrat des
a) Oberadministrationsrates, titl. Hofrat Dr. Johann DIETL, Landesinvalidenamt für Tirol;
b) Oberadministrationsrates, titl. Hofrat Dr. Adolf NEUMÜLLER, Landesinvalidenamt für Oberösterreich;
c) auf taxfreie Verleihung des Titels „Medizinalrat" an den prakt. Arzt in Wien Dr. Andreas E b n e r, werden angenommen.

13.) Die Anträge des BM f. Finanzen
a) auf Verleihung des Titels „Hofrat" an den Oberfinanzrat FA IX/XXVI Dr. Rudolf M ü l l e r;
b) auf Verleihung des Titels „Hofrat" anläßlich der Beendigung der Weiterverwendung nach § 10, Abs. 3, des BÜG an den Zentralkassendirektor der DPGr. III, Regierungsrat i. R. (Staatshauptkasse) Karl HECHTL
werden angenommen.

14.) Die Anträge des BM f. Handel und Wiederaufbau auf Ernennung zum Vorsitzenden Rat des Patentamtes, II. Dienstklasse des höheren technischen Dienstes des
a) Hofrates Dipl. Ing. Art[h]ur G r e i p e l;
b) Dipl. Ing. Franz E c k l;
auf Verleihung des Berufstitels „Baurat h. c."
c) an den Präsidenten der Ingenieurkammer für Oberösterreich und Salzburg Dipl. Ing. Hans S c h a c h e r m a y r[135];
d) an den Präsidenten der Ingenieurkammer für Wien, Niederösterreich und das Burgenland Dipl. Ing. Egon M a g y a r
werden angenommen.

15.) Nach einem Bericht des Bundeskanzlers, Zl. 72.097-2b/48, betreffend Tätigkeitsbericht des Rechnungshofes (Verwaltungsjahr 1947), beschließt der Ministerrat antragsgemäß.

---

135 Richtig: Schachermeyr.

16.) Nach einem Bericht des Bundeskanzlers, Zl. 71.715-4S/1948, betreffend den Entwurf einer Verordnung über die Nebengebühren der Bundesbeamten (Nebengebührenverordnung), beschließt der Ministerrat antragsgemäß.

17.) Nach einem Bericht des Bundesministers für die Auswärtigen Angelegenheiten, Zl. 165.364-Wpol/48, beschließt der Ministerrat, die am 7. Juli 1948 in Wien paraphierten Abkommen über den Warenaustausch und Zahlungsverkehr zwischen der Republik Österreich und der Republik Polen zu genehmigen und den Bundesminister für die Auswärtigen Angelegenheiten zu ermächtigen, diese im gegebenen Zeitpunkt zu unterzeichnen.

18.) Nach einem Bericht des Bundesministers für Inneres, Zl. 95.030-3/48, betreffend den Entwurf einer Verordnung über die Errichtung einer Bundespolizeibehörde mit vollem Wirkungsbereich in Leoben, beschließt der Ministerrat antragsgemäß.

19.) Über Antrag des Bundesministers für Inneres beschließt der Ministerrat, die Verleihung der österreichischen Staatsbürgerschaft an die im Verzeichnis Nr. 109 des Bundesministeriums für Inneres angeführten 230 Personen als im Interesse des Staates gelegen zu bezeichnen.

20.) Nach einem Bericht des Bundesministers für Unterricht, Zl. 43.105-II-4a/48, beschließt der Ministerrat, von einer österr. künstlerischen Manifestation während der Unesco-Tagung in Beyrouth Abstand zu nehmen.

21.) Nach einem Bericht des Bundesministers für Vermögenssicherung und Wirtschaftsplanung, Zl. 217.595-14/48, betreffend die Aufforderung an österreichische Firmen durch sowjetische Kommandanturen zur Abgabe von Industrieberichten, beschließt der Ministerrat antragsgemäß mit der Maßgabe, daß

a) die vom Bundeskanzler gegebene Ergänzung bezüglich Erhebungen in der Sägeindustrie in den Bundesländern Salzburg und Vorarlberg in den Entwurf einzubauen ist;
b) eine Veröffentlichung im Ministerratskommuniqué erfolgt und
c) er die Prüfung der Frage des Beschlusses des Alliierten Rates vom 11. April 1947, betr. die Kontrolle der Zuteilung von Industrieerzeugnissen im Zusammenhang mit dem Schreiben vom 12. April 1947, Seca 47/79, Verb. Zl. 1.819 III Wirt. bezüglich des Pkt. 4, der im zitierten Schreiben fehlt, gewärtigt.

22.) Der Bericht des Bundesministers für Handel und Wiederaufbau, betreffend Brennholz-Umtauschaktion der österr. Papierindustrie 1948, wird zur ressortmäßigen Prüfung durch die Bundesminister Helmer, Kraus, Dr. Krauland, Dr. Migsch und Dr. Zimmermann zurückgestellt.

23.) Nach einem Bericht des Bundesministers für Finanzen, Zl. 52.013-15/47, betreffend Maßnahmen zwecks Erleichterung des europäischen Zahlungsverkehrs im Rahmen der OEEC, beschließt der Ministerrat, den Bundesminister für die Auswärtigen Angelegenheiten zu ermächtigen, innerhalb des Rates der Organisation der Europäischen Wirtschaftlichen Zusammenarbeit (OEEC) die Zustimmung Österreichs zu dem vom Intereuropäischen Zahlungs- und Intereuropäischen Handelskomitee aufgestellten Plan, betreffend Maßnahmen zwecks Erleichterung des europäischen Zahlungsverkehrs bekanntzugeben, wobei jedoch in jedem Punkt der Versuch zu machen ist, die für Österreich günstigste Regelung zu finden.

24.) Die Mitteilung des Bundesministers für Handel und Wiederaufbau, betreffend den Austausch des Sektionsrates Helmreich durch Ing. Julius H ü l l und des Dr. Ing. Kölliker durch Sektionsrat Ing. F ü r s t in der Liste der Sachverständigen für Paris, wird zur Kenntnis genommen (siehe Beschl. Prot. Nr. 116, Pkt. 22).

25.) Über Bericht des Bundesministers für Handel und Wiederaufbau beschließt der Ministerrat, wegen Freigabe des in der russischen Zone erliegenden Schrotts an den Alliierten Rat heranzutreten.

26.) Nach einem Bericht des Bundesministers für Justiz, betreffend die Behandlung von § 27-Ansuchen von nach dem Verbotsgesetz oder Kriegsverbrechergesetz verurteilten Personen, beschließt der Ministerrat, derartige Ansuchen nicht in Behandlung zu nehmen, vielmehr ihre Begnadigung nur im Wege des Gerichtes in Erwägung zu ziehen, überdies jedoch eine Besprechung der Ressorts über diese Angelegenheit unter Führung des Bundeskanzleramtes abzuführen.

27.) Der Ministerrat hat am 17. Juli 1948 im Zirkulationswege über Antrag des Bundesministers für Finanzen, Zl. 52.493-7/1948, betreffend Durchführung der Fleischverbilligung, Übergangsregelung, antragsgemäß beschlossen. (Zl. 2.989-PrM/48).[136]

136 Der Zirkularbeschluß liegt dem Protokoll nicht bei. Er findet sich in AdR, BKA, Präsidium, Sign. 11/5, GZl. 2.989-Pr.M/1948, Durchführung der Fleischbewilligung, Übergangsregelung. In dem im Akt enthaltenen Antrag wurde ausgeführt, daß die in der Ministerratssitzung vom 29. Juni 1948 (vgl. MRP Nr. 118/1 d) beschlossene Parteienvereinbarung über die Erhöhung der Agrarpreise hinsichtlich der Viehpreise bis zur Ausgabe der Verbilligungsscheine nur in der Form durchgeführt werden konnte, daß in jenen Ländern, in denen die bundeseinheitliche Regelung in Geltung war, der Konsumentenpreis für Fleisch und Fleischwaren unverändert blieb und den Schlachtbetrieben die Differenz zwischen den ursprünglichen und den erhöhten Ankaufspreisen für Vieh vergütet wurde. Der Antrag ersuchte die Bundesregierung um Zustimmung zu dieser Übergangsregelung, die im Zirkularweg erteilt wurde. Vgl. dazu auch WMK Nr. 53/4.

122.

[Donnerstag] 1948-08-19

Vorsitz: Figl
Anwesend: Schärf, Helmer, Gerö, Maisel, Zimmermann, Kraus, Kolb, Sagmeister, Krauland, Übeleis, Migsch, Gruber, Altenburger, Graf
Schriftführer: Capek, Loibl
Ort: Wien I., Ballhausplatz 2, Ministerratssaal
Dauer: 10.15–14.00 Uhr[1]

Reinschrift, unterfertigte Anwesenheitsliste, Stenogramm, Beschlußprotokoll

Tagesordnung:
1. Bericht des Bundeskanzlers.
[1 a. Überblick über die außenpolitischen Ereignisse (Vorgänge in Moskau, Berlin und Belgrad) (Beschlußprotokoll Punkt 1 a).
1 b. Vorgänge in Jugoslawien.
1 c. Donaukonferenz in Belgrad (Standpunkt der Sowjetunion) (Beschlußprotokoll Punkt 1 b).
1 d. Abschluß der Wirtschaftsverhandlungen mit der Bi-Zone (Beschlußprotokoll Punkt 1 c).
1 e. Handelsvertragsverhandlungen mit Jugoslawien (Beschlußprotokoll Punkt 1 d).
1 f. Besuch des Generaldirektors French der Care-Aktion (Beschlußprotokoll Punkt 1 e).
1 g. Abberufung des politischen Vertreters der UdSSR in Österreich Kiselev (Beschlußprotokoll Punkt 1 f).
1 h. Bestellung eines neuen politischen Vertreters Polens (Beschlußprotokoll Punkt 1 g).
1 i. Ergebnisse der Sitzung des Alliierten Rates: Erhöhung des österreichischen Lokomotivparks und Nichteinigung in der Frage des Zonenübertritts (Beschlußprotokoll Punkt 1 h).
1 j. Beschlagnahme verschiedener Zeitungen in Niederösterreich (Beschlußprotokoll Punkt 1 i).
1 k. Grenzzwischenfall in der Nähe von Bleiburg (Beschlußprotokoll Punkt 1 j).
1 l. Ernährungsfrage (Kartoffel- und Fleischversorgung) (Beschlußprotokoll Punkt 1 k).
1 m. Ministerratsbeschlüsse im Zirkulationsweg (Beschlußprotokoll Punkte 38 bis 47).
1 n. Verlesung der alliierten Noten durch den Bundeskanzler (Beschlußprotokoll Punkt 2 a bis m).
1 o. Verlesung der Resolutionen und Denkschriften durch den Bundeskanzler (Beschlußprotokoll Punkt 3 a bis f).
1 p. Bestellung des Addeke Hendrik Boerma aus Holland zum regionalen Direktor der Ernährungs- und Forstwirtschaftsorganisation der Vereinten Nationen (Beschlußprotokoll Punkt 4).
1 q. Schwierigkeiten bei der Aufbringung der Lebensmittelkontingente.
1 r. Stand der Vorarbeiten für die Herausgabe des Rot-Weiß-Rot Buches.
1 s. Verhaftungen durch die sowjetische Besatzungsmacht.]
2. Personalangelegenheiten (siehe Beilage) (Beschlußprotokoll Punkte 5 bis 12).
3. Bericht des Bundeskanzlers, Zl. 72.967-3/48, über den Rechenschaftsbericht des

[1] In der Tagesordnung ist der Beginn der Sitzung mit *11.00 Uhr* angegeben.

Liquidators der Einrichtungen des Deutschen Reiches in der Republik Österreich (Beschlußprotokoll Punkt 13).

4. Bericht des Bundeskanzlers, Zl. 73.175-3/48, betr. Einführung neuer Vordrucke der Standesausweise für sämtliche Bundesbedienstete (Beschlußprotokoll Punkt 14).
5. Bericht des Bundeskanzlers, Zl. 73.763-2a/48, über den Einspruch der Bundesregierung gegen den Gesetzesbeschluß des oberösterr. Landtages vom 4. 6. 1948, betreffend Übergangsbestimmungen zum Landwirtschaftskammergesetz (Beschlußprotokoll Punkt 15).
6. Antrag des Bundesministers für die Auswärtigen Angelegenheiten, Zl. 170.008-ERP/48, auf nachträgliche Zustimmung des Ministerrates zu dem im Sinne des Pkt. 33 des Beschl. Prot. Nr. 120 gefaßten Dringlichkeitsbeschluß (BKA-Zl. 3.158-PrM/48), betr. die Ergänzung der im Ministerrat vom 15. Juni 1948 beschlossenen Liste von Sachverständigen für die Bearbeitung der mit der Abwicklung des ERP zusammenhängenden Fragen durch Heranziehung des Dr. Max S c h e i t h a u e r der Nationalbank zur Unterstützung des Sachverständigen für Zahlungsbilanz und Zahlungsverkehr Ministerialrat Dipl. Ing. K l o s s (Beschlußprotokoll Punkt 16).
7. Bericht und Antrag des Bundesministers für die Auswärtigen Angelegenheiten, Zl. 172.248-Wpol/48, über die Regelung der Sowjetrussischen Reliefkredite (Beschlußprotokoll Punkte 17 bis 19).
8. Bericht des Bundesministers für Inneres, betreffend die Erklärung des Staatsinteresses an der Einbürgerung der im Verzeichnis Nr. 113 des Bundesministeriums für Inneres angeführten 146 Personen (Beschlußprotokoll Punkt 20).
9. Bericht des Bundesministers für Justiz, JM. Zl. 7.163/48, über den Entwurf einer Verordnung der Bundesregierung, betreffend die Zuweisung der Katastralgemeinde Eichberg zum Gerichtsbezirk Vorau (Beschlußprotokoll Punkt 21).
10. Antrag des Bundesministers für Unterricht, Zl. 46.673-III/11/48, auf Verlängerung des mit 21. 9. 1948 ablaufenden Bestandsvertrages mit der USIA, mit welchem die Parzelle Nr. 5, EZ. 22, Grundbuch Türnitz, Bezirksgericht Lilienfeld, mit Schulgebäude und Einrichtungsgegenständen gegen einen Jahreszins von S 6.000.– gemietet wurde (Beschlußprotokoll Punkt 22).
11. Bericht des Bundesministers für Finanzen, Zl. 54.004-15/48, betreffend den Entwurf eines Bundesgesetzes über die Stützung der Preise landwirtschaftlicher Erzeugnisse (Beschlußprotokoll Punkt 23).
12. Bericht des Bundesministers für Finanzen, Zl. 54.003-15/48, betreffend den Entwurf eines Bundesgesetzes über die Sicherstellung der für den Erlag des Schillinggegenwertes amerikanischer Hilfslieferungen erforderlichen Beträge (Beschlußprotokoll Punkt 24).
13. Bericht des Bundesministers für Finanzen, Zl. 43.866-15/48, über die Wahrung österreichischer Ansprüche, die sich auf den Besitz von Reichsmark-Noten gründen (Beschlußprotokoll Punkt 25).
14. Bericht des Bundesministers für Finanzen, Zl. 52.739-19/48, über die Aufhebung der Anordnung des Bundesministeriums für Finanzen vom 28. 8. 1947, Zl. 37.808-19/47, betreffend die Einhebung eines Teuerungszuschlages in der Sach-, Vermögenschadens- sowie Unfallsversicherung (Beschlußprotokoll Punkt 26).
15. Bericht und Antrag des Bundesministers für Finanzen wegen Finanzierung des Marshallplanes (Beschlußprotokoll Punkt 27).
16. Bericht des Bundesministers für soziale Verwaltung, Zl. III/93.516-9/1948, über den Verlauf der 31. Internationalen Arbeitskonferenz in San Francisco (Beschlußprotokoll Punkt 28).
17. Bericht und Antrag des Bundesministers für soziale Verwaltung, Zl. III/69.007-9/48, betr. Entsendung einer viergliederigen Delegation (Regierungsvertreter, mit techn.

Berater und je ein Vertreter der Arbeitgeber und Arbeitnehmer) zu der am 27. 9. 1948 in Genf beginnenden internationalen dreigliedrigen technischen Konferenz zur Beratung des Entwurfes einer grundsätzlichen Regelung über die Sicherheit in Fabriken (Beschlußprotokoll Punkt 29).

18. Bericht des Bundesministers für soziale Verwaltung, Zl. V-74.118-JL/48, betreffend den Entwurf eines Bundesgesetzes, womit das Bundesgesetz vom 29. Oktober 1946, BGBl. Nr. 207, über den Verkehr und die Gebarung mit Suchtgiften (Suchtgiftgesetz) abgeändert wird (1. Suchtgiftgesetznovelle) (Beschlußprotokoll Punkt 30).

19. Antrag des Bundesministers für soziale Verwaltung, Zl. V-80.418-JL/48, auf Genehmigung des Berichtes der österreichischen Delegation über die erste Tagung der Weltgesundheitsorganisation in Genf vom 24. Juni 1948 bis zum 27. Juli 1948 (Beschlußprotokoll Punkt 31).

20. Bericht des Bundesministers für Land- und Forstwirtschaft, Zl. 30.023-I/2b/48, betreffend den Entwurf eines Bundesgesetzes über die Bekämpfung der übertragbaren Geschlechtskrankheiten (Deckseuchen) der Rinder (Beschlußprotokoll Punkt 32).

21. Bericht and Antrag des Bundesministers für Handel und Wiederaufbau, Zl. 49.019-II/8/48, betreffend die Erhöhung der Taggelder der Mitglieder der Gemeinsamen Rheinkommission und der Jahresentschädigung des Vorsitzenden der Kommission (Beschlußprotokoll Punkt 33).

22. Bericht des Bundesministers für Handel und Wiederaufbau, betreffend die Sicherung des ausländischen Fremdenverkehrs (Beschlußprotokoll Punkt 34).

23. Bericht des Bundesministers für Verkehr, BM. Zl. 28.974/1948, betreffend Sonderpostmarkenausgaben 1949/50 (Beschlußprotokoll Punkt 35).

24. Mündliche Berichte der Minister.

[24 a. Bericht des Bundesministers für Volksernährung, Zl. 22.331-11/1948, über die Durchbrechung der Bewirtschaftungsvorschriften im Bundesland Salzburg (Beschlußprotokoll Punkt 36).

24 b. Bericht des Bundesministers für die Auswärtigen Angelegenheiten über den Abschluß der Donaukonferenz in Belgrad (Beschlußprotokoll Punkt 37).

24 c. Bericht des Bundesministers für Inneres über die Ausstellung von Pässen mit Landeswappen anstelle von Bundeswappen in Vorarlberg.]

Beilagen:

1 Anwesenheitsliste (1 Seite).

2 Tagesordnung (2 ½ Seiten); Beilage zu Punkt 2 der Tagesordnung, Anträge in Personalangelegenheiten (4 Seiten).

3 Bundeskanzleramt, Zl. 72.967-3/1948: Vortrag an den Ministerrat. Betrifft: Rechenschaftsbericht des Liquidators der Einrichtungen des Deutschen Reiches in der Republik Österreich (1 ½ Seiten); Der Liquidator der Einrichtungen des Deutschen Reiches in der Republik Österreich, Zl. 6.700/1948: Wien, am 30. Juni 1948. An den Herrn Bundeskanzler (Abschrift) (19 Seiten).

4 Bundeskanzleramt, Zl. 73.175-3/1948: Vortrag an den Ministerrat. Gegenstand: Standesausweis, Einführung neuer Vordrucke (1 ½ Seiten); Umschlagbogen zum Standesausweis, Merkblatt zum Standesausweis (4 Seiten); Standesausweis mit Laufbahn (8 Seiten); Fortsetzungsblatt zur Laufbahn (4 Seiten); Anrechnungsblatt A (2 Seiten); Anrechnungsblatt B (2 Seiten); Geldblatt (2 Seiten); Disziplinarblatt (2 Seiten).

5 Bundeskanzleramt, Zl. 73.763-2a/1948: Gesetz vom 4. Juni 1948 mit welchem zufolge Wiederinkraftsetzung des Landwirtschaftskammergesetzes vom 7. Juli 1932, LGBl. Nr. 36, durch Kundmachung der Provisorischen Staatsregierung, StGBl. Nr.

64/1945, Übergangsbestimmungen bis zur Wirksamkeit eines neuen Landwirtschaftskammergesetzes getroffen werden (2 Seiten); Vortrag an den Ministerrat (3 Seiten).

6 Bundeskanzleramt/Auswärtige Angelegenheiten, Zl. 170.008-ERP/1948: Antrag an den Ministerrat. Gegenstand: Sachverständige für die Bearbeitung des ERP, Bestellung eines Vertreters der Nationalbank (½ Seite).

7 Bundeskanzleramt/Auswärtige Angelegenheiten, Zl. 172.248-Wpol/1948: Vortrag an den Ministerrat. Gegenstand: Regelung der sowjetrussischen Relief-Kredite (2 Seiten); Verb. Zl. 3.588/VII: Note der Sowjetabteilung der Alliierten Kommission für Österreich, Nr. 9/192, an Bundeskanzler Figl vom 29. Juli 1948. Betrifft: Lebensmittellieferungen im Jahr 1945, Abrechnung (Abschrift) (1 Seite).

8 Bundesministerium für Inneres, (ohne Aktenzahl): Ministerratsvortrag, betr.: Beschluß der Bundesregierung gemäß § 5, Abs. (1), Z. 3, StGBl. Nr. 60/1945 (1 Seite); Verzeichnis Nr. 113 der für die Verleihung der Staatsbürgerschaft vorgesehenen Personen (25 ½ Seiten).

9 Bundesministerium für Justiz, JMZl. 7.163/1948: Vortrag für den Ministerrat (½ Seite).

10 Bundesministerium für Unterricht, Zl. 46.673-III/11/1948: Vortrag des mit der vertretungsweisen Führung des Bundesministeriums für Unterricht betrauten Bundesministers für Land- und Forstwirtschaft Dr. Kraus im Ministerrat (1 ½ Seiten).

11 Bundesministerium für Finanzen, Zl. 54.004-15/1948: Bundesgesetz vom ... über die Stützung der Preise landwirtschaftlicher Erzeugnisse (1 Seite); Erläuterungen (½ Seite); Ministerratsvortrag (1 ¼ Seiten).

12 Bundesministerium für Finanzen, Zl. 54.003-15/1948: Bundesgesetz vom ... 1948 über die Sicherstellung der für den Erlag des Schillinggegenwerts amerikanischer Hilfslieferungen erforderlichen Beträge (1 Seite); Erläuterungen (1 Seite); Ministerratsvortrag (2 Seiten).

13 Bundesministerium für Finanzen, Zl. 43.866-15/1948: Antrag an den Ministerrat betreffend Wahrung der österreichischen Ansprüche aus dem Besitz von Reichsmark-Banknoten und Militärmark-Noten (2 Seiten).

14 Bundesministerium für Finanzen, Zl. 52.739-19/1948: Ministerratsvortrag betreffend Aufhebung der Anordnung des Bundesministeriums für Finanzen vom 28. VIII. 1947, Zl. 37.808-19/1947, betreffend die Einhebung eines Teuerungszuschlages in der Sach- und Vermögensschaden- sowie Unfallversicherung (8 ½ Seiten); Erlaß Zl. 1.242-19/1946: An den Verband der Versicherungsanstalten Österreichs, Wien I, Börsegasse 10 (Abschrift) (½ Seite); Auszug aus „Grundriß der österreichischen Verfassungsrechts" von Dr. Ludwig Adamovich (1 Seite).

15 Bundesministerium für Finanzen, Zl. 57.797-17/1948: Ministerratsvortrag, betreffend Finanzierungsfrage des Marshallplanes (2 ½ Seiten); Beilage 1: Entwicklung und Verwendung der Hilfsfonds, Entwicklung im 2. Halbjahr 1948 (1 ½ Seiten); Beilage 2: Voraussichtliche Gestaltung des Zahlungsmittelumlaufes bis 30. Juni 1949 (1 ½ Seiten); Beilage 3: Verwendungsplan für die Hilfsfonds im II. Halbjahr 1948 und voraussichtliche Inanspruchnahme der Fonds im 1. Halbjahr 1949 sowie Darstellung der Auswirkungen dieser Verwendungen auf die österreichische Währung (7 Seiten); Bundesministerium für Vermögenssicherung und Wirtschaftsplanung, Zl. 3.766-Präs./1948: Ergänzende Ausführung zur Beilage 3 des Ministerratsvortrages des Herrn Bundesministers für Finanzen (Pkt. 15 der Tagesordnung des 122. Ministerrates am 19. August 1948) (2 ½ Seiten).

16 Bundesministerium für soziale Verwaltung, Zl. III/93.516-9/1948: Vortrag an den Ministerrat (4 Seiten).

17 Bundesministerium für soziale Verwaltung, Zl. III/69.007-9/1948: Vortrag an den Ministerrat (1 ½ Seiten).

18 Bundesministerium für soziale Verwaltung, Zl. V-74.118-JL/1948: Entwurf eines Bundesgesetzes vom ..., womit das Bundesgesetz vom 29. Oktober 1946, BGBl. Nr. 207, über den Verkehr und die Gebarung mit Suchtgiften (Suchtgiftgesetz) abgeändert wird (1. Suchtgiftgesetznovelle) (1 Seite); Ergänzung (½ Seite); Erläuterungen (2 Seiten); Vortrag für den Ministerrat (1 Seite).

19 Bundesministerium für soziale Verwaltung, Zl. V-80.418-JL/1948: Vortrag an den Ministerrat. Erste Tagung der Weltgesundheitsorganisation in Genf vom 24. Juni bis 27. Juli 1948, Bericht der österreichischen Delegation (1 Seite); Bericht (11 Seiten).

20 Bundesministerium für Land- und Forstwirtschaft, Zl. 30.023-I/2b/1948: Entwurf eines Bundesgesetzes vom ... über die Bekämpfung der übertragbaren Geschlechtskrankheiten (Deckseuchen) der Rinder (5 Seiten); Erläuterungen (3 Seiten); Vortrag für den Ministerrat (2 Seiten).

21 Bundesministerium für Handel und Wiederaufbau, Zl. 49.019-II/8-1948: Vortrag für den Ministerrat (2 Seiten).

22 Bundesministerium für Handel und Wiederaufbau, Zl. 107.687/V/23b: Ministerratsvortrag. Sicherung des ausländischen Fremdenverkehrs (2 Seiten).

23 Bundesministerium für Verkehr, Generaldirektion für die Post- und Telegraphenverwaltung, BM. Zl. 28.974/1948: Vortrag für den Ministerrat. Betreff: Sonderpostmarkenausgaben 1949/50 (2 Seiten).

24 Bundesministerium für Volksernährung, Zl. 22.331-11/1948: Vortrag an den Ministerrat (5 ½ Seiten).

A (Ohne Aktenzahl): Entwurf einer Note der Bundesregierung an das Sowjetelement betreffend die USIA-Betriebe in Österreich (1 ½ Seiten).

B (Ohne Aktenzahl): Information für den Herrn Bundesminister (für den Ministerrat am Donnerstag den 19. August 1948 bezüglich des vom Bundesministerium für Land- und Forstwirtschaft eingebrachten Gesetzesentwurfes über die Bekämpfung der übertragbaren Geschlechtskrankheiten (Deckseuchen) der Rinder (1 Seite).[2]

---

[2] Weiters liegen dem Protokoll bei:
Verb. Zl. 3569/V: Schreiben des Generalleutnants A. Galloway, Oberbefehlshaber und Hochkommissar, Büro des Oberbefehlshabers, Alliierte Kommission für Österreich (Britisches Element), Britische Streitkräfte in Österreich, SEC 7349, an Bundeskanzler Figl vom 23. Juli 1948 (1 Seite). Vgl. Beschlußprotokoll Punkt 2 a.
Verb. Zl. 3.573/III/Wirt: Schreiben der Alliierten Kommission für Österreich, Alliiertes Sekretariat, SECA 48/125, an Bundeskanzler Figl vom 23. Juli 1948 (1 Seite). Vgl. Beschlußprotokoll Punkt 2 b.
Verb. Zl. 3546/VI: Schreiben des Oberkommandos der US-Streitkräfte in Österreich, Büro des Oberbefehlshabers, an Bundeskanzler Figl vom 22. Juli 1948 (1 ¾ Seiten). Vgl. Beschlußprotokoll Punkt 2 c.
Verb. Zl. 3568/IV: Schreiben des Hochkommissariates der Französischen Republik in Österreich, Exekutivkomitee, Cabinet, Nr. 2.093 CE/CAB, an Bundeskanzler Figl vom 21. Juli 1948 (1 ¼ Seiten). Vgl. Punkt 1 d der Tagesordnung.
Verb. Zl. 3.588/VII: Schreiben der Sowjetabteilung der Alliierten Kommission für Österreich, Nr. 9/192, an Bundeskanzler Figl vom 29. Juli 1948 (1 Seite); Verb. Zl. 1.804/VII: Schreiben der Sowjetabteilung der Alliierten Kommission für Österreich, Nr. 70, an Bundeskanzler Figl vom 9. April 1947 (Abschrift) (1 Seite). Vgl. Punkt 1 e der Tagesordnung.
Verb. Zl. 3.591/VI: Schreiben des Oberkommandos der US-Streitkräfte in Österreich, Büro des Oberbefehlshabers, an Bundeskanzler Figl vom 30. Juli 1948 (1 ½ Seiten). Vgl. Beschlußprotokoll Punkt 2 f.
Verb. Zl. 3597/IV: Schreiben des Hochkommissariates der Französischen Republik in Österreich, Exekutivkomitee. Abteilung Wiedergutmachung-Rückstellungen-Vermögenskontrolle, Nr. 1.368 CE/

Der Bundeskanzler eröffnet die Sitzung und teilt mit, daß die Einberufung des Ministerrates infolge der Notwendigkeit der Erledigung dringlicher Probleme erfolgte, so vor allem der Finanzierungsfragen des Marshall-Planes.

[1]

a

Der Bundeskanzler gibt einen kurzen Überblick über die außenpolitischen Ereignisse seit dem letzten Ministerrat. Im Vordergrund standen die Vorgänge in Moskau[3], Berlin[4] und Belgrad.[5] In Moskau wurde im Zusammenhang mit Berlin der Versuch unternommen, eine Plattform herzustellen, um die internationale Gewitterstimmung einigermaßen zu bereinigen. Details über diese Konferenzen haben wir nicht. Rußland vertritt den Standpunkt, die Verwaltung Deutschlands dürfe nicht eine rein westliche Angelegenheit sein, und will die Blokkade Berlins nur bei einem gemeinsamen Vorgehen aufheben, während die Westmächte den umgekehrten Vorgang möchten. Es ist zumindest der Versuch von beiden Seiten, aus der gegenwärtigen Atmosphäre herauszukommen.

RE/J., an Bundeskanzler Figl vom 2. August 1948 (1 ½ Seiten). Vgl. Beschlußprotokoll Punkt 2 g.

Verb. Zl. 3.601/XXVII: Schreiben der Vorbereitenden Kommission für die Internationale Flüchtlingsorganisation an Bundeskanzler Figl vom 2. August 1948 (1 ½ Seiten); Telegramm der PCIRO vom 24. Juli 1948 (Kopie) (½ Seite). Vgl. Beschlußprotokoll Punkt 2 h.

Verb. Zl. 3.600/III/Inn: Schreiben des Alliierten Sekretariates, Alliierte Kommission für Österreich, SEK 48/130, an Bundeskanzler Figl vom 7. August 1948 (1 Seite). Vgl. Beschlußprotokoll Punkt 2 i.

Verb. Zl. 3.611/III/Wirt.: Schreiben des Sekretariates der Sowjetabteilung der Alliierten Kommission für Österreich, SEK 48/137, an Bundeskanzler Figl vom 14. August 1948 (1 ¼ Seiten). Vgl. Beschlußprotokoll Punkt 2 j.

Verb. Zl. 3.610/III/Verk: Schreiben des Sekretariates der Alliierten Kommission für Österreich, SECA 48/134, an Bundeskanzler Figl vom 14. August 1948 (2 ¼ Seiten). Vgl. Beschlußprotokoll Punkt 2 k.

Verb. Zl. 3.614/IV: Schreiben des Hochkommissariates der Französischen Republik in Österreich, 2.290 CE/CAB, an Bundeskanzler Figl vom 14. August 1948 (1 ¼ Seiten). Vgl. Beschlußprotokoll Punkt 2 l.

Verb. Zl. 3.617/VI: Schreiben des Büros des Bevollmächtigten für ausländische Liquidationen, Hauptquartier, Zentralfeldkommissär für Europa APO 58-US Army (Amerikanische Armee) an den Kontrollrat der Alliierten, APO 777 – Amerikanische Armee, Wien, Österreich, vom 30. Juli 1948 (1 Seite). Vgl. Beschlußprotokoll Punkt 2 m.

BKA, Präsidium, Zl. 3.162-Pr.M/1948: Einspruch der Bundesregierung gegen den Gesetzesbeschluß des N.Ö. Landtages vom 30. Juni 1948, betr. die zeitliche Befreiung von der Grundsteuer für wiederaufgebaute Wohnhäuser, die durch Kriegseinwirkung zerstört oder beschädigt worden sind (½ Seite).

3 Die diplomatischen Vertreter der Westmächte führten seit dem 3. August 1948 in Moskau Gespräche mit Stalin und dem sowjetischen Außenminister Molotov über die Aufhebung der sowjetischen Blokkade West-Berlins, wobei die Abhaltung einer Viermächtekonferenz über Deutschland angeregt werden sollte. Vgl. dazu exemplarisch Neues Österreich, 3. August 1948, S. 1 „Entscheidende Aussprache im Kreml"; Wiener Zeitung, 11. August 1948, S. 1 „Längere Dauer der Verhandlungen in Moskau"; 13. August 1948, S. 1 „Wieder 2 Stunden 40 Minuten bei Molotow" und 20. August 1948, S. 2 „Letzte Anstrengungen in Moskau"; weiters MRP Nr. 123/1 a.

Vjačeslav Michajlovič Molotov, Mai 1939 bis März 1949 sowjetischer Außenminister.

Josef Stalin, Generalsekretär des Zentralkomitees der KPdSU, 1946 bis 1953 Vorsitzender des Ministerrates der UdSSR.

4 Zur Blockade West-Berlins vgl. auch Anmerkung 18 in MRP Nr. 118, weiters MRP Nr. 119/1 a, MRP Nr. 120/1 b, MRP Nr. 121/1 a, MRP Nr. 123/14 e, MRP Nr. 125/1 a vom 14. September 1948, MRP Nr. 126/1 b vom 28. September 1948, MRP Nr. 127/1 b vom 5. Oktober 1948, MRP Nr. 129/3 vom 19. Oktober 1948, MRP Nr. 130/1 a vom 26. Oktober 1948, MRP Nr. 131/1 b vom 2. November 1948 und MRP Nr. 156/1 b vom 10. Mai 1949.

5 Zur Lage in Belgrad bzw. Jugoslawien nach dem Bruch mit Moskau vgl. auch MRP Nr. 118/1 f.

b

In Jugoslawien will T i t o[6] selbst regieren und nicht nach dem Kommando des Kremls. Man will ihn daher erledigen.[7] In dieser Frage wird unsererseits Vorsicht gegenüber Jugoslawien am Platze sein.

c

Auf der Donaukonferenz in Belgrad hat Rußland seinen Standpunkt infolge des Stimmenverhältnisses 7:3 vollkommen durchgesetzt. Die Westmächte erkennen jedoch diese Konvention nicht an. Wir haben unserem Vertreter[8] als Marschroute mitgegeben, daß er eine Erklärung abgibt, Österreich behalte sich in dieser Frage die volle Handlungsfreiheit vor und erachte sich an die Beschlüsse der Konferenz nicht gebunden.[9]

d

Die Wirtschaftsverhandlungen mit der Bi-Zone[10] wurden abgeschlossen. Es ist dies kein voller Erfolg, aber immerhin insoferne ein Erfolg, als wir auch mit dieser Zone nunmehr in Wirtschaftsverkehr treten können.[11]

e

Auch die Handelsvertragsverhandlungen mit Jugoslawien schreiten gut vorwärts. So wie Jugoslawien haben auch verschiedene andere Staaten in der letzten Zeit das Bestreben gezeigt, mit Österreich in Handelsbeziehungen zu treten.[12]

f

Der Generaldirektor der Care-Aktion[13] French[14] hat mir bei seiner Anwesenheit in Wien

---

6 Josip Tito (eigtl. Broz), ab 1945 Ministerpräsident und Verteidigungsminister Jugoslawiens, ab 14. Jänner 1953 Staatspräsident.

7 Vgl. dazu auch exemplarisch Wiener Zeitung, 20. August 1948, S. 1 „Neue Attacken gegen Tito".

8 Dr. Felix Orsini-Rosenberg, 16. Mai 1948 bis 24. Juni 1950 a.o. Gesandter und bev. Minister in Sofia.

9 Vgl. dazu auch Tagesordnungspunkt 24 b des vorliegenden Ministerratsprotokolls.

10 Bi-Zone: die 1947 zusammengeschlossene britische und amerikanische Besatzungszone in Deutschland.

11 Das Abschlußkommuniqué über das in der Zeit vom 2. bis 6. August 1948 zwischen Österreich und der Bi-Zone in Wien ausgehandelte Wirtschaftsabkommen wurde in der „Wiener Zeitung" veröffentlicht. Vgl. Wiener Zeitung, 7. August 1948, S. 1 „Warenaustauschabkommen mit Bi-Zone paraphiert"; weiters MRP Nr. 135/5 vom 30. November 1948. Material dazu findet sich in AdR, BKA/AA, ERP, Verträge, GZl. 171.003-ERP/1948, Handelsvertragsverhandlungen zwischen Österreich und der Bizone, ERP-Importe aus der Bizone.

12 In der Zeit vom 28. Juli bis 17. August 1948 hatten in Belgrad Wirtschaftsverhandlungen zwischen einer österreichischen und einer jugoslawischen Delegation stattgefunden. Vgl. dazu auch Neues Österreich, 20. August 1948, S. 1 „Abschluß des Handelsvertrages mit Jugoslawien"; weiters MRP Nr. 123/6.

13 Die Cooperative for American Remittances to Europe, Inc. (Gemeinnützige Gesellschaft für amerikanische Sendungen nach Europa), allgemein unter dem Namen CARE bekannt, war am 27. November 1945 in Washington als uneigennützige Gesellschaft, bestehend aus 26 anerkannten amerikanischen Wohlfahrtsorganisationen, gegründet worden. Ziel war die finanzielle Sicherung der amerikanischen Überseelieferungen, vor allem von Nahrungsmittelpaketen, nach Europa. In den ersten drei Jahren ihres Bestehens hatte CARE bis November 1948 mehr als sieben Millionen Pakete (vor allem Lebensmittel, Medikamente und Textilpakete) in fünfzehn europäische Länder verschickt. Alle überschüssigen Finanzen, die sich durch Großeinkäufe, Einschränkungen der Unkosten, Einsparungen an Ozeanfrachten usw. ergeben hatten, waren in einem Fonds gesammelt worden, der zur Verteilung von CARE-Paketen in den hilfsbedürftigen Ländern herangezogen wurde. CARE übte ihre Tätigkeit in zwölf europäischen Ländern, darunter auch Österreich, aus und hatte dementsprechend bei der Zusammenstellung der Pakete dem nationalen Bedarf der einzelnen Länder besonders Rechnung zu tragen. Vgl. Barbara Pilz, Care in Österreich 1946–1955, in: Zeitgeschichte 23/1996, Heft 1/2, S. 3–16; weiters Wiener Zeitung, 4. Februar 1949, S. 1 „Friedensnobelpreis an Care beantragt"; MRP Nr. 114/1 c vom 2. Juni 1948 und MRP Nr. 143/1 i vom 1 Februar 1948.

14 Paul Comly French, amerikanischer Schriftsteller und Journalist, 1946 bis 1955 Executive Director der Hilfsorganisation „Care".

mitgeteilt, daß die Care-Aktion für Österreich auch noch in den nächsten zwei Jahren fortgesetzt werden soll.[15]

g

Der politische Vertreter der UdSSR in Österreich K i s e l j o w[16] wurde zu anderer Verwendung abberufen und an seiner Stelle der bisherige stellvertretende politische Vertreter K o p t j e l o w[17] bestellt.

h

Ebenso wurde ein neuer politischer Vertreter Polens für Österreich bestellt, und zwar der a. o. Gesandte und bev. Minister Dr. K u r o w s k i[18].

i

Aus der letzten Sitzung des Alliierten Rates ist als wesentlich zu erwähnen die Erhöhung des österreichischen Lokomotivparks und die Nichteinigung in der Frage des Zonenübertritts.[19]

j

In Niederösterreich wurden verschiedene Zeitungen beschlagnahmt, bzw. ihre Verbreitung verboten, und zwar „Die Volkstribüne“[20], „Die Gleichheit“[21], die „Neunkirchner Nachrichten“[22], die „Tiroler Nachrichten“[23], „Das Echo“[24] und die Linzer Zeitung „Der

---

15 Material zum Österreichbesuch von Paul Comly French findet sich in AdR, BKA, Präsidium, Sign. 54/1, GZl. 3.122-Pr.1a/1948, French Paul Comly Mr., Generaldirektor der Care-Mission, Besuch in Österreich. Vgl. dazu auch Wiener-Zeitung, 8. August 1948, S. 1 „Care-Generaldirektor beim Bundeskanzler“.

16 Evgenij Dmitrievič Kiselev, 1946 bis 1948 politischer Vertreter der UdSSR bei der Regierung Österreichs.

17 Michail Efremovič Koptelov, Juli 1945 bis Juni 1948 stellvertretender politischer Berater des Sowjetischen Teils der Alliierten Kommission für Österreich, Juni 1948 bis November 1951 politischer Vertreter der UdSSR bei der österreichischen Bundesregierung.

18 Dr. Stefan Kurowski, 1948 bis 1950 politischer Vertreter der Republik Polen in Österreich. Vgl. auch Arbeiter-Zeitung, 17. August 1948, S. 2 „Ein neuer polnischer Gesandter in Österreich“.

19 Die erwähnte Sitzung des Exekutivkomitees des Alliierten Rates hatte am 13. August 1948 stattgefunden. Darin war die Schaffung eines ständigen Parks von 1.286 Lokomotiven beschlossen und die Erlaubnis zur Aufnahme von 370 gegenwärtig in Österreich befindlichen Lokomotiven in diesen provisorischen Lokomotivpark gegeben worden. Zur Frage der diplomatischen Immunität von Vertretern internationaler Organisationen in Österreich hatte der Sowjetvertreter erklärt, daß alle Besatzungsmächte diese den anerkannten Organisationen gewähren müßten. Vgl. dazu Wiener Zeitung, 14. August 1948, S. 2 „Marshall-Plan-Debatte im Alliierten Rat. Eine Erklärung des russischen Hochkommissars und die Antwort des amerikanischen – Park von 1286 Lokomotiven geschaffen“. Zum Lokomotivpark vgl. auch Tagesordnungspunkt 1 n.

20 Die „Volkstribüne“ war das Landesorgan der Sozialistischen Partei Niederösterreichs. Die erste Nummer des 1. Jahrganges erschien am 4. Jänner 1946.

21 „Die Gleichheit, Sozialdemokratisches Organ für die Interessen des arbeitenden Volkes“, war eine Neunkirchner Lokalzeitung. Sie wurde von Februar 1946 bis August 1968 herausgegeben.

22 Die „Neunkirchner Nachrichten“ oder „Neunkirchner Bezirks-Nachrichten“ waren eine sozialistische Wochenzeitung.

23 Die „Tiroler Nachrichten“ waren das Tagblatt der Österreichischen Volkspartei. Sie erschienen von 1945 bis 1973.

24 „Echo der Heimat. Unabhängiges illustriertes Wochenblatt für Oberösterreich.“ Die Nummer 1 des 1. Jahrganges erschien am 11. Oktober 1945 in Grieskirchen als unabhängiges Wochenblatt für Oberösterreich, der 2. Jahrgang (1946) erschien als unabhängiges illustriertes Wochenblatt. Vgl. auch Eva-Maria Jöchtl, Echo der Heimat. Aufarbeitung der größten oberösterreichischen Wochenzeitung ab 1945, Diplomarbeit, Wien 2013.

Blick“[25]. Diese Verbote, bzw. Beschlagnahmungen widersprechen dem Kontrollabkommen.[26] Ich bitte den Ministerrat um die Zustimmung, daß wir offiziell namens der Bundesregierung dagegen beim Sowjetelement und beim Alliierten Rat protestieren.[27]

k

Vor einigen Tagen wurde bei einem Grenzzwischenfall in der Nähe von Bleiburg[28] ein Österreicher 150 m von der Grenze entfernt angeschossen und 2 Österreicher auf jugoslawisches Gebiet verschleppt.[29] Ich glaube, daß Schritte bei der jugoslawischen Gesandtschaft diesbezüglich unternommen werden müßten.[30]

l

In der Ernährungsfrage macht die Versorgung mit Kartoffeln Schwierigkeiten im Zusammenhang mit Überproduktion, Preisfrage und Verladungsmöglichkeit.[31] Es rückt die Zeit heran, da die Erledigung dieser Frage dringend wird. An Fleisch wurden in der letzten Zeit besonders in den Bundesländern große Mengen verbraucht. Ich habe mit den Kollegen K r a u s und G r a f die Führer der Bauernschaft in der gehörigen Form auf die Gefahren in der Fleischversorgung aufmerksam gemacht und sie verpflichtet, die vorgesehenen Kontingente 100 %ig zu erfüllen, wenn auch Restbestände in Angriff genommen werden müßten. Wir werden uns bemühen, über die bisherigen Kontingente sogar hinauszukommen. Technisch ist aber die Durchführung wegen Entladung und Verteilung noch gehemmt.[32]

m

Im Zirkulationsweg kamen folgende Ministerratsbeschlüsse zustande (siehe Beschlußprotokoll Anhang).[33]

---

25 Möglicherweise war mit diesem Titel die Wochenzeitung „Der Blick. Unabhängiges illustriertes Wochenblatt für Heimat- und Weltgeschehen“ gemeint, die nur 1948 (allerdings nicht in Linz, sondern in Graz) erschien.

26 Zum sogenannten 2. Kontrollabkommen vgl. Anmerkung 46 in MRP Nr. 117.

27 Die sowjetische Besatzungsmacht hatte ohne Angabe von Gründen die Verbreitung der sozialistischen Wochenblätter „Volkstribüne“ und „Gleichheit“ in Wiener Neustadt, weiters der „Neunkirchner Bezirksnachrichten“, einiger bürgerlicher Wochenzeitungen sowie zweier Innsbrucker, eines Grazer und eines Linzer Blattes für die Dauer von zwei Monaten bis auf Widerruf verboten. Die österreichischen Sicherheitsorgane waren angewiesen worden, die verbotenen Zeitungen in „allen öffentlichen Lokalen und in den Verschleißstellen zu beschlagnahmen und bei den Ortskommandanturen abzuliefern“. Vgl. dazu Arbeiter-Zeitung, 17. August 1948, S. 1 „Ein Schlag gegen die sozialistische Presse“. Die Angelegenheit wurde am folgenden Tag auch in der „Wiener Zeitung“ publik gemacht. Vgl. Wiener Zeitung, 20. August 1948, S. 1 „Ministerrat begrüßt ernstlichen Versuch in Moskau“, Zwischenüberschrift „Schritte in Belgrad und beim Alliierten Rat“, wo es hieß: „Gegen die Beschlagnahme, bzw. gegen das Verbreitungsverbot von sechs österreichischen Zeitungen im Gebiete von Niederösterreich sind Schritte beim sowjetischen Besatzungselement und beim Alliierten Rat vorgesehen.“ Vgl. dazu weiters MRP Nr. 123/1 j.

28 Bleiburg: Stadt und gleichnamiger Bezirk in Südkärnten.

29 Am 15. August 1948 waren vier junge Männer aus Bleiburg bei einem Ausflug zur Bleiburger Hütte im Kärntner Petzengebiet von einem jugoslawischen Grenzsoldaten angehalten und aufgefordert worden, ihm auf jugoslawisches Gebiet zu folgen. Als zwei Ausflügler flüchteten, wurde einer von ihnen durch Schüsse aus der Waffe des Grenzsoldaten verletzt, während die Zurückgebliebenen auf jugoslawisches Gebiet gebracht wurden. Vgl. dazu Arbeiter-Zeitung, 17. August 1948, S. 2 „Ein Zwischenfall an der jugoslawischen Grenze“.

30 Zu ähnlichen Vorfällen an der Kärntner Grenze vgl. auch MRP Nr. 123/1 c und MRP Nr. 131/1 g vom 2. November 1948.

31 Vgl. dazu Arbeiter-Zeitung, 4. August 1948, S. 1 „Große Erdäpfelzufuhren nach Wien“.

32 Vgl. dazu Arbeiter-Zeitung, 19. August 1948, S. 2 „Gegen die Lockerung der Bewirtschaftung“ und 21. August 1948, S. 1 „Die Usia-Betriebe entziehen 12.300 Tonnen Getreide der Ernährung. Der Ernährungsminister über Fleischversorgung und Getreideablieferung. Gemüse und Äpfel bleiben frei“.

33 Vgl. Beschlußprotokoll Punkte 38 bis 47.

n

Der Bundeskanzler teilt die alliierten Noten mit (siehe Beschlußprotokoll Pkt. 2 a – m), die der Ministerrat zur Kenntnis nimmt.[34]

Ad Noten:

d)[35] Ersucht der Bundeskanzler die BM Kraus, Krauland und Übeleis, sich im Gegenstande zu koordinieren.

e)[36] Bundeskanzler: Diese Frage betrifft vor allem das Finanzministerium, das Mittel für die Instandsetzung des Lagers zur Verfügung stellen soll, dies auch im Hinblick auf die laufenden Besuche ausländischer Delegationen in Mauthausen.[37] Die oberösterr. Landesregierung hat bereits einen Betrag von 100.000.– S aufgewendet. Wir müssen jedoch von Staats wegen darauf sehen, daß diese Stätte eine würdige Ausgestaltung erfährt.

BM Helmer bringt die Ansicht des Bürgermeisters von Mauthausen[38] zur Kenntnis, der ihm bei einer Besprechung in der letzten Zeit mitteilte, eine Instandhaltung aller Grabstätten und Baulichkeiten sei nicht möglich, da zu viele Kräfte dafür benötigt würden. Er hat die Errichtung eines würdigen Denkmales für alle Opfer vorgeschlagen.

BK: Das ist ein alter Plan, der bereits seit einem Jahr beim Bundesministerium für Finanzen liegt. Es sollen sämtliche Grabstätten zusammengelegt und nur 1 Baracke zur Erinnerung aufrecht erhalten werden.

---

34 Die hier nicht behandelten Noten werden im Beschlußprotokoll näher ausgeführt und kommentiert. Vgl. Beschlußprotokoll Punkt 2 a bis c und f bis m.

35 Die Bemerkung Bundeskanzler Figls bezieht sich nicht auf Note d, sondern auf Note c. Die beiliegende Note enthält die Antwort des Oberkommandos der US-Streitkräfte in Österreich auf die Bitte des Bundesministeriums für Land- und Forstwirtschaft, den ehemaligen Flugplatz Reichersberg in Oberösterreich zur Aufteilung nach einem bestimmten landwirtschaftlichen Plan an die österreichische Bundesregierung zu übertragen. Auch die Post- und Telegraphendirektion für Oberösterreich und Salzburg hatte um Erteilung der Ermächtigung zur Errichtung einer „Gebiets-Rundfunkstation" auf einem Teil des Flughafens angesucht. Der Flughafen war als Wehrmachtseigentum im Grundbuch eingetragen und mit dem gesamten ehemaligen Wehrmachtsgrundbesitz in der US-Zone Österreichs an die österreichische Bundesregierung zur gemeinsamen und einheitlichen Verwaltung durch das Bundesministerium für Vermögenssicherung und Wirtschaftsplanung übertragen worden. Da der Flugplatz Reichersberg zu dieser Besitzkategorie gehörte, war es nach Meinung US-Hochkommissar Keyes' ratsam, wenn das Bundesministerium für Vermögenssicherung und Wirtschaftsplanung die Vorschläge der Ministerien koordinieren und mit der zuständigen Division für Reparationen, Rückgaben und Wiedergutmachung des US-Elementes der Alliierten Kommission für Österreich verhandeln würde, da es „sich um Besitz handelt, der sowohl als deutsches Eigentum eingetragen ist als auch der Rückgabe innerhalb Österreichs unterliegt".
Geoffrey Keyes, Generalleutnant, Jänner 1947 bis Oktober 1950 US-Hochkommissar für Österreich.

36 Es handelt sich nicht um Note e, sondern um Note d. Die beiliegende Note des Hochkommissariates der Französischen Republik in Österreich an Bundeskanzler Figl enthält den Dank des französischen Hochkommissars Béthouart für die Betreuung ehemaliger KZ-Häftlinge und ihrer Familienangehörigen anläßlich einer „Pilgerfahrt" in die Lager von Mauthausen, Gusen, Melk, Ebensee und Steyr durch die oberösterreichischen Landes- und Ortsbehörden. Seitens des französischen Hochkommissars wurde betont, „daß diese Lager, wo so viele Widerstandskämpfer gelitten haben und gestorben sind, ständig mit peinlichster Sorgfalt in Stand gehalten werden" müßten.
Marie Émile A. Béthouart, September 1945 bis Ende September 1950 kommandierender General und Hochkommissar der französischen Besatzungsmacht in Österreich.

37 Zu Gedenkfahrten ehemaliger französischer Lagerinsassen vgl. etwa MRP Nr. 115/1 k vom 6. Juni 1948; AdR, BKA, Präsidium, Sign. KZ, GZl. 2.405-Pr.M/1948, Gedenkfahrten zu Anhaltelagern, Fühlungnahme mit den Delegierten der Ausländer; GZl. 2.430-Pr.1a/1948, Gedenkfahrten zu Anhaltelagern; GZl. 2.570-Pr.S/1948, Französische Trauerkundgebung in Mauthausen; weiters AdR, BKA, Sektion II, Sign. 40-N, GZl. 70.602-2a/1948, Reisen ehemaliger französischer Lagerhäftlinge nach Österreich.

38 Leopold Hochgatterer, 1945 bis 1970 Bürgermeister von Mauthausen, 13. Dezember 1945 bis 3. Jänner 1966 Abgeordneter zum Landtag Oberösterreich, SPÖ.

BM Dr. Z i m m e r m a n n: Eine gewisse Erhaltung der Baulichkeiten erfolgt durch die Gebäudeverwaltung.[39]

l)[40] BK ersucht um rascheste Maßnahmen zur Auffüllung des österreichischen Lokomotivparks und Feststellung des genauen Standes an Lokomotiven.

o

Der Bundeskanzler bringt die Resolutionen und Denkschriften zur Kenntnis (siehe Beschlußprotokoll Pkt. 3 a – g).[41]

p

Der Bundeskanzler gibt die Bestellung des A. H. B o e r m a[42] aus Holland zum regionalen Direktor der Ernährungs- und Forstwirtschaftsorganisation der Vereinten Nationen für Europa bekannt.

q

BM M a i s e l verweist auf die ernsten Besorgnisse, die in der Öffentlichkeit wegen der Aufbringung der Kontingente bestehen, da sie auf Grund der Nachrichten des Landwirtschaftsministeriums der Meinung ist, daß die Aufbringung nur äußerst langsam und in unzureichendem Ausmaß vor sich geht, aber andererseits die Beschickung des ungesetzlichen Marktes in einem unerhörten Ausmaß sieht. Die Gewerkschaften sind dabei im Hinblick auf das Verhältnis der Löhne zu den Preisen in einer unangenehmen Situation. Er richtet an den Bundeskanzler die Frage, ob die Aufbringung der Kontingente einwandfrei gesichert sei.

BM K r a u s möchte wissen, welche Kontingente BM Maisel hiebei im Auge habe. Bezüglich des Brotgetreides ist zu sagen, daß die Ernte abgeschlossen wurde und der Drusch erst begonnen hat, sodaß man von einer Nichtaufbringung des Kontingentes noch gar nicht sprechen kann. Außerdem ergibt sich eine Verzögerung, da, um eine möglichst gerechte Aufteilung der Aufbringungskontingente zu erreichen, die Durchrechnung bis zum letzten Kontingentträger erfolgt, was längere Zeit erfordert. Im großen und ganzen kann man heute noch nicht sagen, daß die Kontingente nicht abgeliefert werden.

BK stimmt dieser Ansicht zu. Vor allem beim Brotgetreide ist es so, daß in einzelnen Ländern, z. B. in Kärnten und dem Waldviertel, der Schnitt wegen des Regenwetters noch nicht beendet ist. Sorgen bestehen nur wegen der Fleischversorgung.

BM S a g m e i s t e r weist auf eine Erklärung des Landwirtschaftsministers vom 25. 7., daß ab Herbst keine Fleischkonserven mehr, sondern nur Frischfleisch ausgegeben werde.[43]

---

39 Informationen über eine diesbezügliche Sitzung im Bundesministerium für Finanzen, betreffend die Errichtung eines Denkmales im KZ Mauthausen, abgehalten am 27. September oder Oktober 1948 (widersprüchliche Angaben im Akt), finden sich in AdR, BKA, Präsidium, Sign. KZ, GZl. 3.503-Pr.S/1948, Mauthausen-Denkmal, Ministerratsbeschluß 19.8.1948, Pkt. 2, Beschlußprotokoll 122. Zur Ausgestaltung Mauthausens als Gedenkstätte vgl. auch MRP Nr. 130/1 f vom 26. Oktober 1948, MRP Nr. 136/1 i vom 7. Dezember 1948, MRP Nr. 148/1 g vom 8. März 1949, MRP Nr. 149/7 vom 15. März 1949, MRP Nr. 153/1 G vom 12. April 1949, MRP Nr. 154/13 l vom 26. April 1949, MRP Nr. 155/1 f vom 3. Mai 1949, MRP Nr. 156/1 d vom 10. Mai 1949 und MRP Nr. 157/1 h vom 17. Mai 1949.

40 Es handelt sich nicht um Note l, sondern um Note k. Die beiliegende Note des Sekretariates der Alliierten Kommission für Österreich an Bundeskanzler Figl enthält die Antwort auf dessen Ersuchen um Schaffung eines österreichischen Lokomotivparkes. Der Alliierte Rat gestattete den Österreichischen Bundesbahnen, Erkennungszeichen an den in der Beilage aufgezählten Lokomotiven anzubringen. Dadurch könnten „in zweiter Reihe 332 Lokomotiven in den ständigen Lokomotivenstand" aufgenommen werden, „so daß die Gesamtzahl des ständigen österreichischen Lokomotivparkes 1286" erreichen werde. Vgl. dazu auch Tagesordnungspunkt 1 i, weiters MRP Nr. 117/1 h.

41 Die hier nicht behandelten Resolutionen werden im Beschlußprotokoll näher ausgeführt und kommentiert. Vgl. das Beschlußprotokoll Punkt 3 a bis f.

42 Addeke Hendrik Boerma, Direktor des Büros der Ernährungs- und Landwirtschaftsorganisation der Vereinten Nationen (FAO) in Rom, ab 1948 regionaler Direktor der FAO für Europa.

43 Vgl. dazu Wiener Zeitung, 25. Juli 1948, S. 2 „Frischfleisch für Wien gesichert".

Um dieses Versprechen einhalten zu können, muß Vorsorge getroffen werden. Die Beschikkung des grauen Marktes[44] mit Frischfleisch ist hauptsächlich dadurch möglich gewesen, daß die Nutz- und Zuchtviehverordnung aufgehoben wurde.[45] Einige Länder wollten diese Verordnung wieder einführen, Salzburg und Steiermark aber nicht. Der Minister bittet den Bundesminister für Land- und Forstwirtschaft, diesbezüglich einzuwirken und ersucht den Bundeskanzler, bald eine Landeshauptmännerkonferenz einzuberufen, um die Landeshauptleute an die Ablieferungspflicht zu erinnern.

BM H e l m e r bringt eine Weisung des Landwirtschaftsministers an die Landeshauptleute, Kammerpräsidenten und Aufbringungsstellen in den Ländern zur Kenntnis, in der auf die strikte Erfüllung der Kontingente an Fleisch und Milch erinnert wird.[46] Dieser Erlaß steht im Gegensatz zu der zuversichtlichen Erklärung des Landwirtschaftsministers hinsichtlich der Aufbringung. Er wendet sich im besonderen dagegen, daß vielfach geradezu unter dem Schutz von Landeshauptleuten Bewirtschaftungsvorschriften mißachtet werden, da z. B. in einem Bundesland im heurigen Jahr noch kein einziger amtlicher Schlachtschein ausgegeben wurde, während wiederholt Fleisch aufgerufen worden ist. In einem anderen Bundesland verfügte der Landeshauptmann, daß von einem Einschreiten der behördlichen Organe gegen Schleichhändler mit Zucker Abstand zu nehmen sei, sodaß in einzelnen Ländern das Kartensystem fast vor dem Zusammenbruch steht und in Oberösterreich beispielsweise in bestimmten Orten markenpflichtige Waren auf Marken zwar nicht, dafür aber ohne Marken zu Schleichhandelspreisen zu haben sind. Auf der anderen Seite hat eine Abordnung von steirischen Vertrauensmännern bei Landeshauptmann Krainer[47] vorgesprochen, da die Kalorienmenge der in den letzten Tagen zugeteilten Lebensmittel nur 1.400 bzw. 1.600 Kalorien ausmacht. Was sich hier abspielt, ist eine große Gefahr für die Sicherung unserer Ernährung. Alle Außerkontingentwaren sind aus Salzburg in die anderen Bundesländer gekommen. Dabei können nicht alle Waren aus den DP-Lagern stammen, wie behauptet wird. Der Minister richtet an den Landwirtschaftsminister die Frage, ob er in der Lage sei, die Fleischmengen seinem Versprechen gemäß aufzubringen.

BM K r a u s möchte zuerst von BM Maisel wissen, welche Kontingente er gemeint habe.

BM M a i s e l: Alle.

BM K r a u s: Auf alle trifft das nicht zu. Ich habe mit Kollegen Helmer über die Situation gesprochen. Was ich in meinem Rundschreiben geschrieben habe, entspricht den Tatsachen. Fleisch oder Fleischspeisen sind in den Bundesländern überall zu haben. Auf Grund dieser Vorkommnisse, die allen bekannt sind, habe ich meinen Aufruf erlassen, denn was sich da tut, ist gefährlich. Im übrigen ist jeder Landeshauptmann für die Erfüllung des Kontingentes verantwortlich. Ich fürchte, daß durch diese Vorkommnisse die Ablieferungsmoral vollkommen erschlagen worden ist. Hier muß rechtzeitig eingegriffen werden. Der Landeshauptmann von Oberösterreich[48] hat bereits seine Bezirkshauptleute auf Grund meines Schreibens versammelt und auf die Ablieferungspflicht aufmerksam gemacht. Im Vordergrund steht die Sicherung des Fleischkontingentes. Der Minister weist an Hand statistischen Materials nach, daß hinsichtlich Milch in Wien und Niederösterreich die Lieferung durchschnittlich 130 % des Liefersolls beträgt, während die anderen Bundesländer etwas zurück bleiben, so daß nur eine Kontingenterfüllung von 70 bis 80 % erreicht wurde.

---

44 Grauer Markt: im Gegensatz zum Schwarzmarkt legaler Handel, der sich jedoch über vom Gesetzgeber nicht gewünschte Kanäle vollzieht.

45 Vgl. auch Wiener Zeitung, 3. August 1948, S. 5 „Woran krankt die Fleischversorgung?"

46 Vgl. dazu auch Arbeiter-Zeitung, 1. August 1948, S. 1 „Zusammenbruch der Viehaufbringung".

47 Josef Krainer, Landwirt und Politiker, 6. Juli 1948 bis 28. November 1971 Landeshauptmann der Steiermark, ÖVP.

48 Dr. Heinrich Gleißner, 26. Oktober 1945 bis 2. Mai 1971 Landeshauptmann von Oberösterreich, ÖVP.

Der BK stellt resümierend fest, der Ministerrat erkläre sich damit einverstanden, daß gegen die Zeitungsverbote und -beschlagnahmen beim Sowjetischen Element und beim Alliierten Rat Protest eingelegt, sowie bezüglich des jugoslawischen Grenzzwischenfalls bei der jugoslawischen Gesandtschaft Vorstellungen erhoben werden.

BM Dr. Gruber: Wer liefert das Material wegen des Grenzzwischenfalls?

BM Helmer: Das ist schon gestern an das Außenamt geliefert worden. Wenn Ergänzungen kommen, werde ich sie herüberschicken.

BK: Bezüglich der Zeitungsbeschlagnahmen haben wir das Material offiziell nicht bekommen. Es ist nur in der Zeitung eine Mitteilung gestanden.

BM Helmer: Wir haben keinerlei offizielle Mitteilung bekommen. Die russischen Stellen haben verlangt, daß der Redakteur und der Verwalter der Zeitung zur Kommandantur kommen. Das haben diese jedoch nicht getan. Die Zeitungen sind dann beschlagnahmt und durch die österreichischen Behörden, Organe der Gendarmerie und Polizei, von den Trafiken und einzelnen Abonnenten, soweit sie bekannt waren, abgeholt worden.

BM Dr. Gruber: Wer hat das angeordnet?

BM Helmer: Die Landeskommandantur Niederösterreich.[49] Freitag hat sie verlangt, daß Samstag jemand hinkommt. Es war niemand da. Darauf wurde ich Samstag angerufen und habe einen Dolmetsch zur Landeskommandantur geschickt. Dieser hat uns mitgeteilt, daß die Zeitungen verboten sind. Daraufhin hat Landeshauptmannstellvertreter Popp[50] mit einem Parteifunktionär der SPÖ bei der Landeskommandantur vorgesprochen und dort wurde nur mündlich mitgeteilt, daß die einzelnen Blätter auf bestimmte bzw. unbestimmte Zeit verboten wurden.

BM Dr. Gruber kann nicht verstehen, wieso österreichische Behörden verhalten werden können, den Befehl eines russischen Kommandanten auszuführen.

BM Helmer: Was sich in Niederösterreich innerhalb der Beamtenschaft abspielt, kann man sich kaum vorstellen. Weder Landesregierung noch Bundesregierung noch Alliierter Rat können den Beamten Schutz geben. Die Beamten wissen auch, daß sie schutzlos sind. Die gesamte Beamtenschaft ist voll Angst und Sorge und vollführt eher einen Auftrag der Russen als der österreichischen Stellen.

BM Dr. Gruber meint, das Bundesministerium für Inneres müßte in jedem einzelnen Fall, in dem eine russische Kommandantur ungesetzlich vorgeht, den russischen Stellen dies bekanntgeben.

BM Helmer: Das geschieht ja ohnehin.

BM Dr. Gruber: Und wenn wir jeden Tag 3 Proteste schreiben! Aber dazu brauchen wir die sachlichen Unterlagen.

BM Dr. Gerö: Wir werden keine Antwort bekommen.

BM Dr. Gruber: Wir müssen aber nachweisen, daß sie sich nicht auf dem Boden des Rechtes bewegen.

BM Helmer: Dies geschieht wiederholt. Jeder Fall wird vom Innenministerium dem Sowjetelement sofort bekanntgegeben. Die Schreiben werden aber nicht beantwortet.

BM Dr. Gruber: Wenn das Sowjetelement nicht antwortet, muß dies dem Alliierten Rat mitgeteilt werden. Ich bin bereit, dies allenfalls auch selbst zu machen.

BM Helmer: Der Alliierte Rat ist so ohnmächtig wie ich.

---

49 In mehreren niederösterreichischen Ortschaften waren sowjetische Militärkommandanturen untergebracht worden. Vgl. dazu Valerij Vartanov, Die Aufgaben der Militärkommandanturen in der sowjetischen Besatzungszone, in: Stefan Karner/Barbara Stelzl-Marx (Hg.), Die Rote Armee in Österreich. Sowjetische Besatzung 1945–1955. Beiträge (= Veröffentlichungen des Ludwig Boltzmann-Instituts für Kriegsfolgen-Forschung, Sonderband 4), Graz/Wien/München 2005, S. 163–178.

50 Franz Popp, 1945 bis 1960 Landeshauptmannstellvertreter von Niederösterreich.

BM Dr. G r u b e r widerspricht dieser Meinung. Wir müssen eine Fülle von Protesten einbringen, und wenn dies keinen Erfolg hat, müssen wir immer weiter an die höheren Stellen gehen und die Proteste allenfalls auch der Sowjetregierung übersenden.

Der BK regt an, der Innenminister möge Abschriften in jedem einzelnen Fall eines Protestes an ihn übermitteln.

BM H e l m e r sagt dies zu.

[r]

BM Dr. G r u b e r bittet um Auskunft, wie weit die Vorarbeiten für die Herausgabe des Weißbuches gediehen sind.[51]

BK: Termin ist der 20. September. Es haben schon Konferenzen mit den Vertretern der Ministerien stattgefunden und es wurde ein Überblick über den Inhalt erstellt. Die Ministerien haben das Material bis zum 15. September abzuliefern. Dann wird der Ministerrat damit befaßt werden.[52]

[s]

BM H e l m e r kommt auf die Frage der Proteste beim sowjetrussischen Element zurück. Diesem werde jeder einzelne Fall bekannt gegeben. Die Antwortnoten sind jedoch, soferne überhaupt welche eintreffen, nichtssagend. Er erwägt die Frage, ob nicht zweckmäßigerweise der Verbindungsdienst[53] in den Verkehr eingeschaltet werden könnte, falls dies nicht eine zu große Arbeitsbelastung für ihn darstelle.

BM Dr. G r u b e r meint, dann müsse eben ein eigenes Büro dafür gebildet werden.

BM H e l m e r verweist darauf, daß in Niederösterreich der Menschenraub noch immer in höchster Blüte steht. Der Minister erinnert unter anderem an den Mord an dem Gastwirt in Klosterneuburg.[54] In diesem Falle haben die Sowjetorgane festgestellt, daß es sich bei den Tätern um Russen handelt, haben aber Veröffentlichungen in der Zeitung untersagt. Wenn ich Zurückhaltung übe, so deshalb, weil man nicht weiß, ob man den betroffenen Personen nicht mehr Schaden zufügt, als nützt.

BM Dr. G r u b e r: Man muß sich in solchen Fällen an die höheren Stellen wenden. Es wirkt ganz anders, wenn die Bundesregierung eine formelle Note an den Hochkommissar richtet. Wenn dieser sie nicht beantwortet, setzt ihn das in ein sehr schlechtes Licht. Es wird den Russen unangenehm sein, wenn man solche Fälle publiziert. Solange sie nicht zur Anwendung nackter Gewalt entschlossen sind, sind sie sehr empfindlich. Auch die Stellen in Moskau sehen darauf, daß ihr Prestige nicht leidet. Wir dürfen also nicht erlauben, daß derartige Dinge sozusagen unter dem Tisch erledigt werden. Wenn wir ihnen jeden Tag diese Fälle bekannt geben und die Antwort betreiben sowie notfalls mit der Publikation vorgehen, wird sie das vorsichtig machen.

---

51 Vgl. dazu auch MRP Nr. 121/1 i und MRP Nr. 125/1 e vom 14. September 1948.

52 Material zu der Besprechung der Pressereferenten aller Bundesministerien im Bundespressedienst am 21. Juli 1948, bei der die Durchführung und Vorgangsweise für das sogenannte „Weißbuch" oder „Rot-Weiß-Rot Buch" besprochen worden war, findet sich in AdR, BKA, Bundespressedienst, Sign. 16, Zl. 91.026-III/48, Herausgabe eines Werkes über das Verhalten der Alliierten in Österreich seit dem Jahre 1945. Zur Herausgabe des „Weißbuches" kam es schließlich nicht. Vgl. zum Thema auch Ulrich Nachbaur, Dokumentationsmaterial aus der Besatzungszeit. Vorarlbergs Beitrag zu einem 1948 geplanten Weißbuch der österreichischen Bundesregierung (= Kleine Schriften des Vorarlberger Landesarchivs 5), Bregenz 2007.

53 Zur Verbindungsstelle vgl. Anmerkung 12 in MRP Nr. 118.

54 Es handelte sich um den Mord an dem Klosterneuburger Gastwirt Edmund Schnabel, der am 30. Juli 1948 in seiner Wohnung erstochen aufgefunden worden war. Vgl. dazu Neues Österreich, 31. Juli 1948, S. 3 „Mit einem Küchenmesser abgeschlachtet" und 4. August 1948, S. 2 „Die Blutgruppe soll den Mörder überführen"; MRP Nr. 123/1 j.

BM H e l m e r verweist darauf, daß z. B. im Falle Marek[55] vom sowjetrussischen Element der Vorwurf erhoben wurde, hohe Beamte des Ministeriums seien in den Fall verwickelt, doch wurden bisher keine Beweise dafür vorgebracht. Er sagt erneut zu, er werde dem Herrn Bundeskanzler die Abschriften der Proteste jeweils zur Kenntnis bringen.

2

Personalangelegenheiten[56]

BK: Gegen die Ernennung des Ministerialrates i. R. Dr. Viktor K o l a s s a des Handelsministeriums wurde ein Einspruch beantragt.[57] Im übrigen wurde kein Einspruch erhoben.

BM Dr. K o l b: Doch, ein Einspruch gegen Ziffer 7.[58]

Der Ministerrat beschließt die in der Beilage beantragten Ernennungen mit Ausnahme der Punkte 7 und 8a, die zurückgestellt werden.

3

Rechenschaftsbericht des Liquidators der Einrichtungen des Deutschen Reiches in der Republik Österreich

Der BK berichtet gemäß Ministerratsbericht, Zl. 72.967-3/48[59], über den Rechenschaftsbericht des Liquidators der Einrichtungen des Deutschen Reiches in der Republik Österreich. Der Ministerrat nimmt diesen Bericht zur Kenntnis und beschließt im Sinne der Anregung des BK ohne Debatte, dem Liquidator, Ministerialrat Dr. Wolfgang T r o l l, Dank und Anerkennung für seine bisherige Tätigkeit auszusprechen.

---

55 Anton Marek, Kriminalpolizist, Leiter der sogenannten „Gruppe 5" im Bundesministerium für Inneres. Zur Verhaftung Mareks durch die sowjetische Besatzungsmacht vgl. Anmerkungen 40 in MRP Nr. 117.

56 Beilage 2: Personalangelegenheiten (4 Seiten). Vgl. das Beschlußprotokoll.

57 Es handelte sich um den Antrag des Bundesministers für Handel und Wiederaufbau auf Verleihung des Titels „Sektionschef" an den Ministerialrat i. R. Dr. Viktor Kolassa aus Anlaß der Versetzung in den dauernden Ruhestand. Vgl. Beschlußprotokoll Punkt 12.

58 Es handelte sich um den Antrag des Bundesministers für Verkehr auf Genehmigung der Nachsicht von dem mangelnden Anstellungserfordernis der Erlernung des Schlosser- oder Mechanikergewerbes für die Ernennung im Amts-, Verkehrs- und Zeugdienst – Kraftwagenlenker für die Vertragsbediensteten des Hilfsdienstes (Kraftwagenlenker) für vier Postangestellte. Vgl. Beschlußprotokoll Punkt 11.

59 Beilage 3: BKA, Zl. 72.967-3/1948 Ministerratsvortrag (1 ½ Seiten); Zl. 6.700/1948 Bericht des Liquidators der Einrichtungen des deutschen Reiches in der Republik Österreich (19 Seiten). Dr. Wolfgang Troll war mit Dekret des Staatskanzlers vom 28. Juli 1945 mit der Liquidierung der für das Gebiet der Republik Österreich oder deren Teilbereiche bestehenden Behörden, Ämter, Anstalten, Unternehmungen und sonstigen Einrichtungen des Deutschen Reiches betraut worden. Mit dem vorliegenden Bericht war die Liquidierung im wesentlichen beendet, der Liquidierungsapparat sollte jedoch für die Bearbeitung der vor allem auf dem Gebiet der personellen Liquidierung und der finanziellen Abwicklung auftretenden Einzelfragen erhalten bleiben. Aus dem Bericht des Liquidators war zu entnehmen, daß die Einrichtungen des Deutschen Reiches aufgelöst und das Personal dieser Einrichtungen nahezu vollständig entweder in die neuen österreichischen Personalstände gemäß § 7 Beamten-Überleitungsgesetz (StGBl. Nr. 134/1945) übernommen oder des Dienstes bei der zu liquidierenden Dienststelle gemäß § 8, Abs. (3) enthoben worden war. Zusammen mit den Entlassungen auf Grund des Verbotsgesetzes (StGBl. Nr. 13/1945) waren weit über 100.000 Personalfälle „ihrer Bereinigung" zugeführt worden. Der Bericht enthält eine detaillierte Beschreibung der in den einzelnen Bereichen (amtliche Einrichtungen, sachliche Bereiche und finanzielle Gebarung) durchgeführten Liquidierung.
Dr. Wolfgang Troll, Ministerialrat, 28. Juli 1945 bis 31. Dezember 1950 Liquidator der Einrichtungen des Deutschen Reiches in der Republik Österreich.

4

Standesausweise für Bundesbedienstete

Nach einem Bericht des Bundeskanzlers gemäß Zl. 73.175-3/48[60], betreffend die Einführung neuer Vordrucke der Standesausweise für Bundesangestellte, beschließt der Ministerrat ohne Debatte antragsgemäß.

5

Einspruch gegen den Gesetzesbeschluß des Oberösterreichischen Landtages

Nach einem Bericht des Bundeskanzlers gemäß Ministerratsvortrag, Zl. 73.763-2a/48[61], betreffend den Gesetzesbeschluß des Oberösterreichischen Landtages (Landwirtschaftskammergesetz), beschließt der Ministerrat gleichfalls ohne Debatte antragsgemäß, Einspruch zu erheben.[62]

6

Bestellung eines Vertreters der Nationalbank für die Bearbeitung des ERP

BM Dr. G r u b e r berichtet gemäß Ministerratsvortrag, Zl. 170.008-ERP/48[63], über die Beiziehung eines Vertreters der Österreichischen Nationalbank zu den Verhandlungen, die

---

60 Beilage 4: BKA, Zl. 73.175-3/1948 Ministerratsvortrag (1 ½ Seiten); Vordrucke zum Standesausweis (insgesamt 24 Seiten). Gemäß § 13 Dienstpragmatik (RGBl. Nr. 15/1914) mußte für jeden Beamten bei der Dienstbehörde ein Standesausweis geführt werden, in den alle für das Dienstverhältnis im allgemeinen und insbesondere für die Vorrückung in höhere Bezüge und die Bemessung des Ruhe- und Versorgungsgenusses wichtigen Personaldaten einzutragen waren. Da sowohl die Bestimmungen über die Führung des Standesausweises als auch der dafür vorgesehenen Vordrucke überholt waren, war eine Neufassung notwendig. Darüber hinaus war mit Rücksicht auf die große Zahl der im Bundesdienst stehenden Vertragsbediensteten, von denen viele in ein öffentlich-rechtliches Dienstverhältnis übergeleitet werden sollten, die Führung entsprechender Standesausweise erforderlich.

61 Beilage 5: BKA, Zl. 73.763-2a/1948 Ministerratsvortrag (3 Seiten); Gesetz vom 4. Juni 1948 mit welchem zufolge Wiederinkraftsetzung des Landwirtschaftskammergesetzes vom 7. Juli 1932, LGBl. Nr. 36, durch Kundmachung der Provisorischen Staatsregierung, StGBl. Nr. 64/1945, Übergangsbestimmungen bis zur Wirksamkeit eines neuen Landwirtschaftskammergesetzes getroffen werden (2 Seiten). Aus § 18 c des vorliegenden Gesetzesbeschlusses des Oberösterreichischen Landtages war abzuleiten, daß auch die Finanzämter, also Bundesbehörden, mit der Vollziehung des Gesetzes betraut werden sollten. Gegen diese Beteiligung von Bundesbehörden an der Vollziehung des Landesgesetzes hatte das Bundesministerium für Finanzen Bedenken geltend gemacht und im Einvernehmen mit dem Bundeskanzleramt-Verfassungsdienst beantragt, die erforderliche Zustimmung der Bundesregierung im Sinne des Art. 97 des Bundes-Verfassungsgesetzes zu verweigern.

62 Das Gesetz gelangte nicht zur Ausgabe. Ein neues Landwirtschaftskammergesetz wurde schon im folgenden Jahr ausgegeben. Vgl. Landesgesetzblatt für Oberösterreich Nr. 13, Gesetz vom 7. Juli 1948 über die Errichtung einer Landwirtschaftskammer in Oberösterreich in der Fassung des Beschlusses des o.-ö. Landtages vom 6. Oktober 1948 (oberösterreichisches Landwirtschaftskammergesetz), ausgegeben am 25. April 1949.

63 Beilage 6: BKA, Zl. 170.008-ERP/1948 Ministerratsvortrag (½ Seite). Bei den Verhandlungen, die bei der Organisation für europäische wirtschaftliche Zusammenarbeit (OEEC) in Paris über die Schaffung des multilateralen Clearings der am ERP teilnehmenden Staaten geführt wurden, hatte es sich als wünschenswert erwiesen, einen Vertreter der Oesterreichischen Nationalbank beizuziehen, dem die Aufgabe zukommen sollte, den österreichischen Delegierten für Zahlungsbilanz und Zahlungsverkehr Sektionsrat Dr. Hans Kloss in Fragen der technischen Durchführung des multilateralen Clearings zu beraten. Im Einvernehmen mit dem Bundesministerium für Finanzen war hierfür von Seiten der Oesterreichischen Nationalbank Dr. Max Scheithauer nominiert worden.

Dr. Hans Kloss, Sektionsrat im Departement 15 (Staatskredit und Kreditpolitik mit Bezug auf die öffentlich-rechtlichen Körperschaften und Fonds u. a.) der Kreditsektion im Bundesministerium für Finanzen, österreichischer Sachverständiger für den Marshallplan, Sachgebiet Zahlungsbilanz und Zahlungsverkehr.

zur Zeit bei der Organisation für europäische wirtschaftliche Zusammenarbeit in Paris über die Schaffung des multilateralen Clearings zwischen den am ERP teilnehmenden Staaten geführt werden, und beantragt laut Ministerratsvortrag.

Der Ministerrat beschließt ohne Debatte antragsgemäß.[64]

7

Regelung der sowjetrussischen Relief-Kredite

BM Dr. G r u b e r berichtet an Hand des Ministerratsvortrages, Zl. 172.248-WPol/48[65], über die Regelung der sowjetischen Relief-Kredite und die Abrechnung der Lebensmittellieferungen im Jahre 1945.

BM Dr. G e r ö glaubt sich erinnern zu können, daß gelegentlich der Währungsreform[66] sämtliche diesbezüglichen Fragen mit dem Sowjetelement bereinigt wurden.

Dipl.-Kfm. Dr. Max Scheithauer, ab März 1948 Tätigkeit in der Volkswirtschaftlichen Abteilung der Oesterreichischen Nationalbank, später Direktoriumsmitglied der Nationalbank.

64 Aktenmaterial zur Bestellung von österreichischen Sachverständigen bei der OEEC für das Jahr 1948 findet sich im Konvolut AdR, BKA/AA, ERP, Sitzungen, GZl. 139.135-ERP/1948. Vgl. auch MRP Nr. 116/11 und MRP Nr. 125/6 und 7 vom 14. September 1948.

65 Beilage 7: BKA/AA, Zl. 172.248-Wpol/1948 Ministerratsvortrag (2 Seiten); Verb. Zl. 3.588/VII, Schreiben der Sowjetabteilung der Alliierten Kommission für Österreich, Nr. 9/192, an Bundeskanzler Figl vom 29. Juli 1948 (1 Seite). Bundeskanzler Figl war in der beiliegenden Note der Sowjetabteilung der Alliierten Kommission für Österreich darauf hingewiesen worden, die Abrechnung der durch das Sowjetkommando für die Republik Österreich im Jahr 1945 durchgeführten Lebensmittellieferungen ohne weitere Verzögerung zu regeln. Der Entwurf einer entsprechenden und – wie im weiteren Verlauf des Tagesordnungspunktes beschlossen – abschlägigen Antwortnote an die sowjetische Besatzungsmacht, betreffend die Abrechnung der gegenständlichen Lebensmittellieferungen, ist Teil des in Beilage 7 enthaltenen Vortrages. Darin wurde u. a. ausgeführt, daß Österreich „aus dem Titel Lebensmittellieferungen [...] nicht nur an das Sowjetelement, sondern an alle vier Besatzungselemente Schulden" habe. Diese Schulden beliefen sich auf rund 118 Millionen Schilling an das US-, 70 Millionen an das britische, 30 Millionen an das französische sowie knapp 49 Millionen an das sowjetische Element. Die Bundesregierung sei „seitens der nicht-sowjetrussischen Besatzungselemente darüber informiert worden, dass einer den Verhandlungen für den Abschluss des Staatsvertrages vorgreifenden Rückzahlung solcher Schulden an das eine oder das andere Element nicht zugestimmt, vielmehr darauf bestanden werden müsste, dass diese sämtlichen Schulden auf einmal geregelt" würden. Was den Artikel 48 des Staatsvertragsentwurfes (vgl. dazu Gerald Stourzh, Um Einheit und Freiheit. Staatsvertrag, Neutralität und das Ende der Ost-West-Besetzung Österreichs 1945–1955, 5. Auflage, Wien/Köln/Graz 2005, S. 744–746) betreffe, liege „ein stark unterstützter Vorschlag vor, wonach die Regierungen der Alliierten und Assoziierten Mächte auf alle Ansprüche [...] verzichten sollen, die sie oder eine von ihnen für den Wert jener eingeführten Versorgungsgüter haben, die von ihnen oder einer von ihnen für den zivilen Verbrauch in Österreich zwischen dem 8. Mai 1945 und dem Inkrafttreten des Vertrages geliefert wurden. Aus diesen Gründen sieht sich die Bundesregierung derzeit nicht in der Lage, den Schuldendienst für die fraglichen Lebensmittellieferungen aufzunehmen", sondern behalte sich vor, „nach Regelung der grundsätzlichen Fragen durch den Staatsvertrag, ihre etwaigen diesbezüglichen Verpflichtungen mit den vier Alliierten und Assoziierten Mächten durch Herstellung eines Zahlungsplanes zu ordnen". Artikel 48 des Staatsvertragsentwurfes wurde von der Wiener Botschafterkonferenz am 4. Mai 1955 gestrichen, nachdem sich die Sowjetunion bereit erklärt hatte, auf diesen Artikel zu verzichten. Vgl. Stourzh, Um Einheit und Freiheit, S. 746.

66 Zu BGBl. Nr. 250, Bundesgesetz vom 19. November 1947 über die Verringerung des Geldumlaufs und der Geldeinlagen bei Kreditunternehmungen (Währungsschutzgesetz – W.Sch.G.), ausgegeben am 9. Dezember 1947, und der damit zusammenhängenden Währungsreform vgl. MRP Nr. 88/10 a vom 18. November 1947, MRP Nr. 89/1 b vom 25. November 1947, MRP Nr. 91/1 a vom 9. Dezember 1947, MRP Nr. 92/16 a vom 16. Dezember 1947, MRP Nr. 93/17 vom 23. Dezember 1947, MRP Nr. 95/7 vom 13. Jänner 1948, MRP Nr. 96/7 d vom 20. Jänner 1948, MRP Nr. 97/7 und 11 vom 27. Jänner 1948, MRP Nr. 98/7 vom 3. Februar 1948 und MRP Nr. 115/13 f vom 6. August 1948.

BM Dr. Z i m m e r m a n n: Dieses Konto ist ein Warenkompensationskonto.

BK: Das ist die sogenannte „Maispende“, die die Russen jetzt einkassieren wollen.[67]

StS G r a f erinnert sich gleichfalls daran, es sei auf seine diesbezügliche Anfrage im Ministerrat erklärt worden, daß alle Verbindlichkeiten geregelt seien.[68] Er fragt, ob noch ähnliche Fälle offen stehen.

BM Dr. G r u b e r: Noch eine ganze Reihe. Es werden z. B. für Eisenbahnreparaturen von den Russen 60 Millionen gefordert. Diese Frage ist noch im Zuge.

BM Dr. Z i m m e r m a n n: Solche Forderungen tauchen im Laufe der Zeit auf. Ich habe sicher nicht gesagt, daß alle Forderungen bereinigt sind, sondern nur diejenigen, die damals effektiv von uns bereits verlangt waren.

BM Dr. K r a u l a n d: In dem Währungsabkommen mit den Russen ist eine Generalklausel zur Bereinigung früherer Probleme enthalten.[69] Man müßte untersuchen, ob diese Frage durch die Generalklausel gedeckt ist. Ich habe in Erinnerung, daß diese Sache nicht unter die Generalklausel fällt.

BK: Wir werden diesen Beschluß nochmals nachsehen. Ich hatte den Herrn Finanzminister gebeten, den bezüglichen Akt mitzubringen. Er hat ihn aber in der kurzen Zeit nicht beschaffen können. Wir werden das nachmittags ergänzen. Prinzipiell ist also der Ministerrat dafür, daß ein negativer Bescheid erteilt wird.

Der Ministerrat beschließt in diesem Sinne antragsgemäß.[70]

BM Dr. G r u b e r: In diesem Zusammenhang möchte ich noch zwei Fragen hinsichtlich des russischen Elementes behandeln. Minister Dr. Kolb hat eine längere Unterredung mit Oberst K u l a g i n[71] vom Sowjetelement gehabt, der eine Reihe von Wünschen gegenüber Österreich zum Ausdruck brachte. Der erste Wunsch bezog sich auf regelmäßige Berichte über die Industrie. Ich habe zunächst einmal veranlaßt, daß die Rechtslage von alliierter Seite klargestellt wird. Aus der Antwort, die ich erhalten habe, geht hervor, daß gewisse Berichte gegeben werden können, aber nicht in dem von den Russen gewünschten Sinn. Ich möchte den Ministerrat bitten, daß Kollege Dr. Kolb mit mir diese Frage abstimmen kann. Die allgemeine Berichterstattung über die Industrie ist ein Problem, das noch nicht ganz reif ist.

---

67 Die erste Lebensmittelausgabe, die nicht von Österreich selbst organisiert werden mußte, war die sogenannte „Maispende“. Auf Befehl Stalins waren am 23. Mai 1945 pro Person 20 dkg Bohnen, 20 dkg Erbsen, 5 dkg Speiseöl, 15 dkg Fleisch und ⅛ kg Zucker an die hungernde Bevölkerung Wiens verteilt worden. Vgl. dazu Carina Grausenburger, „Ein voller Bauch ...“. Die Lebensmittelversorgung Wiens, vor allem aber der Wiener Kinder und Jugendlichen in den Jahren 1945–1953, Diplomarbeit, Wien 2009, S. 31.

68 Die sogenannte „Maispende“ war etwa in der 106. Ministerratssitzung vom 6. April 1948 erwähnt worden, allerdings hatte Bundeskanzler Figl dort bereits berichtet, daß von sowjetischer Seite 17 Millionen Schilling für diesen Lebensmittelkredit gefordert würden. Vgl. MRP Nr. 106/1 e.

69 In dem Übereinkommen vom 2. Dezember 1947 erkaufte sich die österreichische Bundesregierung die Zustimmung der Sowjets zum Währungsschutzgesetz u. a. durch Zahlung von 390 Millionen Schilling. Dafür wurden die Verpflichtungen Österreichs auf Rückzahlung der von der Sowjetregierung im Jahr 1945 gewährten Kredite in Höhe von 600 Millionen Reichsmark gestrichen. Vgl. dazu Herbert Matis, Vom Nachkriegselend zum Wirtschaftswunder – Der Schilling im „goldenen Zeitalter“, in: Karl Bachinger/Felix Butschek/Herbert Matis/Dieter Stiefel, Abschied vom Schilling. Eine österreichische Wirtschaftsgeschichte, Graz/Köln/Wien 2001, S. 155–261, hier S. 174; Hans Seidel, Österreichs Wirtschaft und Wirtschaftspolitik nach dem Zweiten Weltkrieg, Wien 2005, S. 149–156. Vgl. auch MRP Nr. 90/1 b vom 2. Dezember 1947. Eine Abschrift des Übereinkommens findet sich am Ende von MRP Nr. 90 a vom 4. Dezember 1947 abgedruckt.

70 Weiteres Material zu dieser Angelegenheit findet sich in AdR, BKA/AA, W-pol 1948, Finanzen 8, GZl. 172.248-Wpol/1948, Regelung der sowjetrussischen Reliefkredite.

71 Georgij Andreevič Kulagin, Leiter der sowjetischen Wirtschaftsabteilung bei der Alliierten Kommission für Österreich und Leiter der USIA-Konzerne.

Der Ministerrat beschloß in diesem Sinne.

BM Dr. G r u b e r: Eine weitere Sache betrifft die USIA-Betriebe in Österreich.[72] Oberst K u l a g i n hat verlangt, die USIA-Betriebe mögen wie die übrigen österreichischen Betriebe behandelt werden. Ich habe Kollegen Kolb gebeten, in dieser Sache nicht mündlich mit den Russen zu verhandeln, sondern eine Note an sie zu richten.

BM H e l m e r: Sozialversicherungsbeiträge![73]

BM Dr. G r u b e r: Ich habe den Entwurf der Note den Kollegen Dr. Krauland und Dr. Kolb übermittelt, und möchte sie auch dem Ministerrat zur Kenntnis bringen. Sie soll, wenn er damit einverstanden ist, sie {sic!} an das Sowjetelement abgehen.

Der BM bringt den Entwurf der in Aussicht genommenen Note zur Verlesung. Beilage A[74]

Zu Pkt. 2 der Note erklärt er auf den Zwischenruf, daß die Frage der Sozialversicherungsbeiträge noch werde geprüft werden.[75]

---

[72] Zum USIA-Konzern vgl. Anmerkung 33 in MRP Nr. 116.

[73] Zu den Abgaben- und Steuerschulden der USIA vgl. Otto Klambauer, Die USIA-Betriebe, phil. Diss., Wien 1978, S. 346–355. Bundesminister Zimmermann legte in der 161. Ministerratssitzung vom 14. Juni 1949 einen Bericht über die Steuerschulden der USIA-Betriebe vor. Vgl. MRP Nr. 161/11 a. Nach diesen Erhebungen und zahlreichen diesbezüglichen Presseberichten begannen die USIA-Betriebe, wie Bundeskanzler Figl in der 165. Sitzung des Ministerrates vom 12. Juli 1949 berichtete, ihrer Steuer- und Abgabenpflicht besser nachzukommen. Vgl. MRP Nr. 165/1 g; weiters AdR, BKA, Präsidium, GZl. 2.243-Pr.M/1949, Steuerleistungen der USIA-Betriebe. Zum Thema vgl. auch MRP Nr. 150/6 vom 22. März 1949, MRP Nr. 157/1 c vom 17. Mai 1949, MRP Nr. 158/11 g vom 24. Mai 1949, MRP Nr. 160/1 e vom 8. Juni 1949, MRP Nr. 161/1 f und 11 a vom 14. Juni 1949 und MRP Nr. 178/11 g vom 4. November 1949.

[74] Die Worte *Beilage A* wurden handschriftlich eingefügt. Beilage A: (Ohne Aktenzahl) Entwurf einer Note der Bundesregierung an das Sowjetelement (Abschrift) (1 ½ Seiten). Zahlreiche österreichische Vermögensobjekte, insbesondere Produktionsunternehmungen, waren mit der Begründung, daß es sich um deutsches Eigentum handle, unter die zentrale Verwaltung des USIA-Konzerns gestellt worden. Die Betriebe waren von der Anwendung der geltenden österreichischen Gesetze ausgenommen und wurden de facto als exterritoriale Unternehmungen geführt. So hielten sich die in der USIA zusammengefaßten Betriebe weder an die österreichischen Steuergesetze noch die österreichischen Preis- und Lohnvorschriften oder das Inspektionsrecht der österreichischen Behörden nach dem Arbeitsinspektionsgesetz. Seit ihrer Übernahme in sowjetische Verwaltung setzten sich die Betriebe auch über die Bestimmungen der österreichischen Devisengesetzgebung hinweg und tätigten Ausfuhren, ohne die dafür erforderliche Genehmigungen im Rahmen der bestehenden Gesetzgebung einzuholen. Die österreichische Bundesregierung sah, so wurde in der Beilage weiter ausgeführt, in diesem Vorgehen einen durch die Besatzungsmacht aufgezwungenen Akt, der vor einer zwischenstaatlichen Regelung der Frage des deutschen Eigentums in Österreich zur völkerrechtlichen Rechtslage im Widerspruch stehe. Sie sei daher nicht in der Lage, die USIA rechtlich anzuerkennen oder mit ihr in geschäftliche Verbindungen zu treten. Um eine Normalisierung des Wirtschaftslebens in der sowjetisch besetzten Zone Österreichs herbeizuführen und um andererseits einen nichtgesetzmäßigen Zustand zu beseitigen, sei die Bundesregierung jedoch grundsätzlich bereit, „den einzelnen in der USIA zusammengefaßten Unternehmungen die gleiche Behandlung mit allen anderen österreichischen Betrieben zuzusichern, ihnen insbesonders aus den bewilligten Exportgeschäften die übliche Freiquote am Deviseneingang einzuräumen und ihnen somit die für die Einfuhr der betriebswichtigen Importe erforderliche Devisenzuteilung sicherzustellen". Zu diesem Schritt sehe sich die Bundesregierung allerdings nur unter der Voraussetzung in der Lage, „daß die in der USIA zusammengefaßten Betriebe sich ihrerseits bereit erklären, sich den bestehenden österreichischen Gesetzen und Vorschriften zu unterwerfen". Dadurch werde aber deren Rechtsstellung hinsichtlich des gegenwärtigen oder künftigen Eigentums in keiner Weise berührt, da nach Ansicht der Bundesregierung zur Beurteilung dieser Frage „ausschließlich die Bestimmungen des noch abzuschließenden Staatsvertrages maßgeblich sein werden".

[75] Punkt 2 der Note enthielt die Forderung der Bundesregierung nach Beachtung der gesetzlichen Verordnungen auf dem Gebiete des Preis- und Lohnwesens durch die USIA.

Zu Pkt. 3 schlägt BM Dr. K r a u l a n d vor, die Beachtung der gesetzlichen Bestimmungen über die „Ein- und Ausfuhr" anzuführen, da es sich bei der USIA auch um unerlaubte Importgeschäfte handle.[76]

Zu Pkt. 4 verweist BM S a g m e i s t e r darauf, daß dadurch die Einhaltung der Bewirtschaftungsvorschriften nicht gedeckt sei.[77]

BM K r a u s beantragt außerdem einen Hinweis auf die Landwirtschaft insoferne als auch die landwirtschaftlichen Betriebe, die nicht ihren Verpflichtungen nachkommen, einbezogen werden, des weiteren auch die Betriebe der Landwirtschaft, die Holz schlägern, ohne sich um die österreichische Forstordnung zu kümmern. Auch solche Betriebe werden von der USIA verwaltet.

BM Dr. K o l b möchte wissen, ob solchen Betrieben mit Hilfe des Marshallplanes angekaufte Rohstoffe zur Verfügung gestellt werden dürfen.

BM S a g m e i s t e r: Das geschieht bereits zum Teil, u. zw. mit Zustimmung der Amerikaner, dort, wo keine anderen österr. Betriebsstätten vorhanden sind.

BM Dr. G r u b e r: Das müßte man zurückstellen!

Der Ministerrat stimmt der Absendung der Note unter Berücksichtigung der in der Debatte vorgebrachten Anregungen zu.

8
Einbürgerungen

Über Antrag des BM für Inneres H e l m e r beschließt der Ministerrat, die Verleihung der österreichischen Staatsbürgerschaft an die im Verzeichnis Nr. 113[78] des Bundesministeriums für Inneres angeführten 146 Personen als im Interesse des Staates gelegen zu bezeichnen.

9
Zuweisung der Katastralgemeinde Eichberg zum Gerichtsbezirk Vorau

BM Dr. G e r ö berichtet gemäß Ministerratsvortrag, JM Zl. 7.163/48[79], über die Zuweisung der Katastralgemeinde Eichberg zum Gerichtsbezirk Vorau.

Der Ministerrat beschließt ohne Debatte antragsgemäß.[80]

---

76 Punkt 3 der Note enthielt die Forderung der Bundesregierung nach Beachtung der gesetzlichen Bestimmungen über die Ausfuhr, insbesondere über die Genehmigungspflicht von Ausfuhr- und Importgeschäften, und der Ablieferung der Devisenerlöse bei der Oesterreichischen Nationalbank durch die USIA.

77 Punkt 4 der Note enthielt die Forderung der Bundesregierung nach freier Anbietung der produzierten Waren nach den Bestimmungen der österreichischen Gewerbeordnung ohne Diskriminierung bestimmter Gebiete Österreichs durch die USIA.

78 Beilage 8: BMI, (ohne Aktenzahl) Ministerratsvortrag (1 Seite); Verzeichnis Nr. 113 (25 ½ Seiten). Die im beiliegenden Verzeichnis angeführten Personen bedurften zur Erlangung der österreichischen Staatsbürgerschaft eines Beschlusses der Bundesregierung gemäß § 5, Abs. (1), Z. 3, des Staatsbürgerschaftsgesetzes vom 10. Juli 1945, StGBl. Nr. 60, nach dem die Verleihung bei mangelndem vierjährigem Wohnsitz im Staatsgebiet nur dann ausgesprochen werden durfte, wenn die Bundesregierung sie als im Interesse des Staates gelegen bezeichnete. Weiterführendes Material zu den Staatsbürgerschaftsangelegenheiten findet sich in AdR, BMI, Abteilung 8.

79 Beilage 9: BMJ, JMZl. 7.163/1948 Ministerratsvortrag (½ Seite). Die Steiermärkische Landesregierung hatte mit Verordnung vom 4. September 1947 (LGBl. Nr. 33/1947) die zur Ortsgemeinde Gräflerviertl im Gerichtsbezirk Hartberg gehörende Katastralgemeinde Eichberg von ersterer getrennt und der Ortsgemeinde Kleinschlag im Gerichtsbezirk Vorau einverleibt. Beide Ortsgemeinden lagen im politischen Bezirk Hartberg. Durch diese Änderung der Gemeindegrenzen war die Änderung der Gerichtszuständigkeit der Katastralgemeinde Eichberg und der diesbezüglichen Änderung der Grenzen der Gerichtsbezirke Hartberg und Vorau notwendig geworden, wozu der Ministerrat seine Zustimmung erteilen sollte. Vgl. BGBl. Nr. 195, Verordnung der Bundesregierung vom 19. August 1948, betreffend die Zuweisung der Katastralgemeinde Eichberg zum Gerichtsbezirke Vorau, ausgegeben am 24. September 1948.

80 Vgl. dazu auch AdR, BKA, Sektion II, Sign. 40, GZl. 74.634/1948, Zl. 77.028-2b/1948, Verordnung

10

Verlängerung eines Bestandvertrages mit der USIA

BM K r a u s in Vertretung des Bundesministers für Unterricht, berichtet an Hand des Ministerratsvortrages[81] über den mit 21. 9. 48 ablaufenden Bestandsvertrag mit der USIA betreffend ein Objekt in Türnitz.

BM K r a u l a n d: Wir haben so etwas immer abgelehnt, vielleicht ist es unvermeidlich, aber es sollte keine Präjudiz[82] geschaffen werden. Wir haben die Klausel „vorbehaltlich der endgültigen Eigentumsregelung" vorgeschlagen, das ist aber von sowjetischer Seite abgelehnt worden. Durch diese Vorlage wird ein Präjudiz geschaffen.

BK: Dieses besteht schon, weil die Russen schon bisher in dem Gebäude waren.

BM Dr. G r u b e r schlägt vor, die Zurückstellung dieses Punktes zu beantr.[agen].

BM K r a u s entgegnet, daß innerhalb der nächsten 8 Tage eine Entscheidung getroffen werden müsse, da sonst der Bestandsvertrag abläuft.

BM Dr. G r u b e r: Wer war bisher Eigentümer?

BM Dr. K r a u l a n d gibt eine Aufklärung über die Eigentumsverhältnisse im Verlauf der letzten Jahre und kommt zu dem Schluß, es handle sich um deutsches Eigentum[83], rein rechtlich um einen Restitutionsfall.

BM Dr. G r u b e r beantragt, die Entscheidung bis morgen abends zurückzustellen und mit der Klärung der Angelegenheit die BM Dr. Gruber, Dr. Krauland und Kraus zu beauftragen.

Der Ministerrat beschließt in diesem Sinne, wobei ein einhelliger Beschluß die Wirksamkeit eines Ministerratsbeschlusses hat.

11

Stützung der Preise landwirtschaftlicher Erzeugnisse

BM Dr. Z i m m e r m a n n berichtet laut Ministerratsvortrag, Zl. 54.004-15/48[84], über den Gesetzesentwurf, betreffend die Stützung der Preise landwirtschaftlicher Erzeugnisse.

---

der Bundesregierung, betreffend die Zuweisung der Katastralgemeinde Eichberg zum Gerichtsbezirk Vorau.

81 Beilage 10: BMU, Zl. 46.673-III/11/1948 Ministerratsvortrag (1 ½ Seiten). Im Schuljahr 1947/48 mußten einige Klassen samt Internat der Höheren Bundeslehranstalt für hauswirtschaftliche Frauenberufe in Wien XIX., Strassergasse wegen Raummangels im Wiener Stammgebäude in Türnitz/NÖ untergebracht werden, und zwar in jenen Gebäuden, in die während der nationalsozialistischen Herrschaft die Unterstufe der Erziehungsanstalt für Mädchen in Wien III. verlegt worden war. Die in Betracht kommenden Objekte waren grundbücherlich zu Gunsten des Deutschen Reiches einverleibt und von der sowjetischen Besatzungsmacht als deutsches Eigentum beschlagnahmt worden. Sie wurden von der USIA verwaltet. Mit dieser war am 22. September 1947 ein Pachtvertrag bis 21. September 1949 abgeschlossen worden. Dieser Vertrag sollte nun um ein weiteres Schuljahr verlängert werden. Auf Grund eines Ministerratsbeschlusses vom 8. Juni 1948 (MRP Nr. 115/1 h), nach dem Verhandlungen der Zentralbehörden mit auswärtigen Mächten ohne Vollmacht des Ministerrates zu unterlassen waren, ersuchte der Bundesminister für Unterricht nun um Bevollmächtigung des Ministerrates zur Führung konkreter Verhandlungen und zum Abschluß des Pachtvertrages mit der USIA.

82 Präjudiz: Vorentscheidung.

83 Zum Begriff des „Deutschen Eigentums" vgl. Anmerkung 63 in MRP Nr. 117.

84 Beilage 11: BMF, Zl. 54.004-15/1948 Ministerratsvortrag (1 ¼ Seiten); Gesetzesentwurf (1 Seite); Erläuterungen (1 Seite). Der Ministerrat hatte in seinen Sitzungen vom 13. April (MRP Nr. 107/9) und 29. Juni 1948 (MRP Nr. 118/1 d) die Stützung der Preise bestimmter landwirtschaftlicher Erzeugnisse (Milch, Getreide, Kartoffel und Fleisch) aus öffentlichen Mitteln beschlossen. Die für diese Maßnahme benötigten Mittel von ca. 600 Millionen Schilling standen der Staatskasse allerdings nicht zur Verfügung. Die amerikanischen Dienststellen hatten sich sodann bereit erklärt, Freigaben aus den Erlöskonten für Investitionen zu bewilligen. Dadurch hatte sich die Möglichkeit eröffnet, die Investitionen des Jahres 1948 im außerordentlichen Haushalt nicht wie im Finanzgesetz vorgesehen durch

BM Dr. K r a u l a n d regt an, im § 2, 4. Zeile des Gesetzesentwurfes das Wort „die“ zu streichen.

Der Ministerrat beschließt, den Gesetzesentwurf mit der vom BM Dr. Krauland angeregten Änderung als Regierungsvorlage der verfassungsmäßigen Behandlung durch die Organe der Bundesgesetzgebung zuzuführen.[85]

12

Sicherstellung der für den Erlag des Schillinggegenwertes amerikanischer Hilfslieferungen erforderlichen Beträge

BM für Finanzen Dr. Z i m m e r m a n n berichtet gemäß Ministerratsvortrag, Zl. 54.003-15/48[86], betreffend den Entwurf eines Bundesgesetzes über die Sicherstellung der

---

Kreditoperationen, aus Mehreinnahmen oder aus Kassabeständen zu decken, sondern Freigaben aus den US-Hilfsleistungen heranzuziehen. Die bisher zur Deckung des außerordentlichen Haushaltes gesetzlich vorgesehenen Mittel, so wurde ausgeführt, würden damit für anderweitige Verwendung frei und könnten für Stützungszwecke herangezogen werden, wofür der vorliegende Gesetzentwurf die verfassungsmächtige Ermächtigung bieten sollte. Der Gesetzesentwurf stimmt mit BGBl. Nr. 43, Bundesgesetz vom 16. Dezember 1948 über die Stützung der Preise landwirtschaftlicher Erzeugnisse, ausgegeben am 1. Februar 1949, nicht zur Gänze überein. Die hier im Ministerrat beantragte Änderung wurde in das Gesetz aufgenommen, die im Gesetzesentwurf in § 4 enthaltene Formulierung „im Einvernehmen mit den beteiligten Bundesministerien“ ist hingegen im Gesetz nicht enthalten. Der „Österreichische Volkswirt“ kommentierte den Gesetzesentwurf folgendermaßen: „Der österreichische Ministerrat hat einen dem Parlament vorzulegenden Gesetzentwurf verabschiedet, demzufolge die in den letzten Monaten von ihm beschlossenen Stützungen der Agrarpreise nunmehr aus Budgetmitteln gedeckt werden sollen, während man ursprünglich, wie bekannt, hierzu die Reliefkonten heranziehen wollte. Da aber die hierfür zuständigen amerikanischen Stellen diesen Wünschen mit gutem Grund ihre Zustimmung versagten, mußte auf andere Weise für die finanzielle Bedeckung der Agrarsubventionen von etlichen hundert Millionen Schilling gesorgt werden. Sie sollen nun in den Staatshaushalt eingebaut werden.“ Vgl. Der Österreichische Volkswirt, 34. Jg., 1. Septemberheft 1948, Nr. 27, S. 3 „Die Agrarsubventionen nun aus Budgetmitteln“.

85 Vgl. Sten. Prot. NR, V. GP, 88. Sitzung vom 13. Oktober 1948, Zuweisung der Regierungsvorlage an den Finanz- und Budgetausschuß, S. 2495 f; Bericht des Finanz- und Budgetausschusses und Annahme des Gesetzesentwurfes in der 99. Sitzung vom 16. Dezember 1948, S. 2866–2869. Das betreffende Aktenmaterial des BMF wurde im Jahr 1976 skartiert.

86 Beilage 12: BMF, Zl. 54.003-15/1948 Ministerratsvortrag (2 Seiten); Gesetzesentwurf (1 Seite); Erläuterungen (½ Seite). Auf Grund der zwischen Österreich und den Vereinigten Staaten von Amerika abgeschlossenen Verträgen vom 2. Jänner 1948 (Interimshilfe) und vom 2. Juli 1948 (Marshallplanhilfe – ERP) war die österreichische Regierung verpflichtet, zum Zeitpunkt der Verständigung über die Abfertigung der Waren durch die amerikanische Seite den vollen Schillinggegenwert der eingehenden Hilfslieferungen auf Sonderkonten bei der Oesterreichischen Nationalbank zu erlegen. Bisher war Österreich dieser Verpflichtung in der Weise nachgekommen, daß der Schillingerlag mit Zustimmung der Vereinigten Staaten in Form von kurzfristigen Bundesschatzscheinen vorgenommen worden war. Die Höchstdauer der Laufzeit dieser Bundesschatzscheine war mit 90 Tagen festgelegt worden. Die Verkaufserlöse gingen in der Regel erst drei bis vier Monate nach Übernahme der Ware durch den österreichischen Bezieher ein, konnten aber den vollen Schillinggegenwert der im Einzelfall bezogenen Hilfslieferung nicht erreichen, weil das österreichische Preisniveau erheblich unter dem amerikanischen lag. Um nun die Möglichkeit zu bieten, die Einzahlung der Schillingerlöse auf den Sonderkonten zu tätigen, ohne Kassenmittel beanspruchen zu müssen oder kurzfristige Kreditoperationen vorzunehmen, die angesichts der beengten Kreditlage der österreichischen Kreditinstitute auf Schwierigkeiten stoßen würden und für die eine gesetzliche Ermächtigung nicht vorlag, sollten die für den Erlag benötigten Schillingsummen bei der Oesterreichischen Nationalbank beschafft werden. Der Gesetzesentwurf sollte weiters dem Bundesministerium für Finanzen die Möglichkeit geben, Vereinbarungen über die Verzinsung dieser Kredite zu treffen und zur Sicherstellung Bundesschatzscheine zu begeben. Der Entwurf stimmt mit BGBl. Nr. 245, Bundesgesetz vom 17. November 1948 über die Sicherstellung der für den Erlag des Schillinggegenwertes amerikanischer Hilfslieferungen erforderlichen Beträge,

für den Erlag des Schillinggegenwertes amerikanischer Hilfslieferungen erforderlichen Beträge.

BM Dr. K r a u l a n d schlägt folgende Änderung im Abs. (2) des § 1 des Gesetzentwurfes vor. Statt „können" in d. ersten und zweiten Zeile soll es richtig heißen „dürfen", da ja die Schillingbeträge auch zu etwas anderem verwendet werden könnten. Außerdem soll in der letzten Zeile vor den Worten „an die Österreichische Nationalbank zurückzuzahlen" das Wort „sogleich" eingefügt werden.

BM Dr. Z i m m e r m a n n: Ich hätte an sich gegen diese Änderung nichts einzuwenden, nur haben die Amerikaner eine Automatik absolut abgelehnt und sich die jeweilige Freigabe vorbehalten.

BM Dr. K r a u l a n d: Vorher hat aber der Verwendungszweck nicht aufgehört.

Der Verwendungszweck dauert solange, als ein Erlag notwendig ist, und dieser Erlag ist solange notwendig, als die Amerikaner nicht zugestimmt haben.

BM Dr. Z i m m e r m a n n: Ich habe nichts dagegen und hätte selbst am liebsten eine Automatik gehabt.

Der Ministerrat beschließt antragsgemäß mit den von BM Dr. Krauland vorgebrachten Änderungen.[87]

13

Österreichische Ansprüche aus dem Besitz von Reichsmark-Banknoten

BM Dr. Z i m m e r m a n n berichtet laut Ministerratsvortrag, Zl. 43.866-15/48[88], über die Wahrung der österreichischen Ansprüche aus dem Besitz von Reichsmark-Banknoten und Militärmarknoten.

---

ausgegeben am 30. Dezember 1948, fast vollständig überein, die einzige Abweichung ist die von Bundesminister Krauland hier im Ministerrat vorgeschlagene Änderung, die in den endgültigen Gesetzestext übernommen wurde. Vgl. dazu auch Der Österreichische Volkswirt, 34. Jg., 3. Oktoberheft 1948, Nr. 33, S. 2 „Änderung des E.R.P.-Sicherstellungsverfahrens"; 2. Novemberheft 1948, Nr. 37, S. 3 „Problematische Finanzierung der M.-P.-Lieferungen".

87 Vgl. Sten. Prot. NR, V. GP, 88. Sitzung vom 13. Oktober 1948, Zuweisung der Regierungsvorlage an den Finanz- und Budgetausschuß, S. 2495 f; Bericht des Finanz- und Budgetausschusses und Annahme der Regierungsvorlage in der 91. Sitzung vom 17. November 1948, S. 2546–2548. Material dazu findet sich laut Protokollbuch verzeichnet unter AdR, BMF, Kreditsektion, Zl. 54.003-15/1948, das betreffende Aktenmaterial wurde jedoch 1976 skartiert. Vgl. dazu weiters MRP Nr. 131/Beschlußprotokoll Punkt 2 b und MRP Nr. 140/11 vom 11. Jänner 1949. Material zur Verwendung der auf Sonderkonten erliegenden Beträge findet sich für 1948 in AdR, BKA/AA, ERP, Sonderkonten, GZl. 163.453-ERP/1948.

88 Beilage 13: BMF, Zl. 43.866-15/1948 Antrag an den Ministerrat (2 Seiten). Die österreichische Bundesregierung besaß Reichsmark-Banknoten in der Höhe von 7,805.634,305 Reichsmark und Marknoten der Alliierten Militärbehörden in der Höhe von 2,473.948,50 Militärmark, die im Auftrag der Bundesregierung von der Oesterreichischen Nationalbank verwahrt wurden. Der wesentliche Teil des Reichsmarkguthabens resultierte aus der Einlieferung von Reichsmark im Jahr 1945 auf Grund des Schillinggesetzes (StGBl. Nr. 231/1945). Der Restbetrag war zum Teil durch den seitens der Bundesregierung für österreichische Kriegsgefangene und Rückwanderer aus Deutschland genehmigten Umtausch von Reichsmarknoten in Schillingnoten in österreichischen Besitz gelangt, darüber hinaus waren noch Beträge, die auf das Valutendepotkonto der Staatshauptkasse geflossen waren, und sonstige bei der Oesterreichischen Nationalbank im Depot befindliche Reichsmarknoten, die nicht in die Reichsmarkkonversion einbezogen worden waren, enthalten. Im Zeitraum zwischen der österreichischen Währungskonversion 1945 und der deutschen Währungsreform 1948 war seitens des Bundesministeriums für Finanzen das Finanzdirektorat der Alliierten Kommission für Österreich wiederholt um eine den österreichischen Interessen Rechnung tragende Entscheidung hinsichtlich des erwähnten Banknotenbesitzes ersucht worden. Dabei war auch die vollständige bzw. teilweise Vernichtung dieses Banknotenbestandes erwogen worden. Das Bundesministerium für Finanzen hatte in diesem Zusam-

BM Dr. G r u b e r: Ich kann mich mit diesem Vorschlag nicht ohne weiteres einverstanden erklären. Die Tatsache, daß man Reichsmark-Banknoten aus dem Umlauf zieht und durch österr. Schillinge ersetzt, kann nicht einen Rechtsanspruch gegenüber dem anderen Staat schaffen. Dazu kommt noch, daß der praktische Erfolg gleich Null sein wird. So wenig ich der Meinung bin, daß wir leichtfertig Forderungen gegenüber dem Deutschen Reich aufgeben sollen, so wenig bin ich der Meinung, daß wir uns Forderungen zu eigen machen sollten, die nicht realisierbar sind und nur zu Schwierigkeiten führen würden. Wir müssen es vermeiden, uns in Kontroversen zu verwickeln, bei denen wir schlechte Chancen haben. Aus den Markbeständen und der Währungsreform allein kann man eine solche Forderung nicht ableiten. Ich habe daher gegen die Absendung dieser beantragten Note außerordentliche Bedenken und beantrage, daß sich der Ministerrat dem nicht anschließt, sondern es allenfalls dem Kollegen Zimmermann und mir überläßt, weitere Wege zu suchen, aber nicht auf dieser Rechtsbasis.

BM Dr. Z i m m e r m a n n: Ich bin mir nicht im Unklaren, daß die Anmeldung dieser Ansprüche nicht allzuviel Aussicht auf Erfolg hat. Diese Reichsmark-Banknoten sind aber nichts anderes als eine Forderung an die Deutsche Reichsbank.

BM Dr. G r u b e r: Das ist meiner Meinung nach absolut unrichtig. Wenn ich eine Banknote durch eine andere Währung ergänze, kann man nicht den Betrag dann als Forderung gegenüber dem anderen Staat anmelden.

BM Dr. Z i m m e r m a n n: Das mag theoretisch in Ordnung sein, materiell aber ist es anders.

VK: Das Problem der Rechtsnachfolge vom Gesichtspunkt der Annexion und der Okkupation in diesem Zusammenhang![89]

BM Dr. G e r ö: Wenn wir auf der vom Kollegen Dr. Gruber vertretenen Okkupationstheorie stehen, können wir seinen Standpunkt begreifen. Auf den Banknoten steht doch: „Die Deutsche Reichsbank zahlt für diese Banknote ... z. B. RM 20.–." Daraus können wir auch, nachdem wir die Banknote eingezogen haben, das Recht auf Geltendmachung von Ansprüchen ableiten. Rechtlich bleibt daher der Anspruch gegenüber der Deutschen Reichsbank weiter bestehen. Es ist nur fraglich, ob er jetzt geltend gemacht werden soll.

BM Dr. G r u b e r: Ich kann auch die Rechtsauffassung des Kollegen Dr. Gerö nicht teilen. Natürlich kann man gegen das Deutsche Reich Ansprüche geltend machen, aber aus dem Titel der Okkupation, nicht der Währung. Er erinnert damit im Zusammenhang an Präzedenzfälle, z. B. an den Frieden von Saint Germain.[90] Damals wurden die Länder der Österreichisch-Ungarischen Monarchie selbständig, ohne daß irgendjemand behauptet hätte, daß sie gegenüber der Zentralbank noch Forderungen hätten. Die Tschechen haben die Kronen abgestempelt, aber keine Ansprüche gegenüber der Österreichisch-Ungarischen Bank mehr gehabt. Ich bin überzeugt, daß man die Sache rechtlich so nicht machen kann. Das

menhang das Ersuchen gestellt, etwa 4.600 Millionen Reichsmark „unter Bedachtnahme auf die Ungewissheit des zukünftigen Schicksals österreichischer Geldschulden in Reichsmark jedenfalls von einer Vernichtung auszuschließen". Da die Verhandlungen bisher ergebnislos verlaufen waren und das deutsche „Gesetz zur Neuordnung des Geldwesens", das am 27. Juni 1948 in Kraft getreten war, keine Bestimmungen enthielt, wonach ausländischen Reichsmarkguthaben ein Anspruch auf Konversion zukam, stellte der Bundesminister für Finanzen den Antrag, den Bundesminister für die Auswärtigen Angelegenheiten zu beauftragen, „eine Note an den Alliierten Rat zu richten, mit welcher das Ersuchen gestellt wird, die erforderlichen Schritte bei den Militärregierungen der westlichen Zonen Deutschlands zu unternehmen, damit die Ansprüche Österreichs auf Grund seines Reichsmarknoten- und Militärmarkbesitzes gewahrt werden".

89 Zur Annexionstheorie und zur Okkupationstheorie vgl. Anmerkung 74 in MRP Nr. 121.

90 Vgl. StGBl. Nr. 303, Staatsvertrag von Saint-Germain-en-Laye vom 10. September 1919, ausgegeben am 21. Juli 1920.

sagt aber nicht, daß man die Forderungen überhaupt nicht begründen kann, so z. B. aus der entstandenen Schädigung Österreichs.

BM Dr. G e r ö: Das Recht erwächst ja aus dem Papier, das ich in der Hand habe.

BM Dr. G r u b e r: Nein!

BM Dr. Z i m m e r m a n n: Die Mark ist ja nicht in Schilling umgewechselt worden, sondern wir haben in dem Umfang, in dem Mark in Umlauf waren, Schillingscheine ausgegeben und in gleicher Höhe dem Bund eine Schuld bei der Nationalbank angelastet. Das ist eine vollkommen neue Sache, der frühere Zustand ist damit in keiner Weise geändert.

BM Dr. G r u b e r: Aber damit erlischt die Kraft der früheren Zahlungsmittel!

BM Dr. Z i m m e r m a n n: Nur in unserem Lande!

BM Dr. G r u b e r: Auch gegenüber dem anderen Lande.

BM Dr. K r a u l a n d meint, diese Angelegenheit bedürfe näherer Untersuchung und vertritt die Meinung, die Präzedenzfälle müßten genau studiert werden. Wir können uns nicht in eine komische Lage begeben, indem wir Forderungen ohne nähere Begründung erheben.

Der BK schlägt die Zurückstellung des Punktes,

BM Dr. G e r ö die Einsetzung eines Ministerkomitees vor, dem auf Antrag des BK die BM Dr. Gerö, Dr. Gruber, Dr. Krauland und Dr. Zimmermann angehören sollen.

Der Ministerrat beschließt die Zurückstellung und Einsetzung dieses Ministerkomitees.[91]

14

Teuerungszuschlag in der Sach- und Vermögensschaden- sowie Unfallversicherung

BM Dr. Z i m m e r m a n n berichtet gemäß Ministerratsvortrag, Zl. 52.739-19/48[92], über die Aufhebung der Anordnung des Bundesministeriums für Finanzen vom 28. VIII. 1947, Zl. 37.808-19/48, betreffend die Einhebung eines Teuerungszuschlages in der Sach- und Vermögensschaden- sowie Unfallversicherung.

---

[91] Dazu Seidel: „Wenn schon nicht als Zahlungsmittel, so sollten die Reichsmarknoten zumindest als Beleg für die Forderungen der Notenbank und der Kreditunternehmungen an das Deutsche Reich dienen. [...] Noch im Spätsommer 1948 diskutierte der Ministerrat einen Antrag des Finanzministers, der Alliierte Rat möge bei den Militärregierungen in Westdeutschland vorstellig werden, um die Ansprüche Österreichs aus Reichsmarknoten zu wahren. Die Aussichten waren freilich schon deshalb gering, weil in der Bundesrepublik Deutschland inzwischen die DM eingeführt worden war. Der Außenminister lehnte daher auch diesen Vorschlag als unrealistisch ab." Vgl. Seidel, Österreichs Wirtschaft und Wirtschaftspolitik, S. 155.

[92] Beilage 14: BMF, Zl. 52.739-19/1948 Ministerratsvortrag (9 ½ Seiten); Zl. 1.242-19/1946 Erlaß (Abschrift) (½ Seite); Auszug aus „Grundriß des österreichischen Verfassungsrechts" (½ Seite). Das Bundesministerium für Finanzen sah sich im Hinblick auf die Auswirkungen der allgemeinen Lohn- und Preisregelung im August 1947 auf die Versicherungswirtschaft veranlaßt, gestützt auf die Bestimmungen der § 81 und 81 a des Gesetzes über die Beaufsichtigung der privaten Versicherungsunternehmungen und Bausparkassen in der Fassung des Änderungsgesetzes vom 5. März 1937 (Deutsches RGBl. I, S. 269) mit Wirkung vom 1. September 1947 folgende Anordnung zu treffen, um die Aufrechterhaltung des Versicherungsschutzes durch die Versicherungsunternehmungen sicherzustellen und die Belange der Versicherten zu wahren: „Bei sämtlichen bestehenden oder neu abgeschlossenen Versicherungen in der Sach-, Vermögensschaden- und Unfallversicherung (mit Ausnahme der Kraftfahrversicherung, die besonders geregelt wird) gelangt bei allen zwischen 1. September 1947 bis 31. August 1948 eintretenden Prämienfälligkeiten ein Teuerungszuschlag in Höhe von 25 % der Bruttoprämie zur Einhebung, der sich in der Transport- und Tierversicherung auf 15 % ermäßigt. Der Teuerungszuschlag ist für die Deckung der dem Erstversicherer aus den Lohn- und Preiserhöhungen erwachsenden Mehrkosten bestimmt. Er unterliegt daher nicht der Verrechnung mit den Rückversicherern. Vermittler- und Umsatzprovisionen dürfen von dem Teuerungszuschlag nicht bezahlt werden."

BM Dr. K o l b ist aus wirtschaftlichen Gründen für den Antrag, spricht aber die Überzeugung aus, daß sich der Verfassungsgerichtshof gegen den Standpunkt des Finanzministeriums aussprechen werde.

BM Dr. Z i m m e r m a n n: Das wird dann die Konsequenz haben, daß wir die Regelung in unserem Sinne nachträglich gesetzlich verankern oder sonst den Versicherungsanstalten die Möglichkeit geben müssen, den Versicherungsschutz aufrecht zu erhalten.

VK: Ich werde mich bei der Abstimmung der Stimme enthalten, da ich es für eine Ungehörigkeit besonderer Art halte, den Versicherungsnehmern, die doch Hunderttausende ausmachen, Lasten aufzuerlegen und in dem Augenblick, da es dazu kommt sich zu bekennen, ob es eine Verordnung[93] oder ein Erlaß[94] ist, zu erklären, man habe nur einen Erlaß herausgegeben. Ich halte das vom Standpunkt der allgemeinen Staatsmoral für etwas Übles, will aber den Kollegen Zimmermann nicht hindern, seinen Prozeß zu führen.

BM Dr. G e r ö: Ich weiß nicht, was die Bundesregierung damit zu tun hat. Dies ist eine Angelegenheit des BM f. Finanzen. Das Vorgehen war auch taktisch unklug. Die Versicherungsanstalten konnten doch neue Versicherungsbedingungen festlegen, da es sich ja um Zwangsversicherungen handelt.

BM Dr. Z i m m e r m a n n: Es sind auch andere, z. B. Brandschadenversicherungen usw.

BM Dr. G e r ö: Da verlieren wir, das ist gar kein Zweifel. Ich würde außerdem vorschlagen, den Passus „namens der Bundesregierung" zu streichen, so daß das BM f. Finanzen beauftragt wird, die beantragte Äußerung – jedoch nicht namens der Regierung – an den Verfassungsgerichtshof zu erstatten.

BM Dr. Z i m m e r m a n n: Das werden wir noch mit dem Verfassungsdienst klären. Der Passus kommt auch im Text noch vor. Wir würden ihn dann herausnehmen.

BK: Der Ministerrat ist also damit einverstanden, daß wir den Passus „namens der Bundesregierung" herausnehmen. Im übrigen kann der Finanzminister diese Erklärung abgeben. (Allerdings nur vom Standpunkt des Ressorts).

Der Ministerrat beschließt in diesem Sinne bei Stimmenthaltung des VK.[95]

15
Finanzierungsfragen des Marshallplanes

BK: Kollege Dr. Zimmermann hat gebeten, daß der Präsident der Nationalbank, Dr. R i z z i[96], bei diesem Punkt zugegen sein kann.

Der Ministerrat stimmt dem zu. (Es erscheint um 12.25 Nationalbankpräsident Dr. Rizzi, den der Bundeskanzler namens des Ministerrates begrüßt.)

---

93 „Verordnung im Sinne der österreichischen Bundesverfassung ist jede nicht in Gesetzesform ergehende generelle Rechtsnorm. Massgebend für die Abgrenzung des Verordnungsbegriffes ist somit nicht die äussere Bezeichnung, sondern der Inhalt des Verwaltungsaktes: Anordnungen, die an die Allgemeinheit überhaupt oder an eine ‚nach Gattungsmerkmalen' (z. B. die Gewerbetreibenden, die Versicherungspflichtigen u. a.) bezeichnete Gruppe der Bevölkerung gerichtet sind, sind Verordnungen; Anordnungen, die an eine einzelne oder zwar an mehrere, aber individuell bezeichnete Personen gerichtet sind, sind konkrete, individuelle Verwaltungsakte; der Unterschied zwischen diesen beiden Gruppen genereller und individueller Verwaltungsakte ist somit in der Abgrenzung der Adressaten zu finden, an die sich die Norm richtet." Vgl. dazu den beiliegenden Auszug aus „Grundriß des österreichischen Verfassungsrechts".

94 Erlaß: Anordnung einer übergeordneten an eine untergeordnete Behörde.

95 Material dazu fand sich ursprünglich unter AdR, BMF, Versicherungsaufsicht, GZl. 52.739-19/1948, wurde jedoch skartiert.

96 Dr. Hans Rizzi, 4. Mai bis 20. Dezember 1945 Unterstaatssekretär für Finanzen, 24. Juli 1945 bis 10. März 1952 Präsident der Oesterreichischen Nationalbank.

BM Dr. Z i m m e r m a n n berichtet an Hand des Ministerratsvortrages, Zl. 57.797-17/48[97], sowie der ergänzenden 3) Beilage der BM f. Vermögenssicherung und Wirtschaftsplanung über Finanzierungsfragen des Marshallplanes.

BM Dr. G r u b e r möchte wissen, ob in dem Stand vom 30. Juni auch die UNRRA-Gelder inbegriffen sind.[98]

BM Dr. Z i m m e r m a n n bejaht dies.

BM Dr. G r u b e r: Wir haben mit dem Generaldirektor der UNRRA[99] in New-York über diese Sache verhandelt, und dieser hat uns den Rat gegeben, diese UNRRA-Gelder antragsgemäß zu verwenden, weil momentan keine Autorität da ist, die darüber verfügen kann. Diesen guten Rat sollte man befolgen und die Umbuchung der Hilfsgelder auf andere Konten vornehmen. Die Amerikaner werden das zwar später anrechnen, für uns bietet es aber doch wenigstens für dieses Jahr einen Vorteil. Es wäre wünschenswert, wenn Kollege Dr. Zimmermann noch einmal einen Bericht an den Ministerrat erstatten würde, wobei zu bedenken ist, daß die Finanzierung der Ausgaben für die DP-Lager aus dem UNRRA-Fonds erfolgte. Gestern habe ich ein Schreiben von General P a l m e r[100] erhalten, daß die USA mit der Verwendung der UNRRA-Gelder antragsgemäß einverstanden sind, daß sie aber nicht möchten, daß die Zahlungspläne für die DP-Lager vollkommen umgeworfen werden.

BM Dr. Z i m m e r m a n n: Hinsichtlich der DP-Lager wird nichts anderes übrig bleiben, als die Ausgaben im nächsten Jahr normal im Budget zu veranschlagen.

---

97 Beilage 15: BMF, Zl. 57.797-17/1948 Ministerratsvortrag (2 ½ Seiten); Beilage 1: Entwicklung und Verwendung der Hilfsfonds (1 ½ Seiten); Beilage 2: Voraussichtliche Gestaltung des Zahlungsmittelumlaufs bis 30. Juni 1949 (1 ½ Seiten); Beilage 3: Verwendungsplan für die Hilfsfonds im II. Halbjahr 1948 (7 Seiten); BMVW, Zl. 3.766-Präs./1948 zu Beilage 3: Ergänzende Ausführung zur Beilage 3 (2 ½ Seiten). Der mit der US-Regierung über den Marshallplan abgeschlossene Vertrag sah für die Verwendung der auf Sonderkonten einfließenden Erlöse die Abdeckung der Bundesschuld bei der Nationalbank und produktive Investitionen vor. Von amerikanischer Seite war der Wunsch geäußert worden, von der Bundesregierung eine Darstellung der währungspolitischen Auswirkungen der geplanten Ausgaben zu erhalten. Eine Zusammenstellung könne aber nur auf Grund eines das ganze erste Marshallplan-Jahr umfassenden Verwendungsplanes erfolgen, da nur so die Auswirkungen auf den Zahlungsmittelumlauf erkennbar seien. Der beiliegende Verwendungsplan enthielt konkrete Anträge für das 2. Halbjahr 1948, da für diesen Zeitraum das Erfordernis einigermaßen ersichtlich war, während man für das 1. Halbjahr 1949 wegen der laufenden Budgetverhandlungen nur Schätzungen vornehmen konnte. Da beabsichtigt war, die Erläge, welche die Bundesregierung gemäß Abkommen zur Abdeckung des vollen Schillinggegenwertes der Hilfslieferungen auf Sonderkonten einzuzahlen hatte, durch Kredite der Nationalbank zu finanzieren, die deswegen nur für die Rückzahlung dieser Kredite verwendet werden konnten und somit aus dem Verwendungsplan ausschieden, standen für das 2. Halbjahr 1948 2.950 Millionen Schilling zur Verfügung, die zur Freigabe beantragt werden sollten. Davon sollten 600 Millionen Schilling für Investitionen des Staatshaushaltes, 200 Millionen für Vorschüsse an den Wohnbaufonds und 600 Millionen für sonstige produktive Investitionen verwendet werden. Darüber hinaus waren auch zur Währungsstärkung Rückzahlungen auf die Bundesschuld bei der Oesterreichischen Nationalbank in Höhe von 850 Millionen Schilling beantragt worden. Mit dem Übertrag aus dem Jahr 1948 und den Neueingängen des 1. Halbjahres 1949 standen 1.700 Millionen Schilling zur Verfügung. Wie sich aus den Tabellen und Erläuterungen ergab, würde eine Beanspruchung der Erlösfonds nach diesen Vorschlägen zu einer 23 %igen Vermehrung des Zahlungsmittelumlaufs mit Stand vom 30. Juni 1948 führen. Diese Umlaufvermehrung sollte aber den erhöhten Bedarf, der sich aus der zu erwartenden Produktionssteigerung ergab, nicht überschreiten und somit keine inflatorischen Wirkungen auslösen.

98 Zur UNRRA und zum UNRRA-Fonds bzw. zur Verwendung der UNRRA-Erlöse vgl. Anmerkungen 37 und 38 in MRP Nr. 119.

99 Lowell Ward Rooks, amerikanischer Generalmajor, Jänner 1947 bis 1949 Generaldirektor der UNRRA.

100 Jesmond Dene Balmer, Brigadegeneral, März 1947 bis November 1949 stellvertretender US-Hochkommissar für Österreich.

BM Dr. G r u b e r: Das Budget muß den Alliierten Rat passieren. Die Russen werden natürlich einen großen Lärm schlagen; das muß man aber riskieren. Jedenfalls ist es besser die Beträge im Budget zu veranschlagen.

Der VK erinnert daran, daß diese Beträge bereits einmal im Budget veranschlagt, vom Parlament jedoch wieder herausgenommen wurden. Die Wiederhineinnahme werde unangenehme Folgen haben.

BM S a g m e i s t e r möchte wissen, welche Dollarzuwendungen aus der Marshallhilfe in diesem Bericht präliminiert[101] sind, des weiteren möchte er wissen, wieviel bereits anläßlich des bevorzugten Geldumtausches der Landwirte ausbezahlt wurde.

BM Dr. Z i m m e r m a n n teilt dazu mit, daß bisher 215 Millionen ausbezahlt wurden. Weitere Auszahlungen erfolgen nur mehr sehr spärlich, so daß angenommen werden kann, daß der Betrag von 100,000.000.– S vorsichtig präliminiert ist.

BM S a g m e i s t e r: Wir können nämlich auf Grund der tatsächlichen Ablieferung ungefähr ausrechnen, welcher Betrag hiefür in Frage kommt. Das dürfte mit diesen Angaben übereinstimmen.

BM Dr. K o l b bittet, die Freiheit {sic!} an den Bundesschatz zur Dotierung des Wohnbau-Fonds[102] mit dem im Gesetz vorgesehenen Betrag von 200, nicht nur mit 100 Millionen anzusetzen. Die Wohnhauswiederaufbaukommission[103] hat bereits getagt[104] und beschlossen, auch heuer schon Beträge auszugeben, um die im Gesetz vorgesehenen Zinsenzuschüsse zu gewähren, so daß es ein Leichtes sein wird, auch 200 Millionen unterzubringen.

BM Ü b e l e i s: Sind diese hier angesetzten Ziffern für Investitionen in den Bundesbetrieben mit den Lieferungen aus dem Marshall-Plan abgestimmt? Ich kann mir nicht vorstellen, daß im ganzen nächsten Halbjahr 1949 nur 400,000.000 S für Investitionen in den Bundesbetrieben vorgesehen sind. In einer der letzten Sitzungen des Ministerrates hat Minister Dr. Migsch ein Forderungsprogramm auf 592,000.000 S vorgelegt.[105] Das Budget der Bundesbahnen sieht an Investitionen 937,000.000 vor. Das ist also zusammen fast doppelt so viel als im nächsten Jahr überhaupt an Investitionen für Bundesbetriebe zu erwarten ist.

BM Dr. Z i m m e r m a n n: Für das nächste Jahr wird angenommen, daß im ersten Halbjahr der Betrag für die reinen Bundesbetriebe, nicht für die verstaatlichten Betriebe,

---

101 Präliminieren: vorverhandeln, vorläufig veranschlagen.

102 Der Wohnhaus-Wiederaufbaufonds war durch BGBl. Nr. 130, Bundesgesetz vom 16. Juni 1948, betreffend die Wiederherstellung der durch Kriegseinwirkung beschädigten oder zerstörten Wohnhäuser und den Ersatz des zerstörten Hausrates (Wohnhaus-Wiederaufbaugesetz), ausgegeben am 5. August 1948, geschaffen worden. Er sollte der „Finanzierung der Wiederherstellung der unter die Bestimmungen dieses Bundesgesetzes fallenden Wohnhäuser sowie zur Finanzierung eines Ersatzes des zerstörten Hausrates“ dienen (§ 3).

103 Die Wohnhaus-Wiederaufbaukommission war ebenfalls durch das Wohnhaus-Wiederaufbaugesetz eingerichtet worden und sollte zur „Beratung und Begutachtung der mit der Verwaltung des Fonds zusammenhängenden Fragen, insbesondere zur Begutachtung des Wirtschaftsplanes und der Ansuchen um Gewährung von Fondsleistungen“ herangezogen werden. Die Kommission sollte aus einem Vorsitzenden und dessen Stellvertreter, zu ernennen vom Bundesminister für Handel und Wiederaufbau, sowie zehn weiteren Mitgliedern (sechs vom Hauptausschuß des Nationalrates, je ein Mitglied von der Bundeskammer der gewerblichen Wirtschaft, dem Arbeiterkammertag und je ein Mitglied von den Bundesministerien für Finanzen und für soziale Verwaltung zu entsenden) bestehen (§ 5).

104 Die erste Sitzung der Wohnhaus-Wiederaufbaukommission hatte am 11. August 1948 unter Vorsitz Bundesminister Kolbs getagt. Die Fondskommission hatte in ihrer Sitzung beschlossen, daß in den Jahren 1948 und 1949 450 Millionen Schilling für den Wiederaufbau zerstörter Wohnhäuser und 50 Millionen für den Ersatz von durch Kriegseinwirkung zerstörtem Hausrat bereitgestellt werden sollten. Vgl. dazu Wiener Zeitung, 12. August 1948, S. 1 „Die Bausaison 1948 gesichert“ und 22. August 1948, S. 3 „Die Richtlinien für den Wohnhauswiederaufbau“.

105 Vgl. MRP Nr. 120/8.

ungefähr 400,000.000 erreichen wird, wobei auch auf die Saisonverschiebung Bedacht genommen ist. Die Ziffer für das erste Halbjahr 1949 wird davon abhängig, wie das Budget erstellt werden wird.

BM Ü b e l e i s: Man darf also annehmen, daß an Investitionen für die Bundesbetriebe für das nächste Jahr 800,000.000 in Aussicht zu nehmen sind. Über 900,000.000 macht aber das Erfordernis der Bundesbahnen, 592,000.000 das des Kollegen Dr. Migsch aus!

BM Dr. Z i m m e r m a n n: Das fällt unter die Refinanzierungsbeträge. Natürlich werden nicht alle Ansprüche im Extraordinarium[106] befriedigt werden können. Nach den Ansprüchen würde das Extraordinarium 3 Milliarden ausmachen. Ein solcher Betrag ist selbstverständlich nicht zu decken. Es wird jedes Ressort Haare lassen müssen.

BM Ü b e l e i s: Das heißt also, die Weiterführung der Elektrifizierung ist einzustellen.

BM Dr. Z i m m e r m a n n: Nicht einstellen! Wir haben auf der Basis von etwa 600 Millionen statt 900 Millionen verhandelt.

StS G r a f unterstützt die Forderung des BM Dr. Kolb auf Erhöhung der Beträge für den Wohnhauswiederaufbau nicht nur für 1948, sondern auch für das erste Halbjahr 1949. Die verspätete Verabschiedung des Wohnhauswiederaufbaugesetzes[107] darf keine Entschuldigung dafür sein, daß jetzt auch noch die Mittel gekürzt werden. Sowohl vom Standpunkt der Arbeitslosigkeit als auch des Wohnungsmangels ist die Einsetzung des vollen Betrages für den Wiederaufbau unbedingt erforderlich.

BM Dr. K r a u l a n d: Die Beträge sind nicht deshalb so eingesetzt worden, weil man am Gesetz etwas ändern will, sondern weil wir zuerst sehen wollten, was von den im Gesetz vorgesehenen Beträgen verbaut werden kann. Es ist schwer, den Amerikanern die Erhöhung des Geldumlaufes um 1 Milliarde plausibel zu machen. Daher sollten wir uns nicht jetzt schon Freigabe für einen Zweck zusichern lassen, für den sie vielleicht gar nicht in Anspruch genommen werden. Hinsichtlich der Ausführungen des Kollegen Übeleis ist zu sagen, daß wir für 1949 noch keine Anträge an die Amerikaner stellen wollen. Die Amerikaner haben nur gesagt, daß wir schon jetzt die Auswirkungen auf den Geldumlauf bis zur ersten Hälfte 1949 zeigen müßten, weil wir sonst nicht die leiseste Chance haben, etwas durchzusetzen. Diese Ziffern sind sehr versuchsweise genommen. Wieviel im Budget durch andere Mittel gedeckt werden wird, ist offen.

BK: Wenn der Handelsminister seine 200 Millionen für den Wiederaufbau braucht, wird er sie bekommen. Diese Ziffer habe ich auch schon in meiner Vorlage eingesetzt und werde sie nicht mehr herausstreichen.

BM Dr. G r u b e r: Der Zweck dieser Aufstellung ist ein zweifacher: einerseits nämlich hinsichtlich der Budgetstabilität, andererseits um darzutun, daß durch die Umlauferhöhungen nicht eine inflatorische Wirkung eintritt. Dieses Problem ist nicht unbedingt bindend für die österreichische Regierung, aber zum Zwecke der Freimachung der Konten muß man augenblicklich so operieren.

BM K r a u s verweist darauf, daß die Landwirtschaft größten Wert darauf legt, daß auch ihre Vorhaben im kommenden Budget berücksichtigt werden. Es wird immer vom 10. Bun-

---

106 Extraordinarium: die im Bundesvoranschlag enthaltenen außerordentlichen Ausgaben.

107 Das Wohnhaus-Wiederaufbaugesetz war nach längeren Vorberatungen am 16. Juni 1948 vom Nationalrat beschlossen worden. Die Kosten des Wiederaufbaus der zerstörten Wohnhäuser waren auf rund 8 Milliarden Schilling geschätzt worden, worin auch die Ersetzung verlorengegangenen Hausrates inkludiert war. Der Staat stellte für das Jahr 1949 unverzinsliche Vorschüsse bis zu 300 Millionen Schilling zur Verfügung, ab 1. Juli 1950 mußten auch die Eigentümer von nichtlandwirtschaftlichem Grundvermögen sowie die Mieter Beitragsleistungen für den Wohnungsaufbaufonds erbringen. Vgl. Österreichisches Jahrbuch 1948. Nach amtlichen Quellen herausgegeben vom Bundespressedienst, Wien 1949, S. 12; Wiener Zeitung, 13. Juni 1948, S. 2 „Letztes Feilen am Wiederaufbaugesetz" und 15. Juni 1948, S. 1 „Wiederaufbaugesetz Mittwoch im Nationalrat"; MRP Nr. 116/1 e.

desland gesprochen. Diese unbekannten Flächen müßten im Interesse der heute notleidenden Landwirtschaft nutzbar gemacht werden. Mit den vorgesehenen Mitteln ist es nicht möglich, größere Meliorationen[108], so die Bewässerung des Marchfeldes[109], Wildbachverbauungen, Erschließung der Wälder usw. durchzuführen. Auch die landwirtschaftlichen Schulen können nicht weitergeführt werden. Der Minister weist in diesem Zusammenhang auf die landwirtschaftliche Schule Silberberg hin, die sich in einem desolaten Zustand befindet.[110]

BM Dr. K o l b: Die Wirtschaftszeitungen bringen gegenwärtig sehr viele Artikel im Zusammenhang mit diesen Finanzierungsfragen, insbesondere der Refinanzierung, und es ist zu fürchten, daß sich die Banken ein allzu großes Geschäft davon erhoffen. Man sollte die Banken so festlegen, daß sie bei dieser Gelegenheit nicht allzuviel nehmen.

BM Dr. M i g s c h versteht vollkommen den politischen Zweck der Vorlage des Finanzministers, kann sich aber gerade deswegen mit einigen Bestimmungen nicht einverstanden erklären, so insbesondere hinsichtlich des Zinssatzes. Mit einem derartigen Zinsfuß sind die österreichischen Wasserkräfte nicht auszubauen. Es wären gerade für dieses Gebiet zinsfreie Beträge zur Verfügung zu stellen. Diese Möglichkeit wird jedoch durch das vorgeschlagene Verfahren von vornherein unterbunden. Er erklärt deshalb, sich bei der Abstimmung der Stimme zu enthalten.

BM Dr. K r a u l a n d: Wir sind uns dieser Tatsache vollkommen bewußt. Die Bestimmungen, die hier über die Refinanzierung enthalten sind, müßten für die Elektroenergie in einer solchen Weise gehandhabt werden, daß untragbare Bedingungen vermieden werden. Wir werden uns bei der Erörterung der technischen Einzelheiten, der Kollege Dr. Migsch beigezogen werden wird, darüber noch besprechen.

BM Dr. M i g s c h: Mit dieser Erklärung bin ich voll einverstanden.

BK: Ich kann also annehmen, daß der Ministerrat mit dem vorgelegten Entwurf einverstanden ist und daß dieser mit den 200 Millionen für den Wohnhauswiederaufbau angenommen wurde.

BM Dr. K r a u l a n d: Wenn die Notwendigkeit nachgewiesen wird!

BK: Kollege Dr. Kolb wird den Nachweis erbringen.

Der Ministerrat beschließt antragsgemäß im Sinne dieser Anregung.[111]

16
31. Internationale Arbeitskonferenz in San Franzisko

BM M a i s e l berichtet an Hand des Ministerratsvortrages, Zl. III/93.516-9/48[112], über die 31. Internationale Arbeitskonferenz in San Franzisko. In Ergänzung des schriftlich vor-

---

108 Melioration: Verbesserungsarbeit, besonders im (land-)wirtschaftlichen Bereich.

109 Das niederösterreichische Marchfeld, östlich an Wien angrenzend, hatte traditionell große Bedeutung für die Landwirtschaft und die Versorgung Wiens.

110 Gemeint war die Landes-Obst- und Weinbauschule in Silberberg, Gemeinde Kogelberg, Bezirk Leibnitz/Steiermark, die während des Zweiten Weltkrieges erheblich beschädigt worden war.

111 Material zur Frage der Verwendung der Marshallplanerlöse, darunter diesbezügliche Korrespondenz zwischen den österreichischen und amerikanischen Dienststellen und ein Memorandum über die geplante Verwendung der Gelder, findet sich im Konvolut AdR, BKA/AA, ERP, ERP Sonderkonten. Vgl. dazu auch MRP Nr. 127/20 f vom 5. Oktober 1948.

112 Beilage 16: BMsV, Zl. III/93.516-9/1948 Ministerratsvortrag (4 Seiten). Entsprechend dem Ministerratsbeschluß vom 20. April 1948 (MRP Nr. 108/8) hatte an der 31. Internationalen Arbeitskonferenz, die am 17. Juni 1948 in San Francisco zusammengetreten war, eine österreichische Delegation unter Führung des Bundesministers für soziale Verwaltung teilgenommen. Mit Ausnahme Ungarns und Rumäniens waren alle europäischen Mitgliedsstaaten auf der Konferenz vertreten gewesen. Das Programm hatte Bereiche umfaßt, die für die sozialpolitische Entwicklung vieler Staaten von größter Bedeutung waren, etwa die Organisation der Arbeitsvermittlung und die Regelung der Berufsberatung, die Vereinigungsfreiheit der Arbeitgeber und der Arbeitnehmer sowie die Regelung der Beziehungen

liegenden Berichtes übermittelt der Minister die besten Grüße des Generals Clark[113], der die österreichische Delegation mit besonderer Herzlichkeit behandelte, ihr zu Ehren in seinem Quartier einen Empfang gab und sie auch bei anderer Gelegenheiten bevorzugte.[114] Die österr. Delegation wurde unter anderem als einzige Delegation von dem Bürgermeister von San Franzisko[115] empfangen. Auch die Bürgermeister von Los Angeles[116] und Long Beach[117] empfingen sie. Ich habe die Gelegenheit zur Fühlungsnahme mit zahlreichen Regierungsvertretern anderer Staaten wahrgenommen, worüber ich mit unserem Handels- bzw. Außenminister noch Rücksprache pflegen werde, weil ich glaube, daß in Amerika viel mehr Dollars für uns aufzutreiben wären, als es bisher der Fall war. Wir besitzen viel zu wenig Stützpunkte in Amerika. In Los Angeles, das sich erhofft, sehr bald die Größe New Yorks zumindest zu erreichen, wenn nicht zu übertreffen, haben wir einen Honorarkonsul, dem der Ministerrat seinen besonderen Dank aussprechen sollte.[118] Ich würde den Herrn Handelsminister bitten, mit diesem in enge Beziehungen zum Zwecke des Ausbaues unserer Handelsbeziehungen im Pazifik zu treten. Es wird auch eine Österreichisch-Amerikanische Gesellschaft gegründet, an deren Spitze General Clark selbst stehen soll.[119] Auch in San Franzisko sollte

---

der Berufsvereinigungen der Arbeitgeber und Arbeitnehmer, weiters Fragen des Lohnschutzes und die teilweise Revision der Übereinkommen über die Nachtarbeit der Frauen und der Jugendlichen. Die österreichische Delegation war in den Kommissionen für Arbeitsvermittlung und Berufsberatung, für Vereinigungsfreiheit, für Lohnschutz und in der nur aus Regierungsvertretern bestehenden Finanzkommission vertreten gewesen. In der Frage der Arbeitsvermittlung war ein internationales Übereinkommen beschlossen worden, das die Schaffung eines Netzes von Arbeitsämtern unter zentraler Leitung vorsah. Das Übereinkommen über Vereinigungsfreiheit enthielt den Grundsatz, „daß Arbeitnehmer und Arbeitgeber sich ohne vorherige behördliche Genehmigung zu Berufsorganisationen zusammenschließen können", sowie die Verpflichtung der Mitgliedstaaten zur Sicherung des Vereinigungsrechtes. Weiters war die Revision der bestehenden Übereinkommen über die Nachtarbeit der Frauen und der Jugendlichen beschlossen worden, um bisher aufgetretene Schwierigkeiten zu mildern und die Ratifikation und Durchführung dieser Übereinkommen in den einzelnen Mitgliedstaaten zu erleichtern. Die Mitgliedstaaten wurden verpflichtet, binnen Jahresfrist den zuständigen Stellen die Übereinkommen zur Prüfung vorzulegen. Im Fall der Ratifikation eines Übereinkommens mußte der betreffende Mitgliedstaat seine Gesetzgebung mit den Bestimmungen des Übereinkommens in Einklang bringen. Hinsichtlich der Budgetbeitragsleistung war es für Österreich bei der bisherigen Höhe von drei Einheiten verblieben. Im Zuge der Neuwahl des Verwaltungsrates hatte Österreich auch das Mandat eines stellvertretenden Mitgliedes des Verwaltungsrates erhalten.

113 Mark Wayne Clark, September 1945 bis Dezember 1946 US-Hochkommissar für Österreich.

114 Zur Entsendung der österreichischen Delegation zur XXXI. Internationalen Arbeitskonferenz in San Francisco vgl. auch MRP Nr. 113/1 k vom 25. Mai 1948. Material zur Konferenz findet sich in AdR, BMsV, Sozialpolitik, Sammelakt 18, GZl. 24.490/1948.

115 Elmer Robinson, Rechtsanwalt und Richter, 8. Jänner 1948 bis 8. Jänner 1956 Bürgermeister von San Francisco.

116 Fletcher Bowron, Richter, 26. September 1938 bis 30. Juni 1953 Bürgermeister von Los Angeles.

117 Burton W. Chace, 1947 bis 1953 Bürgermeister von Long Beach.

118 Dr. Friedrich Waller, März 1948 bis 31. Juli 1969 österreichischer Honorargeneralkonsul in Los Angeles.

119 Informationen dazu finden sich in AdR, BKA/AA, II-pol 1948, Österreich 14, GZl. 116.811-pol/1948, Gründung einer amerikanisch-österreichischen Gesellschaft. Die Österreichisch-Amerikanische Gesellschaft hatte eine Eingabe an US-Hochkommissar Keyes gerichtet, in der um finanzielle Unterstützung bei der Gründung einer Schwestergesellschaft in den USA gebeten wurde. Die neue Gründung sollte unabhängig, jedoch mit der bestehenden Gesellschaft kooperierend arbeiten, ihr Zweck sollte es sein, die „amerikanisch-österreichischen Beziehungen unter den Amerikanern und bis zu einem gewissen Grade unter den Österreichern amerikanischen Ursprungs" zu fördern. Im gleichen Sinne war die Gesellschaft auch an Bundeskanzler Figl herangetreten. Zur Österreichisch-Amerikanischen Gesellschaft vgl. auch MRP Nr. 121/1 c.

ein Stützpunkt geschaffen werden. Dort ist uns ein Österreicher, ein gewisser W e b e r[120] aus Tirol, sehr hilfreich zur Seite gestanden. Man sollte auch diesen Mann dort in eine entsprechende Position bringen, weil er unserem Lande wichtige Dienste zu leisten vermag.

Der Ministerrat nimmt den Bericht mit Dank zur Kenntnis.[121]

17

Arbeitskonferenz über die internationale Regelung der Sicherheit in den Fabriken

BM M a i s e l berichtet laut Ministerratsvortrag, Zl. III-69.007-9/48[122], über die Entsendung einer Delegation zu der am 27. 9. 1948 in Genf beginnenden internationalen dreigliedrigen technischen Konferenz zur Beratung des Entwurfes einer grundsätzlichen internationalen Regelung über die Sicherheit in den Fabriken.

BM A l t e n b u r g e r: In der Geschäftsordnung des Internationalen Arbeitsamtes ist nicht vorgesehen, daß der Dolmetsch auch technischer Berater ist, sondern daß der Staat, dessen Vertreter die üblichen Verhandlungssprachen französisch und englisch nicht beherrscht, einen Dolmetsch mitzusenden hat. Wenn ein technischer Berater seitens des Ministeriums beigegeben wird, ist darauf Rücksicht zu nehmen, daß es sich auf dieser Konferenz um die Regelung von vor allem auch die Frauen betreffenden Fragen handelt, daher sollte schon durch die Entsendung einer Frau oder in anderer Weise Rücksicht genommen werden. Wenn es sich aber um eine Vorkonferenz handelt, müßte ein Vertreter des Ministeriums mit einem Dolmetsch genügen. Falls aber auch Vertreter der Arbeitgeber und Arbeitnehmer teilnehmen, müßte ich darauf beharren, daß auch ein technischer Berater beigezogen wird. Es geht nicht an, daß vom Ministerium ganz einfach die Gewerkschaft übergangen wird. Ich stelle den konkreten Antrag, daß zu dieser Vorberatung nur ein Regierungsvertreter aus dem Ministerium entsendet wird, oder aber von jeder Gruppe einer, also auch ein technischer Berater.

BM M a i s e l: Ich verstehe sehr gut, daß Minister Altenburger versucht, noch Ratgeber mitzugeben. Aber ich habe das gründlich überlegt. Wir können es uns nicht leisten, daß allzustarke Delegationen entsendet werden. Kollege Altenburger kann auch keinen besonderen Grund anführen, was notwendig machen würde, mehr Vertreter zu dieser Konferenz zu entsenden. Zentralarbeitsinspektor S p i k a[123] ist ein Kenner der Verhältnisse auf diesem Gebiete; da er aber weder englisch noch französisch kann, geben wir ihm eine ausgezeichne-

---

120 Karl Weber, nachmaliger österreichischer Honorarkonsul in San Francisco.

121 Die Ergebnisse der Konferenz schlugen sich in einer Reihe von Übereinkommen und entsprechender Gesetzblätter nieder. Vgl. BGBl. Nr. 223/1949, Nr. 224/1949, Nr. 225/1949, Nr. 219/1950, Nr. 228/1950 und Nr. 229/1950.

122 Beilage 17: BMsV, Zl. III/69.007-9/1948 Ministerratsvortrag (1 ½ Seiten). Das Internationale Arbeitsamt hatte dem Bundesministerium für soziale Verwaltung die Einladung zu der am 27. September 1948 in Genf stattfindenden technischen Arbeitskonferenz, die sich mit dem Entwurf einer internationalen Regelung über die Sicherheit in den Fabriken befassen sollte, übermittelt. Der Verwaltungsrat der Internationalen Arbeitsorganisation, der die Einberufung der Konferenz angeordnet hatte, hatte auch darauf hingewiesen, daß nach den Statistiken jährlich mehrere Millionen Männer, Frauen und Jugendliche durch Unfälle in den Fabriken verwundet oder getötet würden. Angesichts der Bedeutung der auf dieser Konferenz zur Beratung stehenden Angelegenheiten hielt der Bundesminister für soziale Verwaltung die Entsendung einer Delegation, bestehend aus je einem Vertreter der Arbeitgeber und Arbeitnehmer, die von der Bundeswirtschaftskammer und vom Österreichischen Gewerkschaftsbund vorgeschlagen werden sollten, für erforderlich.

123 Dipl.-Ing. Julius Spika, Ministerialrat, Zentralarbeitsinspektor, 1945 bis 1954 Leiter des Zentral-Arbeitsinspektorates (Oberste Leitung des Arbeitsinspektionsdienstes; fachtechnische Bearbeitung aller Angelegenheiten des Arbeiter- und Angestelltenschutzes; Mitwirkung bei Verfassung von Entwürfen für Gesetze und Verordnungen, die den Arbeiter- und Angestelltenschutz, die Arbeitshygiene und das Sozialversicherungswesen betreffen etc.) im Staatsamt bzw. Bundesministerium für soziale Verwaltung.

te Mitarbeiterin, eine Angestellte, mit, die als technischer Ratgeber bezeichnet werden kann und sowohl englisch wie französisch spricht, damit er dort nicht hilflos ist. Wenn noch ein Vertreter der Dienstgeber und Dienstnehmer entsendet wird, wird dies vollkommen genügen, um den Anforderungen der Konferenz gerecht werden zu können. Ich halte es für völlig unnötig, weitere technische Ratgeber mitzuschicken.

BK: Die Gewerkschaft ist ja durch einen Arbeitnehmer vertreten.

BM A l t e n b u r g e r: Das steht ja gar nicht in der Geschäftsordnung.

BK: Ich glaube, es ist doch keine Frage, daß Min. Rat S p i k a eine Dolmetscherin mitnehmen kann.

BM A l t e n b u r g e r: Aber nicht als technische Beraterin. Als technische Beraterin kann sie nämlich in die Ausschüsse delegiert werden. Ich bin der Meinung, daß es nicht notwendig ist, daß Arbeitgeber- und Arbeitnehmervertreter mitfahren müssen.

BM Dr. Z i m m e r m a n n bittet, den Kreis der Delegationsmitglieder im Hinblick auf die Devisenlage möglichst einzuschränken.

BM M a i s e l: Das ist dann nur eine halbe Sache. Vier Leute genügen.

Wenn der Ministerrat der Meinung ist, daß das zu teuer kommt, wird man eben niemanden hinschicken. Aber nur zwei Vertreter von Regierungsseite halte ich nicht für möglich.

BK: Aber nach der Geschäftsordnung müssen die Arbeitgeber und Arbeitnehmer nicht vertreten sein.

BM M a i s e l: Für uns ist die Einladung maßgebend. In der Geschäftsordnung steht darüber nichts. Hier ist eine dreigliedrige Konferenz (Reg. Vertreter, Arbeitgeber und Arbeitnehmer) einberufen. Wenn wir die Delegation nicht in dieser Form hinschicken, hat eine Entsendung gar keinen Sinn. Die Regierungsvertreter müssen sich ja mit den anderen besprechen können, wenn es zu Entscheidungen kommt.

BK: Also, ein Regierungsvertreter mit Dolmetscherin und ein Arbeitgeber- und ein Arbeitnehmervertreter.

BM A l t e n b u r g e r: Dem kann ich nicht zustimmen. Wenn wir delegieren, müssen wir von der Gewerkschaft auch das Recht haben, einen technischen Berater beizugeben.

BK: Entweder ist der Regierungsvertreter zu einer Vertretung berechtigt und fähig, oder er ist überhaupt keiner.

BM Dr. G r u b e r schlägt vor, der Bundeskanzler solle die Regelung dieser Angelegenheit im Verein mit den Bundesministern Altenburger und Maisel vornehmen.

Der BK erklärt sich damit einverstanden.

BM M a i s e l widerspricht dem, da dies Aufgabe des Sozialministeriums sei.

Schließlich kommt es zu der von Dr. Gruber angeregten Regelung.[124]

18

1. Suchtgiftgesetznovelle

Der BM f. soziale Verwaltung, M a i s e l, berichtet gem. Ministerratsvortrag, Zl. V-74.118-JL/48[125], über den Entwurf eines Bundesgesetzes, womit das Bundesgesetz vom 29.

---

124 Material dazu findet sich in AdR, BMsV, Sozialpolitik, Sammelakt 18, GZl. 69.007/1948, Internationale Arbeitsorganisation, technische Konferenz über die Sicherheit in den Fabriken.

125 Beilage 18: BMsV, Zl. V-74.118-JL/1948 Ministerratsvortrag (1 Seiten); Gesetzesentwurf (1 Seite); Erläuterungen (2 Seiten); Ergänzung (½ Seite). Österreich war als Vertragspartner der Internationalen Suchtgiftabkommen eingeladen worden, dem Protokoll der Suchtgiftkommission des Wirtschafts- und Sozialrates der Vereinten Nationen vom 11. Dezember 1946 beizutreten. Voraussetzung dafür war eine Änderung des in Geltung stehenden Suchtgiftgesetzes vom 29. Oktober 1946, BGBl. Nr. 207/1946, um alle im Internationalen Suchtgiftabkommen von 1936 enthaltenen Tatbestände zu erfassen. Zu diesem Zweck war der vorliegende Gesetzesentwurf im Einvernehmen mit den beteiligten Bundesministerien, den Ärztekammern und nach Anhörung des Obersten Sanitätsrates ausgearbeitet worden.

Oktober 1946, BGBl. Nr. 207, über den Verkehr und die Gebarung mit Suchtgiften (Suchtgiftgesetz) abgeändert wird (1. Suchtgiftgesetznovelle).

Der Ministerrat beschließt ohne Debatte, den Entwurf der verfassungsmäßigen Behandlung durch die Organe der Bundesgesetzgebung zuzuführen.[126]

19

Erste Tagung der Weltgesundheitsorganisation in Genf

Der BM f. soziale Verwaltung, M a i s e l, berichtet laut Ministerratsvortrag, Zl. V-80.418-JL/48[127], über die erste Tagung der Weltgesundheitsorganisation in Genf vom 24. Juni bis 27. Juli 1948.

Der Ministerrat nimmt den Bericht mit Dank für die Mitglieder der Delegation ohne Debatte zur Kenntnis.[128]

Die im Gesetzesentwurf enthaltenen Änderungen sollten die Verpflichtungen, zu denen sich Österreich durch die Ratifikation des Abkommens vom 26. Juni 1936 über die Unterdrückung des verbotenen Handels mit Betäubungsmitteln bekannt hatte, erfüllen. Der Gesetzesentwurf stimmt mit BGBl. Nr. 31, Bundesgesetz vom 24. November 1948, womit das Bundesgesetz vom 29. Oktober 1946, BGBl. Nr. 207, über den Verkehr und die Gebarung mit Suchtgiften (Suchtgiftgesetz) abgeändert wird (1. Suchtgiftgesetznovelle), ausgegeben am 3. Februar 1949, überein.

126 Vgl. Sten. Prot. NR, V. GP, 88. Sitzung vom 13. Oktober 1948, Zuweisung der Regierungsvorlage an den Ausschuß für soziale Verwaltung, S. 2496; Bericht des Ausschusses für soziale Verwaltung und Annahme des Gesetzesentwurfes in der 92. Sitzung vom 24. November 1948, S. 2557 f. Material dazu findet sich in AdR, BMsV, Sektion V (Volksgesundheit), Sign. Gifte, GZl. 3.326/1948, GZl. 181.189/1949 und GZl. 55.087/1950 sowie Sign. Gesetz, GZl. 16.733/1948 verzeichnet, die betreffenden Akten liegen jedoch nicht ein.

127 Beilage 19: BMsV, Zl. V-80.418-JL/1948 Ministerratsvortrag (1 Seite); Bericht (11 Seiten). Vom 24. Juni bis 27. Juli 1948 hatte in Genf die erste Tagung der Weltgesundheitsorganisation stattgefunden, zu der laut Beschluß des Ministerrates vom 25. Mai 1948 (MRP Nr. 113/9) der Leiter der Sektion V im Bundesministerium für soziale Verwaltung Dr. Friedrich Reuter als Delegationsleiter und die Sektionsräte des Bundesministeriums für soziale Verwaltung Dr. Franz Puntigam und Karl Strobl als Delegationsmitglieder entsandt worden waren. Der beiliegende Bericht enthält einen Überblick über die Entwicklung der Weltgesundheitsorganisation, die einzelnen Sanitätskonferenzen sowie die verschiedenen Sanitätsabkommen und schildert detailliert den Verlauf und die Ergebnisse der 1. Tagung der Weltgesundheitsorganisation. Die Mitglieder der österreichischen Delegation hatten an sämtlichen Sitzungen sowie an jenen Arbeitsgruppen, die für Österreich von speziellem Interesse waren, teilgenommen. Ergebnisse der Tagung waren u. a. die Schaffung von Expertenkomitees als beratende Organe der Weltgesundheitsorganisation für Malaria, für Fragen der Mutter- und Säuglingshilfe, für Fragen der Tuberkulosebekämpfung, für Geschlechtskrankheiten, für internationale Epidemiologie und Quarantänefragen und für Fragen der medizinischen Statistik. Weiters sollten „im engsten Einvernehmen" mit allen in Betracht kommenden Organisationen der Vereinten Nationen soziale Fragen, Fragen der Auswanderung, des Wohnens und der Lebenshaltung auf dem Lande, des Kinderschutzes und der Bevölkerungspolitik geregelt werden. Als Sitz der Weltgesundheitsorganisation, der seitens der Schweizer Eidgenossenschaft Exterritorialität zugebilligt wurde, war Genf bestimmt worden. Weiters waren achtzehn Mitgliedstaaten für die Dauer von drei Jahren in den Exekutivrat gewählt worden. Österreich sollte, obwohl noch nicht Mitglied der Vereinten Nationen, als gleichberechtigtes Mitglied an der Weltgesundheitsorganisation teilnehmen.

Dr. Franz Puntigam, Sektionsrat, Leiter der Abteilung 19 (Bekämpfung der Infektions- und Volkskrankheiten, Impfstoffgewinnungsanstalt und Serumprüfungsinstitut u. a.) der Sektion V des Bundesministeriums für soziale Verwaltung.

Dr. Friedrich Reuter, Universitätsprofessor, April 1946 bis Jänner 1949 Leiter des Volksgesundheitsamtes im Bundesministerium für soziale Verwaltung.

Karl Strobl, Sektionsrat, Leiter des Referates JL (Juristisch-legislative Angelegenheiten auf dem Gebiete des Gesundheitswesens) der Sektion V (Volksgesundheitsamt) des Bundesministeriums für soziale Verwaltung.

128 Aktenmaterial zur 1. Tagung der Weltgesundheitsorganisation findet sich in AdR, BMsV, Volksgesund-

20

Bekämpfung der übertragbaren Geschlechtskrankheiten (Deckseuche) der Rinder

Der BM f. Land- und Forstwirtschaft, K r a u s, berichtet anhand des Ministerratsvortrages, Zl. 30.023-I/2b/48[129], über den Entwurf eines Bundesgesetzes über die Bekämpfung der übertragbaren Geschlechtskrankheiten (Deckseuchen) der Rinder.

Er gibt bekannt, daß bei der Beratung des Entwurfes seitens des Finanzministeriums gegen den § 13 Einspruch erhoben wurde. Dieser § wurde daraufhin folgendermaßen abgeändert:

Absatz (1)

a) aus Anlaß der ersten Erhebungen und Untersuchungen durch den Amtstierarzt und die beauftragten Tierärzte und der amtstierärztlichen Revisionen, soweit alle diese Kosten nicht zu dem von den Ländern zu tragenden Amtssachaufwand (einschl. aller Reisekosten) gehören, sowie der laboratoriumsmäßigen Überprüfungen zur Feststellung der Deckseuchen

Punkt b) fällt weg,

Pkt. c) erhält die Bezeichnung b),

Pkt. d) erhält die Bezeichnung c),

Absatz (2) entfällt zur Gänze,

Absatz (3) erhält die Bezeichnung (2),

im übrigen bleibt der Gesetzestext unverändert. Beilage B[130]

Der Ministerrat beschließt antragsgemäß ohne Debatte, den Gesetzesentwurf mit der neuen Fassung des § 13 der verfassungsmäßigen Behandlung durch die Organe der Bundesgesetzgebung zuzuführen.[131]

---

heitsamt, WHO, GZl. 3.426/1948, Zl. V-112.463-JL/1948, 1.) Dokumente über die 1. Tagung der WHO in Genf in der Zeit vom 24.6.-27.7.1948, 2.) Geltungsbereich der Satzung der Weltgesundheitsorganisation mit Stand vom 1. August 1948. Zur 2. Tagung der Weltgesundheitsorganisation vgl. auch MRP Nr. 155/8 vom 3. Mai 1949.

129 Beilage 20: BMLF, Zl. 30.023-I/2b/1948 Ministerratsvortrag (2 Seiten); Gesetzesentwurf (5 Seiten); Erläuterungen (3 Seiten). Die Forderung, rasch und in einheitlicher und planvoller Weise Maßnahmen zur Bekämpfung und Eindämmung der in zunehmenden Maße in Österreich auftretenden Geschlechtserkrankungen der Rinder zu ergreifen, war Anlaß für den vorliegenden Gesetzesentwurf über die Bekämpfung der übertragbaren Geschlechtskrankheiten (Deckseuchen) der Rinder. Für den Entschluß, zur Bekämpfung der Deckseuchen ein eigenes Bundesgesetz zu schaffen und die erforderlichen Maßnahmen nicht in das bestehende Tierseuchengesetz 1909 einzubauen, war die Erwägung maßgebend gewesen, daß diese Seuche in den Gebieten, in denen sie epidemisch auftrat, nur nach einem einheitlichen Plan bekämpft werden konnte. Darüber hinaus waren die notwendigen Maßnahmen so spezifisch, daß eine generelle Anwendung des Tierseuchengesetzes nur unvollkommen oder gar nicht möglich war oder der Einbau in das Tierseuchengesetz eine umfangreiche Abänderung desselben erfordert hätte. Der Gesetzesentwurf stimmt mit BGBl. Nr. 22, Bundesgesetz vom 16. Dezember 1948 über die Bekämpfung der übertragbaren Geschlechtskrankheiten (Deckseuchen) der Rinder, ausgegeben am 31. Jänner 1949, nicht zur Gänze überein. In das Gesetz wurde in den § 10, Abs. (1) noch zusätzlich die Formulierung „... oder einem Amtstierarzt im Einvernehmen mit dem Bezirksbauernkammerbeauftragten ...", aufgenommen.

130 Die Worte *Beilage B* wurden handschriftlich eingefügt. Beilage B: (Ohne Aktenzahl) Information (Abschrift) (1 Seite). Der Inhalt der Beilage geht über den des Protokolltextes nicht hinaus.

131 Vgl. Sten. Prot. NR, V. GP, 90. Sitzung vom 27. Oktober 1948, Zuweisung der Regierungsvorlage an den Ausschuß für Land- und Forstwirtschaft, S. 2530; Bericht des Ausschusses für Land- und Forstwirtschaft und Annahme des Gesetzesentwurfes in der 99. Sitzung vom 16. Dezember 1948, S. 2871 f. Weiterführendes Material zum Gesetzesentwurf findet sich in AdR, BMsV, Sektion V (Volksgesundheit) 1948, Sign. Gesetze, GZl. 50.524/1948.

21

Erhöhung der Taggelder der Mitglieder der Gemeinsamen Rheinkommission

BM f. Handel und Wiederaufbau, Dr. K o l b, berichtet laut Ministerratsvortrag, Zl. 49.019-II/8-48[132], über die Erhöhung der Taggelder der Mitglieder der Gemeinsamen Rheinkommission und der Jahresentschädigung des Vorsitzenden der Kommission.

Der Ministerrat beschließt ohne Debatte antragsgemäß.

22

Sicherung des Ausländerfremdenverkehrs

Der BM f. Handel und Wiederaufbau, Dr. K o l b, berichtet gem. Ministerratsvortrag, Zl. 107.687/V/23b[133], über die Sicherung des Ausländerfremdenverkehrs.

BM S a g m e i s t e r: Es heißt in der Vorlage, daß in dieser Frage mit dem Bundesministerium f. Volksernährung das Einvernehmen gepflogen wurde. Es wurde zwar verhandelt, aber die Vorbesprechungen sind eigentlich nicht abgeschlossen worden. Ich bin an sich nicht gegen diese Neueinführung, obwohl gewisse Risken für die Volksernährung damit verbunden sind. Ich stimme aber nur unter der Bedingung zu, daß jener Teil der Devisen, der für die

[132] Beilage 21: BMHW, Zl. 49.019-II/8-1948 Ministerratsvortrag (2 Seiten). Zu Beginn der Arbeit der Internationalen Rheinregulierungskommission im Jahr 1893 war die Entschädigung der Mitglieder auf 30 Franken pro Sitzungstag festgesetzt worden, ab 1909 war sie auf 40 Franken, nach dem Ersten Weltkrieg auf 50 Franken erhöht und anläßlich der allgemeinen Preissenkung ab 1932 wieder auf 40 Franken gesenkt worden. Diese Regelung war bis Ende 1939 unverändert geblieben. Ab 1. Jänner 1944 hatten die einzelnen Regierungen die Taggelder mit 45 Franken und die Jahresentschädigung des Vorsitzenden mit 500 Franken festgesetzt. In der Sitzung vom 9. Dezember 1947 hatte die Gemeinsame Rheinkommission sodann beschlossen, bei den Regierungen beider Vertragsstaaten eine Neufestsetzung der Entschädigungen in Höhe von 57,75 Franken zu beantragen. Grund dafür war u. a. die fortschreitende Teuerung in der Schweiz. Gestützt auf diese Ausführungen hatte nun die Gemeinsame Rheinkommission das Ersuchen gestellt, „die Regierungen der Vertragsstaaten möchten in Analogie zu den Ansätzen von 1920, [...] mit Rückwirkung auf den 1. Jänner 1948, die Tagesentschädigung der Kommissionsmitglieder auf 50 Franken und die Jahresentschädigung an den Vorsitzenden auf 600 Franken festsetzen". Die Auszahlung dieser Entschädigungen sollte durch das Zentralbüro der Internationalen Rheinregulierung aus den von den Vertragsstaaten zur Verfügung gestellten Mitteln erfolgen. Da der Schweizer Bundesrat bereits am 18. Juni 1948 einen Beschluß in diesem Sinne gefaßt hatte, der rückwirkend mit 1. Jänner 1948 in Kraft treten sollte, wurde dem Ministerrat seitens des Bundesministers für Handel und Wiederaufbau ein analoger Antrag zur Beschlußfassung vorgelegt.

[133] Beilage 22: BMHW, Zl. 107.687/V/23b/1948 Ministerratsvortrag (2 Seiten). Einreiseerlaubnis nach Österreich wurde im Erholungs- und Touristenverkehr erteilt, wenn der Nachweis über eine Buchung in einem der an der Aktion beteiligten Hotels vorlag. Der Auslandsgast mußte Verpflegung, Aufenthalt und sonstige Devisen zum offiziellen Kurs der Oesterreichischen Nationalbank bezahlen, erhielt dafür aber die „Ausländerverpflegung", die rund 5.000 Kalorien umfaßte und zur Gänze gegen Devisen aus dem Ausland eingeführt wurde, um die inländische Versorgung nicht zu belasten. Durch diese Aktion war der Auslandsfremdenverkehr bereits vor einem Jahr wieder angelaufen. Da die Aktion aber nur als zeitlich beschränktes Hilfsmittel angesehen werden konnte, sollte sie nun durch ein neues und vereinfachtes Verfahren ersetzt werden, um die volle Konkurrenzfähigkeit des österreichischen Fremdenverkehrs zu erhalten. Im Einvernehmen mit den Bundesministerien für Inneres und für Volksernährung sowie anderen beteiligten Ressorts war daher ein Einreisemodus ausgearbeitet worden, der aus der Verbindung von Ausländerlebensmitteltageskarten mit der obligatorischen Mindesteinzahlung von Devisen zu Gunsten eines Reisekontos des Auslandsgastes bestehen sollte. Die Ausländerlebensmittelkarten sollten dem ausländischen Gast bei Visumserteilung durch die österreichischen Vertretungsbehörden im Ausland für die Dauer des geplanten Aufenthaltes in Österreich ausgehändigt werden, alternativ sollten sie auch bei der Kartenstelle des Aufenthaltsortes in Österreich gegen Vermerk im Reisepaß behoben werden können. Als Voraussetzung für die Ausgabe mußte pro Aufenthaltstag in Österreich der Gegenwert von 15 Schilling in Devisen zum offiziellen Nationalbankkurs auf ein Reisekonto des Auslandsgastes in Österreich eingezahlt werden.

Verpflegung der Ausländer dient, dem Volksernährungsministerium für Importe von Lebensmitteln zur Verfügung gestellt wird. Außerdem muß ich bitten, daß uns die Ausländeraktion die Restbestände an Lebensmitteln übergibt oder uns die Nationalbank einen Anlaufbetrag gewährt. Im übrigen scheint mir der Betrag von 15 S etwas zu gering zu sein, und ich würde anregen, ihn hinaufzusetzen.

BM Dr. G r u b e r hielte es für zweckmäßig, die Ausländerlebensmitteltageskarte noch weiter auf die einzelnen Nahrungsmittel aufzuspalten, um dem Bestreben der Ausländer nach unbehindertem Wandern im Lande mehr entgegenzukommen.

BM Dr. Z i m m e r m a n n: Es müßte sichergestellt werden, daß um den Gegenwert dieser 15 S auch tatsächlich 5.000 Kalorien im Auslande beschafft werden können; des weiteren ist die Frage offen, ob der Ausländer überhaupt ein Hotel findet, wo er 5.000 Kalorien auf der Speisekarte vorfindet.

BM S a g m e i s t e r: Er findet sie.

BM H e l m e r spricht sich gegen die Neueinführung aus Gründen aus, die er dem BM f. Handel und Wiederaufbau bereits bekanntgegeben habe. Er hält es für unwahrscheinlich, daß man um einen Betrag von 15 S 5.000 Kalorien zur Verfügung stellen könne.

BM Dr. G e r ö klärt auf, daß diese 15 S nur eine Art Fremdensteuer sein sollen. Das Essen sei separat zu bezahlen.

BM S a g m e i s t e r: Wenn der Ausländer in den Besitz der Lebensmittelkarte gelangen will, muß er nachweisen, daß er 15 S legal umgewechselt hat. Er wird aber außerdem noch schwarz Geld wechseln und dann in Österreich ohne Marken sehr billig leben. Die Devisen müßten uns daher zur Wiederbeschaffung von Lebensmitteln aus dem Auslande zur Verfügung gestellt werden.

BM Dr. G r u b e r: Der größte Teil der Lebensmittel kommt ja ohnehin aus den heimischen Produkten und muß nicht eingeführt werden.

BM Dr. K r a u l a n d hält die Neueinführung an sich für überflüssig. Wenn ein Ausländer heute nach Österreich kommt, hat er keinerlei Schwierigkeit, sich zu verpflegen, allerdings muß er dafür hohe Preise bezahlen.

BK: Es besteht also kein grundsätzlicher Widerspruch!

Der Bericht wird mit der von BM Sagmeister vorgebrachten Ergänzung zur Kenntnis genommen.[134]

134 Zur Entwicklung des Fremdenverkehrs im hier relevanten Zeitraum sowie diesbezüglichen statistischen Angaben vgl. Österreichisches Jahrbuch 1948, S. 58 und S. 422–431, zur hier im Ministerrat diskutierten Regelung besonders S. 429–431. U. a. wurde im Jahrbuch berichtet: „Das bisherige System hatte den Nachteil, daß dem ausländischen Gast die Bewegungsfreiheit innerhalb Österreichs genommen wurde. Er war praktisch an jene Zone gebunden, in der das Ausländerhotel lag, für das er gebucht hatte. Um diesen Nachteil zu beseitigen, entschloß man sich [...] zur Einführung der Touristenkarte. Dem Ausländer steht es nun frei, entweder für ein bestimmtes Hotel zu buchen, oder aber nach Wahl und Wunsch in Österreich zu reisen. Mahlzeitenkupons sichern ihm eine ausreichende Verpflegung, die die inländische Ernährung nicht belastet." Vgl. ebendort, S. 431. Kritik an der hier im Ministerrat diskutierten Regelung findet sich in Der Österreichische Volkswirt, 34. Jg., 1. Septemberheft 1948, Nr. 27, S. 4 „Die Ausländer-Lebensmittelkarte". Das System der Touristenkarten wurde im Oktober 1949 wieder aufgehoben. Vgl. dazu Österreichisches Jahrbuch 1949. Nach amtlichen Quellen herausgegeben vom Bundespressedienst, Wien 1950, S. 299, sowie MRP Nr. 167/19 vom 16. August 1949, MRP Nr. 168/14 f vom 23. August 1949 und MRP Nr. 172/10 b vom 20. September 1949.

23
Sonderpostmarkenausgaben 1949/50

Der BM f. Verkehr, Ü b e l e i s, berichtet gem. Ministerratsvortrag, BM Zl. 28.974/1948[135], über die Herausgabe von Sonderpostmarken in den Jahren 1949 und 1950 und beantragt in Ergänzung des schriftl. Berichtes, daß im Sinne des Ministerratsbeschlusses vom 25. 3. 1947 (Beschl. Prot. Nr. 62, Pkt. 13, letzter Absatz) aus den Erträgnissen auch das Wiener Jugendhilfswerk[136] bedacht werden soll und für sämtliche Sonderpostmarkenausgaben im Sinne des Beschl. Prot. Nr. 82, Pkt. 19 a) den zuständigen Bundesministerien das Vorschlagsrecht, dem Ministerrat jedoch die Beschlußfassung über die Verteilung des Erlöses vorbehalten bleiben solle.

BM H e l m e r verweist darauf, daß anläßlich des Währungsschutzgesetzes auch für Zwecke der Kriegsgefangenen- und Heimkehrerfürsorge vorgesehene Gelder abgebucht wurden. Diese Beträge fehlen nun den Bundesländern, die bereits Ausgaben gemacht und Pläne erstellt haben. Es wird in der Öffentlichkeit übel vermerkt, daß diese Beträge vom Bundesministerium f. Finanzen nicht flüssig gemacht werden können. Er bittet daher, auch eine Sonderpostmarkenausgabe für die Kriegsgefangenen herauszugeben und aus dem Erlös die Bundesländer zu beteilen.

Der Ministerrat beschließt im Sinne der Anträge des BM Übeleis und des BM Helmer.

BM Ü b e l e i s berichtet des weiteren über das Ersuchen der „Gesellschaft zur Pflege der kulturellen und wirtschaftl. Beziehungen zur Sowjetunion"[137] auf Herausgabe einer Sonder-

[135] Beilage 23: BMV, Generaldirektion für die Post- und Telegraphenverwaltung, BM. Zl. 28.974/1948 Ministerratsvortrag (2 Seiten). Die Post- und Telegraphenverwaltung konnte von der durch Ministerratsbeschluß vom 25. März 1947 (MRP Nr. 62/9) bzw. 7. Oktober 1947 (MRP Nr. 82/9) erteilten Ermächtigung zur Ausgabe von Sonderpostmarken nicht mehr Gebrauch machen, da das Interesse am Ankauf von Sonderpostmarken mit Zuschlag, die vor der Wirksamkeit des Währungsschutzgesetzes eine beliebte Geldanlage dargestellt hatten, stark zurückgegangen war. Die Sonderpostmarken mit Zuschlag wurden meist von Sammlern aus ärmeren Bevölkerungsschichten gekauft, die oftmals nicht in der Lage waren, die hohen monatlichen Beträge für Sonderpostmarken aufzubringen. Die Ausgabezahl und die Höhe des Sonderpostmarkenzuschlages sollten deshalb herabgesetzt werden. Im Ausgabeprogramm der Sonderpostmarken für das Jahr 1949/50 waren höchstens drei Ausgaben pro Jahr vorgesehen, wovon eine dem Bundesministerium für soziale Verwaltung für Zwecke der sozialen Fürsorge, die zweite dem Bundesministerium für Unterricht für Jugend, Erziehung und kulturelle Belange, die dritte dem Bundesministerium für Finanzen für allgemeine Wiederaufbauzwecke gewidmet werden sollte.

[136] Bereits 1879 waren in Wien die erste Wiener Ferienkolonie Spar- und Unterstützungsverein für Kinder und 1920 als Vorläufer des Wiener Jugendhilfswerkes das Niederösterreichische Jugendhilfswerk gegründet worden. Am 7. Februar 1922 wurden im Wiener Gemeinderat die Statuten des Wiener Jugendhilfswerkes genehmigt und 1929 die erste Lotterie des Wiener Jugendhilfswerkes (Wijug-Lotterie) durchgeführt. 1939 wurde das Wiener Jugendhilfswerk jedoch aufgelöst. Nach Ende des Zweiten Weltkrieges begannen 1945 die Vorarbeiten zur Wiedererrichtung des Wiener Jugendhilfswerkes, sodaß der Gemeinderat die alten Satzungen am 28. März 1946 genehmigen konnte. 1947 verfügte das Wiener Jugendhilfswerk als Dachorganisation aller Fürsorgevereinigungen bereits über etwa 110 Ferienheime und Tageserholungsstätten und ermöglichte ca. 30.000 Wiener Kindern und Jugendlichen mehrwöchige Erholungsaufenthalte. Vgl. Österreichisches Jahrbuch 1947. Nach amtlichen Quellen herausgegeben vom Bundespressedienst, Wien 1948, S. 431 f; weiters Das Wiener Jugendhilfswerk. Bericht 1946–1948, vorgelegt von der Geschäftsstelle des Wiener Jugendhilfswerkes, Wien 1949; 50 Jahre Wiener Jugendhilfswerk. Herausgegeben vom Presse- und Informationsdienst der Stadt Wien, Wien/München 1972; Fritz Lehner, 25 Jahre Wiener Jugendhilfswerk 1946–1971, Wien 1971.

[137] Vgl. Anmerkung 49 in MRP Nr. 121.

postmarke anläßlich des in der Zeit vom 4. bis 7. 11. 1948 stattfindenden II. Kongresses.[138] Diesem Wunsch zufolge sollten 1 Million Marken einen Überdruck[139] erhalten.

Der Ministerrat spricht sich für die Abgabe eines Sonderstempels (nicht Überdruckes) aus Anlaß des Kongresses aus.[140]

24

Mündlicher Bericht der Minister

a

Der BM f. Volksernährung, S a g m e i s t e r, berichtet anhand des Ministerratsvortrages, Zl. 22.331-11/48[141] über die Durchbrechung der Bewirtschaftungsvorschriften im Bundesland Salzburg.

---

138 In Wien wurden anläßlich des 31. Jahrestages der Oktoberrevolution zahlreiche Festveranstaltungen abgehalten. Vgl. dazu etwa Wiener Zeitung, 9. November 1948, S. 3 „31. Jahrestag der Oktoberrevolution". Konkret war hier, wie dem Beschlußprotokoll zu entnehmen ist, ein Kongreß der Gesellschaft zur Pflege der kulturellen und wirtschaftlichen Beziehungen zur Sowjetunion gemeint.

139 Leichter Farbdruck, der nicht über eine einzelne Briefmarke, sondern über einen gesamten Markenbogen reicht.

140 Aktenmaterial zur Ausgabe von Sonderpostmarken 1948 findet sich im Bestand AdR, BMV, Generaldirektion für die Post- und Telegraphenverwaltung, Abteilung 4. Zur Herausgabe von Sonderpostmarken vgl. auch MRP Nr. 11/4 vom 5. März 1946, MRP Nr. 23/8 f vom 4. Juni 1946, MRP Nr. 32/7 vom 17. Juli 1946, MRP Nr. 34/4 vom 30. Juli 1946, MRP Nr. 35/5 vom 22. August 1946, MRP Nr. 52/11 vom 14. Jänner 1947, MRP Nr. 55/14 vom 5. Februar 1947, MRP Nr. 56/7 vom 11. Februar 1947, MRP Nr. 60/11 vom 11. März 1947, MRP Nr. 61/11 vom 18. März 1947, MRP Nr. 62/9 vom 25. März 1947, MRP Nr. 69/11 vom 20. Mai 1947, MRP Nr. 70/21 vom 3. Juni 1947, MRP Nr. 82/9 vom 7. Oktober 1947 und MRP Nr. 135/13 und 14 vom 30. November 1948.

141 Beilage 24: BMVE, Zl. 22.331-11/1948 Ministerratsvortrag (5 ½ Seiten). Es bestand der Verdacht, daß in Salzburg Lebensmittel und andere Güter zum freien Verkauf gebracht worden waren, die weder aus ordnungsgemäßen Importgeschäften noch aus der inländischen landwirtschaftlichen Erzeugung stammten. Diese Lebensmittel schienen nicht im Rahmen der den Ländern zustehenden Globalkontingente importiert worden zu sein. Weiters hatte sich der Salzburger Landeshauptmann, obwohl kein offensichtlicher Mangel an Lebensmitteln in Salzburg herrschte, in einem Schreiben an das Bundesministerium für Volksernährung darüber beschwert, daß der vorgesehene Kaloriensatz in Salzburg wegen unzulänglicher Lieferungen nicht erreicht werden könne. Dagegen waren die nach Salzburg entsandten Untersuchungskommissionen der Bundesministerien für Volksernährung und für Inneres zu dem Ergebnis gelangt, daß bereits seit November 1947 von Seiten einiger Salzburger Großhändler vor allem Südfrüchte, Obst und Gemüse in bedeutenden Mengen und zu überhöhten Preisen auf den Markt gebracht worden waren. Einigen Großhändlern war es sogar gelungen, auf Grund eines Erlasses des Landeshauptmannes, der den Salzburger Großhandel zum Ein- und Verkauf sowie Export bestimmter ausländischer Waren ohne vorherige behördliche Genehmigung (insbesondere der der Preisprüfungsstelle) ermächtigte, die Genehmigung zur Betreibung der bisherigen Schwarz- und Schleichhandelsgeschäfte zu erhalten. Auf Grund des erwähnten Erlasses war die Preisbewilligung der Preisbeobachtungsstelle der Kammer der gewerblichen Wirtschaft, die mit der Preisbehörde nur das Einvernehmen herzustellen hatte, übertragen worden. Unter dem Schlagwort „Kaufmarkt" war diese Einrichtung mit der Begründung tätig geworden, daß allein auf diese Weise der Schwarzmarkt wirksam bekämpft werden könne und der Bevölkerung so zusätzliche Kalorienmengen zugute kämen. „Zur gründlichen Erfassung all dieser bedenklichen Geschäfte" war bereits im Oktober 1947 die „Commerziale Salzburger Großhandelsvereinigung Ges.m.b.H." gegründet worden, die Gewinne in bedeutender Höhe erzielen konnte und zum „verteuernden Zwischen- und Kettenhändler" geworden war. Sie war, so wurde ausgeführt, der Grund, warum sich alle außerhalb dieses Ringes stehenden Firmen nicht an die Vorschriften hielten und ein zügelloser Wettkampf entstand. Diese Zustände hätten schließlich in Salzburg zu dem Ergebnis geführt, „daß einem mit Lebensmitteln übersättigten Markt die Tatsache gegenüber steht, daß die für die Ernährung Salzburgs verantwortlichen Behörden nicht in der Lage sind, die zur Erfüllung des Lebensmittelaufrufes erforderlichen 1800 Kalorien bereitzustellen". Vgl. dazu auch Arbeiter-Zeitung, 26. August 1948, S. 2 „Wer schädigt Salzburg? Von unserem Sonderbe-

Der Ministerrat beschließt ohne Debatte antragsgemäß.[142]

b

Der BM f. die Auswärtigen Angelegenheiten, Dr. G r u b e r, berichtet über den Abschluß der Donaukonferenz in Belgrad.[143] Er werde in den nächsten Tagen den Mitgliedern des Ministerrates noch eine schriftliche Zusammenfassung zukommen lassen.

Wir waren von vornherein hinsichtlich dieser Konferenz wenig optimistisch. Die Russen haben ihrem Verein nur ein Statut gegeben. Das konnte ihnen niemand verwehren. Eine echte Verhandlung wird erst stattfinden, wenn der Donauverkehr wirklich wieder aufgenommen werden kann, d. h. wenn die Russen bis Ulm[144] und die Westmächte bis zum Schwarzen Meer[145] zu fahren ein Interesse haben. Wir konnten uns auf den formalen Vorwand stützen, daß wir, nachdem wir nicht vollberechtigte Teilnehmer der Konferenz waren, ihre Ergebnisse nicht annehmen können, und haben unseren Vertreter angewiesen, klar zu machen, daß ohne Ratifizierung der Konvention durch Österreich alle Akte, die von der Kommission vorgenommen werden könnten, auf österr. Boden keine Gültigkeit haben können. Gesandter Orsini-Rosenberg hat demnach auch darauf hingewiesen, daß wir uns das Recht vorbehalten, die Konferenzergebnisse später nochmals zu überprüfen, und daß von irgendeiner Anwendung dieser Konvention auf österr. Gebiet vor der Ratifikation durch Österreich keine Rede sein könnte. Er hat angedeutet, daß wir uns mit dem Inhalt der Konvention, die ein ganz einseitiges Instrument Rußlands geworden ist, nicht einverstanden erklären könnten. Wenn er sich auch nicht dezidiert ausgesprochen hat, so hat er doch keinen Zweifel darüber gelassen, daß die Konvention nicht unseren Interessen entspricht. Er hat mit dem Dank an die Jugoslawische Regierung geschlossen. Die österr. Delegation wird heute oder morgen in Wien eintreffen. Wir werden nochmals zu verstehen geben, daß wir die Ergebnisse dieser Konferenz selbstverständlich für uns nicht als verbindlich betrachten können, sondern erwarten, daß die Verhandlungen nach Abschluß der Staatsvertragsverhandlungen wieder aufgenommen werden und inzwischen ein modus vivendi[146] gefunden wird. Das muß zwischen den Russen und uns ohne Rücksicht auf die Konvention durch praktische Maßnahmen ausgehandelt werden und wird erst nach dem Bericht unserer Delegation möglich sein. Ich werde das Material den

---

richterstatter" und 27. August 1948, S. 2 „Landeshauptmann Rehrl hört die Wahrheit"; Der Österreichische Volkswirt, 34. Jg., 2. Novemberheft 1948, Nr. 37, S. 4 „Kartelle ersetzen Bewirtschaftung und Preisregelung – sogar die Justiz".
Josef Rehrl, 22. Dezember 1947 bis 1. Dezember 1949 Landeshauptmann von Salzburg, ÖVP.

142 Vgl. auch MRP Nr. 119/9 a.

143 Die Belgrader Donaukonferenz, die am 30. Juli 1948 in Belgrad eröffnet worden war und der Ausarbeitung einer neuen Vereinbarung über die Donauschiffahrt dienen sollte, hatte am 18. August 1948 in ihrer Vollversammlung die vom Leiter der Sowjetdelegation entworfene neue Donaukonvention mit den sieben Stimmen der Oststaaten gegen die Stimme der Vereinigten Staaten angenommen. Frankreich und Großbritannien hatten an der Abstimmung nicht teilgenommen. Beide Staaten hatten den Entwurf der neuen Konvention mit dem Argument abgelehnt, diese „sei von einem einzigen Delegierten aufgezwungen und von einer disziplinierten Mehrheit ohne die geringste Kompromissbereitschaft angenommen worden". Österreich, das als nicht stimmberechtigtes Mitglied zur Teilnahme eingeladen worden war, vertrat den Standpunkt, „es könne eine von ihm nicht unterzeichnete Konvention nicht als rechtskräftig ansehen, weswegen sich die österreichische Regierung alle ihre Rechte vorbehalte". Vgl. dazu Wiener Zeitung, 13. August 1948, S. 1 „Österreich und die Donaukommission" und 19. August 1948, S. 1 „Eine neue Donaukonvention angenommen". Aktenmaterial zur Belgrader Donaukonferenz findet sich in AdR, BKA/AA, II-pol 1948, International 17, GZl. 114.322-pol/1948.

144 Ulm: an der Donau gelegene Stadt in Baden-Württemberg am südöstlichen Rand der Schwäbischen Alb.

145 Schwarzes Meer: Mündungsgebiet der Donau.

146 Modus vivendi: erträgliches Verhältnis, auch vorläufige Regelung.

Ministerien zuleiten und den Ministerrat Mitte September noch einmal mit dem Donauproblem befassen.[147]

Der Ministerrat nimmt diesen vorläufigen Bericht des BM f. d. Auswärtigen Angelegenheiten zur Kenntnis.

c

BM H e l m e r bringt erneut zur Kenntnis, daß im Lande Vorarlberg Pässe mit Stempeln versehen werden, die das Landeswappen anstelle des Bundeswappens tragen.[148]

Dies sei im Interesse der reisenden Bevölkerung unzweckmäßig, da die Russen an der Ennsbrücke nur Pässe anerkennen, die mit dem Bundeswappen versehen sind.[149] Es bleibe nur die Möglichkeit, die Ausstellung von Pässen im Lande Vorarlberg den Bezirkshauptmannschaften zu entziehen und der Sicherheitsdirektion zu übertragen oder die Ausstellung überhaupt in Wien vorzunehmen. Dies sei jedoch nicht zweckmäßig; jedenfalls stehe Vorarlberg auf dem Standpunkte, daß es im Falle der Delegierung auch das Landessiegel verwenden könne.

BM Dr. G r u b e r ist zwar der Meinung, man müsse BM Helmer in seiner Bestrebung durchaus unterstützen, hält es aber für zweckmäßig, von der Rechtslage auszugehen und zunächst ein Gutachten des Verfassungsdienstes oder des Prof. Adamovich[150] einzuholen.

BM H e l m e r erklärt, dies werde zugunsten Vorarlbergs sprechen. Hier handle es sich nur um eine Zweckmäßigkeitsfrage.

BK: Ich habe am Donnerstag vergangener Woche neuerlich mit LH Ilg[151] gesprochen und ihn auf dieses Problem hingewiesen. Kollege Dr. Kolb fährt jetzt nach Vorarlberg, und ich habe ihn gebeten, besonders diese Frage der Pässe mit dem LH neuerlich zu besprechen.

Der Ministerrat nimmt die Berichte zur Kenntnis.

Die Tagesordnung ist erschöpft. Die nächste Sitzung des Ministerrates wird für den 31. August 1948 in Aussicht genommen.

Schluß der Sitzung 14 Uhr.

---

[147] Die Ergebnisse der Donaukonferenz standen im September 1948 nicht auf der Tagesordnung des Ministerrates. Zur Donaukonferenz vgl. auch MRP Nr. 115/1 h vom 8. Juni 1948, MRP Nr. 120/13 und MRP Nr. 123/1 b.

[148] Vgl. dazu auch MRP Nr. 120/18 e.

[149] Die Stadt Enns in Oberösterreich war von 1945 bis 1955 von amerikanischen Truppen besetzt. Die Enns bildete die Demarkationslinie zwischen der sowjetischen und der amerikanischen Besatzungszone in Österreich.

[150] Dr. Ludwig Adamovich, 19. Juni 1946 bis 23. September 1955 Präsident des Verfassungsgerichtshofes.

[151] Ulrich Ilg, 11. Dezember 1945 bis 28. Oktober 1964 Landeshauptmann von Vorarlberg, ÖVP.

Stenogramm vom 19. August 1948 (Capek)

122.; 10.15

Kanzler: Begrüßt alle. Hurdes, Mantler entschuldigt. Heutige Ministerrat wegen dringender Frage – Marshallplan-Frage und andere Fragen.

1.
[Kanzler]: a) Frage Moskau-Berlin-Belgrad. Es wird versucht, Plattform herzustellen. Neue Konferenz mit Stalin. Details nicht bekannt. Russen wollen, daß Deutschland eine gemeinsame Frage sein soll, im Westen dagegen gegenseitiger Standpunkt. Ob noch Konferenz stattfindet, kann man heute schwer sagen. Sagen kann man, daß von beiden Seiten ein Versuch ist, aus dieser Luft herauszukommen. Beeinflußt durch Verhältnisse in Jugoslawien. Tito will selbst in seinem Land kommandieren. Man will ihn erledigen. Für uns Folge, daß wir gegenüber Jugoslawien sehr vorsichtig sind.
b) Donaukonferenz. Rußland hat seine Frage durchgesetzt, 7:3, Wunsch hat Rußland durchgebracht. Unser Vertreter war nur Beobachter. Unser Vertreter behält sich auftragsgemäß freie Hand vor.
c) Wirtschaftsverhandlungen mit der Bi-Zone. Nicht voller Erfolg, aber Erfolg.
d) Verhandlungen in Jugoslawien im Zuge und Hoffnung zu einem günstigen Resultat [zu kommen] und auch andere Staaten haben Absicht, in Handelsbeziehungen zu treten.
e) French, Chef der Care-Aktion [war] da empfangen. Care-Aktion [wird] in den nächsten zwei Jahren fortgesetzt.
f) Kisilow[152] abberufen, jetzt Koptelow[153] bestellt.
g) Neuer polnischer Gesandter (Vertreter) Dr. Kurowski?
h) Lokomotiven-Park erhöht, bei Zonen keine Einigung (Alliierter Rat).
i) Beschlagnahme von Zeitungen in der sowjetischen Zone. Die Beschlagnahme widerspricht dem Kontrollabkommen. Bitte Ministerrat, beim sowjetischen Element und beim Alliierten Rat Protest [einzulegen] namens Bundesregierung.
j) Grenzzwischenfall in Bleiburg, wo zwei Österreicher angeschossen und zwei verschleppt wurden. Auch hier vom Standpunkt der Bundesregierung Schritt bei der jugoslawischen Gesandtschaft unternehmen.
k) Erdäpfel-Frage: Versorgung, Überproduktion, Preis, Verladung. Einfuhrverbot möglich. Technische Durchführung wegen Entladung und Verteilung.
l) Was Fleischversorgung anlangt, so [wurden] starke Ausgaben gemacht. Ich habe in der letzten Woche mit Kraus und Graf, Bauernführer gesprochen und sie auf die Verantwortung aufmerksam gemacht. Das Kontingent muß erfüllt werden unter allen Umständen. Werde mich bemühen, auch mit der Aufbringung weiter zu kommen.
m) Zirkulationsweg. a) Sommerzeit; b) Staatsbürgerschaften; c) Kurowski; d) tschechoslowakische Wirtschaftsverhandlungen; e) Einbürgerungen; f) Zahlung an Beamte; g) Bergführerwesen in Tirol; h) Fremdenzimmer Salzburg; i) [...] Niederösterreich, Einspruch, daß Häuser –.

[Kanzler]: Alliierte Noten:
1.) 30 Millionen der Engländer.
2.) Englische Besatzungskosten.
3.) Fr.[anzösischer] Ernährungsplan.
4.) Flugplatz Reichersberg.
5.) Mauthausen. Sie wollen, [daß] von Staats wegen die Friedhöfe erhalten werden.
Helmer: Bürgermeister von Mauthausen sagte, daß wir Grabstätten nicht erhalten können, weil zuviele Gärtner sein müssen. Bürgermeister will ein Denkmal haben. Wenn die Deleg.[ationen] weg gehen, sind die Leute verbittert. Vielleicht kann man Grabstätten der Agit.[ation] entziehen und einen großen Dok. aufrichten.
Kanzler: Es ist ja [ein] Plan, alle Gräber zusammenzulegen und [einen] Grabstein [zu] machen. [Der] Plan, er liegt beim Finanzministerium.
Zimmermann: Eine Erhaltung der Gebäude wird durch die Gebäudeverwaltung gemacht.
[Kanzler]: 6.) ~~Besatzungskosten der Russen~~ Lebensmittellieferung der Russen.

---
152 Evgenij Dmitrievič Kiselev.
153 Michail Efremovič Koptelov.

7.) Ausrüstung der Polizei.
8.) Franz.[ösische] Gelder bei der Eisenbahn Wien-Pottendorf.
9.) Zahlung der IRO[154].
10.) Buchmüller[155].
11.) Versorgungsplan genehmigt.
12.) Lokomotivenpark. Überprüfung der Zahl der Lokomotiven möglichst bald durchführen.
13.) Vier Gendarmen in Vorarlberg.
14.) Dispon.[ierungs]-Dok.[ument].

[Kanzler]: Resolutionen.
a) Voest.
b) Einspruch BR [Betriebsräte] ist erledigt.
c) Verhaftete Eisenbahner.
d) Kärntner Landtag – Bewirtschaftung.
e) Soz. Rentner.
f) Äußerung der Industrieberichte.
g) Holzarbeiter.

[Kanzler]: Börmer[156] aus Holland – neuer Ernährungsdirektor statt ?Lous[157].

Maisel: Aufbringung der Kontingente – muß gelingen, die 100% Aufbringung. In der Öffentlichkeit ernste Besorgnis wegen der Aufbringung. Man glaubt, daß die Aufbringung sehr schlecht, grauer Markt stark. Richte Frage, ob es tatsächlich einwandfrei feststeht, daß Aufbringung 100% durchgeht? Jetzt wäre noch Zeit einzugreifen, später kann man nichts mehr machen. Die Gewerkschaften sind nicht in guter Situation. Wie steht also die Lage, damit wir auch der Öffentlichkeit etwas sagen können?
Kraus: Welche Kontingente sind gemeint, da es verschiedene Kontingente gibt? Brotgetreide gegenwärtig wird abgeliefert. Durch die Aufforderung, Kontingente möglichst gerecht aufzuteilen – daher erst Durchrechnung – [wird] die Aufbringung verzögert. Man kann aber nicht sagen, daß sie nicht abgeliefert wird.
Kanzler: Ich habe nur auf die Fleischversorgung hingewiesen. Was die übrigen Kontingente anlangt, so ist auf den Ländern das Getreide noch nicht ganz geschnitten wegen dem Regen. In den letzten Tagen ist der Schnitt gewesen. Im Waldviertel steht [es] auch noch auf den Feldern. Man kann nicht sagen, es wird nicht erfüllt. Ich habe nur Sorge wegen Fleisch und wir haben die Landeshauptleute darauf aufmerksam gemacht.
Sagmeister: Kraus hat erklärt, daß keine Konserven, sondern nur Frischfleisch. Ich habe mich darüber gefreut. Grauer Markt mit Frischfleisch – Zug- und Nutzvieh-Verordnung aufgehoben. Länder werden sie [wieder] einführen, Salzburg und Steiermark wehrt sich noch. Ich ersuche, daß dies durchgeführt wird. Ich bitte um Einberufung der Landeshauptleutekonferenz.
Helmer: Nach der Rede von Kraus kenne ich mich nicht aus. Mit 8. 8. ist Weisung ergangen (liest vor) wegen Aufbringung der Kontingente. Zirk.[ular] soll Wirkung ausüben, Inhalt zeigt Gefahr auf. Was wir in den Ländern sehen [ist], daß unter Duldung und Schutz der Landeshauptleute Gesetze mißachtet werden, [daß] in einem Land viermal in der Woche Fleisch aufgerufen wurde, daß in einem anderen Land Zucker abgegeben wird, ohne daß eingeschritten werden darf. In Oberösterreich [in] Seeorten wie St. Gilgen [gibt es] mit Marken keine Butter, aber ohne Marken ja. Hier muß etwas geschehen. Wenn in den Ländern alles so blüht, so sehe ich nicht ein, daß Wiener nichts davon haben.
~~Meine Sorge ist~~ In der Steiermark hat – [ist eine] Abordnung beim Landeshauptmann erschienen, Leute haben alles ertragen. Hier aber, wo alles auf Schwarzmarkt ist, große Verärgerung. Die Dämme sind eingerissen bis nach Wien.
Entweder ist das, was Kraus im Zirk.[ular] sagt, richtig und man braucht keine Sorge haben oder [es] besteht eine große Gefahr für die Sicherstellung der Ernährung.

---

154 Zur IRO bzw. PCIRO vgl. Anmerkung 38 in MRP Nr. 120. Vgl. in diesem Zusammenhang zu den sogenannten Displaced Persons (DP) auch Anmerkung 36 in MRP Nr. 118.
155 Dr. Josef Buchmüller. Vgl. Beschlußprotokoll Punkt 2 i.
156 Addeke Hendrik Boerma.
157 Die Identität der erwähnten Person konnte nicht festgestellt werden.

Alles was von Salzburg abfloß, kam in die Länder. In Salzburg sagt man, alles kam von den DPs. Ist Kraus in der Lage, Wien ab September – Wien mit Frischfleisch zu versorgen?
An Zucker geht das Anbot in die 100.000 kg.
Kraus: Alle Kontingente sind nicht gefährdet. Ich habe mit Helmer über die Lage gesprochen. Tatsache ist, daß Fleisch überall zu sehen ist und daß man das Vieh nicht zweimal essen [kann]. Wenn ich mich verpflichtet habe, daß ab September Frischfleisch kommt, so haben wir ab [der] 45. Periode Frischfleisch – aufgebracht wird. Aufgrund der Vorkommnisse habe ich Aufruf erlassen. Es besteht aber die Sorge, ob wir das Kontingent aufbringen werden. Ich befürchte, daß durch diese Vorkommnisse die Ablieferungsmoral erschlagen wird. Hat die Regierung die Autorität, sich durchzusetzen oder nicht? Hier muß rechtzeitig eingegriffen werden. Der Landeshauptmann von Oberösterreich hat Bezirkshauptleute aufgerufen. Daher muß Fleisch-Kontingent gesichert werden.
Wegen Milch wurde mehr aufgebracht und gestern mit 130% erfüllt. Wien und Niederösterreich liefern 30% des Kontingents (liest das Lieferkontingent vor).
Ersuche, Ende des Monats eine Landeshauptleute-Konferenz ein[zu]berufen. Hauptsorge daher nur das Fleisch.

Kanzler: In [Bezug auf das] Zeitungsverbot und wegen des Grenzzwischenfalles Protest. Material wird vom Innenminister geliefert und vom Außenministerium gemacht.
~~Wegen der Zeitungen~~
Helmer: In der Zeitung steht von einer offiziellen Mitteilung nichts. Die Volkstribüne etc. sind durch die österreichischen Organe bei den Traf.[iken] abgeholt worden. Die Landeskommandantur Niederösterreich hat das angeordnet. Am Freitag haben sie verlangt, daß Samstag jemand kommt. Samstag sandte ich Dolm.[etscher] hin. Darauf hat Popp vorgesprochen und [es wurde ihm] mündlich mitgeteilt, daß die Volkstrib. für die nächste Zeit etc. – beschlagnahmt sind oder verboten werden. Schriftliche Darstellung wurde nicht gegeben.
Gruber: Ich verstehe nicht, wenn ein russischer Kommandant Befehle gibt, wie können österreichische Polizei[organe] beschlagnahmen?
Helmer: ~~Nach Aussprache~~ Wenn ein Russe Auftrag gibt, so muß es durchgeführt werden, da kein Schutz. Oberst sagt, Verhaftung von Österreichern kann nur von Wien ausgeben. So spielen sich Verhaftungen ab. Die ganze Beamtenschaft ist überall voll Sorge.
[Gruber: Wie] können wir die Moral der Beamten stärken? Das Bundesministerium für Inneres muß in jedem Fall protestieren, auch wenn man jeden Tag drei Proteste erheben [muß]. Wir müssen Scheltow zwingen, Beschlagnahmen zurück zu ziehen. Die Landesregierung muß jeden Fall bekannt geben.
Helmer: Jede Verhaftung wird dem sowjetischen Element bekannt gegeben werden.
Gruber: Jeder Fall muß dem Alliierten Rat bekannt gegeben [werden].
Helmer: Jeder Vorfall geht an die Russen.
Gruber: Ich bitte um eine Abschrift vom Protest von jeder –.
Kanzler: Von jedem Protest Abschrift an das Außenamt.
Helmer: Straßen [...] müssen durchgeführt werden.
Gruber: Sind nicht bekannt gegeben worden.
Kanzler: Abschrift von jedem Protest wegen Verhaftung, Beschlagnahmen, Vorfällen, Verletzungen der Bestimmungen muß an das Außenamt bekannt gegeben werden.
Gruber: Bundespressedienst beschäftigt sich mit Herausgabe des Weißbuches?
Kanzler: Termin ist bis 20. 9. Besprechungen haben schon stattgefunden.
Helmer: Laut Ministerratsbeschluß ist nur Verbindungsstelle berechtigt, mit Hochkommissären in Verbindung zu treten. Ich kann nur mit Elementen für innere Angelegenheiten verkehren. Jeder einzelne Fall wird der Verbindungsstelle bekannt gegeben werden. Ich kann jeden Tag die Fälle wie Menschenraub bekannt geben. Mord in Niederösterreich [wurde] durch Russen durchgeführt. Auftrag, es darf nichts in der Zeitung. Die Volkstribüne ist deshalb verboten worden wegen Bekanntgabe der Vorfälle.
Gruber: Der Hochkommissär muß die Note der Bundesregierung beantworten, wenn nicht, so ist es auch eine Antwort. Wir dürfen nicht erlauben, daß die ganze Sache unter dem Tisch gemacht wird. Die Antwort muß betrieben werden.
Gerö: Dann kommt TASS[158] mit verlogenen Berichten.

---

[158] TASS: Telegrafnoe agentstvo Sovetskogo Sojuza (Telegrafenagentur der Sowjetunion). Seit 1992 arbeitet die Agentur unter dem Namen ITAR-TASS.

Gruber: Dann wird eben [eine] Note geschickt werden.
Helmer: Ich werde meine Proteste herüberschicken.

2.
Kolassa Einspruch.
7 und 8a Einspruch.
4 + Kolassa zurückgestellt.

3.
Kanzler: Liquidator – Dank.
Angenommen.

4.
Kanzler: Standesausweise.
Angenommen.

5.
Kanzler: Einspruch Oberösterreichisches Landwirtschaftskammergesetz.
Angenommen.

6.
Gruber: Sekt.Rat Kloss.
Angenommen.

7.
Gruber: Sowjetische Kredite.
Gerö: Ich glaube, daß das mit den Russen erledigt ist.
Zimmermann: Das betrifft die Mai-Spende.
Graf: Die Frage lautete damals: Sind damit alle Verbindlichkeiten erledigt? So lautete die Frage.
Gruber: Nein, auch wegen Eisenbahn wird viel gefordert.
Krauland: Im Währungsabkommen ist Generalklausel enthalten.

10.
Zurückstellen? [...] bis –.

11.
Zimmermann: Stützung.
Krauland: §2 Ende ‚die' weglassen.
Angenommen, §2 ‚die' weglassen.

12.
Zimmermann: Sicherstellung der Schilling-Beträge.
Krauland: §1/2 statt ‚können' ‚dürfen'. ‚Sogleich' an die österreichische Nationalbank dazu fügen.
Zimmermann: Die Amerikaner haben eine Automatik abgelehnt.
Angenommen mit der Maßgabe, daß noch zu überprüfen ist vom Finanzministerium.

13.
Zimmermann: Reichsmark-Noten.
Gruber: [Ich bin] mit dem Vorschlag nicht einverstanden. Man kann Noten nicht entziehen und dann in Anspruch stellen, Erfolg außerdem Null. Rechte sollen wir nicht aufgeben, aber Forderungen können wir nicht erheben. Wir haben schlechten Rechtsboden. Anders [verhält es sich] mit österreichischen Forderungen, die notleidend werden. Das muß man im Staatsvertrag betreiben, sonst aber nicht.
Ministerrat nicht anschließen. Mir und Finanzminister überlassen, auf welchem Weg die Forderungen eingetrieben werden können, auf dem Weg einer Rechtsbasis.
Zimmermann: Forderungen sind nichts anderes als Forderungen an die Deutsche Reichsbank.
Gruber: Das ist nicht richtig.

Zimmermann: Reichsmark ist geblieben was sie war. Das ist theoretisch, materiell ist es etwas anderes.
Vizekanzler: Problem der Rechtsnachfolge wird aufgeworfen.
Gerö: Wenn Okkupationstheorie, so Standpunkt [des] Außenministers begreiflich. Das Recht auf dem Papier – [daraus] können wir das Recht ableiten. Rechtlich kann Standpunkt gegenüber Reichsregierung erhoben werden. Anders praktisch.
Gruber: Auch rechtlich sieht Sache so aus, daß aus dem Titel der Währung nicht Anspruch erhoben werden kann. In St. Germain sind auch die alten Umläufe getilgt worden, ohne daß gegen Österreich Forderungen gestellt wurden. Rechtlich ist Sache nicht zu begründen. Forderung kann man aber begründen.
Gerö: Recht erwächst aus Papier.
Gruber: Hier nicht.
Zimmermann: Im Umfang als Mark umgelaufen sind, haben wir Schilling ausgegeben und Schuld an Nationalbank eingelöst. Die Zahlungskraft erlischt auf unserem Gebiet.
Krauland: Das führt zur Frage, was ist [der] Wert der Banknote? Ich bin der Meinung, auf Basis von Gruber durchzuführen. Zuerst untersuchen.
Kanzler: Zurückgestellt, Einberufung einer int.[erministeriellen] Kommission, Zimmermann, Gerö, Gruber, Krauland.

14.
Zimmermann: Teuerungszulage.
Kolb: Aus wirtschaftlichen Gründen bin ich dafür, glaube, daß gegen uns entschieden wird.
~~Zimmermann:~~
Vizekanzler: Enthalte mich der Stimmung.
Gerö: Was hat Bundesregierung damit zu tun, das geht Finanzminister an. Die Versicherungen haben Möglichkeit, neue Bedingungen zu erlassen.
Zimmermann: Brandschaden war auch dabei.
Gerö: ‚Namens der Bundesregierung' streichen.
Zimmermann: Wir [werden] noch mit Verfassungsdienst – noch besprochen wird.
[Angenommen] und Stimmenthaltung Vizekanzler.

15.
Zimmermann: Marshall-Plan.
Rizzi 12.25 erschienen.
Krauland: Die 400 Millionen für die Währungsstützung sind bereits besprochen und sind '49 zu zahlen.
Gruber: Haben mit Generaldirektor der UNRRA verhandelt. Er gab Rat, die Gelder verwendungsmäßig zu verwenden. Die Vereinten Nationen könnten nur Kritik üben, wir sollten dies aber machen. Daher noch ein Bericht vom Finanzminister im Ministerrat nötig.
Gestern Palmer berichtet, daß für die DP-Lager Beträge verwendet –.
Zimmermann: Im nächsten Jahr im Budget verwenden.
Gruber: Man soll es auf das normale Budget nehmen.
Vizekanzler: Es war darin und sollte herausgenommen werden.
Sagmeister: Will Dollar praelim.[inieren], 100 Millionen (Burgenland 2 B).
Zimmermann: Letzte Frage 215 Millionen ausgezahlt, Meldung über geringe Steigerung kann man nur –.
Sagmeister: Das dürfte mit unserer Berechnung übereinstimmen.
Krauland: 280 für das 1. Jahr, Hyp. 140 Millionen.
Zimmermann: Man ist an diese Ziffern nicht gebunden.
Kolb: Vorschüsse auf 200 Millionen einzusetzen – hinaufsetzen für Wohnhausbau.
Übeleis: Sind Ziffern mit den Lieferungen abgestimmt? Im letzten Ministerrat hat Migsch [Forderungen] auf 500 [Millionen] vorgelegt, Bundesbahnen 937 [Millionen] vorgesehen.
Zimmermann: Für Bundesbetriebe (nicht Verstaatlichte) sind vorgesehen für '48 nach Budget und für nächstes Jahr im nächsten Halbjahr 400 Millionen sollen erreicht werden.
Übeleis: Daher sind 800 Millionen für Bundesbetriebe anzunehmen. 900 machen Bundesbahnen aus.
Zimmermann: Die 500 [für] Migsch fallen unter andere Posten. Extraordinarium macht 3.000 Millionen aus.

Übeleis: Die weitere Elektr.[ifizierung] ist daher einzustellen.
Zimmermann: Nein, nur 600 Millionen.
Graf: Ich unterstütze Forderung Kolbs auf 200 Millionen und bitte, daß nicht nur im Jahr '48 der volle Betrag eingesetzt wird, sondern auch im 1. Halbjahr '49.
Krauland: Diese Beträge sollen nicht etwas im Gesetz ändern, sondern es wurde geschätzt, was wir verbauen können. Daher sollen Mittel nicht in Anspruch genommen werden, die nicht verbraucht werden. Was Übeleis anlangt, so sollen wir keine Anträge an die Amerikaner stellen, weil Budget nicht aufgestellt ist. Wir haben nicht die leiseste Chance etwas durchzusetzen, wenn [es] nicht verwendet wird. Wir binden uns nicht, sondern erklären nur, was unsere Pläne sind.
Kanzler: Wenn Kolb 200 braucht, bekommt er sie.
Gruber: Die Amerikaner brauchen [die] Aufstellung wegen der Stabilität der Währung. Mangelnde Stabilität des Budgets muß beachtet werden. Umlauferhöhungen sind nicht aufzuhalten. Budgetstabilität und daß nicht inflationäre Wirkung entsteht.
Kraus: Landwirtschaft legt größten Wert, daß auch die Flächen der Landwirtschaft nutzbar gemacht werden. Mit bisherigen Mitteln nicht möglich, wie im Marchfeld. Für die Landwirtschaft wird das wenigste Material gebraucht. Bei Wasser- und Wildbachverbauung sind wir zurück. Bitte, daß [man] da [auf] die Landwirtschaft Rücksicht nimmt (Schulen, Wasser- und Wildbachverbauung).
Kolb: Die Wirtschaftszeitung bringt sehr viel darüber. Es ist zu fürchten, daß sich die Banken keine Geschäfte vorlegen.
Migsch: Das ist festzulegen. Wenn bei der Refinanzierung die Banken eingeschaltet werden, so sind die österreichischen Wasserkräfte nicht in der Lage ausgebaut zu werden. Daher Teil des Kredites zinsenfrei herauszugeben. Enthält sich der Stimme.
Krauland: Darüber sind wir im Klaren. Das werden wir in näherer Besprechung ausführen.
Kanzler: Mit vorgelegtem Entwurf einverstanden (keine Stimmenthaltung Migsch). 200 Millionen für Wohnbau nach einem Nachweis durch das Bundesministerium für Handel.

16.
Maisel: Arbeitskonferenz. Mit Grüßen von General Clark. Die Aufnahme der Delegation war sehr herzlich. Rücksprache mit Kolb und Außenminister noch nötig. Stützpunkte in Washington sind für uns zu schwach. Generalkonsul in San Francisco und bitte, mit dem Mann in enge Verbindung zu treten. Wegen Ausbau der Handelsbeziehungen am Pazifik. Es wird sich eine Amerikanisch-Österreichische Gesellschaft bilden unter Clark. Ein gewisser Weber aus Tirol ist uns entgegen gekommen und ich glaube, daß er in eine Stellung zu bringen sein muß. Zwei Millionen Arbeitslose immer nur auf 8 Tage.
Bericht zur Kenntnis mit Dank.

17.
Maisel: Sicherheit der Betriebe.
Altenburger: Nach der Geschäftsordnung kann Dolmetscher nicht technischer Berater sein. Technischer Berater kann nicht Dolmetscher sein. Gewerkschaften müssen Vertreter – nur ein Vertreter (Regierungsvertreter) und je ein Vertreter der Arbeitgeber und Arbeitnehmer.
Maisel: Wir können uns das nicht leisten.
Zimmermann: Bitte Kreis einzuschränken, wenn möglich nur Regierungsvertreter wegen Devisen.
Maisel: Dreigliedrige Regierungsvertreter für die Arbeitgeber und Arbeitnehmer. Mit einer Geschäftsordnung hat das nichts zu tun.
Kanzler: (Regierungsvertreter mit Dolmetscher, Arbeitgeber und Arbeitnehmer).
Altenburger: Beantrage Rückstellung.
Gruber: Kanzler soll mit den beteiligten Ministern Maisel und Altenburger zusammenstellen.
Kanzler: Ich werde es machen.
Maisel: Das ist Sache des Sozialministers.
Kanzler: Also Sozialminister lehnt es ab.

18.
Maisel: Suchtgiftgesetz.
Angenommen.

19.
Maisel: –.
Bericht zur Kenntnis mit Dank.

20.
Kraus: Deckseuchen. §13 Einspruch durch Finanzministerium soll lauten –. Absatz 2 entfällt.
Angenommen mit Änderung. Abschreiben und Kraus zurückschicken.

21.
Kolb: –.
Angenommen.

22.
Kolb: –.
Sagmeister: Einvernehmen ist nicht gepflogen worden.
1) Dem Bundesministerium für Ernährung zur Beschaffung der Lebensmittel Devisen aus diesem Ausländerverkehr im Ausmaß der Ernährung müssen dem Import zur Verfügung gestellt werden. Betrag von 15 S. ist zu gering und soll hinaufgesetzt werden.
2) Und daß [die] Nationalbank einen einmaligen Anlaufbetrag zur Verfügung stellt.
Zimmermann: Im Gegenwert der 15 S. müssten Kalorien im Ausland beschafft werden.
Helmer: Bundesministerium für Inneres hat sich dagegen ausgesprochen und hat die Ausführung begründet. Fördert das den Fremdenverkehr?
Gruber: Wenn er [bestimmte] Lebensmittel aufißt, so ißt er andere vom Kontingent nicht auf.
Kanzler: 15 S. ist zu niedrig.
Gruber: Die Lebensmittel sind ja da.
Sagmeister: Sie müssen eingeführt werden.
Krauland: Wenn ein Ausländer hereinkommt, so hätte er keine Schwierigkeiten, etwas hereinzubringen.
Kanzler: Dollar für etc. angenommen. Mit Zusatz von Sagmeister zur Kenntnis.

23.
Übeleis: Sonderpostmarken.
Helmer: Bevor Kriegsgefangene zurückgekommen sind, wurden 25% von den Geldern weg genommen. Wenn eine Kriegsgefangenenmarke ausgegeben würde, so Absatz und dann einen Teil zurückzahlen.
1) Beantrage, [daß man eine] Sondermarke für Heimkehrer und Kriegsgefangene herausbringt und die Beträge zur Verfügung stellt.
Angenommen.

Kanzler: 2) Liest Akt wegen Gesellschaft sowj. vor. Sonderstempel, aber keinen Sonderdruck.

24. a)
Sagmeister: Bewirtschaftungsbestimmungen.
Angenommen.

[24.] b)
Gruber: Bericht über die Donaukonferenz. Werde darüber in den nächsten Tagen schriftlich berichten. Berichtet und stellt schriftlichen Bericht in Aussicht. Entspricht mat.[eriell] unserer Forderung nicht und Dank an Jugoslawien. Wir werden zu verstehen geben, daß wir Ergebnis als nicht verbindlich betrachten und daß wir [uns] nach Beendigung des Staatsvertrages Verhandlung weiterer Maßnahmen vorbehalten. Werde Mitte September über das Donau-Problem berichten.
Zur Kenntnis genommen.

[24.] c)
Helmer: Vor langer Zeit können Unterbehörden Pässe ausstellen. Dies wurde mitgeteilt, daß Pässe mit österreichischem Bundeswappen ausgestellt werden. Von Oberösterreich [hat eine] Bewegung nach Salzburg, Tirol und Vorarlberg über[ge]griffen, daß nicht Bundeswappen, sondern nur Bundeswappen [richtig: Landeswappen] verwendet werden. Oberösterreicher haben das eingesehen, wegen Schwierigkeit auf Rus-

sen. Tirol wird sich anschließen. Vorarlberg steht auf dem Standpunkt, daß nur mit dem Landeswappen gestempelt werden kann. Ilg wartet Weisung ab, wartet auf Antwort von Bundeskanzler an. Bleibt aber dagegen. Es handelt sich um [eine Frage der] Zweckmäßig[keit] wegen Nachteil. Daher Entziehung der Ausstellung an das Land Vorarlberg, nur durch Sicherheitsdirektion oder verlautbaren, wenn [solche] Pässe ausgestellt werden, so Schwierigkeiten an der Landesgrenze.
Gruber: Ich bin der Meinung von Helmer, aber vorher Gutachten von Verfassungsdienst.
Helmer: Er sagt –.
Kanzler: Ich habe mit Ilg gesprochen. Er steht auf dem Standpunkt, daß es Landessache ist. Er hat erklärt, daß er mit seinen Leuten sprechen wird. Kolb fährt nach Vorarlberg und ich habe ihn gebeten, mit Ilg neuerlich zu sprechen. Oberösterreich, Tirol und Salzburg haben es eingestellt.
Kanzler: Nächster Ministerrat 31. 8.

14h.

Beschlußprotokoll Nr. 122 über die Sitzung des Ministerrates am 19. August 1948

1.) Der Bericht des Bundeskanzlers über
   a) die außenpolitische Lage im Hinblick auf die Ereignisse in Moskau, Berlin und Belgrad;
   b) den Abschluß der Donaukonferenz;
   c) den Abschluß der Wirtschaftsverhandlungen mit der Bi-Zone;
   d) die Handelsvertragsverhandlungen mit Jugoslawien;
   e) den Besuch und den Empfang des Generaldirektors der CARE – Aktion French;
   f) die Ablösung des politischen Vertreters der UdSSR E. D. Kiseljow durch den bisherigen Stellvertreter M. E. Koptjelow;
   g) die Bestellung des a. o. Gesandten und bev. Ministers Dr. Stefan Kurowski zum politischen Vertreter der Republik Polen in Österreich;
   h) das Ergebnis der letzten Sitzung des Alliierten Rates, betreffend die Erhöhung des Österreichischen Lokomotivparks etc.;
   i) die Beschlagnahmen und das Verbreitungsverbot verschiedener Zeitungen in der sowjetrussischen Zone;
   j) den Zwischenfall an der jugoslawischen Grenze bei Bleiburg;
   k) die Kartoffel- und Fleischversorgung und
   l) die Einberufung einer Landeshauptmännerkonferenz betreffend die Ernährungslage mit besonderer Berücksichtigung der Frischfleischversorgung und deren Sicherstellung
   wird mit der Maßgabe zur Kenntnis genommen, daß
   ad i) das Bundeskanzleramt – Auswärtige Angelegenheiten auf Grund des ihm vom Bundesministerium für Inneres zur Verfügung zu stellenden Materials beauftragt wird, namens der Österr. Bundesregierung Protestnoten beim Alliierten Rat und beim Sowjetelement einzubringen und
   ad j) bei der jugoslawischen Vertretung Vorstellungen zu erheben sind.

2.) Der Bundeskanzler verliest folgende alliierte Noten:
   a) Note der Alliierten Kommission für Österreich (Britisches Element), SEC 7349, vom 23. Juli 1948, betreffend Besatzungskosten;[159]
   b) Note der Alliierten Kommission für Österreich, Alliiertes Sekretariat, gez. Oberst P. L. M. Carolet[160], SECA 48/125, vom 23. Juli 1948, betreffend Genehmigung des Ernährungsplanes für die 43. Lebensmittelperiode;[161]

---

159 In der beiliegenden Note des Hochkommissars der britischen Besatzungsmacht für Österreich an Bundeskanzler Figl ersuchte dieser die österreichische Bundesregierung um Überweisung des vierten Teiles der durch Beschluß des Ministerrates zur Verfügung gestellten Besatzungskosten in Höhe von 30 Millionen Schilling an das britische Element, erklärte sich aber gleichzeitig mit der Verschiebung des tatsächlichen Zahlungstermins einverstanden. Aus der Fortsetzung der Verhandlungen über die Frage der Deckung der Besatzungskosten für 1948 schließe er, so der Hochkommissar, daß eine Gesetzgebung für die Einführung einer besonderen Steuer weder notwendig noch zweckmäßig sei. Zu den Diskussionen im Ministerrat über die Bezahlung der Besatzungskosten, die Einführung einer Besatzungssteuer und den Entwurf eines Besatzungskostendeckungsgesetzes vgl. MRP Nr. 115/1 d vom 8. Juni 1948, MRP Nr. 116/1 g, MRP Nr. 117/1 j, MRP Nr. 118/6, MRP Nr. 119/8, MRP Nr. 121/1 c, MRP Nr. 133/1 a vom 16. November 1948, MRP Nr. 134/1 c vom 23. November 1948, MRP Nr. 135/1 b vom 30. November 1948, MRP Nr. 138/1 g vom 21. Dezember 1948, MRP Nr. 141/1 g vom 18. Jänner 1949, MRP Nr. 142/1 b vom 25. Jänner 1949, MRP Nr. 144/10 h vom 8. Februar 1949, MRP Nr. 155/15 b vom 3. Mai 1949 und MRP Nr. 156/21 vom 10. Mai 1949. Vgl. zu den Besatzungskosten auch Seidel, Österreichs Wirtschaft und Wirtschaftspolitik, S. 129–131 und S. 468–470.
Alexander Galloway, Generalleutnant, 1. Oktober 1947 bis 1950 britischer Hochkommissar für Österreich und Oberbefehlshaber der britischen Truppen in Österreich.

160 Pierre Louis M. Carolet, französischer Oberst beim Sekretariat der Alliierten Kommission für Österreich, April 1948 bis November 1949 stellvertretender Hochkommissar der französischen Besatzungsmacht für Österreich.

161 Die beiliegende Note der Alliierten Kommission für Österreich an Bundeskanzler Figl enthält die

c) Note des Oberkommandos der US-Streitkräfte in Österreich, Büro des Oberbefehlshabers, vom 22. Juli 1948, betreffend den ehemaligen Flugplatz Reichersberg in Oberösterreich;
d) Note des Hochkommissariates der Französischen Republik in Österreich, Exekutivkomitee, No. 2093 CB/CAB, vom 21. Juli 1948, betreffend Pilgerfahrten nach Mauthausen;
e) Note der UdSSR, Sowjetabteilung der Alliierten Kommission für Österreich, No. 9/192, vom 29. Juli 1948, betreffend Lebensmittellieferungen im Jahre 1945; Abrechnung;[162]
f) Note des Oberkommandos der US-Streitkräfte in Österreich, Büro des Oberbefehlshabers, vom 30. Juli 1948, betreffend Ausbildung der österr. Polizei und Gendarmerie im Gebrauch von US-Waffen;[163]
g) Beschwerde des Hochkommissariates der Französischen Republik in Österreich, Exekutivkomitee, Abt. Wiedergutmachung – Rückstellungen – Vermögenskontrolle, No. 1368 CE/RE/J, vom 2. August 1948, gegen die Auswirkungen der Durchführung des Schillinggesetzes und des Gesetzes zum Schutze der Währung in Bezug auf die französischen Aktien- und Obligationsinhaber der Eisenbahn A.G. Wien-Pottendorf-Wr. Neustadt;[164]
h) Note der Vorbereitenden Kommission für die Internationale Flüchtlingsorganisation, Bez. Zl. 99/2 Aus, vom 2. 8. 1948, betreffend Deponierung von $ 500.000 seitens der PCIRO für Rechnung der Österr. Nationalbank;[165]

Mitteilung über die Kenntnisnahme des Ernährungsplanes für die 43. Lebensmittelperiode durch das Alliierte Exekutivkomitee.

162 Die beiliegende Note der Sowjetabteilung der Alliierten Kommission für Österreich an Bundeskanzler Figl enthält das Ersuchen um Regelung der Abrechnung der vom Sowjetkommando für die Republik Österreich im Jahr 1945 durchgeführten Lebensmittellieferungen. Die der Note beigelegte Abschrift einer Note der Sowjetabteilung der Alliierten Kommission für Österreich an Bundeskanzler Figl vom 9. April 1947 enthält die zwischen der sowjetischen Besatzungsmacht und der österreichischen Regierung getroffenen Vereinbarungen, betreffend Verpflegungsquote und Kompensation für die gelieferte Verpflegung. Vgl. Punkt 7 der Tagesordnung.

163 Die beiliegende Note des Oberkommandos der US-Streitkräfte in Österreich an Bundeskanzler Figl enthält die Mitteilung, daß das am 10. April 1946 im Alliierten Rat geschlossene Abkommen, demzufolge die österreichische Polizei und Gendarmerie mit einheitlicher Bewaffnung und Munition ausgestattet werden sollte, nicht durchführbar sei. Die US-Streitkräfte in Österreich seien zur Zeit nicht in der Lage, an die österreichische Polizei und Gendarmerie Waffen auszufolgen, da sich die österreichischen Polizisten und Gendarmen erst einem Ausbildungsverfahren bezüglich Gebrauch amerikanischer Waffen unterziehen müßten. Vertreter des Bundesministeriums für Inneres sollten sich mit dem Amt des Leiters der Organisation und Ausbildung des US-Oberkommandos in Verbindung setzen, um die Einzelheiten eines Ausbildungsplanes zu beraten. Vgl. dazu auch Österreichisches Jahrbuch 1948, S. 122.

164 Die beiliegende Note des Hochkommissariates der Französischen Republik in Österreich an Bundeskanzler Figl nahm Bezug auf die beim Bundesministerium für Finanzen eingebrachte Beschwerde der Eisenbahn AG. Wien-Pottendorf-Wiener Neustadt über die Auswirkungen der Durchführung des Schillinggesetzes und des Währungsschutzgesetzes. Es wurde darauf aufmerksam gemacht, daß ungefähr die Hälfte der Aktien- und Obligationeninhaber der Eisenbahn AG. aus französischen Sparern bestehe, die während des Krieges ihre Kupons nicht ausbezahlt bekommen hätten, da französische Besitzer als Feinde betrachtet und deren Konten gesperrt worden seien. Durch die jetzigen österreichischen Währungsgesetze seien diese wiederum gegenüber österreichischen Sparern benachteiligt, da die ihnen zustehenden Summen ihre Gültigkeit verloren hätten. Der französische Hochkommissar unterstütze die Beschwerde der Eisenbahn AG. Wien-Pottendorf-Wiener Neustadt und ersuche die Bundesregierung, Maßnahmen zur Abstellung dieser Ungerechtigkeit in die Wege zu leiten.

165 Die beiliegende Note der vorbereitenden Kommission der Internationalen Flüchtlingsorganisation (PCIRO) an Bundeskanzler Figl enthält die Mitteilung über die Deponierung der Summe von einer Million US-Dollar für Rechnung der Oesterreichischen Nationalbank bei der „Trust Company, New York" (die „TrustCo Bank Corp. New York"), durch die PCIRO. Ein zusätzlicher Betrag von 500.000 US-Dollar für die vom 1. März bis zum 30. Juni 1948 importierten Versorgungsgüter für die von der PCIRO in Österreich zu betreuenden Flüchtlinge müsse deponiert werden. Zur PCIRO vgl. auch Anmerkung 38 in MRP Nr. 120.

i) Note des Alliierten Sekretariates der Alliierten Kommission für Österreich, SEK 48/130, vom 7. 8. 1948, gez. Tschistjakow[166], betreffend Auslieferung des Kriegsverbrechers B u c h m ü l l e r;[167]
j) Note der Sowjetabteilung der Alliierten Kommission für Österreich (Sekretariat), SEK 48/137, vom 14. August 1948, betreffend 44. Verteilungsperiode;[168]
k) Note des Sekretariates der Alliierten Kommission für Österreich, gez. Tschistjakow, No. SECA 48/134, vom 14. August 1948, betreffend Lokomotivpark der Österr. Bundesbahnen;
l) Note des Hochkommissariates der Französischen Republik in Österreich, 2290 CE/CAB, vom 14. August 1948, betr. Gnadenmaßnahmen für die vier Gendarmen Nickel, Hofer, Conradini und Oswald (Vorfälle in Bregenz);[169]
m) Note der Vereinigten Staaten von Amerika, Büro des Bevollmächtigten für ausländische Liquidationen, Hauptquartier, Zentralfeldkommissär für Europa APO 58 – US Army (Amerikanische Armee) vom 30. Juli 1948, betreffend Disponierungsdokument No. 14.459.[170]

---

166 Vladimir Konstantinovič Čistjakov, Mitarbeiter des sowjetischen Außenhandelsministeriums, ab 1945 stellvertretender Leiter des Sowjetischen Teils des Alliierten Sekretariates, ab 1948 Leiter.

167 Die beiliegende Note der Alliierten Kommission für Österreich an Bundeskanzler Figl enthält den Beschluß des Exekutivkomitees des Alliierten Rates vom 6. August 1948 auf Feststellung der Identität des in der Londoner Kriegsverbrecherliste aufscheinenden Josef Buchmüller und des gegenwärtig im Landesgericht Linz inhaftierten Josef Buchmüller. Die österreichische Bundesregierung solle sich zu diesem Zweck mit der Gesandtschaft der Volksrepublik Polen in Verbindung setzen.
Dr. Josef Buchmüller, Rechtsanwalt, vormals Vertreter des deutschen Kreishauptmannes in Krakau und Leiter der Abteilung „Innere Verwaltung", August 1945 bis Jänner 1946 Bezirkshauptmann in Hallein, am 12. August 1947 verhaftet und wegen eines Auslieferungsbegehrens der Republik Polen in das Landesgericht Salzburg eingeliefert, dann ins Landesgericht Linz überstellt, am 19. Dezember 1947 gegen Gelöbnis aus der Haft entlassen, 1948 oder 1949 Flucht nach Italien nach zweitem Haftbefehl. Das Auslieferungsverfahren wurde 1956 eingestellt, laut Polizeiberichten war Buchmüller in Florenz aufhältig. Material zu dieser Auslieferungssache und zur Person Buchmüllers findet sich in AdR, BMI, Generaldirektion für die öffentliche Sicherheit, GZl. 38.887-2A/1962, Buchmüller Dr. Josef, 26.3.1903 geb., Auskunft, sowie GZl. 35.816-13/1959, Buchmüller Josef, am 26.3.1903 in HORN geboren, Personsfeststellung; AdR, BMJ, Sign. IV/D, GZl. 22.313/10-IV 3/1979, Strafsache DDr. Josef Buchmüller, LG Salzburg, Schreiben des BMA.

168 Die beiliegende Note der Sowjetabteilung der Alliierten Kommission für Österreich an Bundeskanzler Figl enthält die Mitteilung, daß der Alliierte Rat den Versorgungsplan für die 44. Verteilungsperiode zur Kenntnis genommen habe. Das Bundesministerium für Volksernährung wurde jedoch angewiesen, Angaben über die Mehlvorräte aus der Ernte 1947 und 1948 zu machen. Das Mehldefizit einzelner Bundesländer solle durch die Ernte 1948 abgedeckt und von der Quote 1948 dieser Bundesländer abgezogen werden. Diese Quote müsse allerdings zuvor vom Alliierten Rat festgestellt und genehmigt werden.

169 Die beiliegende Note des Hochkommissariats der Französischen Republik in Österreich an Bundeskanzler Figl enthält die Mitteilung Hochkommissar Béthouarts, daß er sich einer Gnadenmaßnahme für die in der Note genannten vier Gendarmerieschüler Nickel, Hofer, Conradini (vermutlich richtig: Corradini) und Oswald, die auf Grund von Vorfällen in Bregenz am 10. Oktober 1946 aus den Verbänden der Gendarmerie gestrichen worden waren, nicht widersetze, allerdings dürften die Genannten nicht mehr im Bundesland Vorarlberg eingesetzt werden.
Arthur Corradini, Emil Hofer, Ferdinand Nickel, Otto Oswald, provisorische Gendarmen des Gendarmeriepostens Bregenz, am 23. November 1946 aus dem Dienst entlassen. Den Hintergrund der Angelegenheit bildeten Zusammenstöße zwischen österreichischer Gendarmerie und französischen Besatzungssoldaten marokkanischer Herkunft am 9. Oktober 1946 in Bregenz. Die hier namentlich genannten provisorischen Gendarmen hatten im Zuge der Vorfälle aus ihren Karabinern Schüsse in die Luft abgegeben. Zu den näheren Umständen und Folgen des Falles vgl. Nachbaur, Dokumentationsmaterial aus der Besatzungszeit, S. 50 f.

170 Die beiliegende Note des Bevollmächtigten für ausländische Liquidationen an den Kontrollrat der Alliierten enthält das Ersuchen um Unterzeichnung einer Durchschrift über die Faktur für das Disponierungsdokument Nr. 14.459 in Höhe von 43.022,75 US-Dollar zwecks Weiterleitung an das Bundesministerium für Vermögenssicherung und Wirtschaftsplanung und um Rücksendung der genannten Durchschrift.

Die Noten a) bis m) werden mit der Maßgabe zur Kenntnis genommen, daß

ad d) vor allem ein würdigem Denkmal für die im KZ Mauthausen verstorbenen Häftlinge errichtet werden soll, wozu geeignete Pläne im Bundesministerium für Finanzen vorliegen und

ad k) seitens des Bundesministeriums für Verkehr eine genaue und zahlmäßige Überprüfung des Österr. Lokomotivparks durchzuführen ist.

3.) Die Resolutionen und Mitteilungen:

a) Protestresolution des Zentralrates der Vereinigten Österr. Eisen- und Stahlwerke A.G. Linz vom 2. 8. 1948, betreffend die geplante Fleischpreiserhöhung;[171]

b) Resolution der Plenarversammlung der Wiener Vertrauensmänner der Eisenbahnergewerkschaft vom 7. August 1948 wegen Enthaftung der von den alliierten Besatzungsmächten inhaftierten Eisenbahner resp. deren Übergabe an österr. Gerichte;[172]

c) Beschluß des Kärntner Landtages vom 23. 7. 1948, bei der Bundesregierung vorstellig zu werden, damit die strenge Bewirtschaftung und Preisüberwachung bei Waren, bei denen kein Mangel mehr besteht, aufgehoben wird;[173]

d) Resolution der Vereinigung der österr. Sozialrentner, Graz, Luthergasse 4, vom 9. August 1948, betreffend die Verbesserung der wirtschaftlich trostlosen Situation der Sozialrentner;[174]

e) Stellungnahme des Bundeskanzleramtes – Auswärtige Angelegenheiten, Zl. 126.764-6VR/48, vom 11. August 1948 zur Aufforderung sowjetischer Kommandanturen zur Abgabe von Industrieberichten (Vergl. Pkt. 21 c) d. Beschl. Prot. 121);[175]

f) Antrag des Österr. Gewerkschaftsbundes, Gewerkschaft der Bau- und Holzarbeiter, Hauptvorstand Wien VII., Schottenfeldgasse 24, vom 11. August 1948, die Verleihung des Titels „Professor“ durch den Herrn Bundespräsidenten an den Rektor der Betriebsräte- und Vertrauensmännerschule „Schloß Weinberg“ Dr. Josef Luitpold S t e r n aus Amerika zu unterstützen,[176]

verlesen bezw. bekanntgegeben durch den Herrn Bundeskanzler, werden zur Kenntnis genommen.

---

171 Die Resolution liegt dem Protokoll nicht bei. Sie findet sich in AdR, BKA, Präsidium, Sign. 46, GZl. 3.176-Pr.M/1948, Resolution der Zentralbetriebsrätesitzung der VOEST AG. gegen die geplante Fleischerhöhung. In der beiliegenden Resolution vom 2. August 1948 wurde mitgeteilt, daß alle drei Fraktionen (SPÖ, ÖVP, KPÖ) des Zentralbetriebsrates einstimmig Protest gegen eine eventuelle Fleischpreiserhöhung erheben müßten. Finde die Erhöhung doch statt, „warnen die Betriebsräte [...] vor den kommenden Ereignissen und Unruhen“. Die Betriebsräte seien „weder in der Lage noch gewillt, der Belegschaft [...] eine positive Haltung zu Gunsten der Fleischpreiserhöhung einzureden“.

172 Die Resolution liegt dem Protokoll nicht bei. Sie findet sich laut Protokollbuch in AdR, BKA, Präsidium, Sign. 46, GZl. 3.195-Pr.M/1948, der betreffende Akt wurde jedoch im September 1948 ausgehoben und nicht mehr retourniert.

173 Der Beschluß liegt dem Protokoll nicht bei. Er konnte im Bestand des AdR, BKA, Präsidiums nicht eruiert werden.

174 Die Resolution liegt dem Protokoll nicht bei. Sie findet sich in AdR, BKA, Präsidium, Sign. 46, GZl. 3.218-Pr.M/1948, Zl. 3.542-Pr.M/1948, Vereinigung der österreichischen Sozialrentner, Graz, Ergänzung zur Resolution vom 9. August 1948. In der Resolution wurde auf die große Not der Rentner, Witwen und Waisen hingewiesen, die rasche Hilfe benötigten, da sie Hunger und Not litten, wobei u. a. die Verteuerung der Lebenshaltung als Problem genannt wurde. Vgl. auch MRP Nr. 124/Beschlußprotokoll Punkt 3 c vom 7. September 1948.

175 Die Stellungnahme liegt dem Protokoll nicht bei. Sie findet sich in AdR, BKA, Präsidium, GZl. 3.069-Pr.M/1948, Zl. 3.326-Pr.M/1948, Erstattung von Industrieberichten an das sowjetrussische Element. In der vorangehenden Ministerratssitzung waren im Zusammenhang mit der Frage, ob die sowjetische Besatzungsmacht berechtigt sei, von österreichischen Industrie- und Gewerbebetrieben das Ausfüllen von Fragebögen zu verlangen, Unterschiede zwischen einem an Bundeskanzler Figl ergangenen Schreiben und einer in der „Gazette of the Alliied Commission“ veröffentlichten Weisung thematisiert worden (vgl. MRP Nr. 121/9). In der beiliegenden Stellungnahme des Bundeskanzleramtes/Auswärtige Angelegenheiten vom 11. August 1948 kam dieses zu dem Schluß, daß dem Text des erwähnten Schreibens ein höherer Stellenwert zukomme, da die in der „Gazette“ veröffentlichten Weisungen, wie in der „Gazette“ selbst ausgewiesen, nur „for reference“ publiziert würden und die „Gazette“ nicht „den Zweck verfolgt oder den Anspruch erhebt, den authentischen Text der Weisungen des Alliierten Rates mit Rechtswirkung für die Bundesregierung zu publizieren“.

176 Der Antrag liegt dem Protokoll nicht bei. Er findet sich in AdR, BKA, Präsidium, Sign. 43t, GZl.

4.) Der Bericht des Bundeskanzlers über die Bestellung des A. H. B o e r m a aus Holland zum Regional-Direktor der Ernährungs- und Landwirtschaftsorganisation der Vereinten Nationen für Europa wird zur Kenntnis genommen.

5.) Die Anträge des Bundesministers für die Auswärtigen Angelegenheiten
   a) auf Zustimmung des Ministerrates, daß an den Herrn Bundespräsidenten wegen Beglaubigung des Legationsrates Dr. Robert FRIEDINGER-PRANTER als a. o. Gesandter und bev. Minister bei der Königin der Niederlande herangetreten werde;
   b) auf Ermächtigung durch den Ministerrat an den Herrn Bundespräsidenten wegen Erwirkung der Exequatur für Werner W e r e n s k i o l d als norwegischer Honorar-Generalkonsul heranzutreten;
   auf taxfreie Verleihung das Titels „Regierungsrat" an die w. Amtsräte im Bundeskanzleramt – Auswärtige Angelegenheiten
   c) Friedrich M i t u r a und
   d) Josef S c h m a u t z
   werden angenommen.

6.) Die Anträge des Bundesministers für Inneres
   a) auf Ernennung des Oberregierungsrates i. R. titl. Hofrat Robert G r a m a n n anläßlich seiner Versetzung in den dauernden Ruhestand zum w. Hofrat der DPGr. II;
   b) auf Ernennung des Oberregierungsrates i. R. titl. Hofrat Max M a j e r o t t o anläßlich seiner Versetzung in den dauernden Ruhestand zum w. Hofrat der DPGr. II;
   c) auf taxfreie Verleihung des Titels „Hofrat" an den Oberregierungsrat und Stellvertreter des Präsidialvorstandes beim Amte der n. ö. Landesregierung Georg M i c u l a;
   d) auf taxfreie Verleihung des Titels „Regierungsrat" an den w. Amtsrat Ernst H e i s i g;
   e) auf taxfreie Verleihung des Titels „Amtsrat der Bundesverwaltung" an den Amtssekretär i. R. Franz HAVLICEK, zuletzt in Verwendung bei der Bezirkshauptmannschaft Neusiedl am See;
   f) auf Verleihung des Titels „Gendarmerieoberstleutnant" an den Stabsoffizier für besondere Verwendung beim Landesgendarmeriekommando für Tirol Gendarmeriemajor Georg Z o r z i aus Anlaß der Rückversetzung in den Ruhestand
   werden angenommen.

7.) Der Antrag des Bundesministers für Justiz
auf Nachsicht vom Mangel des Anstellungserfordernisses einer mittleren Lehranstalt anläßlich der Überstellung des Justizwachekommandanten des Gefangenenhauses des Kreisgerichtes Wiener Neustadt Albert P i l l a t in den gehobenen Fachdienst (Dienst der Verwaltungsbeamten der Justizangestellten) wird angenommen.

8.) Die Anträge des Bundesministers für Unterricht, vorgetragen durch den Bundesminister für Land- und Forstwirtschaft,
   a) auf Ernennung des tit. a. o. Professors Dr. med. Ferdinand S c h e m i n s k y[177] gem. § 7 B.-ÜG., StGBl. Nr. 134/45 zum o. Professor für Physiologie an der Universität Innsbruck unter Zuerkennung der 3. Gehaltsstufe eines o. Professors;

3.214-Pr.M/1948, Zl. 3.509-Pr.M/1948, Verleihung des Professoren-Titels. Im beiliegenden Schreiben wurde die Verleihung des Professorentitels an Josef Luitpold Stern angeregt, der seit 1. Juni 1948 als Schulleiter und Rektor des als Bildungsstätte für Gewerkschaftsmitglieder dienenden Schlosses Weinberg in Kefermarkt/Mühlviertel fungierte. Der Akt enthält weiters eine Stellungnahme des Bundesministeriums für Justiz vom 2. September 1948 in dem Sinne, daß zur Zeit keine Professorentitel verliehen würden, da, wie vom Ministerrat beschlossen, gegenwärtig an der Ausarbeitung neuer Grundsätze für die Antragstellung zur Verleihung dieses Titels gearbeitet würde. Vgl. zum erwähnten Ministerratsbeschluß MRP Nr. 101/2 vom 24. Februar 1948. Über neue Richtlinien für die Verleihung des Titels „Professor" berichtete Bundesminister Hurdes in der Ministerratssitzung vom 7. Dezember 1948. Vgl. MRP Nr. 136/6. Eine Entschließung des Bundespräsidenten über Berufstitel erfolgte erst im Jahr 1971: BGBl. Nr. 320, Entschließung des Bundespräsidenten vom 22. Juli 1971, betreffend die Schaffung von Berufstiteln, ausgegeben am 17. August 1971.

177 Richtig: Scheminzky.

b) auf Verleihung des Titels eines a. o. Professors an den Pd. für Kunstgeschichte Dr. phil. Otto B e n e s c h, phil. Fakultät der Universität Wien;
c) auf Verleihung des Titels eines a. o. Professors an die Pd. für Philosophie unter besonderer Berücksichtigung der Psychologie Dr. Franziska M a y e r an der phil. Fakultät der Universität Innsbruck;
d) auf Verleihung des Titels eines a. o. Professors an den Pd. für Kunstgeschichte Dr. phil. Fritz NOVOTNY an der Universität Wien;
e) auf Verleihung des Titels „Amtsrat der Bundesverwaltung" an den Sekretär i. R. Rudolf G r e - g o r i t s c h;
f) auf Ernennung des Bildhauers Franz SANTIFALLER zum o. Professor für Bildhauerei an der Akademie der bildenden Künste;
g) auf Ernennung des ehem. a. o. Professors an der Universität Breslau Dr. phil Heinrich A p p e l t zum a. o. Professor für Geschichte das Mittelalters und historische Hilfswissenschaften an der phil. Fakultät der Universität Graz;
h) auf Ernennung des Dr. techn. Dipl. Ing. Karl P e t e r zum o. Professor für Fördertechnik und Maschinenzeichnen an der Technischen Hochschule Wien unter Zuerkennung der 3. Gehaltsstufe der Bezüge eines o. Professors;
i) auf Ernennung des Dr. jur. Hans K r e l l e r, ehem. o. Professor der Universität in Tübingen, zum o. Professor der Rechts- und Staatswissenschaft an der Universität Wien unter Zuerkennung der 9. Gehaltsstufe eines o. Professors und Anrechnung von 20 Jahren seiner im Ausland verbrachten Vordienstzeit in einfacher Zählung für die Bemessung des Ruhegenusses;
j) auf Ernennung des Dr. Artur P i s e k, tit. a. o. Professor, Pd. für Botanik an der phil. Fakultät der Universität Innsbruck zum o. Professor für Botanik an der phil. Fakultät der Universität Innsbruck;
k) auf Verleihung des Titels eines a. o. Universitätsprofessors an den Pd. für Urologie Dr. med. Theodor H r y n t s c h a k, med. Fakultät der Universität Wien;
l) auf Ernennung des Direktors des Bundesgymnasiums in Klagenfurt Hofrat Julius H e i n z e l zum Landesschulinspektor mit Wirksamkeit vom 1. 4. 1938 im Zuge der Rehabilitierung gem. § 4 des Beamtenüberleitungsgesetzes

werden angenommen.

9.) Die Anträge des Bundesministers für Finanzen auf Verleihung des Titels „Hofrat" an den
a) w. Amtsrat der III. DPGr. Regierungsrat Maximilian RAAB des Bundesministeriums für Finanzen;
b) Zentralzollinspektor (III. DPGr.) Regierungsrat Adolf R e l l i g des Bundesministeriums für Finanzen;
c) w. Amtsrat der III. DKl. in R. Regierungsrat Richard V o l k[178] des Bundesministeriums für Finanzen;
d) w. Amtsrat der III. DKl. Regierungsrat Alois ROITHNER des Bundesministeriums für Finanzen;
e) auf Verleihung des Titels „Regierungsrat" an den w. Amtsrat der III. DPGr. Josef K n a p p e k, FLD für Steiermark

werden angenommen.

10.) Die Anträge des Bundesministers für Land- und Forstwirtschaft
auf Verleihung des Titels „Ökonomierat" an die Landwirte
a) Georg W i e s b a u e r in Gainberg, Bez. Ried i. I.;
b) Johann G e r s t m a y r in Dietbach, Bez. Steyr;
c) Johann V o g l m a y r in Raab, Bez. Schärding

werden angenommen.

11.) Die Anträge des Bundesministers für Verkehr
auf Genehmigung der Nachsicht von dem mangelnden Anstellungserfordernis der Erlernung des Schlosser- oder Mechanikergewerbes für die Ernennung im Amts-, Verkehrs- und Zeugdienst – Kraftwagenlenker für die Vertragsbediensteten des Hilfsdienstes (Kraftwagenlenker)
a) Franz P e c e n k a, Postamt St. Pölten;

178 Richtig: Völk.

b) Johann S c h o b e r, Postamt Lienz/Osttirol;
c) Anton M o l l i k, Postamt St. Pölten;
d) Karl G a n z b e r g e r, Postamt St. Pölten
werden zurückgestellt.

12.) Der Antrag das Bundesministers für Handel und Wiederaufbau
a) auf Verleihung des Titels „Sektionschef" an den Ministerialrat i. R. Dr. Viktor K o l a s s a aus Anlaß der Versetzung in den dauernden Ruhestand
wird zurückgestellt.
Die Anträge
b) auf Ernennung des Leiters des jur. adm. Ressorts des Eich- und Vermessungswesens Oberadministrationsrat Dipl. Ing. Dr. jur. Franz S c h i f f m a n n zum w. Hofrat;
c) auf Ernennung des Regierungsoberbaurates und Leiter der Straßenbauabteilung im Tiroler Landesbauamt Dipl. Ing. Franz K o j e t i n s k y zum w. Hofrat (DPGr. II);
d) auf Verleihung des Titels „Regierungsrat" an den
techn. Oberinspektor im Personalstande des Bundesamtes für Eich- und Vermessungswesen Ing. Ernst S t r e c k e r;
e) Dipl. Ing. Dr. techn. Wilhelm NOWOTNY, Oberkommissär des P. A.;
f) Dipl. Ing. Dr. techn. Hubert T i t s c h, Kommissär des P. A.;
auf Verleihung des Titels „Kommerzialrat" an den
g) Seniorchef der Köflacher Schuhfabrik Franz HERUNTER;
h) Vizepräsidenten des Landtages Salzburg und Präsidenten der Kammer der gewerbl. Wirtschaft für Salzburg Josef A u s w e g e r, Elektromeister in Salzburg;
i) Landtagsabgeordneten Josef F r ä s s - E h r f e l d, Industrieller, Steinfeld a/Drau;
j) Landesinnungsmeister der burgenländischen Kleidermacher Michael L e i n e r;
k) Großkaufmann Rudolf R ö h r i c h im Burgenland;
l) Zimmermeister Anton S t a d l e r;
m) Konditormeister in Baden b. Wien Franz W i e d h a l m;
n) Fabriksbesitzer Rudolf M o s e r in Wien;
o) Maurermeister Hans H a b e r l in Waidhofen a. d. Thaya;
p) Inhaber der Fa. Gebauer & Lehrner Viktor L e h r n e r in Wien;
qu)auf Verleihung des Berufstitels „Technischer Rat" an den n. ö. Landesbauoberrevident i. R. Ing. Moritz ELITSCHKA, Leiter der Fachabteilung für landwirtschaftliche Bauten der Landwirtschaftskammer für Niederösterreich und Wien;
r) auf Übernahme gem. § 7 des B.-ÜG. in den Personalstand des Bundesministeriums für Handel und Wiederaufbau unter Ernennung zum Ministerialrat (DPGr. II) des höheren Ministerialdienstes des Sektionsrates Dr. jur. Hans A u g e n t h a l e r,
werden angenommen.

13.) Der Ministerrat nimmt den Bericht des Bundeskanzlers, Zl. 72.967-3/48, betreffend den Rechenschaftsbericht des Liquidators der Einrichtungen des Deutschen Reiches in der Republik Österreich, zur Kenntnis und beschließt, dem Liquidator Ministerialrat Dr. Wolfgang T r o l l seinen Dank und Anerkennung auszusprechen.

14.) Nach einem Bericht des Bundeskanzlers, Zl. 73.175-3/1948, betreffend Einführung neuer Vordrucke für den Standesausweis für sämtliche Bundesbedienstete, beschließt der Ministerrat antragsgemäß.

15.) Nach einem Bericht des Bundeskanzlers, Zl. 73.763-2a/1948, beschließt der Ministerrat, gegen den Gesetzesbeschluß des Oberösterreichischen Landtages vom 4. 6. 1948, betreffend Übergangsbestimmungen zum Landwirtschaftskammergesetz, Einspruch zu erheben.

16.) Nach einem Antrag des Bundesministers für die Auswärtigen Angelegenheiten, Zl. 170.008-ERP/4a, auf nachträgliche Zustimmung des Ministerrates zu dem im Sinne des Pkt. 33 d, Beschl. Prot. Nr. 120 gefaßten Dringlichkeitsbeschlusses (BKA – Zl. 3158-PrM/48), betreffend die Ergänzung der im Ministerrat vom 15. Juni 1948 beschlossenen Liste von Sachverständigen für die Bearbeitung der mit der Abwicklung des ERP zusammenhängenden Fragen durch Heranziehung des Dr. Max S c h e i t -

h a u e r der Nationalbank zur Unterstützung des Sachverständigen für Zahlungsbilanz und Zahlungsverkehr Sektionsrat Dr. K l o s s, beschließt der Ministerrat antragsgemäß.

17.) Nach einem Bericht des Bundesministers für die Auswärtigen Angelegenheiten, Zl. 172.248-WPol/48, über die Regelung der sowjetrussischen Relief-Kredite genehmigt der Ministerrat den Entwurf des beantragten Antwortschreibens.

18.) Nach einem Bericht des Bundesministers für die Auswärtigen Angelegenheiten, betreffend die Erstattung von Industrieberichten an das sowjetrussische Element, beschließt der Ministerrat, die Bundesminister Dr. Gruber und Dr. Kolb mit der Prüfung der Frage zu betrauen.

19.) Nach einem Bericht des Bundesministers für die Auswärtigen Angelegenheiten über die rechtliche Lage der USIA-Betriebe in Österreich und eine diesbezügliche Besprechung mit einem Vertreter des Sowjetelementes, beschließt der Ministerrat die Absendung einer Antwortnote an das sowjetrussische Element im Wege das Bundeskanzleramtes – Auswärtige Angelegenheiten.

20.) Über Antrag des Bundesministers für Inneres beschließt der Ministerrat, die Verleihung der österreichischen Staatsbürgerschaft an die im Verzeichnis Nr. 113 des Bundesministeriums für Inneres angeführten 146 Personen als im Interesse des Staaten gelegen zu bezeichnen.

21.) Nach einem Bericht des Bundesministers für Justiz, JMZ1. 7163/48, über den Entwurf einer Verordnung der Bundesregierung, betreffend die Zuweisung der Katastralgemeinde Eichberg zum Gerichtsbezirk Vorau, beschließt der Ministerrat antragsgemäß.

22.) Nach einem Bericht des Bundesministers für Land- und Forstwirtschaft – in Vertretung des Bundesministers für Unterricht – Zl. 46.673-III/11/48, auf Verlängerung des mit 21. 9. 1948 ablaufenden Bestandsvertrages mit der USIA, mit welchem die Parzelle Nr. 5, EZ. 22, Grundbuch Türnitz, Bezirksgericht Lilienfeld, mit Schulgebäude und Einrichtungsgegenständen gegen einen Jahreszins von S 6.000.- gemietet wurde, beschließt der Ministerrat die Einsetzung eines Ministerkomitees, bestehend aus den Bundesministern Dr. Gruber, Dr. Krauland und Kraus (in Vertretung des Bundesministers für Unterricht), dessen einhelligem Beschluß die Wirksamkeit eines Ministerratsbeschlusses im Gegenstande zukommt.

23.) Nach einem Bericht des Bundesministers für Finanzen, Zl. 54.004-15/48, betreffend den Entwurf eines Bundesgesetzes über die Stützung der Preise landwirtschaftlicher Erzeugnisse, beschließt der Ministerrat, den Gesetzesentwurf als Regierungsvorlage der verfassungsmäßigen Behandlung durch die Organe der Bundesgesetzgebung mit der Maßgabe zuzuführen, daß im § 2, 4. Zeile, das Wort „die" zu streichen ist.

24.) Nach einem Bericht des Bundesministers für Finanzen, Zl. 54.002-15/48, betreffend den Entwurf eines Bundesgesetzes über die Sicherstellung der für den Erlag des Schillinggegenwertes amerikanischer Hilfslieferungen erforderlichen Beträge, beschließt der Ministerrat, den Gesetzesentwurf als Regierungsvorlage der verfassungsmäßigen Behandlung durch die Organe der Bundesgesetzgebung mit der Maßgabe zuzuführen, daß

a) im § 1, Abs. 2, Zeile 1/2, das Wort „können" durch das Wort „dürfen" zu ersetzen und
b) in der letzten Zeile des selben Absatzes vor die Worte „an die Österr. Nationalbank" das Wort „sogleich" einzufügen ist.

25.) Nach einem Bericht des Bundesministers für Finanzen, Zl. 43.866-15/48, betreffend Wahrung der österreichischen Ansprüche aus dem Besitz von Reichsmark-Banknoten und Militärmark-Noten, beschließt der Ministerrat, mit der Prüfung der Angelegenheit ein Ministerkomitee, bestehend aus den Bundesministern Dr. Gerö, Dr. Gruber, Dr. Krauland und Dr. Zimmermann, zu betrauen.

26.) Nach einem Bericht des Bundesministers für Finanzen, Zl. 52.739-19/48, betreffend Aufhebung der Anordnung des Bundesministeriums für Finanzen vom 28. 8. 1947, Zl. 37.808-19/47, betr. die Einhebung eines Teuerungszuschlages in der Sach- und Vermögensschaden- sowie Unfallversicherung, beschließt der Ministerrat bei Stimmenthaltung des Vizekanzlers, daß die vom Verfassungsgerichtshof angeforderte Äußerung nach Fühlungnahme mit dem Verfassungsdienst ressortmäßig (nicht namens der Bundesregierung) zu erstatten ist.

27.) Nach einem Bericht des Bundesministers für Finanzen, Zl. 57.797-17/48, betreffend Finanzierungsfragen des Marshallplanes, beschließt der Ministerrat antragsgemäß mit der Maßgabe, die Vorschüsse für den Wohnbaufonds im 2. Halbjahr 1948 auf 200 Millionen Schilling zu erhöhen, wobei der Nachweis der Notwendigkeit dieser Erhöhung seitens des Bundesministers für Handel und Wiederaufbau zu erbringen ist.

28.) Der Ministerrat nimmt den Bericht des Bundesministers für soziale Verwaltung, Zl. III/93.516-9/1948, über den Verlauf der 31. Internationalen Arbeitskonferenz in San Franzisko, mit Dank zur Kenntnis.

29.) Nach einem Bericht und Antrag des Bundesministers für soziale Verwaltung, Zl. III/69.007-9/1948, betreffend Entsendung einer Delegation zu der am 27. 9. 1948 in Genf beginnenden internationalen dreigliedrigen technischen Konferenz zur Beratung des Entwurfes einer grundsätzlichen Regelung über die Sicherheit in Fabriken, beschließt der Ministerrat, den Bundeskanzler zu ersuchen, die zu entsendende Delegation im Einvernehmen mit den Bundesministern Maisel und Altenburger zu bestellen.

30.) Nach einem Bericht des Bundesministers für soziale Verwaltung, Zl. V-74.118-JL/48, betreffend den Entwurf eines Bundesgesetzes, womit das Bundesgesetz vom 29. Oktober 1946, BGBl. Nr. 207, über den Verkehr und die Gebarung mit Suchtgiften (Suchtgiftgesetz) abgeändert wird (1. Suchtgiftgesetznovelle), beschließt der Ministerrat, den Gesetzesentwurf als Regierungsvorlage der verfassungsmäßigen Behandlung durch die Organe der Bundesgesetzgebung zuzuführen.

31.) Der Ministerrat nimmt den Bericht des Bundesministers für soziale Verwaltung, Zl. V-80.418-JL/48 über die erste Tagung der Weltgesundheitsorganisation in Genf vom 24. Juni 1948 bis zum 27. Juli 1948 mit Dank an die Mitglieder der Delegation zur Kenntnis.

32.) Nach einem Bericht des Bundesministers für Land- und Forstwirtschaft, Zl. 30.023-I/2b/48, betreffend den Entwurf eines Bundesgesetzes über die Bekämpfung der übertragbaren Geschlechtskrankheiten (Deckseuchen) der Rinder, beschließt der Ministerrat, den Gesetzesentwurf als Regierungsvorlage der verfassungsmäßigen Behandlung durch die Organe der Bundesgesetzgebung mit der Maßgabe zuzuführen, daß der § 13 folgende Fassung erhält:

a) aus Anlaß der ersten Erhebungen und Untersuchungen durch den Amtstierarzt und die beauftragten Tierärzte und der amtstierärztlichen Revisionen, soweit diese Kosten nicht zu dem von den Ländern zu tragenden Amtssachaufwand (einschl. aller Reisekosten) gehören, sowie der laboratoriumsmäßigen Überprüfungen zur Feststellung der Deckseuchen
Punkt b) fällt weg,
Punkt c) enthält die Bezeichnung b),
Punkt d) enthält die Bezeichnung c),
Absatz (2) entfällt zur Gänze,
Absatz (3) enthält die Bezeichnung (2).
Im übrigen bleibt der Gesetzestext unverändert.

33.) Nach einem Bericht und Antrag des Bundesministers für Handel und Wiederaufbau, Zl. 49.019-II/8-48, betreffend die Erhöhung der Taggelder der Mitglieder der Gemeinsamen Rheinkommission und der Jahresentschädigung des Vorsitzenden der Kommission, beschließt der Ministerrat antragsgemäß.

34.) Der Ministerrat nimmt den Bericht des Bundesministers für Handel und Wiederaufbau, Zl. 107.687/V/23b, betr. die Sicherung des ausländischen Fremdenverkehrs, mit der Maßgabe zur Kenntnis, daß

a) dem Bundesministerium für Volksernährung Devisen in der Höhe der für die Ausländerernährung erwachsenen Kosten zur Wiederbeschaffung von Lebensmitteln zur Verfügung gestellt werden und
b) die Nationalbank dem Bundesministerium für Volksernährung einen Anlaufkredit gewährt.

35.) Nach einem Bericht des Bundesministers für Verkehr, BM Zl. 28.974/1948, betreffend Sonderpostmarkenausgaben 1949/50, beschließt der Ministerrat, daß

a) im Sinne des Beschl. Prot. Nr. 62, Pkt. 13, letzter Absatz, aus den Erträgnissen auch das Wiener Jugendhilfswerk bedacht wird;

b) über Antrag des Bundesministers für Inneres eine Sonderpostmarkenserie für Heimkehrer- und Kriegsgefangenenfürsorge zur Ausgabe gelangt;

c) für sämtliche Sonderpostmarkenausgaben im Sinne des Ministerratsbeschlusses vom 7. Oktober 1947 (Beschl. Prot. Nr. 82, Pkt. 19) den zuständigen Bundesministerien das Vorschlagsrecht über den Erlös, dem Ministerrat jedoch die Beschlußfassung über die Aufteilung vorbehalten bleibt und

d) anläßlich des in der Zeit vom 4. bis 7. 11. 1948 stattfindenden II. Kongresses der „Gesellschaft zur Pflege der kulturellen und wirtschaftlichen Beziehungen zur Sowjetunion" die Abgabe eines Sonderstempels vorgesehen ist.

36.) Nach einem Bericht des Bundesministers für Volksernährung, Zl. 22.331-11/48, betreffend die Durchbrechung der Bewirtschaftungsvorschriften im Bundesland Salzburg, beschließt der Ministerrat antragsgemäß.

37.) Der Ministerrat nimmt den Bericht des Bundesministers für die Auswärtigen Angelegenheiten über den Abschluß der Donaukonferenz in Belgrad, die Stellungnahme Österreichs zu dieser Konferenz und den in Aussicht gestellten schriftlichen Bericht zur Kenntnis.

Der Ministerrat hat nachstehende im Zirkulationswege zustandegekommene Ministerratsbeschlüsse zur Kenntnis genommen:

38.) Der Ministerrat hat am 26. Juli 1948 im Zirkulationswege über Antrag des Bundesministers für Inneres beschlossen, die Verleihung der österreichischen Staatsbürgerschaft an die im Verzeichnis Nr. 110 des Bundesministeriums für Inneres angeführten 228 Personen als im Interesse des Staates gelegen zu bezeichnen. (Zl. 3.072-PrM/48).[179]

39.) Der Ministerrat hat am 26. Juli 1948 im Zirkulationswege über Antrag des Bundeskanzlers, Zl. 73.264-2a/48, betr. Gesetzesbeschluß des Salzburger Landtages vom 5. 5. 1948 über die Einhebung einer Fremdenzimmerabgabe in der Stadt Salzburg, antragsgemäß beschlossen. (Zl. 3.075-PrM/48).[180]

40.) Der Ministerrat hat am 26. Juli 1948 im Zirkulationswege über Antrag das Bundeskanzlers, Zl. 73.264-2a/48, betr. Gesetzesbeschluß des Tiroler Landtages, über die Regelung des Bergführerwesens in Tirol, antragsgemäß beschlossen. (Zl. 3.081-PrM/48).[181]

---

179 Der Zirkularbeschluß liegt dem Protokoll nicht bei. Er findet sich in AdR, BKA, Präsidium, Sign. 8, GZl. 84-Pr.M/1948, zu Zl. 3.072-Pr.M/1948, Einbürgerungen (Liste Nr. 110 d. BM f. Inneres).

180 Der Zirkularbeschluß liegt dem Protokoll nicht bei. Er findet sich in AdR, BKA, Präsidium, Sign. 40, GZl. 2.966-Pr.M/1948, Gesetzesbeschluß des Salzburger Landtages vom 5. Mai 1948 über die Einhebung einer Fremdenzimmerabgabe in der Stadt Salzburg. Bezüglich des gegenständlichen Landesgesetzentwurfes hatten im Bundesministerium für Finanzen Beratungen mit Vertretern des Landes Salzburg stattgefunden, wo diesen empfohlen worden war, die Einführung einer Fremdenzimmerabgabe fallen zu lassen und dafür allenfalls die Saisontaxen, die in der Stadt Salzburg 50 Groschen pro Person und Tag betrug, auf bis zu einen Schilling zu erhöhen, um so die Einführung einer neuen Abgabe zu vermeiden und Verwaltungsarbeit zu ersparen. In diesem Sinne wurde im Zirkularweg beschlossen, ein Schreiben an die Salzburger Landeshauptmannschaft zu richten und dieser mitzuteilen, daß der gegenständliche Gesetzesentwurf Bundesinteressen gefährde, die Bundesregierung aber gegen einen Gesetzesbeschluß zur Erhöhung der Saisontaxen auf bis zu einem Schilling pro Person und Tag keinen Einspruch erheben würde. Nichtsdestotrotz wurde der ursprüngliche Gesetzesentwurf publiziert. Vgl. Landesgesetzblatt für das Land Salzburg Nr. 59, Gesetz vom 30. Juli 1948 über die Einhebung einer Fremdenzimmerabgabe in der Stadt Salzburg, ausgegeben am 10. November 1948.

181 Der Zirkularbeschluß liegt dem Protokoll nicht bei. Er findet sich in AdR, BKA, Präsidium, Sign. 40, GZl. 3.081-Pr.M/1948, Gesetzesbeschluß des Tiroler Landtages, betr. die Regelung des Bergführerwe-

41.) Der Ministerrat hat am 30. Juli 1948 im Zirkulationswege über Antrag des Bundesministers für Finanzen, Zl. 54.623-24/48, betreffend eine einmalige Zahlung an Bundesbedienstete des Dienststandes und Empfänger von Ruhe- und Versorgungsgenüssen, antragsgemäß beschlossen. (Zl. 3.117-PrM/48).[182]

42.) Der Ministerrat hat am 2. August 1948 im Zirkulationswege über Antrag des Bundesministers für Inneres beschlossen, die Verleihung der österreichischen Staatsbürgerschaft an die im Verzeichnis Nr. 111 des Bundesministeriums für Inneres angeführten 147 Personen als im Interesse des Staates gelegen zu bezeichnen. (Zl. 3.146-PrM/48).[183]

43.) Der Ministerrat hat am 2. August 1948 im Zirkulationswege über Antrag des Bundesministers für die Auswärtigen Angelegenheiten, Zl. 169.196-Wpol/48, betreffend die Österreichisch – Tschechoslowakischen Wirtschaftsverhandlungen antragsgemäß beschlossen. (Zl. 3.147-PrM/48).[184]

44.) Der Ministerrat hat am 4. August 1948 im Zirkulationswege über Antrag des Bundesministers für die Auswärtigen Angelegenheiten, Zl. 107.497-Prot/48, betreffend Antrag auf Erteilung des Agrements für Herrn Stefan K u r o w s k i zum politischen Vertreter der Republik Polen in Österreich, antragsgemäß beschlossen. (Zl. 3.149-PrM/48).[185]

45.) Der Ministerrat hat im Zirkulationswege am 7. August 1948 über Antrag des Bundesministers für Inneres beschlossen, die Verleihung der österreichischen Staatsbürgerschaft an die im Verzeichnis Nr. 112 des Bundesministeriums für Inneres angeführten 147 Personen als im Staatsinteresse gelegen zu bezeichnen. (Zl. 3.170-PrM/48).[186]

---

sens in Tirol. Im Zirkularweg beschloß die Bundesregierung, gegen den Gesetzesbeschluß des Tiroler Landtages vom 1. Juni 1948, betreffend die Regelung des Bergführerwesens (Bergführerordnung) in Tirol wegen Gefährdung von Bundesinteressen Einspruch zu erheben. Der beiliegende Antrag geht detailliert auf die Gründe für den Einspruch ein. Die Einwände der Bundesregierung wurden im veröffentlichten Gesetzestext berücksichtigt, vgl. Landes-Gesetz- und Verordnungsblatt für Tirol Nr. 25, Gesetz vom 29. März 1949, betreffend die Regelung des Bergführerwesens (Bergführerverordnung) in Tirol, ausgegeben am 4. Juli 1949.

182 Der Zirkularbeschluß liegt dem Protokoll nicht bei. Er findet sich in AdR, BKA, Präsidium, GZl. 3.117-Pr.M/1948, Einmalige Zahlung an Bundesbedienstete des Dienststandes und Empfänger von Ruhe- und Versorgungsgenüssen. Im beiliegenden Antrag wurde ausgeführt, daß die Gewerkschaften in Anbetracht der schlechten wirtschaftlichen Lage der Bundesbediensteten die Gewährung des 13. Monatsgehalts verlangten. Diese Forderung sei derzeit unmöglich zu erfüllen. Daraufhin hatten Verhandlungen mit der Gewerkschaft stattgefunden und man hatte sich auf die einmalige Gewährung einer Zahlung geeinigt. Der Akt enthält weiters ein Rundschreiben an alle relevanten Dienststellen, betreffend die Details dieser Sonderzahlung. So sollten vollbeschäftigte Bundesbedienstete des Aktivstands eine Geldaushilfe von 140 Schilling erhalten, Empfänger von Ruhe- und Versorgungsgenüssen dagegen 60 Schilling. Diese Beträge sollten im Zeitraum August/September 1948 zur Auszahlung gelangen. Zur Forderung der Beamtenschaft nach Gewährung des 13. Monatsgehalts vgl. auch MRP Nr. 134/1 d und 12 g vom 23. November 1948, MRP Nr. 136/11 c vom 7. Dezember 1948, MRP Nr. 137/1 c vom 14. Dezember 1948, MRP Nr. 138/Beschlußprotokoll Punkt 4 a vom 21. Dezember 1948, MRP Nr. 142/Beschlußprotokoll Punkt 5 b vom 25. Jänner 1949 und MRP Nr. 144/10 c vom 8. Februar 1949.

183 Der Zirkularbeschluß liegt dem Protokoll nicht bei. Er findet sich in AdR, BKA, Präsidium, Sign. 8, GZl. 84-Pr.M/1948, zu Zl. 3.146-Pr.M/1948, Erklärung des Staatsinteresses an Einbürgerungen.

184 Der Zirkularbeschluß liegt dem Protokoll nicht bei. Er konnte in den Beständen des AdR, BKA, Präsidiums nicht eruiert werden.

185 Der Zirkularbeschluß liegt dem Protokoll nicht bei. Er findet sich in AdR, BKA, Präsidium, Sign. 3/1, GZl. 3.149-Pr.M/1948, Antrag auf Erteilung des Agrément für Herrn Stefan KUROWSKI zum politischen Vertreter der Republik Polen in Österreich. Die politische Vertretung Polens in Wien hatte am 12. Juli 1948 mitgeteilt, daß Kurowski als neuer politischer Vertreter in Wien in Aussicht genommen worden war. Der Akt enthält neben einem knappen Lebenslauf Kurowskis die im Zirkularweg erteilte Zustimmung der Bundesregierung zu diesem Antrag.

186 Der Zirkularbeschluß liegt dem Protokoll nicht bei. Er findet sich in AdR, BKA, Präsidium, Sign. 8,

46.) Der Ministerrat hat am 12. August 1948 im Zirkulationswege über Bericht und Antrag des Bundesministers für Inneres, Zl. 98.848-8/48, beschlossen, im Einvernehmen mit den beteiligten Bundesministerien durch eine der Verordnung vom 29. August 1947, BGBl. Nr. 217, analoge Verordnung die Wiedereinführung der Normalzeit im Jahre 1948 für den 3. Oktober 1948 festzusetzen. (Zl. 3.201-PrM/48).[187]

47.) Der Ministerrat hat im Zirkulationswege am 19. August 1948 über Antrag des Bundeskanzlers, Zl. 73.460-2a/48, gegen den Gesetzesbeschluß des N. Ö. Landtages vom 30. Juni 1948, betr. die zeitliche Befreiung von der Grundsteuer für wiederaufgebaute Wohnhäuser, die durch Kriegseinwirkung zerstört oder beschädigt worden sind, Einspruch erhoben. (Zl. 3.162-PrM/48).[188]

GZl. 84-Pr.M/1948, zu Zl. 3.170-Pr.M/1948, Antrag des Bundesministeriums für Inneres, betreffend die Erklärung des Staatsinteresses an der Einbürgerung der im Verzeichnis Nr. 112 des Bundesministeriums für Inneres angeführten 147 Personen.

187 Der Zirkularbeschluß liegt dem Protokoll nicht bei. Er findet sich in AdR, BKA, Präsidium, GZl. 404-Pr.M/1948, Wiedereinführung der Normalzeit im Jahre 1948 mit 3. Oktober 1948. Der Akt enthält den Entwurf einer Verordnung zur Wiedereinführung der Normalzeit mit 3. Oktober 1948, der die Bundesregierung im Zirkularweg die Zustimmung erteilte. Der Entwurf stimmt mit BGBl. Nr. 196, Verordnung des Bundesministeriums für Inneres, im Einvernehmen mit den beteiligten Bundesministerien vom 21. August 1948 über die Wiedereinführung der Normalzeit im Jahre 1948, ausgegeben am 24. September 1948, überein. Vgl. dazu auch AdR, BKA, Sektion II, Sign. 40, GZl. 62.307/1948, Zl. 73.232-2a/1948, Wiedereinführung der Normalzeit im Jahre 1948, sowie GZl. 75.393/1948, Zl. 77.626-2b/1948, Verordnung des Bundesministeriums für Inneres im Einvernehmen mit den beteiligten Bundesministerien über die Wiedereinführung der Normalzeit im Jahre 1948.

188 Der Zirkularbeschluß liegt dem Protokoll nicht bei. Er findet sich in AdR, BKA, Präsidium, GZl. 3.162-Pr.M/1948, Einspruch der Bundesregierung gegen den Gesetzesbeschluß des N.Ö. Landtages vom 30. Juni 1948, betr. die zeitliche Befreiung von der Grundsteuer für wieder aufgebaute Wohnhäuser, die durch Kriegseinwirkung zerstört oder beschädigt worden sind. Im beiliegenden Vortrag wurde ausgeführt, daß der gegenständliche Gesetzesbeschluß nach Auffassung des Bundesministeriums für Handel und Wiederaufbau nicht im Einklang mit dem Wohnhaus-Wiederaufbaugesetz vom 16. Juni 1948 stehe und die Bundesregierung demgemäß Einspruch dagegen erheben solle. Die Gründe dafür wurden detailliert ausgeführt. Wie aus dem Vortrag hervorgeht, waren diese Bedenken bereits Vertretern der niederösterreichischen Landesregierung im kurzen Wege mitgeteilt und von diesen angekündigt worden, daß die Landesregierung einen neuen, die Bedenken der Bundesregierung berücksichtigenden Gesetzesentwurf ausarbeiten und dem Landtag zur Beschlußfassung vorlegen werden. Diese Neufassung wurde 1949 publiziert: Landesgesetzblatt für das Land Niederösterreich Nr. 2, Gesetz vom 1. Dezember 1948, betreffend die zeitliche Befreiung von der Grundsteuer für wiederhergestellte Wohnhäuser, die durch Kriegseinwirkung zerstört oder beschädigt worden sind (Erstes n.ö. Grundsteuerbefreiungsgesetz), ausgegeben am 18. Februar 1949. Die Erhebung des Einspruchs war zwar, wie aus dem zitierten Akt hervorgeht, zuerst auf Wunsch Vizekanzler Schärfs zurückgestellt worden, wurde jedoch hier schließlich doch beschlossen. Vgl. dazu auch den dem Protokoll beiliegenden halbseitigen Vermerk gleicher Aktenzahl.

123.

[Dienstag] 1948-08-31

Vorsitz: Figl
Anwesend: Schärf, Helmer, Gerö, Hurdes, Maisel, Zimmermann, Kraus, Kolb, Sagmeister, Krauland, Übeleis, Gruber, Altenburger, Graf
Schriftführer: Chaloupka, Capek
Ort: Wien I., Ballhausplatz 2, Ministerratssaal
Dauer: 10.30–13.50 Uhr[1]

Reinschrift, unterfertigte Anwesenheitsliste, Stenogramm, Beschlußprotokoll

Tagesordnung:
1. Bericht des Bundeskanzlers.
[1 a. Verlauf der Verhandlungen in Moskau über die sowjetische Blockade West-Berlins (Beschlußprotokoll Punkt 1 a).
1 b. Bericht über die Donaukonferenz.
1 c. Bericht über die Ermordung einer Frau in Kärnten (Beschlußprotokoll Punkt 1 b).
1 d. Rückkehr des Generalleutnants Franek aus der Sowjetunion.
1 e. Verabschiedung des Leiters der Schweizerspende (Beschlußprotokoll Punkt 1 c).
1 f. Verlesung der alliierten Noten durch den Bundeskanzler (Beschlußprotokoll Punkt 2 a bis c).
1 g. Verlesung der Resolutionen und Mitteilungen durch den Bundeskanzler (Beschlußprotokoll Punkt 3 a bis f).
1 h. Empfang Bundesminister Maisels durch den englischen Arbeitsminister Isaacs in London (Beschlußprotokoll Punkt 1 e und f).
1 i. Frage der 900 Kriegsgefangenen in Máramaros Sziget (Beschlußprotokoll Punkt 1 d).
1 j. Entführungsfälle Spann und Kiridus (Beschlußprotokoll Punkt 4).]
2. Personalangelegenheiten (siehe Beilage) (Beschlußprotokoll Punkte 5 bis 13).
3. Bericht des Bundeskanzlers, Zl. 74.326-2a/48, betreffend den Entwurf eines Bundesverfassungsgesetzes über die Wiederherstellung der österr. Rechtsordnung in den Gemeinden Jungholz und Mittelberg (Rechtsüberleitungsgesetz für die Gemeinden Jungholz und Mittelberg) (Beschlußprotokoll Punkt 14).
4. Bericht des Bundeskanzlers, Zl. 75.254-2a/48, über einen Einspruch der Bundesregierung gegen den Gesetzesbeschluß des Oberösterr. Landtages, betreffend die Förderung des Sportwesens im Lande Oberösterreich (Landessportgesetz) (Beschlußprotokoll Punkt 15).
5. Bericht des Bundeskanzlers, Zl. 75.184-2a/48, über einen Einspruch der Bundesregierung gegen den Gesetzesbeschluß des Steiermärkischen Landtages über ein Gesetz, womit die landesgesetzlichen Bestimmungen über die Zusammenlegung land- und forstwirtschaftlicher Grundstücke wieder in Kraft gesetzt werden (Beschlußprotokoll Punkt 16).
6. Bericht des Bundesministers für die Auswärtigen Angelegenheiten, Zl. 173.869-WPol/48, betreffend Genehmigung der österr.-jugoslawischen Wirtschaftsverhandlungen (Beschlußprotokoll Punkt 17).
7. Antrag des Bundesministers für die Auswärtigen Angelegenheiten, Zl. 172.672-7/48, auf Aufnahme von Vertragsbediensteten über den systemisierten Stand für das Jahr 1948 (Beschlußprotokoll Punkt 18).

---

[1] In der Tagesordnung ist der Beginn der Sitzung mit *10.00 Uhr* angegeben.

8. Bericht des Bundesministers für Inneres, betreffend die Erklärung des Staatsinteresses an der Einbürgerung der
   a) im Verzeichnis Nr. 114 des Bundesministeriums für Inneres angeführten 196 Personen;
   b) im Verzeichnis Nr. 115 des Bundesministeriums für Inneres angeführten 208 Personen (Beschlußprotokoll Punkt 19).
9. Bericht des Bundesministers für Unterricht, Zl. 44.613-II/4b-48, betreffend Nominierung der drei von der Bundesregierung für den Wiener Filmbeirat zu bestellenden Mitglieder (Par. 12 (3) des Wiener Kinogesetzes ex 1935) (Beschlußprotokoll Punkt 20).
10. Bericht des Bundesministers für soziale Verwaltung, Zl. III-902.181-9/48, über
   a) den Entwurf eines Bundesgesetzes betreffend Regelung der Arbeitsvermittlung und der Berufsberatung;
   b) den Entwurf eines Bundesgesetzes betreffend Arbeitslosenversicherung und
   c) den Entwurf eines Bundesgesetzes betreffend Organisation der Landesarbeitsämter und Arbeitsämter (Beschlußprotokoll Punkt 21).
11. Bericht des Bundesministers für Finanzen, Zl. 55.916-11/48, über den Entwurf eines Bundesgesetzes betreffend die Abänderung des Gesetzes vom 25. Juli 1946, BGBl. Nr. 184, über Stempel- und Rechtsgebühren (Gebührennovelle 1948) (Beschlußprotokoll Punkt 22).
12. Bericht des Bundesministers für Handel und Wiederaufbau, Zl. 78.500-IV/17/1948, betreffend die Arbeiterkammer-Umlagepflicht des Personals der Strombauverwaltung (Beschlußprotokoll Punkt 23).
13. Bericht des Bundesministers für Verkehr, Generaldirektion der Österreichischen Bundesbahnen, Zl. 24.135/1, betreffend Übernahme des Personals der KÖB in den Personalstand der ÖBB (Beschlußprotokoll Punkt 24).
14. Mündliche Berichte der Minister.

14 a.[2] Polizeikongreß Prag 1948 (BM f. Inneres) (Beschlußprotokoll Punkt 25).

14 b. Ersparungskommissär für die Ravag (BM f. Verkehr) (Beschlußprotokoll Punkt 26).

[14 c. Bericht des Bundesministers für Verkehr über den Abtransport von 1.686 Waggonradsätzen und 383 Lokomotivradsätzen durch die sowjetische Besatzungsmacht.

14 d. Hinweis des Bundesministers für die Auswärtigen Angelegenheiten, betreffend die Feststellung der Restitutionsfälle über österreichisches und deutsches Eigentum.

14 e. Bericht des Bundesministers für die Auswärtigen Angelegenheiten, betreffend die Moskauer Verhandlungen über die sowjetische Blockade West-Berlins (Beschlußprotokoll Punkt 27).

14 f. Mitteilung des Bundesministers für die Auswärtigen Angelegenheiten, betreffend eine Verbalnote der ČSR über Presseangriffe (Beschlußprotokoll Punkt 28).

14 g. Bericht des Bundeskanzlers über die Einladung des „Mouvement Universel pour une Confédération Mondiale, Geneve“ zur 2. Generalversammlung in Luxemburg am 5. September l. J. (Beschlußprotokoll Punkt 1 f).

14 h. Bericht des Bundesministers für Finanzen über den Erlös der aufgelegten Wiederaufbaumarke (Beschlußprotokoll Punkt 25).]

Beilagen:

1 Anwesenheitsliste (1 Seite).

2 Tagesordnung (1 ½ Seiten); Beilage zu Punkt 2 der Tagesordnung, Anträge in Personalangelegenheiten (1 ½ Seiten); Bundeskanzleramt/Auswärtige Angelegenheiten, Zl.

---

[2] Die Punkte a und b wurden handschriftlich auf die Tagesordnung des Ministerrates gesetzt.

107.740-Prot/1948: Antrag an den Ministerrat. Gegenstand: Mitbeglaubigung des in Prag residierenden finnländischen Gesandten Palin als Gesandten in Österreich, Agrémentansuchen (1 Seite).

3 Bundeskanzleramt, Zl. 74.326-2a/1948: Bundesverfassungsgesetz vom ... über die Wiederherstellung der österreichischen Rechtsordnung in den Gemeinden Jungholz und Mittelberg (Rechtsüberleitungsgesetz für die Gemeinden Jungholz und Mittelberg, Neufassung des Entwurfes (1 ½ Seiten); Alte Fassung des Entwurfes (1 ½ Seiten); Ministerratsvortrag (2 ½ Seiten).

4 Bundeskanzleramt, Zl. 75.254-2a/1948: Gesetz vom 7. Juli 1948 über die Förderung des Sportwesens im Lande Oberösterreich (Landessportgesetz) (8 ½ Seiten); Ministerratsvortrag (4 Seiten).

5 Bundeskanzleramt, Zl. 75.184-2a/1948: Gesetz vom ... womit die landesgesetzlichen Bestimmungen über die Zusammenlegung land- und forstwirtschaftlicher Grundstükke, wie sie vor dem 31. Dezember 1938 bestanden haben, wieder in Kraft gesetzt werden (3 ½ Seiten); Ministerratsvortrag (4 Seiten).

6 Bundeskanzleramt/Auswärtige Angelegenheiten, Zl. 173.869-Wpol/1948: Vortrag an den Ministerrat. Österreichisch-jugoslawische Wirtschaftsverhandlungen (8 ½ Seiten); Protokoll über die in der Zeit vom 28. Juli bis 17. August 1948 in Belgrad geführten Verhandlungen einer österreichischen und einer jugoslawischen Regierungsdelegation über die Regelung des gegenseitigen Wirtschaftsverkehrs (5 Seiten); Abkommen zwischen der Republik Österreich und der Föderativen Volksrepublik Jugoslawien über den gegenseitigen Warenaustausch (3 ½ Seiten); Liste A, Jugoslawische Lieferungen nach Österreich (2 ½ Seiten); Liste B, Österreichische Lieferungen nach Jugoslawien (5 Seiten); Zahlungsabkommen zwischen der Republik Österreich und der Föderativen Volksrepublik Jugoslawien (4 ½ Seiten); Briefwechsel des Vorsitzenden der österreichischen Wirtschaftsdelegation Dr. Wilfried Platzer und dem Vorsitzenden der jugoslawischen Handelsdelegation Ministerialrat Dr. Mirko Mermolja (10 ½ Seiten).

7 Bundeskanzleramt/Auswärtige Angelegenheiten, Zl. 172.672-7/1948: Antrag an den Ministerrat (3 ½ Seiten).

8 a Bundesministerium für Inneres, (ohne Aktenzahl): Ministerratsvortrag, betr.: Beschluß der Bundesregierung gemäß § 5, Abs. (1), Z. 3, StGBl. Nr. 60/1945 (1 Seite); Verzeichnis Nr. 114 der für die Verleihung der Staatsbürgerschaft vorgesehenen Personen (34 Seiten).

8 b Bundesministerium für Inneres, (ohne Aktenzahl): Ministerratsvortrag, betr.: Beschluß der Bundesregierung gemäß § 5, Abs. (1), Z. 3, StGBl. Nr. 60/1945 (1 Seite); Verzeichnis Nr. 115 der für die Verleihung der Staatsbürgerschaft vorgesehenen Personen (36 ½ Seiten).

9 Bundesministerium für Unterricht, Zl. 44.613-II/4b-48: Vortrag des Bundesministers für Unterricht an den Ministerrat, betreffend Wiener Filmbeirat, Nominierung der drei von der Bundesregierung zu bestellenden Mitglieder (Par. 12 (3) des Wiener Kinogesetzes ex 1935), nochmals geänderte Alternativ-Fassung (2 Seiten).

10 Bundeskanzleramt, Zl. 75.614-2a/1948: Information für den Herrn Bundeskanzler. Betrifft: Tagesordnung des Ministerrates vom Dienstag, den 31. August d. J., Punkt 10. Vorlagen des Bundesministeriums für soziale Verwaltung (2 Seiten).

10 a Bundesministerium für soziale Verwaltung, Zl. AV. III/102.181/1948: Entwurf eines Bundesgesetzes vom ... über die Regelung der Arbeitsvermittlung und Berufsberatung (Arbeitsvermittlungsgesetz – ArbVG) (14 ½ Seiten); Erläuterungen (10 ½ Seiten); Vortrag an den Ministerrat (8 ½ Seiten).

10 b Bundesministerium für soziale Verwaltung, Zl. AV. IIII/102.181/1948: Entwurf eines Bundesgesetzes vom ... 1948, betreffend die Arbeitslosenversicherung (Arbeitslosenversicherungsgesetz – AlVG) (40 ½ Seiten); Erläuterungen (28 Seiten).
10 c Bundesministerium für soziale Verwaltung, Zl. AV. IIII/102.181/1948: Entwurf eines Bundesgesetzes vom ... 1947 über die Organisation der Landesarbeitsämter und Arbeitsämter (20 ½ Seiten); Erläuterungen (8 ¼ Seiten).
11 Bundesministerium für Finanzen, Zl. 55.916-11/1948: Bundesgesetz vom ... betreffend die Abänderung des Gesetzes vom 25. Juli 1946, BGBl. Nr. 184, über Stempel- und Rechtsgebühren (Gebührennovelle 1948) (½ Seite); Erläuternde Bemerkungen (1 Seite); Vortrag an den Ministerrat (1 Seite).
12 Bundesministerium für Handel und Wiederaufbau, Zl. 78.500-IV/17/1948: Vortrag für den Ministerrat. Betr.: Personal der Strombauverwaltung, Arbeiterkammer-Umlagepflicht (1 ½ Seiten).
13 Bundesministerium für Verkehr, Generaldirektion der Österr. Bundesbahnen, Zl. 24.135/1: Vortrag an den Ministerrat. Betr.: Übernahme des Personals der KÖB in den Personalstand der Österr. Bundesbahnen (½ Seite).
14 a[3] Bundesministerium für Inneres, Generaldirektion für die öffentliche Sicherheit, Zl. 106.670-13/1948: Vortrag an den Ministerrat (1 ½ Seiten).
14 b Bundesministerium für Verkehr, Generaldirektion für die Post- und Telegraphenverwaltung, BM. Zl. 34.560/1948: Vortrag für den Ministerrat. Bestellung eines Ersparungskommissärs beim Öffentlichen Verwalter für das österreichische Rundspruchwesen (4 Seiten).
A Bundeskanzleramt/Auswärtige Angelegenheiten, Zl. 116.259-Pol/1948: Schreiben an das Präsidium des Bundeskanzleramtes, betreffend Mouvement Universal pour une Confederation Mondiale, 2. Generalversammlung in Luxembourg, September 1948 (1 Seite); Schreiben des Generalsekretärs, T. O. Griessemer, Mouvement Universal pour une Confederation Mondiale, 10, Rue Diday, Geneve, Suisse an Leopold Figl, Esq. Chancellor of the Austrian Republic, Vienna, Austria (Englisch) (1 Seite).[4]

Der B u n d e s k a n z l e r begrüßt alle nach dem Urlaub erschienenen Mitglieder der Bundesregierung vor Eingehen in die Tagesordnung.

Die Tagesordnung liegt auf, das Material wurde zugesendet – ein Einspruch wurde nicht erhoben. Ich kann somit sofort zum Punkt 1 der Tagesordnung – Bericht des BK übergehen.

---

3 Aus Gründen der Übersichtlichkeit wurde die Numerierung dieser und der folgenden Beilage, die im Original beide als Beilage 14 bezeichnet sind, den bezüglichen Tagesordnungspunkten entsprechend in *14 a* und *14 b* geändert.

4 Weiters liegen dem Protokoll bei:
Verb. Zl. 3.647/IV: Schreiben des Hochkommissariates der Französischen Republik in Österreich, CB./Nr. 102.440 a, an Bundeskanzler Figl vom 25. August 1948 (1 Seite). Vgl. Punkt 1 f der Tagesordnung.
Verb. Zl. 3.646/III/Wirt.: Schreiben des Sowjetteils der Alliierten Kommission für Österreich, Sek 48/144, an Bundeskanzler Figl vom 28. August 1948 (1 Seite). Vgl. Beschlußprotokoll Punkt 2 b.
Verb. Zl. 3.645/III/Verm.: Schreiben des Sowjetteils der Alliierten Kommission für Österreich, SEK 48/142, an Bundeskanzler Figl vom 28. August 1948 (1 Seite). Vgl. Beschlußprotokoll Punkt 2 c.
Bundesministerium für Verkehr, Generaldirektion der Österreichischen Bundesbahnen, Zl. 1.505/1: Information für den Herrn Bundesminister für Verkehr. Betr.: Vorkommnisse bei den Österr. Bundesbahnen im Juli 1948 (1 ½ Seiten).

[1]

a

Die Ereignisse in der Weltpolitik resp. die Verhandlungen in Moskau verlaufen gleichförmig.[5] Ein Kommuniqué wurde bisher nicht ausgegeben. Hoffentlich wirkt sich das Ergebnis auch irgendwie für Österreich aus und bringen die Beratungen in Moskau eine Entspannung der Weltlage.[6]

b

Über die Donaukonferenz hat Minister Gruber bereits im letzten Ministerrat berichtet[7] und er wird den angekündigten schriftlichen Bericht noch bringen.[8] Unseren Standpunkt habe ich ja bereits in der letzten Ministerratssitzung bekanntgegeben.[9] So gut wie Dr. Altmann[10] die Konferenz sah, war sie wirklich nicht.[11]

c

In Kärnten wurde wieder eine Frau beim Beerensuchen erschossen. Die Leiche wurde jetzt freigegeben. Seitens der Regierung werden die notwendigen Schritte unternommen werden.[12]

d

Wird wegen besonderer Vertraulichkeit unter Verschluß aufbewahrt![13]

---

5 Zu den seit 3. August 1948 in Moskau geführten Gesprächen der Großmächte über die Aufhebung der Berliner Blockade vgl. auch MRP Nr. 122/1 a; Wiener Zeitung, 31. August 1948, S. 1 „Neuerliche Aussprache mit Molotow und Wyschinski. Es geht um die Instruktionen nach Berlin – Kommuniqué wieder verzögert".

6 Vgl. weiters die Ausführungen Bundesminister Grubers unter Tagesordnungspunkt 14 e.

7 Vgl. MRP Nr. 122/24 b.

8 Ein entsprechender Bericht zur Belgrader Donaukonferenz wurde im Ministerrat nicht erstattet, allerdings berichtete Bundesminister Gruber in der 125. Sitzung des Ministerrates über die Erweiterung des Donauverkehrs und die Vorbereitung entsprechender Verhandlungen mit der Sowjetunion. Vgl. MRP Nr. 125/8 vom 14. September 1948. Zu diesem Thema vgl. weiters auch MRP Nr. 117/1 k, MRP Nr. 129/6 b vom 19. Oktober 1948 und MRP Nr. 131/9 c vom 2. November 1948.

9 Österreich war bei der Belgrader Donaukonferenz als nicht stimmberechtigtes Mitglied vertreten gewesen und betrachtete die Ergebnisse dieser Konferenz deshalb als nicht verbindlich. Man erwartete, daß die Verhandlungen nach Abschluß der Staatsvertragsverhandlungen fortgesetzt würden. Inzwischen müsse ein modus vivendi gefunden werden, das aber, so erklärte Bundeskanzler Figl, werde erst „zwischen den Russen und uns ohne Rücksicht auf die Konvention durch praktische Maßnahmen ausgehandelt werden" und sei „erst nach dem Bericht unserer Delegation möglich". Vgl. MRP Nr. 122/24 b.

10 Dr. Karl Altmann, 27. April bis 20. Dezember 1945 Unterstaatssekretär für Justiz, 13. Dezember 1945 bis 10. Dezember 1954 Mitglied des Wiener Gemeinderates, KPÖ bzw. LBl, 20. Dezember 1945 bis 20. November 1947 Bundesminister für Energiewirtschaft und Elektrifizierung.

11 Bundesminister a. D. Dr. Karl Altmann hatte am 22. August 1948 im Rahmen einer Wiener Bezirkskonferenz der KPÖ zu der auf der Belgrader Donaukonferenz beschlossenen Donaukonvention geäußert, daß Österreich alle Möglichkeiten erhalten habe, seine „wirtschaftlichen Interessen, den freien Verkehr nach den Donauländern und dem Meer zu sichern und auf dem billigen Wasserweg Handel zu treiben". Vgl. dazu Neues Österreich, 24. August 1948, S. 2 „Dr. Altmann über die Donaukonvention". Zur Belgrader Donaukonferenz vgl. auch AdR, BKA/AA, II-pol 1948, International 17, GZl. 114.322/1948; MRP Nr. 115/1 h vom 8. Juni 1948, MRP Nr. 120/13 und MRP Nr. 122/24 b.

12 Am 24. August 1948 hatten sich mehrere Frauen aus Seltschach, Gemeindegebiet Arnoldstein in Kärnten zur Beerensuche in das Gebiet der Seltschacheralm begeben, wobei eine der Frauen auf jugoslawisches Gebiet gelangte und von einem jugoslawischen Grenzposten erschossen wurde. Vgl. dazu Arbeiter-Zeitung, 27. August 1948, S. 3 „Von einem jugoslawischen Grenzposten erschossen" und 29. August 1948, S. 2 „Der jugoslawische Grenzzwischenfall"; Neues Österreich, 27. August 1948, S. 1 „Beim Beerensuchen im Grenzgebiet erschossen"; Wiener Zeitung, 27. August 1948, S. 1 „Lebensgefährliches Grenzgebiet". Zu ähnlichen Vorfällen an der Kärntner Grenze vgl. auch MRP Nr. 122/1 l.

13 Die folgende Textstelle ist nicht in der Reinschrift des Protokolls enthalten. Sie wurde von den Bearbeitern nachträglich in den Protokolltext eingefügt.

Mit dem letzten Offizierstransport ist General F r a n e k[14] zurückgekehrt.[15] Der Genannte geht jetzt von Amt zu Amt und macht verschiedene Mitteilungen über die Kriegsgefangenen, die sich noch nicht auf freiem Fuße befinden.[16] Franek ist aber mit größter Vorsicht zu behandeln. Er hat in Rußland 6 Kurse gemacht und war selbst Vortragender bei in Rußland abgehaltenen Kursen. Er versucht unter dem Deckmantel eines Freundes der Kriegsgefangenen Verschiedentlichstes in den Ämtern, ja selbst bei den Ministern zu erfahren. So hat er von mir erfahren wollen, wie ich im Hotel Imperial[17] behandelt werde. Ich trat ihm natürlich sofort entgegen und warne die Kollegen, wenn er auch bei Ihnen unter dem Deckmantel der Kriegsgefangenen vorspricht, denn wir wissen ja, zu welchen Zwecken er diese Auskünfte verlangt.[18]

e

Der Leiter der Schweizerspende[19] Oberst S t u b e r[20] hat sich bei mir verabschiedet. Die Schweizerspende hat durch die Abreise des Genannten ihr formelles Ende gefunden. Dem Einvernehmen nach tritt an ihre Stelle die Europäische Spendenaktion.[21] Ich habe nicht ermangelt, Oberst Stuber den Dank und die Anerkennung der Bundesregierung beim Abschied auszusprechen.

[f]

Der BK bringt sodann die alliierten Noten a) – c) zur Verlesung.[22]

ad a) Der BK: Ich schrieb Betouart[23], er soll die Koburggüter[24] von der Militärverwaltung loslösen und wir werden sie dann in Verwaltung übernehmen. Auf diesen meinen Brief gab

---

14 Dr. Friedrich Franek, Generalleutnant, 1944 Kommandeur der 44. und dann der 73. Infanteriedivision, ab Juli 1944 in sowjetischer Kriegsgefangenschaft, ab Herbst 1944 Mitarbeit im Antifaschistischen Büro österreichischer Kriegsgefangener, Juli 1948 Rückkehr aus der Kriegsgefangenschaft, Tätigkeit in der Privatwirtschaft.

15 Generalleutnant Franek war am 26. Juli 1948 mit dem 48. Heimkehrertransport aus Máramaros Sziget eingetroffen. Unter den Heimkehrern dieses Transportes hatten sich fünf ehemalige Generäle der Deutschen Wehrmacht und 222 Stabsoffiziere im Rang vom Major bis zum Oberst befunden. Vgl. Österreichische Volksstimme, 28. Juli 1948, S. 1 „227 Offiziere heimgekehrt".

16 Generalleutnant Franek hatte nach seiner Rückkehr aus sowjetischer Kriegsgefangenschaft „authentische Mitteilungen über das Sammellager Maramaros-Szigeth" an die Kriegsgefangenenkommission gemacht. Seinem Bericht zufolge war die Zahl der österreichischen Kriegsgefangenen von 543 inzwischen auf 900 gestiegen. Vgl. Neues Österreich, 1. August 1948, S. 2 „900 österreichische Kriegsgefangene in Maramaros-Szigeth. Ein bemerkenswerter Bericht des Generals Franek an die Kriegsgefangenenkommission. Neuerliche Intervention bei sowjetischen Militärstellen".

17 Im Hotel Imperial, Wien I., Kärntnerring 16 befand sich das Generalhauptquartier der sowjetischen Besatzungsmacht in Österreich.

18 Vgl. auch MRP Nr. 128/10 b vom 12. Oktober 1948.

19 Vgl. dazu Anmerkung 119 in MRP Nr. 116.

20 Hans Stuber, Schweizer Oberst, Delegierter der Schweizer Hilfsaktion „Schweizer Spende" in Österreich.

21 Die Schweizer-Rote-Kreuz-Kinderhilfe, das schweizerische Arbeiterhilfswerk, die Caritas und das Hilfswerk der evangelischen Kirchen der Schweiz sollten die Hilfstätigkeit aus privaten Mitteln unter dem Titel „Schweizer Europahilfe" fortsetzen. Vgl. dazu Arbeiter-Zeitung, 27. August 1948, S. 3 „Der Bundeskanzler dankt der Schweiz"; Neues Österreich, 27. August 1948, S. 2 „Der Kanzler dankt der Schweizer Spende".

22 Die hier nicht behandelten Noten werden im Beschlußprotokoll näher ausgeführt und kommentiert. Vgl. Beschlußprotokoll Punkt 2 b und c.

23 Marie Émile A. Béthouart, September 1945 bis Ende September 1950 kommandierender General und Hochkommissar der französischen Besatzungsmacht in Österreich.

24 Es handelte sich um die Tiroler Alpen- und Forstbesitzungen der Familie Sachsen-Coburg-Gotha bei Hinterriß, Pertisau, Scharnitz, im Karwendel- und Bächental.

er nunmehr die eben verlesene Antwort. Vom BM f. Vermögenssicherung u. Wirtschaftsplanung und vom Landwirtschaftsminister wäre diese Frage nunmehr zu lösen.[25]

[g]

Der BK bringt sodann die Resolutionen und Mitteilungen a) – f) zur Verlesung.[26]

[h[27]]

Der BK teilt sodann mit, daß Minister M a i s e l gelegentlich seines Londoner Besuches vom engl. Arbeitsminister I s a a c s[28] empfangen und eingeladen war. Diese Einladung hat Minister Maisel mit einer Gegeneinladung nach Österreich beantwortet. Nunmehr wird angekündigt, daß der englische Arbeitsminister tatsächlich im September nach Österreich kommen will. Ich glaube, wir müssen diesen Besuch als Staatsbesuch werten und auch für die Kosten des Besuches aufkommen.[29]

Der Ministerrat beschließt in diesem Sinne.

[i]

BM H e l m e r: Was Franek anlangt, so sind die Ausführungen des Bundeskanzlers richtig und ich kann sie nur unterstützen. Es besteht nun die Frage, was mit den 900 Leuten, die sich in Marmaros Szigeth[30] befinden, geschehen soll. Vor einigen Tagen war der russische Oberst S t a r o w[31] bei mir und erklärte, er wisse sich keinen Rat mehr. Ich habe nach einem Ausweg gesucht und habe den Bürgermeister Körner[32] gebeten, Frauen der Kriegsgefangenen, die bei mir vorgesprochen haben, zu empfangen und sich für die Kriegsgefangenen bei den Russen zu verwenden.

---

25 Die beiliegende Note des Hochkommissariates der Französischen Republik in Österreich enthält die Unterstützungserklärung des Französischen Hochkommissars für Bundeskanzler Figl in der Angelegenheit der Übergabe der Domäne und der dazugehörenden Jagden des Herzogs von Coburg in Hinterriß/Tirol an die Generaldirektion der Bundesforste, da diese „deutschen Güter“ bis zur Lösung der Frage der Übertragung erhalten werden sollten. Ein Beamter der Bundesforste sollte als Verwalter der Domäne eingesetzt werden. Aktenkonvolute zu den Coburg-Gütern und den diesbezüglichen Jagden in Hinterriß befinden sich nach wie vor in der Generaldirektion der Österreichischen Bundesforste und wurden noch nicht an das Archiv der Republik übergeben.
Carl Eduard, bis 1918 Herzog von Sachsen-Coburg und Gotha, bis 1919 Duke of Albany und Prinz von Großbritannien und Irland, ab 1933 Präsident des Deutschen Roten Kreuzes, 1. Mai 1933 Eintritt in die NSDAP, mehrere Ehrenfunktionen, ab 1936 Reichstagsabgeordneter, NSDAP, daneben diverse Wirtschaftsfunktionen, u. a. Aufsichtsratsmitglied der Deutschen Bank AG., nach Kriegsende bis 1946 interniert, 1950 als Minderbelasteter zu einer Geldstrafe verurteilt.

26 Die hier nicht behandelten Resolutionen und Mitteilungen werden im Beschlußprotokoll näher ausgeführt und kommentiert. Vgl. Beschlußprotokoll Punkt 3 a bis f.

27 Aus Gründen der Übersichtlichkeit wurde die ursprüngliche Numerierung *f* in *h* geändert.

28 George Alfred Isaacs, britischer Politiker und Gewerkschafter, Abgeordneter zum britischen Unterhaus, 3. August 1945 bis 17. Jänner 1951 Arbeitsminister.

29 Bundesminister Maisel war im Frühjahr 1948 gemeinsam mit einigen Beamten des Bundesministeriums für soziale Verwaltung nach London gereist, um dort die britische Sozialverwaltung zu studieren und hatte bei dieser Gelegenheit den britischen Arbeitsminister Isaacs zu einem Gegenbesuch in Wien eingeladen. Der Besuch, der für Mitte September 1948 geplant war, wurde von britischer Seite schließlich abgesagt, fand letztendlich aber im Mai 1949 doch noch statt. Vgl. AdR, BKA, Präsidium, Sign. 54/1, GZl. 2.089-Pr.1a/1949, The Right Honourable G. A. ISAACS, Minister of Labour, Besuch in Österreich.

30 In der rumänischen Stadt Sighetu Marmaţiei (ung.: Máramarossziget) befand sich das Durchgangslager für heimkehrende Kriegsgefangene aus der Sowjetunion.

31 Michail Michajlovič Starov, Oberst der Garde, Leiter der Abteilung für DP des Sowjetischen Teils der Alliierten Kommission für Österreich.

32 Theodor Körner, 17. April 1945 bis 20. Juni 1951 Bürgermeister von Wien, SPÖ.

K o p t j e l o w[33] hat am 13. 6. K o p l e n i g[34] mitgeteilt, daß in den nächsten Tagen 450 Kriegsgefangene und 1 Offizierstransport nach Österreich abgehen werden. Der letztere kam – die anderen Kriegsgefangenen blieben aber aus. Franek dürfte nun von diesen Leuten den Auftrag bekommen haben, alles in die Wege zu leiten, daß sie „frei" werden. Ich habe mit sowjetischen Stellen und bei Koptjelow die Sache urgiert, jedoch war alles umsonst.

Ich bitte deshalb, zur Kenntnis zu nehmen, daß ich mich aus diesem Grunde an Körner gewendet habe, zumal er Präsident der „Gesellschaft zur Pflege der kulturellen und wirtschaftlichen Beziehungen zur Sowjetunion"[35] ist, weiters weil er General[36] ist und er sich auf diese Weise vielleicht durchsetzen kann. Es handelt sich nicht nur um die Leute, die noch in Marmaros Szigeth sind, sondern außerdem um 7.000 andere, deren Staatsbürgerschaft überprüft werden soll. Unser Gesandter Bischoff[37] in Moskau kommt nicht weiter. Den jugoslawischen Kriegsgefangenen geht es besser. Sie können sich frei bewegen und haben Verdienst, jedoch leiden sie an Schuh- und Textilienmangel. Ein Einfluß seitens unseres Vertreters Conrad-Eybesfeld[38] ist nicht vorhanden.

BK und BM G r u b e r (gleichzeitig): Die Jugoslawen haben versprochen, daß die Gefangenen bis Ende des Jahres zurückkehren.

BM H e l m e r: Ich bitte um die Zustimmung, daß der Bürgermeister sich im beantragten Sinne der Kriegsgefangenen annimmt.

BK: Jedes Mittel, das nur irgendwie geeignet erscheint, daß wir die Kriegsgefangenen frei bekommen, soll angewendet werden.

BM Dr. G r u b e r: Ich habe seinerzeit eine Sondersitzung im Parlament angeregt und vertrete diesen Standpunkt weiter. Gegen das Ersuchen an General Körner erhebe ich keinen Einwand, vielleicht hat er einen Erfolg bei seiner Intervention. Wenn aber die Sache bis Herbst nicht geklärt ist, so müssen das Parlament, die Presse und die Politiker beider Parteien die Sache aufgreifen.

Der Ministerrat beschließt in diesem Sinne.[39]

[j]

Wird wegen besonderer Vertraulichkeit unter V e r s c h l u ß aufbewahrt![40]

BM H e l m e r: B) Von der Frau[41] des Rafael S p a n n[42] habe ich die Mitteilung erhalten, daß ihr Mann in einem geheimen russischen Verfahren zu 6 Jahren verurteilt wurde. Spann

---

33 Michail Efremovič Koptelov, Juli 1945 bis Juni 1948 stellvertretender politischer Berater des Sowjetischen Teils der Alliierten Kommission für Österreich, Juni 1948 bis November 1951 politischer Vertreter der UdSSR bei der österreichischen Bundesregierung.

34 Johann Koplenig, 19. Dezember 1945 bis 9. Juni 1959 Nationalratsabgeordneter, KPÖ, 22. April 1946 bis 1965 Vorsitzender der KPÖ, 22. April 1946 bis 1968 Mitglied des Politbüros der KPÖ.

35 Vgl. Anmerkung 49 in MRP Nr. 121.

36 Theodor Körner war am 10. März 1923 zum Generalmajor ernannt und am 1. Februar 1924 als General in den dauernden Ruhestand versetzt worden.

37 Norbert Bischoff, a.o. Gesandter und bev. Minister, 31. Dezember 1946 bis 4. April 1960 politischer Vertreter bzw. ab 26. Juli 1953 a.o. und bev. Botschafter in Moskau.

38 Dr. Walter Conrad-Eybesfeld, Jurist, 1946 bis Jänner 1950 politischer Vertreter in Belgrad.

39 Zur Rückführung der Kriegsgefangenen aus Jugoslawien vgl. auch MRP Nr. 117/1 d, MRP Nr. 118/14 e, MRP Nr. 121/1 c, MRP Nr. 127/1 g vom 5. Oktober 1948 und MRP Nr. 128/10 b vom 12. Oktober 1948.

40 Die folgenden drei Absätze sind nicht in der Reinschrift des Protokolls enthalten. Sie wurden von den Bearbeitern nachträglich in den Protokolltext eingefügt.

41 Ingeborg Spann-Cramer, akademische Malerin und Restauratorin.

42 Dr. Raphael Spann, Kaufmann. Zu seiner Verhaftung durch die sowjetische Besatzungsmacht vgl. Anmerkung 56 in MRP Nr. 120.

hat vor gewisser Zeit in Baden[43] ein Hotel besichtigt, das seinerzeit von den Russen besetzt und freigegeben wurde. Hiebei hat er verschiedene Fragen gestellt. Das war die Ursache, weshalb man seine Personalien festgestellt und ihn verurteilt hat. Seine Frau wurde nun bittlich, daß man eine von den 3 Parteien unterfertigte Resolution an Stalin[44] sende, zumal er niemals Nazi war. Ich habe ihr abgeraten, da unsere ganzen Interventionen und auch die des Alliierten Rates gleich Null sind. Weder wir noch der Alliierte Rat können etwas durchsetzen.

BK: Scheltow[45] hat bei der letzten Zusammenkunft auf meine Frage nach Spann ausdrücklich erklärt: „Spann kennen wir nicht!"

BM H e l m e r: Ich wäre sehr dafür, die Angelegenheit S p a n n zu veröffentlichen. – In Zistersdorf wurde unlängst ein Dolmetsch verhaftet[46] und ist jetzt verschwunden, weil er angeblich mit Marek[47] in Verbindung gestanden haben soll. Jeden Tag kommen Verschleppungen vor. – Bei Kiridus[48] hat sich jetzt herausgestellt, daß er nicht der richtige Kiridus ist, den die Russen suchen.

BK: Vielleicht kann also die Bundesregierung ein Gnadengesuch an Stalin richten – wie sie das in anderen Fällen schon getan hat.

BM Dr. K r a u l a n d: Die Veröffentlichung ist die einzige Waffe und ich würde sie daher auch in diesem Falle in Vorschlag bringen.

BM H e l m e r: Was die Beschlagnahme der Zeitungen anlangt, hat die Veröffentlichung geholfen.[49]

BM Dr. G r u b e r: Die Veröffentlichung scheint in diesem Falle besser zu sein als ein Gnadengesuch. Nur muß man prüfen, wie die Frau von der Verurteilung erfahren hat.

BM H e l m e r: Irgendein Wärter wurde mit Schnaps bestochen.

BM Dr. G r u b e r: Man kann ohne Zustimmung der Frau nichts machen.

StS G r a f: Von der Volksstimme wurden die Übergriffe der Amerikaner veröffentlicht.[50]

---

43 Baden/NÖ.

44 Josef Stalin, Generalsekretär des Zentralkomitees der KPdSU, 1946 bis 1953 Vorsitzender des Ministerrates der UdSSR.

45 Aleksej Sergeevič Želtov, sowjetischer Generaloberst, September 1945 bis Juli 1950 stellvertretender Hochkommissar der UdSSR für Österreich.

46 Vermutlich war Viktor Ruew gemeint, der als Dolmetscher bei der Sowjetischen Mineralölverwaltung im Büro für Tiefbohrungen gearbeitet hatte. Ihm wurde vorgeworfen, ab Mai 1948 Berichte über die sowjetische Ölindustrie an Mitarbeiter Anton Mareks weitergegeben zu haben. Gemeinsam mit Marek und Kiridus wurde Ruew am 7. Februar 1951 durch ein Militärtribunal verurteilt. Ruew erhielt 25 Jahre Haft und verstarb am 13. Dezember 1953. Vgl. Harald Knoll/Barbara Stelzl-Marx, Sowjetische Strafjustiz in Österreich. Verhaftungen und Verfolgungen 1945–1955, in: Stefan Karner/Barbara Stelzl-Marx (Hg.), Die Rote Armee in Österreich. Sowjetische Besatzung 1945–1955. Beiträge (= Veröffentlichungen des Ludwig Boltzmann-Instituts für Kriegsfolgen-Forschung, Sonderband 4), Graz/Wien/München 2005, S. 275–321, hier S. 295.

47 Anton Marek, Kriminalpolizist, Leiter der sogenannten „Gruppe 5" im Bundesministerium für Inneres. Marek galt als Vertrauensmann Bundesminister Helmers und war u. a. damit beauftragt gewesen, kommunistische Aktivitäten zu überwachen und Verschleppungen von Personen durch die sowjetische Besatzungsmacht zu untersuchen. Zu seiner Verhaftung vgl. Anmerkungen 40 in MRP Nr. 117.

48 Franz Kiridus, zweiter führender Beamter in der sogenannten „Gruppe 5". Zu seiner Entführung vgl. Anmerkung 63 in MRP Nr. 121, weiters auch MRP Nr. 124/10 c vom 7. September 1948.

49 Die Angelegenheit war in der „Wiener Zeitung" publik gemacht worden. Vgl. Wiener Zeitung, 20. August 1948, S. 1 „Ministerrat begrüßt ernstlichen Versuch in Moskau", Zwischenüberschrift „Schritte in Belgrad und beim Alliierten Rat", wo es hieß: „Gegen die Beschlagnahme, bzw. gegen das Verbreitungsverbot von sechs österreichischen Zeitungen im Gebiete von Niederösterreich sind Schritte beim sowjetischen Besatzungselement und beim Alliierten Rat vorgesehen." Vgl. dazu auch MRP Nr. 122/1 j.

50 Vgl. etwa Österreichische Volkstimme, 24. August 1948, S. 3 „USA-Soldat ermordet 73jährigen Al-

Gewisse Veröffentlichungen werden aber nicht zugelassen. So die Tatsache, daß die Mörder von Klosterneuburg Russen und der Kommandantur bekannt sind.[51]

BM H e l m e r: In Vöslau wurde ein pensionierter Wachmann zu den Russen gerufen und ihm aufgetragen, für die Russen zu arbeiten, ansonsten er auf 25 Jahre nach Sibirien komme. Es blieb ihm also nur die Wahl, Nachrichten zu liefern oder nach Sibirien zu kommen.

BM Dr. G r u b e r: Wenn wir Material haben, so müssen wir solche Fälle veröffentlichen und hiebei keine Rücksichten nehmen. Dies gilt für alle Mächte.

BM H e l m e r: Es handelt sich doch um Menschen und das spielt doch eine Rolle!

BM Dr. G r u b e r: Dann sollen die Verlautbarungen die alliierten Zeitungen übernehmen und auf diese Fälle greifen, wo Material vorhanden ist.

BK: Wir haben die Herausgabe eines Weißbuches beschlossen.[52] Der Pressedienst hat in jedem Ministerium einen verantwortlichen Mann bestimmt, damit das Material bis Mitte September gesammelt wird. Inzwischen haben bereits alle vier Elemente vorgesprochen, was es mit dem Weißbuch für eine Bewandtnis habe. Dabei ist festzuhalten, daß schriftlich nichts herausgegeben wurde.

BM Dr. Z i m m e r m a n n: In meinem Ministerium habe ich die Präsidenten informiert und ausdrücklich erklärt, daß nichts Schriftliches herausgegeben werden darf.

BK: Manche Leute sind durch diese Vorsprache schon eingeschüchtert und wird anscheinend manches Material nicht mehr geliefert werden.

BM Dr. G e r ö: Im Alliierten Rat wurde wiederholt die Unterstellung der DP unter die österreichischen Gesetze verlangt. Die Amerikaner sind aber dafür nicht zu haben. Unsere Feststellungen müssen dahin gehen, daß sie auf die Judikatur über die DP verzichten. Jetzt hat sich ein Unfug eingeschaltet u. zw. so, daß Rechtsanwälte die österr. Judikatur auszuschalten und die ausländische einzuschalten trachten.

BM Dr. G r u b e r: Der Bundeskanzler und ich haben im Sommer einen Brief an General Keyes[53] gerichtet, damit er die amerikanische Judikatur ausschalte. Keyes erklärte, es gäbe keine solche. Hiebei hat er sich auf die Aussagen der Landeshauptmänner berufen, die das Nichtbestehen einer amerik. Judikatur bestätigen; wir waren dann die Blamierten.

BM Dr. G e r ö: Der Präsident des Landesgerichtes von Salzburg[54] bekam eines schönen Tages von einem amerik. Major einen Brief, auf Grund dessen er einen Mann freilassen sollte. Er wurde auch zu diesem Major zitiert und erklärte diesem, das Dekret 101[55] bestehe

tersrentner"; 25. August 1948, S. 3 „Wildwest in Wien"; 27. August 1948, S. 3 „Neuer brutaler Wildwest-Überfall. Taxichauffeur von vier USA-Soldaten niedergeschlagen und ausgeraubt"; 28. August 1948, S. 3 „Empörender Zwischenfall im Arsenal. USA-Offizier hetzt ‚Civilian Guard' auf österreichische Arbeiter".

51 Es handelte sich um den Mord an dem Klosterneuburger Gastwirt Edmund Schnabel, der am 30. Juli 1948 in seiner Wohnung erstochen aufgefunden worden war. Vgl. dazu Neues Österreich, 31. Juli 1948, S. 3 „Mit einem Küchenmesser abgeschlachtet" und 4. August 1948, S. 2 „Die Blutgruppe soll den Mörder überführen"; MRP Nr. 122/1 s.

52 Vgl. dazu auch MRP Nr. 121/1 i, MRP Nr. 122/1 r und MRP Nr. 125/1 e vom 14. September 1948.

53 Geoffrey Keyes, Generalleutnant, Jänner 1947 bis Oktober 1950 US-Hochkommissar für Österreich.

54 Dr. Anton Hammerer, 1947 bis 1957 Präsident des Landesgerichtes Salzburg.

55 Es handelte sich um die Verordnung Nr. 101 der US-Militärregierung. Sie war das „Instrument zur Reorganisation der ordentlichen Gerichte in der amerikanischen Besatzungszone" und enthielt Anordnungen zur „Auflösung aller NS-Gerichte, zur Schließung aller anderen Gerichte und deren Wiedereröffnung in Übereinstimmung mit den schriftlichen Anweisungen der Militärregierung". Die Verordnung sah weiters vor, „daß niemand ohne Genehmigung der Militärregierung als Richter, Staatsanwalt, Justizbeamter oder -angestellter, Notar oder Rechtsanwalt fungieren dürfe" und enthielt „detaillierte Vorschriften über die Zuständigkeiten der österreichischen Gerichte sowie die Befugnisse der Militärregierung". Vgl. Kurt Tweraser, US-Militärregierung Oberösterreich. Band 1: Sicherheitspolitische Aspekte der amerikanischen Besatzung in Oberösterreich-Süd 1945–1950, Linz 1995, S. 245 f.

nicht mehr. Diesen Standpunkt teilte der Amerikaner nicht und hatte sogar eine in der Angelegenheit von mir in Wien abgehaltene Konferenz kein Resultat. In Salzburg gehen die Amerikaner sogar so weit, daß sie sich täglich 9 Berichte über verschiedene Vorkommnisse bei Gericht vorlegen lassen. Hiebei verharren sie auf dem Standpunkt, daß das Dekret 101 noch immer gelte. Zur Geltendmachung von Einsprüchen wird die Zustimmung der Amerikaner verlangt. Ich habe vor, in den nächsten Tagen bei den Amerikanern vorzusprechen und die Angelegenheit zu besprechen. Hiebei muß aber das Hauptgewicht darauf verlegt werden, daß die DP den österr. Stellen zu unterstellen sind.

BM Dr. Z i m m e r m a n n: Die Gerichtsbarkeit muß uns überlassen bleiben, nur müssen wir hier in Wien bei den Amerikanern darauf zurückkommen.

BM Dr. G r u b e r: Man müßte in Washington Schritte unternehmen und nicht hier. Wenn man aber von allen diesen Fragen nichts erfährt, so ist es ja unmöglich, etwas zu unternehmen. Ich bitte daher, daß dem Außenamt die entsprechenden Mitteilungen zukommen, damit auch die diesbezüglichen Schritte unternommen werden können.

BM Dr. G e r ö: Dies ist ein zweischneidiges Schwert, denn Washington wird neuerdings die Stellungnahme der in Österreich befindlichen Amerikaner einholen und wir werden nichts mehr erreichen. Mir ist es aber alles eins, wenn ein Memorandum dem Außenamt übergeben wird – nur bitte ich, daß ich bei den Besprechungen oder Beratungen zugezogen werde.[56]

2
Personalangelegenheiten[57]

(Siehe Beschlußprotokoll).

3
Rechtsüberleitungsgesetz für die Gemeinden Jungholz und Mittelberg

Nach einem Bericht des Bundeskanzlers, Zl. 74.326-2a/48[58], betreffend den Entwurf eines Bundesverfassungsgesetzes über die Wiederherstellung der österr. Rechtsordnung in den

[56] Vgl. in diesem Zusammenhang auch Österreichische Volksstimme, 28. August 1948, S. 1 „Österreicher nur vor österreichische Gerichte! Anträge des Sowjetvertreters am Widerstand der Westmächte gescheitert. Ebenso ein Antrag auf Beschränkung der Militärpolizei".

[57] Beilage 2: Personalangelegenheiten (1 ½ Seiten); BKA/AA, Zl. 107.740-Prot/1948 Antrag an den Ministerrat. Gegenstand: Mitbeglaubigung des in Prag residierenden finnländischen Gesandten Palin als Gesandten in Österreich, Agrémentansuchen (1 Seite). Vgl. das Beschlußprotokoll, weiters MRP Nr. 156/1 c vom 10. Mai 1949.

[58] Beilage 3: BKA, Zl. 74.326-2a/1948 Ministerratsvortrag (2 ½ Seiten); Gesetzesentwurf (Neue Fassung) (1 ½ Seiten); Gesetzesentwurf (Alte Fassung) (1 ½ Seiten). Das Gebiet der Gemeinde Jungholz, Bundesland Tirol, Verwaltungsbezirk Reutte, und das Gebiet der Gemeinde Mittelberg (Kleinwalsertal), Bundesland Vorarlberg, hatten bis zur Besetzung Österreichs durch das Deutsche Reich sogenannte Zollausschlußgebiete mit Bayern als Zollanschlußgebiet gebildet. Mit dem deutschen Gebietsänderungsgesetz vom 1. Oktober 1938 (Deutsches RGBl. I, S. 1333) waren die beiden Gemeinden dem Land Bayern angegliedert worden, wobei das bisher in Österreich geltende Recht in diesen Gebietsteilen vorläufig bestehengeblieben war. Erst im Jahr 1939 wurde dieser Rechtszustand grundlegend geändert, indem deutsches Recht in weiterem Umfang als im übrigen Österreich in Jungholz und Mittelberg eingeführt wurde (Deutsches RGBl. I, S. 971). Für die Herstellung der Rechtsgleichheit bedurfte es nun einer verfassungsgesetzlichen Maßnahme, da durch das deutsche Recht zum Teil auch österreichische verfassungsrechtliche Normen aufgehoben worden waren, die nunmehr, soweit sie im übrigen Österreich Geltung erlangt hatten, wieder in Kraft zu setzen waren. Der beiliegende Entwurf eines Bundesverfassungsgesetzes über die Wiederherstellung der österreichischen Rechtsordnung in den Gemeinden Jungholz und Mittelberg bestimmte in § 1, „daß das gesamte vor dem 27. April 1945 erlassene österreichische Bundes- und Landesrecht in der Fassung, in der es in den übrigen Gebiets-

Gemeinden Jungholz und Mittelberg (Rechtsüberleitungsgesetz für die Gemeinden Jungholz und Mittelberg), beschließt der Ministerrat, diesen Entwurf (die neue Fassung d. Entwurfes) der verfassungsmäßigen Behandlung durch die Organe der Bundesgesetzgebung zuzuführen.[59]

4

Einspruch gegen das Oberösterr. Landessportgesetz

Der Bundeskanzler berichtet über einen Einspruch der Bundesregierung, Zl. 75.254-2a/48[60], gegen den Gesetzesbeschluß des O. Ö. Landtages betreffend die Förderung des Sportwesens im Lande Oberösterreich (Landessportgesetz).

VK: Mit dem Einspruch bin ich einverstanden. Ich sehe aber, daß nur das Unterrichtsministerium vom Verfassungsdienst zur Stellungnahme angegangen wurde. Das Ministerium für soziale Verwaltung hätte aber auch herangezogen werden sollen, wie es das Behördenüberleitungsgesetz[61] vorschreibt. Ich bitte, daß dies auch in ähnlichen Fällen künftighin beachtet wird.

---

teilen Österreichs bis zu seiner Befreiung in Geltung gestanden war, nunmehr wieder in Geltung gesetzt wird".

59 Vgl. Sten. Prot. NR, V. GP, 88. Sitzung vom 13. Oktober 1948, Zuweisung der Regierungsvorlage an den Verfassungsausschuß, S. 2495 f; Bericht des Verfassungsausschusses und Annahme des Gesetzesentwurfes in der 91. Sitzung vom 17. November 1948, S. 2545 f. Das Gesetz gelangte wegen Nichtgenehmigung durch den Alliierten Rat nicht zur Verlautbarung, wurde aber im Jahr 1950 verwirklicht: BGBl. Nr. 129, Bundesgesetz vom 21. Juni 1950 über die Wiederinkraftsetzung von österreichischem Bundesrecht und die Neuanlegung von Grundbüchern in den Gemeinden Jungholz und Mittelberg (Rechtsüberleitungsgesetz für die Gemeinden Jungholz und Mittelberg), ausgegeben am 29. Juli 1950. Vgl. dazu auch MRP Nr. 84/1 f vom 21. Oktober 1947; Ulrich Nachbaur, Vorarlberger Territorialfragen 1945 bis 1948. Ein Beitrag zur Geschichte der Vorarlberger Landesgrenzen seit 1805 (= Forschungen zur Geschichte Vorarlbergs 8), Konstanz 2007, S. 119–157. In den Protokollbüchern des AdR, BKA, Sektion II findet sich das betreffende Aktenmaterial unter Sign. 40, GZl. 20.606-2a/1949 verzeichnet, es liegt jedoch nicht ein, sondern dürfte an die Landesamtsdirektion Tirol abgetreten worden sein.

60 Beilage 4: BKA, Zl. 75.254-2a/1948 Ministerratsvortrag (4 Seiten); Gesetz vom 7. Juli 1948 über die Förderung des Sportwesens im Lande Oberösterreich (Landessportgesetz) (8 ½ Seiten). Der vorliegende Gesetzesbeschluß des oberösterreichischen Landtages über ein Landessportgesetz stand mit den Bestimmungen des Bundes-Verfassungsgesetzes und des Finanzverfassungsgesetzes im Widerspruch. Einspruch war gegen § 1 des Gesetzesbeschlusses, in dem die Landessportorganisation zur öffentlich-rechtlichen Körperschaft erklärt wurde, erhoben worden, da die staatliche Hoheitsverwaltung der Bundesländer den Landesregierungen obliege und somit keine Veranlassung bestehe, der Landessportorganisation öffentlich-rechtlichen Charakter zuzuerkennen. Gegen den § 2 des Gesetzesbeschlusses wurde wegen des Vorbehalts der Genehmigung der Teilnahme an Wettkämpfen für Vertreter von Sportvereinen Einspruch erhoben, da dies eine Einschränkung der Freizügigkeit juristischer Personen darstelle. Weiters wurde gegen die Bestimmung des § 5, laut dem der Landessportrat leitende Organe der Verbände und Vereine abberufen und neu bestellen konnte, Einspruch erhoben, da diese Bestimmung im Widerspruch mit dem Vereinsgesetz stehe. Als unvereinbar mit den Bestimmungen des Finanzgesetzes wurde die im § 9 enthaltene Bestimmung angesehen, wonach die Höhe der vorgesehenen Zwangsbeiträge der Sportvereine durch Verordnung der Landesregierung geregelt werden sollte, da dafür eine ziffernmäßig bestimmte gesetzliche Regelung erfolgen müsse. Darüber hinaus widerspreche auch die Bestimmung des § 13, wonach die freiwillige Auflösung eines Vereins der vorübergehenden Fühlungnahme mit dem Landessportrat bedürfe, ebenfalls der Freizügigkeit einer juristischen Person und könne nur in die nach dem Vereinsgesetz aufzustellenden Statuten eines Vereines aufgenommen werden.

61 StGBl. Nr. 94, Gesetz vom 20. Juli 1945 über die Überleitung der Verwaltungs- und Justizeinrichtungen des Deutschen Reiches in die Rechtsordnung der Republik Österreich (Behörden-Überleitungsgesetz – Behörden-ÜG.), ausgegeben am 28. Juli 1945.

BM Dr. H u r d e s: Ich bekam von BM Maisel einen Brief, in dem er sich auf eine Vereinbarung bezüglich Sport beruft.

VK: Vereinbarungen in dieser Hinsicht kenne ich nicht. Es liegt ein Behördenüberleitungsgesetz vor, in dem es heißt, daß die Überwachung und Lenkung der Jugendbewegung und des Sportwesens im Einvernehmen mit dem Bundesministerium für soziale Verwaltung zu erfolgen habe.

Der Ministerrat beschließt, einen Einspruch gegen das O. Ö. Landessportgesetz zu erheben und verweist hierbei darauf, daß künftighin in allen Angelegenheiten der Jugendbewegung und des Sportwesens das Einvernehmen mit dem Bundesministerium für soziale Verwaltung zu pflegen ist.[62]

5

Einspruch gegen ein Steiermärkisches Landesgesetz über die Zusammenlegung land- u. forstwirtschaftlicher Grundstücke

Nach einem Bericht des Bundeskanzlers, Zl. 75.184-2a/48[63], über einen Einspruch der Bundesregierung betr. den Gesetzesbeschluß des Steiermärkischen Landtages gegen ein Gesetz, womit die landesgesetzl. Bestimmungen über die Zusammenlegung land- u. forstwirtschaftlicher Grundstücke wieder in Kraft gesetzt werde, beschließt der Ministerrat antragsgemäß.[64]

---

[62] Zur Ausgabe eines Landessportgesetzes kam es erst im Jahr 1950 in einer neuen Fassung, die den Beanstandungen der Bundesregierung Rechnung trug. Vgl. dazu AdR, BKA, Sektion II, Sign. 31, GZl. 21.076/1949; Landesgesetzblatt für Oberösterreich Nr. 8, Gesetz vom 15. Juni 1949 über die Förderung des Sportwesens im Lande Oberösterreich (Landessportgesetz) in der Fassung des Beschlusses des o.ö. Landtages vom 9. Dezember 1949, ausgegeben am 24. Februar 1950.

[63] Beilage 5: BKA, Zl. 75.184-2a/1948 Ministerratsvortrag (4 Seiten); Gesetz vom ..., womit die landesgesetzlichen Bestimmungen über die Zusammenlegung land- und forstwirtschaftlicher Grundstücke, wie sie vor dem 31. Dezember 1938 bestanden haben, wieder in Kraft gesetzt werden (3 ½ Seiten). Durch die Flurverfassungsnovelle 1947 (BGBl. Nr. 177/1947) waren alle seit dem 13. März 1938 erlassenen reichsdeutschen Vorschriften, die die Umlegung land- und forstwirtschaftlicher Grundstükke betrafen, außer Kraft gesetzt worden. § 3 der Flurverfassungsnovelle 1947 überließ es der Landesgesetzgebung, die am 31. Dezember 1938 gültigen landesgesetzlichen Bestimmungen über die Zusammenlegung land- und forstwirtschaftlicher Grundstücke wieder in Kraft zu setzen. Das Bundesland Steiermark hatte nun mit dem vorgelegten Gesetzesentwurf jene Normen in Kraft gesetzt, die im Wesentlichen auf dem Landesgesetz vom 26. Mai 1909 (LGBl. Nr. 45/1909) beruhten. Die Rückkehr zu der im Jahr 1909 begründeten Gesetzeslage erschien jedoch nicht erstrebenswert, weil das Landesgesetz von 1909 in rechtlicher Hinsicht inzwischen längst überholt war „und daher vom Standpunkt einer klaren und für den Staatsbürger verständlich sein wollenden Gesetzgebung die Erlassung eines vollkommen neuen, den Bestimmungen über die Agrarbehörden und das Agrarverfahren sowie die Kompetenzverschiebung bezüglich der Evidenzhaltung des Grundkatasters und des Vermessungswesens entsprechenden Gesetzes erforderlich wäre". Der Gesetzesbeschluß des steiermärkischen Landtages ging auch über die Bestimmungen des § 4 der Flurverfassungsnovelle hinaus, indem er Übergangsbestimmungen für anhängige Übergangsverfahren enthielt, bei denen der Umlegungsplan noch nicht rechtmäßig feststand, wodurch die Bestimmungen des Bundesgrundsatzgesetzes überschritten wurden und somit Verfassungswidrigkeit gegeben war, weswegen gegen den Gesetzesbeschluß im Sinn des Artikel 98 des Bundes-Verfassungsgesetzes Einspruch erhoben werden sollte.

[64] Das Gesetz wurde im folgenden Jahr ausgegeben, nachdem das Bundesministerium für Land- und Forstwirtschaft seine Meinung, daß ein Einspruch nötig sei, revidiert hatte. Vgl. dazu AdR, BKA, Sektion II, Sign. 31, GZl. 38.525/1949; Landesgesetzblatt für das Land Steiermark Nr. 20, Gesetz vom 8. Juni 1949, betreffend die Wiederinkraftsetzung der am 31. Dezember 1938 in Geltung gestandenen landesgesetzlichen Bestimmungen über die Zusammenlegung land- und forstwirtschaftlicher Grundstücke, ausgegeben am 25. Juli 1949.

6
Österr.-jugoslawische Wirtschaftsverhandlungen

BM Dr. G r u b e r berichtet unter Zl. 173.869-WPol/48[65] über die Genehmigung der österr.-jugosl. Wirtschaftsverhandlungen.

Das Bestreben der Jugoslawen zielt darauf hin, möglichst viel Eisen und Stahl zu erhalten. Von den Jugoslawen ist es aber nicht möglich, größere Mengen von Getreide zu bekommen.

BM Dr. G e r ö: Wie ich höre, wurde der Schillingkurs seitens der Jugoslawen auf das Verhältnis 1 : 5 gegenüber früher 1 : 3 festgelegt.

BM Dr. G r u b e r: Dies hängt aber vom Zahlungsabkommen ab und hat mit den Verhandlungen nichts zu tun. Ein Anziehen des Schillings ist ja überall feststellbar.

BM Dr. Z i m m e r m a n n: Es kann sich eventuell auch um eine Notnotierung handeln.

Der BK: Hierbei ist aber noch zu erwähnen, daß die Jugoslawen den Abschluß der Wirtschaftsverhandlungen mit Österreich noch nicht publiziert haben.

BM Dr. G e r ö: Auf dem Gebiete des Sportes sind die Jugoslawen im Gegensatz zu früher gleichfalls bemüht, die Beziehungen zu Österreich wieder aufzunehmen. Hierbei wurde ich aber nicht gefragt.

BM Dr. G r u b e r: Ich werde über die außenpolitische Lage in der nächsten Zeit berichten.

Die Niederschrift der folgenden Debatte wird wegen besonderer Vertraulichkeit unter Verschluß aufbewahrt![66]

BM Dr. G r u b e r: Nach vorliegendem Material betreffend den Briefwechsel Moskau-Belgrad[67] über die Einstellung zu Tito[68] erfahren wir, daß es die Russen für sonderbar finden,

---

65 Beilage 6: BKA, Zl. 173.869-Wpol/1948 Ministerratsvortrag (8 ½ Seiten); Protokoll (5 Seiten); Abkommen (3 ½ Seiten); Liste A (2 ½ Seiten); Liste B (5 Seiten); Zahlungsabkommen (4 ½ Seiten); Briefwechsel (10 ½ Seiten). Vom 28. Juli bis 17. August 1948 hatten in Belgrad Verhandlungen zwischen einer österreichischen und einer jugoslawischen Wirtschaftsdelegation stattgefunden, die zur Paraphierung eines Warenaustausch- und eines Zahlungsabkommens geführt hatten. Die Abkommen sollten ab 1. September 1948 vorläufig Anwendung finden. Das Warenaustauschabkommen sah die Abwicklung des gegenseitigen Warenverkehrs im Rahmen der dem Abkommen angeschlossenen Kontingentlisten vor. Bezüglich der Zulässigkeit von Kompensationsgeschäften hatte die jugoslawische Delegation, ähnlich wie bei den im April des Jahres in Wien durchgeführten Vorverhandlungen, verlangt, der gesamte Wirtschaftsverkehr der beiden Staaten solle im Clearingverfahren abgewickelt werden. Die österreichische Delegation konnte sich aber letztendlich mit ihrem Standpunkt (Unverzichtbarkeit von Kompensationsgeschäften) durchsetzen. Die Kompensationsgeschäfte sollten in erster Linie Waren betreffen, die in den vereinbarten Kontingenten nicht enthalten waren oder diese mengenmäßig überstiegen. Die Verhandlungen über Inhalt und Umfang der Listen A und B hatten sich teilweise außerordentlich schwierig gestaltet, letztendlich aber dazu geführt, daß Österreich an Jugoslawien in erster Linie Papier, Magnesit, Erzeugnisse der Stahlindustrie, Maschinen und Apparate sowie elektronische Produkte liefern sollte, Jugoslawien aber Obst, Gemüse und Dörrpflaumen nur dann an Österreich liefern könne, wenn es auch gleichzeitig die Abnahme von Waren garantiere, an denen österreichischerseits ein großes Exportinteresse bestand. Das Zahlungsabkommen enthielt u. a. die gegenseitige Verpflichtung zur Abwicklung unverzinslicher, spesenfreier Dollarverrechnungen und regelte den Zahlungsverkehr, der über Dollarrechnungskonten erfolgen sollte. Der beiliegende Briefwechsel der Vorsitzenden der Wirtschaftsdelegationen enthielt u. a. Vereinbarungen hinsichtlich der Verrechnungskonten bei Änderung der gegenwärtigen Goldparität des US-Dollars, der gegenseitigen Einräumung der Meistbegünstigung bei Zöllen sowie über Abgaben und Gebühren.

66 Die folgenden beiden Absätze sind nicht in der Reinschrift des Protokolls enthalten. Sie wurden von den Bearbeitern nachträglich in den Protokolltext eingefügt.

67 Zum Bruch zwischen Moskau und Belgrad vgl. auch MRP Nr. 119/1 a, MRP Nr. 120/1 b, MRP Nr. 121/1 a und 1 e, MRP Nr. 122/1 b und MRP Nr. 124/1 b vom 7. September 1948.

68 Josip Tito (eigtl. Broz), ab 1945 Ministerpräsident und Verteidigungsminister Jugoslawiens, ab 14. Jänner 1953 Staatspräsident.

sich in Parteifragen u. in innere Angelegenheiten Jugoslawiens nicht einmengen zu dürfen. Außerdem wird offenbar, daß Tito in den Augen der Russen tief gesunken ist, weil er sich diese Einstellung nicht gefallen lassen will. Daraus sieht man die Auffassung der Russen, wie sie sich ihre Rechte, sich in innerpolitische Angelegenheiten eines anderen Landes einmengen zu können, vorstellen.

BM Dr. K r a u l a n d: Es ist uns nicht nur nicht gleichgültig, dies hören zu können, sondern wir würden auch Wert darauf legen, darüber Näheres zu erfahren, weil davon unsere Einstellung zu den Russen abhängt.

Der Ministerrat beschließt sodann antragsgemäß.[69]

7

Aufnahme Vertragsbediensteter des BKA – AA

BM Dr. G r u b e r berichtet an Hand des Ministerratsvortrages, Zl. 172.672-7/48[70], betr. die Aufnahme von Vertragsbediensteten über den systemisierten Stand für das Jahr 1948.

BM Maisel hat mir vor einigen Tagen Mitteilungen über seine Eindrücke von seiner Amerikareise gemacht und auf den Mangel österr. Personals bei unseren Vertretungsbehörden hingewiesen. Ohne Geld läßt sich aber das Personal nicht vermehren.

BM H e l m e r: Ist es möglich, daß Legationssekretär H a r t l[71] von Rom nach Belgrad delegiert wird, damit er dortselbst die Angelegenheiten der Kriegsgefangenen prüft?

BN Dr. G r u b e r: Ich werde die Sache prüfen und diese dann mit ihm besprechen.

BM Dr. Z i m m e r m a n n: Ich habe dem Antrag des Außenministers meine Zustimmung gegeben, bitte jedoch gleichzeitig alle Herren, mit ihren Ansprüchen auf Personalvermehrung zurückhaltend zu sein. Nur dort, wo es notwendig ist, dürfen wir Personal ergänzen. Es muß sogar eine Einschränkung des Personalstandes eingeleitet werden!

Der Ministerrat beschließt hierauf antragsgemäß.

8

Staatsbürgerschaftsverleihungen

Über Antrag des Bundesministers für Inneres beschließt der Ministerrat, die Verleihung der österr. Staatsbürgerschaft an die

a) im Verzeichnis Nr. 114 des BM f. Inneres angeführten 196 Personen und

b) im Verzeichnis Nr. 115 des BM f. Inneres angeführten 208 Personen

als im Interesse des Staates gelegen zu bezeichnen.[72]

---

[69] Material zu den österreichisch-jugoslawischen Wirtschaftsverhandlungen findet sich in AdR, BKA/AA, W-pol 1948, Handel Jugoslawien, GZl. 144.289/1948. Vgl. weiters auch MRP Nr. 122/1 e und WMK Nr. 53/5. Zu den bereits im April 1948 in Wien durchgeführten Vorverhandlungen vgl. Wiener Zeitung, 20. April 1948, S. 1 „Jugoslawische Handelsdelegation in Wien". Zur Genehmigung des Abkommens durch den Alliierten Rat vgl. weiters MRP Nr. 126/Beschlußprotokoll Punkt 12 d vom 28. September 1948.

[70] Beilage 7: BKA, Zl. 172.672-7/1948 Antrag an den Ministerrat (3 ½ Seiten). Infolge des Ausbaues der österreichischen Vertretungsbehörden im Ausland und der notwendigen weiteren Ausgestaltung der politischen und wirtschaftlichen Abteilungen des Bundeskanzleramtes/Auswärtige Angelegenheiten war neben der Einstellung von provisorischen Beamten auch eine erhöhte Aufnahme von Vertragsbediensteten der Entlohnungsgruppen a, b und d im Interesse der Fortführung des Dienstbetriebes nicht zu vermeiden. Über den im Dienstpostenplan 1948 bewilligten Stand hinaus war deshalb die Aufnahme von 3 Vertragsbediensteten der Entlohnungsgruppe a und von 37 Vertragsbediensteten der Entlohnungsgruppe d geplant, zu der der Ministerrat seine Genehmigung erteilen sollte.

[71] Karl Hartl, Diplomkaufmann, 1947 bis 31. Mai 1949 Konsul bei der österreichischen Gesandtschaft in Rom.

[72] Beilage 8 a und 8 b: BMI, (ohne Aktenzahl) Ministerratsvortrag (1 Seite); Verzeichnis Nr. 114 (34 Seiten); Verzeichnis Nr. 115 (36 ½ Seiten). Die in den beiliegenden Verzeichnissen angeführten Per-

9

Filmbeirat

BM Dr. H u r d e s berichtet an Hand des Ministerratsvortrages, Zl. 44.613-II/4b-48[73], über die Nominierung der drei von der Bundesregierung für den Wiener Filmbeirat zu bestellenden Mitglieder (Par. 12 (3) des Wiener Kinogesetzes ex 1935). Ich konnte in dieser Sache eine Einigung nicht herbeiführen und bitte daher den Ministerrat um Entscheidung.

BK: Wie wird sich nun der Ministerrat entscheiden? Das Wesentliche ist, daß die Ministerien zusammenkommen und entsprechende Beschlüsse fassen.

VK: Nach dem Wiener Landesgesetz[74] handelt es sich um eine Delegation der Bundesregierung. Wenn ich mir die Kompetenz nach dem Gesetz anschaue, so gehört zur Kompetenz des Bundesministeriums für Unterricht die Programmgestaltung der Lichtspieltheater. Es handelt sich bei den Delegierungen lediglich um eine Aufteilung nach der Zweckmäßigkeit.

BK: Ich würde mich für die Gruppe A entscheiden.

Der Ministerrat beschließt hierauf dem Vorschlag (Möglichkeit A) seine Zustimmung zu erteilen und die vorgeschlagenen Vertreter zu entsenden.[75]

10[76]

Drei Gesetzesentwürfe des BM für soziale Verwaltung

BM M a i s e l berichtet an Hand des Ministerratsvortrages, Zl. III-902.181/9/48[77], über

---

sonen bedurften zur Erlangung der österreichischen Staatsbürgerschaft eines Beschlusses der Bundesregierung gemäß § 5, Abs. (1), Z. 3, des Staatsbürgerschaftsgesetzes vom 10. Juli 1945, StGBl. Nr. 60, nach dem die Verleihung bei mangelndem vierjährigem Wohnsitz im Staatsgebiet nur dann ausgesprochen werden durfte, wenn die Bundesregierung sie als im Interesse des Staates gelegen bezeichnete. Weiterführendes Material zu den Staatsbürgerschaftsangelegenheiten findet sich in AdR, BMI, Abteilung 8.

73 Beilage 9: BMU, Zl. 44.613-II/4b-48 Ministerratsvortrag (2 Seiten). Da nunmehr sechs Zentralstellen der Bundesregierung im Filmbeirat der Stadt Wien vertreten sein sollten, war eine Koppelung von jeweils zwei Ministerien notwendig. Es standen zwei Möglichkeiten zur Auswahl: die Koppelung des Bundeskanzleramtes mit dem Bundesministerium für Justiz, des Bundesministeriums für Unterricht mit dem Bundesministerium für Handel und Wiederaufbau und des Bundesministeriums für Inneres mit dem Bundesministerium für soziale Verwaltung (Möglichkeit A) oder die Koppelung des Bundeskanzleramtes mit dem Bundesministerium für Inneres, des Bundesministeriums für Unterricht mit dem Bundesministerium für Justiz und des Bundesministeriums für Handel und Wiederaufbau mit dem Bundesministerium für soziale Verwaltung (Möglichkeit B). In beiden Fällen sollten die gekoppelten Ministerien ihre Vertreter abwechselnd in den Filmbeirat entsenden.

74 Gesetzblatt der Stadt Wien Nr. 20, Stadtgesetz vom 29. März 1935, betreffend die Abänderung des Wiener Kinogesetzes, und Nr. 21, Verordnung des Bürgermeisters vom 20. April 1935, betreffend die Wiederverlautbarung des Wiener Kinogesetzes (Wiener Kinogesetz 1935), beide ausgegeben am 20. April 1935.

75 Vgl. dazu auch MRP Nr. 114/8 vom 2. Juni 1948 und MRP Nr. 118/14 c. Sämtliches Aktenmaterial des Bundesministeriums für Unterricht, betreffend den Wiener Filmbeirat, wurde skartiert.

76 Dem Protokoll liegt zu Punkt 10 folgende handschriftliche Notiz bei: *Pkt. 10 ausgehoben für Min. R. 126/11.*

77 Der beiliegende Ministerratsvortrag enthält den handschriftlichen Vermerk: *Vortrag gilt für alle 3 B. G. Entwürfe.* Beilage 10: BMsV, Zl. AV. III/102.181/1948 Ministerratsvortrag (8 ½ Seiten); BKA, Zl. 75.614-2a/1948 Information (1 ½ Seiten). Durch die drei miteinander in enger Verbindung stehenden Gesetzesentwürfe über die Regelung der Arbeitsvermittlung und Berufsberatung, über die Arbeitslosenversicherung und über die Organisation der Landesarbeitsämter und Arbeitsämter sollten die zum Großteil noch bestehenden reichsrechtlichen Vorschriften durch österreichisches Recht ersetzt werden. Die Gesetzesentwürfe, insbesondere der Entwurf über die Arbeitsvermittlung und der Entwurf über die Organisation der Landesarbeitsämter und Arbeitsämter, hatten zu lebhaften Erörterungen in der Öffentlichkeit geführt, und auch die Stellungnahmen der begutachtenden Körperschaften, vor allem der Bundeswirtschaftskammer und des Arbeiterkammertages, wichen in wesentlichen Bestimmungen

a) den Entwurf eines Bundesgesetzes betreffend Regelung der Arbeitsvermittlung und die Berufsberatung,[78]

b) den Entwurf eines Bundesgesetzes betreffend Arbeitslosenversicherung,[79]

c) den Entwurf eines Bundesgesetzes betreffend Organisation der Landesarbeitsämter und der Arbeitsämter.[80]

---

der Entwürfe weitgehend voneinander ab. Die beiliegende Information des Bundeskanzleramtes enthielt den Einspruch des Verfassungsdienstes gegen die vorliegenden Gesetzesentwürfe. Gegen den Entwurf eines Arbeitsvermittlungsgesetzes waren vor allem seitens der Länder verfassungsrechtliche Einwendungen wegen zu stark zentral ausgerichteter Behandlung vorgebracht worden. Im Entwurf des Bundesgesetzes über die Organisation der Landesarbeitsämter und Arbeitsämter war vorgesehen, die Entscheidungen der Landesarbeitsämter durch Verwaltungskommissionen und die der Arbeitsämter von Verwaltungsausschüssen treffen zu lassen. Diese sollten aus Dienstgebern und Dienstnehmern zusammengesetzt sein, womit praktisch auf die staatliche Verwaltung verzichtet und eine reine Selbstverwaltung eingerichtet werde. Da die Prinzipien dieses Gesetzesentwurfes auch auf anderen Gebieten ihren Niederschlag finden würden, schlug der Verfassungsdienst vor, das „monokratische System der Verwaltung mit dem der Demokratisierung [...] in Form von kollegialen Organen, die die monokratisch eingerichteten Behörden zu beraten hätten", zu verquicken.

78 Beilage 10 a: BMsV, Zl. AV. III/102.181/1948 Gesetzesentwurf (14 ½ Seiten); Erläuterungen (10 ½ Seiten). Für die Arbeitsvermittlung und Berufsberatung waren auf Grund des Rechts-Überleitungsgesetzes die reichsrechtlichen Vorschriften maßgebend. Abgesehen von der Notwendigkeit, diese durch österreichisches Recht zu ersetzen, müsse das ganze Aufgabengebiet der Arbeitsvermittlung und Berufsberatung neu gestaltet werden, „um auf diesem für den Wiederaufbau der österreichischen Wirtschaft so wichtigen Verwaltungsgebiet modernes Recht zu schaffen".

79 Beilage 10 b: BMsV, Zl. AV. III/102.181/1948 Gesetzesentwurf (40 ½ Seiten); Erläuterungen (28 Seiten). In Österreich existierte bereits seit 1920 eine gesetzliche Regelung der Arbeitslosenversicherung (StGBl. Nr. 53/1920). Diese hatte die Pflichtversicherung gegen Arbeitslosigkeit festgelegt, den begrenzten Anspruch auf Arbeitslosenunterstützung von der Erbringung einer gewissen Anwartschaft abhängig gemacht und deren Aufwand durch Beiträge der Arbeitgeber und Arbeitnehmer gedeckt. Bedingt durch die wirtschaftlichen Schwierigkeiten und die damit zusammenhängende Arbeitslosigkeit hatte diese Regelung zahlreiche Änderungen und Ergänzungen, wie Erweiterung der Unterstützungsdauer, Einführung der Notstandshilfe und Umgestaltung des finanziellen Systems, durch Heranziehung der öffentlichen Faktoren (Bund, Länder und Gemeinden) erfahren. Durch das gewerbliche Sozialversicherungsrecht 1935 (BGBl. Nr. 107/1935) war diese Entwicklung abgeschlossen worden. Nach dem „Anschluß" Österreichs an das Deutsche Reich war das Deutsche Arbeitslosenrecht eingeführt worden. Nach der Befreiung war durch das Arbeitslosenfürsorgegesetz, BGBl. Nr. 97/1946, eine vorläufige Regelung getroffen worden, die mit 31. Dezember 1948 begrenzt war. Bis dahin sollte das gesamte Gebiet der Arbeitslosenversicherung neu gestaltet werden. Diesem Zweck sollte der vorliegende Gesetzesentwurf dienen.

80 Beilage 10 c: BMsV, Zl. AV. III/102.181/1948 Gesetzesentwurf (20 ½ Seiten); Erläuterungen (8 ¼ Seiten). Die Durchführung der Arbeitsvermittlung, der Berufsberatung und der Arbeitslosenversicherung lag seit ihrer gesetzlichen Regelung in den Händen der Landesarbeitsämter und der Arbeitsämter. Auch die beiden Gesetzesentwürfe über die Neuregelung der Arbeitsvermittlung und der Berufsberatung sowie die Arbeitslosenversicherung änderten an diesem Zustand nichts. Die wirksame Durchführung der Arbeitsvermittlung und der Arbeitslosenversicherung verlangte daher eine andere Organisation der Landesarbeitsämter und Arbeitsämter als die der sonstigen Behörden, indem etwa den Vertretern der Dienstnehmer und der Dienstgeber bei der Führung dieser Ämter entscheidender Einfluß eingeräumt werden sollte. Ergänzt werden sollte diese neue organisatorische Regelung durch die beim Bundesministerium für soziale Verwaltung zu errichtende Zentralkommission. Diese sollte bei wichtigen und grundsätzlichen Entscheidungen des Ministeriums auf dem Gebiet der Arbeitsvermittlung, Berufsberatung und Arbeitslosenversicherung mitwirken. Die Organisation der Landesarbeitsämter und der Arbeitsämter hatte mehrfache Änderungen erfahren. So hatte die im Arbeitslosenversicherungsgesetz 1920 festgelegte weitgehende Selbstverwaltung der Industriellen Bezirkskommissionen und der ihnen untergeordneten Arbeitsämter durch das gewerbliche Sozialversicherungsgesetz 1935 (BGBl. Nr. 107/1935) eine Einschränkung in Richtung stärkerer Betonung des Behördencharakters erfahren. Während des Nationalsozialismus waren die Ämter autoritär geführt worden. Nach der Befreiung Österreichs wurden

BM Kraus: Vom Standpunkt der Landwirtschaft besteht großes Interesse an diesen Gesetzen. Interministerielle Verhandlungen haben nicht stattgefunden. Ich kann vom Standpunkt der Landwirtschaft ohne Regelung verschiedener Vorfragen nicht für die Entwürfe sein und bitte daher, interministerielle Verhandlungen einzuleiten.

BM Dr. Zimmermann: Auch ich kann den Gesetzesentwürfen meine Zustimmung nicht geben, zumal nach denselben das Finanzministerium überhaupt keinen Einfluß auf Aufnahmen hat und ebenso keinen Einfluß auf Fonds, die zu bilden sind. Gerade diese Umstände sind angesichts der kritischen Budgetlage von äußerster Wichtigkeit. Die Budgetlage für 1949 wird es erfordern, daß wichtige Auslagen zurückgestellt werden müssen. Wenn wir jetzt noch einige hundert Millionen dazunehmen, so wird das ganze Budget nicht mehr „zusammenhalten". Jetzt haben wir noch einige Jahre, wo die Arbeitslosigkeit gering ist. Aus diesem Grunde hat die Staatsgebarung durch die nicht aufgewandten eingehenden Beträge ihren vorläufigen Vorteil, später aber durch steigende Arbeitslosigkeit ihren Nachteil.

VK: Die Einwendungen des Ackerbauministers nehme ich zur Kenntnis, nicht aber die des Finanzministers. Es werden jetzt Beträge von 1 bis 2 hundert Millionen im Jahre eingehoben, während sich die Ausgaben nur auf ein Zehntel belaufen. Niemand darf daraus auf eine Sicherung der Staatsgebarung schließen. Es geht nicht an, daß diese Beträge für andere als die tatsächlich in Betracht kommenden Zwecke verwendet werden dürfen. Die Lasten der Kriegsbeschädigten sind allein aus diesem Titel zu bestreiten. Kommt es zu einer Krise, so wird derselbe Finanzminister gegen weitere Zahlungsaufwendungen aus dem Budget sein. Auch die anderen Minister sind Repräsentanten des Bundes. Wir nehmen die Einwendungen hin, müssen aber ankündigen, daß eine Sondersteuer auferlegt werden müßte, wenn die Mittel vom Staat Verwendung finden.

BM Dr. Hurdes: Es wird der Vorwurf gemacht, daß viel zu viel Jugendliche zu Intelligenzberufen gehen. Es muß daher eine Lenkung in der Jugendbewegung erfolgen. Es haben in dieser Richtung auch Verhandlungen zwischen den Bundesministerien für Unterricht und für soziale Verwaltung stattgefunden. In den Entwürfen ist darauf keine Rücksicht genommen worden. Im § 3 des einschlägigen Gesetzes wird ein Einvernehmen mit dem Unterricht gar nicht vorgesehen.[81] Bei § 8/3 ist gleichfalls kein Einvernehmen vorgesehen und kann ich hier noch weitere Punkte anführen.[82]

VK: Wir haben ein Kompetenzgesetz[83], weshalb besondere Vereinbarungen nicht am Platze sind.

---

den Leitern der Landesarbeitsämter und Arbeitsämter Verwaltungsausschüsse zur Seite gestellt, die sich aus Vertretern der Dienstnehmer und Dienstgeber zusammensetzten. Der vorliegende Entwurf schloß sich im Wesentlichen der Regelung von 1935 an und übertrug die Verwaltung wieder weitgehend auf Verwaltungskommissionen bei den Landesarbeitsämtern, wobei je eine Kommission für die Angelegenheiten der Land- und Forstwirtschaft und für die übrigen Wirtschaftszweige zuständig sein sollte. Die Verwaltungskommissionen sollten weiters der Aufsicht des Bundesministeriums für soziale Verwaltung unterstellt und an dessen Weisungen gebunden sein. Bei den Arbeitsämtern war je ein gewerblicher, ein landwirtschaftlicher und ein gemeinsamer Verwaltungsausschuß vorgesehen.

81 Der § 3 des Gesetzesentwurfes zum Arbeitsvermittlungsgesetz legte in Abs. (1) fest: „Die Arbeitsvermittlung und die Berufsberatung ist unter der Aufsicht und nach den Weisungen des Bundesministeriums für soziale Verwaltung durchzuführen."

82 Der § 8, Abs. (3) des Gesetzesentwurfes enthielt die Bestimmung: „Das Landesarbeitsamt hat außerdem jährlich [...] im Einvernehmen mit der Landesschulbehörde in den gesetzlichen Interessenvertretungen der Dienstgeber und der Dienstnehmer einen Berufsnachwuchsplan aufzustellen, der die Ausbildungsmöglichkeiten der Schule und der Wirtschaft berücksichtigt."

83 Gemeint war vermutlich BGBl. Nr. 94, Gesetz vom 20. Juli 1945 über die Überleitung der Verwaltungs- und Justizeinrichtungen des Deutschen Reiches in die Rechtsordnung der Republik Österreich (Behörden-Überleitungsgesetz – Behörden-ÜG.), ausgegeben am 28. Juli 1945. In Abschnitt II dieses Gesetzes waren die Kompetenzen der verschiedenen Ressorts auf Bundes- und Landesebene festgelegt worden.

BM Dr. K o l b: Das Handelsministerium hat gleichfalls Stellung zu den Entwürfen genommen und wurden auch unsere Bedenken resp. Wünsche nicht berücksichtigt.

BM A l t e n b u r g e r: Ich schließe mich den Ausführungen Minister Kolb's an. Die Entwürfe wurden den Kammern nicht vorgelegt, sondern nur das Büro der Kammer zur Stellungnahme eingeladen. Dieses hat auch zu den Entwürfen Stellung genommen. Die Ausschüsse in den Kammern haben sich mit den Entwürfen nicht beschäftigt. Im übrigen sind auch die Entwürfe anders ausgefallen als die Aussprache lautete. Die JBK{sic!}[84] sind anders aufgebaut. Länderinteressen sind zu prüfen. Die Arbeiterkammer hat gleichfalls keine Stellung genommen und ich wünsche, daß die Entwürfe der Kammer vorgelegt werden. Ich beantrage, daß die Kammern zu den Entwürfen Stellung nehmen oder Parteiverhandlungen eingeleitet werden. Ich bitte um Zurückstellung der Entwürfe; denn solche Fragen kann man nicht mit der „formula Krauland"[85] erledigen. Ansonsten ist es wichtig, daß wir zu einem Ende kommen müssen und ich bitte Minister Maisel, in diesem Sinne auch wirken zu wollen.

BM M a i s e l: Ich kenne diese Widersprüche. Was heute hier aufgezeichnet wurde, das sind ja eben die Gründe, die zu keiner Einigung über die Entwürfe geführt haben. Auch von unserer Seite wird nicht alles gut geheißen, was in den Entwürfen drinnen steht. Wenn sie aber abgelehnt werden, weiß ich mir keinen Rat mehr. Die Arbeiterkammer kennt den Inhalt der Entwürfe genau. Wenn der Ministerrat dieselben ablehnt, so stehe ich am Ende meiner Kunst. Dem Minister Kraus bin ich wegen der Vermittlung landwirtschaftlicher Arbeiter entgegengekommen und zwar in der Hinsicht, daß von diesen Arbeitern kein Beitrag verlangt wird. Auch mit Minister Dr. Zimmermann wurde wegen der Fonds Rücksprache genommen und ich bin dafür, daß die eingegangenen Beiträge für spätere Zeiten reserviert bleiben. Man kann ja mit den Beiträgen arbeiten, doch muß festgestellt werden, daß sie zur rechten Zeit auch wirklich da sind. Ich kenne auch die Wünsche von Minister Kolb. Es ist niemand imstande, einen Entwurf auszuarbeiten, der allen das gibt, was sie verlangen. Wenn der Ministerrat die Zustimmung zu diesen Entwürfen geben würde, so kann das Parlament das Weitere beraten und beschließen. Dort sind ja alle Parteien anwesend. Auch die entsprechenden Fachleute werden im Parlament den Verhandlungen beigezogen werden. Im Falle der Ablehnung weiß ich nicht, wie ich weiter arbeiten soll.

BK: Nachdem so viel Einwände und Differenzen seitens einzelner Ressorts vorliegen, so werden wir mit dem Gesetz nicht durchkommen. Es ist daher das beste, daß die Ministerien sich nochmals zusammensetzen. Wir müssen schauen, daß unsere Entwürfe so sind, daß das Parlament nicht immer vor Entscheidungen gestellt ist. Ich bitte Minister Maisel, die übrigen Minister zu einer neuerlichen Sitzung einzuladen.

Der Ministerrat beschließt, die Entwürfe zwecks neuerlicher Besprechung der noch offenen Fragen zurückzustellen.[86]

---

84 Richtig: IBK. Gemeint sind die Industriellen Bezirkskommissionen.

85 Vgl. dazu Anmerkung 94 in MRP Nr. 117.

86 Aktenmaterial zum Bundesgesetz über die Regelung der Arbeitsvermittlung etc. findet sich in AdR, BMsV, Sektion III (Sozialpolitik), GZl. 1.067/1948, Zl. A.V.III/145.099/9/1948, Entwurf eines Bundesgesetzes über die Regelung der Arbeitsvermittlung und Berufsberatung; zum Arbeitslosenversicherungsgesetz in AdR, BMsV, Sektion III (Sozialpolitik), GZl. 21.292/1948, Zl. A.V.III/36.700-9/1948, Entwurf eines Arbeitslosenversicherungsgesetzes; zum Bundesgesetz über Organisation der Landesarbeitsämter etc. in AdR, BKA, Sektion II, Sign. 40, GZl. 32.149/1950. Vgl. dazu weiters MRP Nr. 126/11 vom 28. September 1948 und MRP Nr. 133/5 vom 16. November 1948.

11

Gebühren-Novelle 1948

Nach einem Bericht des Bundesministers für Finanzen, Zl. 55.916-11/48[87], über den Entwurf eines Bundesgesetzes betreffend die Abänderung des Gesetzes vom 25. Juli 1946, BGBl. Nr. 184, Stempel- und Rechtsgebühren (Gebühren-Novelle 1948) beschließt der Ministerrat, den Gesetzesentwurf als Regierungsvorlage der verfassungsmäßigen Behandlung durch die Organe der Bundesgesetzgebung zuzuführen.[88]

12

Arbeiterkammer-Umlagepflicht des Personals der Strombauverwaltung

Der Bericht des Bundesministers für Handel und Wiederaufbau, Zl. 48.500-IV/17/1948[89], betreffend die Arbeiterkammer-Umlagepflicht des Personals der Strombauverwaltung wird zurückgezogen.[90]

---

87 Beilage 11: BMF, Zl. 55.916-11/1948 Ministerratsvortrag (1 Seite); Gesetzesentwurf (½ Seite); Erläuternde Bemerkungen (1 Seite). Das Bundesministerium für Finanzen hatte sich bereits seit längerem mit einer durchgreifenden Novellierung des Gebührenrechtes beschäftigt. Da die Vorarbeiten jedoch noch nicht abgeschlossen waren und in nächster Zeit nicht mit der Fertigstellung eines diesbezüglichen Gesetzesentwurfes gerechnet werden konnte, empfahl es sich, Abänderungen der Bestimmungen über die Dienstverleihungsgebühr, die auf Grund der wirtschaftlichen Verhältnisse als drückend empfunden wurde, nicht länger hinauszuschieben, zumal sich dadurch der systematische Aufbau des Gebührengesetzes 1946 nicht ändern würde. Der Gesetzesentwurf stimmt mit BGBl. Nr. 23, Bundesgesetz vom 16. Dezember 1948, betreffend die Abänderung des Gesetzes vom 25. Juli 1946, BGBl. Nr. 184, über Stempel- und Rechtsgebühren (Gebührennovelle 1948), ausgegeben am 31. Jänner 1949, nicht zur Gänze überein. In das Gesetz wurde in § 1 noch ein zusätzlicher Abs. (d) mit geringfügigen Änderungen zu § 14 des Bundesgesetzes vom 25. Juli 1946, BGBl. Nr. 84, über Stempel- und Rechtsgebühren (Gebührengesetz 1946), aufgenommen.

88 Vgl. Sten. Prot. NR, V. GP, 88. Sitzung vom 13. Oktober 1948, Zuweisung der Regierungsvorlage an den Finanz- und Budgetausschuß, S. 2495 f; Bericht des Finanz- und Budgetausschusses und Annahme des Gesetzesentwurfes in der 99. Sitzung vom 16. Dezember 1948, S. 2869. Aktenmaterial dazu findet sich in AdR, BMF, Sign. 11-25, GZl. 24.135-11/1948 unter Zl. 45.126-11/1948, Entwurf eines Gesetzes zur teilweisen Abänderung des Gebührengesetzes 1946 (Gebührennovelle 1948).

89 Beilage 12: BMHW, Zl. 78.500-IV/17/1948 Ministerratsvortrag (2 ½ Seiten). Zwischen der Arbeiterkammer und dem Bundesstrombauamt war es zu Meinungsverschiedenheiten darüber gekommen, ob die bei den Strombauleitungen beschäftigten Arbeitnehmer der Kammerumlagepflicht unterlagen oder nicht. Es handelte sich dabei um Arbeitnehmer, die nicht mit den eigentlichen Hoheitsaufgaben der Strombauverwaltung wie Hochwasserschutz und Wahrung der Verkehrssicherheit auf der Donau befaßt waren, sondern in damit in Verbindung stehenden Einrichtungen des Bundes tätig waren. Die Arbeiterkammer hatte im Gegensatz zu der vom Bundesstrombauamt vertretenen Ansicht diese Frage bejaht. Laut Weisung des Bundesministeriums für Handel und Wiederaufbau als vorgesetzter Dienststelle des Bundesstrombauamtes unterlagen die bezeichneten Dienstnehmer jedoch nicht der Kammerumlagepflicht, da Steinbrüche und Werften der Strombauverwaltung nicht als Unternehmungen des Bundes anzusehen seien. Zweck eines solchen Betriebes sei vielmehr, Einnahmen zu erzielen und Gewinne abzuwerfen. Dieser Zweck werde in den angeführten Betrieben nicht erfüllt. Zu bedenken sei auch, daß die Kammerumlagepflicht hinsichtlich der in Rede stehenden Arbeiter bis zum Jahr 1938 niemals geltend gemacht worden sei und auch das Arbeiterkammergesetz 1945 in dieser Richtung keine neue Regelung enthalte. Die Kammerumlagen würden zwar einerseits keine finanzielle Belastung des Bundes darstellen, andererseits aber das Einkommen der betroffenen Arbeiter schmälern, was zu Lohnforderungen und damit zu unmittelbarer Belastung der Bundesfinanzen führen könnte.

90 Der Punkt stand erst in der Sitzung vom 14. September 1948 wieder auf der Tagesordnung des Ministerrates, wurde dort jedoch erneut zurückgestellt. Vgl. MRP Nr. 125/14.

13
Übernahme der KÖB in den Personalstand der ÖBB

BM Übeleis berichtet unter Zl. 24.135/1[91] über die Übernahme des Personals der KÖB in den Personalstand der österr. Bundesbahnen.

Der Stand des Personals bei den ÖBB betrug am 1. 1. 1948 84.774, am 1. 2. – 84.398 Personen (der Minister liest sodann die einzelnen Veränderungen im Laufe der folgenden Monate an Hand einer Liste ab).

Aus dieser Aufstellung ist zu ersehen, daß ungefähr 300 Personen von Monat zu Monat wegfallen. Wenn wir die in dieser Hinsicht gestellten Forderungen der Gewerkschaft ablehnen und vorläufig schärfer vorgehen, so wird sich dieselbe auf ihre Forderungen versteifen. Ich habe vor zwei Jahren erklärt, daß wir zu viel Bedienstete haben und nur mit 70.000 Bediensteten rechnen dürfen. Dabei habe ich in Versammlungen, wo ich diese Feststellungen machte, keinen Widerspruch erfahren. Nun haben wir nach 1 ½ Jahren einen Stellenplan auf der Basis von 70.000 ausarbeiten können. Ich will hiebei die besonderen Schwierigkeiten gar nicht in Abrede stellen, die die Aufstellung dieses Stellenplanes verursachte. Ich habe mir eine Aufstellung machen lassen, wie sich die Übernahme der KÖB auswirken wird. Der Aufwand wird gering sein, jedoch wird es zu einer Belastung durch die Pensionen kommen. In den nächsten 10 Jahren wird aber bei den 470 Bediensteten kein neuer Pensionsanfall vorkommen. Zweckmäßig wäre es, die KÖB so selbständig zu stellen, wie diese früher einmal war. Es soll auch ein Abkommen zwischen uns und der KÖB wegen der Linienführung der Kraftwagen zustande kommen. Die KÖB soll dort eingesetzt werden, wo es unrentabel wäre, einen eigenen Zug zu führen und es daher genügt, wenn bloß ein Kraftwagen eingesetzt wird. Z. B. wäre dies auf der Linie Linz – Enns der Fall. Kombinierte Fahrkarten für die Bahn und die KÖB werden in Betracht gezogen werden.

BM Dr. Zimmermann: Minister Übeleis hat mit mir über diese Angelegenheit gesprochen. Zu begrüßen wäre es schon, daß die Bahn und die Kraftwagen sich ergänzen. Ich war dafür, daß die Angelegenheit dem Ministerrat vorgelegt wird. Im Zuge längerer Besprechungen wurde eine Abgrenzung der Pläne besprochen. An sich ist die Zusammenlegung der Kraftwagen der ÖBB und der KÖB von Vorteil.

BM Dr. Kolb: In Absatz 3 des Antrages fand ich einen Widerspruch. Zuerst wird auf die Gültigkeit der Besoldungsordnung für die Beamten der ÖBB – siehe BGBl. Nr. 263/1947[92] – verwiesen und dann wird eine Ergänzung der Verordnung bezüglich der Anrechnung der bei der KÖB verbrachten Dienstzeit verlangt. Wenn jetzt gesagt wird, daß ein Einvernehmen innerhalb eines Ministeriums über ein Abkommen besteht, so wirkt eine solche Erklärung komisch. Die österr. Staatsbahnen in der Monarchie hatten einen Stand von 120.000 Angestellten und in unserer kleinen Republik haben wir einen Stand von 80.000. Früher hatten

---

91 Beilage 13: BMV, Generaldirektion der Österreichischen Bundesbahnen, Zl. 24.135/1 Ministerratsvortrag (½ Seite). Der seit 1. Jänner 1948 eingerichtete Kraftwagendienst der Österreichischen Bundesbahnen vereinigte sowohl Personal der Österreichischen Bundesbahnen als auch Personal der KÖB (Österreichische Bundesbahnen, Omnibusverkehrsgesellschaft m.b.H.). Durch Entschließung des Nationalrates zum Bundesvoranschlag für das Jahr 1947 war der Bundesminister für Verkehr aufgefordert worden, das Verkehrsunternehmen KÖB von der derzeitigen Gesellschaftsform zu lösen und in die Österreichischen Bundesbahnen einzugliedern. Aus betrieblichen Gründen sollte die Übernahme des Personals der KÖB in den Personalstand der ÖBB noch vor Ergreifung rechtlicher Maßnahmen mit Wirkung vom 1. Jänner 1948 durchgeführt werden. Von den 617 Bediensteten der KÖB erfüllten 470 die Voraussetzungen für die Übernahme in das Beamtenverhältnis nach den Bestimmungen der Besoldungsordnung für die Beamten der ÖBB (BGBl. Nr. 263/1947).

92 BGBl. Nr. 263, Kundmachung des Bundesministeriums für Verkehr vom 14. November 1947, betreffend die Besoldungsordnung für die Beamten der Österreichischen Bundesbahnen, ausgegeben am 22. Dezember 1947.

wir 20.000 Pensionisten und jetzt nehmen wir keinen Anstoß daran, daß sich die Zahl der Pensionisten immer noch vermehrt. In der Schweiz gibt man 13 %, bei uns 30 % des Budgets für das Personal aus. Ich bin daher gegen den Antrag.

BM Ü b e l e i s: Es ist etwas anderes, ob die Jahre angerechnet werden oder ob nur eine Überleitung erfolgt. Vor 1938 hat man 30.000 Personen abgebaut und sie pensioniert. Seit 1946 haben wir 20.000 Personen ausgeschieden und die Zahl der Pensionisten hat sich nur um 2.000 erhöht. Ich habe alle maßgebenden Stellen wegen der aus der Entnazifizierung entstehenden Umstände aufmerksam gemacht. Wir haben jetzt einen Mangel an fähigen Leuten und zwar in einem Ausmaße, daß man nicht mehr glaubt, mit solchen unfähigen Leuten den Betrieb weiter führen zu können. Wenn wir uns in einen Kampf mit den Gewerkschaften einlassen, so kann es passieren, daß diese auf ihre Forderungen umso hartnäkkiger bestehen. In der letzten Woche war in Graz ein Streik bei der Post und ich habe da verfügt, daß sofort alle Autos der Bahn für die Post einzusetzen wären.

BM Dr. K o l b: Unter diesen Umständen müssen wir daran denken, daß wir Minister Übeleis unseren Schutz und Stütze gegenüber den Gewerkschaften angedeihen lassen müssen. Es gibt bei den Bahnen Leute, die nur 20 Fahrkarten auszugeben haben und dieser Aufgabe nicht gewachsen sind. Wie können sie aber dem plötzlichen Ansturm gewachsen sein?

VK: Wir sind in eine Debatte hineingekommen, die etwas Grundsätzliches bedeutet. Ich sehe, daß der Handelsminister dem Verkehrsminister eine Politik in seinem Ministerium vorschreiben will. Man kann außerdem dem heutigen Verkehrsminister nicht die Verantwortung von den Jahren 1918 bis 1938 aufbürden. Wir haben Minister Gruber zugebilligt, daß er einiges Personal bekommt, es geht aber nicht an, daß Kolb dem Verkehr Vorschreibungen macht.

BM Dr. K r a u l a n d: Der Antrag von Minister Übeleis hat seine Schwächen, zumal die KÖB unter öffentlicher Verwaltung steht und der Restitutionsanspruch noch offen ist.

BK: Es ist daher notwendig, daß die Erledigung des Restitutionsanspruches beschleunigt werden muß und aus dem normalen Dienstwege herauszuheben ist.

BM H e l m e r: Die heutige Sitzung ist für sich sehr lehrreich.

Minister Maisel muß eine Schlacht führen, um einen Antrag durchzubringen. Die Beiträge, die die Landwirtschaft in Anspruch nimmt, werden vom Landwirtschaftsminister immer selbst vertreten oder beansprucht. Was den jetzigen Vorschlag von Minister Übeleis anlangt, so muß ich auch hier feststellen, daß er einen schweren Kampf führt. In einer der letzten Sitzungen hat der Finanzminister ohne weiteres Recht vom Ministerrat erhalten, für die Finanzlandesdirektion Leute aufzunehmen.[93] Dabei ist darauf hingewiesen worden, daß er von anderen Ressorts Leute einstellen wird. Tatsache ist aber, daß kein einziger von den Vorgeschlagenen aufgenommen wurde, obzwar 35 von der Polizei genannt wurden. Heute hat wieder Minister Gruber ohne Anstand vom Ministerrat seinen Stand an Personal zugebilligt erhalten. Wenn aber Minister Übeleis oder Maisel Vorschläge machen, so stoßen sie immer auf Schwierigkeiten. Minister Kolb hat sich als Meister dieser Schwierigkeiten erwiesen. Hier im Ministerrat ist er sanft wie eine Tante, aber in den Versammlungen ist er ein ganz anderer Mann. Er läßt sich in sein Ressort gar nichts hineinreden.

BM Ü b e l e i s: Im Presseklub habe ich einen Vortrag gehalten und auch Material dazu gebracht. Die freie Wirtschaft[94] hat die Tabelle gedruckt, nur hat der Setzer einen Fehler gemacht. Die „Wirtschaft“ von Raab[95] hat aber gleich diesen Druckfehler ausgebeutet, ganz

---

93 Vgl. dazu MRP Nr. 118/8.

94 Im Stenogramm als *Freie Wirtschaftswoche* bezeichnet. Gemeint war die Wochenzeitschrift „Die Wirtschaftswoche. Organ für Gewerbe-, Industrie-, Handels- und Verkehrsfragen“, die vom Freien Wirtschaftsverband (seit 2004: Sozialdemokratischer Wirtschaftsverband) ab 1946 herausgegeben wurde.

95 Gemeint war die ab 1945 vom Österreichischen Wirtschaftsverlag herausgegebene Wochenzeitschrift

gegen ihr Wissen, daß es sich nur um einen Druckfehler handelte. Ich komme hiebei auch auf die vier Ernennungen im letzten Ministerrat zurück, die abgelehnt wurden.[96] Auch ein Herr von Tirol wurde abgelehnt. So geht es, Herr Bundeskanzler, nicht weiter!

BM Dr. K o l b: Am Freitag soll das Material bei der Verbindungssitzung verteilt werden. Es ereignet sich aber immer, daß das Material erst nachträglich, ja selbst erst vor der Ministerratssitzung zur Verteilung gelangt. Es wäre daher angezeigt, die Verbindungssitzung früher anzuberaumen. In meinen Äußerungen habe ich ausdrücklich betont, daß die Auswirkungen des Friedensvertrages von St. Germain[97] nicht zu Lasten von Übeleis gehen. Ich habe nur sachlich die Angelegenheit berührt und liegt es mir gänzlich ferne, Minister Übeleis irgendwie angreifen zu wollen. Es handelt sich doch um das Budget, welches für Regierung und Parlament von gleicher Bedeutung ist.

In meinem Ministerium gibt es keine Fonds mehr und sind Gebühren usw. für Kommerzialratstitel beseitigt. Ich erwähne schließlich, daß ich in meinem Ministerium bereits 3 Abteilungen abgebaut resp. zusammengelegt habe.

BK: Bei den heutigen Anträgen auf den Titel Kommerzialrat ist der Ausdruck taxfrei nicht enthalten! Warum verzichtest Du darauf?

BM Dr. K o l b: Aus reiner Überzeugung. Ich glaube auch, daß die Handelskammer keine Gebühren einhebt. Die Handelskammer reicht Anträge ein und nach der Ernennung erfolgt meinerseits eine Verständigung des Ausgezeichneten mit meinen besten Wünschen. Die seinerzeit bestandenen für diese Auszeichnung eingelaufenen Geldsummen sind aufgebraucht. Nebenbei bemerke ich, daß ich dem Verkehrsminister 1 Mill. Schilling von den UNRRA-Geldern[98] zur Verfügung gestellt habe, die dem Handelsministerium zugedacht waren.

BK: Was mit dem Geld geschieht, muß doch der UNRRA nachgewiesen werden.

BM Dr. G e r ö: Die Einwendung von Minister Kolb, daß eine Übernahme nicht möglich ist, weil die Vordienstzeitenverordnung nicht besteht, ist hinfällig, weil ja eine Anrechnung später möglich ist. Was aber die Restitutionsangelegenheit betrifft, so soll der Ministerrat beschließen, daß die Angelegenheit sofort entschieden wird und daß dann die Übernahme zu erfolgen habe.

BK: Dafür bin ich auch.

BM Dr. K r a u l a n d: Ich weiß nicht, nach welchem Gesetz die Entscheidung ergeht.

BM Ü b e l e i s: In der Vermögenssicherung ist die Restitutionsfrage festgestellt worden.

BM Dr. K r a u l a n d: Nach dem 3. Restitutionsgesetz[99] wird das aber nicht möglich sein. Der Akt liegt also bei der Finanzlandesdirektion oder bei einem Senat.

Der Ministerrat beschließt sodann, zur Ermöglichung einer geeigneten Entscheidung den BM f. Vermögenssicherung und Wirtschaftsplanung zu beauftragen, die Restitution einer ehestmöglichen Erledigung zuzuführen.[100]

„Die Wirtschaft". Ing. Julius Raab, 1945 Bundesminister für Handel und Verkehr und Staatssekretär für öffentliche Bauten, Übergangswirtschaft und Wiederaufbau sowie nachmaliger Bundeskanzler und von 1946 bis 1953 Präsident der Bundeskammer der gewerblichen Wirtschaft, hatte den genannten Verlag 1945 gegründet.

96 Vgl. MRP Nr. 122/Beschlußprotokoll Punkt 11.

97 Vgl. StGBl. Nr. 303, Staatsvertrag von Saint-Germain-en-Laye vom 10. September 1919, ausgegeben am 21. Juli 1920.

98 Zur UNRRA und zum UNRRA-Fonds bzw. zur Verwendung der UNRRA-Erlöse vgl. Anmerkungen 37 und 38 in MRP Nr. 119.

99 BGBl. Nr. 54, Bundesgesetz vom 6. Februar 1947 über die Nichtigkeit von Vermögensentziehungen (Drittes Rückstellungsgesetz), ausgegeben am 27. März 1947.

100 Vgl. dazu weiters MRP Nr. 136/8 vom 7. Dezember 1948.

14
Mündliche Berichte der Minister
a

BM H e l m e r berichtet unter Zl. 106.170-13/48[101] über die Teilnahme an der 17. Generalversammlung der Internationalen Kriminalpolizeilichen Kommission in Prag.

Eine offizielle Einladung ist nicht erfolgt. Ich habe im Wege des Auswärtigen Amtes feststellen lassen, ob andere Länder offizielle Einladungen bekommen haben, aber darüber ist noch keine Antwort eingelaufen. Den Pragern ist der Kongreß nicht angenehm und scheinen Vollsitzungen in großem Ausmaße resp. in größerer Zahl nicht in Aussicht genommen zu sein. Wenn wir offiziell eingeladen werden, so wird Sekt. Chef Krechler[102], der Mitglied der Kriminalpolizeilichen Kommission ist, den Kongreß besuchen. Ansonsten bitte ich, nur den Polizeirat Dr. Karl S l a n c z a r[103] und den Prof. für Strafrecht und Kriminologie Dr. Roland G r a s s b e r g e r[104] mit einer Dolmetscherin zu delegieren.

Der Ministerrat beschließt in diesem Sinne.

b

BM Ü b e l e i s berichtet anhand des Ministerratsvortrages, Zl. 34.560/48[105], über die Bestellung eines Ersparungskommissärs beim Öffentlichen Verwalter für das Österr. Rundspruchwesen. Wie in Erfahrung gebracht wurde, hat der Öffentliche Verwalter G u g g e n b e r g e r[106] eine Erhöhung seiner Gage von bisher 3.208 S auf 4.250 S erfahren. Auch den übrigen Direktoren wurde das Gehalt erhöht.

BM H e l m e r: Ich ersehe aus diesem Bericht, daß Übergriffe geschehen sind und stelle den Antrag, daß der Minister für Vermögenssicherung und Wirtschaftsplanung sofort den öffentl. Verwalter abzieht.

---

101 Beilage 14 a: BMI, Generaldirektion für die öffentliche Sicherheit, Zl. 106.670-13/1948 Ministerratsvortrag (1 ½ Seiten). Auf Grund des Beschlusses der Bundesregierung vom 6. November 1947 (MRP Nr. 86/4) war die Republik Österreich der Internationalen Kriminalpolizeilichen Kommission, deren Mitglied sie bis 1938 gewesen war, erneut beigetreten. Österreich sollte nun an der 17. Generalversammlung vom 6. bis 10. September 1948 in Prag teilnehmen. Vgl. dazu auch MRP Nr. 86/4 vom 6. November 1947 und MRP Nr. 93/17 b vom 23. Dezember 1947.

102 Wilhelm Krechler, 17. Juli 1946 bis 21. Dezember 1956 Sektionschef und Generaldirektor für die öffentliche Sicherheit. Mit Beschluß der Bundesregierung vom 23. Dezember 1947 (MRP Nr. 93/17) war er zum ständigen Vertreter Österreichs bei der Internationalen Kriminalpolizeilichen Kommission bestellt worden.

103 Dr. Karl Slanczar, Polizeirat, Vorstand des Sicherheitsbüros der Bundespolizeidirektion Wien.

104 Dr. Roland Grassberger, Professor für Strafrecht und Kriminologie, Vorstand des Kriminologischen Institutes der Universität Wien.

105 Der Vortrag, GZl. 3.466-Pr.M/1948, Bestellung eines Ersparungskommissärs für das österr. Rundspruchwesen, liegt dem Protokoll nicht bei. Er findet sich in AdR, BKA, Präsidium, GZl. 494-Pr.M/1949, Zl. 644-Pr.M/1949, Auszahlung erhöhter Bezüge bei der RAVAG. Der Vortrag enthält einen Überblick über die finanzielle Gebarung des öffentlichen Verwalters für das österreichische Rundspruchwesen Dr. Siegmund Guggenberger für den Zeitraum Jänner bis Juli 1948. Diese wurde negativ beurteilt. Es bestehe die Gefahr, daß mit den Rundfunkeinnahmen bald kein Auslangen mehr gefunden werde. Eine Erhöhung der Rundfunkteilnehmergebühren sei jedoch unmöglich, auch gebe es keine neuen Einnahmequellen. Dagegen zeige sich eine stetig steigende Tendenz auf der Ausgabenseite, weswegen entsprechende Maßnahmen erforderlich seien, um die Gebarung zu sichern und „eine Katastrophe des österreichischen Rundfunks zu vermeiden". In diesem Sinne wurde die Bestellung eines Ersparungskommissärs beantragt, der die finanzielle Gebarung des öffentlichen Verwalters überwachen sollte.

106 Dr. Siegmund Guggenberger, Jurist, Schriftsteller, Kulturreferent der wissenschaftlichen Zentralstelle des Volksbundes der Katholiken Österreichs, ehemaliger Personaldirektor der Ravag, 12. November 1945 bis 1954 öffentlicher Verwalter für das österreichische Rundspruchwesen.

BM Dr. Krauland: Der Antrag wäre ja richtig, nur formell müßte er anders gestellt sein. Hier handelt es sich um „einen Öffentlichen Verwalter" und in dieser Beziehung hätte gerade ich gefragt werden sollen, was aber nicht geschah. Man könnte unter Umständen einen 2. Mann bestellen, der nicht den Titel „Ersparungskommissär" sondern evtl. den Titel „2. Öffentlicher Verwalter" erhalten könnte. Gegen die Anträge als solche hätte ich aber nichts einzuwenden.

VK: Wir haben heute zwei Anträge vor uns. Wir sehen aus ihnen, daß gerade der Bund mit seinen Restitutionsansprüchen nicht weiter kommt. Die Juden aus Shanghai[107] sind zurück, haben ihr Eigentum erhalten, es sogar schon verkauft und neues Eigentum erworben, nur der Bund erreicht nichts. Die Ravag[108] kümmert sich nicht um das Verkehrsministerium seit Jahren und dieses hat sich auch nicht um die KÖB-Angelegenheit gekümmert. Das sind doch Angelegenheiten, die von Amts wegen zu erfolgen hätten. Daß Guggenberger sogar auf Einsprüche des Finanzministers nicht achtet, halte ich für sehr schwerwiegend.

BM Dr. Krauland: Es gibt kein amtswegiges Verfahren nach dem Restitutionsgesetz und mir ist auch ein Einspruch im Falle der KÖB nicht bekannt. Im Ravag-Falle handelt es sich nicht um einen Restitutionseinspruch des Bundes, sondern um den einer Gesellschaft, der ehemaligen RAVAG. Es hat daher die RAVAG selbst den Einspruch zu erheben und nicht der Bund. Die Ravag hat also einen Restitutionsanspruch und daher auch einen Öffentlichen Verwalter. Wenn die Ravag in hoheitsrechtlichen Dingen etwas durchführt, ist sie an die Weisungen des Verkehrsministers gebunden. Wenn dem Einspruch des Finanzministers nicht entsprochen wurde, so hätte er sich an mich wenden müssen.

BM Dr. Gerö: Der Generaldirektor[109] der Ravag hat nicht nur seine, sondern auch die Bezüge der anderen erhöht. Hiezu hat er keine Bewilligung und gehört daher fortgejagt.

BM Übeleis: Das Einvernehmen mit dem Unterrichtsministerium hätte gepflogen werden sollen. Das Programm bei der Ravag wird aber beschränkt, weil die Post und das Finanzministerium aus den Ravag-Geldern Beiträge abzweigen, was früher nicht der Fall war. Sie wird somit als Melkkuh verwendet und hält es daher nicht für nötig, daß über Anträge des inneren Betriebes abgestimmt wird. Vor dem Jahre 1948 wurden Beträge, wie dies jetzt der Fall ist, nicht der Ravag weggenommen. Es ist daher am Platze, wenn sich die BM f. Vermögenssicherung und für Verkehr um die Sache kümmern. Aus diesen Darlegungen geht hervor, daß für die Programmgestaltung kein Geld vorhanden ist. Früher gab es nur eine Gesellschaft und jetzt drei, sogar vier, mit eigenem Programm. Wenn die Sache seitens der Zentralstelle also behandelt werden soll, so bitte ich, daß außer dem Finanzminister auch der Unterrichtsminister dazugezogen wird.

BM Dr. Kolb: Minister Krauland und Übeleis haben die Rechtslage klar dargestellt. Eine A.G. hat mit den Bundeshaushaltsvorschriften nichts zu tun. Im Jahre 1945 wurde ein Statut ausgearbeitet, demzufolge es Sache des Beirates ist, die wirtschaftlichen Belange durchzuführen. Ich bitte, den Akt 58.052 des Verkehrsministeriums auszuheben, der vom Handelsminister Heinl[110] dem Verkehr übermittelt wurde.[111]

---

[107] Nach Shanghai waren bis 1941 ca. 18.000 bis 19.000 deutsche und österreichische Juden ausgewandert. Zu diesem Thema vgl. James R. Ross, Juden in Shanghai. Schicksal und Ende einer jüdischen Gemeinde in China, Klagenfurt/Wien 2009.

[108] Zur Ravag vgl. Anmerkung 30 in MRP Nr. 117.

[109] Gemeint ist der öffentliche Verwalter Dr. Siegmund Guggenberger.

[110] Eduard Heinl, 27. April bis 20. Dezember 1945 Staatssekretär für Industrie, Gewerbe, Handel und Verkehr, ÖVP, 31. Mai 1946 bis 18. Februar 1948 Bundesminister für Handel und Wiederaufbau, 1946 bis 1957 Vorsitzender des Aufsichtsrates der Creditanstalt-Bankverein.

[111] Mit Beschluß des Kabinettsrates vom 12. Oktober 1945 (KRP Nr. 34/8) war der Beirat für den öffentlichen Verwalter des österreichischen Rundspruchwesens eingerichtet worden. Auf Grund dieses Beschlusses war noch im Kompetenzbereich des Staatsamtes für Handel und Verkehr – das spätere

BM Helmer: Die Engländer wollen den Grazer-Sender abtreten, wenn seitens der Sowjets nicht ein Mißbrauch zu befürchten ist.[112] Ich bekomme Nachricht, daß in Znaim[113] ein Redakteur namens Krisch[114] sitzt und erklärt, daß er ihm zukommende Nachrichten ausgeben muß. Diese Nachrichten sind aber so gefaßt, daß sie einen Angriff gegen uns enthalten. Sie wissen ja, daß in Znaim angeblich eine Verbindung zu einem Wr. Kloster bestanden haben soll, aus welcher man hochverräterische Handlungen gegen die CSR abzuleiten trachtet.[115] Wenn etwas bei uns im Staate geschehen sollte, so ist es entscheidend, daß wir den Sender haben. Für die Ravag gehört ein starker und entschlossener Mann als Leiter. Gegen Guggenberger habe ich nichts, aber die Alliierung mit Goldenberg[116] paßt mir nicht. Ich schlage vor, da ich die Befugnisse des Beirates nicht kenne, daß sich die beiden Parteien zusammensetzen und hier eingreifen.

BM Übeleis: Vor zwei Jahren habe ich den Antrag wegen Schaffung eines Radiogesetzes eingebracht.[117] Ich ersuche, bei der nächsten Landeshauptmännerkonferenz die Sache zur Sprache zu bringen, weil die Länder gegen eine einheitliche Leitung und Sendung der RAVAG Stellung nehmen.[118]

Verkehrsministerium begann seine Tätigkeit erst am 20. Dezember 1945 – am 3. Dezember 1945 ein Statut erlassen worden, das die Tätigkeit des Beirates regelte. Vgl. Viktor Ergert, 50 Jahre Rundfunk in Österreich, Band II: 1945–1955, Wien 1975, S. 63–68. Der hier erwähnte Akt konnte nicht eruiert werden.

112 Zum Hin und Her der westlichen Besatzungsmächte in der Frage der Rückgabe der Sender an die österreichische Regierung vgl. Ergert, 50 Jahre Rundfunk II, S. 97–107, sowie Elfriede Sieder, Die alliierten Zensurmaßnahmen zwischen 1945–1955 unter besonderer Berücksichtigung der Medienzensur, phil. Diss., Wien 1983, S. 107 f. Die Sendergruppe Alpenland besorgte den Rundfunkbetrieb in der britischen Besatzungszone mit Sendeanlagen in Graz, St. Peter, Graz–Dobl, Klagenfurt und Wien und arbeitete unter Leitung des britischen Informationsdienstes. Vgl. dazu Rainer Hilbrand, Die Sendergruppe Alpenland 1945–1954, phil. Diss., Salzburg 1987.

113 Znojmo (dt.: Znaim): Hauptstadt des gleichnamigen Bezirkes in der südmährischen Region in Tschechien.

114 Zur Identität des erwähnten Redakteurs konnte nichts Näheres eruiert werden.

115 Einem amtlichen tschechoslowakischen Kommuniqué zufolge waren, wie die „Wiener Zeitung" berichtete, „in Znaim eine Reihe von Personen verhaftet" worden, „die beschuldigt werden, die Flucht ‚politisch Kompromitierter' aus der Tschechoslowakei organisiert zu haben. Unter den Verhafteten befinden sich mehrere Geistliche und Mitglieder des Dominikanerordens. [...] Die Verhafteten, die alle ehemalige Mitglieder der Volkspartei sind, [...] verbreiteten staatsfeindliche Propaganda in Mähren." Im erwähnten Kommuniqué wurde weiters behauptet, die „Flüchtlinge erhielten nach ihrem Übertritt auf österreichisches Gebiet in einem gewissen Kloster in Wien Hilfe und gaben dort auch Informationen, die sie in der Tschechoslowakei von einem deutschen Mitglied des Ordens erhielten, ab", dann seien sie „nach den Westzonen Deutschlands gebracht" worden. Vgl. Wiener Zeitung, 28. August 1948, S. 1 „Verhaftungen in Znaim". Die Angelegenheit führte in der Tschechoslowakei zur Verhängung langjähriger Haftstrafen über einige der Beteiligten. Vgl. etwa Wiener Zeitung, 26. September 1948, S. 2 „Zeitlupenbilder".

116 Jakuv Goldenberg, sowjetischer Major, später Oberstleutnant, Leiter der Unterabteilung Propaganda der Propagandaabteilung der sowjetischen Besatzungsmacht in Österreich, ab Mai 1945 mit der Vorzensur des Programms der Sendergruppe Radio Wien betraut.

117 Vgl. dazu MRP Nr. 10/3 vom 26. Februar 1946.

118 Die 16. Landeshauptmännerkonferenz, die am 16. Februar 1949 in Wien abgehalten wurde, beschäftigte sich u. a. auch mit der Frage des Rundfunkwesens in Österreich. Nach Berichten der Bundesminister für Verkehr und für Unterricht „gaben die Landeshauptleute der Meinung Ausdruck, daß eine einheitliche Zusammenfassung des österreichischen Rundfunkwesens unter Ausschaltung aller äußeren Einflüsse (zum Beispiel Zensur) eine unbedingte Notwendigkeit darstelle". Vgl. Wiener Zeitung, 17. Februar 1949, S. 1 „Ergebnisse der Landeshauptleutekonferenz"; weiters MRP Nr. 145/1 g vom 15. Februar 1949 und MRP Nr. 146/1 b vom 21. Februar 1949.

BM Dr. Z i m m e r m a n n: Die Anteile des Finanzministeriums an der Ravag sind geringer als im Jahre 1938. Der Beirat hat außerdem erklärt, daß man über die Einwendung des Finanzministers hinweggehen muß.

BM Dr. G r u b e r: Im Sommer fand ein Notenwechsel mit den Engländern statt, daß ihr Sender zurückgestellt wird. Wie steht die Sache?

BK: Die Engländer, Amerikaner und Franzosen sind bereit, die Sender zurückzugeben, wenn es auch die Russen machen. Die Russen sagen dazu „ja" aber nur, wenn die anderen die Sender übergeben haben.

BM Dr. G r u b e r: Die Russen sagen, es handelt sich dabei nur um die Zensur. Wenn nichts geschieht, so muß man eben etwas unternehmen.

BM Dr. H u r d e s: Die Darstellungen vom Minister Helmer sind von Belang. Wenn man aber bei den Russen zu weit vorprellt, so besteht die Gefahr, daß sie auf einmal wieder erklären, die Ravag ist deutsches Eigentum.

Wir haben alle aber das Interesse an einer sparsamen Wirtschaft.

BK: Ich glaube, es ist das zweckmäßigste, wenn wir keinen Beschluß fassen, die Bundesminister Übeleis, Krauland, Zimmermann und Hurdes sollen eine Untersuchung anstellen, was bei der Ravag los ist und unter Bedachtnahme auf die Prüfung der finanziellen und politischen Gestion[119] der Gehaltsauszahlung d. 14 Monatsgehälter innerhalb 14 Tagen, d. i. bis 14. 9. 1948, berichten.

BM H e l m e r: Ich halte meinen Antrag aufrecht. Viele Dinge können beseitigt werden, ohne daß eine Gefahr seitens der Russen besteht. Es ist von Bedeutung, wer die Ravag beherrscht.

BM Dr. K r a u l a n d (zu BM Helmer): Stellen Sie Ihren Antrag zurück, damit wir sehen, was wir ausrichten.

BM H e l m e r: Bitte!

Der Ministerrat beschließt somit die Einsetzung eines Ministerkomitees, bestehend aus den BM Übeleis, Dr. Krauland, Dr. Zimmermann und Dr. Hurdes

a) zur Untersuchung und zur Berichterstattung über die derzeitige Situation bis zum 14. 9. 1948.

b) Gleichzeitig wird der Bundesminister für Vermögenssicherung beauftragt, bis zu einer Beschlußfassung die Auszahlung der erhöhten Bezüge zu inhibieren.[120]

[c]

BM Ü b e l e i s berichtet, daß die Russen gestern 1.686 Waggons Radsätze und 383 Lokomotivradsätze abtransportiert haben.[121]

---

[119] Gestion: Verwaltung, Führung.

[120] Inhibieren: zurückhalten, hemmen, (ver)hindern. Vgl. dazu weiters MRP Nr. 126/12 und Beschlußprotokoll Punkt 11 f vom 28. September 1948, MRP Nr. 127/17 vom 5. Oktober 1948, MRP Nr. 128/4 vom 12. Oktober 1948, MRP Nr. 129/10 b vom 19. Oktober 1948, MRP Nr. 143/16 vom 1. Februar 1949 und MRP Nr. 144/10 g vom 8. Februar 1949. Zur Problematik des österreichischen Rundfunkwesens in der Besatzungszeit vgl. weiters auch MRP Nr. 9/11 vom 22. Februar 1946, MRP Nr. 10/3 vom 26. Februar 1946, MRP Nr. 81/1 e vom 26. September 1947, MRP Nr. 84/8 vom 21. Oktober 1947, MRP Nr. 89/1 f vom 25. November 1947, MRP Nr. 92/1 e vom 16. Dezember 1947, MRP Nr. 94/1 k vom 6. Jänner 1948, MRP Nr. 95/1 b vom 13. Jänner 1948, MRP Nr. 100/1 b vom 17. Februar 1948, MRP Nr. 110/11 g vom 4. Mai 1948, MRP Nr. 117/17, MRP Nr. 131/1 c vom 22. November 1948, MRP Nr. 141/1 h vom 18. Jänner 1949, MRP Nr. 142/1 b vom 25. Jänner 1949, MRP Nr. 143/1 h vom 1. Februar 1949 und MRP Nr. 168/1 j vom 23. August 1949.

[121] Vgl. dazu weiters auch MRP Nr. 130/1 d vom 26. Oktober 1948, MRP Nr. 131/1 d vom 2. November 1948, MRP Nr. 132/12 g vom 9. November 1948, MRP Nr. 133/1 a vom 16. November 1948, MRP Nr. 134/12 h vom 23. November 1948, MRP Nr. 135/1 b vom 30. November 1948 und MRP Nr. 136/1 h vom 7. Dezember 1948.

[d]

BM Dr. G r u b e r: Es wäre angezeigt, wenn wir die Restitutionsfälle über österr. und deutsches Eigentum feststellen würden.

[e]

BM Dr. G r u b e r: Was die Konferenz in Moskau betrifft, so dürfte in ihr ein kleines Arrangement für Berlin zu suchen sein.[122] Wenn die Westmächte die Ost-Mark (Zahlungsmittel Deutschlands) anerkennen, dann wird die Blockade vermutlich aufgehoben werden. Es ist begreiflich, daß die Lage genauestens besprochen wird, damit nicht wieder irgendwelche Überraschungen entstehen. Gewisse Vorkommnisse in der Westzone bilden gleichfalls Momente, die bei der Konferenz berücksichtigt werden. Wenn diese Momente eine Bereinigung finden, kann man evtl. dann auch darauf rechnen, daß die österr. Frage besprochen wird. Daß natürlich die Lage in Jugoslawien und Frankreich bei den Besprechungen mitwirkt, ist klar.[123] Von allen Seiten werden scheinbar Bemühungen gemacht, einen Konflikt zu vermeiden. Das scheint schon daraus hervorzugehen, daß die Russen d. Luftbrücke[124] zugelassen haben. Ob österreichischerseits im Interesse des Staatsvertrages etwas unternommen werden soll, wird man erst später sehen.

Der BK bringt sodann eine Reutermeldung zur Kenntnis, daß die Militärgouverneure in Berlin wieder zusammengetreten sind.[125]

Der Bericht wird zur Kenntnis genommen.[126]

[f]

BM Dr. G r u b e r macht sodann Mitteilung über eine Verbalnote der CSR betreffend Presseangriffe, die mit der Maßgabe zur Kenntnis genommen wird, daß es angezeigt wäre, wenn die politischen Parteien Einfluß dahin nehmen, daß die Presseberichte sich im Rahmen sachlicher Kritik halten.[127]

---

122 Vgl. dazu Wiener Zeitung, 31. August 1948, S. 1 „Neuerliche Aussprache mit Molotow und Wyschinski. Es geht um die Instruktionen nach Berlin – Kommuniqué wieder verzögert".

123 In Frankreich war durch den Sturz des Kabinetts André Marie eine schwere innenpolitische Krise ausgelöst worden. Das Kabinett Marie war am 28. August 1948 zurückgetreten, da die Finanz- und Wirtschaftspläne auf heftigen Widerstand der sozialistischen Minister gestoßen waren und zu schweren Meinungsverschiedenheiten in der Regierungskoalition geführt hatten. Vgl. dazu Wiener Zeitung, 29. August 1949, S. 1 „Rücktritt Maries löst schwere Krise aus". Bezüglich Jugoslawiens spielte Bundesminister Gruber auf den Bruch zwischen Moskau und Belgrad an. Vgl. dazu auch MRP Nr. 118/1 f, MRP Nr. 119/1 a, MRP Nr. 120/1 b, MRP Nr. 121/1 a und 1 e, MRP Nr. 122/1 b und MRP Nr. 124/1 b vom 7. September 1948.
André Marie, (radikal-)republikanischer französischer Politiker, 26. Juli bis 28. August 1948 Ministerpräsident Frankreichs.

124 Während der sowjetischen Blockade West-Berlins wurde dessen Bevölkerung von Juni 1948 bis August 1949 mittels bis zu 1400 Transportflügen der US-amerikanischen und britischen Luftwaffe pro Tag mit Lebensmitteln versorgt, wodurch die Blockade wirkungslos gemacht wurde.

125 Vgl. etwa Wiener Zeitung, 1. September 1948, S. 1 „Wieder Sitzung im Berliner Kontrollratsgebäude. Die vier Militärgouverneure verhandelten eine Stunde – Ein sichtbarer Erfolg der Moskauer Verhandlungen".

126 Zur sowjetischen Blockade West-Berlins vgl. auch Anmerkung 18 in MRP Nr. 118, weiters MRP Nr. 119/1 a, MRP Nr. 120/1 b, MRP Nr. 121/1 a, MRP Nr. 122/1 a, MRP Nr. 125/1 a vom 14. September 1948, MRP Nr. 126/1 b vom 28. September 1948, MRP Nr. 127/1 b vom 5. Oktober 1948, MRP Nr. 129/3 vom 19. Oktober 1948, MRP Nr. 130/1 a vom 26. Oktober 1948, MRP Nr. 131/1 b vom 2. November 1948 und MRP Nr. 156/1 b vom 10. Mai 1949.

127 Vgl. dazu AdR, BKA/AA, II-pol 1948, Österreich 6, GZl. 111.758-pol/1948, Zl. 116.714-pol/1948, Ersuchen um Unterlassung persönlicher Angriffe auf ausländische Staatsmänner. Der Akt enthält neben einer Information über den Inhalt der tschechoslowakischen Beschwerde auch den Entwurf eines Schreibens an das Generalsekretariat des Verbandes der Zeitungsverleger, in dem ersucht wurde, im Rahmen der Berichterstattung über außenpolitische Ereignisse persönlich beleidigende Angriffe

[g]

Der BK berichtet sodann von einer an ihn ergangenen Einladung des „Mouvement Universel pour une Confédération Mondiale, Geneve“[128] zur 2. Generalversammlung in Luxembourg am 5. September l. J. und teilt mit, daß er seine Teilnahme entschuldigen lassen wird. Beilage A[129]

[h]

Der Finanzminister berichtet, daß die aufgelegte Wiederaufbaumarke einen Erlös von 1,2 Mill. S erbrachte.[130] 45.000 S wurden davon anläßlich der Katastrophe in Werfen im Jahre 1947 ausgelegt.[131]

Ich wurde aber dazu veranlaßt, für Hochwerfen, das doch auch in Mitleidenschaft gezogen war, weitere 100.000 S auszulegen, wozu allenfalls für diesen Betrag noch eine Deckung zu suchen ist.

Der Ministerrat nimmt diese Mitteilung zur Kenntnis.

BM Dr. H u r d e s: Bezüglich der Zuweisung eines Vertrages für den Wiederaufbau zerstörter Schulen behalte ich mir die Antragstellung vor.

Der Ministerrat nimmt den Bericht des Finanzministers betreffend die Zuwendung eines Betrages von 100.000 S aus dem Resterlös der Wiederaufbaumarke (Beschl. Prot. Nr. 62, Pkt. 13) für die Gemeinde Hochwerfen mit der Maßgabe zur Kenntnis, daß im Falle eines geringeren Ertragsrestes eine anderweitige Deckung erfolgt und daß sich der BM f. Unterricht bezüglich der Zuwendung für den Wiederaufbau zerstörter Schulen eine Antragstellung vorbehält.[132]

Schluß der Sitzung 13 Uhr 50.

---

gegen ausländische Staatsmänner und Diplomaten zu unterlassen, denn: „Das Auswärtige Amt ist überzeugt, daß die österreichische Presse, ohne dem Prinzip der Pressefreiheit Abbruch zu tun, ihrer journalistischen Aufgabe auch ohne persönliche Attacken gegen ausländische Staatsmänner gemäß österreichischer Tradition des natürlichen Taktgefühles gerecht werden kann.“

[128] Die Vereinigung war im Oktober 1946 in Luxemburg mit dem Ziel gegründet worden, Initiativen zugunsten einer föderalistischen Weltregierung zu initiieren. Die Schaffung der Vereinigten Staaten von Europa wurde als Etappe auf dem Weg zu diesem grundlegenden Ziel verstanden. Der erste Kongreß war im August 1947 in Montreux in der Schweiz abgehalten worden, der zweite im September 1948 wiederum in Luxemburg. Vgl. dazu auch Rolf Paul Haegler, Histoire et Idéologie du Mondialisme, Zürich 1972.

[129] Beilage A: BKA/AA, Zl. 116.259-Pol/1948 Schreiben des BMAA an das Präsidium des BKA (1 Seite); Schreiben des Generalsekretärs T. O. Griessemer an Bundeskanzler Figl (1 Seite). Mit dem Schreiben wurde Bundeskanzler Figl eine Einladung des „Mouvement Universel pour une Confédération Mondiale“ zur Teilnahme an der Generalversammlung in Luxemburg am 5. September 1949 übermittelt.

[130] Dem Tagesordnungspunkt liegt kein diesbezügliches Material bei. Vgl. dazu auch MRP Nr. 62/9 vom 25. März 1947.

[131] Bei Werfen in Salzburg waren am 4. Juli 1947 nach heftigen Gewittern Muren abgegangen, hatten Brücken und Häuser zerstört, Straßen und Bahnstrecken unterbrochen und mehrere Todesopfer gefordert. Vgl. dazu Wiener Zeitung, 6. Juli 1947, S. 1 „Naturkatastrophe in Werfen, Bahn- und Straßenverkehr unterbrochen – Unabsehbare Schäden“ und 8. Juli 1947, S. 2 „Die Folgen der Katastrophe in Werfen“.

[132] Vgl. dazu auch MRP Nr. 77 a/6 a vom 23. August 1947.

Stenogramm vom 31. August 1948 (Capek)

123., 10.30

[Kanzler:] Migsch Urlaub, Mantler Kur Bad Hall.
Kanzler: Begrüßt alle nach dem Urlaub. Tagesordnung aufgelegt, Material zugesandt.
a) In der Weltpolitik gleichlautend und -laufend; kein Kommuniqué in Moskau, es geht weiter. Hoffentlich wirkt sich das Ergebnis auch für Österreich aus und Entspannung der Weltlage.
b) Über die Donaukonferenz hat Gruber berichtet und wird Bericht noch herausgeben. Unser Standpunkt ist ja bekannt. So gut wie Altmann die Konferenz sah, war es nicht.
c) In Kärnten wurde wieder eine Frau beim Beerensuchen erschossen, Leiche freigegeben und die notwendigen Schritte wurden unternommen von der Regierung.
d) General Franek vom letzten Transport zurückgekehrt. Es geht jetzt von Amt zu Amt wegen den Kriegsgefangenen. Er ist aber ein mit größter Vorsicht zu behandelnder Mann. Er hat 6 Kurse mitgemacht, war Vortragender in Russland. Er versucht unter dem Deckmantel eines Freundes der Kriegsgefangenen Verschiedenes zu erfahren. Er versucht auch zu erfahren, wie ich im Imperial behandelt werde. Ich warne daher die Kollegen vor ihm.
e) Oberst Stuber, Chef der Schweizer Spende hat sich verabschiedet und Schweizer Spende ist zu Ende. Aber nur dem Namen nach, da sie unter Europäische Spende weiter geführt wird. Ich habe Stuber den Dank der Regierung ausgesprochen.

[Kanzler:] Alliierte Noten.
a) Koburg. Ich schrieb ihm, er soll diese Coburg-Güter von der Militärverwaltung loslösen und wir werden die Güter unter Verwaltung nehmen. Er schreibt nunmehr zurück. Von Vermögensminister und Landwirtschaftsministerium wird Frage geregelt werden.
b) [19]48 Ernte.
c) Jug[oslawien]. Rückstellung.

[Kanzler:] Resolutionen, Mitteilungen.
a) Inneres, Schwarzmarkt mit Usia.[133]
b) Donawitz.
c) Papst.
d) Lambach.
e) Schoeller.
f) Mieter Graz.
g) Besuch Maisels in London, Englischer Arbeitsminister Isaac Besuch in Österreich, will im September kommen. Ich glaube, wir müssen diesen Besuch als Staatsbesuch werten und aufkommen.
Angenommen.

a)
Helmer: Was Franek anlangt, so sind die Ausführungen des Bundeskanzlers richtig und zu unterstreichen. Frage ist, was mit den 900 Leuten in Marmaros –. Vor einigen Tagen war der russische Oberst Starow hier und erklärte, er weiß sich selbst keinen Rat mehr. Ich habe Ausweg gesucht und habe Körner gebeten, die Frauen zu empfangen und daß er sich verwendet bei den Russen. Koptelow hat am 13. 6. dem Koplenig mitgeteilt, daß in den nächsten Tagen 450 Kriegsgefangene und ein Offizierstransport kommen werden. Die Offiziere kamen, die Leute nicht. Franek [be]hauptet, von den Leuten den Auftrag bekommen zu haben, daß er die Leute zurück und frei bekommt. Ich habe mit den sowjetischen Stellen, bei Koptelow, die Sache urgiert, aber alles ist umsonst.
Ich bitte zur Kenntnis zu nehmen, daß ich mich an Körner wandte, daß er als Präsident des Vereins, als General etc. sich einsetzt. Es handelt sich um die Marmaros-Szigeth-Leute und um 7.000 Leute, deren Staatsbürgerschaft überprüft wird. Unser Gesandter kommt nicht weiter.
Den jugoslawischen Kriegsgefangenen geht es besser, sie können sich bewegen. Sie haben aber keine Schuhe und Textilien kommen herunter. Der Einfluß des Dr. Konrad[134] in Jugoslawien ist nicht vorhanden.

---

133 Zum USIA-Konzern vgl. Anmerkung 33 in MRP Nr. 116.
134 Dr. Walter Conrad-Eybesfeld.

Kanzler + Gruber: Sie kommen Ende des Jahres zurück.
Helmer: Ich bitte um Zustimmung, daß Bürgermeister annimmt.
Kanzler: Jedes Mittel soll angewandt werden, damit die Kriegsgefangenen frei kommen.
Gruber: Ich habe eine Sondersitzung im Parlament angeregt und habe den Standpunkt weiter vertreten. Gegen Körner kein Einwand, vielleicht hat das einen Erfolg. Wenn aber die Sache bis Herbst nicht geklärt ist, so müssen Parlament, Presse und Politiker beider Parteien die Sache aufgreifen.

b)
Helmer: Von der Frau des Raphael Spann [haben wir die] Mitteilung bekommen, daß er 6 Jahre im Geheimverfahren erhalten hat. Spann hat in Baden ein Hotel besichtigt und dabei hat man seine Personalien festgestellt und ihn verurteilt. Frau hat eine von den 3 Parteien unterfertigte Resolution für Stalin gefordert, da er niemals ein Nazi war. Ich habe abgeraten. [Die Wirkung] unserer ganzen Intervention und die des Alliierten Rates ist gleich Null. Weder wir noch der Alliierte Rat kann etwas dort setzen.
Kanzler: Scheltow hat bei der letzten Unterredung erklärt, Spann kennen wir nicht.
Helmer: Ich wäre sogar für die Veröffentlichung des [Falls] Spann. In Zistersdorf wurde ein Dolm.[etscher] verhaftet und dieser ist jetzt verschwunden, weil angeblich mit Marek in Verbindung. Jeden Tag kommen Verschleppungen vor. Bei Kiridus ist jetzt herausgestellt, daß sie einen anderen suchen.
Kanzler: Vielleicht, daß Regierung ein Gnadengesuch an Stalin abgibt.
Krauland: Die Veröffentlichung ist die einzige Waffe und ich würde dies vorschlagen.
Helmer: Bei den Zeitungen hat Veröffentlichung geholfen.
Gruber: Veröffentlichung ist in diesem Fall besser. Man muß prüfen, wie die Frau es erfahren hat.
Helmer: Wurde bestochen.
Gruber: Man kann ohne Zustimmung der Frau etwas machen.
Graf: Von der Volksstimme wurden Übergriffe der Amerikaner aufgegriffen. Demgegenüber steht Mitteilung der russischen Kommandantur, daß Russen die Mörder der Russen sind, es darf aber nicht veröffentlicht werden.
Helmer: Ein SW in Vöslau wird zu den Russen gerufen. Entweder 25 Jahre nach Sibirien oder Nachricht bringen.
Gruber: Wo man Material hat, muß man es veröffentlichen und keine Rücksicht kennen. Dies gilt für alle Mächte.
Helmer: Dabei spielen Menschen eine Rolle.
Gruber: Dann sollen es die Alliierten Zeitungen übernehmen und die Fälle herausgreifen, wo Material [vor]liegt.
Kanzler: Wir haben beschlossen, ein Weißbuch herauszugeben. Der Pressedienst hat von jedem Ministerium einen verantwortlichen Mann bestimmt, damit bis Mitte September Material kommt. Sämtliche 4 Elemente vorgesprochen, was mit dem Weißbuch ist. Schriftlich ist nichts herausgegeben worden.
Zimmermann: Ich gab heraus, daß das Präs.[idium] informiert wird, es darf aber nichts Schriftliches herausgegeben werden.
Kanzler: Manche Leute sind schon eingeschüchtert und manches Material wird nicht mehr geliefert werden.
Gerö: Im Alliierten Rat [wurde] wiederholt die Unterstellung der österreichischen Staatsbürger unter österreichisches Gesetz [behandelt]. ~~Russen ja, wenn~~ Die DPs aber wollen Amerikaner nicht [der österreichischen Judikatur unterstellen]. Unsere Bestrebung muß dahin gehen, daß sie auf die Judik.[atur] über die DPs verzichten. Jetzt schaltet sich eine Reihe von Rechtsanwälten ein und österreichische Judikatur ausgeschaltet.
Gruber: Der Bundeskanzler und ich haben einen Brief im Sommer an Keyses gerichtet, Judikatur ausgeschaltet. Keyses erklärte, es gibt keine Judikatur von uns. Landeshauptmänner haben das bestätigt und wir sind blamiert. Im Herbst müssen die Ressorts Material darüber bringen.
Gerö: Der Präsident des Landesgerichts Salzburg bekommt von einem Major Brief, den Mann freizulassen. Präsident wurde zum Major zitiert und Dekret 101 besteht noch. Bei mir in Wien Konferenz und wurde abgeschafft. In Salzburg wird täglich [mit Berufung] darauf Bericht verlangt. Das Dekret 101 besteht noch. ~~Das Dekret~~ Zur Geltendmachung des Anspruches sei die Zustimmung der Amerikaner nötig. Ich habe vor, in den nächsten Tagen vorzusprechen und die Sache zu besprechen. Hauptaufgabe muß sein, die DPs den österreichischen Stellen zu unterstellen.
Zimmermann: Auf die ~~DPs~~ Amerikaner zurückgehen, daß sie uns die Gerichtsbarkeit überlassen.
Gruber: Das muß man in Washington ~~anschlagen, dazu~~ – Schritte unternehmen und nicht hier. Wenn

man von allen diesen Fragen nichts erfährt, so unmöglich. Ich bitte daher, durch uns den Schritt zu machen.
Gerö: Das ist ein zweischneidiges Schwert. Mir ist aber alles eins, wenn das Memorandum dem Außenamt zu übergeben [ist] und bitte nur, hier zugezogen zu werden.

2.
Angenommen.
Nachtrag Außenamt !! Finnland-Gesandter – Angenommen.

3.
Kanzler: Jungholz.
Angenommen.

4.
Kanzler: Landessportgesetz.
Vizekanzler: Mit Einspruch bin ich einverstanden. Ich sehe, daß nur das Unterrichtsministerium vom Verfassungsdienst angegangen wurde. Das Ministerium für soziale Verwaltung hätte auch herangezogen werden sollen. Ich bitte, daß dies auch in ähnlichen Fällen künftig geschieht.
Hurdes: Ich bekam von Maisel einen Brief, in dem er sich auf eine Vereinbarung wegen Sport beruft.
Vizekanzler: Eine Vereinbarung kenne ich nicht, nur ein Gesetz, und hier heißt es, daß die Überwachung und Lenkung der Jugendbewegung und Sportwesen im Einvernehmen mit Sozialer Verwaltung gelten soll.
Angenommen und Einvernehmen.

5.
Kanzler: Steiermärkisches Landesgesetz, Grundstücke.
Angenommen.

6.
Gruber: Jugoslawische Wirtschaftsverhandlungen. Bestreben der Jugoslawen geht auf Eisen und Stahl. Es war nicht möglich, größere Mengen von Getreide zu bekommen.
Gerö: Die Jugoslawen haben Kurserhöhung von 1:5 (früher 1:3).
Gruber: Es hängt vom Zahlungsabkommen ab. Das Anziehen vom Schilling ist feststellbar.
Zimmermann: Es kann eventuell nur eine Notnotierung sein.
Kanzler: Die Jugoslawen haben den Abschluß der Verhandlungen noch nicht publiziert.
Gerö: Auf dem Gebiet des Sports wollen die Jugoslawen im Gegensatz zu früher diese wieder aufnehmen. Ich selbst werde nicht fragen.
Gruber: Ich werde über die außenpolitische Lage in der nächsten Zeit berichten. Rosenberg[135] hat den gesamten Briefwechsel Moskau-Belgrad mitgebracht. Ein Streitpunkt war, der russische Botschafter hätte sich in Parteifragen eingemischt. Russen schrieben zurück, wie tief Tito gesunken ist, daß das nicht richtig ist. Man sieht daraus die Auffassung der Russen.
Krauland: Es ist für uns nicht gleichgültig, wenn Gruber uns darüber etwas sagt wegen Verhalten zu den Russen.
Angenommen.

7.
Gruber: Vertragsbedienstete im Außenamt. Auch Maisel hat mir vor einigen Tagen über seine Eindrükke in Amerika [Vorwürfe] gemacht wegen Mangel an Personal. Ohne Geld lässt sich aber nichts machen.
Helmer: Ist es möglich, daß Legationssekretär Hartl von Rom nach Belgrad kommt, daß er die Angelegenheit der Kriegsgefangenen prüft?
Gruber: Ich werde die Sache prüfen und mit ihm sprechen.
Zimmermann: Ich habe Antrag Zustimmung gegeben, bitte aber alle Herren in Ansprüchen des Personals zurückzugehen. Nur dort, wo es nötig ist, sonst Zurückhaltung. Einschränkung im Personal soll eingeleitet werden.

---

[135] Dr. Felix Orsini-Rosenberg, 16. Mai 1948 bis 24. Juni 1950 a.o. Gesandter und bev. Minister in Sofia.

8.
Helmer: Staatsbürgerschaften.
Angenommen.

9.
Hurdes: Filmbeirat. Ich konnte Einigung nicht herbeiführen und bitte Ministerrat um Entscheidung.
Kanzler: Wofür kann sich Ministerrat entscheiden? Das Wesentliche ist, daß die Ministerien zusammenkommen und entscheiden.
Vizekanzler: Nach dem Wiener Landesgesetz handelt es sich um eine Delegation der Bundesregierung. Wenn ich mir die Kompetenzgesetze anschaue, so gehört zum Unterricht die Programmgestaltung der Lichtspieltheater. Es handelt sich rein um Aufteilung nach der Zweckmäßigkeit. Daher Aufteilung durch die Bundesregierung.
Kanzler: Wenn richtig, so bist Du für die Gruppe A (Vizekanzler)?
Liste A angenommen.

10.
Maisel: Drei Gesetzentwürfe.
Kraus: Vom Standpunkt der Landwirtschaft großes Interesse an den Gesetzen. Interministerielle Verhandlungen haben nicht stattgefunden. Ich kann vom Standpunkt des [Ministeriums für] Land- und Forstwirtschaft, ohne auf die Frage einzugehen, [nicht] dafür sein. Ich bin für interministerielle Verhandlungen.
Zimmermann: Ich kann Gesetzentwurf Zustimmung nicht geben, wenn das Finanzministerium überhaupt keinen Einfluss auf die Aufnahmen hat und das auf Fonds gebildet wird, auf den Finanzministerium keinen Einfluss hat. Gerade jetzt, wo Budgetlage so kritisch ist. Diese wird für 49 – wird derart sein, daß wichtige Auslagen zurückgestellt werden müssen. Wenn wir jetzt noch paar 100 Millionen dazu nehmen, so kommen wir mit Budget überhaupt nicht weiter. Ich wäre dafür, aber habe [die] Erfahrung gemacht, daß in den vorgeschlagenen Fällen das Deutsche Reich hat einspringen müssen. Jetzt haben wir nur einige wenige Jahre, wo Arbeitslosigkeit nicht gering ist und da glaubt man, daß man jetzt zugreifen kann. Heute [hinsichtlich der] Frage der Staatsgebarung hat [der] Staat Vorteile, dann aber den Nachteil.
Vizekanzler: [Ich nehme] die Einwendung vom Ackerbau zur Kenntnis, nicht aber die des Finanzministers. Eingehoben wird das Doppelte, 1-200 Millionen im Jahr, ausgegeben wird ein Zehntel. Niemand kann darin eine Versicherung im Rahmen der Staatsgebarung erblicken. Es geht nicht an, daß diese Beträge für andere Gebiete verwendet werden. Die Last der Kriegsgeschädigten wird aus der Versicherung bestritten. Wenn Krise ist, so wird [sich] derselbe Finanzminister gegen [die] Zahlung wenden. Auch die anderen Minister sind Repräsentanten des Bundes genug. Wir nehmen die Einwendung hin, müssen aber ankündigen, daß eine Sondersteuer aufgelegt wird, aber vom Staat benützt wird.
Hurdes: Es wird Vorwurf gemacht, daß viel zu viele Jugendliche zu Intelligenz-Berufen gehen. Daher Lenkung in Absicht und haben Verhandlungen zwischen Unterricht und Sozialer Verwaltung stattgefunden. In den Entwürfen wurde darauf keine Rücksicht genommen. Im §3 wird das Einvernehmen mit Unterricht nicht eingehalten. Bei §8/3 Beruf nach Branchen-Plan fehlt auch das Einvernehmen, wie auch in einer ganzen Reihe von anderen Punkten. Diese Dinge müssen doch aufgrund der zwischen uns beiden schriftlich aufgenommenen Bestimmungen – nicht eingehalten wurden.
Vizekanzler: Wir haben ein Kompetenzgesetz und daher nicht besondere Vereinbarungen.
Kolb: Das Handelsministerium hat auch Stellung genommen und auch unsere Bedenken und Stellungnahme wurden nicht berücksichtigt.
Altenburger: Ich schließe mich Kolb an. Die Entwürfe wurden den Kammern nicht vorgelegt, sondern nur das Büro der Kammer nahm Stellung dazu. Die Ausschüsse in den Kammern haben sich damit nicht beschäftigt. Im Übrigen sind die Entwürfe anders als Aussprache erfolgte. Arbeiterkammer hat auch keine Stellung genommen und soll er den Kammern vorgelegt werden. Über alle Einwendungen der Kammer hat man sich hinweg gesetzt. Entweder [an die] Kammern zurück oder Parteienverhandlungen würde ich beantragen. Schließlich kann in der Gewerkschaft selbst keine verschiedene Stellung verlangt werden. Ich bitte daher um Zurückstellung. Ansonsten ist richtig, daß wir zu einem Ende kommen müssen und ich bitte Maisel dahin auch zu wirken.
Maisel: Ich kenne diese Widersprüche und was heute hier aufgezeichnet wurde, das sind die Gründe – die zu keiner Einigung geführt [haben]. Auch von unserer Seite wird nicht alles gut geheißen, was in

den Entwürfen drinnen steht. Wenn die Entwürfe aber abgelehnt werden, weiß ich mir keinen Rat. Die Arbeiterkammer weiß genau, was drinnen steht. Wenn der Ministerrat ablehnt, so stehe ich am Ende meiner Kunst. Kraus bin ich wegen Vermittlung der landwirtschaftlichen Arbeiter entgegengekommen, wenn von diesen Arbeitern kein Beitrag verlangt wird. Auch mit Zimmermann habe ich Rücksprache wegen Fonds – Rücksprache genommen und bin für die Aufhebung der Beträge für spätere Zeit. Man kann ja mit den Beträgen arbeiten, doch muß festgestellt werden, daß sie zur richtigen Zeit da sind. Ich kenne auch die Wünsche von Kolb. Es ist niemand im Stande, einen Entwurf auszuarbeiten, der allen das gibt, was sie verlangen. Wenn der Ministerrat Zustimmung geben würde, so kann doch das Parlament das weiter beraten und festlegen. Dort sind alle Parteien und die Fachleute dabei. Bei Ablehnung weiß ich nicht, wie ich weiter arbeiten soll.
Kanzler: Da Differenzen sind, ist nicht anzunehmen, mit dem Gesetz durchzukommen. Daher das Beste, daß die Ministerien sich noch einmal zusammen setzen. Wir müssen schauen, daß unsere Entwürfe so sind, daß Parlament [nicht] immer entscheiden muß. Bitte Maisel, die übrigen Minister zu einer neuerlichen Sitzung zusammen zu berufen.
Zurückgestellt und neue Sitzung.

11.
Zimmermann: Gebühren-Novelle.
Angenommen.

12.
Zurückgezogen.

13.
Übeleis: KÖB. 1. I. 48 84.774, 84.398 etc. (liest die Ziffern der Bediensteten ab). Wir können mit einem monatlichen Absinken mit 300 rechnen. Wenn wir die Forderung der Gewerkschaft ablehnen, so wird sich Versteifung gegenüber den Gewerkschaften ergeben. Ich habe vor 2 Jahren erklärt, daß wir zu viele Bedienstete haben und nur 70.000 haben dürfen. Dabei habe ich bei dieser Versammlung keinen Widerspruch erfahren. Nach 1½ Jahren haben wir einen Stellenplan von 70.000 ausarbeiten können. Schwierigkeiten sind besonders groß. Ich habe mir eine Aufstellung machen lassen, wie sich die Übernahme der KÖB auswirken lässt. Aufwand wird gering, wird jedoch Belastung durch Pensionen bleiben. In den nächsten 10 Jahren wird von den 470 Bediensteten kein Pensionsanfall sein. Zweckmäßig wäre es, die KÖB so selbständig zu stellen, wie es früher war. Abkommen jetzt zwischen uns der KÖB wegen Linienführung zustande gekommen. KÖB nur dort, wo es unrentabel wäre, einen Zug zu führen, einen Kraftwagen einzusetzen (Linz – Enns). Kombinierte Fahrkarten für die Bahn und KÖB werden auch in Betracht gezogen.
Zimmermann: Übeleis hat mit mir über diese Angelegenheit gesprochen. Zu begrüßen, daß Bahn und Kraftwagen sich ergänzen. Ich war dafür, daß wir Sache in Ministerrat bringen müssen. Im Zuge langer Besprechungen wurde [über] eine Abgrenzung der Pläne gesprochen. An sich ist die Zusammenlegung der Kraftwagen der Bundesbahnen neben der KÖB, beide bestehen nebeneinander, zum Vorteil.
Kolb: Im Abs. 3 des Antrages besteht Widerspruch. Zuerst gilt 263/47, dann wird aber Ergänzung der Verordnung verlangt. Die Zusammenlegung von Post und Bahn – müsste zusammengelegt werden. Wenn jetzt gesagt wird, daß innerhalb eines Ministeriums ein Abkommen besteht, so wirkt dies etwas komisch. Es handelt sich gar nicht um den Aktivstand. Die österreichischen Staatsbahnen haben nicht 120.000 gehabt und in der kleinen Republik 80.000. Damals waren 20.000 Pensionisten, jetzt geben wir nur den Anstoß, daß [es] noch mehr Pensionisten gibt. In der Schweiz gibt man 13%, bei uns 30% für Personal aus. Ich bin gegen Antrag.
Übeleis: Es ist etwas anderes, ob ich jemand die Jahre anrechne oder nur ihn überleite. Vor 1938 hat man 30.000 Personen abgebaut und sie pensioniert. Seit 1946 haben wir 20.000 ausgeschieden und die Zahl der Pensionisten ist um 2.000 höher geworden. Ich habe alle maßgebenden Personen wegen Entnaz.[ifizierung] aufmerksam gemacht. Wir haben einen Mangel an fähigen Leuten, daß man glaubt, daß es nicht so weiter geht. Wenn wir uns mit einem Kampf mit der Gewerkschaft einlassen, so werden die Forderungen der Gewerkschaft sich ändern. Vorige Woche in Graz ein Streik bei der Post und sofort wurden sofort alle Autos der Bahn zur Verfügung gestellt.
Kolb: Da kann man erleben, daß wir Übeleis stützen müssen gegenüber der Gewerkschaft. Leute, die 20 Karten hinausgeben können, können bei dem jetzigen Verkehr dem Ansturm nicht gewachsen sein.

Vizekanzler: Wir sind in eine Debatte reingekommen, die etwas Grundsätzliches bedeutet. Heute sehe ich, daß der Handelsminister eine Politik dem Verkehr vorschreiben will. Man kann dem heutigen Verkehrsminister nicht die Last von [19]18–38 vorschreiben. Wir haben Gruber zugebilligt, daß er [das] nötige Personal bekommt, es geht aber nicht, daß Kolb dem Verkehr vorschreibt –.
Krauland: Antrag Übeleis hat [die] Schwäche, daß sie unter öffentlicher Verwaltung mit Restitutionsanspruch steht.
Kanzler: Entscheidung über den Restitutionsanspruch geht nicht den normalen Weg, sondern muß beschleunigt werden.
Helmer: Die heutige Sitzung ist für mich sehr lehrreich. Maisel muß immer eine Schlacht führen, um einen Antrag durchzubringen. Die Beträge für die Landwirtschaft müßte Land- und Forstwirtschaft selbst für sich beanspruchen. Was jetzt den Vorschlag Übeleis' anlangt, so kenne ich den schweren Kampf von Übeleis. In einer der letzten Sitzungen hat [der] Finanzminister Leute für die Finanzlandesdirektion aufnehmen können. Wir meinten, ob es nicht möglich ist, Leute von anderen Ressorts unterzubringen. Aber es ist niemand aufgenommen worden. Gruber hat heute wieder Leute bekommen. Wenn jetzt Übeleis oder Maisel Vorschläge machen, so stoßen sie auf Schwierigkeiten. Kolb hat sich als Meister dieser Schwierigkeiten erwiesen. Hier ist er sanft, anders ist er aber in den Versammlungen ganz anders. Er läßt sich in Versammlungen nichts drein reden.
Übeleis: ~~Von der ÖVP~~ Im Presseklub habe ich Vortrag gehalten und Material mitgegeben. Die Freie Wirtschaftswoche hat Tabelle abgedruckt, nur hat Setzer Fehler gemacht. Die „Wirtschaft" von Raab hat den Druckfehler ausgebeutet gegen ihr besseres Wissen. Auch vier Ernennungen im letzten Ministerrat wurden abgelehnt. Auch ein Herr in Tirol wurde abgelehnt. So geht es, Herr Bundeskanzler, nicht weiter.
Kolb: Am Freitag wurde Material nach der Verbindungssitzung abgegeben. Verbindungssitzung früher. Man hat ausdrücklich betont, daß die Auswirkungen des Friedensvertrages von St. Germain nicht zu Lasten von Übeleis gehen. Es liegt mir fern, Übeleis anzugreifen. Es wird für Regierung und Parlament eine Probe im Budget sein. Es gibt bei mir keine Fonds. Betrag für Kommerzialratstitel gibt es nicht mehr. Bei mir sind drei Abteilungen abgebaut worden.
Kanzler: Bei den heutigen Kommerzialratstiteln steht nicht taxfrei. Warum verzichtest Du darauf?
Kolb: Aus reiner Überzeugung. Die Bundeshandelskammer wird doch keine Gebühren einheben. Die Handelskammer reicht Antrag ein und ich setze ihn mit den besten Wünschen in Kenntnis. Das frühere Geld ist im Ministerium aufgebraucht worden. Ich habe auch 1 Million von den UNRRA-Geldern dem Verkehr zur Verfügung gestellt.
Kanzler: Was mit den Geldern geschieht, muß doch der UNRRA nachgewiesen werden.
Gerö: [Der] Einwand von Kolb, daß Übernahme nicht möglich ist, weil Vordienstzeiten-Verordnung nicht bestanden hat, ist hinfällig, weil die Einrechnung später möglich ist. Was aber Restitutions-Angelegenheit betrifft, so soll Ministerrat beschließen, daß diese Angelegenheit sofort zu entscheiden ist und daß dann die Aufnahme zu erfolgen hat.
Kanzler: Dafür bin ich auch.
Krauland: Ich weiß nicht, nach welchem Gesetz das möglich ist.
Übeleis: In der Vermögenssicherung ist das festgestellt worden.
Krauland: Nach dem 3. Gesetz darf es nicht geschehen. Der Akt liegt bei der Finanzlandesdirektion oder bei einem Senat.
Kanzler: Bei der Finanzlandesdirektion Restitution BB auf kurzem Minister-Weg erledigen und dann Antrag genehmigen.

14. a)
Helmer: Polizeikongress. Eine offizielle Einladung ist nicht erfolgt. Habe durch das Außenamt die Einladung der anderen Länder feststellen lassen wollen, aber noch keine Antwort erhalten. Den Pragern ist Konferenz nicht angenehm, Vollsitzungen scheinen nicht in besonders großer Zahl in Aussicht genommen worden [zu] sein. Wenn wir offiziell eingeladen werden, so bitte ich um Delegation, sonst nur Slanczar und Grassberger wenn nicht offizielle Einladung.
Angenommen.

[14.] b)
Übeleis: Ravag. Guggenberger hat bisher 3.280 S. erhöht [auf] 4.250 Schilling.
Helmer: Ich sehe aus Bericht, daß Übergriffe geschehen und stelle den Antrag, daß Vermögenssicherung sofort den öffentlichen Verwalter abzieht.

Krauland: Die Anträge sind richtig, nur formell anders. Hier heißt es öffentlicher Verwalter und gerade ich hätte gefragt werden sollen. Ich bin aber nicht gefragt worden. Eventuell zweiter öffentlicher Verwalter mit Titel Ersparungskommissär. Ich habe gegen beide Anträge nichts.
Vizekanzler: Wir haben heute zwei Anträge. Wir sehen gerade, der Bund kommt mit seinen Restitutionsanträgen nicht weiter. Die Juden aus Shanghai haben alles retour und verkaufen ihr Eigentum schon weiter. Die Ravag kommt nicht zum Verkehrsministerium seit Jahren und auch bei der KÖB ist es nicht anders. Das wären doch Sachen, die man von Amts wegen machen muß. Daß Guggenberger selbst den Einspruch des Finanzministeriums nicht gelten lässt, halte ich für schwerwiegend.
Krauland: Es gibt kein amtswegiges Verfahren nach den Restitutionsgesetzen. Ich weiß keinen Einspruch über den Fall KÖB. Der Fall Ravag handelt es sich nicht um einen Restitutionsanspruch des Bundes, sondern um eine Gesellschaft – der ehemaligen Ravag. Daher hat Ravag selbst Einspruch zu machen. Daher handelt es sich nicht um einen Einspruch des Bundes. Ravag hat Restitutionsanspruch und deshalb hat sie einen öffentlichen Verwalter. Wenn die Ravag in hoheitsrechtlichen Dingen etwas durchführt, ist sie an Weisungen des Verkehrsministers gebunden. Das Finanzministerium hätte mich anrufen sollen.
Gerö: Generaldirektor der Ravag hat nicht nur seine, sondern auch die der anderen erhöht, er hat keine Bewilligung und gehört daher fortgejagt.
Übeleis: Das Einvernehmen mit Unterricht hätte gepflogen werden sollen. Das Programm wird beschränkt, weil [durch] Post und Finanzministerium aus den Ravag-Geldern Beträge abgezogen werden sollen, wie dies früher nicht der Fall war. Die Ravag wird als Melkkuh verwendet und [ich] halte es nicht am Platz, das über die Anträge abgestimmt wird. Vor ‚38 wurden Beträge wie jetzt nicht von der Ravag weggenommen. Daher Krauland und Verkehr sollen sich um die Sache kümmern. Daher auch für Programmgestaltung kein Geld. Früher drei Gesellschaften und gutes Programm. Wenn Finanzministerium dazu kommt, so bitte ich, daß auch Unterricht dazu kommt.
Kolb: Krauland und Übeleis haben die Rechtslage klar dargestellt. Eine AG hat mit Bundeshaushaltsvorschriften nichts zu tun. Im Jahr ‚45 wurde ein Statut ausgearbeitet, daß es Sache des Beirates ist, die wirtschaftlichen Sachen hinzuarbeiten. Akt 58.052 – bitte Verkehr auszuheben, der von Heinl weggeschickt.
Helmer: Die Briten wollen Grazer Sender abtreten, wenn nicht sowjetischer Mißbrauch zu befürchten ist. Ich bekam Nachricht, daß in Znaim ein Mann sitzt – Krisch – ist, der erklärt, daß er die Nachrichten senden muß. Das wurde so geschickt, daß wir angegriffen wurden. Wenn etwas geschieht im Staat, so ist es entscheidend, daß wir den Sender haben. Dort gehört ein starker, entschlossener Mann. Gegen Guggenberger habe ich nichts, aber die Alliierung mit Goldenberg paßt mir nicht. Ich schlage vor, da ich nicht weiß, ob der Radio-Beirat etwas vermag, daß sich beide Parteien zusammensetzen und hier eingreifen.
Übeleis: Vor zwei Jahren habe ich Antrag wegen Schaffung eines Radio-Gesetzes –. Anfrage auf nächster Landeshauptleutekonferenz, weil von den Ländern dagegen waren.
Zimmermann: Anteil von Ravag geringer als 1938. Beirat hat außerdem erklärt, daß man über Einwendung des Finanzministeriums hinweg geht.
Gruber: Im Sommer Notenwechsel mit England, daß Station zurückgestellt wird. Wie steht die Sache?
Kanzler: Die Engländer, Amerikaner und Franzosen sind bereit, Sender zu übergeben, wenn Russen es machen. Russen sagen, zuerst müssen Sender übergeben werden.
Gruber: Die Russen sagen, es handelt sich dabei um die Zensur. Wenn nichts geschehen ist, so muß man etwas unternehmen.
Hurdes: Die Darstellung von Helmer sind von Belang. Wenn man aber bei den Russen zu viel vorprellt, so stehen sie auf dem Standpunkt des Deutschen Eigentums. Wir alle haben das Interesse an einer sparsamen Wirtschaft.
Kanzler: Ich glaube, das Zweckmäßigste, wenn wir keinen Beschluß fassen. Übeleis, Krauland, Zimmermann und Hurdes[136] Untersuchung anstellen, was dort los ist, 14 Tage, Dienstag, finanzielle und politische Gestion, Gehaltsauszahlung (14-Monatsgehälter-System).
Krauland: Bitte Beiziehung von Hurdes.
Helmer: Halte meinen Antrag aufrecht. Viele Dinge können von einem Menschen beseitigt werden ohne Gefahr durch die Russen. Es ist wichtig, wer die Ravag beherrscht.
Krauland: Stellen Sie den Antrag zurück bis wir sehen, was wir ausrichten.
Helmer: Bitte.

[136] Die Worte *und Hurdes* wurden nachträglich eingefügt.

[14.] c)
Übeleis: Gestern wurden von den Russen ~~126~~ 1.680 Waggons mit 2.411 Fr. abtransportiert. Waggonradsätze und 383 Lokomotivradsätze.

[14.] d)
Gruber: Wir müssen Restitutionsfälle über österreichisches und Deutsches Eigentum feststellen.

[14.] e)
Gruber: Über Wunsch des Ministerrates möchte ich [mich] über Konferenz in Moskau auslassen. Keine offizielle Nachricht. Aus dem ganzen Bericht geht hervor, daß es sich nur um ein kleines Arrangement für Berlin – sein. Ost-Mark wird anerkannt, dann Blockade aufgehoben. Wenn man wieder Punkte offen lässt und nicht fixiert, so sagen Westmächte, daß man bald wieder auf gleichen Standpunkt sein wird. Augenblicklich geht man dahin, daß nichts über Berliner Komplex hinausgeht. Es besteht aber Aussicht, daß vier Stellvertreter zusammenkommen werden. Die Option hinsichtlich der großen Regelung ist gering, nach der kleinen etwas besser. Bei der großen Frage steht Sache so, daß man Sanierung Westeuropas – durchgeführt werden soll. Kernstück dafür ist Westdeutschland. Daher Errichtung einer westdeutschen Regierung und westdeutschen Verwaltung geschaffen werden soll. Solange Entschluss der Westmächte aufrecht bleibt (Haltung der Franzosen wegen inner Lage des Landes schwankend), so ist Fortschritt zu erwarten ohne besondere Wirkung. Dann erst kann wieder die österreichische Frage in Betracht kommen. Von Krisen in Jugoslawien, Deutschland, Frankreich hängt alles für Russland ab. Dann wird für Russland im Jahr 49 eine neue Lage entstehen. Die ganzen Verhandlungen haben zum Ziel, Zeit zu gewinnen. Ein Konflikt scheint den Russen nicht gelegen zu sein. Lage in Griechenland[137], Nicht-Störung der Luftbrükke in Berlin deuten darauf hin, daß sie ernsteren Konflikten ausweichen. Militärische Lage günstig für die Westmächte und daher auch bessere Verhandlungsbasis. Dann dürfte auch von amerikanischer Seite Initiative nötig werden. Ob nun von österreichischer Seite im Interesse des Staatsvertrages etwas unternommen werden soll, kann eventuell im Herbst vom Ministerrat entschieden werden. Im Laufe September im Ministerrat lange außenpolitische Debatte.
Kanzler: Liest Reuter-Meldung über Sitzung der Berliner Militärgouverneure, über sowjetische Mark und wieder normalen Verkehr [vor].
Gruber: Man hat sich im Westen die Frage der Währung nicht überlegt. Wenn die Amerikaner in Berlin bleiben, dann muß ein wirtschaftliches Verfahren gefunden werden. Ein eigenes Wirtschaftsgebiet kann nicht aufgestellt werden. Die Besatzung wird aufrecht erhalten werden, koste es was es wolle. Das Risiko der Amerikaner ist sehr bedeutend und Besatzung bleibt mit 60% der Meinung der amerikanischen Bevölkerung aufrecht.

[14.] f)
Gruber: Verbal-Note der tschechoslowakischen Regierung erhalten über Beschwerde gegen Österreich. Vor allem soll man Namen der fremden Politiker – vor allem gegen Wegwarte-Zeitung[138] Beschwerde. Seitens der Parteien persönliche Angriffe zu unterlassen.

[14.] g)
Kanzler: Generalversammlung 5.9. nach Luxemburg föderative Weltbewegung.

[14.] h)
Zimmermann: Wiederaufbau-Marke haben wir aufgelegt. Aus diesem Erlös müßten 1,2 Millionen für südslaw. – 45.000 Schilling in Werfen gegeben wegen Katastrophe. Bitte aus diesem Erlös 100.000 Schilling für Hochwerfen zur Verfügung stellen.
Hurdes: Für Wiederaufbau zerstörter Schulen muß ein Weg gefunden werden.

13.50

---

137 In Griechenland herrschte von März 1946 bis Oktober 1949 Bürgerkrieg.

138 Gemeint war das von dem ehemaligen Abgeordneten zum tschechoslowakischen Parlament für den Bund der Landwirte Hans Wagner 1947 gegründete Wochenblatt „Wegwarte“. Zu Wagner vgl. weiters MRP Nr. 127/1 c, zur „Wegwarte“ auch MRP Nr. 159/1 f vom 31. Mai 1949, MRP Nr. 173/Beschlußprotokoll Punkt 2 b vom 27. September 1949, MRP Nr. 175/1 e vom 11. Oktober 1949 und MRP Nr. 177/8 f vom 25. Oktober 1949.

Beschlußprotokoll Nr. 123 über die Sitzung des Ministerrates am 31. August 1948

1.) Der Bericht des Bundeskanzlers über
a) den Fortgang der Moskauer-Konferenz und die derzeitige Lage in Berlin;
b) den neuerlichen Grenzzwischenfall in Kärnten (siehe Beschl. Prot. Nr. 122, Pkt. 1 j);
c) die Verabschiedung des Obersten Stuber als Chef der „Schweizerspende" (die nunmehr durch die „Europaspende" abgelöst wird), dem gleichzeitig der Dank der Bundesregierung ausgesprochen wurde;
d) die Kriegsgefangenenrückführung – ergänzt durch die Mitteilung des Bundesministers für Inneres – wonach der Bürgermeister der Stadt Wien in seiner Eigenschaft als Ehrenpräsident des Vereines der „Gesellschaft zur Pflege der kulturellen und wirtschaftlichen Beziehungen zur Sowjetunion" sich bei russischen Stellen für die Rückbeförderung der Kriegsgefangenen einsetzen wird;
e) die durch den Bundesminister Maisel an den englischen Arbeitsminister Isaacs ergangene Einladung und die durch den letzteren in Aussicht gestellte Zusage;
f) eine an ihn ergangene Einladung d. „Mouvement Universel pour une Confédération Mondiale, Geneve" zur 2. Generalversammlung in Luxembourg am 5. September l. J.
wird mit der Maßgabe zur Kenntnis genommen, daß
ad e) Isaacs als Gast der Bundesregierung empfangen und
ad f) der Bundeskanzler seine Teilnahme entschuldigen wird.

2.) Der Bundeskanzler verliest folgende alliierte Noten:
a) Note des Hochkommissariates der Französischen Republik in Österreich, CB./No. 102.440, vom 25. August 1948, betreffend Domäne des Herzogs von Coburg in Hinterriss;
b) Note des Sowjetteils der Alliierten Kommission für Österreich, SEK 48/144, vom 28. August 1948, betreffend Ablieferung aus der Ernte 1948;[139]
c) Note des Sowjetteils der Alliierten Kommission für Österreich, SEK 48/142, vom 28. August 1948, betreffend Rückstellung geplünderten Eigentums der Vereinten Nationen durch Jugoslawien.[140]
Die Noten a) bis c) werden zur Kenntnis genommen.

3.) Die Resolutionen und Mitteilungen:
a) Mitteilung des Bundesministeriums für Inneres, Zl. 104.980 11/48, vom 18. August 1948, betreffend Beschickung des Schwarzen Marktes mit angeblichen USIA-Waren;[141]

---

[139] Die beiliegende Note des Sowjetteiles der Alliierten Kommission für Österreich an Bundeskanzler Figl enthält die Mitteilung über den Beschluß des Alliierten Rates, die laut Bericht des Bundesministeriums für Land- und Forstwirtschaft vorliegenden Schätzungen über die Ablieferung der Minimalquoten für Brotgetreide, Gerste, Hafer, Mais und Kartoffeln aus der Ernte 1948 anzuerkennen. Die Ausgabe der landwirtschaftlichen Erzeugnisse in den Ländern müsse im Sinne der erteilten Richtlinien des Alliierten Rates vom 13. August 1948 erfolgen. Vgl. MRP Nr. 122/Beschlußprotokoll Punkt 2 j.

[140] Die beiliegende Note des Sowjetteils der Alliierten Kommission für Österreich an Bundeskanzler Figl enthält die Mitteilung über den Beschluß des Alliierten Rates, betreffend die Rückstellung des geplünderten Eigentums der Vereinten Nationen durch Jugoslawien. Dem Bundesminister für Vermögenssicherung und Wirtschaftsplanung wurde aufgetragen, „den Rückstellungskommissionen der Vereinten Nationen in Österreich in entsprechendem Ausmaß Zutritt zu Dokumenten und anderen Informationsquellen zu gestatten, die die Feststellung von geplündertem Eigentum in den Gebieten der Vereinten Nationen ermöglichen".

[141] Die Mitteilung liegt dem Protokoll nicht bei. Sie findet sich in AdR, BKA, Präsidium, Sign. 46/1, GZl. 235-Pr.M/1949, Anfrage der Abgeordneten Dr. PITTERMANN, WEIKHART, AIGNER und Genossen an den Herrn Bundeskanzler, betreffend Aussendungen der APA. Der Akt enthält u. a. die hier im Gegenstand relevante Mitteilung des Bundesministeriums für Inneres vom 8. Juli 1948, daß hinsichtlich der Beschickung des Schwarzmarktes mit angeblichen USIA-Waren das Präsidium der Bundespolizeidirektion Wien ersucht wurde, einen ergänzenden Bericht vorzulegen, sowie weiters

b) Resolution der Belegschaft von Donawitz vom 20. August 1948, betreffend Erhöhung des Lebensmittelaufrufes, Abschaffung der Fleischverbilligungsscheine und Angleichung der Preise an die Löhne;[142]
c) Danktelegramm des päpstlichen Staatssekretariates an den Herrn Bundeskanzler für die Beileidskundgebung der Bundesregierung zum Ableben des Kardinals S i b i l i a;[143]
d) Protest der Arbeiterschaft der Lambacher Flachsspinnerei vom 23. August 1948 gegen das Inkrafttreten der Fleischverbilligungsscheine;[144]
e) Resolution der Schoeller-Bleckmann Stahlwerke Mürzzuschlag – Hönigberg vom 26. 8. 1948 wegen Lohnerhöhung, Preissenkungen, Erhöhung des Kaloriensatzes etc.;[145]
f) Resolution der versammelten Mieter und Siedler in Graz vom 13. 8. 1948 gegen die Einführung der Grundsteuer für Neubauten,[146]

verlesen bezw. bekanntgegeben durch den Herrn Bundeskanzler, werden zur Kenntnis genommen.

---

ebendiesen Bericht, datiert mit 13. August 1948. Dieser enthält Informationen, betreffend Erhebungen über mehrere dubiose Einkaufsgesellschaften und Großhändler.

142 Die Resolution liegt dem Protokoll nicht bei. Sie findet sich in AdR, BKA, Präsidium, Sign. 46, GZl. 3.325-Pr.M/1948, Resolution der Belegschaft von Donawitz vom 20. August 1948, betreffend Abschaffung der Fleischverbilligungsscheine und Angleichung der Preise an die Löhne. In der Resolution forderte die Belegschaft die Erhöhung des Lebensmittelaufrufes auf 2.000 Kalorien, die Abschaffung der „entwürdigenden Fleischverbilligungsscheine (Bettelscheine)" auf Kosten des Zwischenhandels und die Angleichung der Preise an die Löhne auf Grund des Lohn- und Preisabkommens vom 1. August 1947 bzw. eine 25%ige Lohnerhöhung auf Kosten der Profitrate.

143 Die Mitteilung liegt dem Protokoll nicht bei. Sie findet sich in AdR, BKA, Präsidium, GZl. 3.166-Pr.1a/1948, Ableben des Kardinals Sibilia. Die Mitteilung enthält ein Beileidstelegramm der Bundesregierung an das Staatssekretariat des Vatikanstaates anläßlich des Ablebens des Kardinals Enrico Sibilia, der am 4. August 1948 im Alter von 87 Jahren in Anagni bei Rom verstorben war, sowie das Dankschreiben des Vatikans. Kardinal Sibilia war das älteste Mitglied des Kardinalskollegiums gewesen und hatte den Heiligen Stuhl bis 1935 als Nuntius in Wien vertreten.
Kardinal Enrico Sibilia (eigtl. Enrico Vincenzo Ulderico), 1939 bis 1948 Kardinalbischof von Sabina und Poggio Mirteto.

144 Die Resolution liegt dem Protokoll nicht bei. Sie findet sich in AdR, BKA, Präsidium, Sign. 46, GZl. 3.494-Pr.M/1948, Resolution der Arbeiterschaft der Lambacher Flachsspinnerei, Gewerkschaft Stadl Paura, betreffend Fleischverbilligungsscheine. In der Resolution beanstandete die Arbeiterschaft der Lambacher Fleischspinnerei die Einführung der Fleischverbilligungsscheine, da „mit der Festlegung einer 1.000 Schilling Grenze für das monatliche Einkommen" in keiner Weise „eine gerechte Beurteilung der Verdienstgrundlagen gewährt" sei und durch die Einführung der Fleischverbilligungsscheine „gerade bei Anlegung eines strengen und gerechten Maßstabes automatisch eine Zweiteilung der Bevölkerung in gut und minder gut situierte Personen herbeigeführt werde", was „zur Überbrückung von Standesunterschieden keineswegs beitrage und mit der Gleichheit aller Staatsbürger vor dem Gesetze niemals in Einklang zu bringen sei". Die Einführung der Fleischverbilligungsscheine sei nur dazu angetan, „Neid, Streit und Mißgunst unter die Bevölkerung zu bringen, ohne daß das Wichtigste, eine Verbilligung der Lebenshaltungskosten und eine Hebung des Lebensstandards erreicht würde".

145 Die Resolution liegt dem Protokoll nicht bei. Sie findet sich in AdR, BKA, Präsidium, Sign. 46, GZl. 3.403-Pr.M/1948, Resolution der Betriebsversammlung der Schoeller-Bleckmann Stahlwerke, Mürzzuschlag-Hönigsberg, betreffend Lohnerhöhung, Erhöhung des Kaloriensatzes etc. In der Resolution forderte der Arbeiterbetriebsrat der Schoeller-Bleckmann Stahlwerke Mürzzuschlag-Hönigsberg den Ausgleich der seit 1947 eingetretenen Erhöhung der Lebenshaltungskosten durch eine Lohnerhöhung und Preissenkungen auf Kosten der Unternehmerprofite, die Erhöhung des täglichen Kaloriensatzes für Normalverbraucher auf 2.000 Kalorien, das Verbot des Grauen Marktes und Ablieferung der sogenannten Überkontingente, energische Maßnahmen gegen Preistreiberei und Übergewinne des Groß- und Zwischenhandels, die Einberufung einer steirischen Betriebsrätekonferenz und deren Stellungnahme zu den vorliegenden Forderungen sowie die Vertretung der Forderungen der Arbeiterschaft durch den Bundesvorstand des ÖGB.

146 Die Resolution liegt dem Protokoll nicht bei. Laut Protokollbuch findet sie sich in AdR, BKA, Präsidium, Sign. 15, GZl. 572-Pr.1a/1949, Verein „Wiederaufbau-Hilfswerk" Gösting, Subventionsansuchen, liegt dem Akt jedoch nicht bei. Allerdings enthält der Akt die Antwort des Bundesministeriums

4.) Bericht des Bundesministers für Inneres – ergänzt durch Mitteilungen der Bundesminister für Justiz und für die Auswärtigen Angelegenheiten – betreffend die Aburteilung österr. Staatsbürger und weitere Verhaftungen wird mit der Maßgabe zur Kenntnis genommen, daß die Bundesregierung hinsichtlich jedes derartigen Vorfalles Maßnahmen zu ergreifen bereit ist.

5.) Der Antrag des Bundeskanzlers
auf Ernennung des Oberrates des Bundesamtes für Statistik titl. Hofrat Dr. Erich K o r n i n g e n zum w. Hofrat (DPGr. II) im Zuge der Rehabilitierung gem. § 4 BÜG
wird angenommen.

6.) Die Anträge des Bundesministers für Inneres
auf taxfreie Verleihung des Titels „Regierungsrat" an den
a) n. ö. Landesinspektionsrat Herbert P i c h l e r;
b) n. ö. Landesrechnungsdirektor Karl M a y e r
werden angenommen.

7.) Die Anträge des Bundesministers für Unterricht
a) auf Ernennung des a. o. Prof. für Physik an der mont. Hochschule in Leoben Dr. phil. Friedrich T r e y gem. § 7 BÜG zum a. o. Prof. für Physik an der mont. Hochschule in Leoben unter Zuerkennung der 6. Geh. Stufe eines a. o. Prof.;
b) auf Ernennung des Hofrates Dr. Otto W a l t e r, Archäologe I. Klasse i. R., zum a. o. Universitätsprofessor für Klassische Archäologie an der phil. Fakultät der Universität Innsbruck unter Zuerkennung der Bezüge eines a. o. Professors in der 12. Gehaltsstufe und Verleihung des Titels eines ord. Universitätsprofessors;
c) auf Ernennung des Hochschulassistenten Dr. Ludwig H ö r b s t zum a. o. Professor für Hals-, Nasen- und Ohrenkrankheiten an der Universität in Innsbruck gem. § 7 BÜG, StGBl. Nr. 134/1945;
d) auf Ernennung das Gymnasialprofessors Dr. phil. Hermann W i e s f l e c k e r zum a. o. Professor für österr. Geschichte an der phil. Fakultät der Universität Graz;
e) auf Verleihung des Titels eines a. o. Professors an den Privatdozenten Dr. Julius D o n a u, Technische Hochschule Graz
werden angenommen.

8.) Der Antrag des Bundesministers für soziale Verwaltung
auf taxfreie Verleihung des Titels „Bundesstaatlicher Fürsorgerat" an den Funktionär des Kriegsopferverbandes für Wien, Niederösterreich und Burgenland Emil A l l i n a
wird angenommen.

9.) Der Antrag des Bundesministers für Finanzen
auf Verleihung des Titels „Regierungsrat" an den w. Amtsrat (IV. DPGr.) i. R. Karl R a u c h der Finanzlandesdirektion für Oberösterreich aus Anlaß der Versetzung in den dauernden Ruhestand
wird angenommen.

10.) Der Antrag des Bundesministers für Land- und Forstwirtschaft
auf Verleihung des Titels „Ökonomierat" mit Nachsicht der Taxe an den Landesrat der Landesregierung Salzburg, Landwirt in Maishofen, Bez. Zell am See, Bartholomäus H a s e n a u e r
wird angenommen.

---

für Finanzen auf ein offenbar weitgehend gleichartiges Schreiben des Mieter- und Siedlungsausschusses Graz vom 29. Oktober 1948. Das Finanzministerium legte darin detailliert die geltende Rechtslage dar und wies darauf hin, daß die Wiedereinführung der am 31. Mai 1947 abgelaufenen Steuerbefreiung für die bis zu diesem Datum steuerlich begünstigten Neubauten nicht in Aussicht stehe. Auch die meisten Ämter der Landesregierungen und weitere Körperschaften hätten sich gegen einen weiteren Verzicht auf die Grundsteuer für Neubauten ausgesprochen, da ein solcher für „die durch die Aufwendungen zur Behebung der Kriegs- und Nachkriegsschäden stark überlasteten Gemeindehaushalte untragbar" sei.

11.) Die Anträge des Bundesministers für Handel und Wiederaufbau auf Ernennung zum ständigen fachtechnischen Mitglied des Patentamtes des
   a) Ratsekretärs des Patentamtes Dipl. Ing. Egon K o g l e r;
   b) Ratsekretärs des Patentamtes Dipl. Ing. Dr. techn. Ferdinand L i s t;
   c) Ratsekretärs des Patentamtes Dipl. Ing. Franz W e b e r;
   d) Oberkommissärs des Patentamtes Dr. Karl P o p p e r;
   e) Kommissärs des Patentamtes Dipl. Ing. Franz E c k h a r t;
   f) Kommissärs des Patentamtes Dipl. Ing. Franz K o c h;
   g) Kommissärs des Patentamtes Dr. Hans S c h m e i s e r;
   h) Kommissärs des Patentamtes Dipl. Ing. Josef E n g e l m a y e r;
   i) Kommissärs des Patentamtes Dr. Otto S o j k a;
   j) auf Verleihung des Titels „Kommerzialrat" an den Gemischtwarenhändler in Linz Dionys Z e h e n t h o f e r
   werden angenommen.

12.) Der Antrag des Bundesministers für Volksernährung
auf Nachsicht des mangelnden Anstellungserfordernisses der Zurücklegung einer Dienstzeit von mindestens 5 Jahren in einem Dienst, für den die Vollendung der rechts- und staatswissenschaftlichen Studien vorgeschrieben ist, für den Vertragsbediensteten des Bundesministeriums für Volksernährung Dr. Erich U h l aus Anlaß der Übernahme in den höheren Ministerialdienst durch Ernennung gem. § 7 BÜG. zum Ministerialkommissär (Ver. Gr. A, DPGr. VI, Geh. Stufe 11 mit nächster Vorrückung am 1. 1. 1950)
wird angenommen.

13.) Der Antrag des Bundesministers für die Auswärtigen Angelegenheiten
auf Mitbeglaubigung des in Prag residierenden finnländischen Gesandten Eduard Hjalmar P a l i n[147] als Gesandten in Österreich
wird angekommen.

14.) Nach einem Bericht des Bundeskanzlers, Zl. 74.326-2a/1948, betreffend den Entwurf eines Bundesverfassungsgesetzes über die Wiederherstellung der österr. Rechtsordnung in den Gemeinden Jungholz und Mittelberg (Rechtsüberleitungsgesetz für die Gemeinden Jungholz und Mittelberg) beschließt der Ministerrat, den Gesetzesentwurf als Regierungsvorlage der verfassungsmäßigen Behandlung durch die Organe der Bundesgesetzgebung zuzuführen.

15.) Über Bericht des Bundeskanzlers, Zl. 75.254-2a/1948, betr. Einspruch der Bundesregierung gegen den Gesetzesbeschluß des Oberösterreichischen Landtages über die Förderung des Sportwesens im Lande Oberösterreich (Landessportgesetz) beschließt der Ministerrat antragsgemäß mit der Maßgabe, daß im Sinne des Behördenüberleitungsgesetzes bei ähnlichen Gesetzen seitens des Verfassungsdienstes auch das Bundesministerium für soziale Verwaltung zu befassen wäre.

16.) Nach einem Bericht des Bundeskanzlers, Zl. 75.184-2a/1948, über einen Einspruch der Bundesregierung gegen den Gesetzesbeschluß des Steiermärkischen Landtages über ein Gesetz, womit die landesgesetzlichen Bestimmungen über die Zusammenlegung land- und forstwirtschaftlicher Grundstücke wieder in Kraft gesetzt werden, beschließt der Ministerrat antragsgemäß.

17.) Nach einem Bericht des Bundesministers für die Auswärtigen Angelegenheiten, Zl. 173.869-Wpol/48, betreffend Genehmigung der österr.-jugoslawischen Wirtschaftsverhandlungen, beschließt der Ministerrat antragsgemäß.

18.) Über Antrag des Bundesministers für die Auswärtigen Angelegenheiten, Zl. 172.672-7/48, auf Aufnahme von Vertragsbediensteten, über den systemisierten Stand für das Jahr 1948, beschließt der Ministerrat antragsgemäß.

---

147 Eduard Hjalmar Palin, finnischer Diplomat, 1947 bis 1950 Gesandter in Prag, ab 1948 in Österreich mitbeglaubigt.

19.) Über Antrag des Bundesministers für Inneres beschließt der Ministerrat, die Verleihung der österreichischen Staatsbürgerschaft an die
a) im Verzeichnis Nr. 114 des Bundesministeriums für Inneres angeführten 96 Personen und
b) im Verzeichnis Nr. 115 des Bundesministeriums für Inneres angeführten 208 Personen
als im Interesse des Staates gelegen zu bezeichnen.

20.) Nach einem Bericht das Bundesministers für Unterricht, Zl. 44.613-II/4b-48, betreffend Nominierung der drei von der Bundesregierung für den Wiener Filmbeirat zu bestellenden Mitglieder (Par. 12 (3) des Wiener Kinogesetzes ex 1935) beschließt der Ministerrat, dem Vorschlage (Möglichkeit A) seine Zustimmung zu erteilen und die vorgeschlagenen Vertreter zu entsenden.

21.) Nach einem Bericht des Bundesministers für soziale Verwaltung, Zl. AV III-102.181/1948, über
a) den Entwurf eines Bundesgesetzes betreffend Regelung der Arbeitsvermittlung und der Berufsberatung;
b) den Entwurf eines Bundesgesetzes betreffend die Arbeitslosenversicherung und
c) den Entwurf eines Bundesgesetzes über die Organisation der Landesarbeitsämter und Arbeitsämter
beschließt der Ministerrat, die Entwürfe zwecks neuerlicher Besprechung der noch offenen Fragen zurückzustellen.

22.) Nach einem Bericht des Bundesministers für Finanzen, Zl. 55.916-11/48, über den Entwurf eines Bundesgesetzes betreffend die Abänderung des Gesetzes vom 25. Juli 1946, BGBl. Nr. 184, über Stempel- und Rechtsgebühren (Gebührennovelle 1948) beschließt der Ministerrat, den Gesetzesentwurf als Regierungsvorlage der verfassungsmäßigen Behandlung durch die Organe der Bundesgesetzgebung zuzuführen.

23.) Der Bericht des Bundesministers für Handel und Wiederaufbau, Zl. 78.500-IV/17/1948, betreffend die Arbeiterkammer-Umlagepflicht des Personals der Strombauverwaltung wird zurückgezogen.

24.) Nach einem Bericht des Bundesministers für Verkehr, Generaldirektion der Österr. Bundesbahnen, Zl. 24.135/1, betreffend Übernahme des Personales der KÖB in den Personalstand der ÖBB, beschließt der Ministerrat, zur Ermöglichung einer konkreten Entscheidung den Bundesminister f. Vermögenssicherung und Wirtschaftsplanung zu beauftragen, die Restitution einer ehestmöglichen Erledigung zuzuführen.

25.) Nach einem Bericht des Bundesministers für Inneres, Zl. 106.670-13/48, betreffend die Teilnahme an der 17. Generalversammlung der Internationale Kriminalpolizeilichen Kommission beschließt der Ministerrat unter Bedachtnahme auf das derzeit vorliegende Programm der Tagung, den Polizeirat Dr. Karl S l a n c z a r und den Professor für Strafrecht und Kriminologie Dr. Roland G r a s s b e r g e r mit einer Dolmetscherin zu delegieren und im Bedarfsfalle Sektionschef Wilhelm K r e c h l e r noch zu entsenden.

26.) Nach einem Bericht des Bundesministers für Verkehr, Zl. 34.560/1948, betreffend die Bestellung eines Ersparungskommissärs beim Öffentlichen Verwalter für das österreichische Rundspruchwesen, beschließt der Ministerrat die Einsetzung eines Ministerkomitees, bestehend aus den Bundesministern Übeleis, Dr. Krauland, Dr. Zimmermann und Dr. Hurdes
A) zur Untersuchung und zur Berichterstattung über die derzeitige Situation bis zum 14. 9. 1948.
B) Gleichzeitig wird der Bundesminister für Vermögenssicherung und Wirtschaftsplanung beauftragt, bis zu einer Beschlußfassung die Auszahlung der erhöhten Bezüge zu inhibieren.

27.) Der Ministerrat nimmt den Bericht des Bundesministers für die Auswärtigen Angelegenheiten über die außenpolitische Lage zur Kenntnis.

28.) Der Bundesminister für die Auswärtigen Angelegenheiten macht Mitteilung über eine Verbalnote der Regierung der CSR betreffend Presseangriffe, die mit der Maßgabe zur Kenntnis genommen wird, daß auf die politischen Parteien dahingehend Einfluß zu nehmen wäre, sich im Rahmen sachlicher Kritik zu verhalten.

29.) Der Ministerrat nimmt den Bericht des Bundesministers für Finanzen betreffend die Zuwendung eines Betrages von 100.000 S aus dem Resterlös der Wiederaufbaumarke (Beschl. Prot. Nr. 62, Pkt. 13) für die Gemeinde Hochwerfen mit der Maßgabe zur Kenntnis, daß im Falle eines geringeren Ertragsrestes eine anderweitige Deckung erfolgt und daß sich der Bundesminister für Unterricht bezüglich der Zuwendung für den Wiederaufbau zerstörter Schulen eine Antragstellung vorbehält.

53.

[Dienstag] 1948-07-20

Vorsitz: Figl

Anwesend: Krauland, Zimmermann, Kolb, Kraus, Migsch, Übeleis, Sagmeister, Rizzi[1], Kienböck[2], Hartenau[3], Reichmann[4], Chaloupka, Schmidt[5], Löwenthal[6], Platzer[7], Hudeczek[8], Komers[9], Domansky[10], Wacha[11], Preglau[12], Lobmayer[13], Neviani[14], Helmreich[15], Marquet[16], Hillebrandt[17], Koller[18]

---

1 Dr. Hans Rizzi, 4. Mai bis 20. Dezember 1945 Unterstaatssekretär für Finanzen, 24. Juli 1945 bis 10. März 1952 Präsident der Oesterreichischen Nationalbank.

2 Dr. Viktor Kienböck, Bundesminister für Finanzen a. D. und Präsident der Oesterreichischen Nationalbank a. D., 8. Mai bis 24. Juli 1945 Mitglied des Präsidialkollegiums der Oesterreichischen Nationalbank, 1952 bis 1956 Vizepräsident der Oesterreichischen Nationalbank.

3 Dr. Assene Hartenau, 1945 bis 1951 Leiter der Kreditsektion im Staatsamt bzw. Bundesministerium für Finanzen, Staatskommissär der Oesterreichischen Nationalbank und stellvertretender Delegierter bei der Internationalen Bank für Wiederaufbau und Wirtschaftsförderung.

4 Dr. Alexander Reichmann, Ministerialrat in der Abteilung 8 (Handelspolitik und Zollpolitische Angelegenheiten u. a.) und stellvertretender Leiter der Sektion III des Bundesministeriums für Land- und Forstwirtschaft, danach Leiter, ab 1949 Sektionschef.

5 Dr. Johann Schmidt, Sektionschef i. R., nach Kriegsende als Ruhestandsbeamter Leiter der Abteilung 20 (Planung in Fragen des Außenhandels) der Sektion III im Bundesministerium für Vermögenssicherung und Wirtschaftsplanung.

6 Dr. Max Löwenthal-Chlumecky, Jurist, Diplomat, 1945 Wiedereintritt in den Auswärtigen Dienst und Tätigkeit in der Abteilung 5 Wpol, ab 1946 stellvertretender Staatskommissär des Österreichischen Warenverkehrsbüros.

7 Dr. Wilfried Platzer, Legationsrat, 28. August 1947 bis 27. Dezember 1949 in der Abteilung 5 Wpol des Bundeskanzleramtes/Auswärtige Angelegenheiten tätig.

8 Dr. Karl Hudeczek, September 1946 bis Jänner 1947 Leiter der Abteilung 12 im Bundesministerium für Vermögenssicherung und Wirtschaftsplanung, Oktober 1947 bis Jänner 1949 persönlicher Berater von Bundesminister Karl Gruber.

9 Emil Komers, Ministerialrat, Leiter der Abteilung 12 – Wanderungsamt im Bundesministerium für Inneres.

10 Dipl.-Ing. Dr. Karl Domansky, Ministerialrat, Leiter der interministeriellen Kommission für Preis- und Lohnfragen im Bundeskanzleramt.

11 Dr. Robert Wacha, Ministerialrat, Leiter der Abteilung 20 (Warenverkehrsbüro u. a.) im Bundesministerium für Handel und Wiederaufbau.

12 Dr. Guido Preglau, Diplomkaufmann, ab 1. November 1945 der Verteilung und der Kontrollabteilung der Österreichhilfe der Vereinten Nationen als Finanzkommissär im Bundeskanzleramt zugeteilt, ab 1953 Leiter der Sektion V (Wirtschaftliche Koordination).

13 Dr. Rudolf Lobmeyer, Regierungsrat, ab 1945 Tätigkeit in der Abteilung 21 (allgemeine, insbesondere legislative Fragen der Wirtschaftspolitik u. a.) im Bundesministerium für Handel und Wiederaufbau.

14 Dr. Franz Neviani, Ministerialrat, Leiter der Abteilung 8 (Normative Angelegenheiten der Arbeitslosenfürsorge u. a.) der Sektion III (Sozialpolitik) im Bundesministerium für soziale Verwaltung).

15 Dipl.-Ing. Dr. Heinrich Helmreich, Ministerialrat, Leiter der Abteilung 12 c (Wohn- und Siedlungswesen; technische Angelegenheiten) und der Abteilung 13 (Mineralöl- und Reifenbewirtschaftung; Feststellung des Mineralölbedarfs u. a.) der Sektion III sowie der Abteilung 14 c (Kontrolle des Baufortschritts und der Bauabrechnungen) der Verwaltung des Wohnhaus-Wiederaufbau-Fonds im Bundesministerium für Handel und Wiederaufbau.

16 Dr. Alois Marquet, Ministerialoberkommissär in der Abteilung 18 (Handelsverträge u. a.) der Sektion V (Handelspolitische Agenden) im Bundesministerium für Handel und Wiederaufbau.

17 Dr. Friedrich Hillebrandt, Ministerialkommissär im Bundeministerium für Vermögenssicherung und Wirtschaftsplanung, danach im Bundesministerium für Handel und Wiederaufbau.

18 Dr. Josef Koller, Sektionsrat, Leiter der Abteilung 1 (Ernährungssicherung und Ernährungspolitik;

Ort: Wien I., Ballhausplatz 2, Ministerratssaal
Dauer: 16.00–17.00 Uhr

Reinschrift, Konzept, Beschlußprotokoll

Tagesordnung:
1. Campagne 1947 – Stützung der Restzuckermenge der verlusttragenden Fabriken. Campagne 1948 – Verarbeitung von Importrohzucker durch die österr. Zuckerindustrie.
2. Kompensationsgeschäft zwischen der Arbeitsgemeinschaft Österr. Holzbauwerke System „Thermobau", Wien, und der Fischimportgesellschaft über die Lieferung von Thermohäusern nach Dänemark; Antrag Hr. Bm. f. Handel u. Wiederaufbau Dr. Kolb.
3. Mündlicher Bericht Herrn BM. Dr. Kolbs über Import von Benzin.
4. Allfälliges.
Stützung – Fleischpreise bis zu einem Monatseinkommen von 1000 S.
[5. Außerhalb der Tagesordnung:
Bericht des Gesandten Löwenthal über bevorstehende Wirtschaftsverhandlungen mit Jugoslawien und Bulgarien, um die Einfuhr kalorienreicher Lebensmittel zu erreichen.]

Beilagen:
1 Bundesministerium für Volksernährung, Zl. 39.796-1/1948: Vortrag für das Wirtschaftliche Ministerkomitee. Zuckerkampagne 1947, Stützung der Restzuckermenge der verlusttragenden Zuckerfabriken - Zuckerkampagne 1948, Verarbeitung von Import-Rohzucker durch die österreichische Zuckerindustrie (3 ½ Seiten).
2 Bundesministerium für Handel und Wiederaufbau, (ohne Aktenzahl): Vortrag an das Wirtschaftliche Ministerkomitee. Betr.: Kompensationsgeschäft zwischen der Arbeitsgemeinschaft Österreichische Holzbauwerke System „Thermobau", Wien, und der Fischimportgesellschaft über die Lieferung von Thermohäusern nach Dänemark (2 ¾ Seiten).[19]

Herr BM Dr. K r a u l a n d eröffnete die Sitzung und erteilte Herrn BM Dr. K o l b

[2]

zu Punkt 2 der Tagesordnung das Wort. Herr BM Dr. K o l b führte aus, daß das Kompensationsgeschäft mit Dänemark – Holzhäuser gegen Fische – nicht von der Thermobau-Ges.[20], sondern von der Arbeitsgemeinschaft österr. Holzbauwerke[21] lediglich nach dem System Thermobau durchführt werden soll.[22] Das System als solches kann als brauchbar bezeichnet

---

Preisbildung und Preispolitik) im Bundesministerium für Volksernährung. Er wurde im Protokoll nicht als anwesend vermerkt, tritt jedoch im Laufe der Sitzung mit einer Wortmeldung in Erscheinung.

19 Weiters liegt dem Protokoll bei:
Zl. 400.066-BKA/1948: Einladung zu dem am 20. Juli 1948, 16.00 Uhr stattfindenden Wirtschaftlichen Ministerkomitee (1 Seite).

20 Es handelte sich um die Firma „Thermobau" Wärme isolierende Baubestandteile Ges.m.b.H., Wien VI., Mariahilfer Straße 7 mit Zweigniederlassung in Graz. Die Firma beschäftigte sich mit Hoch-, Tief- und Eisenbetonbau und der Vorfabrizierung von Serienhäusern nach eigenen Patenten. Vgl. dazu Industrie-Compass 1949. Österreich, Wien 1949, S. 343.

21 Zur Arbeitsgemeinschaft österreichischer Holzbauwerke gehörten circa zwanzig namhafte österreichische holzverarbeitende Firmen. Vgl. dazu auch WMK Nr. 54/2 vom 7. September 1948, Beilage 2.

22 Beilage 2: BMHW, (ohne Aktenzahl) Vortrag an das Wirtschaftliche Ministerkomitee (2 ¾ Seiten). Die neu gegründete Arbeitsgemeinschaft österreichischer Holzbauwerke System „Thermobau" Wien hatte ein seitens der Thermobaugesellschaft mit der Österreichischen Fischimportgenossenschaft Wien

werden und es ist vorgesehen, daß die in der Arbeitsgemeinschaft vereinigten Zimmerleute die Verträge durchführen. Vorläufig ist allerdings die Fa. Thermobau in dieser Arbeitsgemeinschaft noch vertreten. Es besteht jedoch die Absicht, den vorliegenden Antrag nur dann anzunehmen, wenn die Fa. Thermobau aus der Arbeitsgemeinschaft Österr. Holzbauwerke ausscheidet.[23]

Herr BM Dr. M i g s c h berichtete, daß ihm bekannt wäre, daß die Fischimportgesellschaft aus dem Fischpreisausgleichsfonds 20 % für den Häuserexport zuzuzahlen habe. Er stelle daher die Frage, woher dieser Fonds stammt und über welche Mittel er verfügt. Außerdem stelle er den Antrag, daß der Bund weder eine finanzielle Haftung noch eine sonstige Verpflichtung übernimmt, widrigenfalls er seine Zustimmung zu diesem Antrag des Handelsministeriums nicht erteilen könne.

Darauf berichtete Herr BM Dr. Z i m m e r m a n n, daß die Vertreter der Firma bei ihm vorgesprochen hätten und ihnen mitgeteilt wurde, daß eine Garantie des Bundes nicht in

---

abgeschlossenes Kompensationsgeschäft zur Durchführung übernommen. Das Geschäft sollte in der Ausfuhr von 300 Holzhäusern nach Dänemark und dem Import von rund 500 Tonnen tiefgefrorener Rundfische bestehen. Die Fertigung der Holzhäuser sollte auf die einzelnen, in der oben genannten Arbeitsgemeinschaft zusammengeschlossenen Firmen unter Berücksichtigung ihrer Kapazität aufgeteilt werden. Eine Überbrückung der herrschenden Preisschwierigkeiten sei nur dadurch möglich, daß sich der österreichische Importeur bereit erkläre, den Export der für Dänemark bestimmten Holzhäuser mit einer Vergütung von 20 % zu subventionieren. Das Zustandekommen eines solch bedeutenden Geschäfts mit Dänemark sei jedoch geeignet, „die Entwicklung der Geschäftsbeziehungen zwischen der österreichischen Holzhäuserindustrie und den verschiedenen Interessenten in den anderen nordischen Staaten auf das günstigste zu beeinflussen". Darüber hinaus bedeute die Durchführung dieses Auftrages „die Sicherstellung der Beschäftigung zahlreicher österreichischer Arbeiter und Angestellter, für welche andernfalls eine unmittelbare Entlassungsgefahr bestehen würde".

23 Die Firma „Thermobau" hatte sich am 17. Oktober 1946 vertraglich verpflichtet, im Zuge eines Kompensationsgeschäftes 800 Holzhäuser zum Preis von je 18.325 Schilling nach Holland zu liefern. Dieses Geschäft war in den österreichisch-holländischen Handelsvertrag vom 1. November 1946 eingebaut worden. Es hatte sich dabei nicht um ein Staatsgeschäft, sondern um ein normales, im Rahmen des Handelsvertrages abzuwickelndes Privatkompensationsgeschäft der „Thermobau" gehandelt. Als Vorauszahlung hatte die Thermobau einen Kredit bei der Länderbank in der Höhe von 600.000 holländischen Gulden erhalten. Laut Punkt 7 des Vertrages hatte die „Thermobau" die Versicherung abgegeben, daß sie nach Annahme der Bestellung sofort von der österreichischen Regierung bzw. den ihr unterstellten Behörden sämtliche Materialien zugewiesen erhalte, die zur Erfüllung des Auftrages notwendig waren. Nach Abschluß des Geschäftes hatte sich jedoch herausgestellt, daß sich die „Thermobau" noch in keiner Weise Erzeugungsstätten gesichert hatte und lediglich in der Lage war, die Erzeugung von bloß 400 Holzhäusern zu garantieren. Tatsächlich verfügte die „Thermobau" nur soweit über günstige Erzeugungsmöglichkeiten, wie sie sich rechtzeitig mit Holz hatte eindecken können. In den Fällen, wo ihr das jedoch nicht zeitgerecht gelungen war, stand die Firma auf Grund der inzwischen eingetretenen Preiserhöhungen vor dem Problem, daß die restlichen Holzhäuser nur zu wesentlich höheren Preisen als ursprünglich veranschlagt erzeugt und daher auch nicht zum ursprünglich vereinbarten Preis geliefert werden konnten. Die holländischen Gegenlieferungen (Fischkonserven, Trockengemüse und Saatgut) waren dagegen trotz inzwischen erfolgter Preissteigerungen zu den alten Bedingungen und noch vor Lieferung der ersten Holzhäuser im Ausmaß von 80 Prozent abgewickelt worden. Um festzustellen, ob eine bewußte Schädigung des Staates erfolgt war, setzte der Ministerrat ein Untersuchungskomitee unter Vorsitz des Bundesministers für Justiz und unter Beiziehung des Vizekanzlers und des Bundesministers für Unterricht ein. Vgl. dazu AdR, BKA/AA, W-pol 1947, Handel Holland II, GZl. 120.047-Wpol/1947, Zl. 116.384-Wpol/1947, Wirtschaftsverkehr mit Holland, Kompensationsgeschäft Holzhäuser gegen Trockengemüse u.s.w. Zum genauen Ablauf des Kompensationsgeschäftes der Firma „Thermobau" vgl. unter der genannten Grundzahl auch Zl. 124.138-Wpol/1947, Lieferung von Holzhäusern der Thermobau nach den Niederlanden. Vgl. weiters MRP Nr. 104/8 vom 16. März 1948, MRP Nr. 105/7 vom 32. März 1948, MRP Nr. 130/11 e vom 26. Oktober 1948, MRP Nr. 131/Beschlußprotokoll vom 2. November 1948 und MRP Nr. 143/16 vom 1. Februar 1949.

Frage komme. Das Risiko müsse von der Arbeitsgemeinschaft getragen werden. Außerdem haben sich die Leute verpflichtet, bei Durchführung der Geschäfte 1 resp. 1 ½ % des Exportumsatzes an das Finanzministerium abzuführen. Bei Lieferungen bis zu 500 Häusern würden sie 1 %, bei Lieferung, die darüber hinausgingen, 1 ½ % bezahlen.

Herr BM Dr. K o l b erklärte, daß er bezüglich des Fischpreisausgleichsfonds keine Auskunft geben könne, daß er es aber für zweckmäßig erachte, dem Kompensationsgeschäft zuzustimmen, da es wichtig wäre, in den nordischen Staaten mit Holz ins Geschäft zu kommen. Zur Frage „Fischpreisausgleichsfonds" erklärte Herr BM S a g m e i s t e r, daß ihm eine derartige Einrichtung unbekannt sei, daß es aber richtig wäre, daß die Fischimportgesellschaft 20 % für den Export zuzahle, weil damit die Fischabgabepreise noch immer im Rahmen der dzt. gültigen Preise blieben. Allerdings ist vorgesehen, daß der Kurs der Dänenkrone 2.06 ö. S nicht übersteigen dürfe.

Herr BM Dr. M i g s c h meinte, daß die Thermobau-Ges. also tatsächlich von den Konsumenten der Städte, welche in erster Linie mit Fischen beteilt werden, subventioniert würde. Er müsse feststellen, daß 1 kg Fische ab Grenze S 2.40 kosten, der inländische Verbraucher jedoch hiefür S 5.20 bezahlen müsse. Im allgemeinen begrüße er diesen Antrag, aber er dürfe keineswegs auf Kosten der städtischen Bevölkerung gehen. In diesem Zusammenhang warf er auch die Frage auf, ob es möglich wäre, daß man die Produktionskosten dieser Arbeitsgemeinschaft einer Überprüfung unterziehen könne.

Auf eine Erklärung Herrn BM Dr. K r a u l a n d, daß dies wohl möglich wäre, stellte Herr BM Dr. M i g s c h einen weiteren Antrag, demnach die Arbeitsgemeinschaft von einem Betriebswirt überprüft werde hinsichtlich ihrer Leistungsfähigkeit und zwecks Feststellung, ob diese Firmen rationell wirtschaften.

Da gegen diesen so geänderten Antrag keine Bedenken erhoben wurden, wurde er angenommen.

[1]

Zu Punkt 1 der Tagesordnung berichtete Herr BM S a g m e i s t e r, daß der Zuckerpreis auf Grund eines Ministerratsbeschlusses vom Feber ds. J.[24] in Anlehnung an die Kosten der Tullner- und Ennser-Fabrik erstellt wurde.[25] Es wurde die damals aufgeworfene Frage, ob alle Fabriken weiterhin in Betrieb zu bleiben hätten, nicht weiter mehr behandelt und da für die mit Verlust arbeitenden vier Zuckerfabriken[26] eine Nachkalkulation zu diesem Zeitpunkte noch nicht vorlag, kann erst jetzt festgestellt werden, daß diese, um ihren Verlust, welchen sie aus dieser Preisfestsetzung erlitten haben, zu decken, pro 100 kg Zucker den Zuschuß von S 53.52 benötigen. Insgesamt würden sie einen Zuschuß für die gelieferte Restzuckermenge von rd. 3.4 Millionen S benötigen.

Herr BM S a g m e i s t e r stellte abschließend den Antrag, daß

1.) die Restzuckermenge der verlusttragenden Fabriken für die verflossene Campagne mit höchstens 3,4 Millionen S gestützt werde und daß

2.) für die Verarbeitung der heurigen Rübenernte alle Zuckerfabriken in die Campagne einzuschalten sind.

Um Zuckerpreisstützungen in der Zukunft zu vermeiden, ist der erforderliche Kostenausgleich, welcher durch die Verarbeitung von 50.000 to Importrohzucker ermöglicht wird, von der Zuckerindustrie intern und ohne Zuhilfenahme staatlicher Mittel durchzuführen.

---

24 Vgl. dazu MRP Nr. 101/5 vom 4. Februar 1948.

25 Beilage 1: BMVE, Zl. 39.796-1/1948 Vortrag für das Wirtschaftliche Ministerkomitee (3 ½ Seiten). Der Inhalt der Beilage geht nicht wesentlich über das im Protokolltext Gesagte hinaus.

26 Es handelte sich um die Zuckerfabriken in Dürnkrut, Hohenau an der March sowie Bruck an der Leitha, alle in Niederösterreich, sowie Siegendorf im Burgenland.

Herr BM Dr. K o l b bemerkte, daß in dem Antrag einige Zahlen nicht stimmen könnten.

Herr Sekt. Rat K o l l e r zerstreute diese Bedenken dahingehend, indem er erklärte, daß die an die Zuckerfabriken gezahlten Unterstützungen während der 34.–39. Verbraucherperiode in ihrer Höhe verschieden waren.

Herr BM Dr. Z i m m e r m a n n sagte zum ersten Antrag, daß eine Stützung durch Bundesmittel nicht in Frage käme.

Herr BM S a g m e i s t e r erklärte, daß dies auch nicht notwendig sei, da aus dem Importzucker Abschöpfungsmöglichkeiten gegeben wären und diese Summe daraus gedeckt werden soll.

Herr Sekt. Chef Dr. R e i c h m a n n gab zu bedenken, daß dieser Antrag in der vorliegenden Form den Eindruck erwecken könnte, daß unbedingt 50.000 to Kuba-Rohzucker[27] importiert werden müßten, um die in Zukunft anlaufenden Kosten zu decken. Darum rege er an, daß in dem Antrag der Passus so formuliert werde, daß zum Ausdruck komme, daß es sich höchstens um 5.000 to handeln könne.

Herr BM K r a u s fragte noch, ob hiermit dann die Forderungen der Zuckerfabriken erfüllt wären, was Herr BM S a g m e i s t e r bejahte.

Herr BM Dr. K o l b stellte noch die Anfrage, ob die Einfuhr dieses Rohzuckers auch sichergestellt wäre.

Herr BM S a g m e i s t e r erklärte, wenn der Marshallplan[28] durchgeführt wird, dann ist für die Einfuhr dieser Menge Sicherheit gegeben.

Daraufhin wurde der Antrag angenommen.[29]

[3]

Zu Punkt 3 berichtete Herr BM Dr. K o l b, daß seit Oktober 1947 die amerikanische Militärregierung Benzin geliefert habe. Als nunmehr die Amerikaner jedoch erklärten, daß dies in Zukunft nicht mehr möglich wäre, hat das Wirtschaftliche Ministerkomitee am 5. 5. ds. J. den Beschluß gefaßt, 200.000 $ zum Einkauf von Benzin zur Verfügung zu stellen.[30] Auf Grund dieses Beschlusses wurden von verschiedenen Handelsfirmen Offerte über die Einfuhr von Benzin angefordert und nachdem sich der Fachausschuß für Mineralöl mit dieser Sache beschäftigt hat, folgende Firmen als die günstigsten ausgesucht. Gleichzeitig wurde folgende Aufteilung empfohlen:

Socony Vacuum[31]	1.400 to
Händlergruppe	600 to
„Orop“[32]	700 to
	2.700 to.

Die Bewirtschaftungsstelle hat diese 3 Firmen aufgefordert, eine Einfuhrbewilligung einzuholen. In der EAD-Kommission[33] wurde allerdings gegen diese Aufteilung aus handelspolitischen Gründen Einspruch erhoben und zwar deswegen, da dies[es] von der Orop eingeführte Benzin aus Rumänien stamme und es bisher üblich war, derartige Geschäfte mit

27 Rohzucker, auch Gelbzucker oder Brauner Zucker: ungereinigter Zucker von bräunlicher Färbung.
28 Zum Marshallplan vgl. Anmerkung 6 in MRP Nr. 116.
29 Zur Neuregelung des Zuckerpreises vgl. auch WMK Nr. 55/4 vom 22. September 1948.
30 Vgl. WMK Nr. 51/3 vom 5. Mai 1948.
31 Gemeint war die Socony-Vacuum Oil Corporation, ab 1966 Mobil Oil Corporation, heute Exxon-Mobil Corporation.
32 Vgl. Anmerkung 58 in MRP Nr. 120.
33 Die Ein-, Aus- und Durchfuhrkommission (EAD) des Österreichischen Warenverkehrsbüros diente der Überprüfung von Außenhandelsgeschäften.

Rumänien in Kompensando {sic!}[34] abzuschließen. Dazu müsse er nunmehr feststellen, daß es sich in diesem Falle jedoch um russisches Benzin handle, da die Rumänen auf Grund von Reparationsleistungen dieses Benzin an die Russen zu liefern haben.

Herr Gesandter Löwenthal warf die Frage auf, ob es sich in diesem Falle um Dollar aus ERP-Mitteln handle.

Herr BM Dr. Kolb erwiderte, daß auf Grund des Beschlusses des Wirtschaftlichen Ministerkomitees vom 5. 5. ds. J. keine ERP-Dollar vorgesehen sind.

Herr Gesandter L ö w e n t h a l bat jedoch, vor Beschlußfassung noch Herrn BM Dr. G r u b e r davon in Kenntnis setzen zu dürfen und dessen Zustimmung zum Antrag einzuholen.

Herr BM Dr. K r a u l a n d schlug vor, daß nunmehr ein grundsätzlicher Beschluß gefaßt werden möge, jedoch Herr BM Dr. K o l b sich vorher mit Herrn BM Dr. G r u b e r ins Einvernehmen zu setzen hätte. Diesem Modus wurde auch zugestimmt.[35]

[4]

Unter „Allfälliges"

berichtete Herr BM S a g m e i s t e r, daß er die Frage anschneiden müsse, wonach auf Grund des letzten Ministerratsbeschlusses im Zuge der Agrarpreisregelung Fleischpreise für Personen, welche ein monatliches Einkommen unter 1.000 S haben, zu stützen wären.[36] Er müsse daher an Herrn BM Dr. Z i m m e r m a n n die Frage stellen, wie man sich die Durchführung dieses Beschlusses vorstelle und ob dementsprechende Erlässe vorbereitet worden sind.

Herr Bundeskanzler regte in diesem Zusammenhang an, daß sich das Komitee, welches sich mit dieser Frage beschäftigt habe, alle Vorbereitungen treffen möge, um den Beschluß zur Durchführung zu bringen.

[5]

Weiters berichtete außerhalb der Tagesordnung Gesandter L ö w e n t h a l, daß Wirtschaftsverhandlungen mit Jugoslawien und Bulgarien bevorstünden, um die Einfuhr kalorienreicher Lebensmittel zu erreichen. Dabei müsse aber festgestellt werden, daß in diesen Staaten die Preise z. B. für Lebend-Schweine wesentlich höher liegen, als die im Inland geltenden Preise. Er bittet daher um Weisung, wie man sich in dieser Sache verhalten soll.

Herr BM K r a u s bemerkte hiezu, daß dies nicht nur bei Schweinen zutreffe, sondern auch bei Weizen und daß über diese Preisfrage in nächster Zeit verhandelt werden soll.

Herr BM Dr. M i g s c h gab der Meinung Ausdruck, daß die Oststaaten nunmehr vor Torschluß noch Bereicherungspreise erreichen möchten. Es tauche also die Frage auf, wie man diesem Grundsatz begegnen soll. Es müsse daher getrachtet werden, den Ausgleich bei den Kompensationsgütern zu finden.

Herr Gesandter L ö w e n t h a l meinte hiezu, daß die Agrarpreise viel rascher gestiegen wären, als die Industriepreise.

Abschließend erklärte Herr BM S a g m e i s t e r, daß im Rahmen der zu erwartenden Verhandlungen lediglich Kontingente festgelegt werden. Die Delegation müsse trachten, so viel Lebensmittel als möglich zu bekommen. Durch große Mengen wird vielleicht erreicht werden können, die Preisfrage dem Rahmen des Inlandspreisniveaus anzupassen. Auf jeden Fall wird man sich mit dieser Frage aber noch gesondert beschäftigen müssen.[37]

---

34 In compensando. Hier im Sinne von: auf dem Kompensationsweg.

35 Vgl. zum Kauf von Benzin auch WMK Nr. 56/5 b vom 20. Oktober 1948.

36 Vgl. MRP Nr. 121/Beschlußprotokoll Punkt 27.

37 Zu den Handelsvertragsverhandlungen mit Jugoslawien vgl. MRP Nr. 122/1 e und MRP Nr. 123/6, zu jenen mit Bulgarien MRP Nr. 130/3 vom 26. Oktober 1948 und MRP Nr. 134/Beschlußprotokoll Punkt 2 b vom 23. November 1948.

Beschlußprotokoll Nr. 53 über die Sitzung des Wirtschaftlichen Ministerkomitees vom 20. 7. 1948

Punkt 2.) Nach einem Bericht Herrn Bundesministers Dr. Kolb, betreffend „Kompensationsgeschäft zwischen der Arbeitsgemeinschaft Österr. Holzbauwerke System ‚Thermobau', Wien und der Fischimportgesellschaft über die Lieferung von Thermohäusern nach Dänemark" wurde der im Vortrag an das Wirtschaftliche Ministerkomitee eingebrachte schriftliche Antrag mit drei Zusatzanträgen angenommen.
Diese Zusatzanträge waren:
1. Soferne irgendwie direkt oder indirekt die Thermobau G. m. b. H. oder die an der Thermobau G. m. b. H. interessierten Personen an der Arbeitsgemeinschaft beteiligt sind, haben dieselben aus der Arbeitsgemeinschaft auszuscheiden.
2. Für die Durchführung dieses Exportgeschäftes nach Dänemark übernimmt der Bund weder eine finanzielle Haftung, noch eine sonstige Verpflichtung.
3. Die Arbeitsgemeinschaft und die Erzeuger dieser Holzhäuser müßten hinsichtlich ihrer Leistungsfähigkeit von einem Betriebswirt überprüft werden, zwecks Feststellung, ob diese Firmen rationell wirtschaften.
Gegen diesen so geänderten Antrag wurden keine Bedenken erhoben und dieser angenommen.

Zu Punkt 1.) „Zuckerkampagne 1947, Stützung der Restzuckermenge der verlusttragenden Zuckerfabriken - Zuckerkampagne 1948, Verarbeitung von Import-Rohzucker durch die österr. Zukkerindustrie" stellte Herr Bundesminister Sagmeister den Antrag, das Wirtschaftliche Ministerkomitee wolle beschließen:
1. Die Restzuckermenge der vier verlusttragenden Zuckerfabriken aus der Kampagne 1947/48 wird mit höchstens 3.4 Mill. S gestützt.
2. Für die Verarbeitung der heurigen Rübenernte sind alle Zuckerfabriken in die Kampagne einzuschalten. Um Zuckerpreisstützungen zu vermeiden, ist der erforderliche Kostenausgleich, welcher durch die Verarbeitung von 50.000 to intern und ohne Zuhilfenahme staatlicher Mittel durchzuführen. {sic!}[38]
Über Anregung Herrn Sekt. Chefs Dr. Reichmann ist im Punkt 2.) des Antrages vor „50.000 to" das Wort „höchstens" zu setzen. Der Antrag wurde angenommen.

Zu Punkt 3.) berichtete Herr Bundesminister Dr. Kolb, daß der zur Verfügung stehende Betrag von 200.000 USA-Dollar für die Einfuhr von 2.700 to Benzin auf Grund der von den Handelsfirmen eingereichten Offerte über die Einfuhr von Benzin im Fachausschuß für Mineralöle auf folgende Firmen verteilt wurde:

Socony-Vacuum	1.400 to
Händlergruppe	600 to
„Orop"	700 to
	2.700 to

Bezüglich der letzten Position teilte Herr Bundesminister Dr. Kolb mit, daß es sich um russisches Benzin handle und daß er bitte, dem Antrag in dargelegter Form stattzugeben.
Herr Gesandter Löwenthal vom BKA ersuchte vor Beschlußfassung Herrn Bundesminister Dr. Gruber zu informieren. Herr Bundesminister Dr. Krauland schlug vor, daß grundsätzlich dieser Beschluß gefaßt werden solle, daß aber Herr Bundesminister Dr. Kolb noch mit Herrn Bundesminister Dr. Gruber das Einvernehmen pflegt. Diesem Vorschlag wurde stattgegeben.

[38] Laut einer der 55. Sitzung des Wirtschaftlichen Ministerkomitees beiliegenden Berichtigung müßte die zweite Satzhälfte korrekt folgendermaßen lauten: „...ist der erforderliche Kostenausgleich, welcher durch die Verarbeitung von 50.000 to Importrohzucker ermöglicht wird, von der Zuckerindustrie intern und ohne Zuhilfenahme staatlicher Mittel durchzuführen". Vgl. WMK Nr. 55 vom 22. September 1948.

Punkt 4.) Unter „Allfälliges" berichtete Herr Bundesminister Sagmeister, daß auf Grund des letzten Ministerratsbeschlusses bezüglich der Agrarpreisregelung Fleischpreise nur bis zu einem Monatseinkommen von 1.000 S zu stützen wäre. Er richtete an Herrn Bundesminister Dr. Zimmermann die Frage, ob bzgl. der Durchführung dieses Beschlusses Erlässe vorbereitet sind. Herr Bundeskanzler erklärte hierzu, daß das hierfür eingesetzte Ministerkomitee sich mit dieser Frage beschäftigen möge.

Weiters berichtete unter „Allfälliges" Herr Gesandter Löwenthal, daß mit Jugoslawien und Bulgarien Wirtschaftsverhandlungen bevorstünden, um die Einfuhr kalorienreicher Nahrungsmittel durchzuführen, daß aber die Preise z. B. für Lebend-Schweine in jenen Ländern derart hoch liegen, daß sie zu den im Inland geltenden Preisen nicht verkauft werden könnten. Er erbat Weisung, wie sich die Delegation zu verhalten hätte. Herr Bundesminister Sagmeister erklärte hierzu, daß im Rahmen der Verhandlungen lediglich Kontingente festgelegt werden und bezüglich der Preisseite noch Maßnahmen getroffen werden müßten.

Literaturverzeichnis

Gedruckte Quellen

Protokolle des Kabinettsrates der Provisorischen Regierung Karl Renner 1945, Band 1, Kabinettsratsprotokoll Nr. 1 vom 29. April 1945, bis Band 3, Kabinettsratsprotokoll Nr. 43 vom 17. Dezember 1945, herausgegeben von der Österreichischen Gesellschaft für historische Quellenstudien, Horn/Wien 1995–Wien 2003.

Protokolle des Ministerrates der Zweiten Republik, Kabinett Leopold Figl I, Band 1, Ministerratsprotokoll Nr. 1 vom 20. Dezember 1945, bis Band 6, Ministerratsprotokoll Nr. 78 vom 2. September 1947, herausgegeben von Gertrude Enderle-Burcel/Rudolf Jeřábek, Wien 2004–2011.

Die Protokolle des Bayerischen Ministerrates 1945–1954. Das Kabinett Ehard II. 20. September 1947 bis 18. Dezember 1950. Band 3: 1950. Bearbeitet von Oliver Braun, herausgegeben von der Historischen Kommission bei der Bayerischen Akademie der Wissenschaften und der Generaldirektion der Staatlichen Archive Bayerns, München 2010.

Csáky Eva-Marie (Hg.), Der Weg zu Freiheit und Neutralität: Dokumentation zur österreichischen Außenpolitik 1945–1955, Wien 1980.

Karner Stefan/Stelzl-Marx Barbara/Tschubarjan Alexander (Hg.), Die Rote Armee in Österreich. Sowjetische Besatzung 1945–1955. Dokumente (= Veröffentlichungen des Ludwig Boltzmann-Instituts für Kriegsfolgen-Forschung, Sonderband 5), Graz/Wien/München 2005.

Mueller Wolfgang/Suppan Arnold/Naimark Norman M./Bordjugov Gennadij (Hg.), Sowjetische Politik in Österreich 1945–1955. Dokumente aus russischen Archiven, Wien 2005.

Literatur

30 Jahre Austria Presseagentur APA, Wien 1976.

40 Jahre ÖSG. Festschrift zum 40. Jahrestag der Gründung der Österreichisch-Sowjetischen Gesellschaft, Wien 1985.

50 Jahre Wiener Jugendhilfswerk. Herausgegeben vom Presse- und Informationsdienst der Stadt Wien, Wien/München 1972.

Ableitinger Alfred/Beer Siegfried/Staudinger Eduard (Hg.), Österreich unter alliierter Besatzung 1945–1955, Wien 1998.

Albrich Thomas, Asylland wider Willen, in: Günter Bischof/Josef Leidenfrost (Hg.), Die bevormundete Nation. Österreich und die Alliierten 1945–1949 (= Innsbrucker Forschungen zur Zeitgeschichte 4), Innsbruck 1988, S. 217–244.

Alte Rüdiger, Die Außenpolitik der Tschechoslowakei und die Entwicklung der internationalen Beziehungen 1946–1947, München 2003.

Bachinger Karl/Butschek Felix/Matis Herbert/Stiefel Dieter, Abschied vom Schilling. Eine österreichische Wirtschaftsgeschichte, Graz/Wien/Köln 2001.

Bailer-Galanda Brigitte, Die Entstehung der Rückstellungs- und Entschädigungsgesetzgebung. Die Republik Österreich und das in der NS-Zeit entzogene Vermögen (= Veröffentlichungen der Österreichischen Historikerkommission. Vermögensentzug während der NS-Zeit sowie Rückstellungen und Entschädigungen seit 1945 in Österreich 3), Wien/München 2003.

Barnett Michael/Finnemore Martha, Rules for the World: International Organizations in Global Politics, Ithaca 2004.

Bauer Kurt, Hitler und der Juliputsch 1934 in Österreich. Eine Fallstudie zur nationalsozialistischen Außenpolitik in der Frühphase des Regimes, in: Vierteljahreshefte für Zeitgeschichte, Heft 2, April 2011, S. 193–227.

Bischof Günter, „Prag liegt westlich von Wien". Internationale Krisen im Jahre 1948 und ihr Einfluß auf Österreich, in: ders./Josef Leidenfrost (Hg.), Die bevormundete Nation. Österreich und die Alliierten 1945–1949 (= Innsbrucker Forschungen zur Zeitgeschichte 4), Innsbruck 1988, S. 315–346.

Bischof Günter/Stiefel Dieter (Hg.), 80 Dollar: 50 Jahre ERP-Fonds und Marshall-Plan in Österreich, Wien 1999.

Bischof Günter, Austria in the First Cold War, 1945–55. The Leverage of the Weak, Basingstoke 1999.

Bischof Günter/Pelinka Anton/Stiefel Dieter (Hg.), The Marshall Plan in Austria (= Contemporary Austrian Studies 8), New Brunswick 2000.

Blöchl Johann, Meine Lebenserinnerungen, Linz 1988.

Böhmer Peter, Wer konnte, griff zu. „Arisierte" Güter und NS-Vermögen im Krauland-Ministerium (1945–1949). Mit einem Beitrag von Gerhard Jagschitz, Wien/Köln/Weimar 1999.

Böhmer Peter, Die Finanzlandesdirektion für Wien, Niederösterreich und das Burgenland, in: Die österreichische Finanzverwaltung und die Restitution entzogener Vermögen 1945 bis 1960 (= Veröffentlichungen der Österreichischen Historikerkommission. Vermögensentzug während der NS-Zeit sowie Rückstellungen und Entschädigungen seit 1945 in Österreich 5), Wien/München 2003, S. 151–248.

Bollmus Reinhold, Ein kalkulierbares Risiko? Großbritannien, die USA und das „Deutsche Eigentum" auf der Konferenz von Potsdam, in: Günter Bischof/Josef Leidenfrost (Hg.), Die bevormundete Nation. Österreich und die Alliierten 1945–1949 (= Innsbrucker Forschungen zur Zeitgeschichte 4), Innsbruck 1988, S. 107–126.

Brunnthaler Josef, Strom für den Führer – Der Bau der Ennskraftwerke und die KZ-Lager Ternberg, Großraming und Dipoldsau, Weitra 2000.

Bürgersteuergesetz vom 20. November 1937, erläutert von Ernst Kaemmel, München/Berlin 1938.

Claus Walter (Hg.), Rot-Weiß-Rote PaN Geschichten, Wien 2005.

Czeike Felix, Historisches Lexikon Wien. Band 5, Wien 1997.

Das Wiener Jugendhilfswerk. Bericht 1946–1948, vorgelegt von der Geschäftsstelle des Wiener Jugendhilfswerkes, Wien 1949.

Dörfler Edith/Pensold Wolfgang, „... von der Loslösung der Nachrichtenstelle aus dem rein staatlichen Charakter ...". Die Gründung der Austria Presse Agentur, in: Medien & Zeit, Sonderdruck 4/2000, S. 1–15.

Dörfler Edith/Pensold Wolfgang, Die Macht der Nachricht. Die Geschichte der Nachrichtenagenturen in Österreich, Wien 2001.

Eminger Stefan/Langthaler Ernst (Hg.), Sowjets. Schwarzmarkt. Staatsvertrag. Stichwörter zu Niederösterreich 1945–1955, St. Pölten/Wien/Linz 2005.

Engelbrecht Helmut, Zielvorstellungen der österreichischen Bildungspolitik in der Zweiten Republik, in: Herbert Zdarzil/Nikolaus Severinski (Hg.), Österreichische Bildungspolitik in der Zweiten Republik, Horn 1998, S. 19–37.

Ergert Viktor, 50 Jahre Rundfunk in Österreich. Band II: 1945–1955, Wien 1975.

Feigl Helmuth/Kusternig Andreas (Hg.), Die USIA-Betriebe in Niederösterreich. Geschichte, Organisation, Dokumentation (= Studien und Forschungen aus dem Niederösterreichischen Institut für Landeskunde 5), Wien 1983.

Feldinger Norbert P., Nachkriegsrundfunk in Österreich. Zwischen Föderalismus und Zentralismus von 1945 bis 1957 (= Rundfunkstudien 4), München/London/New York/Paris 1990.

Gehler Michael, Österreichs Außenpolitik der Zweiten Republik. Von der alliierten Besatzung bis zum Europa des 21. Jahrhunderts, Band 1, Innsbruck 2005.

Gehler Michael, Vom Marshall-Plan bis zur EU. Österreich und die europäische Integration von 1945 bis zur Gegenwart, Innsbruck 2006.

Gollmann Sabine Elisabeth, Die Zentrale Kommission für Kriegsgefangenenangelegenheiten der Zweiten Republik, phil. Diss., Graz 2004.

Graf Georg, Die österreichische Rückstellungsgesetzgebung. Eine juristische Analyse (= Veröffentlichungen der Österreichischen Historikerkommission. Vermögensentzug während der NS-Zeit sowie Rückstellungen und Entschädigungen seit 1945 in Österreich 2), Wien/München 2003.

Grausenburger Carina, „Ein voller Bauch ...“. Die Lebensmittelversorgung Wiens, vor allem aber der Wiener Kinder und Jugendlichen in den Jahren 1945–1953, Diplomarbeit, Wien 2009.

Haegler Rolf Paul, Histoire et Idéologie du Mondialisme, Zürich 1972.

Hana Peter, Wiener Brückenbau und Eisenkonstruktions A.G., Diplomarbeit, Wien 1973.

Heissenberger Franz, Der Wiederaufbau Österreichs, Frankfurt am Main 1961.

Herschy Reginald, Freiheit um Mitternacht. Österreich 1938–1955. Traumatische Besatzungsjahre, Klagenfurt 2011.

Hilbrand Rainer, Die Sendergruppe Alpenland 1945–1954, phil. Diss., Salzburg 1987.

Hindinger Gabriele, Das Kriegsende und der Wiederaufbau demokratischer Verhältnisse in Oberösterreich im Jahre 1945 (= Publikationen des Österreichischen Instituts für Zeitgeschichte und des Instituts für Zeitgeschichte der Universität Wien 6), Wien 1968.

Holborn Louise W., The International Refugee Organization. A specialized agency of the United Nations. Its history and work 1946–1952, London/New York/Toronto 1956.

Iber Walter M., Die Sowjetische Mineralölverwaltung in Österreich. Zur Vorgeschichte der OMV 1945–1955 (= Veröffentlichungen des Ludwig Boltzmann-Instituts für Kriegsfolgen-Forschung 15), Innsbruck/Wien/Bozen 2011.

Jabloner Clemens/Bailer-Galanda Brigitte/Blimlinger Eva u. a., Schlußbericht der Historikerkommission der Republik Österreich. Vermögensentzug während der NS-Zeit sowie Rückstellungen und Entschädigungen seit 1945 in Österreich. Zusammenfassungen und Einschätzungen (= Veröffentlichungen der Österreichischen Historikerkommission. Vermögensentzug während der NS-Zeit sowie Rückstellungen und Entschädigungen seit 1945 in Österreich 1), Wien/München 2003.

Jagschitz Gerhard, Der Putsch. Die Nationalsozialisten 1934 in Österreich, Graz/Wien/Köln 1976.

Jöchtl Eva-Maria, Echo der Heimat. Aufarbeitung der größten oberösterreichischen Wochenzeitung ab 1945, Diplomarbeit, Wien 2013.

Karner Stefan, Österreicher in der Sowjetunion 1941–1956. Unter besonderer Berücksichtigung der österreichischen Kriegsgefangenen, in: Arnold Suppan/Gerald Stourzh/Wolfgang Mueller (Hg.), Der Österreichische Staatsvertrag 1955: Internationale Strategie, rechtliche Relevanz, nationale Identität, Wien 2005, S. 163–194.

Klambauer Otto, Die USIA-Betriebe, phil. Diss., Wien 1978.

Knoll Harald/Stelzl-Marx Barbara, Sowjetische Strafjustiz in Österreich. Verhaftungen und Verfolgungen 1945–1955, in: Stefan Karner/Barbara Stelzl-Marx (Hg.), Die Rote Armee in Österreich. Sowjetische Besatzung 1945–1955. Beiträge (= Veröffentlichungen des Ludwig Boltzmann-Instituts für Kriegsfolgen-Forschung, Sonderband 4), Graz/Wien/München 2005, S. 275–321.

Knoll Harald/Stelzl-Marx Barbara, „Wir mussten hinter eine sehr lange Liste von Namen einfach das Wort ‚verschwunden' schreiben.“ Sowjetische Strafjustiz in Österreich 1945–1955, in: Sowjetisierung oder Neutralität? Optionen sowjetischer Besatzungspolitik in Deutschland und Österreich 1945–1955. Herausgegeben von Andreas Hilger/Mike Schmeitzner/Clemens Vollnhals (= Schriften des Hannah-Arendt-Instituts für Totalitarismusforschung 32), Göttingen 2006, S. 169–219.

Kolonivits Dieter/Burger Hannelore/Wendelin Harald, Staatsbürgerschaft und Vertreibung (= Veröffentlichungen der Österreichischen Historikerkommission. Vermögensentzug während der NS-Zeit sowie Rückstellungen und Entschädigungen seit 1945 in Österreich 7), Wien/München 2004.

Kulmesch Janko/Smrtnik Vladimir, Zum inneren Differenzierungsprozeß des Konfliktes zwischen den beiden Zentralorganisationen der Kärntner Slowenen nach 1945. Die Sicht des „Rates der Kärntner Slowenen“, in: Stefan Karner/Andreas Moritsch (Hg.), Aussiedlung – Verschleppung – nationaler Kampf (= Kärnten und die nationale Frage 1), Hermagor/Klagenfurt/Ljubljana/Wien 2005, S. 225–242.

Lehner Fritz, 25 Jahre Wiener Jugendhilfswerk 1946–1971, Wien 1971.

Leimlehner Erich, Das Kriegsende und die Folgen der sowjetischen Besetzung im Mühlviertel 1945 bis 1955, Zürich 1974.

Lichtenwagner Mathias, Fehlende Jahre. Die Orte und das Netzwerk der NS-Militärjustiz in Wien, Diplomarbeit, Wien 2011.

Loth Wilfried, Der Weg nach Europa. Geschichte der europäischen Integration 1939–1957, Göttingen 1996.

Luger Johann, Parlament und alliierte Besatzung 1945–1955, phil. Diss., Wien 1976.

Lukan Walter/Peyfuss Max Demeter, Ost- und Südosteuropa-Sammlungen in Österreich. Verzeichnis der Bibliotheken, Institute, Archive und Museen (= Schriftenreihe des Ost- und Südosteuropa-Institutes 15), Wien 1989.

Mähr Wilfried, Von der UNRRA zum Marshallplan. Die amerikanische Finanz- und Wirtschaftshilfe an Österreich in den Jahren 1945–1950, phil. Diss., Wien 1985.

Mähr Wilfried, Der Marshallplan in Österreich, Graz/Wien/Köln 1989.

Markovics Albert, Der Begriff des Parteianwärters nach dem Verbotsgesetz, in: Österreichische Juristen-Zeitung, Jg. 1, Heft 17, 1946, S. 350–353.

Markovics Albert, Die Registrierungspflicht nach der 3. Verbotsgesetznovelle, in: Österreichische Juristen-Zeitung, Jg. 1, Heft 20, 1946, S. 430–434.

Markovics Albert, Der Begriff des Funktionärs im Verbotsgesetz 1947, in: Österreichische Juristen-Zeitung, Jg. 2, Heft 9, 1947, S. 177–179.

Mathis Franz, Big Business in Österreich. Österreichische Großunternehmen in Kurzdarstellungen, Wien 1987.

Matis Herbert, Vom Nachkriegselend zum Wirtschaftswunder – Der Schilling im „goldenen Zeitalter“, in: Karl Bachinger/Felix Butschek/Herbert Matis/Dieter Stiefel, Abschied vom Schilling. Eine österreichische Wirtschaftsgeschichte, Graz/Köln/Wien 2001, S. 155–261.

Merl Edmund, Besatzungszeit im Mühlviertel: anhand der Entwicklung im politischen Bezirk Freistadt, Linz 1980.

Mueller Wolfgang, Österreichische Zeitung und Russische Stunde. Die Informationspolitik der sowjetischen Besatzungsmacht in Österreich, Diplomarbeit, Wien 1998.

Nachbaur Ulrich, Dokumentationsmaterial aus der Besatzungszeit. Vorarlbergs Beitrag zu einem 1948 geplanten Weißbuch der österreichischen Bundesregierung (= Kleine Schriften des Vorarlberger Landesarchivs 5), Bregenz 2007.

Nachbaur Ulrich, Vorarlberger Territorialfragen 1945 bis 1948. Ein Beitrag zur Geschichte der Vorarlberger Landesgrenzen seit 1805 (= Forschungen zur Geschichte Vorarlbergs 8), Konstanz 2007.

Nećak Dušan/Bavcon Ljubo (Hg.), Dachauski procesi. Raziskovalno poročilo z dokumenti, Ljubljana 1990.

Oberleitner Wolfgang, Politisches Handbuch Österreichs 1945–1972, Wien 1972.

Obermann Josef, Die Bürgersteuerverordnungen für das Land Österreich und für die sudetendeutschen Gebiete. Vom 20. Januar 1939, Eberswalde 1939.

Österreichisches ERP-Handbuch, Wien 1950.

Paarhammer Hans/Pototschnig Franz/Rinnerthaler Alfred (Hg.), 60 Jahre österreichisches Konkordat (= Veröffentlichungen des Internationalen Forschungszentrums für Grundfragen der Wissenschaften, Neue Folge 56), München 1994.

Paupié Kurt, Handbuch der österreichischen Pressegeschichte 1848–1959. Band I: Wien, Wien 1960.

Pernkopf Eduard, Topographische Anatomie des Menschen. Lehrbuch und Atlas der regionär-stratigraphischen Präparation, 4 Bände, Berlin/Wien/Innsbruck/München 1943–1960.

Pfeiffle Horst, Österreichische Bildungspolitik unter Ernst Fischer und Felix Hurdes, in: Herbert Zdarzil/ Nikolaus Severinski (Hg.), Österreichische Bildungspolitik in der Zweiten Republik, Horn 1998, S. 39–56.

Pichler Franz, Die Donaukommission und die Donaustaaten: Kooperation und Integration (= Schriftenreihe der Österreichischen Gesellschaft für Außenpolitik und Internationale Beziehungen 8), Wien/Stuttgart 1973.

Pilz Barbara, Care in Österreich 1946–1955, in: Zeitgeschichte 23/1996, Heft 1/2, S. 3–16.

Rauchensteiner Manfried, Der Sonderfall. Die Besatzungszeit in Österreich 1945 bis 1955, Graz/Wien/ Köln 1979.

Reiter Margit, „In unser aller Herzen brennt dieses Urteil." Der Bad Ischler „Milch-Prozeß" von 1947 vor dem amerikanischen Militärgericht, in: Michael Gehler/Hubert Sickinger (Hg.), Politische Affären und Skandale in Österreich. Von Mayerling bis Waldheim, Thaur/Wien/München 1996, S. 323–345.

Renner Gerhard, Entnazifizierung der Literatur, in: Sebastian Meissl/Klaus-Dieter Mulley/Oliver Rathkolb (Hg.), Verdrängte Schuld, verfehlte Sühne. Entnazifizierung in Österreich 1945–1955, Wien 1986, S. 202–229.

Riefler Ferdinand, Verschleppt-Verbannt-Unvergessen, Wien 1956.

Rudolf Walter, Informationsfreiheit und Satellitenrundfunk im Völkerrecht, in: Walther Fürst u. a. (Hg.), Festschrift für Wolfgang Zeidler, 2 Bände, Berlin 1987, S. 1869–1884.

Schafranek Hans, Sommerfest mit Preisschießen. Die unbekannte Geschichte des NS-Putsches im Juli 1934, Wien 2006.

Schärf Adolf, Österreichs Erneuerung 1945–1955. Das erste Jahrzehnt der zweiten Republik, Wien 1955.

Schmidl Erwin A. (Hg.), Österreich im Frühen Kalten Krieg 1945–1958. Spione, Partisanen, Kriegspläne, Wien/Köln/Weimar 2000.

Seidel Hans, Österreichs Wirtschaft und Wirtschaftspolitik nach dem Zweiten Weltkrieg, Wien 2005.

Seidl-Hohenveldern Ignaz, Die Belgrader Donaukonvention von 1948, in: Archiv des Völkerrechts, Band 7, Heft 3, Tübingen 1958, S. 253–261.

Simma Bruno/Folz Hans-Peter, Restitution und Entschädigung im Völkerrecht. Die Verpflichtungen der Republik Österreich nach 1945 im Lichte ihrer außenpolitischen Praxis (= Veröffentlichungen der Österreichischen Historikerkommission. Vermögensentzug während der NS-Zeit sowie Rückstellungen und Entschädigungen seit 1945 in Österreich 6), Wien/München 2004.

Slapnicka Harry, Oberösterreich als es Oberdonau hieß, Linz 1978.

Spann Gustav (Hg.), Untersuchungen zur anatomischen Wissenschaft in Wien 1938–1945, Senatsprojekt der Universität Wien, Wien 1998.

Stieber Gabriela, Flüchtlingswesen in Österreich unter besonderer Berücksichtigung der Lager in Kärnten und Steiermark, phil. Diss., Wien 1994.

Stieber Gabriela, Die Lösung des Flüchtlingsproblems 1945–1960, in: Thomas Albrich/Klaus Eisterer/ Michael Gehler/Rolf Steininger (Hg.), Österreich in den Fünfzigern, Innsbruck 1995, S. 67–94.

Stieber Gabriela, Volksdeutsche und Displaced Persons, in: Gernot Heiss/Oliver Rathkolb (Hg.), Asylland wider Willen. Flüchtlinge in Österreich im europäischen Kontext seit 1914 (= Veröffentlichungen des Ludwig Boltzmann-Institutes für Geschichte der Gesellschaftswissenschaften 25), Wien 1995, S. 140–156.

Stieber Gabriela, Nachkriegsflüchtlinge in Kärnten und der Steiermark, Graz 1997.

Stieber Gabriela, Die Briten als Besatzungsmacht in Kärnten 1945–1955, Klagenfurt 2005.

Stourzh Gerald, Um Einheit und Freiheit. Staatsvertrag, Neutralität und das Ende der Ost-West-Besetzung Österreichs 1945–1955, 5. Auflage, Wien/Köln/Graz 2005.

Tweraser Kurt, US-Militärregierung Oberösterreich. Band 1: Sicherheitspolitische Aspekte der amerikanischen Besatzung in Oberösterreich-Süd 1945–1950, Linz 1995.

U.N.R.R.A. Eine Internationale Hilfsorganisation. Herausgegeben vom Informationsbureau der UNRRA Mission in Österreich, Wien 1946.

Vartanov Valerij, Die Aufgaben der Militärkommandanturen in der sowjetischen Besatzungszone, in: Stefan Karner/Barbara Stelzl-Marx (Hg.), Die Rote Armee in Österreich. Sowjetische Besatzung 1945–1955. Beiträge (= Veröffentlichungen des Ludwig Boltzmann-Instituts für Kriegsfolgen-Forschung, Sonderband 4), Graz/Wien/München 2005, S. 163–178.

Venus Theodor, Die Entstehung des Rundfunks in Österreich – Herkunft und Gründung eines Massenmediums, 3 Bände, phil. Diss., Wien 1982.

Wadl Wilhelm, Das Jahr 1945 in Kärnten. Ein Überblick, Klagenfurt 1985.

Watzl Maria-Elisabeth, Lösung offener Konkordatsprobleme in der Zweiten Republik, phil. Diss., Linz 1989.

Weinzierl-Fischer Erika, Die österreichischen Konkordate von 1855 und 1933, Wien 1960.

Wurm Reinhard, Die Flüchtlingsproblematik in Österreich in den ersten Jahren nach dem Zweiten Weltkrieg, Diplomarbeit, Wien 1993.

Zehn Jahre ERP in Österreich 1948/1958. Wirtschaftshilfe im Dienste der Völkerverständigung. Herausgegeben von der Österreichischen Staatsdruckerei unter Mitwirkung des Bundespressedienstes und Benützung von Unterlagen des Bundeskanzleramtes – Sektion für wissenschaftliche Koordination, Wien 1958.

Zussner Sabine, Funktion und Geschichte der österreichischen Nachrichtenagentur. Die Entwicklung der APA-Austria Presse Agentur von einer traditionellen Presseagentur zur „Intelligence Agency“ unter besonderer Berücksichtigung der unternehmenspolitischen Zielsetzungen, Diplomarbeit, Wien 1998.

Periodika und Statistiken

Der Österreichische Volkswirt.

Gazette of the Allied Commission for Austria.

Industrie-Compass 1949. Österreich, Wien 1949.

Monatsberichte des Österreichischen Institutes für Wirtschaftsforschung.

Österreichisches Jahrbuch 1947. Nach amtlichen Quellen herausgegeben vom Bundespressedienst, Wien 1948.

Österreichisches Jahrbuch 1948. Nach amtlichen Quellen herausgegeben vom Bundespressedienst, Wien 1949.

Österreichisches Jahrbuch 1949. Nach amtlichen Quellen herausgegeben vom Bundespressedienst, Wien 1950.

Zeitungen

Arbeiter-Zeitung

Die Zeit

Neues Österreich

Österreichische Volksstimme

Wiener Zeitung

Geographisches Register

R

S

T

Sachregister

A

E

G

H

I

J

L

M

N

O

P

R

T

U

V

W

Z

Personenregister[1]

[1] Das Personenregister enthält zahlreiche Personen, die lediglich unter dem Tagesordnungspunkt „Personalangelegenheiten" im Ministerrat aufscheinen. Bei diesen Personen werden in der Regel nur Daten angeführt, die aus den beiliegenden Unterlagen hervorgehen, da ihr genauer Lebenslauf für den Editionsband historisch nicht relevant ist. Zur besseren Unterscheidbarkeit werden ihre Namen sowie jene von Einbürgerungsfällen im Personenregister nicht fettgedruckt.

B

C

D

E

F

G

I

J

Just, Dr. Alfons (*25.1.1894 Brünn/Mähren, heute Brno/Tschechische Republik, †9.3.1978), Jurist, 1.7.1919 Eintritt in den Dienst bei der Steiermärkischen Landesregierung, 24.4.1933 Ernennung zum Landesregierungsrat, ab April 1934 Referent für die Bergbauernhilfe, 1935 bis 1936 Sicherheitsreferent der Bezirkshauptmannschaft Graz, danach erneut Referent für die Bergbauernhilfe, ab Juli 1937 Grundverkehrsreferent für Steiermark, 12.3.–11.4.1938 inhaftiert, 31.12.1938 Entlassung gemäß § 4 (1) BBV, danach Leiter der Steuerabteilung in der land- und forstwirtschaftlichen Landesbuchführungsgesellschaft in Wien, Ende April 1945 Dienstantritt im Staatsamt für Inneres, Tätigkeit in der Abteilung 8 (Staatsbürgerschaftsangelegenheiten), 1.12.1945 Ernennung zum Oberregierungsrat, 16.12.1946 Ministerialrat, Vorstand der Abteilung 12 U (Angelegenheiten der versetzten Personen und der Flüchtlinge, Verkehr mit dem Büro der IRO in Wien), ab 1.1.1952 Leiter des Referates 1 C, 1.8.1952–31.8.1955 Tätigkeit beim Zwischenstaatlichen Komitee für europäische Auswanderung in Genf, 13.1.1956 Bestellung zum Vorstand der Abteilung 10 A, 31.12.1959 Versetzung in den dauernden Ruhestand. 179

K

Kalusch, Dr. Adolf (*10.1.1890, †18.2.1970 Bestattung in Wien), Tierarzt, Sektionsrat, am 6.7.1948 stimmt die Bundesregierung der Ernennung zum Ministerialrat im Personalstand des höheren Ministerialdienstes im Bundesministerium für Land- und Forstwirtschaft zu (Personalangelegenheit). 131

Kapfer, Dr. Johann (*5.9.1903 Sollenau/NÖ, †12.9.1992), Sektionsrat im Personalstand des Bundesministeriums für Justiz, am 29.6.1948 stimmt die Bundesregierung der Ernennung zum Ministerialrat zu (Personalangelegenheit). 105

Katscher, Ing. Paul (*22.5.1889 Wien, †28.6.1948 Durchgangslager Lemberg/UdSSR, heute L'vov/Ukraine), Zentralinspektor, 1912 Eintritt in den Eisenbahndienst, 1918 Einberufung in den Zentraldienst der Staatsbahndirektion, 1923 Einberufung zur Generaldirektion der ÖBB, 1.11.1938 Versetzung in den Ruhestand, 1942 bis April 1945 inhaftiert, nach Kriegsende wieder in den Dienst gestellt, Juli 1947 Ernennung zum Ministerialrat unter Zuerkennung eines Dienstpostens im Personalstand der Generaldirektion der ÖBB, Leiter der Abteilung 33 (Technischer Wagendienst) der Sektion II, Teilnahme an mehreren internationalen Konferenzen sowie an den ersten Verhandlungen über den Marshallplan in Paris, am 5.12.1947 von der sowjetischen Besatzungsmacht verschleppt und vermutlich unter dem Vorwurf der Spionage verurteilt, am 28.6.1948 im Durchgangslager Lemberg an Erschöpfung gestorben. 144 f, 181

Kern, Leopold (*10.9.1918 St. Georgen am Steinfelde/NÖ, †18.3.2005 St. Pölten), Wirtschaftsbesitzer in Hart/NÖ, Obmann der Lagerhausgenossenschaft St. Pölten, am 15.6.1948 stimmt die Bundesregierung der Verleihung des Titels „Ökonomierat" mit Nachsicht der Taxe zu (Personalangelegenheit). 33

Keyes, Geoffrey (*30.10.1888 Fort Bayard/New Mexico/USA, 17.9.1967 Washington), US-amerikanischer Generalleutnant, 1943 bis 1945 Kommandant des II. Armeekorps, 1945 bis 1946 Kommandant der 7. Armee, 1946 bis 1947 der 3. Armee, Jänner 1947 bis Oktober 1950 US-Hochkommissar für Österreich, 1951 bis 1954 Direktor der „Weapons Systems Evaluation Group (WSEG)", ab 1954 im Ruhestand. 26, 104, 181, 205 f, 220, 241, 282, 303

Keyses siehe **Keyes**

Kienast, Johann (*, †), Präsident des Hauptverbandes der Österreichischen Sparkassen, am 29.6.1948 stimmt die Bundesregierung der Verleihung des Titels „Kommerzialrat" zu (Personalangelegenheit). 105

Kienböck, Dr. Viktor (*18.1.1873 Wien, †23.11.1956 Wien), Rechtsanwalt, 1918 bis 1923 Mitglied des Wiener Gemeinderates, CSP, 10.11.1920–16.11.1922 Stadtrat von Wien, 1.12.1920–13.11.1923 Mitglied des Bundesrates, 14.11.1922–20.11.1924 und 20.10.1926–4.5.1929 Bundesminister für Finanzen, 20.11.1923–7.2.1932 Nationalratsabgeordneter, 6.2.1932–20.3.1938 Präsident der Oesterreichischen Nationalbank, 1.11.1934–12.3.1938 Mitglied des Staatsrates, 27.11.1934–12.3.1938 Mitglied des Bundestages, 7.6.1938 Verzicht auf alle Ansprüche an die Nationalbank bzw. Reichsbank für eine monatliche Rente von 1.200 RM, weiterhin Inhaber einer Rechtsanwaltskanzlei, 8.5.–24.7.1945 Mitglied des Präsidialkollegiums der Oesterreichischen Nationalbank, anschließend Berater der Oesterreichischen Nationalbank, 1952 bis 1956 Vizepräsident. 317

Kindl, Josef (*, †), Zentralinspektor im Personalstand der Österreichischen Bundesbahnen (Hauptwagenamt), am 29.6.1948 stimmt die Bundesregierung der Verleihung des Titels „Regierungsrat" mit Nachsicht der Taxe zu (Personalangelegenheit). 105

Kiridus, Franz (*, †), Gendarmeriebeamter in der Gruppe 5 im Bundesministerium für Inneres, am 16.7.1948 an der Demarkationslinie am Semmering von der sowjetischen Besatzungsmacht verhaftet, am 7.2.1951 durch ein sowjetisches Militärtribunal u. a. unter dem Vorwurf der Spionage zum Tod verurteilt, 19.3.1951 Umwandlung der Strafe zu 25 Jahren Haft, 20.6.1955 Rückkehr nach Österreich. 175, 180, 185–187, 205 f, 273, 281, 303

Kiselev, Evgenij Dmitrievič (*28.7.1908 Solikamsk/Rußland, †17.4.1963 New York), ab 1938 sowjetischer Diplomat, 1945 bis 1946 politischer Berater des Hochkommissars der UdSSR bei der Alliierten Kommission für Österreich, 1946 bis 1948 politischer Vertreter der UdSSR bei der Regierung Österreichs, 1948 bis 1949 Abteilungsleiter für Balkanländer im sowjetischen Außenministerium, 1949 bis 1954 Botschafter in Ungarn, 1954 bis 1955 Leiter der Protokollabteilung des Außenministeriums, 1955 bis 1958 Botschafter in Ägypten und gleichzeitig ab 1956 Gesandter im Jemen, 1958 bis 1959 Botschafter in der Vereinigten Arabischen Republik, 1959 bis 1962 Abteilungsleiter für die Länder des Nahen Ostens im Außenministerium, 1962 bis 1963 Stellvertretender UNO-Generalsekretär. 211, 218, 252, 260

Kiseljow/Kisilow siehe **Kiselev**

Kitzmüller, Dr. Erwin (*, †), Bundesbahnoberrevident, österreichischer Sachverständiger für den Marshallplan, Sachgebiet Verkehr, dann in der Abteilung W (Koordinierung und zusammenfassende Bearbeitung der das Ressort betreffenden Wirtschaftsangelegenheiten) der Sektion I (Zentralsektion) des Bundesministeriums für Verkehr und verstaatlichte Betriebe. 19, 35

Klang, Dr. Heinrich (*15.4.1875 Wien, †22.1.1954 Wien), Jurist, Richter, ab 1928 a.o. Prof. an der Universität Wien, 1938 zwangspensioniert, 1942 Deportation nach Theresienstadt, dort als Richter am Ghettogericht tätig, nach 1945 Honorarprofessor an der Universität Wien, 1945 bis 1949 Senatspräsident des Obersten Gerichtshofes und Mitglied des Verfassungsgerichtshofes. 190

Kleinwächter, Dr. Ludwig (*9.10.1882 Czernowitz/Bukowina, heute Černivci/Ukraine, †12.3. 1973 Wien), Diplomat, 10.6.1911 Einberufung in den Auswärtigen Dienst, bis 1932 auf zahlreichen diplomatischen Posten, u. a. in New York, Washington, Rom, Chicago und Ottawa, 1932 zum stv. Leiter des Bundespressedienstes bestellt, 12.3.1938 verhaftet, 31.3.1939 Entlassung gemäß § 4 BBV, danach in der Privatwirtschaft, 30.4.1945 Reaktivierung, 18.7.1945 bis Jänner 1946 ständiger Vertreter des Amtes für die Auswärtigen Angelegenheiten bei der US-amerikanischen Delegation der Alliierten Kommission in Wien, ab 13.2.1946 a.o. Gesandter und bev. Minister in Washington, 31.12.1949 Versetzung in den dauernden Ruhestand, ab 1950 als Ruhestandsbeamter weiterverwendet, 19.12.1951–16.1.1952 a.o. und bev. Botschafter in den USA und Kuba, 16.1.1952 Beendigung der Weiterverwendung als Ruhestandsbeamter. 19, 35, 226, 255, 267

Kloss, Dr. Hans (*28.11.1905 Wien, †16.3.1986 Wien), Fachmann des Bank- und Währungswesens, ab 1927 im kaufmännischen Dienst der Österreichischen Luftverkehrs AG., nach 1938 bei der Deutschen Lufthansa, 1944 im Zusammenhang mit dem Juliputsch verhaftet, 1946 Eintritt in den Dienst des Bundesministeriums für Finanzen, Sektionsrat im Departement 15 (Staatskredit und Kreditpolitik mit Bezug auf die öffentlich-rechtlichen Körperschaften und Fonds u. a.) der Kreditsektion, österreichischer Sachverständiger für den Marshallplan, Sachgebiet Zahlungsbilanz und Zahlungsverkehr, ab 1951 stv. Staatskommissär und 1956 bis 1963 Staatskommissär der Oesterreichischen Nationalbank, 1962 aus dem Staatsdienst ausgetreten und zum Generaldirektor der Genossenschaftlichen Zentralbank AG. bestellt, 1964 bis 1969 Generalrat der Oesterreichischen Nationalbank, 1.2.1969 zum Generaldirektor bestellt, 1973 bis 31.1.1978 Präsident, Ehrensenator der Hochschule für Welthandel in Wien. 19, 35, 212, 226, 255, 267

Kloss, Dipl.-Ing. Rudolf (*14.8.1901 Přibram/Böhmen, heute Tschechische Republik, †26.9. 1960 Krukova bei Moskau), Bergbautechniker, 20.9.1922–30.9.1923 Bergingenieur bei Mines la Houve-Creutzwald in Frankreich, 1.2.1924–31.12.1938 und 1.–30.4.1945 Leiter der Exportabteilung bei der Kohlengroßhandlung Georg Giesches Erben in Wien, November 1939 bis 31.3.1945 Leiter der Exportabteilung bei der Kohlengroßhandlung Georg Giesches Erben in Berlin, 1940 kurzfristig Wehrdienst in Helgo-

M

R

Rudolf, Otto (*, †), Amtsdirektor der Dienstpostengruppe III des Postamtes Graz 2, am 22.6.1948 stimmt die Bundesregierung der Verleihung des Titels „Regierungsrat" zu (Personalangelegenheit). 70

Ruew, Viktor (*, †13.12.1953 Sowjetunion), Dolmetscher bei der Sowjetischen Mineralölverwaltung im Büro für Tiefbohrungen in NÖ, 1948 unter dem Vorwurf verhaftet, Berichte über die sowjetische Ölindustrie weitergegeben zu haben, 7.2.1951 durch ein Militärtribunal zu 25 Jahren Haft verurteilt, am 13.12.1953 in sowjetischer Haft verstorben. 281

S

Sagmeister, Otto (*10.1.1906 Gloggnitz/NÖ, †23.1.1985 Wien), 1937 bis 1938 Sekretär des Zentralverbandes österreichischer Konsumgenossenschaften in Wien, ab 26.7.1945 Mitglied der Kreditlenkungskommission, ab 1945 öffentlicher Verwalter der Österreichischen Unilever-AG., ab 1946 Generaldirektor, ab 1946 Vorstandsmitglied des Verbandes der Chemischen Industrie, 11.1.1947–8.11.1949 Bundesminister für Volksernährung, SPÖ, danach Leitender Direktor der Konsumgenossenschaft Wien, 1950 bis 1961 Vorstandsmitglied der Bank für Arbeit und Wirtschaft, 1956 bis 1976 Generalrat der Oesterreichischen Nationalbank, Vizepräsident der Austria-Tabakwerke. 1, 6, 26, 29, 31, 37, 65, 73, 89, 92, 94–97, 100, 106 f, 109, 114, 121 f, 125–128, 132 f, 175, 194 f, 211, 221, 230, 238, 246 f, 249, 253, 256, 258, 273, 317, 320–324

Santifaller, Franz (*14.12.1894 Meran/Tirol, heute Südtirol, †12.1.1953 Innsbruck), österreichischer Bildhauer, am 19.8.1948 stimmt die Bundesregierung der Ernennung zum o. Prof. für Bildhauerei an der Akademie der bildenden Künste zu (Personalangelegenheit). 265

Sarsfield, Guillermo Castro Velez (*, †), argentinischer Gesandter, am 15.6.1948 stimmt die Bundesregierung dem Antrag auf Ermächtigung, wegen Erwirkung des Agréments an den Herrn Bundespräsidenten heranzutreten, zu (Personalangelegenheit). 33

Sauter, Dr. Fritz (*18.4.1883 Triest, †15.9.1951 Wien), Jurist, 21.5.1906 Eintritt in den Eisenbahndienst, August 1907 Übernahme in die Staatsbahndirektion Innsbruck, später Einberufung in das Bundesministerium für Verkehr, 1925 Ernennung zum Ministerialrat, nach 1938 im Dienst der Deutschen Reichsbahn, nach Kriegsende Leiter der Abteilung 14 P (Privatbahnaufsicht) der Sektion II (Generaldirektion der Österreichischen Bundesbahnen) im Bundesministerium für Verkehr, am 15.6.1948 stimmt die Bundesregierung der Verleihung des Titels eines Sektionschefs mit Nachsicht der Taxe aus Anlaß der Versetzung in den dauernden Ruhestand zu (Personalangelegenheit). 11, 27, 33

Schachermeyr, Dipl.-Ing. Hans (*5.11.1885 Linz, †), Präsident der Ingenieurskammer für OÖ und Salzburg, am 20.7.1948 stimmt die Bundesregierung der Verleihung des Berufstitels „Baurat h.c." zu (Personalangelegenheit). 207

Schaffer, Franz (*, †), Landwirt in Fohnsdorf/Steiermark, am 6.7.1948 stimmt die Bundesregierung der Verleihung des Titels „Ökonomierat" mit Nachsicht der Taxe zu (Personalangelegenheit). 131

Schaller, Dr. Johann (*, †), Oberregierungsrat, am 6.7.1948 stimmt die Bundesregierung der Ernennung zum wirklichen Hofrat der II. Dienstpostengruppe im Personalstand der Bundesbeamten des Amtes der oö. Landesregierung zu (Personalangelegenheit). 131

Schärf, Dr. Adolf (*20.4.1890 Nikolsburg/Mähren, heute Mikulov/Tschechische Republik, †28.2.1965 Wien), ab 1918 Sekretär von Karl Seitz, danach Sekretär der jeweiligen sozialdemokratischen Parlamentspräsidenten, Juni 1923 Ernennung zum Sektionsrat im Parlament, 1924 zum Vortragenden an der Arbeiterhochschule bestellt, 1931 Ernennung zum Hofrat, 20.6.1933–17.2.1934 Mitglied des Bundesrates, SDAP, 12.2.1934 Verhaftung und 95 Tage Haft, u. a. im Anhaltelager Wöllersdorf, 31.12.1934 Versetzung in den Ruhestand aus politischen Gründen, 1936 Eröffnung einer Rechtsanwaltskanzlei, 12.3.1938 für 15 Tage verhaftet, 22.8.1944 neuerlich verhaftet und nach fünf Wochen wieder freigelassen, 14.4.1945 Mitbegründer der SPÖ und Bestellung zum Vorsitzenden, 27.4.–20.12.1945 Staatssekretär ohne Portefeuille, 19.12.1945–20.5.1957 Nationalratsabgeordneter, 20.12.1945–5.5.1957 Vizekanzler, 1945 bis 1957 Obmann des Parlamentsklubs der SPÖ, 22.5.1957–28.2.1965 Bundespräsident. 1, 37, 73, 109, 113, 133, 155, 175, 192, 207, 211, 271, 273

Scheithauer, Dipl.-Kfm. Dr. Max (*15.9.1920, †14.2.2008), Mai 1945 bis März 1948 Lehrtätig-

T

U